Diários

Lúcio Cardoso

Diários

Organização, apresentação, cronologia, estabelecimento de texto e notas
Ésio Macedo Ribeiro

2ª edição

CIVILIZAÇÃO BRASILEIRA

Rio de Janeiro
2013

Copyright © da organização, apresentação, cronologia, estabelecimento de texto e notas, Ésio Macedo Ribeiro, 2012

Copyright © dos textos, Rafael Cardoso Denis, 2012

Capa /Rico Lins Studio

CIP-BRASIL. CATALOGAÇÃO NA FONTE
SINDICATO NACIONAL DOS EDITORES DE LIVROS, RJ

C264d
2ª ed.

Cardoso, Lúcio, 1912-1968.
Diários / Lúcio Cardoso; organização, apresentação, cronologia, estabelecimento de texto e notas Ésio Macedo Ribeiro. – 2ª ed. – Rio de Janeiro: Civilização Brasileira, 2013.

ISBN 978-85-200-1024-2

1. Cardoso, Lúcio, 1912-1968. Diário completo. 2. Cardoso, Lúcio, 1912-1968 – Diários. 3. Cardoso, Lúcio, 1912-1968 – Crítica e interpretação. 4. Literatura brasileira – História e crítica. I. Ribeiro, Ésio Macedo, 1963-. II. Título.

12-5566

CDD: 869.93
CDU: 821.134.3(81)-3

EDITORA AFILIADA

Todos os direitos reservados. Proibida a reprodução, armazenamento ou transmissão de partes deste livro, através de quaisquer meios, sem prévia autorização por escrito.

Este livro foi revisado segundo o novo Acordo Ortográfico da Língua Portuguesa.

Direitos desta tradução adquiridos pela
EDITORA CIVILIZAÇÃO BRASILEIRA
Um selo da
EDITORA JOSÉ OLYMPIO LTDA.
Rua Argentina, 171 – Rio de Janeiro, RJ – 20921-380
Tel.: 2585-2000

Seja um leitor preferencial Record.
Cadastre-se e receba informações sobre nossos lançamentos e nossas promoções.

Atendimento e venda direta ao leitor:
mdireto@record.com.br ou (21) 2585-2002.

Impresso no Brasil
2013

Sumário

APRESENTAÇÃO   9

CRONOLOGIA DE LÚCIO CARDOSO (1912-2012)   21

PARTE I

Diário 0 (1942-1947)   37
Diário I (1949-1951)   177
Diário II (1951-1962)   361

PARTE II

Diário de terror   519
Diário proibido – páginas secretas de um livro e de uma vida   529
Pontuação e prece   545
Confissões de um homem fora do tempo   551
Livro de bordo   555

PARTE III

Diário não íntimo (30 ago. 1956–14 fev. 1957)   563
"Diário não íntimo" 1 (30 ago. 1956)   565
"Diário não íntimo" 2 (31 ago. 1956)   567
"Diário não íntimo" 3 (3 set. 1956)   569
"Diário não íntimo" 4 (4 set. 1956)   572
"Diário não íntimo" 5 (5 set. 1956)   574
"Diário não íntimo" 6 (6 set. 1956)   577
"Diário não íntimo" 7 (7 set. 1956)   579
"Diário não íntimo" 8 (10 set. 1956)   581
"Diário não íntimo" 9 (11 set. 1956)   583
"Diário não íntimo" 10 (12 set. 1956)   585
Diário não íntimo" 11 (13 set. 1956)   587
"Diário não íntimo" 12 (14 set. 1956)   589
"Diário não íntimo" 13 (17 set. 1956)   592
"Diário não íntimo" 14 (18 set. 1956)   594

"Diário não íntimo" 15 (20 set. 1956)	596
"Diário não íntimo" 16 (21 set. 1956)	598
"Diário não íntimo" 17 (24 set. 1956)	601
"Diário não íntimo" 18 (25 set. 1956)	604
"Diário não íntimo" 19 (1 out. 1956)	606
"Diário não íntimo" 20 (2 out. 1956)	608
"Diário não íntimo" 21 (3 out. 1956)	610
"Diário não íntimo" 22 (4 out. 1956)	612
"Diário não íntimo" 23 (5 out. 1956)	614
"Diário não íntimo" 24 (8 out. 1956)	616
"Diário não íntimo" 25 (11 out. 1956)	618
"Diário não íntimo" 26 (12 out. 1956)	620
"Diário não íntimo" 27 (16 out. 1956)	622
"Diário não íntimo" 28 (17 out. 1956)	624
"Diário não íntimo" 29 (18 out. 1956)	626
"Diário não íntimo" 30 (19 out. 1956)	628
"Diário não íntimo" 31 (23 out. 1956)	630
"Diário não íntimo" 32 (24 out. 1956)	632
"Diário não íntimo" 33 (25 out. 1956)	634
"Diário não íntimo" 34 (26 out. 1956)	636
"Diário não íntimo" 35 (1 nov. 1956)	638
"Diário não íntimo" 36 (5 nov. 1956)	640
"Diário não íntimo" 37 (6 nov. 1956)	642
"Diário não íntimo" 38 (8 nov. 1956)	644
"Diário não íntimo" 39 (9 nov. 1956)	646
"Diário não íntimo" 40 (12 nov. 1956)	649
"Diário não íntimo" 41 (13 nov. 1956)	651
"Diário não íntimo" 42 (16 nov. 1956)	653
"Diário não íntimo" 43 (21 nov. 1956)	655
"Diário não íntimo" 44 (26 nov. 1956)	657
"Diário não íntimo" 45 (27 nov. 1956)	659
"Diário não íntimo" 46 (28 nov. 1956)	661
"Diário não íntimo" 47 (29 nov. 1956)	663
"Diário não íntimo" 48 (30 nov. 1956)	666
"Diário não íntimo" 49 (4 dez. 1956)	668
"Diário não íntimo" 50 (7 dez. 1956)	670
"Diário não íntimo" 51 (8 dez. 1956)	672
"Diário não íntimo" 52 (11 dez. 1956)	674
"Diário não íntimo" 53 (12 dez. 1956)	676
"Diário não íntimo" 54 (18 dez. 1956)	678
"Diário não íntimo" 55 (20 dez. 1956)	681
"Diário não íntimo" 56 (21 dez. 1956)	683

DIÁRIOS

"Diário não íntimo" 57 (28 dez. 1956) — 685
"Diário não íntimo" 58 (4 jan. 1957) — 687
"Diário não íntimo" 59 (7 jan. 1957) — 689
"Diário não íntimo" 60 (8 jan. 1957) — 691
"Diário não íntimo" 61 (9 jan. 1957) — 693
"Diário não íntimo" 62 (11 jan. 1957) — 695
"Diário não íntimo" 63 (14 jan. 1957) — 697
"Diário não íntimo" 64 (15 jan. 1957) — 699
"Diário não íntimo" 65 (16 jan. 1957) — 701
"Diário não íntimo" 66 (18 jan. 1957) — 703
"Diário não íntimo" 67 (22 jan. 1957) — 705
"Diário não íntimo" 68 (23 jan. 1957) — 707
"Diário não íntimo" 69 (24 jan. 1957) — 709
"Diário não íntimo" 70 (25 jan. 1957) — 711
"Diário não íntimo" 71 (28 jan. 1957) — 713
"Diário não íntimo" 72 (30 jan. 1957) — 715
"Diário não íntimo" 73 (31 jan. 1957) — 717
"Diário não íntimo" 74 (6 fev. 1957) — 719
"Diário não íntimo" 75 (7 fev. 1957) — 721
"Diário não íntimo" 76 (8 fev. 1957) — 723
"Diário não íntimo" 77 (14 fev. 1957) — 725

PARTE IV

Lúcio Cardoso (patético): "Ergo meu livro como um punhal contra Minas" — 729

BIBLIOGRAFIA — 733

Diários de Lúcio Cardoso — 733
Obras diversas de Lúcio Cardoso — 737
Obras sobre os diários de Lúcio Cardoso — 738
Obras sobre Lúcio Cardoso — 742
Obras de crítica textual — 742
Obras de referência — 743

ÍNDICE REMISSIVO — 747

Apresentação

Em muito boa hora, neste ano de 2012, quando se comemora o centenário de Lúcio Cardoso (Curvelo, MG, 14 de agosto de 1912 – Rio de Janeiro, RJ, 24 de setembro de 1968), é publicada – finalmente! – pela Editora Civilização Brasileira, sob o título de *Diários*, a coleção de textos desse gênero legada a nós por ele.

Só o fato de o *Diário completo* de Lúcio permanecer por mais de 40 anos fora dos catálogos das editoras já justificaria esta publicação. Mas existem ainda os inéditos e os dispersos que nunca tinham sido reunidos em livro, relegados ao esquecimento desde a época de sua escrita e/ou de sua publicação em jornais e revistas.

Assim sendo, este livro procura reunir a totalidade dos diários éditos e inéditos de Lúcio Cardoso, diários em que ele discorre diretamente sobre si próprio ou revela, umas vezes direta e outras indiretamente, aspectos íntimos da sua personalidade, além de efetuar leituras de, entre outros, a *Bíblia*, Dostoievski, Nietzsche, Baudelaire, Rimbaud, Guimarães Rosa, Clarice Lispector e Freud; e uma entrevista. Do *corpus* fazem parte o único diário que Lúcio publicou em vida (*Diário I*, Elos, s/d. [1960])[1] e o póstumo (*Diário completo*, José Olympio/INL, 1970), em que o primeiro foi incluído. Também estão coligidos os dispersos que circularam em periódicos, tais como "Diário proibido – páginas secretas de um diário e de uma vida", "Diário de terror", "Pontuação e prece", "Confissões de um homem fora do tempo", "Livro de bordo", "Diário não íntimo" e os que permaneceram inéditos, preservados no Arquivo Lúcio Cardoso [ALC] do Arquivo-Museu de Literatura Brasileira [AMLB] da Fundação Casa de Rui Barbosa [FCRB], no Rio de Janeiro, um total de 932 páginas de manuscritos autógrafos e datiloscritos e, ainda, a entrevista "Lúcio Cardoso (patético): 'Ergo meu livro como um punhal contra Minas'".

---

[1] Distinguirei deste modo o *Diário I* [em itálico] – publicado – do "Diário I" [entre aspas] – parte desta nova edição.

Entre os manuscritos guardados na FCRB, localizei um diário anterior ao publicado em 1960[2] (que traz textos escritos entre 1949 e 1951), cujos textos datam de novembro de 1942 a novembro de 1947, que nomeei de "Diário 0", que abre o presente volume. É sabido que Lúcio tinha por hábito pedir aos amigos seletos opinião sobre os seus escritos antes de os publicar. Desse modo, ao que tudo indica, este diário ficou perdido por muitos anos nas mãos de um deles, e só depois de sua morte voltou às mãos da família, no caso, de sua irmã, amiga e fiel depositária, Maria Helena Cardoso, a Lelena. As várias mudanças de endereço que Lúcio fez ao longo da vida também podem ter contribuído para o extravio desses manuscritos. Uma pista sobre o paradeiro de seus primeiros cadernos com anotações diárias pode ser dada pelo próprio Lúcio:

Há muitos anos, desde que empunhei a pena pela primeira vez, que anoto impressões sobre o que sinto e o que acontece comigo e em torno de mim. Nesses primeiros cadernos, vazados numa linguagem exaltada e romântica, o destino encarregou-se deles, pela mão de um ladrão que, supondo existirem joias na caixa onde os guardava, deve ter tido o desprazer de só encontrar papéis – e papéis que não serviam para nada. Só a partir de 1949, quando aos poucos meti-me numa crise que ameaçou abalar toda a minha vida e meu destino de escritor, comecei a anotar com mais cuidado o que via e o que sentia, no mesmo esforço de quem se agarra a uma tábua de salvação para não naufragar. / (...) /. Alguns leitores fortuitos aconselharam-me a que não publicasse isto, tendo em vista a má-fé geral com que se acolhe publicação desta espécie. Concordei, e retive os cadernos algum tempo em mãos. Não os retenho mais, exatamente porque me julgo longe da crise que me afetou. Estou longe demais, hoje em dia, para reter-me a esses escolhos que só representam um instante da minha vida.[3]

Pelo teor do texto, deduz-se que tenha sido escrito às vésperas da publicação do *Diário I*. E, se ele diz que só a partir do ano de 1949 começou a escrever mais sistematicamente diários, um desses com data anterior é, muito provavelmente, o que denominei "Diário 0".

---

[2]O *Diário I* foi, seguramente, publicado no ano de 1960 e não em 1961 como sempre se mencionou. Sobre esta questão ver o ensaio de Cássia dos Santos, "Vicissitudes de uma obra: o caso do *Diário* de Lúcio Cardoso". In: *Revista do Centro de Estudos Portugueses* ("Dossiê Lúcio Cardoso"), jan.-jun. 2008, pp. 53-56.
[3]Lúcio Cardoso, *apud* Adriana Saldanha Guimarães, "A caixa de joias: os papéis de Lúcio Cardoso". In: *Revista do Centro de Estudos Portugueses* ("Dossiê Lúcio Cardoso"), p. 19.

DIÁRIOS

Ainda sobre o paradeiro, há uma hipótese de que os textos estivessem com seu amigo, o também escritor Marcos Konder Reis, que se supõe ter sido o "ladrão" sugerido por Lúcio. Enfim, o importante é que parte deste roubo ou sua totalidade (nunca saberemos!) pode corresponder ao que agora é publicado.

Os textos do "Diário 0" estavam bem organizados, datilografados, sugerindo que tivessem sido preparados para publicação, o que leva a crer que Lúcio tenha recuperado os tais primeiros cadernos antes da publicação do *Diário I*. Por que não publicou, jamais saberemos. Digo isto pelo fato de o texto introdutório preparado por Lúcio, nestes "originais", vir com a seguinte informação de local e data: "Rio de Janeiro, 1957".

Os diários estão apresentados em ordem cronológica para que o leitor possa acompanhar a trajetória de Lúcio bem como as alterações ocorridas em seus pensamentos, ideias, projetos, etc. dos 30 aos 50 anos, quando inicia e conclui a escritura dos diários. O "Diário 0", como já disse, abrange os anos de 1942 a 1947, depois, um hiato entre o ano de 1947 e 1949, o "Diário I", de 1949 a 1951 e o "Diário II" de 1951 a 1962. Neles, corrigi, principalmente, o "Diário II", por não ter tido a mão de Lúcio na organização, daí advindo muitos equívocos, como a inserção de trechos em duplicidade e leitura errônea de letras e vocábulos na transcrição dos manuscritos, sem mencionar as gralhas, também numerosas. O que corrijo na presente edição e sobre o que tratarei mais à frente.

Embora o "Diário 0" destoe do conjunto, pelo fato de nele Lúcio falar mais de leituras do que da vida pessoal, julguei conveniente divulgá-lo, pois através de sua leitura compreenderemos melhor as influências sofridas pelo autor e como elas aparecem e/ou desaparecem em sua obra. Mais do que isto, nos ajudará a entender a literatura que Lúcio produziu entre 1934 (*Maleita*) e 1959 (*Crônica da casa assassinada*). Poderemos também perceber naquelas anotações o crítico latente no leitor voraz que ele foi. A reforçar a minha decisão de inserir estes primeiros textos, escudo-me nas palavras do próprio Lúcio a propósito deles:

> Nada renego do que aqui disse, se bem que me ache hoje colocado num ponto diferente. Nada renego, e se lanço à publicidade essas pobres folhas, é que imagino que elas tenham sido escritas exatamente para serem publicadas, e não para testemunhar de uma experiência que devesse ficar comigo apenas.[4]

---

[4]Lúcio Cardoso, *apud* Adriana Saldanha Guimarães, "A caixa de joias: os papéis de Lúcio Cardoso", *op. cit.*, p. 19.

E, ainda, nas de Antonio Carlos Secchin: "Todo documento que provém de um grande artista não deixa de ser manancial de informação – se não estética, ao menos histórica."[5]

Quando Lúcio está para publicar o primeiro volume de seus diários, não se contém em dizer do contentamento de vê-los em letra de forma: "Por enquanto, é com alegria que me lanço ao pasto: não consigo conter nem a fúria, nem o sentimento de poder que me leva a publicar estas páginas."[6]

Provavelmente, o organizador do *Diário completo* não teve acesso a esse diário anterior a 1949, quando Lúcio estava na casa dos 30 anos. Em reforço a este argumento concorre o fato de que Maria Helena Cardoso só começou a doar o acervo de Lúcio à FCRB em 1972, efetivando a doação com o auxílio do amigo de Lúcio e seu próprio, Walmir Ayala, em várias etapas. O ALC só foi catalogado e aberto à consulta pública em 1986, quando foi publicado o inventário dele por aquela Casa.

Os diários de Lúcio são dos mais pungentes já escritos em nossas letras, não só pela elegância e erudição, mas pelo conhecimento intrínseco da alma humana e, sobretudo, por desvelar, em suas páginas, elementos essenciais para a compreensão dos desdobramentos da vida e da literatura de Lúcio, bem como das suas outras atividades artísticas, tais como o cinema e o teatro, num total de 28 anos de produção literária ininterrupta e mais seis em que, hemiplégico e afásico, se dedicou às artes plásticas.

Podemos vislumbrar em seus diários a crítica mordaz que ele faz a certos escritores e personalidades de sua época, algumas das quais apenas referidas por iniciais, numa tentativa de velar o nome da pessoa.[7] Em muitos casos, nem são as iniciais verdadeiras, muito embora, ao se adentrar na biografia de Lúcio e de alguns de seus retratados nos diários, se possa identificar a quem se reportam algumas daquelas iniciais, o que faço em nota de rodapé.

Durante a pesquisa constatei que muitas páginas dos manuscritos dos diários trazem trechos riscados e com anotações marginais, como esta:

---

[5] Antonio Carlos Secchin, "A história de um livro", *Valor*, São Paulo. Coluna "Outros Escritos", 29, 30 jun. e 1º jul. 2012, pp. 34-35.

[6] Lúcio Cardoso, *apud* Adriana Saldanha Guimarães, "A caixa de joias: os papéis de Lúcio Cardoso", *op. cit.*

[7] Sobre esta questão recomendo a leitura da ainda inédita dissertação de mestrado de Egon de Oliveira Rangel, *Sexualidade e discurso: o verbo feito carne*, defendida em 1994, na Universidade Estadual de Campinas; e dois trabalhos de Odirlei Costa dos Santos: *Retratos do mal(-)estar no Diário completo, de Lúcio Cardoso*, também inédita dissertação de mestrado, defendida em 2005, na Universidade Federal de Juiz de Fora, e "Imagens do amante/amador em *Diário completo*, de Lúcio Cardoso", ensaio publicado no número 15 da revista *Ipotesi – Revista de Estudos Literários*, pp. 113-122.

DIÁRIOS

"retirar". Mas nenhuma delas foi efetuada por Lúcio, a grafia não é sua. Há indícios de que a intervenção nos textos tenha sido de Plínio Doyle, que foi diretor e fundador do AMLB da FCRB. Plínio assumia as rédeas dos arquivos, dentre eles o do Lúcio, cuja catalogação foi dirigida também por ele e realizada por duas funcionárias: Rosangela Florido Rangel e Eliane Vasconcellos Leitão. Há, naquela Casa, inclusive, documentos lacrados em arquivos de vários escritores, correspondência principalmente, com datas determinando quando podem ser abertos, provavelmente também determinadas por Plínio Doyle, dando a entender que os autores fizeram aquilo enquanto vivos ou a família após suas mortes.

Esta nova edição dos *Diários* devolve ao público todos os registros deixados por Lúcio, corrigidos os erros ortográficos, as gralhas e atualizada a ortografia.

Um fator que me incitou a querer reunir e rever os diários de Lúcio é que seu *Diário completo* apresenta problemas de organização e de edição, sem esquecer das partes que nunca tinham sido publicadas em livro. Também o fato de os textos publicados em periódicos, como aqueles da coluna "Diário não íntimo", do jornal *A Noite*, do Rio de Janeiro, nunca terem sido reunidos em livro.

Neste sentido, me ajudou sobremaneira o excelente trabalho de pesquisa de Cássia dos Santos, "Vicissitudes de uma obra: o caso do *Diário* de Lúcio Cardoso",[8] em que ela aborda, com minúcias, as falhas encontradas naquele volume, exemplificando, inclusive, com imagens.

Lúcio tencionava lançar mais quatro volumes de diários, como podemos ler em muitas de suas anotações, entrevistas e, mesmo, no verso de páginas de guarda de alguns de seus livros. Infelizmente, só viu o primeiro deles publicado. Uma das funções desta nova edição, portanto, é cumprir a vontade de Lúcio, reunindo – não em cinco volumes como ele pretendia, mas em um único –, todos os textos dos diários que nos legou.

O "Diário não íntimo" compreende 77 colunas, que se pretendiam diárias, mas que, como se poderá ler aqui, apresentam lacunas. A coluna tratava de literatura, teatro, música, artes plásticas, boêmia, bem como de assuntos comezinhos. As polêmicas e controvérsias podem, agora, quando insiro todas as partes "censuradas" – leia-se, suprimidas – ser melhor detectadas. Inclusive, esse aspecto polêmico e controverso já havia sido estudado por seu principal biógrafo, Mário Carelli, em *Corcel de fogo: vida e obra de Lúcio Cardoso (1912-1968)* (1988), e mais recentemente, por Cássia dos

---

[8]Cássia dos Santos, *op. cit.*

Santos, em *Polêmica e controvérsia em Lúcio Cardoso* (2001), trabalho cujo título já demonstra a abrangência do estudo.

Lúcio Cardoso não media palavras para falar de seus sentimentos e visões de mundo, entregando ao leitor, de forma aberta, o seu pensamento e sua leitura do mundo, nesses diários que são as páginas de um filósofo brilhante, como bem notou seu amigo Manuel Bandeira:

> Aqui [no *Diário I*] temos Lúcio contando na sua própria voz o seu próprio romance. E as confidências de Lúcio interessam a gente, sacodem a gente por aquele mesmo misterioso toque de inquietação – a apreensão "do que pode acontecer". Vemos nestas páginas um homem em luta consigo mesmo, com o seu destino, com o seu Deus. E como esse homem é rico em sensibilidade, de inteligência, fundamentalmente nobre e bom e corajoso, o seu "Diário" empolga-nos desde as primeiras linhas e, terminado o volume, fica-se ansioso pela continuação prometida.[9]

Esse resgate revelará, seguramente, a excelência desses textos, cujos assuntos transgridem a forma do diário comum, vislumbrando não só o documento do relato dos acontecimentos cotidianos do autor, bem como de sua visão da literatura, das artes plásticas, da religião, da ciência, passando pela dor do existir, pelos problemas decorrentes de sua profissão de escritor, sem falar nos que surgiram quando incursionou pelo cinema e teatro, por exemplo, e mesmo das suas relações homossexuais.

Infelizmente, Lúcio não conseguiu completar a série de diários pretendida. O fato de ele ter perdido os movimentos do lado direito do corpo e a fala, em 1962, foi o intransponível obstáculo para ele abandonar uma obra calcada nas cores sombrias do expressionismo. Mas o pouco que produziu e nos legou é de uma intensidade e densidade raras vezes vista em tal gênero de texto.

Acredito que ao reunir todos os seus diários, que são pouco estudados pela academia e desconhecidos pelo público em geral, eles não passarão despercebidos, seja pela pungência e erudição com que Lúcio apresenta sua relação com o mundo e com o homem e, mais que tudo, consigo mesmo, seja pelo fato de serem um documento importante de uma época riquíssima da literatura brasileira. Estes *Diários* não só trazem à tona a vida de um dos mais brilhantes e inventivos escritores da língua portuguesa do Século XX, bem como destacam sua importância como relevante escritor

---

[9]Manuel Bandeira, "Lúcio Cardoso", *Folha de S.Paulo*, São Paulo, 3 dez. 1960.

DIÁRIOS   15

de diários e não somente como o romancista da sua mais conhecida obra, que é, sem dúvida, a *Crônica da casa assassinada*.

* * *

Optei por fazer uma edição anotada e não uma edição crítica. Entretanto, os textos foram organizados com base nos princípios da crítica textual, linha de trabalho que permite verificar com precisão, tanto quanto possível, o que um autor de fato escreveu ou o que ele desejou que fosse a versão final de cada texto seu. O procedimento adotado permite cotejar ou pôr lado a lado os textos publicados de uma obra, junto com os textos manuscritos que sobreviveram, no sentido de encontrar as mudanças feitas pelo autor em seus vários estágios de escritura, para identificar e corrigir as fontes erradas, visando estabelecer o texto segundo a última versão do autor.

Esse método de investigação nos fornece subsídios para uma melhor organização do trabalho. Entretanto, devo acrescentar que, embora esse processo requeira registro e transcrição meticulosa das variantes dos versos, segmentos e palavras, o que constituiria extraordinário e copioso material para o estudo da ação de Lúcio em seu processo criador, não o fiz, devido ao tempo exíguo que me foi dado para a preparação deste volume. Uma edição crítica demandaria um tempo apreciável de elaboração e não seria interessante ao leitor "não iniciado" a leitura de texto recheado de variantes e de notas, além do que, se estamos tratando de textos de diários, isto seria elevado ao dobro. De modo que me restringi a inserir notas de rodapé, que não atravancarão a fluência da leitura, e, ao final do volume, um "Índice remissivo" – o que enriquecerá a presente edição por facilitar a consulta dos leitores que poderão, facilmente, localizar os nomes próprios constantes nos diários de Lúcio.

Ao início do livro, logo após essa "Apresentação", inseri uma "Cronologia de Lúcio Cardoso" revista e atualizada, abrangendo dos anos de 1912 a 2012. A seguir, vêm os diários, que serão desmembrados em quatro partes, a saber: na Parte I apresento os inéditos e os publicados, todos em sequência cronológica de escrita: "Diário 0", "Diário I" e "Diário II"; na Parte II, os diários dispersos publicados em periódicos e em capítulos de livros, e ainda aqueles que tinham título diverso de simplesmente "diário", são eles: "Diário de terror", "Diário proibido – páginas secretas de um livro e de uma vida", "Pontuação e prece", "Confissões de um homem fora do tempo" e "Livro de bordo"; na Parte III, o "Diário não íntimo"; e, na Parte IV, a entrevista "Lúcio Cardoso (patético): 'Ergo meu livro como um punhal contra Minas'".

Na Parte I, dei especial atenção aos diários, não só aos publicados, mas também e principalmente, aos manuscritos autógrafos e datiloscritos, totalizando as 932 páginas que mencionei no início desta apresentação. Esta tarefa foi, provavelmente, a mais complexa do projeto, já que o autor nem sempre datava e/ou assinava seus textos. Por outro lado, os manuscritos autógrafos existentes não oferecem dificuldades de leitura, uma vez que Lúcio tinha uma grafia muito legível. Nesta parte, devo acrescentar, que no começo do "Diário I", inseri um "Prefácio", escrito pelo próprio Lúcio, ausente da edição do *Diário I*, quando de sua publicação. Embora o texto tenha ficado incompleto, é aqui inserido a título de curiosidade, pois, estranhamente, Lúcio começa discorrendo nele sobre este primeiro diário para em seguida desviar-se do assunto.

Na Parte II, será a vez da reunião dos diários inéditos e dispersos. Neles mantive a sequência cronológica de publicação das obras e dos manuscritos autógrafos e datiloscritos, quando possível a identificação. Dos textos, aquele que é absolutamente inédito, somente o "Livro de bordo". Os dispersos – inéditos publicados postumamente – são: "Diário de terror", "Pontuação e prece" e "Confissões de um homem fora do tempo". Quanto ao "Diário proibido – páginas secretas de um livro e de uma vida", foi publicado em vida pelo autor. Quando foi o caso, inseri no final de cada um dos textos que compõem essa parte, entre parênteses retos, o(s) nome(s) do(s) periódico(s) e/ou livro(s) e a(s) data(s) da(s) sua(s) publicação(ões) e, no "Livro de bordo", apenas a identificação de que é inédito e a data, que o original não traz.

Na parte III, apresento a coluna "Diário não Íntimo", do jornal *A Noite*, que se enquadra entre os textos dispersos. Numerei-as todas, no alto da página, abaixo do nome da coluna e centralizado, e também, ao final de cada uma, inseri, entre parênteses retos, o nome do jornal e a data da publicação de cada uma.

Na Parte IV, será a vez da entrevista "Lúcio Cardoso (patético): 'Ergo meu livro como um punhal contra Minas'", publicada em vida pelo autor, provavelmente a única em que ele trata de seus diários. Inseri, como nas Partes II e III, no final dela, entre parênteses retos, o(s) nome(s) do(s) periódico(s) e/ou livro(s) e a(s) data(s) da(s) sua(s) publicação(ões).

Para a organização desses *Diários*, foi necessário conhecer todo o espólio, e fazer minuciosa triagem do material, para que se pudessem detectar possíveis textos não pertencentes ao Lúcio, conforme ocorreu com a edição crítica da *Poesia completa* do autor, volume também organizado por mim, de onde pude eliminar quatro poemas a ele erroneamente atribuídos. Feita a seleção, comparei todos os documentos variantes de um texto, ordenei-os

DIÁRIOS 17

cronologicamente e estabeleci a sua gênese, encontrando, dessa forma, a última vontade do escritor. Em função dela, pude corrigir as edições anteriores. Alguns dos textos apresentaram alguma dificuldade de transcrição e/ou de ordenação. O que apresentou maior dificuldade foi o "Diário II", pois há nesta parte publicada no *Diário completo* trechos retirados por Lúcio quando da preparação do "Diário I", e que foram "equivocadamente" inseridos no "Diário II", com datas divergentes. Afora isto, foram inseridos também no "Diário II" trechos repetidos do "Diário I", revisto por Lúcio. Embora transgredindo uma regra da crítica textual, que reza, como já disse, respeitar a última versão do autor, não tive outra opção que não fosse ser arbitrário ao inserir os trechos expurgados por Lúcio. Um dos principais fatores que me levaram a tomar tal decisão foi o fato de os textos já terem sido dados a público. Assim, inseri estas partes no local determinado por Lúcio, ou seja, nas datas exatas de sua fatura, retirei os trechos repetidos e adaptei, como já mencionado, a ortografia daquela época para a atualmente em vigor. Também corrigi no "Diário II" as palavras e frases que foram lidas equivocadamente pelo organizador e inseridas deste modo no *Diário completo*. Inseri, ainda, as palavras que, do mesmo modo, foram suprimidas pelo organizador.

Outro texto que apresentou alguma dificuldade, especificamente de transcrição, foi o "Livro de bordo". Trata-se de texto que Lúcio dedica ao amigo pintor, desenhista, gravador, escritor, poeta e contista Rodrigo de Haro. Pelo fato de o "Livro de bordo" ter sido escrito em um papel bobina verde que, com o passar do tempo, se tornou acinzentado, e a lápis preto, executei um trabalho detetivesco, e a recuperação do material exigiu de mim vários dias inteiros na FCRB. Mas tudo foi compensado pelo êxito que tive de transcrevê-lo sem deixar nenhuma lacuna por ser preenchida.

O mesmo se deu com os textos da coluna "Diário não íntimo", pelo fato de alguns dos exemplares do jornal *A Noite*, pertencentes à hemeroteca da Biblioteca Nacional – única coleção a que tive acesso –, estarem em péssimo estado de conservação. A coleção encontra-se microfilmada, de alguns números do jornal há até duas cópias, mas a qualidade geral deixa sempre a desejar, pois algumas páginas apresentam falhas causadas por quebras nas páginas, causadas pela má qualidade do papel jornal. Encontrei, é verdade, no arquivo do Lúcio alguns recortes desta coluna. Das 77 colunas publicadas, ele conservou 63. Mas mesmo isto não ajudou muito, devido à quantidade de gralhas encontradas em *A Noite* – o que não é culpa de Lúcio –, tais como repetição de texto, material publicado incompleto, nomes incorretos, etc. Como não consegui localizar nenhuma outra coleção deste jornal no país, fui obrigado a deixar, lamentavelmente, algumas lacunas. Devo acrescentar que certas colunas foram de quase impossível leitura, assim, espero que um dia outro pesquisador localize coleção em melhor estado e retifique as incompletudes que aqui ficarão.

Quanto à entrevista de Lúcio, concedida a Fausto Cunha, em 1960, não causou maior dificuldade, mas tive algumas dúvidas sobre qual das duas versões adotar para esta edição. Explico. O texto se tornou mais conhecido quando foi publicado como inédito, sob o título: "Depoimento", em *Ficção* (Rio de Janeiro, Editora Ficção; Vol. II, n. 2, pp.71-72, fev. 1976). Como muitas pessoas não tiveram conhecimento de publicação anterior a esta, para muitos, até hoje, a publicada em *Ficção* foi sempre tida como a primeira e única vez que o "depoimento" foi dado ao público. Mas não, o texto já havia sido publicado no *Jornal do Brasil*, em 25 de novembro de 1960, na coluna "Vida Literária", assinada por Mauritônio Meira, que neste dia teve seu nome substituído por "Interino", com título diferente: "Lúcio Cardoso (patético): 'Ergo meu livro como um punhal contra Minas'". A revista *Ficção* publicou, portanto, erroneamente como inédito o "depoimento" e sem reproduzir as questões e os comentários feitos pelo entrevistado, amplificando as palavras do autor e inserindo trechos inexistentes na primeira publicação, expandindo o teor do "depoimento", principalmente nas questões relativas ao estado de Minas Gerais.[10] Posteriormente, este texto, com apenas o título alterado para "Depoimento de Lúcio Cardoso a Fausto Cunha", também foi publicado na edição crítica da *Crônica da casa assassinada*.[11] Aqui optei por inserir no corpo do livro o texto da primeira publicação e o da segunda em nota de rodapé.

Utilizei, ainda, na presente edição, algumas convenções nas transcrições dos textos de Lúcio. São elas:

[ ]   Letra(s) ou palavra(s) entre parênteses retos – acrescentada(s) por parecer(em) omissão involuntária do autor;

[...]   palavra ilegível ou palavras ilegíveis;

[(?)]   texto incompleto.

---

[10]Sobre esta questão e outras mais relacionadas a este texto, sugiro a leitura da tese de doutorado de Cássia do Santos, cuja referência está na bibliografia, principalmente o Capítulo 2 e, sobretudo, as páginas de 54 a 60, onde ela esclarece esta história.

[11]Para o cotejo dos textos das Partes II e IV, que foram publicados neste livro, assim como nas notas de rodapé da Parte I, utilizei a segunda edição revista, de 1996.

DIÁRIOS

E ainda de uma lista de abreviaturas e siglas:

ALC	Arquivo Lúcio Cardoso;
AMLB	Arquivo-Museu de Literatura Brasileira;
Ed.	Edição; Editora;
fl(s).	folha(s);
FCRB	Fundação Casa de Rui Barbosa;
LC	Lúcio Cardoso;
ms	manuscrito;
n.	número;
n.	nascimento;
p.(pp.)	página(s);
s/d.	sem data;
S.I.	sem identificação do periódico, local, data e/ou página(s);
SS	subsequente(s);
Vol(s).	volume(s).

Finalmente, agradeço imensamente aos institutos de pesquisa, empresas e pessoas, sem a ajuda de quem nada disso teria a forma que ora aqui é apresentada: Biblioteca Nacional (RJ), Fundação Casa de Rui Barbosa; Grupo Editorial Record e Editora Civilização Brasileira, na pessoa de Andréia Amaral; Andréa Vilela, André Seffrin, Antonio Carlos Secchin, Cássia dos Santos, Eduardo Coelho, George Finkelstein, Júlio Castañon Guimarães, Luiz Carlos Lacerda, Rafael Cardoso, Ruth Silviano Brandão, Valéria Lamego e os arquivistas e bibliotecários da Fundação Casa de Rui Barbosa: Glauber Andrade Cruz, Guilherme Barbosa Reis da Silva, Laura Regina Xavier e Rosângela Florido Rangel.

Nova York, 8 de julho de 2012.

Cronologia de Lúcio Cardoso

1912

14 de agosto – nasce na rua Nova da Grota – que era a mais antiga da cidade e a única com calçamento – em Curvelo, Minas Gerais, Joaquim Lúcio Cardoso Filho,[1] filho de Joaquim Lúcio Cardoso e Maria Wenceslina Cardoso. Lúcio era o caçula de cinco irmãos (Regina Cardoso de Paula Xavier, Fausto Cardoso, Maria Helena Cardoso, Adauto Lúcio Cardoso e Maria de Lourdes Cardoso de Barros); e teve por padrinhos de batismo Pedro Netto e Alzira Netto, seus tios.

1914

A família Cardoso muda-se para Belo Horizonte, onde Lúcio faz seus primeiros estudos no Jardim de Infância Bueno Brandão e no Grupo Escolar Barão do Rio Branco.

1923

No princípio desse ano, a família Cardoso transfere-se para o Rio de Janeiro.

1924

Lúcio volta sozinho para Belo Horizonte, onde continua seus estudos como interno no Colégio Arnaldo. Mas Lúcio será convidado a se retirar no final do ano por insubordinação. Lúcio era um aluno rebelde e avesso aos estudos. Instigado por uma imaginação fértil e já em busca de um estilo, o garoto só se saía bem nas disciplinas em que era preciso discorrer sobre algum assunto.

---

[1]Lúcio empresta seu nome a quatro logradouros públicos. Por não ter podido precisar as datas de suas promulgações, menciono-os aqui apenas a título de curiosidade: 1) Rua Lúcio Cardoso, Bairro Tupi, CEP 31844-150, Belo Horizonte, MG; 2) Rua Lúcio Cardoso, Bairro Água Rasa, CEP 03192-020, São Paulo, SP; 3) Rua Romancista Lúcio Cardoso, CEP 23860-000, Mangaratiba, RJ; 4) Rua Lúcio Cardoso, Bairro Paciência, CEP 23580-104, Rio de Janeiro, RJ.

1929

Regressa ao Rio de Janeiro. Primeiras tentativas literárias.
Escreve a peça *Reduto dos deuses*, que não é publicada.
Matricula-se no Curso Superior de Preparatórios e Faculdade de Commercio, onde faz Curso Seriado.
Funda, com Nássara e José Sanz, o jornal *A Bruxa*, para o qual escreve textos policiais.

1930

Trabalha com Augusto Frederico Schmidt na Companhia Equitativa de Seguros. Ao mesmo tempo, passa a colaborar com a imprensa.

1932

Conhece Santa Rosa, com quem funda *Sua Revista*, que apresenta traduções de Ibsen, Pirandello e Dostoievski. *Sua Revista* que não passa do primeiro número.
Trabalha na Companhia Metrópole de Seguros, fundada por Augusto Frederico Schmidt e Oscar Netto, tio de Lúcio.

1933

Mostra a Schmidt seus poemas e seu romance *Maleita*.

1934

Publica *Maleita* pela Schmidt Editora. O livro é saudado pelos melhores escritores e críticos da época.

1935

Publica *Salgueiro* pela José Olympio. Romance bastante discutido pela crítica.

1936

Ainda pela José Olympio, publica *A luz no subsolo*. Nesse romance já não se contesta o talento romanesco de Lúcio.

1938

Publica a novela *Mãos vazias*, pela José Olympio.
8 de setembro – falece seu pai, Joaquim Lúcio Cardoso, desbravador que, no final do século XIX, saíra de Curvelo para fundar, junto a choupanas miseráveis à beira do rio São Francisco, a cidade de Pirapora, dela fazendo paragem de navios-gaiola e entreposto comercial.

DIÁRIOS

1939

Publica *Histórias da lagoa grande*, livro de contos infantis, numa edição da Livraria do Globo.

Publica sua primeira antologia poética na revista *Cadernos da Hora Presente*, na parte intitulada "10 poemas de Lúcio Cardoso".

É publicada na Argentina a tradução de *Salgueiro*, com o título *Morro de Salgueiro*, pela Editorial Claridad.

1940

Publica as novelas *O desconhecido* (José Olympio) e *Céu escuro* (Separata da revista *Vamos Lêr!/A Noite*).

Traduz *Orgulho e preconceito*, de Jane Austen e *Fuga*, de Ethel Vance, para a José Olympio.

Lúcio volta pela primeira e única vez a Curvelo, quando vai lembrar onde nasceu e por onde seu pai andou. Pouco notado e incompreendido na província, chora por causa da ingratidão.

1941

Redator do Departamento de Imprensa e Propaganda (D.I.P.) – Agência Nacional, trabalha ao lado de Clarice Lispector, que se tornaria uma de suas melhores amigas.

Publica seu primeiro livro de poemas, *Poesias*, pela José Olympio.

Traduz *O fim do mundo*, de Upton Sinclair, para a José Olympio.

1943

Publica o romance, com características autobiográficas, *Dias perdidos*, pela José Olympio.

Dezembro – a peça *O escravo* é encenada pela companhia de teatro "Os Comediantes", no Teatro Ginástico, no Rio de Janeiro. Dirigida por Adacto Filho, com cenários criados por Santa Rosa.

Escreve a peça *O filho pródigo*, para o Teatro Experimental do Negro.

Ganha o Prêmio Felipe de Oliveira pelo conjunto de romances.

Traduz *O livro de Joh* e *Ana Karenina*, de Léon Tólstoi, para a José Olympio, e *Drácula – o homem da noite*, de Bram Stoker, para O Cruzeiro.

1944

São publicadas as *Novas poesias* (José Olympio) e a novela *Inácio* (Ocidente).

Inicia colaboração no jornal *A Manhã*, escrevendo para o Suplemento Literário Letras e Artes.

Traduz *O fantasma da ópera*, de Gaston Leroux, para O Cruzeiro, *A ronda das estações*, de Kâlidâsa e *O vento da noite* (poemas), de Emily Brontë, para a José Olympio, e o conto "A Caverna", de Eugênio Zamiatin, para *O livro de ouro dos contos russos*, organizado por Rubem Braga, para a Companhia Editora Leitura.

1945

Encenada dois anos antes, a peça *O escravo* é editada pela Zélio Valverde.
Traduz *Os segredos de Lady Roxana*, de Daniel Defoë, para a editora Pongetti, e *O assassino*, de Liam O'Flaherty, para O Cruzeiro.

1946

São publicadas as novelas *A professora Hilda* (José Olympio) e *O anfiteatro* (Agir).
Traduz *A princesa branca*, de Maurice Baring, para a José Olympio.

1947

Começa a trabalhar profissionalmente como jornalista no periódico *A Noite*.
Dedica-se intensamente ao gênero teatral, produzindo e levando à cena as peças *O filho pródigo* (apresentada pelo Teatro Experimental do Negro, no Teatro Ginástico) e *A corda de prata*, tendo, para esta peça, fundado junto com Agostinho Olavo e Gustavo Dória o Teatro de Câmara, sediado na Tijuca, bairro do Rio de Janeiro.
Traduz *As Confissões de Moll Flanders*, de Daniel Defoë, para a José Olympio.

1948

Traduz *Memórias*, de Johann Wolfgang von Goethe, para a José Olympio.
Escreve o roteiro do longa-metragem *Almas adversas*, de Leo Marten.

1949

É encenada a peça *O coração delator*.
Cria a história, escreve o roteiro, dirige e produz *A mulher de longe*, filme inacabado.
Publica a peça *O filho pródigo* no número 5 de *Colégio – Revista de Cultura e Arte*.

1950

É encenada a peça *Angélica*.

DIÁRIOS 25

Encerra colaboração no jornal *A Manhã*, onde escrevia para o Suplemento Literário Letras e Artes.

1951

Torna-se redator do Instituto de Aposentadoria e Pensões dos Aposentados. Começa a elaborar o romance *O viajante*. Escreve contos policiais para o jornal *A Noite*. Realiza um velho sonho: compra uma fazenda próxima a Rio Bonito, no município fluminense de Silva Jardim, interior do Estado do Rio de Janeiro.

1952

Trabalha como secretário da revista *Quinta-Feira*, pertencente à Editora Todo Dia S.A.

1954

É publicada a novela *O enfeitiçado*, que dá continuidade a *Inácio* e à qual deveria se seguir *Baltazar*, novela inacabada. Esses livros faziam parte da trilogia inconclusa "O mundo sem Deus". Entre esse ano e 1955, Lúcio colabora com a *Revista da Semana*.

1956

30 de agosto – Inicia colaboração no jornal *A Noite*, escrevendo a coluna "Diário não íntimo".

1957

14 de fevereiro – Encerra colaboração no jornal *A Noite*, onde escrevia a coluna "Diário não íntimo". 25 de outubro – Inicia nova colaboração no jornal *A Noite*, escrevendo a coluna "Novelinha do dia a dia", publicando novelas policiais curtas.

1958

20 de maio – conclui o texto do documentário longa-metragem, *O despertar de um horizonte*, de Igino Bonfioli, que somente seria lançado, em Belo Horizonte, entre os anos de 1963 e 1964. 29 de junho – falece, no Rio de Janeiro, sua mãe, a querida Nhanhá, Maria Wenceslina Cardoso.

1959

Publica *Crônica da casa assassinada* (José Olympio), romance que marca sua maturidade literária e o consagra no campo da ficção.

Escreve a apresentação do catálogo da exposição de pintura de Ione Saldanha para o Museu de Arte Moderna do Rio de Janeiro.

1960

Escreve a apresentação do catálogo da exposição de pintura de Zélia Salgado, para o Museu de Arte Moderna do Rio de Janeiro.

Publica o *Diário I* (1949-1951) pela Editora Elos.

1961

Publica a peça *O filho pródigo* no livro organizado por Abdias do Nascimento *Dramas para negros e prólogo para brancos – antologia do teatro negro brasileiro* (Teatro Experimental do Negro).

Publica, entre 1961 e 1962, dezoito opúsculos sobre algumas figuras de destaques (*O Aleijadinho, Tiradentes, Vieira, Anchieta* etc.), as riquezas (*O ouro*) e a história do Brasil (*O descobrimento, Descoberta de Minas, O grito do Ipiranga* etc.), para a Campanha de Educação de Adolescentes e Adultos do Departamento Nacional de Educação do Ministério de Educação e Cultura.

Baseado em uma história de Lúcio Cardoso, Paulo César Saraceni realiza o longa-metragem *Porto das caixas*.

Escreve a apresentação do catálogo da exposição de pintura de Toni Fertonani para a Galeria Penguin do Rio de Janeiro.

1962

É publicado o romance *O mistério dos MMM*, coordenado por José Condé e escrito a vinte mãos. Além de Lúcio Cardoso, participam do livro Rachel de Queiroz, Jorge Amado, Guimarães Rosa e Herberto Sales, entre outros.

Escreve a apresentação do catálogo da exposição de pintura de Ione Saldanha para a Galeria Relevo do Rio de Janeiro.

Sofre um derrame cerebral, que provoca paralisia parcial do lado direito de seu corpo. É operado por seu irmão, Fausto Cardoso, e fica internado trinta dias. Privado, pela hemiplegia, do uso da palavra e da faculdade de escrever, assume definitivamente a pintura como forma de expressão. Autodidata, recria, em seus desenhos e telas, o clima de paixão e tormento análogo ao de seus romances e poemas.

1963

É lançada a segunda edição de *Crônica da casa assassinada* pela editora Letras e Artes.

1965

Maio – expõe 39 obras na Galeria Goeldi, no Rio de Janeiro. O *vernissage* acontece em 19 de maio.

Faz capa para a antologia *Novíssima poesia brasileira II*, organizada por Walmir Ayala; para os livros de poesia, *O muro amarelo*, de Marcos Konder Reis e *Absalão (1959-1962)*, de Júlio José de Oliveira; e para o número 3 da revista *Cadernos Brasileiros*.

1966

Recebe o Prêmio Machado de Assis, concedido pela Academia Brasileira de Letras, pelo conjunto da obra.

Faz capa para o romance *A sombra de Deus*, de Octávio de Faria, e para o livro de poesia *Jogo fixo*, de Lúcia Ribeiro da Silva.

É publicado o livro *Cantata* (poemas), de Walmir Ayala, com prefácio (escrito, provavelmente, no final dos anos 1950) de Lúcio.

Junho – expõe trinta obras na Galeria Atrium, em São Paulo. O *vernissage* acontece em 16 de junho.

24 de setembro a 2 de outubro – expõe 26 obras no Automóvel Clube de Belo Horizonte. O vernissage acontece em 23 de setembro.

1968

Faz capa para a segunda edição do livro *Por onde andou meu coração*, de Maria Helena Cardoso, sua irmã.

Agosto – expõe 23 obras na Galeria Décor, no Rio de Janeiro. O *vernissage* acontece em 6 de agosto.

24 de setembro – Lúcio Cardoso falece no Rio de Janeiro.

É apresentado, no dia da morte de Lúcio, no I Festival de Cinema de Belo Horizonte, o curta-metragem sobre sua vida e obra, *O enfeitiçado*, de Luiz Carlos Lacerda.

É publicada a terceira edição de *Crônica da casa assassinada* pela editora Bruguera.

1969

São publicados, pela Bloch Editores, dois volumes de novelas: *Três histórias da cidade* (*Inácio, O anfiteatro* e *O enfeitiçado*) e *Três histórias da província* (*Mãos vazias, O desconhecido* e *A professora Hilda*).

1970

É publicado pela José Olympio o *Diário Completo*, reunindo o *Diário I* (1949 a 1951), já publicado, e o *Diário II* (1952 a 1962), inédito.

1971

27 de fevereiro – falece seu irmão, o médico Fausto Cardoso, que fundou e dirigiu o Hospital Samaritano do Rio de Janeiro.

2 de junho – o Artigo 1º do Decreto n. 9.856, de Paulo Egydio Martins, governador do Estado de São Paulo, decreta que a partir desta data a Escola Estadual de 1º Grau do Parque Erasmo Assunção, em Santo André, passará a denominar-se Escola Estadual de 1º Grau "Joaquim Lúcio Cardoso Filho". Em 24 de novembro de 1999, o governador Mário Covas, através do Decreto n. 44.449, altera o nome para o que vigora atualmente: Escola Estadual Joaquim Lúcio Cardoso Filho.

Luiz Carlos Lacerda transpõe para o cinema a novela *Mãos vazias*, no longa-metragem homônimo.

É publicada a segunda edição de *A luz no subsolo*.

Paulo César Saraceni lança o longa-metragem *A casa assassinada*, baseado no romance *Crônica da casa assassinada*.

1972

É defendida, por Guilherme Ferreira Silva, na Faculdade de Filosofia, Letras e Ciências Humanas da Universidade de São Paulo, a Dissertação de Mestrado em Sociologia intitulada *Formas de evasão em Lúcio Cardoso* – primeiro dos 82 trabalhos acadêmicos, entre monografias, dissertações de mestrado e teses de doutorado, sobre a obra de Lúcio Cardoso, defendidos até o ano de 2012.

1973

O romance póstumo inacabado, *O viajante*, organizado por Octávio de Faria, é publicado pela José Olympio.

1974

Reedições de *Maleita* (Editorial Presença e Edições de Ouro).

20 de julho – falece, no Rio de Janeiro, seu irmão Adauto Lúcio Cardoso, magistrado; deputado federal do Distrito Federal (1955-1960) e do Estado da Guanabara (1960-1967); ministro do Supremo Tribunal Federal (1967-1971) e, ainda, membro do conselho seccional e do conselho federal da Ordem dos Advogados do Brasil (OAB). Foi casado com Helena Paladini Cardoso, com quem teve três filhos.

1975

27 de outubro – falece sua irmã, Regina Cardoso de Paula Xavier, formada em farmácia e dona de casa.

1978

Ruy Santos transpõe para o cinema *O desconhecido*, no longa-metragem homônimo.

1981

7 a 23 de abril – Luiz Carlos Lacerda organiza uma retrospectiva de Lúcio Cardoso (pintura, literatura, fotos e projeção de filmes) na Galeria Rodrigo M. F. de Andrade, no Rio de Janeiro.

1982

O livro *Poemas inéditos*, organizado por Octávio de Faria, é publicado pela editora Nova Fronteira.

1983

É publicada a segunda edição do livro *Praia brava* (poemas), de Marcos Konder Reis, com prefácio de Lúcio Cardoso intitulado "Marcos Konder Reis: a poesia", texto publicado anteriormente no *Diário Carioca*, em 1950.

1985

É publicado o ensaio póstumo "A voz de um profeta" em *Três poetas brasileiros apaixonados por Fernando Pessoa: Cecília Meireles, Murilo Mendes e Lúcio Cardoso*, organizado por Edson Nery da Fonseca, para a Fundação Joaquim Nabuco / Massangana.

É publicada, na França, a tradução de Mario Carelli de *Crônica da casa assassinada: Chronique de la maison assassinée*, pelas editoras A. M. Metalié e Mazarine.

1987

É publicada sua primeira biografia: *Lúcio Cardoso – nem leviano nem grave*, de Hamilton dos Santos, pela editora Brasiliense, na Coleção Encanto Radical.

É publicada, na Itália, a tradução de Giancarlo Simoncelli do romance *O mistério dos MMM: Il mistero delle tre M*, pela Edizioni Theoria.

1988

É publicada a biobibliografia de Lúcio, *Corcel de fogo – vida e obra de Lúcio Cardoso (1912-1968)*, de Mario Carelli, com tradução de Júlio Castañon Guimarães, pela editora Guanabara.

1989

20 de setembro a 1º de outubro – representando o Brasil, participa com sete obras da exposição internacional de artistas deficientes físicos "Planète Couleur peintres d'exceptions", organizada pela AIDA (Association Internationale des Art), no 1º andar da Torre Eiffel, em Paris.

É publicada a edição de bolso da *Crônica da casa assassinada*, com prefácio de Walmir Ayala, pela Ediouro.

1991

É publicada a edição crítica da *Crônica da casa assassinada*, coordenada por Mario Carelli, pela Coleção Archivos, da UNESCO.

É publicada, na França, a tradução de Mario Carelli de *Inácio: Inacio*, pela editora A. M. Metalié.

21 de junho a 27 de julho – Representando o Brasil, são expostas sete obras de Lúcio na exposição internacional de artistas deficientes físicos "Planète Couleur peintres d'exceptions", organizada pela AIDA (Association Internationale des Art), na Hathaus Wedding, em Berlim.

1993

É realizado o documentário curta-metragem *Lúcio Cardoso*, por Eliane Terra e Karla Holanda.

1997

14 de março – falece, no Rio de Janeiro, aquela que foi uma das pessoas mais importantes na vida de Lúcio, sua irmã Maria Helena Cardoso, a Lelena, formada em farmácia e autora de dois livros de memórias: *Por onde andou meu coração* e *Vida-vida* – relato pungente dos últimos seis anos de vida de Lúcio –, e do romance *Sonata perdida*.

1998

É lançado, para lembrar a passagem dos trinta anos da morte do autor, o filme longa-metragem *O viajante*, de Paulo César Saraceni, conclusão da sua trilogia baseada na obra de Lúcio Cardoso. O filme tem por base o romance homônimo póstumo inacabado, organizado por Octávio de Faria.

DIÁRIOS

É publicado, também em lembrança pela passagem dos trinta anos da morte do autor, pela editora da Universidade Federal de Minas Gerais, o livro *Lúcio Cardoso: a travessia da escrita* – conjunto de textos críticos e depoimentos sobre o autor e sua obra –, organizado por Ruth Silviano Brandão.

É lançada a edição comemorativa de quarenta anos da *Crônica da casa assassinada*, com prefácio de André Seffrin, pela editora Civilização Brasileira.

2000

São publicados, conjuntamente, os livros *O desconhecido* e *Mãos vazias*, a terceira edição de ambos, com seleção de André Seffrin, pela editora Civilização Brasileira.

2002

São publicadas as novelas que compõem a trilogia "O Mundo sem Deus" (*Inácio, O enfeitiçado* e *Baltazar* – póstuma inacabada), idealizada por Lúcio e organizada por André Seffrin para a editora Civilização Brasileira.

2003,

É publicada a terceira edição do romance *A luz no subsolo*, pela editora Civilização Brasileira.

2005

É publicada, pela editora Civilização Brasileira, a oitava edição do romance *Maleita*.

2 de fevereiro – falece, no Rio de Janeiro, a última de suas irmãs, Maria de Lourdes Cardoso de Barros, dona de casa.

É publicada, na França, a segunda edição da tradução de Mario Carelli de *Crônica da casa assassinada: Chronique de la maison assassinée*, pela editora A. M. Metalié.

2006

É lançada, pela Editora da Universidade Federal do Paraná, a primeira edição do *Teatro reunido* de Lúcio Cardoso, organizado por Antonio Arnoni Prado.

É publicado, pela Nankin Editorial em coedição com a editora da Universidade de São Paulo (Edusp), o primeiro estudo sobre sua poesia: *O riso escuro ou o pavão de luto: um percurso pela poesia de Lúcio Cardoso*, de Ésio Macedo Ribeiro. Acompanha o volume uma bibliografia de e sobre Lúcio Cardoso anotada, revista e ampliada, abrangendo os anos de 1934 a 2005.

É publicada, pela editora Civilização Brasileira, a terceira edição do romance *Dias perdidos*.

2007

É publicada, pela Civilização Brasileira, a terceira edição do romance *Salgueiro*.

2008

Para lembrar a passagem dos quarenta anos da morte do autor, é dedicado a ele o número 39 da *Revista do Centro de Estudos Portugueses* da Faculdade de Letras da Universidade Federal de Minas Gerais, volume organizado por Ésio Macedo Ribeiro, Silvana Maria Pessôa de Oliveira e Viviane Cunha, com os doze ensaios e artigos que compõe o "Dossiê Lúcio Cardoso".

2009

É lançada a edição comemorativa de cinquenta anos da *Crônica da casa assassinada*, com prefácio de André Seffrin e apresentação de Fausto Wolff, pela editora Civilização Brasileira.

2011

3 de junho – Estreia, no Teatro Maison de France, no Rio de Janeiro, a versão teatral de *Crônica da casa assassinada*, assinada por Dib Carneiro Neto e dirigida por Gabriel Villela. No elenco: Xuxa Lopes, Cacá Toledo, Flávio Tolezani, Helio Souto Jr., Letícia Teixeira, Marco Furlan, Maria do Carmo Soares, Pedro Henrique Moutinho, Rogério Romera e Sérgio Rufino.
Novembro – É lançada a sua *Poesia completa*, edição crítica de Ésio Macedo Ribeiro, pela Editora da Universidade de São Paulo.

2012

23 de junho – Estreia, em homenagem ao Centenário de Lúcio Cardoso, na Mostra de Cinema de Ouro Preto, em Minas Gerais, o documentário longa metragem *A mulher de longe*, com roteiro e direção de Luiz Carlos Lacerda, o Bigode. Reconstituição poética do filme homônimo inacabado dirigido por Lúcio em 1949 na aldeia de pescadores de Itaipu/Niterói, a partir de cenas recuperadas e de trechos do diário das filmagens. Narração de Ângelo Antonio.

DIÁRIOS

PARTE I

DIÁRIO 0

NOTA INTRODUTÓRIA

Lúcio Cardoso

Quando estas anotações foram primeiro tomadas, havia a intenção firme de uma publicação posterior integral e sem qualquer retoque na sua redação instantânea, quase sempre propositadamente bárbara. Mas o tempo passou desde então, e percebeu-se ser insustentável aquela pretensão: as anotações eram desnecessariamente volumosas, e muitas vezes – quer por deliberada selvageria, quer por inépcia – tão mal escritas que seria simplesmente estupidez publicá-las assim. Era preciso um corte que lhe reduzisse o volume pelo menos a uma quarta parte do total primitivo, e uma refusão também, ainda mesmo quando se adotava o propósito de não se alterar de qualquer maneira mais significativa o estilo e a capacidade intelectual originais. Além disso, as anotações expressavam frequentemente uma ligação religiosa que foi depois desfeita, e transformada mesmo, em alguns pontos, em oposição. Da expressão dessa ligação foi excluído o que era meramente exclamatório, e o que era incisivo mas sem conexões mais realistas com caminhos ou processos que, de uma forma ou de outra, foram depois conservados.

Rio de Janeiro, 1957

Aos homens de boa vontade

PARTE I

(NOVEMBRO 1942–MARÇO 1944)

1942

Sobre os Karamazov:[1] Dostoievski não devia crer em Deus. Também eu penso que não creio mais. "Creio, mas ignoro em quê" (Sozimo, ou seja, Dostoievski). Perder a fé no sentido mais avançado da expressão é coisa que me parece impossível. O nosso ser está intimamente ligado à crença em alguma coisa. Quando não existe fé no absoluto, ou em qualquer coisa que seja, não se tem sensação de ser, de existir.

Creio, logo sou.

Impressiono-me demais com Aliocha, quando diz, acerca de Ivan, que ele busca o sofrimento, que ele é dos que tem necessidade de resolver um problema; e ainda com Aliocha, quando roga: "Senhor, perdoa todos, protege os desditados e os rebeldes, guia-os e dirige-os ao bom caminho!". Creio nisso, mas não deixo de me perguntar para que essa crença. Estarei demasiadamente impressionado com a inação do HOMEM SUBTERRÂNEO? Assim essa fé não serve, não me adianta de nada (Eu precisaria mesmo, antes de tudo, crer na utilidade...). Creio, mas não sei em quê.

Às vezes, a percepção disso traz muito sofrimento e torna a vida insustentável.

Outras vezes, imagino loucamente que poderia sair desse estado com um esforço sistemático, com a ajuda da leitura de Léon Bloy,[2] por exemplo. Sei bem que já não espero salvação ou resolução de problemas por meio da leitura, mas Léon Bloy tem um tal atrativo sobre mim! Seu *Diário* é a obra que talvez pudesse me "positivar".

* * *

Hoje, pela manhã visita de A.M.F. Lancei-lhe o "tudo é permitido". Houve repulsão a princípio, mas a pílula acabou por ser engolida. Exatamente quando eu acabava de lhe dar de presente esse "tudo é permitido", entraram pessoas de casa na sala e falou-se sobre a grandeza moral de meu tio falecido há alguns meses (tão viva, tão livre de qualquer consciência em vaidade, tão bem camuflada!). A situação tornou-se delicada. A.M.F. deve ter se sentido perturbado, mas mostrou-se sempre natural. Saiu sem

---

[1]*Os irmãos Karamazov*, de Fiodor [Mikhailovich] Dostoievski (1821–1881), escrito em 1879, uma das mais importantes obras das literatura russa e mundial.
[2]Léon Bloy (1846–1917). Romancista, ensaísta, panfletário e poeta francês.

DIÁRIOS

que eu pudesse continuar a conversa, mas foi intenso em mim o desejo de arrebatar-lhe o pensamento, de dar-lhe ideias grandes. Quis salvá-lo da mediocridade. Como acontece outras vezes, sem que eu cresse em outras coisas, fiquei crendo (negativamente) na mediocridade, e tentando tirar alguém de seu generoso seio. Frequentemente isso torna-se um desejo verdadeiro em mim. Não o compreendo bem, entretanto. Pois se eu não tenho fé, segurança, estabilidade, como é que posso crer na burrice, ou melhor?...

Ah! Beethoven!

Estou certo de que amo a beleza ("Ah! se pudésseis suportar de minha parte...") e agora confessarei um absurdo: às vezes sinto um elemento estético, uma beleza que me satisfaz nestes problemas torturantes que surgem em mim e em tantos outros. Entretanto, tal como confessa Papini, preferiria ser limpador de latrinas a ator de problemas filosóficos. Sei que muitas vezes represento, mas...

Confessarei também agora porque me vêm à mente todas essa questões: pelo fato de estar escrevendo, de estar fixando em papel meus pensamentos. Sempre olhei tal coisa com desconfiança desde que, pela primeira vez, julguei que eu também pudesse escrever. Agora que de fato começo, sinto certo pudor. Entretanto, ah!, que alívio, que purgação!...

* * *

Aliocha na *Bodas de Caná*,[3] ele, sim, pode ser a minha salvação, e não o terrível Bloy.

* * *

Apanha-me agora a sensação de vazio que costumo sentir e que certamente não é a nostalgia de qualquer das certezas perdidas. É impossível viver assim. Solto-me, largo as amarras e vou; não há nada que me prenda. Há horas em que verdadeiramente saio do mundo. Quem sabe mesmo se não me dissolverei? Pouco a pouco os pensamentos, as ideias, a consciência vão fugindo, fugindo, e assim talvez eu acabe por acabar de todo alguma vez. Apavoro-me com isso.

* * *

---

[3]*Bodas de Caná* é o nome de uma perícopa bíblica narrada exclusivamente no *Evangelho de João* (João 2:1-11).

Falei com Marcos[4] sobre as *Bodas de Caná* e perguntei-lhe: – Que significa tudo isso?

Então eu mesmo me respondi:

– "É a aceitação da criação pelo homem".

Quando saíamos do concerto (aula de interpretação da Tagliaferro[5]), Marcos me disse:

– "Nós acreditamos na beleza".

Ela é de fato uma categoria de minha vida. Mas, então, por que as minhas "saídas do mundo?"

* * *

Dostoievski começa aonde Tolstoi chega ao fim. Em Tolstoi, em [*A morte de*] *Ivan Ilitch* e no *Padre Sérgio*, há a negação do mundo racional, "uma solidão que não poderia ser mais completa". Dostoievski, porém, já aceita para fundo de seu pensamento essa falência do universo comum. Dostoievski ou é satânico ou divino, mas é sempre angélico. Na confissão de Dimitri[6] há o completo caos, no sentido da "omnitude" de Chestov, mas há também a alegria, o sol, o hino:

AN DIE FREUDE![7]

* * *

Quando Kiriloff percebeu a lógica total dentro da pura liberdade – na ciência em bloco – foi como se ele tivesse anulado em si o pecado original, a ciência (raciocínio) dentro da liberdade. Isso deveria acarretar uma transformação total nele; porém essa transformação não ocorreu, e surgiu então o drama inevitável, o suicídio.

Do ponto de vista do Homem Subterrâneo, da liberdade irracional, não haveria, necessidade de suicídio, diz Chestov.

* * *

---

[4]Provavelmente, trata-se do amigo de Lúcio, Marcos [José] Konder Reis (1922–2001). Escritor brasileiro, pertencente à Geração de 45, ao lado de Paulo Mendes Campos, Ledo Ivo e João Cabral de Melo Neto.

[5]Magdalena Maria Yvonne Tagliaferro, mais conhecida como Magda Tagliaferro (1893–1986). Pianista brasileira, considerada uma das grandes do século XX.

[6]Primogênito dos irmãos Karamazov.

[7]Trata-se da "*Ode an die Freude*", escrita em 1785 pelo poeta alemão Friedrich Schiller. Nela, ele exalta a juventude. A ode é mais conhecida por ter sido musicada pelo também alemão Ludwig van Beethoven, e incluída no quarto movimento da sua *Nona Sinfonia* (1824).

DIÁRIOS

Antes do pecado original o homem deveria ser mera liberdade. Adão, comendo o fruto, ficou sabendo o que era o bem e o mal. Antes ele usava sua liberdade (de escolher entre o bem e o mal sem o saber) como em puro jogo, como em jogo completamente livre, cujo único determinante era sua vontade, e não a ciência, não a razão, Deus determinou que ele fizesse jogo de tal maneira (isso é, que não..., Gen. 2, 17), mas sabia que se ele quisesse poderia jogar o jogo proibido, como de fato jogou. O ato de Adão foi completamente livre, sem qualquer influência da noção de bem e de mal – ato puro de vontade, ato apenas desejável. A razão e a ciência só surgiriam com esse primeiro pecado, com sua desobediência inicial ao conselho de Deus. O homem ficou então sabendo o bem e o mal; sua vontade subsistiu com certa liberdade ainda, e o castigo da corrupção foi-lhe imposto.

Em Deus a ciência é única, indivisa, em bloco, sem raciocínio e coincidente com a verdade. Comendo o fruto proibido, o homem passou a ter ciência, mas de forma fragmentária. (*Chercher en gemissant*).

1943

Pecado original como tragédia. Existência de um estado anterior sem falhas, sem corrupção. Queda. Não estamos em nosso lugar.

Tudo isso na frase de Rimbaud: *"horreur de ma betise!"*

* * *

Quando digo razão como pecado original, não penso que ela possa ser aposta aos muitos dos povos primitivos. Não escaparíamos à razão, na forma da corrupção em que eu a compreendo, simplesmente crendo em muitos absurdos. Chestov percebeu isso bem melhor que Benjamin Fondane quando diz, por exemplo, que é ainda a razão que comanda os muitos da Igreja. A fé na infalibilidade da Igreja é um ato racional, um apoio, uma renúncia à liberdade. Razão não é apenas silogismo ou ciência exata, pesquisa científica. Os mitos dos povos primitivos ou dos povos civilizados caem dentro de sua esfera ainda.

Os primitivos estão apenas "atrasados". Mas, tal como *nosotros*, o que eles procuram é o apoio.

* * *

Cambalhota: pus-me ao lado dos "progressistas" e dos "racionalistas". A "luz" da razão jamais se deixará extinguir na sociedade em que foi acesa.

Qualquer fuga à razão será simplesmente individual, nunca fenômeno social.

Uma sociedade pode apenas se desagradar, e um grande retorno à religião não significaria fuga à razão, mas apenas uma virada na razão; as leis da História presidiriam ainda ao processo.

* * *

Algumas vezes a lógica é desnecessária. Essa falta de necessidade de lógica é, porém, bem lógica ainda.

* * *

Não confundir a corrente racionalista da filosofia (*cette petite chose*) com tudo aquilo que se baseia ainda na razão. É Chestov que tem a pedra do toque.

* * *

Fondane combate a razão com a razão. Mas, meu problema não é o antirracionalismo...

Só acredito em saídas da razão como a de Dimitri Karamazov.

* * *

A razão pura é também a ausência de substância. O problema não é propriamente ir contra a razão, mas ir contra as evidências do sentido comum (Chestov). Só interessa ir contra a razão enquanto ela pertence ao "sentido comum".

* * *

A "omnitude" elege a razão em Deus, dá-lhe infalibilidade, e arranja-se como pode, mesmo na maior confusão. Isso não tem importância. O que importa é a admissão tácita da infalibilidade, a ciência, a segurança, o apoio. Realmente não importa que a infalibilidade seja irracional; para a "omnitude" ela é a própria razão. O desejo de segurança faz com que, dentro do sentido comum, sejam esquecidos os sentimentos mais vivos e íntimos do homem, a maior alegria e a maior infelicidade.

O sentimento da morte, por exemplo, é insuportável, então ele é tratado superficialmente; então acredita-se em outra vida, em religião, etc., busca-se a superficialidade e admite-se assim, caladamente, aquilo que era insuportável. O medo da morte traz uma antecipação da morte, o

DIÁRIOS

fim prematuro da luta. É-se tanto mais vivo, porém, quanto mais se luta contra a morte.

A salvação é um absurdo.

Santa Teresa: *muero porque non muero.*[8]

* * *

Penso que agora só me resta viver aos trambolhões. Precisaria de casos e acontecimentos para me distrair um pouco, para fazer com que eu fosse como qualquer um que nunca viu o que eu vi.

* * *

Pensar sobre a santidade, indagar se de fato ela foge em parte ao sentido comum. Indagar isso em Santa Teresa, em São João da Cruz.[9]

* * *

O *"hors de raison"* nem sempre é falência e horror. Aliocha em *Bodas de Caná*, inteiramente *"hors de raison"*, inteiramente livre. Aliocha, entretanto, volta à moral, renuncia à liberdade.

Um estado contínuo semelhante às *Bodas de Caná* seria a suspensão do pecado original, a maior graça. Será isso a santidade?

* * *

Os dois polos "éticos" (...) do "hors de raison": Aliocha nas *Bodas de Caná*; o Homem Subterrâneo bebendo sem chá enquanto o mundo se desmorona.

* * *

O super-homem de Nietzsche como o homem liberto do pecado original. Nietzsche define uma separação nítida entre o super-homem e o homem mais perfeito dentro da moral.

* * *

O desespero de Nietzsche parece espiritual demais, ou melhor, vazio. Nós, sensuais, ao contrário, desesperados pela carne, atormentados e

---

[8]Verso do poema, "Vivo sin vivir en mi", de Santa Teresa de Ávila ou Teresa de Jesus (1515–1582). Religiosa e escritora espanhola, famosa pela reforma que realizou na Ordem dos Carmelitas e pelas suas obras místicas.
[9]São João da Cruz (1542–1591). Frade carmelita espanhol, famoso por suas poesias místicas.

miseráveis, sentimos ainda, embora sem consciência direta, sem consolo explícito, que cometemos um ato vivo; sentimo-nos esvaziados, cair de um estado mais vital. Nietzsche, porém, era virtuoso; enlouqueceu.

* * *

Nietzsche fala de uma ascensão ao super-homem quando toda a tragédia que habita o homem aponta, ao contrário, para uma Queda. Se Nietzsche tivesse vivo dentro de si o drama carnal talvez tivesse percebido aquele processo em outra direção.

* * *

Nietzsche: o homem livre deve livrar-se da dor. Muito certo. Mas eu exijo que seja o motivo da dor que acabe, e não que se fique insensível a ele.

* * *

O tipo de homem religioso que Nietzsche combatia é exatamente aquele que o Grande Inquisidor pretendia moldar ou conservar.

* * *

A razão plenamente consciente de si mesma é... louca.

* * *

Vontade de poder é a vontade natural do homem depois da queda.

* * *

A vontade moral está contida na vontade de poder. Mas, ao invés de esmiuçar essa questão, Nietzsche passa a falar do problema dos fracos e dos fortes. Ora, afinal de contas, ambos estão no mesmo terreno. Se os fortes são capazes de quebrar ídolos, comumente constroem outros ídolos e se ajoelham diante deles.

* * *

Na puberdade, o homem, encontrando no mundo exterior correspondência com o que sente e satisfação para os seus desejos, rompe com a moral estreita e adota a liberdade do sexo. Mas embora natural, no melhor sentido, essa aceitação é também um ato de mediocridade, porque, comumente, outras liberdades falsas e sem força – truques baixos e mesquinharias – são niveladas a ela. Podemos ficar cheios de admiração diante da atitude sã e

DIÁRIOS

natural com que um adolescente aceita o desafio da vida, mas que decepção virá se o analisarmos mais de perto! Em vez de um herói ele parecerá um "tchandala", e a própria potência sexual liberta se assemelhará a uma castração de vida.

* * *

Os homens da Renascença que Nietzsche tanto admira foram certamente alegres animais, e alegra-me mesmo, muitas vezes, ver os homens assim. Entretanto, nossa natureza é outra. Se, como Nietzsche, eu os admiro, não deixo entretanto de admirar bem mais a ele, Nietzsche, pobre e triste criatura.

* * *

A fé só pode existir em "instantes" e em virtude de um absurdo. É uma falta de sinceridade, uma renúncia, uma falência ante o *potestas clavium* qualquer pretensão de fé contínua e permanente.

* * *

A consciência do valor moral é quase uma função "fisiológica"; é vontade de poder, apoio, pecado original.

* * *

Os homens fortes e audaciosos podem ser muito atraentes em seu comportamento, no espetáculo que nos oferecem; mas não são super-homens. Comumente são simples imoralistas, ao invés de serem amoralistas.

* * *

Nietzsche deseja que a vida se torne perfeição fisiológica.

* * *

O que Nietzsche chama de vontade de poder é uma vontade de se ter os pés seguramente apoiados sobre base firme, uma vontade de crença em Razão ou Religião, ou em qualquer distração como o heroísmo, as artes, a política – uma vontade de se estar inteiro dentro do mundo do sentido comum, uma vontade de segurança.

Os animais de rebanho apoiam-se nos primeiros valores que encontram, conformam-se logo com eles. Os mais fortes, porém, divertem-se antes em criar novos apoios, são mais difíceis de se contentar; outras vezes, ao invés de inventar novos valores, gastam suas forças sobre si mesmos, domando-se, lutando para aceitar a carga, espremendo-se para dentro dos velhos valores. Os santos foram tão fortes quanto os homens da Renascença; e tanto uns como outros exerceram e consumiram suas forças na abdicação da liberdade diante de determinados valores.

Tem-se tanta sensação de poder quando se rompe com a moral predominante como quando se arma uma luta interior e se vence "os instintos e as sensações". Em ambos os casos, sente-se apoio firme sob os pés.

Na adolescência, por exemplo, temos a ampla oportunidade de nos exercitar um daqueles processos: ou rompemos com a antiga moral e passamos a acreditar em sexo livre, ou deixamos que o conflito entre o desejo renascente e a moral cega atinja tal intensidade que a vitória sobre ele nos dá sensação de poder, à qual vem juntar-se ainda o bem-estar pela conformidade com a moral comumente admitida. Essa última sensação pode mesmo ser predominante, pode nos deixar impressionados demais. A conformidade seria perfeita se nenhum desejo mais nos perturbasse, se atingíssemos o Nirvana... O Nirvana é a mais alta aceitação da moral, a grande renúncia.

Os criadores de novos valores parecem ter mais vida, oferecem um espetáculo mais interessante talvez, são mais animais (no melhor sentido da palavra), mais brutos, menos contagiados pela civilização. Mas uma admiração maior por eles é tão somente questão de gosto. Eles apenas demoram mais a se identificar com o rebanho. Não há senão uma diferença quantitativa entre eles (ou os santos) e as ovelhinhas plácidas. De fato, habita-lhes um desejo louco, uma atividade que parece realmente viva enquanto é destrutiva de velhos ídolos, mas, afinal de contas, que é que eles desejam? Apenas criar novos valores e se ajoelhar também diante deles, dar demonstração inicial do poderio, garantir situação firme e estável, ter em que acreditar, finalmente. Eles em nada se parecem com o Homem Subterrâneo. Teriam eles por acaso coragem de ficar diante do puro nada, para sentir a pura liberdade? Os homens fortes bem cedo vêm a se castrar também, a renunciar.

No Homem Subterrâneo é todo nosso mundo que morre; mas é justamente nessa morte que não há morte; é nela que há rebeldia de vida.

* * *

Há uma lenda que descreve o estado atual do mundo, chama esse mundo de mundo da ciência (razão) do bem e do mal (moral), que diz estar o homem sob o jugo dessa ciência, que chama esse estado do homem de "pecado original", que se refere à queda de um estado sem esse pecado.

Essa lenda é uma explicação do mundo, porque o mundo, tal como está agora, necessita de explicação; ela sendo do mundo, ainda que explique o mundo, possui a feição desse mundo, e é assim apenas uma explicação, apenas uma coisa ineficiente.

Então...?

Acredito nessa lenda!

Sobre meu caso: acreditando nessa lenda e aceitando-a, formo com ela um ciclo fechado, encerro-me, tal como todos os outros crentes em qualquer crença. Fico mesmo satisfeito porque achei uma crença, achei um apoio. Empoleiro-me no ciclo como uma arara. Mas, oh! não! pobres araras! Esse meu ciclo é tão incômodo! É tão apertado e balança tanto! Os poleiros dos outros homens devem ser mais cômodos. O meu ciclo é o ciclo dos ciclos, e dele vislumbro o ciclo dos outros, os ciclos que os outros não enxergam. Mas não deixo de estar num ciclo também.

Algumas vezes, entretanto...

* * *

Título provável para esses fragmentos:
"O ciclo dos ciclos"
Ensaio de uma destruição de todos os valores.

* * *

Maleabilidade da razão: ela nos conduz onde quisermos.

* * *

Nietzsche: "Não há causas nem efeitos". Sim. A razão pura é a morte. O silogismo é tautológico. A causa é igual ao efeito. Causa e efeito são conceitos de que o sentido comum necessita para subsistir, uma ilusão de liberdade, uma das manifestações da vontade de poder.

A razão quando é muito razão torna-se louca, acaba por destruir os conceitos da causa e efeito. A razão total é exatamente aquilo que não existe.

Foi Nietzsche quem fez a verdadeira crítica da razão pura.

* * *

Nietzsche *m'effraye comme "le silence des espaces infinis"*. Por que está tão longe a vida? Por que não é ao menos como Dostoievski? Não deve ter havido criatura tão sofredora.

* * *

Bem-aventurados os que choram porque eles serão consolados.

Bem-aventurados os mansos, os que têm fome e sede de justiça, os misericordiosos, os limpos de coração.

Para eles a moral não é a moral. É desejo de amor.

* * *

Eu posso ter compaixão, desejar o consolo dos que sofrem, mas somente odiando a moral.

* * *

A crítica de Nietzsche sobre causa e efeito coincide extensa e profundamente com minhas ideias acerca de um mundo completamente racional e determinado. Ele seria uma coisa acabada, fechada, morta, existente já para sempre, onde não existiria mesmo o movimento, onde tudo seria reduzido a uma igualdade. Não haveria um jogo de causa e efeito, ou entre causas e efeitos, mas sim uma única identidade: Causa = efeito.

Nietzsche afasta-se cada vez mais do sentido comum, chegando às últimas consequências das ideias que o sentido comum imagina admitir. Assim, torna-se cada vez mais louco.

* * *

DESPEDIDA DE BARBACENA

No campo de futebol plantado no topo aplainado de uma colina, meu lugar predileto: tempo nublado, relva coberta de orvalho ainda. Barulho de vento nos eucaliptos, gritaria de pássaros, mugidos de gado e, vindos de longe, latidos de cães.

Queria meus pensamentos límpidos, fluentes e livres. Ó ar que circula aqui! O vento soprando em mim insufla todos os sonhos de grandeza.

* * *

Não posso de maneira alguma acreditar em soluções advindas de sofrimentos e privações. Não sei jamais distinguir como uma solução se definiria de uma tragédia. Qualquer moral de fábula, qualquer adesão a uma solução brotada de uma tragédia bem viva seria renúncia e morte. Preferiria simplesmente amar a tragédia, tal como os gregos, viver o alto pessimismo que Nietzsche preconizava.

DIÁRIOS

Dos *Irmãos Karamazov* não me vem solução alguma, para coisa alguma. As *Bodas de Caná*, por exemplo, são a antissolução. Seria impossível tentar viver seguindo aquilo, tirar uma fórmula dali. Tudo funcionou num momento, mas não solucionou o resto da vida.

* * *

Souvernirs de Barbacena.[10]

Visão do problema do pecado original e de sua significação para o homem. Tudo que eu vier a escrever depois sobre o assunto já deve estar contido no que percebi então.

Experiência da vida natural, boa camaradagem, boemia, contemplação da natureza – coisa que me é tão grata: da janela de meu quarto a paisagem verde, extensa, livre, arejada e humana; eu, mais alto que toda a paisagem; os eucaliptos do campo de futebol; os crepúsculos vistos do "Aprendizado".

Compreensão do povo, compreensão de todos os homens. Até parece que a raiva é coisa que não poderei mais sentir, porque compreendo tanto... Afasto-me assim do espírito exigente de Branco (Octávio de Faria[11]), chego a acreditar que por simples força de hábito seria capaz de me acostumar a fazer tudo que os homens do povo fazem (isso é, bem entendido: as coisas "imorais" – jamais a prática da crença na sociedade que entretanto compreendo e perdoo também).

Sensação de ter atingido uma grande universalidade. O "tudo é permitido" muito bem "assimilado" (...) Só pode me restar mesmo amor e compreensão. Apenas leve nostalgia de meus antigos desejos de melhorar o mundo, de minha vontade de ser como Branco. Esses desejos ainda queimam dentro de mim, mas... Amo loucamente a salvação, entretanto.

Je ne peux aprouver que ceux qui cherchent en gemissant. Nom!, cela est passé, je sais aujourd'hui... Não adiantaria mesmo pregar Pascal aos meus alegres e irresponsáveis colegas. Ainda que eu acreditasse na pregação, ainda que eu quisesse fazê-la, seria inútil. E não fiz mesmo; percebi que eles

---

[10][Grifos de Lúcio Cardoso].
[11]Octávio de Faria (1908–1980). Jornalista, ensaísta e escritor brasileiro, membro da Academia Brasileira de Letras. Foi um dos maiores amigos de Lúcio e um dos que mais ajudou a divulgar sua obra. Lúcio dedica a ele o "Diário II". Octávio organizou o romance póstumo inacabado *O viajante* (1973) e os *Poemas inéditos* (1982) de Lúcio. Em muitos momentos, nos *Diários*, Lúcio o trata por "O." ou "Octávio".

sabiam viver, cheguei a desconfiar que eles tinham uma "irresponsabilidade" parecida com aquela que Nietzsche amava...

Bernanos: fui depressa a ele: *"je suis un admirateur de votre journal d'un cure de campagne"*; cheio de muletas, aparelhos e tiras, andando a cavalo ainda; explodindo em perdigotos para vociferar. *Sa fille au cheveux de lin Botequim.*

* * *

Uma vida bem material e saudável em que pelo menos os fenômenos fisiológicos permanecem plenos e sem defeitos. A força orgânica dá tanta impressão de vida!

Não faríamos senão degenerar os homens saudáveis se tentássemos injetar neles problemas, escrúpulos e tragediazinhas.

* * *

A supressão dos defeitos que Pascal aponta para o homem caído definiria de certo modo o super-homem de Nietzsche.

* * *

Copacabana: amor meu maior pela perfeição corporal, pelas coisas fúteis, pela vida do homem quase nu com pele queimada do sol, batida por ondas, atritadas em areia; pela matéria do corpo vivo, insofismavelmente vivo; pelo cheiro das podridões desinfetadas vindo do mar.

* * *

Terrível sonho de morte com os sentimentos mais intensos das "revelações" chestovianas; exatamente na noite anterior ao meu hino a Copacabana.

* * *

Um alto e total materialismo onde não haja luta contra as evidências. Um grande mundo sem liberdade, um grande encadeamento que já terminou ao principiar, um eterno retorno já realizado. O tempo é uma ilusão: ele supõe movimento e liberdade inexistentes no grande mundo material.

* * *

Chateação universal, chateação de tudo que existe ou não existe, mas pode existir. Obrigação de ser, de querer ou não querer, de poder ou não poder, etc., etc., etc.

* * *

O mundo não pode subsistir sem "instituições" e a abolição de umas acarreta sempre o crescimento de outras, dentro de uma sucessão mais ou menos natural e de acordo com um esquema de "evolução", que garante a estabilidade social. Assim, o mundo de hoje não caminha para uma destruição por decadência moral. O "meio" força a adaptação do homem às novas condições e os "adaptados" modernos têm mesmo um certo aspecto agradável. As crises podem sempre ser superadas e novos costumes e novas "liberdadezinhas" vão sendo adquiridas, e assimiladas e, quando necessário, renovados.

Toda essa evolução, todo esse recebimento da influência do meio é tão natural e automático que se de fato algum dia houver um Juízo Final, o ponto onde ele se der não deverá ter qualquer significação maior. O Século XX deve ser equivalente à Idade Média, e ao Século XL, se se chegar até lá.

O livre arbítrio que resta ao homem poderá plasmar fenômenos ou aspectos particulares apenas, mas não pode influir de maneira decisiva na grande e triunfante evolução do meio.

* * *

O sentimento: eis aquilo a que renunciarei. Um Deus vivo só pode estar além dele e no caminho dele.

Seremos julgados pelos nossos sentimentos?

A salvação vem pelo sentimento?

* * *

Dar importância às coisas que sabemos mortas e que, entretanto, nos fazem sentir bastante. Representar dramas e comédias em torno dessas coisas; representar com toda a intensidade para que se consiga ter o sentimento da vida. Deixar a representação nos levar a qualquer ponto, a qualquer choque, a qualquer absurdo. Subitamente havemos de nos lembrar de que, todavia, estamos esperando...

* * *

Não adianta ser diferente (?) dos outros e saber o que sei.

Se escapo de um lado sou apanhado de outro.

Tenho uma vaga "ideia" do que quero; mas não sei dizer.

O PENTATEUCO

Gên. 29, 1-3. Os pastores do rebanho levantam as grandes pedras dos poços para dar de beber às ovelhinhas.

* * *

Inutilidade do dilúvio. E o próprio Deus acaba compreendendo. (Gên. 8, 21).

* * *

Êxodo. Caps. 19 e 21
Arbitrariedade espantosa no estabelecimento oficial da moral. Tudo torna-se mais estranho ainda com a demora desse ato. Há muito tempo Deus já andava às voltas com os judeus e ainda não tinha lhes presenteado com nenhum código moral. Eles já se moviam sob a influência da ciência do bem e do mal, mas essa ciência ainda não tinha chegado à sistematização que, com Moisés, subitamente atinge. Deus deve ter ponderado sobre o estado de queda dos homens e esse estado deve ter-lhe "pesado no coração"; agiu então como o "Grande Inquisidor": deu-lhes as tábuas dos mandamentos, declarou que se elas fossem obedecidas, etc. Os homens iam saber ao certo agora o que deviam ou não fazer para ser recompensados.

Há uma arbitrariedade patente na oficialização das leis morais. Elas não parecem "derivadas" do sentimento moral anterior. Ainda mais: elas irão ter uma aplicação imediata, bem plástica e extravagante. Os "mais altos" sentimentos éticos são nivelados a ritos secundários a bobagenzinhas, e a falta de lógica na passagem dos mandamentos gerais para as leis derivadas é tal que chego a ter a impressão de que foi deixada aberta aí uma pequena brecha para a liberdade.

Existe também imoralidade óbvia nas regras derivadas. Veja-se por exemplo Ex. 21, 21.

* * *

Êx. 23, 1-9.
Espírito de justiça bem avançado já. Passagens como estas não nos deixam crer que os autores do Êxodo fossem ignorantes ou rudes em matéria de moral e justiça; elas tomam mais escândalos e ainda, por contraste, o que está dito no Êx. 21, 21.

* * *

Ex. Caps. 25 e 26.

Reconhecimento da beleza.

Já que devem existir "valores", criemos então valores belos.

Ausência do espírito do negador de valores, do "tchandala".

* * *

A adoração do bezerro de ouro foi o auge da degradação do povo. O Deus de Israel chega a ganhar aqui a nossa "irrestrita solidariedade".

* * *

Êx. 32, 20.

O povo judeu bebeu a água onde foi espargido o pó de ouro do bezerro ídolo.

* * *

Êx. 32, 25-29.

Mas que é isso?

Onde está o "não matarás"? Onde a amizade? Onde a fraternidade? Onde o amor ao próximo?

Por que exige tanto o senhor? Será que uma volta a ele depois da adoração ao bezerro precisa realmente de tudo isso?

* * *

Levítico, cap. 4 – Estamos longe já da matança provocada pelo caso do bezerro de ouro, e os sacrifícios feitos em expiação são estabelecidos como uma renovação do apoio dado pelas leis, como um meio de se anular o sentimento de posição falsa dos pecadores e se produzir sensação de segurança outra vez. Caim mais se sentirá forçado a bradar que maior é a sua maldade do que a que pode ser perdoada. Pecados e regenerações são regulados, e um comércio instituído entre eles.

Não se deve procurar muito simbolismo nessas práticas de expiação. Ao contrário, o valor delas deve residir exatamente no que representam "ao pé da letra". Consideradas e acreditadas como tais é que elas podem ser eficientes, porque então ocupam e divertem tanto quem as pratica...

Algumas vezes parece mesmo que Deus quer se burlar dos homens.

* * *

Levítico 5, 17.

Que escândalo! Que barbaridade! Ah! Que horrível!... "Se alguém peca, fazendo sem saber uma das coisas que o Senhor proibiu, será culpado e carregará sua iniquidade".

Não convém, pois, tranquilizar demais a consciência do povo. A expiação existe, mas, por outro lado...

* * *

Parece-me bem cômica e estúpida a pretensão dos "teólogos profundos" de apontar símbolos e desvendar uma ciência de Deus nas prescrições do Levítico. Qualquer tentativa de interpretação dessas regras afigura-se imediatamente fadada ao ridículo.

* * *

Levítico 9, 24.

O povo não procurou símbolos enquanto os sacrifícios eram executados, e esperou que, como em um passe de magia, o fogo divino aparecesse. Quando ele surgiu, o povo se espantou e se rejubilou.

Tudo isso é pelo menos bem mais vivo e sincero que as pesquisas dos "teólogos profundos".

* * *

Não há dúvida de que a instituição da liturgia (no Levítico) tem, apesar de tudo, um caráter trágico e pesado. Deus é terrível e amedrontador. Mas, como é possível deixar de se ver o ridículo que existe em todo esse episódio? O elemento de comicidade nessa história torna-se mais acentuado ainda quando se pensa na reação que ele viria a provocar (e de fato provoca) entre os "homens civilizados".

* * *

Lev. 10, 1-3.

Por uma coisinha à toa Deus consumiu três pobres cidadãos diante do povo embasbacado. A vida humana fica valendo muito pouco e o Senhor age em fria conformidade com o estado de degradação dos homens, procura os métodos mais eficientes de convicção e submissão. O grande Inquisidor era mais compassivo.

* * *

DIÁRIOS

Lev. Cap. 11.
Bela paixão pelo detalhe. Valorização das coisas terrenas. Chego a desconfiar que por trás de tudo isso...
Se, afinal de contas, eu também sou teólogo, tenho direito de pelo menos insinuar minhas interpretações.

* * *

Lev. Cap. 11, 43.
Triste condição da alma! Quando o corpo come um réptil ela se torna imunda.

* * *

Lev. Cap. 11, 44.
A santidade moral, a santidade pelo não-comer-o-réptil. Suprema humilhação para o homem.

* * *

Mas quando o Senhor lembra a Israel que foi Ele que o livrou da perseguição dos Egípcios "os mais nobres sentimentos" entram em jogo com a moral-segundo-os-répteis. A confusão é total.
Pobre criatura, o homem.

* * *

Lev. Cap. 13.
A imundície do parto.
Isso é higiene apenas ou alguma coisa mais "profunda"?...

* * *

É bonito, entretanto, quando depois de uma porção de recomendações, Deus exclama: "Eu sou o Senhor vosso Deus".

* * *

Lev. Cap. 18.
Meu problema não é saber se o sexo é um mal que nós praticamos mais ou menos livremente, mas sim se o sexo é um mal que nos é imposto, ou se ele não é apenas uma atividade orgânica que, tão somente por convenção social, pode se nos afigurar um mal. (Quando me refiro a sexo compreendo-o, naturalmente, em várias expansões e variantes, e não apenas, etc.)

* * *

O mal é uma coisa ativa ou é somente uma contrariedade à evolução do meio, provocando em nós algo como o "desprazer" nietzschiano?

* * *

Se o mundo inteiro é unicamente uma construção material, racional, fechada, então tudo é determinado pela evolução natural do meio, e o problema do "além do bem e do mal" não tem realidade alguma.

* * *

Números 5, 2 e 3.

Os sujos são sujos porque são sujos. Eles simplesmente não deverão contaminar os arraiais onde o Senhor habita. Nada de sutilezas ou compaixões. O Deus de Israel torna-se cada vez mais estranho e mais diferente do Grande Inquisidor. Seu objetivo parece antes de tudo a sociedade pela sociedade. O número de reprovados aumenta sempre. Os idólatras são passados à espada por seus irmãos, os que apenas se enganam em um detalhe do ritual são consumidos a fogo "*tout de suite*", os leprosos são para sempre imundos e afastados da comunidade, etc.

Com tanta intransigência é bem necessário então que, em certos setores pelo menos, a expiação repare tudo. O ritual é que importa e a expiação é ritual. Sem ele a organização social falha.

Humilhação suprema para o homem. Nem mesmo "os mais nobre e elevados" valores que subsistiam dentro do mundo caído são levados em conta. E não é por causa de "revelações da morte" que eles são afastados; simplesmente por que...

* * *

Números 5, 11-30.

Ciúme que se abranda com um rito oficial...

* * *

Números 6, 6-11 (e várias outras passagens, veja-se Num. 19, 14-22, etc.)

A morte é simplesmente "coisa imunda". Nenhum pascalianismo, nenhuma "revelação chestoviana" e nem mesmo nenhuma preocupação com os que já morreram. Apenas uma regra fria de higiene e de ritual.

O *Antigo Testamento* vem falando apenas de recompensas terrenas, vem construindo apenas uma existência terrena, e quando a morte tem de ser encarada é bem prático que ela o seja como coisa imunda "*tout-court*". É muito perigoso pensar-se sobre a morte, considerá-la como um problema.

A Grande Evidência, a "Verdade", o próprio Deus falava a seu povo; bania o problema da morte, inculcava uma conformidade, lançando assim as "pedras fundamentais" de uma sociedade. Afinal de contas, uma sociedade não se constrói de outra maneira e, portanto, "era preciso" que a própria Verdade falasse mentiras.

O povo judeu ainda não estava bastante civilizado, e a época era própria, então, para que as mentiras necessárias fossem pregadas, e a lei "solidamente" instituída. Entretanto, não era apenas o povo judeu que recebia a lei oficialmente, mas, com ele, toda a humanidade, para todo o futuro. Não importava que as leis fossem sofrer evoluções e adaptações posteriores, que se "civilizassem" com a sociedade, que se cristianizassem, ou se racionalizassem; em essência, elas seriam ainda as mesmas.

"*Nosotros*", os homens civilizados de hoje, podemos nos rir muito das leis dos livros do Êxodo, do Levítico e dos Números; podemos achá-las bárbaras e selvagens, mais estranhas que as leis de fetiche da África; mas, ainda continuando a rir delas, deveríamos perceber que aquelas leis são o retrato da Humanidade – agora e por todos os séculos. A civilização, a ciência, a filosofia e a religião podem ir tão longe quanto lhes for possível; o retrato da Humanidade permanecerá inalterável. Se nos parece hoje caricatura ou fantasia, ele nos revela, ainda assim, o essencial.

O homem deve se conformar e obedecer às leis: aí está a História. O senhor Deus de Israel prepara seu povo e a humanidade para a História, fá-los esquecer o problema perturbador da morte. O problema que mais tarde será capital para a religião trazida pelo próprio filho do Deus de Israel, o problema que é centro de outras religiões e filosofias, o problema capital do homem é afastado sem a menor cerimônia: a morte é coisa imunda; quem a tocar fica contaminado e não pode *aparecer diante de Deus*. Porque Deus é aqui a Suprema Lei, e a morte pode fazer com que o homem duvide das leis. Deus não é aqui um Redentor ou um Deus de liberdade. É a lei pura. E se a lei for abalada pelas "revelações da morte", então adeus leis.

Os homens acolhem a lei mas pecam muito contra ela porque são fracos. Mas se o pecado é só fraqueza diante da lei, a lei ainda está segura e é isso o que mais importa. Algumas transgressõezinhas podem se arranjar: afinal de contas, há o arrependimento, a indulgência, a expiação, aqueles ritos todos... As transgressões ficam sendo apenas os pecados e tudo permanece então mais ou menos firme.

A Grande Evidência impôs-se ao seu povo e depois que sua marca já estava bem gravada retirou-se, tornou-se abscôndita. Hoje os homens civilizados se riem dela, acusam de irrealidade ou de estupidez a história de sua manifestação na terra. As evidências, entretanto, permanecem, embora se transformando e sofrendo metamorfoses. A evolução do meio trabalha sobre elas e algumas vezes chega mesmo a invertê-las inteiramente. O valor absoluto de qualquer evidência passa com o tempo, mas em qualquer época da História a humanidade terá uma evidência para adorar.

* * *

O Deus vivo que uma vez aceitara luta com Jacob converte-se depois na Grande Evidência.

* * *

Números 10, 9.
Ele é um Deus que se chama por trombetas e não por pensamentos. Acho que isso é, pelo menos, mais "bonito" e mais "vivo".

* * *

Números, Cap. 11.
A terrível corrupção do povo. Já não lhe bastam mesmo a Evidência de Deus e o maná que ele envia com o orvalho. Quer também carne, cebola e alho. A matéria derrota o espírito ainda quando este está amparado e "fortalecido" pela maior das evidências!

* * *

Números 14, 26-45.
Os valores apenas terrenos permanecem ainda. O que Deus deseja é simplesmente preparar para seu povo a moradia terrena. Não se trata ab-solutamente de Salvação. Até mesmo o temor diante de Deus se subordina a esse fim (15, 30 e 31).

* * *

Tarefa ingrata esta crítica à *Bíblia*, pois tento fazê-la segundo um ponto de vista que, vulgarizado, fatalmente se negaria a si mesmo e se tornaria bem ridículo.

* * *

Não pretendo decidir da realidade ou falsidade da *Bíblia*; apenas tento mostrar um estado de coisas que existe entre os homens.

* * *

DIÁRIOS

Números 22, 18-35.

O Deus que se contradiz e a "salvação-pela-jumenta" (se bem que seja apenas uma "salvação", não ainda a Salvação...)

Deus escandaloso que se burla do pobre Balaão: dá-lhe uma ordem, depois envia um anjo para matá-lo porque ele cumpriu a ordem; e é a jumenta apenas que vê o anjo e que, por três vezes, livra Balaão da morte. Balaão não via o anjo. Balaão palhaço.

* * *

A liturgia instituída por Deus não deve ter qualquer valor para a Salvação. De um ponto de vista racional, ela nos parece inteiramente absurda e é inadmissível que possa influenciar a Salvação. De um ponto de vista antirracional e contra as evidências, ela nos parece igualmente inaceitável, pois, se existe um absurdo salvador, ele não há de ser tão bem definido e regulamentado com o ritual descrito na Bíblia, nem tão estúpido. Se a moral, o bom comportamento e a virtude são coisas sem real valor para decidir da Salvação, também o são quaisquer absurdos daquela natureza. Afinal de contas, o mundo não é simplesmente um grande hospício.

O valor da liturgia só pode ser terreno; na melhor das hipóteses, uma preparação para o advento do cristianismo histórico – mas nem mesmo uma preparação para o Cristo Salvador individual.

* * *

Números 31, 13-24.

Realmente espantoso! A matança de mulheres e crianças é ordenada por Deus, e depois a "purificação" durante sete dias, recomendada ainda por ele! É assim que o Senhor usa os homens para organizar a sociedade; eles são simples bonecos em suas mãos, seres completamente sem liberdade; matam para obedecer a ordens e depois se purificam para entrar no templo de novo!

Será tudo isso necessário para preparar o terreno ao cristianismo? Será esse o preço a se pagar para que a figura do Cristo individual possa permanecer no futuro sempre acessível à humanidade? O próprio Cristo se preocupou muito com a organização sólida de instituições.

Se o Cristo é o libertador, certamente não o é quando organiza a Igreja e o cristianismo. Sua grande função só pode ter sido um *affaire des Dieux* totalmente ignorado por nós.

* * *

Deuteronômio 4, 24 – "Teu Deus é um fogo devorador, um Deus ciumento" – *pas le Dieu des philosophes.*

* * *

Deut. 4, 29 e 30.
O Deus que não é agora o organizador de sociedade.

* * *

No Deuteronômio, o papel persuasivo de Moisés junto ao povo já parece mais importante que a fala direta de Deus. Os tempos de peregrinação pelo deserto vão se acabar e a Grande Evidência vai se retirar. Moisés, como homem de consciência superior, deverá então orientar o povo na conservação das leis que foram dadas diretamente por Deus. Tudo torna-se mais humano agora: um homem trabalha sobre o povo, afirma-se como guia e, tal como os fundadores de religiões, prega uma doutrina
Às vezes Moisés leva tão longe a importância de seu papel que parece esquecer-se de quem na realidade é, e fala como se fosse Deus. (11, 13-15, etc.).
Será isso a genialidade?

* * *

Moisés não aparece de maneira alguma como um simples instrumento de Deus, um simples intermediário, um repetidor desinteressado e puro, Moisés fala, ao contrário, egoisticamente, por instintos que lhe são próprios, por vontade de poder.
Se Moisés falava com Deus, por dias e noites durante anos seguidos, apoiando-se de maneira tão segura em verdades e evidências indiscutíveis, era natural então que sentisse em si a maior capacidade para governar o povo, que se sentisse forte interiormente, que não sofresse o *"craint et tremblement"*. A nenhum outro mortal tinha sido garantido tão estupendo *"potestas clavium"*.
Sua atitude servia da melhor maneira aos desígnios divinos, pois Deus havia de perceber que o caminho a ser seguido então por Moisés, de acordo com a evolução natural das coisas, só podia ser mesmo o caminho por ele desejado.

* * *

Deut. Cap. 17.

O "espírito das leis". Negação de um lugar para o homem livre, negação de espaço para a genialidade. Ausência até de heroísmo. O juiz é a autoridade suprema, o rei um simples governador.

* * *

Deut. 20, 12-18.

Num sentido moral do bem e do mal, sem libertação de espécie alguma. Simplesmente lei pura e absurda.

Israel, tão escandalosamente protegido sobre os hebreus e os cananeus, parece apenas a negação da liberdade humana e encarna, assim, o rebaixamento de nossa condição.

* * *

Deut. Cap. 26.

Beleza e poesia da vida num tempo em que a terra manava leite e mel, e em que as consciências tinham sido tranquilizadas pelas evidências, apesar de todos os pesares. Ilusão de plenitude de vida.

Israel era uma "ofensa à dignidade humana", mas naqueles tempos essa dignidade devia ser quase imperceptível, e permitia a ilusão de perfeição e plenitude de vida.

* * *

Deut. 30, 11 e 12.

Deus confessa que os mandamentos não estão no céu.

A lei é, pois, terrena. Deus pouquíssimo se refere a uma vida de após-morte em toda a sua fala com o povo (exceção quase somente em relação a Moisés, "que seria recolhido aos seus povos"). A morte é comumente considerada como um simples fim (coisa imunda), ou como um castigo ao homem que desobedeceu à lei para o povo. Talvez não houvesse mesmo sentido em qualquer referência a uma vida de após-morte, quando essa referência implicava um problema de salvação ou não, e esse problema dependia da vinda futura de Cristo.

Cristo, quando veio, pregou também uma lei para a Salvação. Mas ainda essa lei parece que não era "do céu". Não vejo nenhuma ligação entre a existência do Cristo como um mistério da salvação e a lei cristã anunciada pelo próprio Cristo. A lei do Cristo não é em essência diferente da lei do Antigo Testamento; se esta não importava para a Salvação eterna, também aquela não importa. As diferenças entre as leis do Velho e do Novo Testamento dizem respeito apenas à parte degenerada do homem ou às influências do meio (de ordem histórica principalmente).

Fala-se no Novo Testamento, entretanto, que a lei governa também a Salvação. Há razões bem lógicas para que se fale isso. O Novo Testamento foi estabelecido em época de desenvolvimento intelectual muito maior que o dos tempos do êxodo dos judeus para a Palestina. Os gregos já tinham existido e a filosofia se propagava em formas racionais. Uma nova religião não podia fundar suas leis morais, tal como em Israel, na simples necessidade de organização de um povo e de sua futura prosperidade terrena. A filosofia tornara-se "sutil" e exigia mais. A melhor base para o estabelecimento de novas leis morais era então a crença na influência dessas leis sobre o destino eterno dos homens. A nova religião deveria mesmo universalizar-se, abandonar os estreitos limites de Israel, que ainda sonhava obstinadamente com um Messias que lhe desse glória e poder temporais. A nova religião deveria subsistir através dos séculos. Suportar os desenvolvimentos futuros da filosofia, defender-se perante um mundo que acreditaria sempre no racionalismo, e somente o argumento de que a vida eterna era, pelo menos parcialmente, decidida de acordo com as leis cristãs poderia dar apoio racional permanente ao cristianismo.

* * *

Deut. 32, 15.

Triste homem que a gordura governa, animaliza, faz perder a dignidade humana.

Pascal estará certo? A "dignidade" do homem é mesmo o pensamento, a não animalização? Talvez aquela dignidade seja o sentimento.

Mas, somos livres para sentir? Parece que nossa "constituição orgânica" é também responsável por nossos sentimentos.

* * *

Deut. 32, 31.

A Rocha de Israel não é como as outras rochas. Isso é bem verdade; as evidências dos outros povos nunca foram tão poderosas. Tão belas e tão verdadeiras quanto a Grande Evidência de Israel, a Rocha que permanece através dos séculos como um escândalo de grandeza.

Tudo isso é vontade de poder. Mas, que importa? Pelo menos o apelo de grandeza que existe sempre no homem encontra alguma resposta diante

DIÁRIOS

de tal espetáculo. O poder nos embriaga e nos convida a abandonar a crítica e a exigência.

* * *

Logo após a Queda a sensibilidade do homem ainda era aguda. Caim exclamava: "maior é a minha maldade que a que possa ser perdoada"; mas, em consequência da Queda, a sensibilidade humana deve ter decaído muito. Circunstâncias especiais, porém, ocasionaram uma reversão do processo. Nietzsche tem sua teoria a respeito da "gênesis" da moral; Freud sustenta que os irmãos assassinos do Pai tiveram de estabelecer um conluio entre si, em face da situação perigosa que passaram a enfrentar.

Pensar em repressão até um nível mínimo após a Queda parece sobremodo fantástico; mas as teorias científicas que pretendem explicar a evolução progressista a partir daquele ponto baixo não se mostram absolutamente mais sólidas do que minha suposição inicial. Além do mais, creio que o começo sobrenatural que admito está bem de acordo com certos fatos fundamentais acerca da natureza do homem; creio que ele é, portanto, "um forte argumento científico" também.

* * *

O que Freud ("Moisés e a religião monoteísta") vê como um simples fator para formação das religiões eu vejo como uma necessidade permanente e mais geral de apoio; a única objeção que faço ao processo de formação apontado por Freud é que ele não deve ter sido o único.

Uma trajetória de evolução não tem para mim qualquer importância maior. Desde que vejo de início um sinal da lei sobre a humanidade qualquer caminho me parece indiferente.

Assim, compreendo coisas que usualmente são tidas como extremos opostos – ciência e religião; vejo como ambas são equivalentes no papel de apoio que representam para o homem. A evolução histórica entre a crendice religiosa generalizada dos tempos antigos e a moderna idolatria da ciência não me revela novidade alguma que mereça maior atenção. A ciência me parece apenas substituta da religião, e não reveladora da verdade.

Creio, entretanto que, devido ao "sentimento trágico da vida", a substituição da religião pela ciência nunca será total. Os Estados Unidos jamais apagarão inteiramente a Europa.

* * *

Creio que o povo judeu se acha sujeito às leis da evolução histórica da mesma maneira que os outros povos; apenas creio, além disso, que uma evolução natural como a daquele povo possa sofrer "enxertos" divinos. Já notei mesmo como esses enxertos foram feitos, no caso dos judeus, segundo um sentido perfeitamente natural e "psicológico". As intervenções divinas podem apenas introduzir certas modificações no rumo da evolução, mas deixam as leis inalteradas e onipotentes ainda. O vencedor continua sendo o regime natural.

Creio sobrenaturalmente na onipotência da natureza. Apenas vejo além dessa natureza. Mas, por ver além não me livro do jugo. Tanto quanto os outros homens necessito de apoio. Não posso viver no ar e, ainda que o pudesse, acho que isso seria pouco, que isso seria nada; preferiria apoiar-me também, achar uma "ordem racional" para o meu conhecimento do mundo. Minha interpretação tão esdrúxula da sobrenaturalidade da natureza é pois um apoio também.

* * *

O que eu tenho feito até aqui não é um estudo de homem, mas da prisão onde o homem está encarcerado. Creio na realidade dos problemas postos pelo homem, creio no direito do homem à liberdade que não possui, creio na vida após-morte; e observo as diferenças de sentimento entre os homens porque acho que elas podem explicar algo sobre a prisão; elas revelam a maneira segundo a qual os meios externo e interno (orgânico) governam o homem e o prendem. Para estudar essa prisão caminho com a ciência; mas caminho com ela assim tão à vontade porque a desprezo, porque me rio dela, porque me rio das "verdades", das evidências.

* * *

Inúmeros fatos dos quais não posso duvidar me fazem acreditar numa trama de influências entre a alma do homem e o meio; em parte a ciência é capaz de explicá-las.

Mas, se tenho uma interpretação mais geral para o científico, não posso crer totalmente nas interpretações mais gerais da ciência.

* * *

O "Grande meio" evolucionando com todos os seus processos simultâneos compreende o que cada indivíduo em sua evolução lança sobre ele.

Por sua vez, o "meio" não é apenas o meio exterior, mas o conjunto de todas as circunstâncias e leis que influenciam a "alma" do homem, que influenciam os atos, os pensamentos e o modo de ser do homem.

* * *

As "diferenças" entre os homens são devidas à influência do meio. Uma neurose ou uma doença qualquer provocada pelo meio pode romper a casca do próprio meio em torno da alma e, em certo sentido, libertá-la um pouco, deixá-la experimentar conscientemente seus sentimentos e expressá-los. Mas a alma que pode sentir e se expressar então é ainda a alma caída. Ela apenas coloca os problemas e os sentimentos reais a que não podemos renunciar.

* * *

Os cientistas não me perdoarão jamais por fazer a crítica da *Bíblia* acreditando nela, de início.

Quando entro um pouco mais fundo na ciência sou também coberto por uma nuvem de "falta de fé" e tenho vontade de fazer exegese racional e civilizada, ou mesmo de mudar o assunto. Entretanto, minha fé retorna. Ela me permite maiores evidências e "interpretações" mais interessantes.

* * *

Uma conformação é sempre uma conformação com uma lei. Os primitivos se conformam com a religião e os civilizados com a ciência; uma e outra são leis. Os revoltosos acabam por se conformar com leis intermediárias, com leis de conciliação.

O amor e a alegria nem sempre são conformações; eles podem nascer e crescer exatamente quando se percebe o contraste entre eles e a lei. Entretanto, a "lembrança dos bons momentos" pode atenuar o contraste, pode despertar em nós a conformação com as leis da vida, pois a vida ainda é capaz de nos proporcionar outros "bons momentos". Ficamos com o "amor contínuo"... Mas ele vale sacrifícios, porque existem momentos de vitória e, se desesperarmos e recusarmos a conformação, desesperamos precisamente porque a lei ainda nos prende; continuamos a não ser livres.

* * *

A maior felicidade "estabelecida" dentro da conformação seria, de qualquer jeito, insuportável na eternidade.

* * *

Não tenho autoridade para escrever e escrevo sobre coisas a respeito das quais não se escreve. Quando se quer ir muito longe no pensamento fica-se impossibilitado de escrever. Entretanto, se teimo em escrever sobre isso, que importa? Estarei cometendo uma falta de sinceridade? Mas que importa ainda?

Afinal, quero escrever, quero publicar; e não posso escrever coisas absolutamente sinceras assim como fazem os inocentes (Dostoievski, por exemplo...)

Meus assuntos não são úteis nem divertidos, mas se quiser publicar, publico; mostro a qualquer um as minhas maiores intimidades. Desnudo-me. E então... oh meu Deus!... que deserto seria eu, que coisa árida! – com todos os meus mais "verdadeiros problemas" e "mais profundos sentimentos", com todas as minhas fixações e todos os meus "momentos"! Que coisa nua!. Que sobraria disso tudo? Chego a desconfiar que um homem (no caso eu) é algo que pode ser esvaziado até o fim.

* * *

Conheço perfeitamente a "sinceridade". Que nome darei a ela?
Haverá um nome?
Para que arranjar nome?

* * *

Haverá regras, haverá nomes, haverá leis dentro das quais eu...?

* * *

Se escrevo e publico é com desejo de glória. O que publico torna-se público e pode ser que alguém descubra algo.

Pode ser também que senhores mui conscienzudos queiram deduzir ensinamentos morais de minha "experiência" e encontrar justificativas... Que "boa vontade"!

* * *

Sou eu também um homem de boa vontade?
Se há qualquer coisa em mim (parece que há), os Deuses descobrirão. Oh! os Deuses!...
Acudam!
Acudam!
Ou demos gargalhadas?

* * *

Os estados de abatimentos e recusa do mundo são estados mórbidos.
Tristeza por quê? Porque os problemas não foram resolvidos? Isso pode ser anemia.

* * *

DIÁRIOS

Allons!
Allons enfants de la patrie!

* * *

Por que esta mania de pecado original? Deve a vida ser passada inteira em discussões sobre problemas?
É preciso ficar sem pensar.

* * *

Por que viver tragicamente? Creio mesmo que é possível continuar a viver ainda com muito mais calma do que antes. Há certas coisas que fazem esquecer. Escrever, por exemplo; podemos fazer alusões, mas sempre com o "espírito criador"– o que representa um grande alívio.
Torna-se pacatamente um escritor. Algum dia, se me arrepender e ainda tiver forças, então farei qualquer outra coisa.

* * *

Até o *"dieu* Baudelaire"[12] fica antipático quando quer definir a "maldita raça de Caim" e elegantemente se incluir nela com versinhos bem construídos.
Por que não tentar viver com mais saúde, ou então tentar qualquer coisa mais bruta, mais rápida e mais definitiva? (Por exemplo:...)

* * *

Penso que esta minha experiência acabou. Passei. E é prodigioso que tenha passado. Pode ser também completamente natural e sem prodígios. Mas penso que passei. Perdi alguma coisa de mim? Posso ter perdido tudo, mas continuo igual. (Sim, porque antes já não tinha coisa alguma...) Sinto até um desejo de me oferecer assim inteiro e nu à Divindade, sem crença e sem moral nenhuma para atrapalhar mais ainda, fazendo o que quero, sem mandamentos, numa inteira libertação dentro do pequenino livre arbítrio. Sinto até um grande amor em tudo isso (Oh Deus! recolhei-me!)

* * *

---

[12]Charles-Pierre Baudelaire (1821–1867). Poeta e teórico da arte francesa. É considerado um dos precursores do Simbolismo e reconhecido internacionalmente, juntamente com Walt Whitman, como o fundador da tradição moderna em poesia, embora tenha se relacionado com diversas escolas artísticas. Sua obra teórica também influenciou profundamente as artes plásticas do século XIX.

– Desespero?
– Não.
– Tensão?
– Não

"Você não sabe como é bom viver
Numa casinha branca de sapé
Com uma mulher para fazer carinho...
Ô vida danada,
Num dianta fazer nada..."

* * *

(*Oh! Messieurs de la culture!
Oh! Messieurs de la morale!
Oh! Messieurs!...*)

* * *

Quem sabe se eu não terei no futuro um Ms. Berdiaeff?...
Um Ms. Paterne Berrichon!!! Mas isso já seria demais...

* * *

Minha vida: acabou ou ainda não começou?

* * *

Quereria ser sincero e puro como Pascal ou Rimbaud.
Creio numa salvação pela sinceridade. Fora dela não creio em nada.

* * *

Viver no "tudo é permitido".
Mas, se eu ficar apenas imoral vulgar, um niilista?
Tudo é permitido, mas nem tudo é permitido.

* * *

Na *Vontade de Poder*, Nietzsche vai muito além de Chestov ou Fondane. Esse é sem dúvida o livro mais terrível jamais escrito.

Não havia pois saída para Nietzsche senão a loucura.

A tragédia é tão trágica na *Vontade de Poder* que passa da categoria de tragédia, ou mesmo de loucura, para a categoria de morte integral.

* * *

DIÁRIOS

A vontade de poder é o muro contra o qual se bate o Homem Subterrâneo.[13]

* * *

Há uma glória sincera que eu não conheço?

* * *

Há alguma vantagem na vantagem? Há alguma vantagem em não se ficar louco? Vantagem tem algum sentido? Qual? Por quê? Instinto de conservação? Vontade de poder?

* * *

Entretanto...
Nesse "entretanto"...
É a única coisa que posso dizer; talvez nem isso.

* * *

Dedicatória (como nota cômica) para o "Ciclo dos ciclos":
A Friedrich Nietzsche, no seu primeiro centenário (o próximo ano de 1944)

* * *

Compaixão que é queda, compaixão que é aceitação do sentido comum, compaixão que é doença no mundo da vontade de poder, compaixão, compaixão, compaixão...

* * *

Hora que tudo falha como valor, mas hora também em que tudo tem valor, até mesmo as coisas mais insignificantes.
Tudo que existe reclama uma grande reivindicação.

* * *

Deus será também julgado por nós? Terá também o seu Juízo Final?
Será esse o novo livre arbítrio: perdoar Deus?

* * *

---

[13]Trata-se da personagem do romance *Notas do subterrâneo*, também traduzido como *Memórias do Subsolo* ou *Notas do Subsolo*, de Fiodor Dostoievski. Apresenta-se como um excerto das memórias de um empregado civil aposentado que vive em São Petersburgo; um homem amargo, isolado, sem nome, geralmente chamado de *Homem subterrâneo*.

A única lei (Lei?...), a coisa que importa: ser sincero.

* * *

Mas há um domínio onde a sinceridade ela mesma...?
Sim.
O que resta então em nós só Deus poderá descobrir. Nada sei sobre isso.

* * *

Fico quieto, pronto para tudo, espero os sentimentos; deixarei que eles
me levem a qualquer coisa, se eles vierem. Serei eu mesmo.

* * *

Quero um Deus que seja como uma pessoa com quem "eu inteiro" possa
"conversar".
É possível que eu (ou alguém) "inteiro" possa ser compreendido por
outro?

* * *

Devemos deixar o ridículo invadir tudo. Onde ele puder ir que vá e tome
posse. Se sobrar algo, então...
... não pode opor barreiras à ameaça do ridículo, à análise.
A oposição à influência do meio é ainda manifestação da influência do
meio. Não é oposição real, mas reação do meio a algo julgado perturbador.
Nesse processo tudo acaba por se acomodar, por continuar igual, por não
mais que evoluir.
"*Laisser-faire*"?
Niilismo?
Se alguém quiser compreender assim que compreenda; terá "razão".
(Justamente eu não quero ter "razão". Mas se eu ficar ao meio do cami-
nho? Que poderei fazer? Se me perder para sempre?)

* * *

Deve-se ceder o máximo de terreno ao inimigo.

* * *

Existem no mundo verdadeiro Bem e verdadeiro Mal ou apenas ciência
do Bem e do Mal?

Ou será o Mal o estar na ciência do Bem e do Mal? E será o Bem o estar "mais além"?

* * *

O que acabou para mim foi o *"chercher em gemissant"*, a procura trágica ou intensa de uma "solução". Não "procurarei" mais. Se a "solução" não é encontrada pouco depois de iniciada a busca, então o melhor é mesmo desistir. Procuramos para viver, e haveríamos então de gastar nosso tempo finito de vida procurando? (*Pas de hari*!...)

Meu caso foi, porém, muito interessante. Não precisei prestar obediência a esse belo princípio que acabo de anunciar, porque exatamente minha conclusão coincidiu com ele. Ele já é o fruto de minha procura.

Que fazer então com minha vida? Justamente não fazer nada. A vida não é uma coisa com a qual se "façam" coisas. Pode ser que seja; entretanto, eu nada quero "fazer" com a minha. Deixo-a ir indo, ir indo, ir indo. O meio irá influenciá-la ao longo do caminhãozinho; eu reagirei "adequadamente", esperarei certos acontecimentos insignificantes...

Perdi completamente a "inocência" e a fé; tornei-o muito crítico, muito cínico. Além do mais, sou brasileiro e o clima aqui é tão quente...

Por que tragédia? Ela existe, sim, mas é preciso abandoná-la. A vida é vida mesmo, ainda que seja morte.

Em minha vida poderei encontrar várias "verdades" verdadeiras e muito interessantes, mas continuarei para frente ainda.

* * *

Foram em mim resultado de uma luta contra as evidências; tornaram-se já quase evidências. Que importa? Sempre haverá "além".

* * *

Percebo agora tudo como um todo; esse todo (ou esse nada) absorve tudo, nós inclusive. Os acontecimentos, tragédias e festas da humanidade são como pequenas erupções de vulcõezinhos do tamanho de saídas de formigueiros; arrebentam na vasta planície da terra árida e morta, fracamente iluminada por uma luz interior. O fumo que se solta de cada bolha estourada esvoaça um pouco e bem cedo acaba por se dissipar na "atmosfera".

Tudo que existe não pode deixar de ser como um vulcãozinho. O mundo é grande, grande, grande, grande, e as coisas pequenas, pequenas, pequenas.

Faço brururururururum com a boca e me pergunto se isso foi alguma grande erupção. Nego. Faço brururururururum outra vez; digo que tudo é apenas brururururururum de boca, brururururururum, brururururururum...

* * *

Quando nós sentimos, que importam todas as descobertas, todas as verdades? Podemos ter construído um mundo de verdade, ou pelo menos de descrenças e de dúvidas, mas ele não é o mundo dos nossos sentimentos. Nenhum desaparecerá por causa do outro.

* * *

A maior ilusão do homem é crer na ciência. Entretanto, essa ilusão não pode ser destruída.

* * *

E portanto a inocência é a vida. Agora a volta é impossível; desintegrei-me. Era um domínio mais ou menos trágico, mas sempre era alguma coisa. O puro sentir, o exclusivo sentir acaba se tornando mesquinho.

O processo que sofri pode ter-me imbecilizado. Gostaria tanto de ter escrito alguma coisa antes, para poder comparar e julgar agora! Sei que estou me tornando estúpido; sei que isso tudo não é absolutamente uma grandeza demasiadamente grande que se expressa de maneira sofisticada. Ah! Já nem deveria mesmo falar de grandeza! Um desespero enorme que não sinto, me embrutece. Estou de fato impossibilitado. Não posso. Vou viver no mundo, mas minha vida não volta. Conformo-me outra vez, e isso pode ser o meu maior pecado.

* * *

A ação?
Mas basta pensar que quero "construir" algo para que...

* * *

A tragédia grega, segundo Nietzsche a descreve, parece-me a salvação desesperada perfeita – o abismar-se totalmente dentro da vida. Ela é uma forma de vida sem razão, sem análise e sem moral, uma coisa que é porque é, completamente acabada e determinada, livre de apêndices inúteis, autossatisfeita e não corrompida. Investe direta e brutalmente sobre o objetivo, renunciando de golpe ao mundo racional e moral. Ela é assim a culminância da evolução histórica do homem; é mais plena de vida e mais intensa

DIÁRIOS

que os melhores momentos históricos dos outros povos – os momentos de prosperidade terrena e de visão de Deus em Israel. Nenhum teocentrismo a corrompe; nenhum humanismo sistematizado, nenhum cientificismo, nenhuma moral.

* * *

O erro de interpretação que Nietzsche cometeu na *Origem da Tragédia*– e que acabou por abandonar na *Vontade do Poder* – foi o de ter feito um ataque à moral de maneira muito entusiasmada e moral ainda. Mas a *Origem da Tragédia* já lhe cerra todos os caminhos exceto aquele que o levaria à *Vontade do Poder*.

Quando escrevia a *Origem*, Nietzsche deveria estar cheio de esperanças ainda, acreditando ter conseguido continuar na vida inteiramente segundo a maneira da tragédia grega. A tragédia porém se realizou, provando exatamente que seu clima era então impossível: Nietzsche compôs a "Vontade, levando enfim seu determinismo às últimas consequências – e enlouqueceu.

* * *

No estado da tragédia grega, talvez seja a arte a grande força coercitiva que "determina" o homem. Ela é elevada a um grau máximo e ocupa toda a consciência, sem deixar que ela se distraia com outras coisas. É a vida como arte, a vida se preenchendo a si mesma. Todos os instintos estão satisfeitos, inclusive os de destruição. A consciência filosófica desaparece totalmente e só resta a consciência que exige, sem perturbações, ação forte e imediata: Quando essa consciência se ocupa da morte ou de problemas insolúveis, ela o faz como transbordamento de força apenas, como autoexaltação, como um agir, nunca como uma "preocupação" ou uma análise.

Mas no determinismo puro da vontade do poder, sem orientação estética, o homem enlouquece antes mesmo talvez de viver sua grande exaltação destruidora.

* * *

Nietzsche, descrevendo o momento que antecede o nascimento da tragédia grega, fala em revelações da morte quase tão explicitamente quanto Chestov. Mas, nesse mesmo instante, apresenta certa forma de arte que parece "solucionadora". Há uma entrega completa a ela e chegamos quase a uma "salvação pela arte". Se apenas ela não fosse destruição, seria salvação.

* * *

É, pois, Eurípides que representa a degradação da tragédia grega (Nietzsche).

Mas com Eurípedes ou com outro, essa degradação era inevitável. E como ela era também um problema de inocência perdida, não podia haver reversão.

* * *

Nietzsche erra e exagera outra vez atribuindo um papel demasiadamente importante a Sócrates. O que Sócrates fez, porém, não podia deixar de ser feito e quem agiu foi antes a natureza humana imutável que o indivíduo Sócrates livre. Não se deve compreender a tragédia grega como um estado de permanência contínua possível, que pereceu ocasionalmente pela influência maléfica de Sócrates; porque a tragédia grega é uma exceção, um milagre, e a evolução histórica natural faz-se sempre segundo Sócrates, que é a regra. Apenas Sócrates encarnou repentinamente e sistematizou algo cuja essência já existia antes e já dominava a humanidade.

OS LIVROS HISTÓRICOS DA *BÍBLIA*

Sobre o que tenho feito em minha crítica da *Bíblia*: seria preferível que eu rejeitasse "cientificamente" os fatos narrados, ou que os aceitasse para apreciar e sentir a vida que existe neles. Um esforço de destruição sistemática é tão estúpido quanto uma construção teológica. Permanecer numa atitude neutra de crítica "original" é péssimo. ("Dize tua palavra e rompe-te", assim falava Zaratustra[14]).

Sumário de "conclusões positivas" em minha crítica anterior da *Bíblia*: que a Salvação não pode ser regulada por leis nem por moral, ainda quando a moral é dada por um Deus verdadeiro; que nossa libertação está além das instituições racionais do mundo; que nós, e tudo que é do mundo, estamos corrompidos pelo pecado original; que algumas vezes é possível lutar contra as evidências e vislumbrar a libertação; que há uma evolução natural na História e em cada homem determinando coisas que em aparência têm importância absoluta para a Salvação, mas que na realidade a influenciam; que os sentimentos reais e vivos dos homens podem ser despertos por in-

---

[14]*Assim falava Zaratustra* é um livro que influenciou significativamente o mundo moderno. Foi escrito entre 1883 e 1885 pelo filósofo, poeta, crítico cultural e filólogo clássico alemão Friedrich [Wilhelm] Nietzsche (1844–1900).

fluência do meio, por fatores independentes da vontade; que não existe um grande livre arbítrio; que Deus pode intervir na História, mas que o faz de acordo com a natureza corrompida do homem, abusando mesmo, às vezes, do seu estado de degradação; que há drama em nossa existência; que há também grandeza, etc....

Estando tudo suficientemente demonstrado para mim, ponto final. E apenas que eu não me impressione demais com as demonstrações, amém.

* * *

Livro de Ruth. – A beleza simples da vida, sem grandes evidências e espalhafatos, já tinha sido descrita aos Patriarcas antes da partida para o Egito; ela reaparece no livro de Ruth com toda a poesia, toda a humilde alegria de um coração vivo.

Os poetas compreenderão tudo isso, porque, melhor que ninguém, eles sentem as realidades da vida.

* * *

I Samuel, cap. 12.

É assim que os homens continuam: pecando, arrependendo-se, pecando de novo, tocando para frente, enquanto Deus castiga, perdoa, castiga de novo.

O ideal nunca é atingido, e acordos medianos são feitos entre o povo de Deus. Assim, o Senhor deve ter percebido quão difícil era a Israel ter um rei apenas no céu, depois que ele mesmo, o Grande Senhor, já se tinha recolhido da visão do povo.

* * *

II Samuel 7, 14 e 15.

A justiça do Senhor é muito relativa e arbitrária, e não deve ajudar muito ao povo, como exemplo para uma observância fiel e eficiente das leis morais que lhe foram dadas.

* * *

A rigidez com que as leis foram apresentadas e impostas no Pentateuco relaxa-se gradativamente e os ritos de expiação tornam-se menos artificiais. Rasgar as vestes e rolar no chão em prantos torna-se a moda, em substituição aos ritos fetichistas de antes.

O importante é que as leis mantenham certo estado de espírito. Se ele é guardado, as leis podem ser transgredidas, e a própria liturgia é parcialmente mudada, então, em gestos individuais e de maior efeito, talvez.

O povo começa a ficar penetrado do "espírito das leis" e, à medida que essa penetração for mais funda e permanente, as leis e os rituais que lhes acompanham "civilizam-se" também.

Hoje em dia, imbuídos como estamos do espírito das leis, devemos estar mais próximos do ideal procurado no tempo do Pentateuco que o povo bárbaro daquela época. Em nada importa a rejeição superficial que fazemos daqueles ritos absurdos. Somos ainda os mesmos homens.

* * *

II Samuel 21, 1-14.

Subitamente um povo estrangeiro passa a ser defendido pelo Senhor contra o seu povo eleito.

Nunca se pode seguir uma atitude com firmeza ao longo da *Bíblia*. De um momento para outro ela é invertida. Tudo isso estabelece uma confusão que parece às vezes um esboço de fuga ao mundo da lei; mas que não o é, entretanto.

* * *

Vício em minha crítica da *Bíblia*: tornar em chave geral, em conceito, o que deveria tomar como simples narrativa de fatos isolados e individuais – quando justamente baseio a crítica numa revolta contra a generalização, contra a conceitualização.

* * *

I Reis 11, 11-13.

A imensa sabedoria de Salomão não o preservou do maior dos pecados: a idolatria.

* * *

II Reis 4, 8-37 e 8, 16.

Histórias como essa deixam patente a grande conformidade do cristianismo (no caso um pré-cristianismo) com o mistério e os sentimentos mais vivos da vida do homem. Mas quanto mais clara é a conformidade mais ela parece existir em torno de um "desconhecido". Há conformidade, mas não há solução alguma.

* * *

II Crônicas 6, 1-14.

Clima de poesia, de riqueza, de valor de coisas terrenas; clima dos mais altos e salutares que podem existir sobre a terra ,clima de júbilo. Nada pode nos levar tão próximo da crença na vida e no mundo.

Pergunto-me então quão "mau" eu sou quando faço investidas contra esse clima, quando insisto que a Salvação é independente dele. Aflijo-me de quando em vez um tanto com minha atitude e depois tranquilizo-me. Percebo que sou apenas filósofo, que os filósofos só têm força para convencer os que já estão convencidos ou os que já estão em caminho disso. Para esses, e somente para esses, minha atitude pode ser uma nova dor, tal como qualquer descoberta feita nesse domínio. Mas para esses ainda uma nova dor apenas não é coisa que pese demais. Toda essa gente é muito corajosa, ainda quando morre de desespero e medo ao meio do caminho; e se novas dores são trocadas a troca funciona também como uma mensagem de amor, como uma consolação, como um abraço fraternal.

* * *

II Crônicas, cap. 18.

O coração endurecido, a obstinação vencendo a evidência.

Também, se o Deus "*selon* Pascal" cega para não deixar ver...

* * *

Nehemias, cap. 4.

Não importa em nada o meu chestovianismo para que eu deixe de amar um tal estado de coisas em que a vida aprece tão plena e tão atingida. Apenas sei que ele não deve resolver da Salvação. Uma vida dentro desse estado é uma solução ou uma "verdade" somente no sentido em que todas as soluções e "verdades" o são; isto é: sem correspondência "verdadeira".

DIÁRIO

Sinto-me perfeitamente calmo e bem estabelecido dentro do mundo, consigo fugir à tragédia e viver satisfeito. Tudo isso devo às minhas descobertas sobre a necessidade de apoio, etc. Cheguei assim à conclusão (ou "quase" cheguei) de que o homem mesmo que muitas vezes se atormenta e busca o sofrimento. Os "grandes" deste mundo não conseguem logo de saída se apoiar tão tranquilamente como os outros, e então começam a procurar insatisfeitos, acabando por se contentar intimamente com a própria procura. E como a procura nunca chega a uma conclusão oficial, resolvem ficar trágicos, mas já estão apoiados na procura, no "sentimento trágico", que nada tem a ver nem mesmo com aquele sentimento de "tragédia grega". Ora, como sei de tudo isso, e conheço todas as impossibilidades de uma solução que realmente valha a pena, agarro-me aos apoios mais cômodos e divertidos logo de saída, rejeito os apoios "trágicos", "sérios", e complicados, da mesma maneira que rejeito os apoios científicos ou intelectuais, de qualquer espécie. O que procuro então é o "esquecimento". Mas, por favor, não pensem que é o esquecimento dramático, prenhe de desilusões e desespero, o esquecimento de quem bateu com a cabeça na pedra e nenhuma das duas se partiu. Afirmo que é simplesmente um esquecimento para maior comodidade.

Sei muito bem que os "momentos trágicos" às vezes pegam qualquer um desprevenido, inclusive eu, mas enquanto posso escapulir... Se algum dia eu ficar mesmo enredado em insolúveis trapalhadas, então, que fazer?

Dá-se porém que vivo em um país privilegiado, onde é muito fácil seguir o meu novo "ideal". O povo brasileiro é bom, não tem sentimentos de honra e perfeição lá muito exagerados, e há uma certa anarquia instalada no fundo de sua alma. E, além do mais, "a terra é de tal maneira graciosa...". Tudo isso ajuda a vencer as dificuldades.

Abaixo as "profundidades"!

* * *

Uma coisa antipática: o Deus trágico de certos escritores, ainda mesmo quando forem Bloy, Kierkegaard ou Octávio de Faria. Porque pelo caminho desse "Deus trágico" podemos chegar ao "Deus ridículo" do Sr. Jacques Rivière,[15] por exemplo. Explicações invertidas e demonstrações dramáticas já me são quase tão antipáticas quanto a teologia. Abomino as sutilezas, os subentendidos, os suspiros, os gemidos na noite escura e profunda, os olhares lânguidos, as esperanças castradas, etc. Sei perfeitamente que há dramas enormes na alma de certas criaturas, mas se essas criaturas sofrem muito que se arranjem como puderem, por favor, que armem catástrofes, se suicidem, representem qualquer coisa espetacular ou simplesmente sofram caladas e sozinhas, o que eu não suporto é a "associação das congregações para os pensadores trágicos e os pesquisadores do Deus Vivo", a gente que em tudo vê tragédia e vive procurando companheiros compreensivos com

---

[15]Jacques Rivière (1886–1925). Homem das letras francesas; editou *La Nouvelle Revue Française* de 1919 até sua morte.

DIÁRIOS

quem entra em acordos tácitos para condenar a "burguesia", etc. (Deixemos a burguesia em paz com toda a sua burrice!). Admito inteiramente que alguém se revolte, que brade a sua indignação em plena rua, que se torne louco furioso, que fuja para longe, que vá caçar elefantes na África, diante de alguém assim eu me espanto e me rendo todo. Mas, positivamente, não aguento o clima de suspiros queixosos daqueles que se fazem de senhoras espirituais, lançando olhares dúbios em direção ao Deus que entretanto confessam abscôndito.

Se, por momentos, parece que a possibilidade da tranquilidade vai para sempre se afastar de nós, ainda somos, graças a Deus, suficientemente vivos e fortes para esquecer e para retomar um caminho qualquer. Para quem procura Deus e não o acha, existem algumas soluções bem interessantes (vejam-se as propostas por Dostoievski, por exemplo); o que é ridículo é passar-se a vida toda a ter encontros secretos e furtivos com o Senhor Deus abscôndito.

Pascal está certo ao falar que o Deus vivo não é o Deus dos filósofos, mas esse Deus não é também o dos que fingem gastar suas vidas em procura e em drama. Eu preferiria mesmo a estupidez da teologia, do racionalismo ou do cientificismo; abraçaria antes a "Suma" que os mandamentos trágicos e ridículos da *"recherche du Dieu vivant"*.

É verdade que essa *"recherche"* é mesmo atirada às vezes sobre algumas pessoas; mas então ela vem de fora e não tem mandamentos, ela não é escolhida com o restinho do livre arbítrio que nos ficou; e tudo que devemos fazer nessa circunstância é justamente levar a busca a um termo, qualquer que seja ele – o mais rapidamente possível. Não mais que um período limitado de nossa vida pode ser dedicado a essa procura, e não são muitos mesmo os que de fato precisam passar por esse "intermezzo".

Também creio em casos humanos que acarretam ineludivelmente todo um resto de vida dentro de um terrível drama. Repito que o que me revolta é a busca voluntária de mais sofrimento para servir de assunto a um livro ou de senha a uma irmandade. Penso que só têm "direito" de escrever tragicamente as criaturas sãs e conformadas como Dostoievski (...?), os que são suficientemente inocentes (num bom sentido), ou os que não acreditam absolutamente em moral alguma. Mas os escritores da *"recherche"* são insuportáveis. Eles deveriam ter sempre diante de si os casos tão opostos de Rimbaud ou Dostoievski, ou mesmo o de Pascal – que não pretendia compor uma coletânea de pensamentos *"à la recherche"*, mas sim fazer uma sólida *apologia* do cristianismo. Quando a *"recherche"* permanece além de certo tempo, há indícios de imperfeição fisiológica desagradáveis demais.

* * *

Desejaria outra vez aconselhar o exemplo de Dostoievski. Quem apresentou maiores problemas que ele? Quem os propôs mais trágicos e insolúveis (Nietzsche talvez)? Entretanto, quem o lê respira outro ar. Há algo de saudável, ou pelo menos de atraente em sua própria morbidez. E no *Diário de um escritor* nós o vemos amando o povo com toda simplicidade, aceitando-o mais ou menos como ele é, sem achar ruim porque ele não procura o Deus vivo com agonia, gemendo nas trevas noturnas. Ele ama seu povo e chama sua terra de Grande e Santa Rússia, etc.

* * *

A explicação religiosa do problema do mal é sempre péssima, seja ela em teologia escolástica ou no sutil conhecimento do "Deus vivo". Aquele é um problema que quanto mais mexido mais fede.

* * *

O melhor é não falar muito acerca de Deus. Acaba-se sempre mal: ou na *Suma Teológica* ou na *"Recherche du Dieu vivant"*. Nunca se conseguirá aquele salutar tom de escândalo que a Bíblia mantém e que nos incita espontaneamente à aceitação ou à revolta.

* * *

O problema da sinceridade é talvez o ponto mais alto que admito para nosso livre arbítrio. Seremos suficientemente livres para ele?

* * *

Autores que constroem um desespero vazio para proveito próprio.

O maior dos pecados será uma falta de sinceridade em relação ao desejo de Salvação?

* * *

Há uma dualidade entre nosso pensamento oficial, principalmente aquele que escrevemos, e a nossa vida. Agora, porém, que renunciei de todo ao "heroico" para me identificar com a variedade e a bagunça da vida, poderei talvez diminuir bastante essa dualidade.

* * *

Há tanta coisa boa na vida, tanta diversão! Estou ficando um mestre em escolhas.

Como me sinto "brasileiro" e como gosto de toda a nossa bagunça!

* * *

Tenho uma imensa fé e tenho grandes esperanças. O desespero passou mesmo. Algumas vezes sinto-me eufórico.

* * *

Alguém compreende minha nova "ciência" de vida? Quem a atribuir a um desespero disfarçado ou a uma desilusão não a terá percebido; terá sido apenas um homem de boa vontade (talvez)...

* * *

Falta qualquer coisa muito importante em mim e há um fator excessivamente corrosivo na minha maneira de conhecimento. É natural e louvável que a corrosão se estenda às coisas que combato e nas quais desacreditei; mas não às coisas que eu gosto; entretanto, elas também desaparecem ou tornam-se apenas umas cascas ocas. Os sentimentos se esvaziam. Tudo aquilo que me levou à revolta e à destruição desaparece ou se atenua também com a revolução.

Animalizo-me demais e, ao mesmo tempo, preciso de inocência.

Há um domínio imenso que eu perdi.

* * *

O materialismo exclui o conhecimento, – o que para mim não importaria muito, diga-se de passagem, – e os senhores materialistas deviam perceber que aquilo que admitem como conhecimento torna-se simplesmente uma parte do "todo" em um mundo apenas material. Assim, nosso conhecimento tem de ser igual por natureza ao nosso dedo, à nossa dor ou à estrela Vênus. Tudo é uma coisa só, e se supusermos que podemos constatar certas diferenças, essa suposição será simplesmente mais um elemento do "todo" igual aos outros.

Assim, como por princípio não sou materialista, se algum dia me provassem a verdade do materialismo e se essa prova fosse mesmo "irrefutável", eu acreditaria logo nela, mas começaria a rir e diria: "Vejam só em que estado estou. Sou obrigado a acreditar nisso porque isso é verdade. E vejam só que coisa é a verdade! Há algo por detrás dos bastidores que ela ignora. Esse algo pode ser sua própria imagem, sua própria ideia, assim como é uma força "exterior" que me obriga a aceitar aquela verdade como verdade. Que estado realmente indecoroso!"

Os materialistas não deveriam acreditar no conhecimento e são justamente eles os que não poderiam mesmo colocar o problema. Os "espiritualistas", ao contrário, estariam mais à vontade para inventar negações e não seriam tão incoerentes. Por fim, os que são simplesmente amalucados, como eu, esses ficam de todo sem obrigações.

O único materialista coerente foi Nietzsche: negou o "mundo-verdade" e acabou enlouquecendo.

* * *

Quando um materialista nega, também nega a sua negação, a sua crítica, o seu conhecimento.

* * *

"A ciência deve abaixar a cabeça respeitosamente diante do espírito". Pensam que é pilhéria?

Mas se a ciência, em seu ponto culminante e mais científico, precisa aceitar os "princípios eternos e imutáveis", as leis que regulam a matéria, os conceitos, etc. – e se tudo isso é tão "espiritual"! Cientistas e espiritualistas deveriam andar sempre fraternalmente abraçados. Até mesmo eu seria capaz de descer de minha "alta" posição (ou seja, sair de minha maluquice) para entrar também na irmandade.

* * *

Tenho aprendido a não mentir mais a mim mesmo. Desvendo-me todo e não faço isso por "probidade de espírito", mas por pura sem-vergonhice – e porque tenho força para tanto. É verdade que às vezes percebo com inquietude quanto isso representa de perda de inocência e sou levado quase ao desespero ou à nostalgia. Mas me acostumo depressa às autoconfissões e fico fiel ao meu "solene voto" de apresentar-me nu e tal como sou diante de Deus.

* * *

Eu me humilho muito diante de Deus, me humilho demais – e acho que o amor é tudo.

* * *

DIÁRIOS 89

Não importa que eu saiba o que a ciência pode explicar a meu respeito.

* * *

Fujo à ciência porque acho que ela vem de fora e, em última análise, não se aplica ao homem; mas sirvo-me das descobertas da ciência para compreender certas coisas acerca do estado do homem. Assim formo um ciclo nesse movimento de fuga e aceitação. Esse ciclo deve ser a melhor representação da realidade; ele próprio já é mesmo a realidade, e não importa que de mistura haja também o sobrenatural.

* * *

Todo mecanismo da ciência não é mais que aparente e o desenvolvimento lógico que ela nos apresenta é apenas ilusão.

* * *

Vai-se andando por certo caminho até que se chega a um ponto onde se pode fazer uma escolha, mas onde não existem mais argumentos pelo sim ou pelo não, e onde tudo é, pois, puro jogo. Fica-se com um livre arbítrio inútil.

* * *

Existem inúmeras "verdades" e várias delas parecem se contradizer mutuamente. Mas isso é também uma ilusão. O verdadeiro mundo abrange todas as "verdades", estando além delas.

O homem não pode renunciar a uma só das verdades que o sentimento lhe apresenta.

As verdades do sentimento não são menos importantes que as verdades da ciência. Nem umas nem outras podem ser rejeitadas, apesar de não serem ainda o mundo além.

* * *

Será que eu sou "verdadeiramente" eu mesmo, em toda a minha "integridade", quando estou filosofando seriamente?

* * *

Tornei-me tão objetivo, tão imparcial, e deixei a filosofia tomar conta de mim tão inteiramente que acho agora que nada é certo, assim como também nada é errado. Perdi totalmente a "fé" em qualquer coisa que seja apenas "uma certa" coisa.

* * *

Mas uma fé renasce: creio no "fundo comum" dos sentimentos dos homens...

* * *

Veja o mal absurdo, a falsidade, o erro na vida de qualquer gênio, na minha vida. E vejo o Cristo como diferente, como novo.

* * *

– *Devant Dieu? Dieu? Oh! mais pas "Dieu"...*
– *Dieu...*
– *Dieu?*
– *Ils jouent une comedie. Ils sont des "innocents".*
– *Peut-être vous, qui n'êtes pas un "innocent", seriez plus qu'un châtré.*
– *Cepandant...*
– *Cepandant...*
– *Cepandant...*
– *Cepandant...*
– *Cepandant...*
– *Cepandant...*
.....
.....
.....
.....
Tout se dissipe.

* * *

Se eu continuo é por fraqueza e por falta de vergonha, mas essa falta de vergonha é uma *aquisição* minha; e agora, quando tenho vontade de me desembaraçar dela, não o consigo.

* * *

Sofrer, sofrer, sofrer; e depois ir ao cinema.

* * *

Eu mereço um estudo filosófico muito detalhado e, mesmo que os moralistas venham a me justificar ou glorificar, esse estudo deve ser feito. Existem muitas causas e o mundo dentro do qual estou é tão complexo...
Ciência...

* * *

O marasmo da moral tenta me agarrar outra vez. Mas não! Não quero! Já sei bem, não vale a pena.

É preciso ser bem sem vergonha, bem ladino: alto ou baixo é questão de ocasião, e a justificativa moral que às vezes procuro por vias indiretas não vale coisa alguma.

Ultimamente tenho pensado até em santidade. Mas não, ela também...

A categoria de moral pela metade, desejada mas não vivida, essa categoria já tão usada e gasta pelos grandes homens, decididamente não me serve. Cansa! Chateia.

Os ensinamentos podem ser grandes, profundos, emocionantes, mas não me servem.

* * *

Deus perdoa nossa grande culpa no pecado original, que nos faz sofrer, construir tudo em que acreditamos e morrer em vida, da mesma maneira que eu, no "momento", o perdoo e aceito a existência no estado de pecado e de bem e mal.

* * *

Quando se é sincero em toda nossa pequena vida humana, é-se também bruto e animal. Quando se quer guardar fidelidade às regras do sentimento que se sabe sagrado, é-se então muitas vezes fingido.

São os desequilíbrios da natureza humana. Mas que importam eles?

* * *

Tenho medo, mas permanece em mim essa zombaria geral, esse desdém. São dois mundos; eles não se excluem.

Dos meus dois mundos, porém, desço à banalidade, onde não há nada abscôndito ou subterrâneo; banalidade pura.

* * *

Não tenho inocência para ser patético.

Minha baixeza não é dramática, não é de enredo; é apenas "científica".

Minha baixeza inclui o cabotinismo e a esterilidade.

Fui sincero e sinto que serei repugnante.

* * *

Somente um poeta pode ser um grande homem.

* * *

Há no mundo uma única criatura a quem eu me renderia totalmente, a quem eu dirigiria minha súplica mais total – e refiro-me à criatura com sua vida antes que ao gênio com sua obra: Rimbaud.

* * *

A santidade será a sinceridade total, em todos os atos, em todos os momentos – mais o amor?

* * *

O clima quente destrói tudo, apodrece tudo.

* * *

Com um costume que, à força inicial de representação, se acaba por adquirir, pode-se continuar vivendo com grande intensidade, com grande poesia e mesmo com sinceridade.

Entretanto, é apenas quando, ainda antes de se assimilar o hábito, a estreia na vida nos leva ao aniquilamento, que se atinge um verdadeiro clímax. É só aí que a vida é realmente vivida como uma coisa que existe, como uma coisa em que acreditamos, ainda que seja exatamente pela falta de crença.

Isso é maior que a santidade. Mas se tudo continua, tudo será reposto em algum lugar. O drama prossegue e pode haver, no máximo, uma repetição. Repetição é representação, ainda que inconsciente. Representação é arte. Entra-se no domínio da arte.

(Esse é meu pensamento de "filósofo")

Meu desejo é escarrar sobre a arte.

* * *

A história já estava definitivamente encerrada. A continuação não é nada mais que um hábito adquirido.

Pode ser que tudo seja em vão até a estreia; entretanto essa vez é a única possibilidade.

Infelizes os que não tombam da primeira vez.

Infelizes mesmo? Isso é uma "regra"?

* * *

Sou exatamente um filósofo, um "desbravador". Esse é o meu lugar. Qualquer tentativa minha para fugir a ele e para tornar-me um escritor " vital" é um fracasso.

E sou tão filósofo mesmo que algumas vezes penso até na ciência do céu, acho que o céu deve ter a sua ciência também, que ela me seria absolutamente necessária, etc.

* * *

A moderna filosofia do subconsciente parece-me às vezes o "verdadeiro modo de pensar-se". Por mais que esteja imbuída de conceitos, ela não é certamente uma filosofia de conceitos. Daí sua grande atração.

* * *

Renunciar porque não renunciar é pecado; só por isso, nada mais.

* * *

Que ninguém espere força moral de mim. Minha falta de vergonha não é descrer na moral, mas justamente crer ainda nela, guardando uma certa atitude.

Talvez que a "causa" de tudo isso seja a minha total impossibilidade de fé, ainda mesmo que seja fé na falta de fé.

Quando estou cá estou lá, quando estou lá estou cá.

Minha ciência e minha razão aguçaram-se tanto que cheguei à conclusão de que tudo pertence à fé.

* * *

Sou perito em fazer construções trágicas disfarçadas em comédia, com todo o aspecto de "desinteresse" e "superficialidade". Um ar de "desilusão", de tristeza, de bondade que não encontra correspondência, passa a vagar em torno de mim; fico muito "espiritual", fico um pobre anjo perseguido por Deus... Os inocentes cairão facilmente.

Mas não pensem também que estou me condenando com esta confissão. Não, senhores! Nada disso serve para diminuir minha autoadmiração, minha "crença inabalável" de que existe "uma coisa em mim". Sei tão bem que ela existe! E quem poderia duvidar disso?

* * *

Eu teria um belo lugar na *La conscience Malheureuse* de Ms. Benjamin Fondane.[16] Calculem só quanto *"malheur"* ele haveria de encontrar na minha consciência. Todos nós ficaríamos muito contentes e emocionados com as verdades que ele diria sobre mim, não é mesmo?...

Ah!...

* * *

Os tambores ruflam. Os soldados passam cantando em coro a marcha patriótica. Gente exaltada vem à rua para espiar e aplaudir. E lá vamos nós.

* * *

Desde que meu possível futuro público ficou já alertado sobre minhas habilidades na arte das misturas tragicômicas, posso continuar à vontade as minhas improvisações. Fica assim a salvo a minha "probidade de espírito".

* * *

O Dilúvio. Também os homens podem sofrer um dilúvio: nascem e, em determinado momento, quando o estado de coisas já se torna mesmo insuportável, as águas crescem furiosamente, cobrem tudo, matam quase tudo. Depois as águas baixam outra vez e tudo recomeça como era antes.

O dilúvio é a história natural. Mas tenho vontade, apesar de tudo, de fazer as considerações mais espirituais sobre a arca flutuante, sobre o que sobrou nela...

* * *

O caminho da arte é um belo caminho. O homem pode seguir muito longe por ele, sentir muito e muito mesmo, e acabar se comprometendo de uma maneira fatal. Mas, como pode esse ser o caminho de quem já se comprometeu previamente?

* * *

A vida exige de nós uma coisa que não damos, mesmo nos casos mais extremos. Pelo menos não temos consciência de dar.

* * *

---

[16] *La conscience malheureuse* (1936), livro de ensaios consagrados a Chestov, Husserl, Heidegger, Bergson, Gide e Kierkegaard, escrito por Benjamin Fondane, aliás N. Fundoianu, nascido Benjamin Wechsler (ou Wexler) (1898–1944). Poeta, dramaturgo, ensaísta, crítico literário, cineasta e tradutor judeu romeno, principalmente de língua francesa, naturalizado francês em 1938 e morto em uma câmara de gás no campo de extermínio de Auschwitz-Birkenau.

DIÁRIOS

"Il n'y a qu'une tristesse. C'est de n'être pas Rimbaud"
Não se pode, entretanto, ter o desejo ou a esperança de se vir a ser como Rimbaud, assim como se poderia desejar ou esperar a santidade. O estado Rimbaud é uma fase em um destino; só podemos sentir tristeza de não ter sido, e não desejo de vir a ser.

* * *

Racionalmente, a atitude a ser tomada diante do sofrimento é a negação de Deus ou a revolta contra ele. O pecado original é uma ideia que pode explicar muita coisa, mas não pode justificar o que nos revolta, não pode aliviar em nada a nossa fome e sede de justiça.

A aceitação de Deus só pode se dar por via inteiramente diversa, nunca pelo argumento racional (ainda que no seu melhor sentido) que pretende "justificar".

É por isso que o "Deus vivo" de Pascal e Octávio de Faria, mesmo quando considerado sem o ranço que escritores "menores" lhe arranjam, não parece muito diferente do Deus dos filósofos.

* * *

Que a filosofia corresponde à "verdade" muito mais que o sentimento, está fora de dúvida.

Se quiser que faça como eu: a cada hora se agarre a uma coisa, tanto quanto puder.

* * *

Sem qualquer segundo sentido: a medicina e a psicologia poderão dizer muito sobre mim, poderão fornecer esplêndidas chaves decifradoras para minhas ideias e meus sentimentos.

Isso é apenas um aviso e não mais uma tentativa de análise filosófica para o "meu caso".

Resta-me ainda uma experiência; se modificar muito minhas ideias e meus sentimentos, então é porque ela será mesmo terrivelmente importante.

* * *

Admiro bastante os homens que se atiram sobre o cristianismo quase selvagemente, como Bloy. Para eles não existe coisa alguma fora daí; e assim tornam-se Católicos, Apostólicos, Romanos, Desesperados, Desgraçados, cheios de fé, de Esperança, de Caridade, de Raiva, de Força, de

Alegria e Vitória. Mas os que chegam ao cristianismo através de longos e sinuosos caminhos, cheios de dúvida ainda, têm sempre certa atitude de castrados e realmente não me agradam muito. Ainda quando vistos à luz da "caridade cristã", parecem-me apenas mortos que foram içados à força outra vez pelos misteriosos "cordões divinos". Não importa que a vida os tenha atormentado por sentimentos impossíveis, não importa que tenham percebido todas as dificuldades e sofrido as revoltas mais vivas; a conversão como estágio em um caminho é sempre suspeita, sempre rançosa, sempre castração.

Tenho vontade então de apagar o caminho, de destruir, de me aniquilar, de abraçar a humilhação e clamar com todo o escândalo, toda a brutalidade. Conheço minha fraqueza e talvez saiba rompê-la.

* * *

Tenho desejo de violentar, de fazer filosofia tão genialmente que depois de mim o pensamento só possa prosseguir capenga e castrado, se não quiser volver atrás.

Não importaria que, por uma fatalidade, eu ficasse preso ao meu processo e que assim ele me castrasse também, daí em diante; não importaria que depois a fraqueza tomasse conta de mim.

* * *

Se algum dia a loucura me pegar, se todo o sofrimento desabar sobre mim, se eu me tornar miserável até onde é possível, se tiver a pior das mortes, – um fim que faça estremecer até os santos, – se a danação me possuir, se me afogar no desespero, ou simplesmente se cair na apatia, na mediocridade ou seja no que for, *não importa nada*. Que ninguém, pois, se impressione demais com o que acontecer comigo: será tudo apenas uma fatalidade humana. Já assegurei a minha Salvação e não sei onde parar agora de tanta alegria e tanto amor que sinto. Amém.

* * *

Creio em uma missão.
Minha autocrítica é a melhor jamais feita.

* * *

DIÁRIOS

O inferno é impossível se a sua causa é uma falta cometida na terra. Dez milhões de anos das piores torturas já dariam para resgatar qualquer falta. Um tempo, mas nunca a eternidade.

* * *

A confissão de Léon Bloy sobre a "propagação" do ato livre (em *Le Désespéré*) é tão extrema e tão total que não pode ser atacada por argumentos. Ela é o polo oposto à atitude de Nietzsche (a minha). A escolha entre esses dois polos parece uma questão de jogo apenas e o chegar-se a um deles sem escolha é questão somente de tomada de posição inicial. Meu estudo do homem levou-me a uma posição "científica", analítica, onde relativizei, ou pelo menos embaralhei, as noções do bem e do mal. Cada valor e cada "verdade" que Bloy afirma foram estudados por mim e destruídos; mas sei muito bem compreender as "verdades" opostas às minhas, e do ponto de vista de uma "altíssima" filosofia, as duas "concepções" gerais não são tão diferentes.

* * *

Na ideia do simbolismo universal de Bloy, cada acontecimento do mundo-aparência é transfigurado por um sobrenaturalismo total, que deixa em extremo oposto a correspondência não transfiguradora que admiti entre a condição humana imutável e os acontecimentos "divinos" narrados no Êxodo e no Levítico, por exemplo. Para Bloy a "história natural" (ou "evolução do meio"), no mundo degenerado pelo pecado original ainda, simboliza em cada acontecimento uma história divina que ele tenta desvendar.

Espanto-me com sua imensa pretensão e jogo pela minha atitude ainda, analisando não sua ideia geral, mas o caminho que o levou a ela e as aplicações particulares que ele deduz. Bloy agarra-se demais a coisas do mundo, não as transfigura como anuncia, não tem fidelidade total à sua ideia mais louca (o que é tão "desculpável" porém...). A sua tentativa para o estabelecimento de um simbolismo da história deve ser assim um grande fracasso, por aplicação "inadequada" da ideia geral.

* * *

"*Quand la Providence prend tout c'est pour se donner elle même*". Mas esse "*tout*" pode ir bem mais longe, do ponto de vista "intelectual", de que Bloy tenha talvez jamais suposto; ele pode abranger a própria fé em Deus ou, pelo menos, o seu aspecto de "Providência". Como pode haver um "*prend tout*" sem essa falência também?

Mas, ainda assim, o caso de Bloy fica compreensível, pois ele caiu no cristianismo para desesperar-se mais que nunca e podia pensar mesmo, em seu terrível sofrimento, que tudo lhe tinha sido tomado. Ele é grande demais para se deixar prisioneiro das consequências racionais de sua ideia.

* * *

Existe em Bloy a mesma tendência geral de todos os grandes homens que filosofam. Ele explica o mundo por um "único gesto" que se refrata numa "diversidade aparente de símbolos", afirma que esse gesto pode se chamar "Amor", "Paternidade", ou qualquer outro nome sugestivo.

* * *

Há uma semelhança formal com a concepção de Nietzsche do mundo como vontade de poder; a semelhança é tão grande que o mundo de Bloy, como o gesto único e infinito de Deus, parece ficar determinando também.
Onde encontraremos então a liberdade? Entre esses dois polos? Parece que "nossos melhores sentimentos", quando se aliam a nosso pensamento, arranjam-nos uma armadilha onde a liberdade desaparece.

* * *

Tudo é apenas esperança no cristianismo, porque ele não transformou em nada a natureza do homem e a condição do pecado parece se agravar ainda com o aumento de sofrimento que ele exige.

* * *

Deve haver uma correspondência qualquer entre nossa ideia de Deus e Deus mesmo. Isso já é alguma coisa.
E por que mesmo teimar em pensar em correspondência apenas? Nossa ideia ou nosso sentimento já não serão suficientes?

* * *

Talvez toda a barafunda mental que armo em torno do pecado original com suas "terríveis consequências" seja apenas um reflexo de minha impossibilidade de compreender qualquer forma de eternidade.

* * *

Saber ter-se dentro de uma categoria; ser "genial" nela.

* * *

Se quisesse, poderia viver sem escrever, o que não seria nada de mais. Mas acho mais divertido escrever; resolvo até fazer "obras", forçando coisa por coisa, imaginando página por página, sendo artificial ou "sincero" numa grande confusão. Escrever é bom para sentir e o que quero é sentir. Há também uma outra vontade que escrever pode ajudar: a de crescimento contínuo. (Se se crescer muito mesmo pode-se acabar esbarrando de cheio em qualquer coisa que seja realmente grande).

* * *

Carrego sempre comigo certa dose de antipatia e fraqueza, que se desprendem "inevitavelmente" de minha atitude diante da vida e dos próprios assuntos sobre os quais escrevo. Sempre há qualquer coisa que há de causar um pouco de náusea ou repulsão em quem se aproxima de mim. Mas não me importo muito com isso porque sei que existem outras coisas para compensar... Sei também que minha antipatia tem "justificativas nobres e profundas", muito embora as coisas chatas continuem mesmo chatas depois das melhores justificativas e explicações.

Que ninguém, – inclusive eu, – faça cerimônias em admitir francamente essa antipatia; pois mesmo com ela a aceitação virá logo depois.

* * *

Um ideal seria, por exemplo, ser imbecil e tonto, mas genial para o sentimento.

Ser estúpido em meio do caos, mas estúpido com beleza e com requinte, estúpido com sentimento.

* * *

Não saber mais onde se está. Confundir tudo, não poder distinguir entrelaçar os opostos.

Mas existe sempre uma coisa em meu íntimo que não quero confundir. Para que enganar a respeito disso então? Posso ser safado, cabotino e mentiroso, mas não quero enganar nesse ponto. Apenas não "quero", puro "querer".

É preciso fazer com que o pedido de perdão entre também na confusão geral?

* * *

À proporção que quero cada vez mais sentimentos variados vai se extinguindo em mim o sentimento da vida, onde ela é algo real e bem característico; resta apenas uma espécie de sombra desse sentimento perdido e tento me agarrar a ela às vezes, como a algo mais forte que os sentimentos diversos. Divido-me assim entre dois campos, ou entre muito mais que dois, se for o caso. E como poderia isso ser de outra forma, se não tenho moral nem vergonha, se sou todo consentimento para sentir, e se tantos aspectos variados e atrativos são vislumbrados? Como haveria de ficar sempre com um só deles? E a falta de vergonha é ativa também, creiam.

* * *

Minha história pode sempre ser contada assim: a vida de um "inocente", com muita "pureza" (apesar dos pesares...), que andou longe nos "caminhos do espírito", em busca da "solução do problema". Muita coisa aconteceu e os caminhos eram verdadeiramente sinuosos. A solução não foi encontrada em muito bom estado e isso acarretou uma série de consequências. O "inocente" tornou-se uma "vítima do mundo".

Eis uma bela história! Ela pode provocar lágrimas e emoções. Se alguém achá-la ridícula estará "errado"; a verdade estará sempre do lado sentimental e angelical da fábula – o que garantirá a minha boa reputação através dos tempos.

Mas, o "alto culto" que faço à verdade e "as atenções" que rendo à ciência obrigam-me também a alertar o respeitável público sobre os importantíssimos julgamentos que a psicologia aplicada é capaz de emitir a meu respeito. Não esqueçam, pois, que eles podem ser bem mais sérios do que se poderia supor...

Aos leitores mais refinados eu faço um apelo para que não torçam o nariz apenas com o perceber a interpretação sentimental; não lhes há de ser difícil – se forem de fato inteligentes – perceber quão além eu vou.

Existem várias interpretações.

* * *

Há uma coisa que nos encaminha para um estado sobrenatural de alegria, para o verdadeiro sentimento da vida que se aceita; essa coisa é o amor. Mas será sempre uma falência de amor a plenitude de alegria diante do sofrimento alheio. Assim, a solução inteiramente alegre – a única possível – não é possível enquanto existir sofrimento sobre a terra.

DIÁRIOS

Falo " em teoria" e não estou dizendo, fingidamente, que amo tanto meus semelhantes que não conseguiria ser feliz e alegre por causa da tragédia alheia. Sei que, se chegasse para mim um contentamento pleno, eu seria alegre por ele sem pensar mesmo nos outros, ou melhor, me arranjaria uma "solução teórica", uma acomodação. Mas, como "filósofo", reconheceria o arranjo e o truque, a vontade de estabilidade e de "conforto".

Só pode ser *certo* quem sofre por todos. Tudo que se afastar disso pode ser grande e belo, mas o será apenas por instantes, ou estará fora da realidade viva, e será belo e grande quase em ilusão apenas.

* * *

Acredito que vários caminhos podem levar ao céu: caminhos humanos, caminhos da moral, caminhos da mentira, etc.; e acho que os meios aqui realmente não importam. Só o fim conta e ele é o paraíso.

Quando analiso o gênio, porém, percebo que ele é o homem para qual os meios importam. Ele não se contenta em atingir o céu por um caminho humano ou moral qualquer. Ele quer atingir o céu "abolindo o pecado original" desde já e toda sua luta orienta-se nesse sentido. O gênio é aquele que quer fugir ao pecado original; como essa fuga é impossível, ele só se aproxima de sua realização lutando para consegui-la. Sua luta é de inconformidade antes de mais nada, e nunca é tão luta e tão inconformada como quando ele aceita o partido de todos os que sofrem. Ora, aquele que sofre por todos é o santo e, assim, o santo é o maior gênio. Quando o amor escapa a esse processo, é descontínuo e corrompido.

O "além do bem e do mal" existe e o santo não está nele. Sei disso muito bem, mas nenhum outro homem sobre a terra também está ali; qualquer excursão àquela região tem volta rápida e inevitável, até mesmo para o santo. Mas no santo a revolta contra o pecado original com a aceitação do sofrimento por todos é maior. O santo tem consciência permanente disso e, portanto, é o homem total – tanto quanto pode existir "totalidade" para o homem dentro do pecado original.

Ao lado do santo só pode existir então o homem que, tal como Elias, por uma graça especial, é arrebatado diretamente ao céu.

Assim como o Cristo, o santo pode ter falhas humanas, pode passar ao plano do Grande Inquisidor. Existirão particularizações e calmantes para ele também, sua caridade será apenas fragmentária – e isso talvez seja mesmo condição para que ele possa obrar. Mas a sua aceitação o torna maior.

* * *

Em dois tempos:

1 – Tenho de vez em quando a impressão de que consegui falar em tom de verdade, que tudo mais que escrevi em tom diferente pode ser muito sentido, mas não corresponde à verdade.

2 – A blague é o estilo que se impõe quando se chega a certas regiões; e apenas o estilo de blague pode deixar entrevisto o que talvez haja além do que foi declarado.

* * *

Quando falo em "existência real", tenho direitos a isso apesar de Nietzsche, pois acredito absurdamente que aconteceram certas trapalhadas terríveis no mundo e que todo o arcabouço universal da vontade de poder que aniquila o conceito de "existência real" é fruto dessas trapalhadas. Ora, para que a vontade de poder seja "consequência" é preciso que tenha havido qualquer coisa anterior. Se acredito nessa "qualquer coisa anterior", posso me referir a uma "existência real" sem quebrar a coerência lógica do esquema de vontade de poder, no qual também acredito. É verdade que esse esquema destrói também toda a argumentação que apresentei, todos os conceitos que ela aceita, mas... Não faço oposição a essa destruição; recuo sempre e esse é o truque.

Poderia contar a mesma história deste outro jeito: andei até o fim no caminho crítico da vontade de poder; mas "Graças a Deus" não fiquei louco e pude me "proteger" sempre na descoberta da qualquer coisa anterior.

Toda a aparelhagem de que me sirvo para me explicar vai sendo destruída "ao longo do caminho", mas nem por isso .

* * *

Costumo pensar que estou embaraçado numa complicadíssima rede de chateação.

* * *

Qualquer descrição moral do mundo será limitada e estúpida. As descrições do mundo só são possíveis por meio de "concepções" generalíssimas que, explicando tudo, nivelam tudo, arrasam tudo.

* * *

Minha teologia é de morte. Sei que trabalho num domínio de morte; e o que construo nele é morto também.

* * *

"O mais alto sentimento", aquele que parece ser diferente por qualidade, está praticamente morto em mim, embora às vezes, em meio da multidão de outros sentimentos que subsistem "íntegros", ele pareça ressurgir.

Matei ou inutilizei o que já foi vivo em mim, mas tudo aconteceu como um "acontecimento" e não como um crime propriamente. As pessoas sentimentais poderiam até falar em holocausto.

E se eu bancar o Filho Pródigo não será pelas vias do intelecto. Sou muito exigente e vigilante. Não importa que eu saiba me enganar tão bem por tanto tempo; sei sempre perceber de antemão a hora definitiva que ameaça fugir e posso, assim, tomar as minhas providências a tempo.

Quem quiser se escandalizar que se escandalize. Eu também me escandalizo de vez em quando: tanta artificialidade, tanto teatro, tanto cabotinismo, tanto fingimento! Porra! Que coisa ridícula! Apenas...

* * *

O Cristianismo como tentativa de destruição do domínio da lei, do mundo do pecado original: ele rompeu com o concerto "eterno" que tinha sido estabelecido no Antigo Testamento.

Mas foi tudo "simbólico" apenas. O Cristianismo estabeleceu outras leis; ele é, pois, somente como a representação humana do desejo de vitória sobre a lei. Como representação humana, porém, continuou no plano humano, recaído. O Cristianismo apresenta, assim, a esperança humana de liberdade, mas esperança esperada com todos os defeitos ainda, na única forma possível agora.

"Servir por servir..." diz Gide.[17] Sim. Poderia querer voltar, poderia querer me dedicar à Nova Lei; afinal de contas, ela permite uma esperança e, mesmo independente disso, pode ser às vezes tão sentida e tão plena de grandeza! "Servir por servir..." O gozo mais direto da vida, a maior "liberdade" de ação, por outro lado... E se tudo é servir por servir... Mas não! A maior " grandeza" ainda estaria mesmo naquela volta.

* * *

---

[17]André [Paul Guillaume] Gide (1869–1951). Escritor francês, Prêmio Nobel de Literatura de 1947. Fundador da Editora Gallimard e da revista *Nouvelle Revue Française*. Gide não somente era homossexual assumido, como também falava abertamente em favor dos direitos dos homossexuais, tendo escrito e publicado, entre 1910 e 1924, um livro destinado a combater os preconceitos homofóbicos da sociedade de seu tempo, *Corydon*.

Sou guiado por teimosia e apenas ajudado por outras coisas.

* * *

Hão de dizer que tenho um método muito interessante para parecer virtuoso: exatamente a negação "quase" sistemática da virtude.

No "quase" que antepus a "sistemática" está um mundo de "sutilezas", que torna tudo muito mais interessante e avançado.

* * *

Todas as manias que descubro em mim não me impressionam.

* * *

Sofrimento ou não sofrimento?

Não adianta que se acredite na "inutilidade" dele, na ausência de valor. Não adianta que não exista vocação para ele. A questão vai além e permanece diante de nós; não nos abandona enquanto nos resta vida.

* * *

Não importa que uma dialética trágica e destruidora pareça associar-se tão frequentemente à vida sexual. A carne é coisa a que não se renuncia. Deve-se arriscar o corpo também e não apenas o espírito.

Não me importa o que acontecer. Tudo será apenas "consequência".

* * *

A procura pelo corpo se une à procura pela alma.

Pois, de outro modo, por que teria sido anunciada a Ressurreição da Carne?

* * *

Se uma "conciliação" for impossível, a vida entretanto não o será.

* * *

O Sexo não é um aparelho para uso doméstico.

A Salvação não pode ser um apaziguamento.

* * *

O retorno significaria fim de experiência e não solução. Sinto-me copulando com um mistério. Sensações sem limites.

* * *

Todas as minhas ideias filosóficas podem ser rejeitadas à vontade. Não me importarei com isso e não tentarei defendê-las. Se de fato ficar demonstrado que são falsas, tudo que pedirei é que não construam outras.

* * *

Na questão das "relatividades", agi de maneira bem esperta: rejeitei as evidências e aceitei outras coisas da vida comum, as diversões, as comodidades, etc.

Como o que importa, porém, não são as "relatividades", eu ainda continuo "peregrino do absoluto", com meus paradoxos e meu vai e vem, minhas cambalhotas e camuflagens...

* * *

Não se pode escolher definitivamente entre uma visão do Cristo, por mais sentida e bela que ela seja, e uma visão do mundo. As visões do mundo têm frequentemente uma intensidade e um atrativo aos quais não podemos renunciar. Apenas os homens limitados e de bitola podem "escolher" para sempre. A preferência pelo Cristo pode ser um dom especial, uma Graça para certos "puros" que não poderiam mesmo viver "no mundo"; mas, para os, que se sentirem atraídos pelo mundo, não há sentido algum na renúncia ao mundo. O que se aceitaria então não seria mais que um outro estado humano, outra "visão" entre as visões possíveis. O amor espontâneo, como deve existir na santidade já atingida, pode valer a pena, mas o simples serviço ao Cristo em vez do serviço ao mundo, não.

Para mim, e para todos aqueles a quem "tudo é permitido" (...), qualquer escolha "definitiva" seria artificial e estúpida e qualquer nova atração pode ser mais viva e mais intensa que a atração que nos prendia antes – seja mesmo esta uma "profunda" vida cristã. Se entre uma aceitação e outra existe um "contraste doloroso", a sensação de dor desaparece, sem grande demora, com o hábito.

Tudo é um vasto campo único.

* * *

Afinal de contas, as "revelações da morte" não são coisa alguma. Tudo que elas destroem pode muito bem ser destruído; o que acaba é apenas o mundo já morto. Resta tanta coisa ainda! Parece até que houve uma multiplicação.

* * *

A fórmula é então sentir mais que pensar. O estado convencionalmente tido como "falta de vergonha" abre-nos campos vastos que permitem movimentos largos e agradáveis.

* * *

Será preciso então assumir-se um estilo pedante, um estilo de quem se equilibra "magicamente" no indeterminado e no irracional?
Como tudo isso é chato!

* * *

Que o Sr. Benjamin Fondane continue fazendo belas conferências sobre "*La conscience malheureuse chez les nègres d'Afrique*".
Moi, j'irais vivre aux U.S.A. Meu antigo desejo revive. Deve ser tão bom o gozo da vida lá! Facilmente passaria além de toda a burrice americana e me arranjaria de maneira bastante agradável.

* * *

Lawrence – *O amante de Lady Chatterley*.[18]
Afasto-me de Lawrence quando ele insiste tanto em normalidade e sanidade de sexo, no prefácio de seu livro. O sexo sadio e feito em plena consciência me atrai muito como espetáculo, já foi mesmo um ideal meu e o vejo com muita simpatia. Mas o equilíbrio e a normalidade como objetivo para o exercício do sexo é coisa que realmente não posso admitir. Prefiro uma posição sem leis, até de libertinagem, de sexo pelo sexo, e não de sexo pela naturalidade.
Não que eu compreenda o sexo como algo obscuro que só vem à luz com escândalo; simplesmente quero o sono mais louco, aproveitando melhor as suas imensas possibilidades.

* * *

---

[18]*O amante de Lady Chatterley* é um romance sobre amor, sexo, classes sociais e a industrialização, escrito pelo controverso e prolífico escritor inglês, pertencente à escola modernista, David Herbert Lawrence, mais conhecido como D. H. Lawrence (1885–1930).

DIÁRIOS

Devemos procurar consciência plena e imediata de tudo que o sexo é para nós, ou seja de como ele funciona em nós. Esse é o caminho para o íntimo de perturbações.

* * *

Acho ótimo que *O amante de Lady Chatterley* seja um livro que age sobre a carne. Não me importo que livros de simples pornografia produzam resultados semelhantes. Afinal de contas, existe tanta literatura "espiritual" barata para contrabalançar... Não creio que alguma limitação devesse ser imposta ao erotismo no romance. Se ele já traz a "garantia" do gênio... Depois, por que limitar as descrições do sexo a simples alusões como se ele fosse terreno proibido ou mesmo muito desconhecido?

* * *

No *O amante de Lady Chatterley* existem frequentes afirmações e exaltações da virilidade; mais que isso: existe mesmo uma busca consciente de um máximo de virilidade. Lawrence canta hinos ao pênis ereto e ondulante, entroniza a masculinidade de maneira direta e indisfarçada. As descrições minuciosas do corpo de Mellors são culminância do "espírito do autor".

Essa procura deveria esclarecer muita gente. Bastante coisa que é tida comumente como simples homossexualismo poderia se enquadrar naquela procura. Tudo isso é, porém, extremamente difícil e instável. Há sempre possibilidade de saída por tangentes, como há também sempre possibilidade de falsas interpretações.

* * *

Lawrence faz-nos pensar em um estado sexual ideal. Também eu cogito dele. Mas não posso crer que, em épocas anteriores da História, esse estado tenha sido atingido. Sei bem quão mais aperfeiçoados deveriam ser os gregos antigos, por exemplo, mas sempre penso em algo diferente e mais livre ainda, ou transfigurado.

* * *

Depois dos estados altos do sexo (falando ainda de um ponto de vista "filosófico"), compreendemos que só mesmo algo muito e muito grande pode na realidade ultrapassá-los ou se nivelar a eles.

Passa-se por cima de muita e muita coisa "espiritual"...

* * *

O que não suporto é que se queira estabelecer a vida sexual – por mais elevada que ela seja – como regra determinada, como realização de uma vida total.

O homem é sempre mais variado e é impossível ficar em uma parte só, ainda quando essa parte se manifestar com genialidade. Não adianta fingir nem enganar: sabemos muito bem que a vida sexual não é tudo.

* * *

O erotismo é dessas coisas muito particulares que dificilmente consentimos em tornar públicas. Mas, se estivéssemos inteiramente convencidos do que guardamos para a intimidade, deveríamos apregoá-lo aos quatro ventos (A única desculpa para não se fazer isso é a falta espontânea de vocação para educar as massas ou converter os outros).

* * *

Que ninguém se preocupe demais em descobrir causas escondidas e misteriosas em mim; e que ninguém, depois de longas ou rápidas meditações, me considere "um tanto duvidoso", apontando as fontes secretas da minha personalidade e da minha atitude de vida. Isso seria mesmo uma grande descoberta!

Saibam todos que não me impressiono muito com tudo isso. Algumas vezes é desagradável, mas passa logo. Tudo passa comigo. Não vejo mesmo nada de muito dramático aí. Se sei rir de mim mesmo e se sei também me apreciar... Se tenho minha bendita e queridíssima falta de vergonha... E tanta coisa mais...

Alguém se desgosta de mim?

* * *

O "conhecimento" continua com sua ação destruidora. Mas acostumo-me a ela também.

A própria destruição passa a ser encarada com não tendo a menor importância.

* * *

A razão funciona em relaxamento progressivo, a partir de um polo extremo onde ela é algo já acabado e sem tempo, uma identidade total, um nivelamento universal, que não podemos nem mesmo sentir se é ou não é. Em outro estágio mais frouxo, os silogismos dão aparência de movimento. Mais anarquizada ainda, a razão passa à vida comum. Mas no fundo ela é uma só.

* * *

Será que o clima quente ajuda alguns (ou muitíssimos?) brasileiros a tomarem essa notável postura diante do conhecimento, e mesmo diante do sentimento (Há tanta correspondência formal entre essa atitude e a anarquia do meu querido país!)? Será que o clima quente...?
As reticências nunca significaram tanto nem tiveram tanto valor como aqui.

* * *

Quando no Novo Testamento se fala em *liberdade*, entendo apenas esperança. E ainda quando noto que um abismo de liberdade pode mesmo existir às vezes em nosso mundo, não consigo perceber uma separação eterna entre os homens, decidida naquela liberdade.
Compreendo a liberdade antes como um modo segundo o qual a esperança deve ser despertada em nós, e o amor exaltado ou exercido. A liberdade que o cristo nos apresenta faz com que nos sintamos culpados de uma falta terrível, com que nos sintamos em erro, mas não é ainda a liberdade da pura escolha para a eternidade.

* * *

Até onde um sistema filosófico pode ser considerado também um sentimento?

* * *

Semelhança entre um povo e um indivíduo, entre o povo francês e eu. "Base" de semelhança: o estado crítico exagerado, a superconsciência, a maquinação cerebral incessante, a ação cáustica, a confusão, o sentimento intelectual em tudo.
O povo russo, mais longe de mim, me atrai mais porém, encarnando as noções de liberdade e religiosidade. Estou muito mais perto da confusão francesa que da confusão russa, mais perto do vagabundo francês intelectualizado que do vagabundo russo sentimental. Mas é o sentimento que me atrai mais e, assim, antes me converteria à religiosidade russa que à francesa.

* * *

De vez em quando tenho vontade de "solidarizar-me" com os maiandros e mendigos que encontro pelo caminho.

* * *

Léon Bloy em uma bela prece pede a Deus que sua alma seja despertada. Não sou tão modesto quanto ele e acredito estar inteiramente acordado e alerta. Sinto até uma sensação carnal de vigília e acho que já "sei" tudo.

Quem dorme e precisa ser despertado está mais ou menos inocente.

* * *

Nosso estado é de espera e deve-se tentar "viver" enquanto se espera. Ou então não se deve tentar isso, mas "vive-se" mesmo de qualquer maneira. Acontecem coisas e de tudo que acontece surge uma barafunda qualquer.

Será essa "barafunda resultante" nossa existência toda?

* * *

Às vezes fico à beira de uma grande crise moral e quase volto ao estado de luta pela virtude. Assalta-me um desejo de repudiar toda a minha confusão intelectual e sentimental, para cair em certo modo de vida particular e bem definido.

Tais crises realmente não me agradam e, por outro lado, a vida virtuosa me parece insuportável. As tendências ascéticas e a obediência (pelo menos em intenção) às regras da "moral cristã" não me parecem mais que burrice e fraqueza. Tudo que já fiz ou pensei não condiciona mais qualquer ambiente propício.

Só mesmo muita coisa ruim pode provocar tais crises. E como me sinto abafado e tolhido quando elas se manifestam! Como me sinto essencialmente chateado! O domínio moral é a coisa mais chata!

* * *

Ficaria fortemente desgostoso, – julgando o futuro com o sentimento do presente, – se as possíveis complicações de minha vida acabassem me levando a uma atitude moral.

É bem desagradável ser-se vencido na vida quando se sabe da própria inutilidade de se entrar na luta.

* * *

DIÁRIOS

Não há hoje senão uma criatura com ascendência admitida sobre mim: Rimbaud. Cada dia ele me parece mais "único". Só ele é como se é; todos os outros não chegam a ser.

* * *

Por momentos, quando estou muito calmo da vida, lembro-me de repente da minha "grandeza", da minha genialidade. E então isso me parece surpreendente, acho isso engraçadíssimo...

* * *

Vezes por vezes faço uma viagem de ônibus comendo tudo com o olhar, cobiçando demais as coisas. Enterneço-me com uma simples árvore, sensibilizo-me com uma montanha ao longe, etc.

E essa é a terra que proclamo ser imprópria ou impossível para mim!...

* * *

Minha história não teve propriamente um desenrolar. O desenvolvimento estancou súbito em certo ponto ainda bem em princípio. Soube de certas coisas cedo demais.

* * *

Parece que já não consigo mais recusar o drama e a tragédia como ainda há tão pouco tempo mais ou menos arranjava de fazer. Isso me dói muito. Sinto-me entrando demais no Cristianismo, quando ainda preferiria talvez a tentativa de vida-milagre sobre a terra. Pergunto-me, porém, se a mudança não foi bastante voluntária e espanto-me, agora, com essa suspeita.

Por que recusar as facilidades que tinha conseguido? A morbidez me ameaça e me apavora. Minha natureza é cheia de perigos e de abismos de morte e tenho horror à falta de vitalidade, ao abatimento.

* * *

O último e pior golpe que uma criatura poderia receber seria a certeza da falência total de sua carreira, em uma visão retrospectiva, uma certeza de falta de grandeza. Quando se é cristão, mas não com a alma inteira, tudo fica mais horrível ainda.

Não falo em fracassos" com o de Rimbaud ou Nietzsche, porque eles são antes vitórias tremendas. Refiro-me exatamente à falta de grandeza.

* * *

Será que os meus críticos mais "avançados" vão se escandalizar muito com a minha insistência em "grandeza", objetando que isso implica "medida", que isso está, pois, em contradição com as contradições chestovianas?...

* * *

Haverá "missão" terrestre fora da santidade?

* * *

E "nada" nos prende...
É exatamente o nada que nos prende, porém. Tendemos ao nada, à morte.

* * *

Nossas relações com Deus devem ser de uma intimidade, nudez e sinceridade sem restrições.

A miséria é admitida como estado natural. Sabe-se que desde a "tenra infância" ela estava presente em nós, que ela cresce depois, ou decresce para tornar a crescer, de acordo com as circunstâncias, e que, ainda quando muito diferente nos outros, ela é mais ou menos a mesma que em nós. Então a qualquer momento podemos fazer qualquer coisa horrível e aceitá-la sem discussão, sem cogitar mesmo se seria possível ser de outro modo.

* * *

Fico sem saber se é um problema religioso ou um problema fisiológico camuflado. Devem ser ambos.

Os dramas de consciência são tão chatos!

* * *

Pagar e desmentir na vida o que foi dito e que, entretanto, continua sendo verdade. Destruir o intelecto. Porque é impossível não pagar.

* * *

Duas hipóteses:

a) a marca fisiológica existente desde a infância funcionando como causa (interpretação "materialista" que, sendo apenas parcial, não precisa excluir o sobrenatural)

b) a marca fisiológica existente desde a infância propositadamente para que, mais tarde, certos acontecimentos e certas respostas surjam (interpretações francamente místicas).

* * *

Já não é mais tempo de indagar ou constatar a que estado de vida cheguei, que coisa admiti, como me tornei. O processo "filosófico" terminou e agora só resta viver tudo que me acontecer. Já não importam as conclusões, nem o estar desta ou daquela maneira.

Vida de gênio.

* * *

Força para abandonar a glória ou falta de força para procurá-la?

* * *

Afinal de contas, a minha "bendita falta de vergonha" só deve mesmo servir para a imbecilização.

* * *

Ninguém tem mais razão para falar mal e ter raiva de mim que eu mesmo.

* * *

Se a única grandeza de uma criatura é descobrir e admitir seus próprios defeitos, ela não deixa por isso de ser grandeza.

Mas que caso lastimável!

* * *

Há algo que consegue quase destruir minha grandeza, que a torna antipática, insuportável mesmo, vazia.

Ponho questões que não deveriam ser postas, não porque sejam dramáticas, mas exatamente porque são mesquinhas demais. Vivo numa situação falsa.

* * *

Rimbaud me importa.

Tenho a impressão às vezes que ele, e só ele, não perdeu um único ato ou um único sentimento durante a vida inteira, que tudo que ele fez ou sentiu é como que sagrado e perfeito, aquilo que devia mesmo ser. Nele, e só nele, tenho confiança total.

* * *

Ars brevis. Vita longa.[19]

* * *

Já é tempo de parar com as minhas reviravoltas e autocondenações.

E também de que, diante do mundo, eu não me importe demasiadamente com o mundo.

* * *

Maior simpatia pelos romancistas mais ou menos bagunçados, como Dostoievski e Octávio de Faria, que pelos "criadores" franceses.

Os meus preferidos estão mais próximos do sentimento. Minha "dívida" a Octávio de Faria, por exemplo, é fabulosa. Quanto esclarecimento, quanta adesão, quanto reconhecimento!

* * *

Aconteceu comigo uma coisa: fugi para o sentimento.

Desejaria deixar tão dentro do sentimento quanto possível tudo que escrevesse, usar o mínimo de intelectualidade e possuir uma forma de expressão musical, para que o apelo ao sentimento pudesse ser mais direto e desembaraçado do intelecto.

Morro de tanto amar o sentimento humano.

* * *

Pode-se mandar a miséria à merda. Pode-se escapulir e viver. A Redenção é também ficar-se livre da miséria.

* * *

Allez-vous eh!
Allez!
À la merde!
À la merde!
Vite!
VITE!!!

* * *

---

[19]Lúcio inverte o sentido da citação latina *Vita brevis, ars longa*, que tem sua origem nos escritos do arquiteto e médico grego Hipócrates (460 a.C.–377 a.C.), mas que foi popularizada pelo filósofo e poeta romano Sêneca (4 a.C.–65 d.C.).

Nova dedicatória (ou seja, antidedicatória) para os meus cadernos: Merda aos intelectuais.

* * *

Tudo que é feito só no terreno do sentimento pode facilmente se tornar burrice. Até a poesia pode ficar ridícula. E a maneira às vezes se insinua, domina. Ou mente-se deliberadamente a favor do sentimento. (Verdade filosófica...)

* * *

Alguns homens são "burros de nascença" e assim se conservam. Outros progridem "intelectualmente", afeminam-se, ficam com uma burrice alada, cheia de enfeites e balangandãs, *"au grand-jeté"*.

* * *

As "sutilezas" são comumente burrices.

* * *

Ser gênio é uma grande coisa. Mas ser gênio "incompreendido" pode ser uma grande besteira.

* * *

Tenho certos exageros que são bastante "justificáveis", mas como são bestas!

* * *

É Rimbaud que em mim funciona como consciência.
Coitado dele se soubesse de mais essa chateação!

* * *

A burrice tenta se infiltrar.

* * *

Poderia confundir quase todos sobre quase tudo.
Mas isso seria demais. Creio num "plano divino", não quero me colocar em posição para a danação.

* * *

Entre todos os gênios, Rimbaud foi o mais impermeável à estupidez, ou seja, aquele que não a cultivou à força. Os russos, aloucados como quase sempre são, escapam também às coisas maçantes e artificiais, enquanto os franceses sucumbem à praga intelectualista (o povo de Rimbaud!) .

E os ingleses? Coitados! Esses nem mesmo...

* * *

Quero pagar tudo que for preciso na hora da morte. Mas antes quero viver. Arco com muita responsabilidade. Sei disso, mas não posso me imbecilizar. Não quero choramingar, nem fingir, nem babar, nem me tornar "espiritual" ou esteta.

Deus verá como deve ser visto.

* * *

"Naturalidade" da Rússia: depois da época de clímax como Dostoievski, Tolstoi, etc., passagem direta ao estado de bem-estar compulsório, de organização rígida e materialista, de brutalidade.

1944

Meu "equilíbrio filosófico" frequentemente falha diante de crises de "idealismo" e sentimento. Não digo que chegue a "errar" quando sucumbo a essas crises, mas exagero demais o sentido de fatos particulares.

* * *

Plano: um grande apelo à inteligência alheia.

Uma exposição de fatos simples e clara. Sei bem que ela pouco adiantaria, mas de qualquer jeito seria interessante a definição de um *"modus vivendi"* amplo e ventilado. Alguns homens de boa vontade poderiam tirar certo proveito, não há dúvida.

* * *

Conheço a santidade e suas imensas transformações. Mas quero outra coisa, outro processo "religioso" e mundano.

Não nego a grandeza do que não quero. Mas não quero. Penso em uma vitória mais livre e sem renúncias, penso na valorização de certos "lugares comuns", de certas coisas simples.

Desoriento-me, porém; não consigo dar exemplos.

* * *

Foge-se de tudo que se está dizendo, quando ainda nem mesmo se acabou de dizer. Foge-se cada vez mais.

* * *

O amor existe ou não existe. Existe ainda ou não existe.

Não adianta descrever, pregar, ordenar, ou aconselhar o amor. Não adianta nada.

* * *

Muitas coisas não são boas de dizer, mas julgo-me com o "direito" de dizê-las, julgo-me "um dos pouquíssimos" que podem afirmá-las. Ultrapasso "restrições", na medida do possível, e falo...

* * *

Quem poderá "interpretar" Rimbaud sem patetismos e sem escândalos, *tout simplement?*

PARTE II

(MARÇO 1944–NOVEMBRO 1947)

O que imploro a quem me ler é que sinta horror diante de mim, se não me compreender. Do contrário eu o mando à merda!

Merda, pois, aos que souberem de mim pela metade(!), aos que em mim vierem buscar justificação para mentiras!

Ainda quando se quer destruir toda a vida sempre sobra um pouquinho; esse pouquinho é infinito.

O que importa é a esperança.

* * *

Esforço para que as coisas sejam mais que humanas.

* * *

Se Israel era ponto mais baixo da humanidade, sua maior vergonha, o símbolo de sua escravidão, Israel era também o maior milagre, o escândalo mais divino.

Minha crítica da *Bíblia* fica absolutamente certa se tiver de ser compreendida de maneira de todo oposta à que foi escrita.

* * *

Nas horas de máximo sentimento religioso deveríamos viajar numa espécie de ônibus todo envidraçado pela praia de Copacabana, de ponta a ponta, espiando todas as pessoas belas, quase nuas, andando de um lado para o outro ou deitadas na areia a receber em cheio a luz do sol e o vento do mar. Deveríamos até pedir auxílio a Miguel Ângelo[20] para perceber tudo melhor ainda...

Se o sentimento religioso persistisse, pediríamos então a Deus para admitir tudo. Certas coisas não podem ser recusadas.

Não importa a frivolidade da multidão na praia. Pode-se perfeitamente "fazer abstração" dela e teimar no sentimento "próprio".

Nossos olhos se obstinam em olhar; e não olhar não seria coisa alguma divina ou transfigurada.

---

[20]Michelangelo di Lodovico Buonarroti Simoni (1475–1564), o Miguel Ângelo ou Michelangelo. Pintor, escultor, poeta e arquiteto italiano, considerado um dos maiores criadores da história da arte ocidental.

A teimosia nesse sentimento é uma barreira de sinceridade e "pureza" contra todas as "soluções", um protesto a ser ouvido sempre.

Antes passaria o mundo inteiro que um único j...

* * *

"Quand, affolé, il finirait par perdre l'intelligence de ses visions, Il les a vues!"[21]

* * *

Ser intransigente e perseverante.

Não abafar a alma, não sufocar a vida, não esconder Deus, não cultivar o ressentimento ou elaborar a falsidade, não estrangular a poesia, a sinceridade, a grandeza. Fugir do medo e da superstição. Teimar. Deixar o sentimento ir tão longe quanto possível.

Apenas num clima assim livre, crítico e intransigente é que posso admitir que brote a religião.

* * *

Que valor pode ter o dogma diante de uma alma inconformada?

Se há possibilidade de aceitação do dogma, ela só pode vir depois do exame total e sem camuflagens, depois da estimativa dos sentimentos, depois do ataque à existência do mal no mundo, ainda quando uma imensa destruição está no caminho a ser traçado.

* * *

Há uma legitimidade de sentimento sagrada no homem, uma exigência a que não se pode renunciar, uma "dignidade". A "bendita falta de vergonha", a loucura, o absurdo, ligam-se a tudo aquilo por um fio muito fino que permite grande flexibilidade de movimento e não se rompe.

* * *

Tento falar aos homens de boa vontade a respeito de seus problemas.

* * *

---

[21]Trecho de uma carta de Arthur Rimbaud (1854–1891) a Paul Demeny (1844–1918), datada (Charleville, 15 de maio de 1871) e assinada. [Grifo de Lúcio Cardoso].

Tentativa de apoio no fato de se saber sem apoio. Miséria que se autossatisfaz, autojustifica.

A Paixão é o oposto disso.

* * *

A filosofia e a física não são mais que funções dependentes de outras variáveis. Por isso, as interpretações que nos fornecem não importam tanto assim.

* * *

Se o divino contradiz e quebra o humano, também não importa, pois o humano, mesmo afetado, permanece sempre e tende só a crescer.

* * *

Sob certo ponto de vista, o mundo é uma coisa abandonada a si mesma, dependente de arbitrariedade que não tem nada de divino e que nem mesmo apresenta um aspecto vivo de liberdade.

Assim, uma política nacionalista que resolva fomentar a natalidade vai fazer surgir novas almas que consideramos eternas e definíveis entre um Paraíso e um Inferno. Uma simples e banal política cria novos destinos *ad eternitatem*. Isso é tão pouco divino! E há "pior" ainda: quando a criação de novas almas eternas não é artificialmente provocada por uma política de partido, ou pela "vontade despótica" de um ditador, ela fica, no "grande número", uma função estagnada das condições econômico-sociais normais ou "passivas". Todo esse esquema torna-se apenas um tanto mais "vivo" quando há dependência – apreciada então em casos particulares – do desejo entre homem e mulher, com todas as suas variedades, todas as precauções ou descuidos.

Nosso mundo não é de maneira alguma um mundo de plano racional e harmonioso. Os teólogos e os filósofos erram tanto!

* * *

Confusão entre liberdade e arbitrariedade, entre liberdade concedida pelo divino e simples abandono por parte do divino.

* * *

Originalidade: minha história tem de ser diferente da dos outros, porque sempre que notar semelhanças acho que já não há novidades nem vantagem, mudo de ideia...

* * *

DIÁRIOS

Há na vida ou no mundo um sofrimento que é do inferno. De nada "adianta" positivamente tê-lo sofrido; ele não contribui para a "grandeza" de uma criatura.

Também esse sofrimento opõe-se à Paixão redentora, ao sacrifício

* * *

"*Le Bonheur était ma fatalité, mon remords, mon ver.*"[22]

* * *

O único horror, a única culpa, é trair ou enganar o amor

* * *

Que se chegue à maior loucura, ao suicídio, que se destrua o mundo, mas que na hora suprema haja uma lembrança, uma prece, e não haja traição.

Não posso dar conselhos. No máximo, posso pedir.

* * *

6-6-[44] – Invasão do Continente Europeu.

Recebi a notícia de manhã, de meu pai,[23] quando, em meu quarto, já me preparava para escrever algo neste diário. Senti surpresa apesar de saber da iminência da coisa. Senti um choque diferente dos que experimento usualmente.

Pensando então em mim e nos homens participando da maior operação da guerra: a letra é morta.

Não que eu queira com isso "condenar" meu ofício de "escritor"..., não que eu queira dizer que eu deveria, etc., mas é só lá e assim, etc.; mas como uma espécie de aviso a mim próprio, para que eu não deixe a letra me matar ou me castrar, ou melhor: como simples compreensão de que o que está se passando lá é um abismo de vida mesmo, apesar de tanta morte.

O entusiasmo mundano ainda pode me possuir...

* * *

---

[22]Trecho do livro *Une saison en enfer* (*Uma estação no inferno*) (1873), de Arthur Rimbaud.
[23]Lúcio comete um equívoco ao mencionar que foi o pai que lhe deu a notícia. Seu pai, Joaquim Lúcio Cardoso, faleceu em 8 de setembro de 1938. Também a data da invasão da Normandia a que Lúcio se refere aparece anotada errada no datiloscrito: "6-6-54", provável lapso do autor.

Creio na carne e no corpo, não me importo que estejam "corrompidos".

* * *

Quando se tem uma experiência normal, que não é tão comum quanto poderia ser, passa-se a ver a vida toda normal também e há o desejo de se ficar assim nesse estado e repelir todas as complicações. O mais simples, mais fácil e sempre possível, fica sendo também o mais real, o que aparenta ter mais força.

O LIVRO DE ISAÍAS

Cap. 9 – "O povo que andava em trevas viu uma grande luz; aos que habitavam na região da sombra da morte nasceu o dia".
"Porque um menino nos nasceu, um Filho se nos deu..."
Há o esforço infindo do homem e a resposta a ele.

* * *

11, 5 – O homem: "A justiça será o cinto de seus lombos, a verdade o invólucro de seus rins".

* * *

Há em Isaías, como já tinha havido em Moisés, um "espírito de genialidade" assombroso, independente de qualquer interpretação religiosa. Parece acompanhar-lhe um certo "que importa?", que vence todo obstáculo encontrado, ou que sabe transfigurar em vida e beleza tudo que seria peso morto para o homem.
A glória é uma realidade e Isaías vive nela sem se importar com a corrupção. A idolatria, a riqueza pela riqueza e a "gordura de coração" são arrasadas; a luta contra elas já é um testemunho da grandeza original da criação – grandeza em parte ainda possível.

* * *

28, 13 – Minhas "velhas ideias" sobre a lei na humanidade: "Assim a palavra do Senhor lhes será mandamento sobre mandamento, mandamento sobre mandamento, regra sobre regra, regra sobre regra, um pouco aqui, um pouco ali, para que vão, e Caim para trás, e se quebrantem, e fiquem metidos no laço, e presos".

* * *

DIÁRIOS

38, 9-22 – O Senhor atende ao pedido de Ezequias para lhe livrar da morte e Ezequias então proclama: "Senhor, com essas coisas se vive e em todas elas está a vida de meu espírito".

Depois de atendida tal prece deve-se ficar mesmo de coração aberto a Deus, aceitando-se seu mundo degradado sem mais exigências, ainda quando se sabe que a morte retornará.

* * *

43, 26 – Convite para que se siga além, para que os acontecimentos continuem.

Se tudo acabasse em algo sem importância ou estancasse subitamente ao meio do caminho... Mas não será assim.

* * *

57, 7 – Contra a idolatria. A "missão" de Isaías.

Pode ser bem grande e vivo por "nossos leitos sobre os montes altos e elevados", mas não o fazer sacrifícios ali. Haveríamos então de idolatrar nossa própria obra, renunciar a nossa liberdade diante do que já obramos? Maior é nossa vida do que o que já conseguimos realizar, pois ela vai além e oferece mais ainda. Ficaríamos roubados em vida se idolatrássemos a própria vida.

Esse é o ponto máximo da luta contra a idolatria. Não basta a destruição dos "ídolos de madeira", porque resta ainda o perigo dos ídolos de ideias e de vaidade, os ídolos que fazem a vida parar.

* * *

59, 4 – "...confiam no nada, e dizem vaidades; eles conceberam o trabalho e pariram a iniquidade".

Será esse um resultado inevitável de nossa cópula, de nosso espasmo de gozo com o mundo do nada? Geramos o mal gozando com o nada? É realmente horrível! Tão intensos são nosso e nossa ilusão, tão desastrosos os seus frutos!

"Esperamos pela luz, e eis que trevas nos vêm; pelo resplendor, mas andamos em escuridão... bramamos como ursos, continuamente gememos como pombas" (9-11).

O ECLESIASTES

O "nada de novo debaixo do sol" é tão forte e extenso como a "Vontade de poder" e todo o Chestov. A vaidade em Salomão corresponde à vontade de poder em Nietzsche; sua extensão é julgada tão vasta que a própria "aflição de espírito" que se segue às destruições "chestovianas" acaba por cair também em sua esfera, nivelando-se a tudo mais, perdendo qualquer "novidade", sendo apenas mais uma coisa determinada no evoluir determinado, mais uma etapa do processo.

Porque "tudo tem seu tempo determinado" (3, 1) e nada que acontece é novidade, nem mesmo o gozo: "há tempo de abraçar e tempo de afastar-se de abraçar" (3, 5). Mais viva talvez que a própria aflição de espírito deve ser apenas a dor que o trabalho rotineiro nos causa. Não porque ele nos desvie do ideal, mas simplesmente porque ele há de ser só um castigo que Deus nos impõe (3, 9 e 10). E tão degradada é a natureza humana que tudo que o próprio Deus fizer com o homem não será também mais que vaidade ou aflição de espírito – seja a recompensa com a sabedoria, e a alegria, seja a punição pelo pecado (2, 26; 1, 13). Toda a minha crítica anterior da Bíblia está resumida aí. Espanto-me até de encontrar "defesa" tão precisa dentro da mais pura "ortodoxia" bíblica.

* * *

Estado de abandono, de desânimo e fracasso diante das "revelações da morte" e da determinação geral do mundo. Estado "analítico", estado calmo ou apático de quem já sentiu toda a destruição e agora apenas constata: Eclesiastes 2, 11; 2, 15; 2, 17; 3, 19.

* * *

O próprio Deus parece a Salomão conformar-se inteiramente com o estado do homem e transformar-se mesmo numa espécie de Suprema determinação. Veja-se 2, 24 e 3, 10-22.

* * *

Ecl. Cap. 5 – Conselhos. Fria aceitação do mundo tal como ele é. Já que se vive, já que se está aqui... já que está, deixa ficar... Siga-se a evolução natural, deslize-se pelos "acontecimentos" até que a continuação determinada nos leve a escapar da prisão... pela morte. Ao meio do caminho serão possíveis certas diversões e, se nos afligirmos, a idolatria trará tranquilidade.

* * *

DIÁRIOS

Ecl. 9, 5 – Sem mais comentário: os vivos sabem que vão morrer e os mortos não sabem coisa alguma.

* * *

Ecl. 9, 10 – Tudo é permitido.

* * *

Ecl. Cap. 11. Que é isso? Um aguilhão para a vida, apesar de tudo?
Dá vontade de virar cambalhotas, de morder, de espiar, de sentir, de ser ator e espectador.
Oh sabedoria!
"Vaidade de vaidade", diz o pregador.
Grandeza de grandeza, vida de vida, beleza de beleza?

* * *

Não adianta fugir, não adianta ser (ou querer ser) burro. Há uma impertinência divina.

* * *

Se alguém chega a mim e diz que não pode compreender ou que, em vista de um sentimento, não quer admitir sequer, eu me solidarizo. Emudeço. Sei que não é hora para a "inteligência" funcionar.

* * *

Cada um recebe um apelo. Um homem pode ficar estirado sobre uma cama e não precisa agir voluntariamente para que acontecimentos lhe sucedam. Nessa hora o vemos como nunca o tínhamos visto antes: sua própria figura, com pernas e braços abertos, seu torso relaxado, seu olhar de incompreensão...
Depois, se a morte chega, pensa-se que ele já não está mais aqui, que já lhe foi feita a suprema revelação, que ele já está tremendamente diferente de nós e que, se julgávamos ter qualquer "superioridade" sobre ele, já não a entendemos mais...
E nosso mundo continua.

* * *

Lendo Pascal:[24] primeiro alguns pensamentos dos que ele deveria julgar mais importantes, dos que ele deveria mais amar e ter como os melhores representantes de sua crença mais forte. Depois os pensamentos em que ele apenas descreve a condição do homem e seus problemas abertos. Esses últimos foram sempre os meus preferidos. Penso então na impossibilidade de aceitação daquilo que um homem quis colocar mais alto que tudo, daquilo em que quis ter a maior fé. Muito mais comumente o que se compreende e aprecia em todo esse esforço é apenas "o caminho".

* * *

Entre os homens mais comuns alguns há os quais a morte se anuncia de maneira inesperada e inédita.

O que lhes acontece e o que eles devem sentir é grande demais. E não se pode dizer que seja um simples medo da morte o que produz todo esse efeito. Deve existir algo mais; e esse algo mais abala tudo, até mesmo a "obra de gênio".

* * *

Autológica: Logicamente a contradição é o que existe; isto é, a lógica não existe.

A lógica pura seria a identidade, o nada. Quando sofismas insolúveis são propostos, torna-se patente a ilogicidade de nosso pensamento.

O racionalismo é apenas uma "tendência" nossa, pois ainda nos resta alguma vida.

* * *

O pensamento sobre o princípio de não contradição já é, ele mesmo, uma contradição.

A mente humana se situa ao meio de um caminho. Nossa razão é pela metade. Razão pura é apenas uma tendência a que não obedecemos inteiramente. É dentro desse esquema que se desenvolve a produção intelectual. É dentro dessa mistura que rola o mundo.

* * *

O "sentimento" de um pensamento...

* * *

---

[24]Blaise Pascal (1623–1662). Físico, matemático, filósofo moralista e teólogo francês.

DIÁRIOS

O nada como igualdade perfeita e infinita ou nula. Se tudo se nivelasse, se tudo se unisse ou se identificasse, "chegaríamos" ao nada, ao "fim". A morte é, pois, representada já por uma tendência à igualdade, ao nivelamento. Ora, essa tendência prolifera exatamente na lógica, na ciência. O que se pretende, em ciência, é tomar coisas existentes e igualá-las, reduzi-las, ou seja, "explicá-las". As leis são traduções de igualdades particulares que, em degraus sucessivos, tendem a passar à igualdade mais geral, que será já única e sem "leis". Pela ciência podemos ter certa compreensão de algumas coisas do mundo. Mas essa compreensão não é vital e não é real (!), já se encaminha ao nivelamento, ao nada, ao fim, à determinação total, ao desaparecimento da própria ciência, do próprio conhecer.

* * *

Se tudo está determinado, tudo se liga inevitável e invariavelmente; se tudo se liga inevitável e invariavelmente, tudo é um todo único sem divisões e sem movimento.

* * *

O mundo que existe não pode ser reduzido ao mundo que não existe.

Nossa compreensão do universo não pode ser científica; tem de ser uma novidade, a maior de todas as novidades, desde que foi comido o fruto da árvore da ciência do bem e do mal.

Enquanto essa novidade nos faltar, seremos incapazes de fazer qualquer representação da "vida além".

* * *

Não é possível uma fórmula matemática ou uma explicação física para o universo. Sobraria muito e muito ainda.

* * *

Podem me contar histórias e mais histórias, podem me mostrar provas e mais provas, deduções e mais deduções, podem me fazer demonstrações, armar imensas discussões e complicadíssimas polêmicas diante de meus olhos. Que cada um chegue a uma conclusão. Pouco me importarei. Olharei tudo isso como se tudo isso não existisse (e não existe mesmo). Posso apenas achar graça algumas vezes.

Ah! se a minha pobre condição humana me permitisse ser totalmente assim!

* * *

Jamais valerá a pena a chateação por uma burrice (que descoberta!...). Rejeitem-se todas as crenças tolas, todos os apêndices inúteis, todos os enfeites. Os acontecimentos continuarão e serão mais divertidos.

Que os mundozinhos se desmoronem. Primeiro pode-se confundir esses desmoronamentos com imensas catástrofes. Mas depois...

Quanto mais cedo se ficar livre dos apoios toscos melhor.

* * *

Falando "moralmente" agora: para criaturas como eu e como tantos outros já não é mais cabível o lamento sobre coisas fatalmente comprometidas para o resto da vida.

* * *

"*Nosotros, los genios*" teremos todos abismos de humilhação antes de... Aquilo que foi ocultado aos mais sábios para ser revelado aos humildes?

* * *

Como sabemos, apesar de tudo, descobrir alguma coisa que, ao meio do pecado, foge a ele, se abstém e se conserva pura, indicando o horror de todo o resto!

* * *

Mais comum: para qualquer criatura, para qualquer uma que seja, existe sempre uma possibilidade aberta, um núcleo de sentimentos e acontecimentos que é um ponto de aproximação possível, um terreno de simpatia.

Basta existir vida. E, além do mais, se existe vida ainda, a qualquer momento pode se instalar para a criatura um "processo" tipo Kafka. Isso imediatamente atrai a nossa atenção (Leni, a personagem d'*O processo*, se apaixonava por todos os processados, tão interessantes e "formosos" eles passavam a lhe parecer; e o próprio "advogado" concordava com esses sentimentos).

Declaro abertamente que amo demais as criaturas comuns que se tornam grandes. E talvez as ame ainda mais quando o processo é mesmo um tanto simples e sem grandes tragédias shakespearianas.

Qualquer homem a qualquer hora...

* * *

DIÁRIOS

A atitude ou o "caso" Prometeu é algo que defendemos resolutamente para nós, algo de que não queremos de maneira alguma nos separar – nossa grandeza, nossa possível genialidade. Mas o caso Prometeu, ou a atitude Prometeu não serve de maneira alguma como solução sofisticada como uma justificativa à Rebour, pela liberdade ou pela genialidade. Tal justificativa já negaria automaticamente a liberdade e seria também uma antipatia talvez fatal à genialidade. Prometeu é aquilo a que não queremos renunciar, mas a "solução-por-Prometeu" seria a negação de um sentimento demasiadamente humano que também não podemos afastar.

* * *

É o "caso Prometeu" que nos desembaraça de uma inocência tola; isso nós aceitamos sem hesitação, mesmo à custa de um "jardim paradisíaco". Mas o problema não é só abandonar a ingenuidade e se tornar criador.

* * *

Prometeu era uma questão aberta e, por isso, Prometeu não pode ser uma solução.

O problema do homem é sempre problema, cada vez mais problema, uma excitação permanente, um desafio constante.

* * *

Entretanto, a fé e o amor religioso não são destruídos inevitavelmente pela atitude de recursos, a atitude de Ivan Karamazov; podem mesmo coexistir com a revolta. Há um amor vagabundo que vai ao fim da "não exigência" quando se confronta com o sentimento de rebelião, um amor que não cogitaria mesmo de "bilhetes de entrada", porque está acostumado a penetrações furtivas.

* * *

Quando um Grande Inquisidor deixa os mais humildes para se intelectualizar e lidar com pessoas mais "avançadas", ele pode ficar como um dos jesuítas casuístas que Pascal tanto ataca nas [Les] Provinciales.[25] Esses jesuítas se interessam mais pelo "pão espiritual", enquanto o Inquisidor se

---

[25]Les provinciales são um conjunto de 18 cartas escritas por Blaise Pascal. Nelas, ele defendia o jansenista Antoine Arnauld (1612–1694), oponente dos jesuítas, que estava em julgamento pelos teólogos de Paris.

preocupa com o "pão material"; os primeiros fazem belos raciocínios para justificar certos pecados; o segundo simplesmente fecha os olhos.

* * *

Se a busca de um estado ideal, por todos os caminhos possíveis, levar a um encontro, o que se há de ter há de ser muito maior que o que se contemplava. A novidade há de surgir; se não fosse assim...

* * *

Em certo sentido, quanto mais religião se sente, mais coisas inúteis se percebem em torno da religião.

* * *

Tem-se desejo de prosseguir sempre, abandonando tudo que for possível.

* * *

Não há regra que decida, nem regulamento que regule, nem salvação pela moral.

* * *

As criaturas, de quando em quando, fazem e são certas coisas que a gente ama. Tem-se vontade então de fazer uma descoberta reveladora naquilo que se está vendo e sentindo. O sentimento parece querer gritar, fazer uma proclamação, desvendar algo que, sob certo sentido, ainda está cerrado. Tem-se uma sede diferente, uma sede de amor. Parece, depois, impossível que se possa ir tão longe por esse processo.

Uma simples viagem, apenas uma que elegemos entre outras com as quais deparamos, pode nos pôr a sentir e a lembrar tudo.

Às vezes, "certos desejos particulares" se definem no meio desse processo. São "acontecimentos"...

1945

A) Um ônibus passava vagaroso por uma rua pobre e normalmente sem movimento, desviando-se de uma obstrução no caminho habitual. Um garoto da rua, excitado com o fato, aproximou-se, atirou uma pedra contra o ônibus e ainda lhe deu uma forte paulada. Um passageiro ficou

DIÁRIOS

indignado, pôs-se a bradar em alta voz, a condenar o garoto, a educação que seus pais lhe tinham dado (ou melhor: ...), a anarquia geral do país, etc.; e discorreu sobre os castigos que o pequeno levado merecia, sobre a disciplina a que deveria ser submetido, etc.

Na fisionomia dos demais passageiros refletiam-se o sentimento de dever e a solidariedade às reclamações em curso.

B) Por uma questão de sentimento pessoal, podemos preferir de longe a travessura do guri às hemorroidices do passageiro e perceber que se aquele senhor tivesse um pouco mais de "compreensão analítica" da vida não teria sido tão categórico em seu ataque.

Mas, convenhamos, afirmar que aquele senhor estava basicamente errado, acarretaria "logicamente" nada menos que uma condenação total de nosso mundo, reprovar o senhor também categoricamente "no terreno das ideias" só seria possível se nos colocássemos em pé de igualdade com ele, se resolvêssemos consciente ou inconscientemente representar uma disputa, armar um polêmica, aceitar uma briga de toma lá dá cá, debater argumentos, etc. Ora...

Realmente não adianta lutar desse lado ou do outro, nem mesmo lutar contra a luta. Tudo continua engrenado e, se é ridícula a atitude do ingênuo senhor, também será ridícula, com mudança do ponto de vista, a sua condenação como seriam ridículas ainda, se avançássemos um tanto mais, quaisquer "considerações" que sobre o caso tecesse um "grande pensador".

A única maneira de "dar a perceber" a engrenagem em jogo, sem também se sucumbir imediatamente a ela, seria fazer uma descrição do fato como ele aconteceu, sem desenvolvimento de interpretações e reduzindo-se mais ainda a própria ironia da narrativa.

Assim eu me tinha disposto a contar uma porção de histórias naturalíssimas que seriam, em sua extrema realidade e simplicidade, o limite da análise. Seria desse modo que a arte fecharia as asas para se identificar com a análise.

Contudo, ficar lidando só com essas "narrativas", tão longe nos limites do pensamento analítico e nas suas conclusões que não são mais conclusões, não me pareceu muita vantagem. Entretanto, todas as burrices ou inteligências, todas as filantropias, estéticas, filosóficas e ciências seriam como que "explicadas" até o fim por aquele método: a explicação constaria de uma descrição das coisas tal e qual como elas são, seria uma "fenomenologia pura", uma espécie de repetição do que já existia, sem qualquer pretensão à descoberta da "coisa-em-si", ou melhor, com essa pretensão englobada e identificada ao todo, – uma vez que qualquer pensamento-chave que tentasse penetrar ou desvendar a descrição seria dissolvido e logo assimilado. Todas as atitudes seriam naturais, naturalíssimas (e quão longe haveria de habitar a verdade libertadora!...).

Bem depressa eu haveria de atingir o "estilo apropriado".

* * *

Pelo menos separar nas existências aquilo que não é vivo, aquilo que não espera a eternidade do céu, aquilo que irá se consumir; pelo menos reduzir a crença idólatra.

* * *

A verdade que liberta não pode se "construir" da matéria ou das ideias das idolatrias.

* * *

Se não houvesse Deus, eu desejaria me tornar um atleta, mas um atleta bem bruto e inconsciente. O "pivô da questão" seria exatamente aliar o "máximo de inconsciência" a todos os malabarismos e elasticidades do corpo, substituir assim vantajosamente a inteligência, renegar qualquer intelectualismo e existir "funcionando" apenas.

* * *

Nada aproveita na chateação e o mundo pode chatear.

* * *

A luta é chata.

* * *

Existem descrições do mundo e da vida. Elas "são", mas não permitem "ser mais".

Nossa vida é, porém, uma existência violada, porque se ela fosse totalmente acabada, se ela fosse inteiramente fechada em si mesma, nós nem suspeitaríamos do "ser-mais". Ficamos assim arrebentados, deflorados, sem ser coisas-em-si e sem poder ter, ou pelo menos compreender, a vida real e livre.

A existência como um atleta perfeito e total também é impossível. Algo que vem de fora nos deforma. Tal como Zeus recebemos uma machadada que arrebenta nossa cabeça; é por essa abertura que...

DIÁRIOS

Nada é, entretanto, mais insuportável e burro que a vida por ideias, a vida intelectual. Já que não conseguimos..., a vida só de carne e sentimentos seria uma construção mais perfeita, uma obra mais bem acabada. No atleta total qualquer coisa tipo alma que não fosse exclusivamente sensação de corpo seria inútil, seria burrice, seria apenas uma atrapalhação para a carne. No atleta total o corpo morreria de repente sem estar já desde antes aleijado por uma tendência lógica, por uma tendência à morte.

* * *

Só a esperança pode valorizar o intelecto, justificar a machadada que nos desfigura, a abertura, o escoadouro, a voragem inútil.

* * *

Se não há genialidade ou quase isso numa criatura, a atividade de pensamento nela pode atrapalhar o interesse que talvez despertasse em nós. O enredo que envolve a criatura e os sentimentos que ele faz surgir, ao contrário, definem certa grandeza, despertam nossa atenção.

Mesmo nos gênios o pensamento pode parecer uma atividade estúpida diante de certos sentimentos alheios. Mas há também uma coisa importante a se notar: é que não existe uma separação nítida ou invariável, conforme exageradamente coloquei aqui. Muitas vezes aqueles que foram mais longe no terreno do pensamento e da lógica são exatamente aqueles com quem acontecem coisas que são abismos de sentimento e vida; e então eles não perdem para os sentimentos alheios (Nem sempre, nem sempre...).

* * *

Uma conclusão sobre o cristianismo: ...

Mas que adianta uma conclusão? Para que serve? Que é ela? Que papel pode ter diante do que acontece conosco? Chega-se a uma conclusão e pronto! *À quoi bon?*

Não importa que tudo que eu escreva seja também conclusões. Não mudo de "conclusão" por causa disso, tento sempre partir o ciclo dos ciclos, espero que uma graça divina me ajude a isso.

* * *

Os profetas e os santos do Senhor deveriam enlouquecer de responsabilidade e santidade diante de uma alma sinceramente rebelada, porque embriagados já pela palavra de Deus, e tendo percebido uma visão de criação, haveriam de perceber também que a revolta era verdadeira e humanamente santa.

* * *

Deus que me perdoe por eu deixar de fugir ao que entretanto estou querendo fugir. Deus que me perdoe as minhas ideias, os meus "ciclos", a minha idolatria, a minha burrice, a minha falta de sentimento, a minha falta de revolta mesmo.

Em relação a tudo isso, certos homens são quase dignos de receber o mesmo pedido de perdão.

* * *

Ficar falando da chateação do mundo é sem dúvida perder tempo, lutar inutilmente.

* * *

Felizmente há poucos filósofos no mundo e pouca gente que se preocupa com os Kants, os Humes ou os Heiddegers.

* * *

Se os "filósofos" e intelectuais não se remexerem muito na vida, não farão mais que peidar julgando que estão dando à luz.

Que podem representar, para o mundo e para os milhões e milhões de homens que são um desafio à própria religião, as angústias sistematizadas do Sr. Heiddeger, por exemplo? Que pode representar toda essa merda diante da vida?

* * *

O maior dos cretinos pode a qualquer momento se transformar e crescer além; pode apaixonar ou horrorizar. Não há cerca inviolável ao redor da vida de homem algum.

* * *

As vidas totalmente vagabundas e bagunçadas têm às vezes um grande atrativo, não porque se aproximem mais da Salvação, mas porque há nelas uma certa ausência de crenças pesadas em burrices e em ídolos, ou então apenas uma crença tão fraca, tão inútil e tão tolinha que não tem força para atrapalhar "os fenômenos mais vivos".

* * *

As crenças e os ídolos existem para encher vazios nas vidas das criaturas; mas o que conseguem é esvaziar as vidas ainda mais.

* * *

Creio em anjos mas não creio em ideias.

* * *

Discussão entre um bom burguês e um boêmio ou louco. Dá-se a coisa assim: de um lado vê-se algo, do outro lado vê-se outro algo; há o encontro; os dois algos entrelaçam os braços, fazem força, dão algumas voltas sobre si mesmos.

Já não acredito em Dom Quixote.

* * *

Os acontecimentos podem dispensar as autoexcitações.

As autoexcitações podem dar algum resultado, mas terminam em esterilidade.

A cabeça não substitui o corpo todo. O pensamento não substitui a vida.

A fantasia não é vida; de repente ela se estraga; não adianta teimar, fica sendo menos que o acontecimento, menos que o funcionar do corpo.

* * *

Com todas as segregações intelectuais são estúpidas diante de um sentimento de adolescência!

Pernas coladas em desejo!...

* * *

Mas se é nojento querer forçar em pensamento, é mais nojento ainda querer forçar em corpo.

* * *

Não adianta dizer que o pensamento louco substitui a vida. Não adianta. Não é verdade. Pode haver sensação, pode haver excitação, mas pequenas e ridículas diante de outras coisas que podem acontecer.

Dom Quixote é uma burrice, uma ilusão idiota, uma perda de tempo, uma inutilidade. Qualquer seção de cinema de um garoto ou de uma garota tem mais vida que toda a sua longa e estúpida existência.

Não há que se opor Dom Quixote aos burgueses bem comportados. Sem dúvida ele ganharia de longe, com todas as vantagens; mas ele perde tanto diante de outras vidas!.

* * *

Paixão tremenda e única ou desejo renovado que nasce em cada nova visão, em cada recordação – desejo variado e múltiplo, com certas teimosias, sempre aqui e ali, escandaloso ou dissimulado.

* * *

Nem mesmo o sentimento pode ser uma prova final de sinceridade, principalmente para certas criaturas mais complicadas. Para essas a prova não pode ser a devoção a algo imediato. A grandeza exige sacrifício.

* * *

Em certas questões críticas do cristianismo, os jesuítas tornaram-se pedra de toque. Tal como São Pedro, transformaram-se mesmo de homens em pedra. Houve necessidade disso e eles a aceitaram, renunciando aos devaneios. A estranha alquimia não foi feita com uma complicada manipulação de três pensamentos, meia dúzia de sentimentos e outras tantas desilusões. Histórias comoventes não existiram como preâmbulos. A aceitação foi fria, o único móvel a fé.

* * *

A genialidade, por maior que seja, pode não ser...

Há muita ilusão e às vezes quase mentira. Não basta a missão "educativa" do gênio, isto é: não basta que o gênio dê o exemplo, mostre aos outros o que é a grandeza.

Os jesuítas deixam a Deus o julgamento da rudeza e da pequenez de cada um. Conformam-se com elas como dados iniciais e atiram-se diretamente ao trabalho.

O aproveitamento de cada pedacinho de cada um e o quase estacionamento nesse pedacinho são as supostas antipatia e hipocrisia jesuíticas, o suposto oportunismo. Há ocasiões em que a parada no "pedacinho" pode parecer horrível; mas talvez ela represente o desconto que se faz em cada homem da educação e da fisiologia individuais, a atenção mais íntima à criatura.

* * *

Os intelectuais são tão inocentes quanto quaisquer outros homens. Estão no embrulho do mundo da mesma maneira que os outros. Divertem-se bastante com tricôs espirituais, ficam muito "atarefados"...

* * *

É preciso percorrer de uma vez toda a história da vida, não pensar mais nela, ficar com quem já viveu e procurou. Pois há uma única maneira de se provar a sinceridade diante da Criação acreditada e incompreendida. O amor há de ter uma aparência bem árida.

* * *

Negar-se a si mesmo – caminho da santidade.

A grande tentativa de fuga, – algo que existe também, – só o Sr. Jean Arthur a realizou.

* * *

Mesmo de um ponto de vista demasiadamente humano, – e cartesiano até, – existem muitas bobagens e erros grosseiros nos pontos capitais de várias obras de gênio. Existe uma ignorância quase total do simulacro de evolução do mundo, existe muita inocência, muita crença em soluções que não valem coisa alguma, idolatriazinha particular, explicação em demasia, gordura, ventre abarrotado.

* * *

Os intelectuais e os gênios creem arrogantemente que sofrem mais que os outros, mas isso não é de maneira alguma verdade. Eles podem padecer muito, não há duvida, mas existem muitas criaturas a quatro patas sobre a inteligência que podem sofrer bem mais ainda.

* * *

Nossa cabeça, que cremos tão sutil e volátil, está apertada de banhas. Ah! meus irmãos intelectuais!...

* * *

A falta de amor que existe em nós não é compensada por nenhuma das tolices que elaboramos e cultivamos.

* * *

Qualquer estilo de paixão é vida.

* * *

O que mais se deseja algumas vezes é uma espécie de fixação ou integração da coisa que se ama, seja ela uma paisagem, um corpo humano, uma face. Tem-se vontade de olhar e olhar mais forte, de guardar aquilo que se vê, para se ter aquilo, para que aquilo não escape e desapareça, ou se transforme só em "pálida memória", para que possamos sentir outra vez da mesma maneira, à hora que quisermos.

O amor pode começar num detalhe, num pedaço de corpo, num pedaço de roupa, num pouco de corpo visto através da roupa entreaberta e assim progressivamente em mais corpo vivo, ou não. Quer-se amizade, contato, mistura de enredos, abraço. A criatura vista torna-se grande demais. Que importa então toda a burrice que possa existir?

Tudo isso é vida. Tudo isso é carne e alma. É bom. Tremendamente sentido. As criaturas ficam belas demais e há beleza que se ama. Todas elas estão no enredo, em idas e vindas, em cenas diversas. É bom.

* * *

A luta dos "marcados" contra os inocentes é insuportável.

* * *

Poucos gênios se salvam da vaidade tola e gorda, das crenças falsas, do espiritualismo de castração.

* * *

O homem – o macho – é muito mais capaz de genialidade que a mulher; é mais orgulhoso, mais centro da Criação, mais enredo de destino – uma interrogação viva e apaixonantemente escandalosa.

Mas os homens – os machos – quando são gênios e crescem muito no sofrimento, não deviam reivindicar para si, tal como tantas vezes o fazem, o máximo do sofrer. O sofrimento talvez seja a grandeza peculiar da mulher e, por muito sofredora que seja a raça dos gênios machos, esta nunca atinge o padecimento humilde e apagado da mulher, o sofrimento que não pode se sentir reconfortado por uma certa grandeza individual interior e autônoma, o sofrimento fadado a passar sem deixar glória. Deve ser a devoção da maternidade, a renúncia a um destino próprio, o que dá à mulher essa grandeza diferente.

* * *

Podem dar-se acontecimentos conosco, podemos nos enredar e ficar vivendo com tudo isso; mas também podemos nos preocupar demais com os enredos que acontecem diante de nossos olhos – o que será uma espécie de aberração, uma estranha fatalidade, um caminho talvez para uma enorme chateação.
Leni, personagem de Kafka, se apaixonava por todos os processados.

* * *

Nada deve ser tão grande para a glória de Deus como o fato de as criaturas estarem vivas com corpo, alma, desejo e enredo.

* * *

Julgar a grandeza das criaturas deveria ser mesmo ótimo, porque ficaríamos fazendo redução de tudo que não é vivo e gostoso e estaríamos, então, sempre em face de algo que sobraria.
Mas somos incapazes disso. As pretensões dos mais inteligentes sobre os menos inteligentes quase sempre pecam por falta de inteligência...

* * *

Existem ocupações bem mais interessantes que o julgamento da burrice alheia.

* * *

Quão pouco pode a inteligência fazer de alguém uma criatura para ser amada! Um aldeão português é muitas vezes mais interessante que Descartes.[26] (É verdade que Rimbaud, o maior de todos, era inteligente; mas...)
O gozo é estar acontecendo a cada instante e, para isso, a inteligência pode até atrapalhar. Falo com sinceridade, sem fazer fita, sem desejo de construir uma história comovente e, sobretudo, sem burrice...
Se se ama realmente a vida, a estimativa só pode ser feita pelas vidas vividas, pelos acontecimentos e sentimentos.

* * *

---

[26]René Descartes (1596–1650). Filósofo, físico e matemático francês.

De nada vale um silogismo perto de um enredo. Na melhor das hipóteses ele poderá se integrar no enredo e, como a maioria das criaturas não sabe manejá-lo bem, ele provavelmente será ainda um silogismo errado...

* * *

Gostamos demais da vida. A inteligência não pode ser ponto de referência.

* * *

Um instante de comunhão dos santos, de santidade, deveria valer mais que qualquer torre de Babel do "espírito". Desacreditaremos disso porque não vemos os resultados da comunhão dos santos que já deve existir? Ou será que não vemos resultados porque a comunhão dos santos consegue apenas contrabalançar a nossa falta, o não darmos aquilo que de nós se pede?

* * *

Nossa natureza é tal que só podemos ser provados e ditos realmente grandes na medida em que suportamos ou tendemos a suportar o sacrifício.

Mas o espetáculo da Cruz é forte demais para nós; não conseguimos encará-lo. Nosso sacrifício não costuma ir além do heroísmo.

* * *

Eu e outros saímos fora do enredo e não nos resta inocência para reclamarmos contra a presença do mal no mundo. Ficamos assim um tanto canastrões, sem termos enredo e sem sermos santos ou inocentes.

* * *

Amor de uma visão, de um sentimento, de um corpo, de um pedaço ou de um aspecto de um corpo, de uma história, de um enredo.

Vida é o que acontece com as criaturas e o que elas sentem.

* * *

Há muita e muita burrice nos USA, mas a grande maioria de seus adversários são intelectuais e estetas hemorróidicos, incapazes de se safar do emaranhado de regrinhas e chateações que deixaram crescer em torno de si. Porque, afinal de contas, a vida americana deve ser gostosa demais. Já bastaria, para isso, ela ser tão mais "material" que a vida na Europa.

Nem mesmo de um ponto de vista religioso vejo vantagens, hoje em dia, para a Europa em relação aos USA. O nervosismo europeu não há de

DIÁRIOS

143

valer mais que o diversionismo americano. As "crises de consciência" dos americanos, quando surgirem, hão de apresentar um novo "estilo" que poderá ser bem interessante.

Além do mais, se o comunismo vier a dominar a Europa, os USA irão representar mesmo o último reduto do prazer, o "Oásis de liberdade"...

* * *

O mundo comunista pode ser bem divertido também, com paradas espetaculares e fogos de artifício para as massas, mas nunca tão diferente quanto a América. Qualquer superorganização está fadada a se transformar em coisa chata.

Mas pergunte-me se mesmo nos USA será possível, no futuro, a vida vagabunda, livre e largada, a vida de um poeta como François Villon,[27] ou mesmo uma "Associação dos Amigos de Benjamin Fondane"... A socialização, ainda que em formas mais brandas, pode se estender ao mundo todo, mesmo à América. Até o Brasil pode perder a sua anarquia.

Não haverá mais "lírios do campo"...

* * *

De qualquer jeito, USA e Rússia são novidades interessantes diante do intelectualismo e do perfeccionismo europeus. A mania de perfeição e de inteligência na Europa cheira a decomposição.

Uma aventura de vida que começa é mais forte e mais atraente que uma aventura de intelecto que termina.

* * *

Nos processos de coletividades nunca se espera o milagre ou algo "novo", num sentido mais real. Mas o que se aproveitar neles para o sentimento da vida, para o prazer, para a gostosura, já serve.

* * *

Na Europa coube um mundo, coube a grandeza do homem. A experiência do "espírito europeu" caminhou e se expandiu até atingir aquela dimensão e intensidade. Mas o processo já deve ter ido tão longe quanto possível e, por isso, está como que incapaz de prosseguir, de apresentar novidades.

---

[27]François Villon, pseudônimo de François de Montcorbier ou François des Loges (1431–1463). Um dos maiores poetas franceses da Idade Média; ladrão, boêmio e ébrio, considerado precursor dos poetas malditos do romantismo.

Assim, como dizer algo de novo além de Nietzsche, além de Rimbaud e mesmo além de Chestov?

Depois de Kant[28] ainda se podia avançar, mas, depois de Nietzsche, como? O estilo e o processo têm de ser radicalmente outros se não forem simples repetição ou retrocesso. Nietzsche foi o único e provavelmente o último homem que conseguiu ser logicamente lógico, materialista e ateu. Chestov consegue algo como dar um pulo fora da História, fora da sociedade e da civilização, e manipular todos os seus produtos para rejeitá-los da maneira mais terrível, como impróprios à vida realmente viva, ao milagre, como ídolos de morte (Desse Sr. Chestov só nos livramos um pouco mais porque ele nos parece tão infiel às suas próprias "revelações", contentando-se tanto com a exploração repetida e intelectualista de suas descobertas). Rimbaud é então o ponto final de um caminho, de uma ânsia; sua aventura individual, mais humana que tudo e, portanto, mais independente de épocas e civilizações, é ao mesmo tempo a conclusão de uma história começada há séculos, o símbolo vivo da última etapa em um processo de civilização. Se não surgir e "prosperar" uma novidade, tudo que for realizado, ainda que por grandes gênios, não será mais que variações sobre temas já experimentos, repetição ou exegese de processos já vividos.

Ora, a grandeza do homem não há de estancar assim, pois ela está nele próprio, antes que em suas aventuras. A própria atitude de Rimbaud, ao deixar a Europa, já parece um símbolo, como também o parece a obra do maior "modernista" da literatura, Kafka, transferido-se em imaginação para a "América", onde funciona então a esperança do homem, o Grande Teatro Integral de Oklahoma.

O resto do panorama intelectual pode ser genial, mas é sem novidade e sem força, é dissolvido ou limitado demais a *trouvailles* estéticas.

* * *

Existem no "mundo do espírito" milhares de construções e explicações. Cada um pega uma porção de coisas e arma sua geringonça, edifica seu castelinho, seu ídolo, seu brinquedo espiritual.

Tudo isso é ingênuo e faz parte do mundo. Cada explicação é uma coisa do mundo que a explicação pretende explicar. Podemos então calmamente passar a ver todas as interpretações sem julgá-las de acordo com suas preten-

---

[28] Immanuel Kant (1724–1804). Filósofo alemão, um dos mais influentes na história da filosofia ocidental.

sas pretensões, pois as pretensões também se integram no rol geral. Podemos calmamente ainda compreender o próprio "materialismo", apenas percebendo que ele é um "materialismo de asinhas", um materialismo espiritual...

* * *

O que é insuportável é que se queira impingir "explicações" a uma criatura em grande processo de interrogação.

* * *

Quem me lê deve ter uma sensação de ida e volta, de confusão, de barafunda. Não tenho estética em clareza cartesiana, nem mesmo clareza pascaliana. Gosto porém de não possuir um estilo "mais bem acabado".

* * *

Um ocidental, um europeu muito inteligente e culto, poderia, depois de um grande processo analítico, ir viver na Groenlândia e transformar-se num bom esquimó. Poderia ficar horas seguidas participando de uma dança, pulando sobre os dois pés num ritmo lento e monótono. Esse homem continuaria sua vida comendo, dormindo e trepando normalmente; apenas comeria só peixe ou quase só peixe, tomaria porrezinhos de algum álcool das tundras e treparia de maneira um pouco diferente, dando uns esbarros laterais na mulher, como que para prosseguir na dança monótona. Tal como qualquer outro homem continuaria se alegrando com a dança, a bebida ou a trepada; tal como qualquer outro homem se entristeceria se a mulher ou um dos filhos morresse, etc. – e tal como qualquer outro homem ainda pensaria de vez em quando no mistério da criação...

* * *

O sofrimento dos homens não culpados deve ser a crucificação de Deus.

* * *

O único critério de julgamento há de ser o critério de Deus, para o qual somos impotentes. Todos os outros critérios são apenas partes dos enredos ou simples brinquedos espirituais; a única aproximação real que conseguimos em parte realizar é a da redução mais geral de tudo que não é vivo mesmo, e da descoberta do amor.

Tudo que não for amor pode ser analisado e reduzido a nada, porque é ídolo, construção morta.

O mais alto que o homem pode pensar é ir confundindo o pensamento com o amor e tentando figurar-se o julgamento de Deus, isto é, a visão do homem vivo.

* * *

Tudo deve ser melhor ainda do que se aspira; e como deve ser diferente da luta só humana!

* * *

O corpo humano quer ser já o testamento da grandeza, da delícia, do gozo, do amor. E existe mesmo a marca do amor no corpo humano. Basta olhar para se ver.

Nossa teimosia prova nossa liberdade, nossa vida.

* * *

As "conclusões" são sempre a parte menos interessante.

Se se chegar a uma conclusão a respeito de Deus e do problema do mal e da liberdade do homem, por exemplo, essa "conclusão" não servirá, não há de ser uma coisa viva. A "verdade que liberta" não habita esses domínios.

* * *

O mundo parece belo, gostoso e amado quando, em meio das coisas do mundo, em meio de paisagens e de casas, em cantos, em lugares com pouca luz ou com muita luz, existem criaturas sozinhas ou em grupos, criaturas que devem estar com a carne amarrada a um enredo e uma alma. Visão.

* * *

Se alguém se desse ao capricho de analisar e compreender todos os atos mais ou menos comuns na vida das criaturas que o cercam, as causas das atitudes de cada um diante de cada caso novo, a razão das opiniões, das teimosias, das lutas, dos maus-humores, dos "erros", das falhas menores, das ambições, das manobras políticas, dos fingimentos e representações, etc., etc., – como ficaria esse alguém? Que faria ele da sua vida? Que atitude tomaria nos casos que o envolvessem mais de perto? Como se moveria dentro de cada questão particular? Como se defenderia?

* * *

DIÁRIOS

O que apenas parece certo é que a "compreensão" dos enredos alheios, com as respectivas reduções às causas comumentes ocultas, não destruiria ainda o encanto desses enredos.

* * *

Meninos e meninas de colégios são hoje milhões pelo mundo afora; essa gente se olha, se agarra, se apalpa, se diz coisas; essa gente muitas vezes usa menos roupa, começa tudo bem cedo ainda.

Franqueza e contato são bons. Ar de campos abertos para esportes, de praias, ar fechado de cinemas, de recantos escondidos. Gente moça comprometida, em todos esses ares. Gente moça mais direta e sem cerimônia, livre de rococoísmos, de regrinhas, de roupa em demasia. A intimidade entre gentes é boa. Corpos se movendo e se tocando sem estar amarrados a atrapalhações.

Abaixo a prisão, a ingenuidade estúpida, a virtude de renda e pó de arroz! Muito melhor é o tempo nosso que o tempo que passou.

* * *

"Nada traz tanta religiosidade como olhar muito para gentes." Fernando Pessoa.[29]

* * *

Se se ama demais o enredo, quer-se às vezes ficar de fora para apreciá-lo melhor, tomá-lo nos braços como se toma um corpo. Esquece-se que se pode perder assim o enredo próprio e acabar em idolatria.

* * *

Desejo de transformar as peças do enredo, as peças da vida, em peças da Glória.

* * *

---

[29]Fernando [António Nogueira] Pessoa (1888–1935). Escritor português, considerado um dos maiores poetas da Língua Portuguesa e da Literatura Universal, muitas vezes comparado com Luís de Camões. Lúcio tinha grande fascínio por este autor, tanto que escreveu um ensaio sobre ele: "A voz de um profeta", a terceira exegese sobre o poeta no Brasil, publicada em *Três poetas brasileiros apaixonados por Fernando Pessoa: Cecília Meireles, Murilo Mendes e Lúcio Cardoso* (ver Bibliografia). Lúcio sofreu, em sua poesia, grande influência do bardo português, principalmente das odes de Álvaro de Campos.

Certo desespero na vida é inexplicável, até mesmo quando se tenta explicar a vida, com seu desespero, pela inexplicabilidade.

* * *

É preciso que o homem queira a vida do céu, a salvação, apesar de tudo; é preciso que o homem deseje a grandeza sem fim.

* * *

Na guerra, o soldado – despojado de tanta coisa despojável e mais nu – não aguenta às vezes tanto acontecimento e cai em "neurose". O barulho, apenas o barulho, maior aqui, maior então lá, arrebentando em toda a volta, crescendo ainda – o barulho, só o barulho – já pode ser acontecimento demais, já pode marcar uma vida, deixá-la sempre atônita, sempre cismando abismalmente na possibilidade de repetições indesejáveis. E o soldado, voltando da guerra, não volta exatamente ao "lugar" de onde tinha partido. A "grandeza abscôndita" que existe sempre em cada um estourou doida nesse um que já não pode se livrar inteiramente da marca de acontecimentos.

* * *

Era uma vida mais ou menos igual às outras; de repente arrebentou, inutilizando-se quase para o mundo por causa de um acontecimento.

Isso se dá.

* * *

Na guerra os homens estão mais nus de coisas disponíveis, estão mais solitários, embora mais envolvidos na camaradagem. Parece incrível como os homens – milhares ou milhões de homens – possam viver assim tão esquisitamente.

É grande viver-se sem certos acessórios julgados comumente indispensáveis. É grande variar-se de condição.

É também grande ver como uma criatura pode tornar-se grande apesar de suas "deficiências intelectuais". Resta só o "homem vivo", grande de qualquer maneira.

* * *

Quando vemos certas verdades que nos atraem, somos tentados a ficar de fora, gostando das verdades, contemplando as verdades ao invés de vivermos verdades também. As visões iniciais podem apaixonar tanto e de tal maneira excitar nosso intelecto (...) que tendemos a generalizar, a espiar só, a cair assim em idolatria.

* * *

Só vale a pena perder enredo para se ganhar santidade. Perder enredo por causa de uma "inteligência superior" pode acabar exatamente em burrice, em castração.

O intelectual se diferencia do boçal apenas pela "educação". O processo educativo pode começar no ventre materno. Educação não difere muito de "evolução"; e que valor pode ter a evolução?

* * *

O mundo é tão engraçado, tão solto! As coisas que se pegam caem inesperadamente de nossas mãos. Uma bala de revólver desvia-se e vai matar uma pobre velha que não estava metida no enredo.

* * *

É difícil ao homem ter-se dentro do mundo. O homem perde-se, confunde-se.

* * *

Qualquer idolatria é uma conformação e, quanto mais intelectual for essa conformação, menos vida ela pode manter.

Muitas ideias e opiniões valem só porque são peças para a formação de enredos, armadilhas do processo, e não porque sejam "verdades objetivas".

Um intelectual esperto não pode então idolatrar ideias, uma vez que para ele as ideias já não podem fabricar enredo.

O que há de grande nas ideias e opiniões é apenas o que elas provocam de vida, porque as ideias em si são totalmente destituídas de "verdade objetiva".

O desprezo dos gênios pelos não gênios é coisa muito difícil e traiçoeira.

* * *

Para os gênios há também comumente uma armadilha; muitos deles acabam por praticar uma espécie de idolatria invertida. Ganham um pouco de enredo, muitas vezes, com a inocência que ainda conservam, mas esse enredo pode ser tão desinteressante!

* * *

Uma religião verdadeira não pode recuar diante da situação humana "de fato"; deve ir a todas as bandas, a todos os homens, não pode ser pudica ou medrosa, não pode ser de elite, não pode exigir educação prévia.

* * *

A elite organizada, a elite como crença, a elite "interpretativa" que condena a grosseria do povo é felizmente hoje em dia uma coisa impotente e acabada; ainda quando bem intencionada, está muito longe do poder.

Se a ralé humana disparar a gritar e se revoltar agora, usando a burrice e a estupidez como armas, será impossível lutar-se contra ela porque ela é assim e assada. Essa ralé foi mais maltratada pelo mundo e provou mais eficazmente que o homem continua sendo em qualquer condição, sem educação, sem *finesse*, sem nobreza e até mesmo com ressentimento. Nada disso nega o homem no homem.

No dia da ressurreição, os milhões de esquecidos, de desprezados e humilhados hão de nos oferecer um espetáculo de glória.

* * *

Os humilhados serão exaltados; isto é, também aqueles que passaram pelo pior, pelo mais horrível e continuaram vivendo (ou sucumbiram...), aqueles mais sem dinheiro e sem conforto, os de pior educação, os que nos dão sustos quando vistos, os que escandalizam todas as estéticas, todo o bom comportamento, os ressentidos, os invejosos, os que pensam em malícia e não são inteligentes.

A justiça de Deus há de ir até o menor detalhe, há de fazer um levantamento total de todas as causas, todos os casos e todos os acasos, há de invadir complexos, neuroses, hereditariedades e mimetismos, doenças e impotências, costumes e tradições, modas, famílias, gerações, épocas históricas, bairros, cidades e países, possibilidades e dificuldades.

* * *

Cada sessão de cinema que se perdeu; cada festa onde não se foi por causa de uma simples chuva; cada doce apetitoso que não se comeu; cada fogo de artifício que não se soltou; cada namoro que se deixou de ter; cada visão desejada que não foi vista; cada beijo não trocado; cada coisa renunciada; cada caminho não feito ou não recebido; cada simpatia não realizada, – tudo há de ressuscitar para nós.

* * *

DIÁRIOS

A sombra de amor que existe hoje tomará corpo. Tudo que foi criado no homem será pleno de realização – sem medos, sem confusões, erros, idolatria, morte ou indiferença. A ânsia dos aparelhos do amor terá uma resposta.

"*Posséder la verité dans une amê et un corps*".

* * *

A cada hora nós erramos. Erramos porque somos ineptos e idólatras. A cada hora concebemos uma "solução". Tendemos a nos agarrar a verdades que não libertam.

* * *

A "*finesse*" intelectual atrapalha ainda mais que a crença bronca; porque rouba vida demais.

* * *

Se se é moço e se joga a vida numa novidade, numa aventura social que proporciona coisas gostosas antes proibidas ou impossíveis; se se pode então cagar solenemente para preconceitos antigos e dar bananas ao que nos escraviza antes, – como renunciar a tudo isso em nome de uma ideia, de uma sutileza intelectual, de uma probidade de espírito? Não se pode exigir tal coisa do povo.

* * *

É bem triste que, diante do grande desafio do mundo, o homem possa não saber como se ter, possa fazer burrices, possa desesperar, possa idolatrar.

* * *

Os estetas contra as massas são os mais altos exemplares da decadência, do desmoronamento de uma época.

O intelectualismo atrapalha demais, repito; capa.

Mas o engraçado é que se acaba por não se querer mais modificar o mundo. Primeiro aceitam-se as massas tal como elas são, depois as próprias elites. Deixa-se que os intelectuais continuem elaborando suas "explicações", suas teorias, suas estéticas, etc. Apenas sacode-se fora a chateação que tentar nos agarrar.

* * *

Homens simples e quase despidos, postos no mundo como que à espera de uma verdade que possa se desenvolver agora. Homens mais sadios, homens já batizados em acontecimentos fortes e aventuras.

* * *

Uma visão boa é uma espécie de estreia para se repetir eternamente, um espetáculo como de palco ou de circo imenso mesmo, aonde a criatura humana chega tal como é, em corpo e alma. Diante dessa visão, não se distingue aquilo que é de nossa alma daquilo que nosso corpo sente. O sentimento é uma esperança boa demais, algo íntegro, começado nas mãos, propagando-se pelos antebraços, etc.

* * *

Tentativa de uma visão divina do mundo, com o desconto de toda a influência do meio. Impossibilidade de nosso intelecto para isso, entretanto; porque não saberíamos direito como fazer e também porque, se soubéssemos, a tarefa seria grande demais.
"La vision de la justice est le plaisir de Dieu seul".[30]

* * *

Um caminho particular de análise, um certo modo de se fazer os descontos, leva ao "populismo", ao amor pelo povo, pelos enredos comuns, etc., e ao desprezo pelos intelectuais.

* * *

A beleza corporal é ótima "qualidade de seleção". Os espiritualistas a injuriam demais. É certo que ela não é tudo – mas que apelo colossal, que teimosia, que impossibilidade de renúncia ela coloca diante de nós!

* * *

Às vezes os acontecimentos vêm completamente "de fora". Mas a grandeza surge na vida onde eles se dão.

* * *

Há gente que suporta privações horríveis demais, gente que tem a existência roubada, gente cuja existência é um esbanjamento inútil que não chega

---

[30]Trecho do livro *Une saison en enfer* (*Uma estação no inferno*), *op. cit.*

mesmo a ser espetáculo de destruição, gente humilde, feia, maltratada e ressentida, gente que não pode se conformar com o conforto alheio, com a legalidade oprimente.

É impossível o protesto e a reação contra uma atitude de desespero dessa gente.

* * *

Às vezes ficamos comodamente sentados. Existem poltronas. Aceitamos a inércia, o atraso.

* * *

Ah! se os americanos fossem mais loucos e obstinados em seus arranha-céus, seus parques de diversões, seus automóveis, seus estádios, suas praias superlotadas, se se revolvessem e se refocilassem quase nus nas areias das praias, ansiando por algo mais!...

* * *

Vocação do Brasil para destruir as legalidades, para zombar das crenças que não valem a pena, ou para acreditar apenas dentro da anarquia, como se não acreditasse – vocação para caçoar dos ídolos, safadeza bastante atraente.

* * *

Em cada novo estilo que a História apresenta há sempre algo que se ama, que se deseja incorporar ou ver transfigurado. Apenas os processos históricos de formação de estilo são ridiculamente lentos e limitados quando comparados ao desejo de vida ou de milagre que se tem.

Triste condição esta que nos obriga a esperar tanto para ver realizada uma coisa que se deseja – isto quando acontece que chega a realizar-se – e ainda percebê-la tão diferente do que se a desejou, quase sempre tão menos do que se a quis, quase sempre à custa da exclusão de outras coisas também desejadas, um pedaço apenas!

O prazer imediato pode então ser mais vivo. É pois ótimo descobrir-se o que há de grande no que já existe e se espalha diante de nossos olhos, na "cantiga da rua".

* * *

Os americanos: coisa gostosa é a agilidade e a naturalidade dentro daquilo que outros complicaram, um não se importar com mesquinharias, uma desenvoltura, um mascar de chicletes.

Mas essa naturalidade moça tem também os seus fedores, os seus ranços, a sua burrice, o seu capadismo, a sua herança vitoriana e puritana, o seu protestantismo mesquinho e falso – limitações demais.

* * *

Tudo pode se corromper por excesso de compreensão e por inanição. É preciso sempre a mola propulsora de enredos.

* * *

A visão da vida pode atingir tal intensidade que passamos a nos subtrair do enredo para poder "explicar" tudo, continuando ainda maravilhados com o que percebemos.

Todas as outras atividades intelectuais, toda a filosofia e toda a ciência, são então apenas "partes" da visão que se tem e se quer explicar, coisas tremendamente ingênuas, com pretensões apenas inocentes, brinquedos.

Mas se saímos mesmo do enredo para "ver" e "explicar" melhor "de fora", podemos perder o que seria mais precioso para nós, podemos nos tornar flácidos e sem sal. Também é possível que, embora involuntária e inconscientemente, sejamos apanhados pela engrenagem outra vez, tocados para adiante, perdendo assim aquela imensa "visão objetiva".

Nunca conseguimos o que desejávamos. Nossa teimosia é vã. Ou nos enganamos num caminho particular, num enredo limitado, deixando de "ver" e sentir em nós mesmos tudo e todos, ou acabamos por nos perder.

* * *

Ficar apenas descrevendo as coisas boas, o latejar da vida, os casos que a cada um se oferecem, um a um, as paixões, os sentimentos, as descobertas novas das coisas que se desejam para a eternidade.

Deixar gravado o testemunho do que se ama e se quer, do que se aspira a salvar e reter quando o oceano de rejeições inundar a terra.

Até as revistas e os jornais são fonte de figuras e histórias para se guardar...

* * *

Vontade de fazer uma grande coleção, para que tudo seja nosso, em bloco, e disponível a qualquer instante.

* * *

É na infância que o pensamento é vida.

* * *

As cenas imaginadas, as visões e os acontecimentos desejados não se realizam ou não vão longe em intensidade. Conformamo-nos, deixamos tudo passar e até mesmo nos esquecemos do que cobiçamos, ou apenas vislumbramos o que se cobiça sem possuí-lo; abrimos mão do que seria grandeza em nossa vida, ou simplesmente perdemos; ou ainda: a posse não se realiza em grandeza.

Não deveria haver perda ou conformação na vida; se elas existem e a vida ainda continua mais ou menos viva é porque a fé e a esperança a sustentam.

Há também um cansaço ativo, um desejo de paz que parece renúncia a tudo que despertou outro desejo ou sentimento em nós. "*Dona nobis pacem*" é uma prece que também se faz. Mas se pensamos em paraíso, em eternidade, qualquer renúncia é impossível. A pá de cal sobre o corpo ou sobre o desejo só pode ser um episódio passageiro.

* * *

Haveríamos, porém, de nos diluir no primeiro sentimento intenso, de nos desmanchar na compreensão?

* * *

A dor subsiste com a fé e a esperança, e nós somos conservados vivos.

O *charitas* está em nossa vida também; há o que é mantido e que amamos mais que tudo.

* * *

Tudo que se puder desejar, criar, imaginar é o reino de Deus.

* * *

Cada corrente filosófica é uma espécie de mania particular. Nossa vida intelectual se faz à custa de limitações, de construções especiais, de preconceitos. Nunca há a imparcialidade ou a lógica que comumente as escolas filosóficas pretendem ter. A filosofia não desnuda o homem para mostrá-lo tal como ele é.

* * *

Os "grandes pensamentos" frequentemente são produzidos assim: a gente senta, põe a mão na testa, faz como que um esforço, um espremer, e aparece com certa nitidez o tal "grande pensamento". Isso é um "processo".

* * *

Certas criaturas são mais inteligentes e podem nos esclarecer muito, nos dar ótimos empurrões espirituais. Mas não fazem sacrifícios para isso; não são evangelistas e podem se tornar mesmo bastante antipáticas; são extremamente egoístas e nelas a grandeza é talvez mais um acontecimento que vem de fora que um esforço consciente.

Outras pessoas mais mesquinhas e irritadiças agem às vezes de maneira um tanto diferente.

* * *

Existe sempre mudança de estilo numa descrição do mundo; ela nunca pode acabar no mesmo estilo em que começou. Nossa própria história interfere; lembramo-nos de que nossa descrição e nossa história também fazem parte do mundo.

A visão do mundo e das histórias humanas – tal como a da justiça – deve também ser um prazer de Deus apenas.

* * *

Certos acontecimentos são tão fortes que podem pôr qualquer um a refletir exclusivamente sobre eles; esgotam a capacidade de vida e de pensamento mais livre em um indivíduo.

* * *

Se uma aproximação especialmente desejada não se realizou, se uma camaradagem sonhada não vingou, a vida fica parecendo impossível e insuportável e os outros na rua tornam-se a massa onde algo desejado está perdido ou desaparecido. Cessa o nosso sentimento de comunhão com aqueles que encontramos, com aqueles com quem temos contato pelos ombros e pelos olhos enquanto vamos na multidão.

* * *

É bobagem querer explicar uma "etapa anterior" do caminho. A única explicação é a continuação do caminho.

Apenas algumas "reflexões" particulares são possíveis.

* * *

O que interessa é o prazer eterno, a cessação da tragédia, da chateação, a transfiguração do que tiver sido grande e humano no sofrimento.

* * *

Na "etapa anterior": eu queria ficar sentado numa poltrona, com o conforto(?) infinito da liberdade assegurada...

* * *

A sinceridade de uma história, de um apelo mesmo, reclama humilhação, certa renúncia até.

* * *

A sinceridade não dura sempre. A reclamação e a revolta só são grandes até certo ponto, até certa época.

* * *

O mundo é assim: não se pode sentir pudor e ter chiliques diante da sua nudez tremenda. Com pudor não se consegue nada; nem com idolatria.

* * *

Eu cedia todo o terreno possível ao inimigo.

* * *

Um Deus companheiro nosso em nossa condição. Uma Igreja agarrada a nós, aceitando até a beatice das velhas e das mocinhas bobas, estando aí para quem quiser.

* * *

Se eu persistisse até o fim na minha reclamação, com sinceridade, grandeza, amor e sede de amor, então eu teria "a razão"...

* * *

Quem sentir as coisas que eu senti que as sinta, e que Deus o ajude, que tenha suas dores de barriga mais ou menos solitário, como eu as tive, ao invés de andar a exibi-las com muita estética a grupinhos de elite.

* * *

Merda aos que pensam que um ídolo centopeico é a própria imagem da liberdade, só porque é muito complicado! Merda aos que acham "espiritual" e bonito ficar mamando na negação e na Angústia!

* * *

"Tendo tal esperança usamos de muita ousadia no falar" (II Cor, 3, 12)

1946

O amor é sempre esperança, sempre desejo de alegria e felicidade.

* * *

Deve ser grande viver em meio de gente rebelde tentando sempre escapulir do bom comportamento, ainda quando tivermos de trabalhar essa gente encarnando a própria necessidade de lei e educação. Ali onde a condição humana está exagerada há sempre grandeza.

* * *

O *Livro de Oséias* é uma lamentação do Criador sobre o homem criado, assim como *O Livro de Job*[31] é uma lamentação de criatura sobre o Criador; o que há nele é um pedido de amor teimoso e repetido, feito em todas as formas, como ensinamento, como tentativa de visão ou revelação, como insistência sobre a intimidade com Deus, o costume do amor vivo, da presença divina constante, de estar sempre com o coração para Deus, em qualquer caso, em qualquer situação, o costume do arrependimento, da aceitação do perdão, da volta, um protesto contínuo contra a idolatria – que é quase como a "essência" do Antigo Testamento.

A idolatria é falta de amor e, quando o homem serve a um ídolo, a uma construção espiritual, não está vivendo nem amando, mas apenas procurando apoio e descanso, deixando a gordura comprimir-lhe o coração e a cabeça, castrando-se ainda. Deus faz-se lembrar então, interfere, faz surgir um sofrimento que é um desejo de vida, uma procura, lembra a seu povo a luta que consentiu ter com Jacob.

Israel, que tinha encontrado de frente, como uma graça, aquilo que deveria procurar gemendo, nega-se ao amor, troca o Deus que lhe apareceu diretamente pelos ídolos estrangeiros: ("o que te perde, ó Israel, é que tu estás contra mim, contra aquele que é teu socorro" – 13, 9). Dentro dessa liberdade, Israel poderia ser abandonada até a perdição total, até o inferno, porque não quis o céu, não quis o seu Senhor. Mas quanto mais Israel se abisma na liberdade e na rejeição, mais se expande também o amor de Deus – porque o amor é mesmo maior que tudo. Deus afirma que pagará o resgate, destruirá a morte ("ó inferno, eu hei de ser a tua destruição" – 13, 14), que sustentará o enredo, a vida, a Salvação.

* * *

---

[31]Lúcio traduziu *O livro de Job* para a José Olympio Editora, em 1943. É considerada uma de suas melhores traduções.

DIÁRIOS

Pelo intelecto apenas, não conseguimos acreditar na existência do enredo para Deus todo-poderoso e infinito, porque o enredo parece-nos sempre feito à custa de uma limitação, à custa de uma perda de outros enredos, outros pedaços, outras coisas que não estão acontecendo nesse enredo e que também são grandes, porque no enredo há sofrimento e acontecimento particular e novo.

* * *

Para nós, homens limitados, já nos custa muitíssimo perder certos enredos para poder viver outros. Daí uma tendência a "compreender" demais, a ter paixão demais por todos os enredos – o que é uma espécie de inversão, pois é perda de nossa própria vida por coisa que não pode ser nossa. São a curiosidade irrespondida, a ânsia, a pergunta que não cessa, o sofrimento e o desejo de amor que fazem certa engrenagem para nos jogar dentro do enredo outra vez.

* * *

Paquetá e luar de Paquetá.[32]

No domingo a barca vem bojuda de gente pela baía afora, para a ilha. A cidade vai ficando atrás com seu Corcovado e seu Cristo de braços abertos, seu Pão de Açúcar, seus outros morros, seus arranha-céus, suas favelas e seu porto. A barca vem apinhada com pessoas de todos os jeitos, famílias enormes, casais de namorados simplesmente românticos ou acentuadamente safados – românticos de qualquer maneira – e há sempre quem faça música, chorinho sem vergonha ou samba. A ilha onde vão chegar é "céu profundo", lugar terra a terra, "pombal de amores", terreiro e praia, caramanchão, coqueiro e botequim; é todo o mundo com pouca roupa, é bicicleta, piquenique e cheiro de caju em aragem morna.

Há *flamboyants* em flor diante da estação das barcas e a qualquer hora em que se chegue, mesmo quando não é domingo; há gente de roupa espiando e esperando, gente que mora na ilha e gente de fora. Onde se desembarca é sempre bonito. As praias aparecem pequenas e curvas, com amendoeiras, coqueiros, e outras árvores grandes – barcos de pescadores debaixo das árvores. O sol é quente demais. Depois, à noite, o vento menos quente solta mais cheiro de caju, de goiaba e das jacas das jaqueiras imensas. O calor

---

[32][Grifo de Lúcio Cardoso.]

excita muito a carne e, de noite ainda, as praias escuras e silenciosas, só com o doce marulho, são um convite; há as árvores grandes à beira do mar e há o embaixo delas. Um pouco ao longe, às vezes, um botequim iluminado em amarelo antigo ou em azul fluorescente, com reflexos na água, ou âmbar de terreiro com alguma dança e gente em roupa de banho, ainda àquela hora. Recantos e mais recantos nessa ilha! Pedras pretas avançando para dentro da água. Pedras de romantismo e namoro. O céu estrelado por entre as folhas dos coqueiros e o Rio muito do longe, cintilando fraquinho. Uma vontade de tocar violão. Um violão tocado mesmo. Talvez um preto com sanfona ou uma vitrolinha portátil na praia, com gente em volta.

De dia há sempre gente mergulhada no mar, variando dos tornozelos ao pescoço, gente nadando além, sol escaldante, pequenos grupos à sombra das árvores ou um casal só em namoro a pouca roupa, num estar perto e bem mostrado numa porção de posições e atitudes e jeitos, num namoro com sol quente, com vento calmo, com a fumaça de um cigarro esvoaçando um pouco e logo depois outro cigarro. Há a cor azul-verde do mar tão vasta, a cor azul do céu mais vasta ainda, a cor verde dos coqueiros e das outras árvores, cor verde muito variada, a cor marrom das folhas das amendoeiras e dos troncos, a cor parda da areia grossa, cor da beira de praia que é terreiro, uma porção de cores nos barcos que estão na praia ou no mar, uma porção de cores na pouca roupa das gentes, tudo muito luminoso e quase ofuscante sob o sol e o calor, a cor mais linda que é a cor do corpo queimado de sol. Tudo se movimenta e acontece na nossa frente; e surge em nós a vontade de esquecimento do sofrer, simplesmente para que tudo seja para sempre assim como já está se vendo, para que essa visão fique garantida; e há a revolta contra sua suspensão, porque o para sempre deveria começar já.

Quando sai a lua, a barca que vem para a ilha deixa um rastro de espuma azulada e os reflexos sobre a água ainda escura vão se concentrando daqui e dali até a mancha central larga, prateada, toda faiscante. As pessoas mais românticas vão para a ponta descoberta da barca, expõem-se em cheio ao luar, conversam baixinho, cantarolam.

Nas praias da ilha há quem fique deitado com o corpo inteiro estirado na areia, recebendo mais de cheio ainda a lua, o vento e o barulho pouco das ondas pequenas que se quebram. As pedras de dentro da água parecem bastante recortadas e uma outra ilha toda deserta surge azulada e embebida.

Se se está sozinho, se se levanta de estar deitado com o corpo sobre a terra, se se espia em redor e o lugar onde se está é mais afastado, sem qualquer botequim aceso à vista, se tudo é mesmo só o luar sobre a paisagem, então se viaja para longe da ilha ou para muito mais que a ilha, mas

DIÁRIOS

com a ilha também nesse muito mais, e é como se a vastidão do mundo se abrisse de nós, revelando tudo que no mundo é vazio e deserto, revelando as imensidões enluaradas, as florestas e as campinas sob a lua, as vastidões que se oferecem em espetáculo a vistas que nunca chegam. Pairamos sobre deslumbramentos perdidos, sobre toda essa beleza onde o homem não se mistura, que não penetra, não espia e nem aproveita – mas beleza que sempre lança teu apelo intenso. São gradações de azul e de escuro no fogo das florestas, nas grandes montanhas de pedra, nas colinas de relva se ondulando com mais brilhos em suas rampas. Depois, as imensidões ficam menos desertas outra vez ou se contraem; há uma choupana aqui ou ali, há o luar sobre plantações ou no meio de pequenos jardins com recantos escondidos, cantinhos de beleza e poesia aonde se vai até o fim, tateando, para se chegar lá e se gozar (ah! meu mundo!...), luar sobre a terra clara dos caminhos e atalhos entre os matos, luar sobre velhas ladeiras com serenatas, sobre terreiros abertos com violões dedilhados, um caboclo de dentes brilhantes cantando, caboclinhas de seios apertados em volta.

Na ilha, bem em nossa frente, a paisagem de reflexos e a curva da praia com coqueiros. Espia-se cada coisa enluarada só ali então, e cada coisa segundo cada ângulo, através de cada outra coisa como moldura, o mar através dos coqueiros, quando se fica por detrás dos coqueiros ou um pouco por cima dos coqueiros baixos, numa pedra mais alta; uma estrela mergulhada no luar, vista por entre a ramaria de uma palmeira real, a própria lua enfim, nua e solta pelo céu, mas por entre as folhas de todos os coqueiros, nas maneiras mais fantásticas e enlouquecidas, tudo repetido e variado de todos os jeitos e mais jeitos.

A fumaça dos cigarros fica azul e prata no ar, os coqueiros são mais ventados por vento morno e bom.

Tudo isso existe.

* * *

A vida é mais ou menos o seguinte: tudo que se viveu, tudo que se quer viver mas não se viveu nem se viverá aqui, tudo que pode se transformar em grandeza.

A ressurreição é a volta da vida sem a corrupção da morte, a repetição do enredo sem a morte, a glorificação do enredo e dos desejos, a transmutação do sofrimento, as possibilidades novas.

No céu a criatura deve ser inteira mesmo, tendo a um só tempo tudo que é seu, tudo que já lhe aconteceu, tudo que já viu, que já gostou, que já teve ou quis ter, que já sentiu, e ainda a surpresa. Não se perderá pedaço algum, não haverá mais esquecimento da vida ou do sentimento passados, da imaginação, do sonho, da ânsia, do deslumbramento, do interesse já experimentados ou sentidos. Não será um simples continuar para a frente conforme é em nosso mundo, esse continuar que parece até a perda do que já foi vivido. Tudo estará conosco.

Já hoje aqui na terra há uma surpresa para nós quando, de repente, ganhamos de novo um pedaço de nossa própria vida, que nos parece chegar como um presente vindo de fora; quando lembramos da maneira mais intensa um sentimento, um fato, um hábito da infância ou da primeira adolescência. É assim, por exemplo, o escutar repentino de certa música muito conhecida antes, mas nunca mais relembrada. Revive-se o sentimento passado e ele parece tão grande, tão real, que se acha inteiramente impossível o não se ter continuado a viver aquela vida como ela era; o relembrar se agiganta, se afigura mais sincero e mais importante que tudo para nós, chega a parecer também uma genialidade total. Já nem nos lembrávamos que aquilo havia existido em vez e, subitamente, revivemos o esquecido com a intensidade mais fantástica, não admitindo que tudo aquilo pudesse jamais se ter desgarrado de nós. Parece então que fazemos uma viagem ou uma incursão pelas regiões da verdade e da vida sem morte, que conseguimos uma visão do paraíso. Um sentimento assim agarra nossa alma e nosso corpo inteiros, dá-nos quase como novidade absoluta aquilo que nos era íntimo, próprio, vivido.

Um simples sentimento recordado mostra-nos como será a ressurreição, já é mesmo certa ressurreição de um pedaço de nossa vida, de nosso enredo, uma transfiguração, uma espécie de glorificação, de vitória sobre a morte. Goza-se até a loucura a fé numa vida assim que há de vir, goza-se demais o simples admitir-se que não é possível a morte do que já foi vivido e passou, o admitir-se que o esquecimento findará e o sofrimento será transfigurado.

* * *

O amor será a revelação, para nós, da grandeza de todos os outros e, por meio de comunhão, a vida em nós dos enredos dos outros.

* * *

A glória de Deus não pode destruir o enredo. Glorificação divina não é transformação lógica do que é limitado em infinito.

* * *

Trindade: Glória, Enredo, Amor.

* * *

Mas a glorificação não pode ser uma teoria. Se nada pede tanto a glorificação quanto o sofrimento, nada pode ser tão revoltante, às vezes, quanto a teoria da glorificação do sofrimento. Talvez seja mesmo por isso que somos comumentes incapazes de compreender a ressurreição.

Mais perto de nosso entendimento talvez esteja a crucificação, a maneira de Deus ter enredo, a crucificação que se repete para ele com nossa própria morte, com a prova infinita e inadmissível pela qual temos de passar.

* * *

Espera. Amor ao amor de Deus.

Nessa espera acontece a nossa vida e deveria acontecer a Santidade.

* * *

Na vida é assim: tem-se uma teoria, uma imensa e religiosíssima teoria, mas chega o momento em que mais se precisaria dela e ela "não serve", pois o que está acontecendo é maior, impressiona demais, não admite explicações ou justificativas. O que funciona então é o costume, a conformação mecânica, a extirpação que consentimos fazer em nós mesmos, certos consolos pequenos.

Constataram-se os fatos e diante deles o melhor que podemos é ter esperança ainda, guardar um certo amor. Mas a teoria em si não explica, não adianta. Teimosia na teoria não será nada mais então que admissão de morte em nós mesmos também. O que é forte e vivo é o sentimento de falta ou, no máximo, o desejo de que surja alguém que nos agarre e nos diga uma coisa que sirva ou de alguém que, só com o nos agarrar, já nos dá alívio e faça sentir como a saudade pode ser respondida. A vida fica nua, chorosa e como que abandonada. Pode-se achar que quanto mais assim ela estiver, mais viva ou até mais divina ela parecerá, mas isso é a explicação, não é a teoria funcionando e, sobretudo, não é o milagre desejado.

* * *

Uma coisa é dita "teatro" quando é representação, quando quem a faz, por mais amoroso que esteja de seu papel, sempre "finge", pouco importando que esse fingimento seja a única expressão da grandeza desejada, da ânsia para o maior. (Assim a liturgia é dita por muita gente "teatro").

Nas horas mais difíceis, a fé e a teoria ou qualquer convicção que fira de leve o sentimento inconformado são também, num certo sentido, "teatro". Se se quer agir nessas horas de acordo com certa teoria ou certa fé, então é preciso representar também e não seremos inteiramente sinceros em nossa ação.

Numa outra hipótese a persistência no teatro será uma espécie de clamor, de representação fantástica, uma fórmula quase cabalística, a adesão à espera ou à perseverança do que é amado e existente ainda. A representação não é mais a simples mímica de uma vida maior, mas um certo afastamento da vida e sentimento, quando eles se tornam inadmissíveis e insuportáveis.

* * *

Há um "estar-ao-lado", um sentir totalmente que se está ao lado de alguém, podendo o "estar-ao-lado" ser simples como o estar em cadeira contígua no cinema, tendo isso acontecido de repente ou não (o tempo vai passando, participa-se de outras visões que se desenrolam em nossa frente, mas o estar ao lado dá o sentimento mais louco de comunhão, de contato, de vida afinal conseguida).

* * *

Salomão era rico, sábio, grande, amante do Senhor, mas tinha uma coisa dentro da cabeça, certa mania de pensar sobre a vida... Não era como seu pai David, aquele cujo corpo, cujo espírito e cuja vida já eram um Salmo a Deus, uma evocação excitante do homem no paraíso perdido ou no céu a ganhar.

Salomão, depois de David, quis ter mais grandeza que David, quis ter mais "espírito" que David, porque é pelo espírito que "*on va à Dieu*"; mas...

David, perfeito na carne, gerou Salomão sábio, louco e grande. Salomão sábio, louco e grande, gerou Roboão, insensato e tolo. O homem sábio demais não é bom para gerar filhos "segundo a carne".

* * *

Desejo de que toda a visão, toda a paixão, todo o acontecimento ou sentimento amados deixem em nós, em nosso corpo, nossa alma, um sinal palpável, um testemunho, uma garantia contra a perda; desejo de que não se continue igual depois da paixão, como se tudo não tivesse sido visto e sentido, ou mesmo acontecido. Desejo também de se estar próximo a uma fonte de novidade e revelação, desejo de que a paixão aumente sempre ainda.

* * *

O paraíso futuro deve apresentar uma espécie de encarnação de acontecimentos.

* * *

Nosso pensamento coloca o problema da existência, do jogo entre o ser e o não ser – jogo que entretanto não serve também, porque precisaria ser jogado por alguém que já fosse antes. Essa interrogação nos deixa sempre em suspenso e nada nos dá; é impossível arranjar na treva pura anterior à Criação algo a que nos agarrarmos. Mas podemos teimar na pergunta irrespondível, nos abandonar a seu abismo que parece maior e mais forte às vezes que tudo que nos acontece. Desconfiamos então que o que talvez nos falte mais seja acontecimento mesmo e que se o acontecer crescesse muito ainda, até uma grandeza apocalíptica, até o completar-se do Corpo Místico num apocalipse suficiente de fato, então o abismo cederia à "compreensão".

* * *

Nada que é bom pode ser perdido e tudo que é bom e bom mesmo.

As Epístolas de São Paulo parecem às vezes a confirmação disso, a convergência das esperanças das tentativas de explicação do homem expressas pelos maiores gênios, um reconhecimento ou um reencontro, uma suma de experiências vividas.

* * *

Se a sinceridade da ânsia fosse total, qualquer loucura e qualquer absurdo seriam permissíveis, mesmo na presença direta de Deus. Mas essa sinceridade nunca é total, nunca vai às últimas consequências e talvez sua efetivação fosse mesmo uma renúncia à esperança.

* * *

Nunca deveríamos nos esquecer do que é bom e útil para as comadres, para os vagabundinhos de esquina, os estudantes, as famílias.

Também nunca deveríamos deixar de ter em mente os monstros, os aleijões, os loucos ou maníacos, os criminosos.

Nem pensar que a humanidade é somente Europa e América, mas que há também Ásia, África e Oceania, pretos, índios, árabes, etc.

Considerar sempre os frutos ou as vítimas do meio, do organismo, da educação.

* * *

Quando se vê gente humana com seus corpos e suas histórias, seus gestos e olhares, em posições ou casos prediletos, sente-se quase desespero, às vezes, tanto tudo isso é um abismo de desejo, tanto queremos nos misturar a tudo isso, sentir mais ainda o sentimento que nos é mais forte.

E entretanto tudo parece tão simples, tudo está tão comum dentro do mundo, tão perto de nós, como se fosse só chegar, pegar e ter. Tudo inteiramente simples.

* * *

Símbolo significa pobreza.

Limite não é limite, não e menor que o ilimitado. Limite é forma, – forma humana também, – e acontecimento, compromisso com o enredo.

* * *

De Marcos: "Esta figura súbita me abraça e fala
Como se dissesse ou tivesse que dizer
O último segredo que me falta..."

* * *

Desejo enorme de fazer um sortilégio para que surja de um gesto aquilo que se quer e sem o que é impossível continuar. Desejo tão intenso que chega a dar certeza de que qualquer realização, por muito parcial que seja, vai logo acontecer, que basta ir a certo lugar em certa hora para que, pelo menos,... ou para que talvez, enfim,...

Se for preciso, procurar em todas as direções. Há tanta pressa, tanta ânsia!

* * *

FÍSICA – A teoria da relatividade melhor se chamaria teoria do absoluto, pois ela é um contato direto do pensamento com a realidade material, a primeira união íntima jamais feita entre matemática e física. De fato, ela é tão intimamente física que admite uma grandeza limite privilegiada – a velocidade da luz – e ao admitir esse limite parece ter renunciado à continuação indefinida do raciocínio silogístico, para apresentar a mais palpável e concreta ideia científica. Um dado físico particular é admitido como uma espécie de realidade última, assim como se o pensamento científico tivesse afinal conseguido agarrar firmemente um pedaço do mundo que tenta explicar.

DIÁRIOS

Uma outra conclusão muito interessante da teoria da relatividade é a impossibilidade de se admitir espaço e tempo separados e independentes, a falta de significado da medida de espaço sem referência ao tempo. Isso parece mesmo uma caracterização científica do "acontecimento", ou seja, uma admissão pela ciência do "primado absoluto" do acontecimento sobre qualquer abstração ou princípio. Esse fato reaparece intensificado ainda quando, na teoria generalizado, – que quase pecaria em relação à teoria original por um reforço de abstrações, – se afirma que a matéria também só se manifesta como uma deformação do "espaço-tempo". Isso é bem o cúmulo do acontecer.

* * *

Interdependência humana. Dificuldades de julgamento precisos sobre responsabilidades.[33]

Imaginemos que certa pessoa se aflija demais com a sorte da humanidade e que, impressionando-se tanto com a vida terrena dos homens quanto com seus destinos eternos, passe a se preocupar com a ação dos médicos e sacerdotes, emitindo julgamentos firmes e precisos sobre eles, acusando-os de não dar aos outros a atenção merecida e de abandoná-los assim aos perigos da morte ou da danação. Tais acusações são muito frequentes, mas a pessoa que as emite raramente se lembra de que poderia renunciar à sua vida presente e se fazer médico ou sacerdote militante também. O acusador poderia argumentar de início que suas ocupações normais têm um papel importante na manutenção do edifício social, – que de certo modo suporta todas as criaturas, – e que a troca generalizada das profissões diversas pelas de médico e sacerdote representaria também uma catástrofe para a humanidade. Mas, ainda compenetrado da obrigação de conservar sua profissão original, nosso acusador perceberia que certo tempo sempre sobra para ser aproveitado em missão de assistência, que um certo sacrifício sempre pode ser feito, as diversões e o sono diminuídos a bem da humanidade e dos destinos que correm risco. Quem aceitasse esse fato haveria então de arranjar o máximo de tempo para se dedicar às novas responsabilidades. Mas, enquanto pensasse e começasse a agir assim, uma nova dúvida teria de lhe surgir: é que, mesmo com um sacrifício e uma dedicação integrais, não estaria perfeitamente quite com suas obrigações, pois um trabalho

---

[33][Grifo de Lúcio Cardoso.]

contínuo, roubando horas de sono e diversão, bastante cedo arruinaria sua saúde, resultando em muito menos ação do que a possível em uma vida razoavelmente saudável e mais prolongada. Uma fórmula exata seria necessária então para o estabelecimento do máximo de ação eficiente; mas, como essa fórmula seria impossível de ser encontrada, não cessaria jamais a dúvida cruel quanto aos momentos exatos em que a ação direta de assistência deveria ceder para dar lugar ao repouso ou à distração. Inúmeros casos urgentes estariam sempre à espera e nunca se poderia cessar tranquilamente o trabalho enquanto se percebesse que a atenção a um caso mais apenas não romperia o equilíbrio orgânico necessário; então só outro caso mais; mas depois dele mais outro ainda, etc. Viria um primeiro colapso por exaustão e sua repetição arrasaria a saúde, a eficiência... (Mas se uma consulta médica, uma confissão ou um conselho a mais poderiam influir num destino eterno!...) Além do mais, seria impossível escolher com retidão e sabedoria qual o caso de maior urgência para ser atendido primeiro se um atropelado de rua, um suicida ou um agonizante de câncer, se um tuberculoso principiante ou um adolescente em dificuldades; e, depois, se o ímpio vizinho, o índio na selva mais além ou o infiel no Tibet; finalmente, se antes o infiel do Tibet ou o infiel do Ceilão.

A atitude íntegra, perfeita e logicamente certa se esboroaria e apenas uma ação cheia de parcialidade, compromisso, insensibilidade, compromisso e egoísmo seria possível.

O nosso pobre herói, desesperado então de seu objetivo de assistência ativa perfeita, iria se iludir por momentos pensando que conseguiria certa tranquilidade de espírito por uma espécie de retidão passiva, cuidando de jamais ocasionar qualquer mal a seu semelhante. Cedo, porém, haveria de perceber que não tinha efetuado nenhuma significativa mudança na situação. Assim, essa pessoa, que talvez possuísse um automóvel e gostasse de fazer suas maluquicezinhas ao volante, iria desistir de guiar a fim de que nenhum desastre ocorresse por sua culpa e talvez mesmo a fim de não excitar o desejo de moças e rapazes por automóveis, levando-os a práticas libidinosas e desonestas. Ah! mas nem mesmo desse modo o ex-automobilista poderia afirmar com muita crítica que estaria evitando acidentes fatais, ou tentações, pois se ele estivesse guiando normalmente na rua poderia criar condições de tráfego que impedissem a outro carro um desastre muito grave. Uma velhinha emperrada poderia ser colhida por um auto que, entretanto, não a atropelaria se tivesse sido retardado por outro carro a obstruir-lhe a frente, em boa hora circulando, vagaroso, em vez de achar-se recolhido exatamente para evitar desastres...

DIÁRIOS 169

Depois, se existem aviões que às vezes caem de repente, levando à morte sem preparação dezenas de criaturas, o certo seria tornar-se milionário e poderoso para conseguir sabotar a indústria da aviação, cortar o perigo pela raiz; e para isso a desonestidade talvez fosse o caminho mais rápido... Mas, por outro lado, a aviação pode prestar tais serviços em socorros, nas piores emergências!... Se, mesmo assim, a decisão de uma batalha contra o tráfego aéreo inseguro fosse tomada, quantos acidentes de outra espécie ela poderia ocasionar, visto que haveria opositores fortes que não hesitariam em lançar mão de recursos bárbaros; haveria necessidade do estabelecimento de outras indústrias, com uma avalanche de perigos novos, etc. Se uma luta contra os perigos da aviação não fosse empreendida, nosso herói não poderia se sentir livre de responsabilidades nos desastres futuros. Se ele pudesse empreender a luta só com a sua palavra, com uma espécie de pregação, isso já seria muito, já poderia mudar a resolução de possíveis passageiros. Horrível situação, porém, pois os passageiros que voltassem atrás de sua ideia de viajar pelo ar talvez fossem exatamente aqueles mais conscientes de seus pecados e, portanto, já em vias de conversão, aqueles onde a atitude penitente poderia vir ruflar rapidamente em tempo ainda; os passageiros totalmente despreocupados tomariam então o lugar dos outros...

Assim, qualquer pessoa do mundo tem responsabilidade em todos os desastres, todas as mortes sem preparação, todos os suicídios, etc. Os que põem filhos no mundo ficam em pior contingência ainda, sem controle sobre atos nos quais lhes cabe também responsabilidade: os filhos poderão ser criminosos terríveis, corruptores. Seria melhor ter filhos; mas se não se tem filhos então a humanidade acaba. Seria essa a solução? Mesmo se fosse não seria possível adotá-la. Muita gente se rebelaria, se obstinaria em conservar a espécie... E também, se se tem filhos, estes podem se tornar, em vez de criminosos, precisamente médicos exemplares, sacerdotes dedicados, missionários. Mas, com os filhos e os filhos dos filhos, etc., a responsabilidade se propagará até o fim da História.

Todos esses raciociniozinhos tão baratos nos mostram de maneira iniludível que a fuga total e perfeita à responsabilidade no mal que pode ocorrer a outros indivíduos só seria possível mesmo com a paralisação total de todo o movimento sobre a face da terra, com o fim da humanidade. Desde que uma pessoa existe, sua determinação e sua liberdade a jogam de maneira irremissível na comunhão geral das criaturas e o isolamento não pode ser mais que ilusão. A pretensão de lógica e irrepreensibilidade é coisa completamente louca. Qualquer das conclusões analisadas nos "sofismas" antes apresentados poderia ser desenvolvida muito mais longe ainda, em vários ramos, cada desenvolvimento isoladamente sendo capaz de destruir toda a lógica da organização mental, ética e social.

Tudo que se pode dizer depois desse esmiuçar é que as crenças em responsabilidades ou falta de responsabilidade e correção perfeitas não correspondem jamais, nem de longe, à ideia que comumente se faz delas; e pode-se passar a admitir essas crenças não mais pelo "valor absoluto" que pretendem ter, mas apenas como ingredientes de um bolo muito mais vasto e complexo, como fios de um emaranhado enorme onde lógica perfeita é coisa que não existe ou não tem sentido algum e, na melhor das hipóteses, como um valor ou indicação mais ou menos vagos, que permitem ainda, com todas as infindas restrições, a emissão de julgamentos sobre médicos, sacerdotes, etc. Volta-se mais ou menos ao ponto de partida depois de um passeio analítico, ou melhor, chega-se a certo estágio um tanto anterior mesmo ao ponto de partida do passeio, porque passa-se a desculpar um pouco mais a própria pretensão de lógica e perfeição, percebendo-se que ela também faz parte do bolo geral. O ideal de certeza e retidão absolutos não é certo(...), não vale grande coisa, mas é mais ou menos certo e justo(...) que as criaturas o tenham. Se se quiser, pode-se também agora admitir um estilo apologético, sem qualquer cerimônia, e afirmar já em boa hora que a realidade mais forte, afinal de contas, é a comunhão entre as criaturas, a união indissolúvel – muito embora essa comunhão tenha sido revelada na culpa de cada um por todos (Não importa muito que seja desse jeito, porque essa comunhão na culpa, esse pecado original, pressupõem o desejo de um bem).

* * *

O livro de Job – Capítulos finais.

Depois de toda a história acontecida a Job, depois de seus lamentos tão sinceros, de sua revolta obstinada contra consolos e interpretações, Deus se manifesta enfim a ele, para lhe dar satisfações, mas, de maneira bem estranha, não revela significado algum para a perseguição sofrida por Job, nem se refere diretamente à sua fabulosa entrevista com Satã. Reconhecendo que Job era sincero e justo em seu clamor, Deus abdica de uma explicação para o caso e começa simplesmente a falar sobre animais, sobre cabras, asnos, cavalos e avestruzes, para passar então aos monstros maravilhosos que são Beemont e Leviatã. Agora esses monstros parecem tão estupendos que a glória que representa a sua criação já pode ser anteposta à história humana e sentida de Job, e à própria história do tremendo desafio feito no paraíso ainda. Em vez de uma conclusão moral ou de um "significado" para aquelas histórias é apresentada simplesmente uma descrição de glória, uma referência a fenômenos extraordinários ou à simples postura de ovos da avestruz. Uma explicação ou um "símbolo" para a história de Job seriam sempre coisas chatas, incompletas e ineficientes, e o que então se concede é apenas uma visão de glória capaz de confundir o mundo e o homem. O que é o passado já está acontecido; a glória virá em seguida e a visão dela parece suficiente.

Isso deve ser um espinho de prova da sinceridade e da liberdade, uma avalanche saudável contra lamentações, pieguices, enjoos e chateações, um golpe na última idolatria, na idolatria do enredo e da sinceridade.

* * *

O primeiro passo para a revelação do simbolismo de uma vida deve ser o afastamento das determinações mortas e a representação dos fatos nos palcos do amor e da liberdade.

* * *

N'O *livro de Job* (no final ainda) há mais "glória depois", ou "glória apesar de", glória "*tout-court*", que glorificação do acontecido. Essa glorificação é algo impossível de compreensão ou expressão para nós; ela deve ser o último reduto que Deus se guarda, o verdadeiro Santo dos Santos.

* * *

O coração não para de desejar, não renuncia ao conhecimento novo buscado com amor, não admite que não haja mistura de enredos com uma certa criatura, um pedaço de vida em comum que já dê pelo menos para se poder lembrar, na hora da morte ou em outra hora muito horrível qualquer, que nossa vida não ficou de todo isolada de uma outra de que se desejou tanto participar; para que a mágoa não seja grande demais, a aridez insuportável, o fracasso como que total.

* * *

Um povo cheio de vida vai à guerra e um corpo moço muitas vezes é ferido. Até então era tão vivo! O sangue sai da carne primeiro ainda viva e o corpo moço está estirado de bruços, sobre um cavalo na terra. Morto já, algo dilacerado, está de bruços como estaria também para um espasmo de vida. A petulância cândida, simpática e forte, o sonho e a realização da aventura, as contrações audazes, os movimentos de avanço, a golfada de sangue do coração à cabeça e aos pés – tudo às vezes se imobiliza num instante, numa última posição.

Depois, num cemitério improvisado, outros corpos parecidos farão linha com aquele, todos envoltos apenas em uma lona, longos e enrijecidos, um pé de bota saindo fora quase com um protesto mudo.

1947

"Tu": comunicação ou comunhão direta.

"Ele": referência apenas, embora possa estar carregada de desejo de comunhão; implica generalidade maior porém que o "Tu".

O estado mais geral de comunhão implicaria um "Ele-Tu", para que um "Ele" jamais estivesse separado ou ausente. Corpo Místico.

* * *

Clima comum, mas intenso demais de intimidade e beleza.

Há um fazer e um repetir gestos, atitudes diárias numa certa vida: um simples levantar-se, um simples deitar-se, um vestir-se, um despir-se, um bocejo sem cerimônia na intimidade tão livre quanto a solidão ocasional, um sorriso que não é nada de solidão porém, um modo de sentar, de se relaxar. Intimidade seminua, sempre possível de se tornar mais nua, de progredir. Uma visão vista de todos os ângulos, uma curiosidade permanente, um estremecer súbito, um deslumbramento que não cessa, uma incompreensão diante da visão direta que é quase gostosura.

A visão se oferece em cada posição de beleza, cada expressão de sonho, alegria, atração ou atenção, cada atitude íntima – a visão se oferece em paixão.

* * *

Um selvagem embrutecido sabe também imaginar gostosura qualquer, extravagante ou não, sabe lutar por ela, premeditar a luta; um selvagem embrutecido sabe também se enfeitar, se imaginar assim enfeitado, sabe lançar um olhar ou dar uma leve cotovelada... Ele não é assim tão diferente de nós, cultivados, refinados e "sensíveis".

* * *

USA: esparrame de coisas sobre a bola da terra, excesso de coisas, invenção de coisas, avalanche de coisas, nudez na mocidade, figura humana *standing* sobre a crosta terrestre, o fim das perucas vitorianas e dos cachos feios de Luiz XV, tensão excitante, tontura, potencial, nervosismo de ação, risco, assalto, júbilo, mocidade treinada, *stretched*, tatuada, transbordante e solta, presente para nossos olhos, forma de corpo mais intensa com limite de pelo em contato com o ar do mundo, com a atmosfera universal, ritmo novo de andar, criação boa de gestos, *a careless form of standing*, convite ao convite.

(É preciso exagerar a esperança, a beleza e o júbilo).

* * *

É horrível demais a perda inútil da beleza e da invenção humanas.

* * *

A visão e o enredo não se "harmonizam" bem ou são difíceis demais para se harmonizarem. A vida dos gênios parece sempre tão escangalhada, tão deturpada, tão incompleta!

Mistura de glória e enredo, quando há muita consciência, é coisa que não costuma funcionar direito; fica com aspecto artificial, forçado.

* * *

Se a missão de um escritor é falar sobre o sofrimento, ele sofre para saber direito o que escreve; se é falar da alegria, evocar a glória, sofre ainda por não conseguir aquilo que ama e sobre que escreve, ou sofre por não ser puro bastante para revelar o que revela, sofre quando desiste de vez da pureza e desconfia às vezes que a santidade seria seu único processo – a santidade que é sofrer mais ainda pelo sofrimento dos outros.

Mas a história não está toda aí.

* * *

A morte não é só o falecer das criaturas; sua realidade é mais forte ainda no mundo. Morre-se muito pela vida afora, morre sempre um pedaço de nós quando não conseguimos o que nossa paixão reclama, quando somos obrigados a renunciar, ou melhor, quando acabamos mesmo por preferir a renúncia. Então ignoramos até que espécie de morte nos estaria reservada se o desejo primeiro da paixão tivesse sido atendido).

* * *

Fazer das coisas muito humanas uma descrição em que tudo seja tão grande e tão amor que ela possa ser dita descrição da Criação. Misticismo humano.

* * *

Vontade de deixar na História testemunho de tudo que amamos, da nossa porção, daquilo que escolhemos.

E, dentre tudo que amamos, algo que é vitalmente mais nosso, mais particular, mais eleito – tão próprio, tão individual e tão intenso que deveria dominar os outros desejos e fazer cessar a nossa disponibilidade.

* * *

A adolescência é a descarga entre os polos de enredo do homem: o acontecimento da perda da vida interior da infância (a infância é sobretudo a vida interior, o pensamento vivo, a imaginação) na descoberta de um mundo nu, mais vasto.

* * *

O youth! O kids of the world! O kids of my city and my neighborhood! O the green of the grass! O plays and talks, games and walks at the hour of the sunset! O heart!

* * *

Vontade de despir o homem e seus enfeites e suas roupas, suas artes, suas crenças, suas "atitudes", suas obras. Esquecimento até de que tudo isso pode também ser grandeza humana. Vontade de uma constatação mais íntima e direta, com afastamento daquilo que o homem junta em torno de si para parecer maior, a fim de que o homem seja visto simples e nu.

Mas essa mania de redução e desnudamento produz uma aridez tremenda, uma aridez que surge às vezes apavorante, uma falta de conforto e de proteção, um abandono demasiado de compromissos.

O consolo, quando possível, é transferir todo esse processo e, transmutando também o esforço do artista, aproximar um do outro, tentar perceber que o que se conseguir então terá sido mesmo a visão direta do homem nu. A visão é posta em correspondência com a obra do artista e essa obra, pela primeira vez, compreendida como uma certa vitória contra a morte.

* * *

Retrato do homem nu, da face sempre exposta e do corpo que se despiu. Templo – símbolo do Espírito, forma eleita dentro da liberdade, inquietude e potência, geração, intimidade, o belo em busca da beleza. Forma de uma face, forma de um corpo, lâmpada de carne, corpo com membros, com ombros que são junções de membros ao corpo, função simples e total, espasmo criador. Uma nudez, uma pulsação, um porejar, uma respiração dilatadora e constritora de um peito arfante sobre a terra, um ritmo para a música das esferas, um frêmito entre nebulosas, umbigo do infinito, soldado da História. O grão que morre, o personagem do enredo da ressurreição e paraíso, abismo clamado pelo abismo.

* * *

Às vezes num fim de tarde de um dia quase qualquer, dia que muito esforço e muito cansaço não tornaram muito diferente, no fim da tarde, depois do muito esforço e muito cansaço, podemos nos sentir em paz e lançar um olhar calmo ao nosso tema de atração – tema que foi por nós expandido, quase descoberto, glorificado, ainda que na deturpação e na ausência. É uma espécie de desejo novo do tema antigo, tão mais tranquilo e tão amor, tão nosso apesar de tudo, que é como se seu objeto tivesse simplesmente se deslocado da paisagem à frente de nossa casa, da esquina logo além, para dentro da nossa própria casa, onde nos sentimos com aqueles que mais nos amam.

A paz dos mortos, o réquiem antes da ressurreição deve ser assim tranquilo, assim nossa casa, assim a segurança de, num certo sentido, já se ter o que mais se desejou, – e assim conforto, sustento e calor daqueles que se devotaram a nós, daqueles em quem mais confiamos e a quem respondemos com amor também, assim companhia de amigos.

* * *

Quem encontra se apaixona: verdade primeiro para os santos; mas para as outras criaturas também.

Quem encontra se apaixona: nosso dever se transforma em amor, em fidelidade.

Quem encontra se apaixona: vontade de dizer isso aos que buscam, vontade de clamar isso nas ruas, vontade de pedir a Deus que guarde em nós isso, que é sua graça, para sempre.

DIÁRIO I

PREFÁCIO

Lúcio Cardoso

Hesitei durante muito tempo se devia ou não escrever um prefácio a este primeiro volume de um diário. Venço hoje a minha ojeriza congênita pelos prefácios, a fim de esclarecer um ou dois pontos que correriam o risco de chocar a um possível leitor, e em particular a alguns amigos que não hesitariam em apontar meus desconchavos e meus erros, tão claros se fazem, segundo eles, a sua origem. A origem das coisas é difícil de ser encontrada, e no caso presente particularmente difícil, já que várias razões fáceis se apresentam à superfície, e exuberantemente úteis a esse gênero de demonstração para que todos nós secretamente nos inclinamos.

A verdade é que, bem analisados os fatos, numa época em que saíram de moda as abjurgatórias à democracia, as atitudes dramáticas e veementes, seria estranhável que eu me lançasse precisamente neste terreno, já batido por tantos, já exaurido até à sombra pelos acontecimentos.

Não me importaria que me tachassem de retrógrado, de saudosista, ou mesmo dessa palavra que outrora fez a fortuna de tanto jornalista aceso, de "reacionário" – se não me causassem inquietação duas ou três frases trocadas recentemente com um amigo. Através dela verifiquei que este *Diário* poderia ser não aceito, que isto desde há muito entrou em minhas cogitações, mas repudiado e até ridicularizado como um repositório de ideias ultrapassadas e mesmo mortas. Senti de repente que me poderiam julgar estático no clima de há dez ou quinze anos atrás, o mesmo clima em que vi vibrar esse e outros amigos, não porque as ideias fossem diferentes, mas exatamente porque eram ideias vivas e do seu tempo.

Ora, a tarefa do verdadeiro escritor, a meu ver, é pressentir por onde as ideias ressuscitam. O que outrora me deixava indiferente, hoje me é instrumento de paixão, não por um orgulho falso e importuno de quem não se entrega à evidência dos fatos, mas por um sofrimento consciente que me adverte da sinceridade da minha vocação.

Aqui e ali, por erros circunstanciais, posso ter falseado o pé e dito mais do que pretendia – jamais do que devia. Pode parecer, nesta grande festa democrática que viu nascer o meu caderno, que prossegui dedilhando solitário a minha lira de entusiasmos atrasados. Por mim, acreditava estar inaugurando uma das coisas mais novas do mundo.

Via em torno de mim soçobrar a esperança dos que me eram mais familiares, e via com certo espanto, pois o que me parecia preso indissoluvelmente à essência, não existia senão em relação à aparência. Para mim, o desastre da guerra condenava uma forma, mas jamais uma teoria. Era um *knockout* de momento, jamais uma derrota total. Sei a quanto exponho afirmando isto, mas como aprendi aos lapsos e com todo mundo, é necessário que agora reproduza o que sei, sozinho e de um modo absoluto.

O que estava morto para todo mundo, era para mim o que existia de mais vivo. Não sei para quem, mas alguém me ouve, onde e não sei quando, que compreenderá exatamente as minhas palavras. O que estava morto, ressuscitava, e pela força de uma vitória que de tão proclamada, de tão viva, expunha até os ossos a força de sua fragilidade. Era, para mim, a hora de começar a falar contra a democracia. O esqueleto se achava exposto pela falta de pudor em exibi-lo – e mesmo eu, tão refratário, era impossível não adivinhar sua miserável carcaça através das roupas da vitória. É fácil dizer, é difícil provar. É impossível mesmo.

Mas a verdade gritada por um cão raivoso e mortalmente ferido diante das portas do *Reichstag*, estava desde então gravada como uma música de sangue em nossos ouvidos: a única coisa que teríamos *real, positiva*, desde o esmagamento da Alemanha, seria a Rússia latindo em nossos calcanhares.

Não é um latido, é um rugido condensado e triste. É a realidade da única ideia servindo ainda aos ideais da Europa. Impossível diminuir esse canto em marcha: a destruição avança. Não falo apoiado num profetismo estéril: falo com a realidade dos fatos. O mundo ocidental está diante do olhar dominador do velho lobo asiático. Sua força de ideal.

A fronteira do mundo ocidental, como o proclama enfaticamente Roosevelt, é a fronteira americana. A fronteira América, trabalhada por esse vício que se chama democracia, é uma fronteira sem ideal

Como fazer, como reagir diante de uma guerra que não é de motores e nem de exércitos, mas uma guerra de fé e de princípios? Apossando-se vorazmente de um ideal alheio, surrupiando a fé esmagada de um povo. No *front* da Europa dividida, é com o martírio da Alemanha, é com a fé de seu sacrifício e de seu heroísmo massacrado quem sabe para sempre, que os Estados Unidos reagirão diante do ataque russo. O escudo da democracia é uma couraça feita de ideais assassinados.

Por mim, passei a acreditar neles desde que os percebi cobertos de sangue. Passei a acreditar que as únicas forças autênticas do mundo, e cujo jogo não fosse uma farsa, fossem essas que trazem em si a chama desse ideal que falta à democracia. A democracia é uma luta sem motivo – e essa coisa usada que é a liberdade dos homens, está gasta até à medula pelos desastres de sua aplicação.

A coisa mais nova deste mundo – e sempre o foi – é a readaptação dos velhos ideais às condições do tempo. Fracassaram as ideias nacionais, mas são elas, no seu íntimo, que serão vibradas, mortas ou vivas, como seres vivos ou como espectros, ante os novos campos de batalha da Europa.

* * *

Resta dizer – e com um consciente interregno – o ponto de vista que adoto em relação ao Brasil. Perdoem-me a suficiência, mas o Brasil é de tal modo um problema particular, que é difícil falar sobre ele, mesmo quando se tenha ideias tão nítidas quanto eu.

Disse Octávio de Faria numa entrevista, que o problema do "salvacionismo" é uma crise de adolescência. Para mim é exatamente o contrário: a única manifestação de vida, a única maneira de nos reconhecermos como ser e como povo, é o "salvacionismo". Decerto ele tocou o grande romancista da adolescência entre nós, mas não o reconheceu quando se transformou num sinal dos homens maduros. Há anos que ouço dizer e [(?)].

Dedicado a Walmir Ayala

1949

AGOSTO

14 – Na expectativa do trabalho. Numa tranquila manhã, de sol violento e frio, regressando da missa numa pequena capela erguida num outeiro sobre o mar – o poder, a verdade dessa vista de cartão-postal! – reparo as pessoas que passam em roupas de banho e trajes esportivos, ávidas de gozarem a delícia da manhã. E é estranho constatar como parecem deslocadas na harmonia do ambiente, muito gordas ou muito magras, com roupas exóticas e evidentemente malfeitas. A tristeza, a miséria da carne humana é tão visível, que chega a me causar uma espécie de mal-estar. Na radiosa manhã são quilos e quilos de ambições e sonhos frustrados, de matéria sequiosa e queimada pelos desejos mais disparatados, pela gula e pelo egoísmo, que se arroja cega pelas estradas, em automóveis, carroças e bicicletas, tudo enfim o que mais confortavelmente pode transportar essa massa condenada em sua sôfrega busca de esquecimento.

* * *

18 – Mudamo-nos hoje (os artistas que trabalham comigo e eu) para um novo hotel. Defronte de mim, vejo ao longe as velhas muralhas da Fortaleza de Santa Cruz, que o mar lambe sem descanso. É a mesma Fortaleza que antigamente tanto me impressionava, e sobre que tantas vezes conversei com um amigo que lá tinha estado em serviço. Creio mesmo que cheguei a fazer um poema inspirado naquelas pedras – quarenta metros a pique – eternamente voltadas para o oceano alto.

A paisagem é de uma calma assustadora. Divirto-me escutando alguém que estuda violino mesmo por cima do meu quarto e que repete incansavelmente uma ária de Bach. De vez em quando, percorro sem nenhum interesse o livro que tenho entre as mãos: a correspondência de Proust e Georges de Lauris. Sim, tudo estaria perfeito, se não fossem tão nuas as paredes deste quarto.

* * *

Em tom profético, que usa habitualmente, Augusto Frederico Schmidt[1] chama a atenção da inteligência brasileira para a situação em que se encontra o nosso país. O poeta nos fala com um grave ar de censura, como se todos devêssemos de repente – nós, os escritores, humildes representantes dessa ventilada classe que se chama *inteligentzia* – como se devêssemos de repente, repito, escrever artigos e proferir ferozes diatribes contra este pobre país que, afinal de contas, morre um pouco de ter tido tantos salvadores. Por certo Schmidt conseguiria a ressonância que pretende, caso houvesse desde cedo conquistado autoridade para se exprimir como "salvador" – ou iluminado, ou homem carismático, para aplicar a já sovada terminologia. Mas infelizmente os povos não se salvam pelo arrependimento, como as almas. Os povos morrem de uma só vez, pelos erros que cometeram. E a ressurreição de um povo dura séculos.

* * *

Não tenho, como tantos, a menor inveja da fortuna acumulada pelo alto poeta do *Canto da Noite*. Confesso, no entanto, que, ao vê-lo falar sobre o Brasil em termos tão eloquentes, e que parecem repassados de uma fé tão sincera, gostaria que não possuísse nada, que fosse pobre como um de nós, a fim de que nenhuma suspeita viesse perturbar a nitidez de sua voz. Mas infelizmente há a representação de firmas estrangeiras, a Sepa, a Orquima, e não sei que mais – tudo o que o torna materialmente tão poderoso e que encobre suas mais solenes profecias com um tom demagógico, como se faltasse a esse homem inteligente e que venceu tão brilhantemente na vida – venceu nesse sentido vulgar e sem genialidade que tanto irritava a um Poe, a um Baudelaire – certa cólera, certo dom de convencer e arrebatar, que nos maiores sempre foi o mais puro signo de autenticidade. Era no mais comovente abandono que Péguy e Léon Bloy gritavam contra a França do seu tempo, vítima também dessa coisa amaldiçoada que é a classe dos negociantes afortunados.

* * *

---

[1]Augusto Frederico Schmidt (1906–1965). Autor de, entre outros, *Pássaro cego*, um dos livros pilares da "Poesia de 1930". Funda a Editora Schmidt, em 1931, e publica, entre outros, as primeiras obras de Graciliano Ramos (1892–1953), Lúcio Cardoso (1912–1968) e Vinicius de Moraes (1913–1980). Na década de 1950, a proximidade com o presidente Juscelino Kubitschek faz com que exerça diversas funções públicas em seu governo, criando inclusive o slogan "50 anos em cinco". Foi um dos grandes amigos e incentivadores de Lúcio.

DIÁRIOS

19 – Um artigo contra Schmidt, em termos tão grosseiros, que me faz ficar um pouco envergonhado de tudo o que ontem escrevi neste caderno.

* * *

A calma deste hotel me faz sonhar agora na possibilidade de viver aqui permanentemente. Nada altera a cristalização do hábito e a vida, que longe daqui nos acostumamos a gastar com tal velocidade, como que anda em ritmo mais lento. As horas pisam com macios pés de lã – e nesta quietude, sentimos que somos um pouco mais vivos, menos desamparados do que ao embate dos grandes rumores da cidade.

* * *

Não sei, mas uma ideia me vem ao pensamento: só os santos, na total ausência do pecado, podem ter uma fé absoluta. Como o amor, que cresce dolorosamente ante a consciência de uma falta cometida, talvez a fé seja maior ante a presença do pecado. (E como separar a fé do amor, a traição, da noção do pecado? São movimentos idênticos, são impulsos que nos atiram fora de nós mesmos, que nos dividem ou nos integram em harmonia, mas que exigem ambos, na chama em que nos fazem arder, uma sujeição total ao absoluto.) Assim como o pecado nos perturba, a falta no amor nos humilha. E só aqueles a quem Deus elegeu com o esplendor da sua Graça podem, sem trair e sem pecar, comprometer o máximo amor na fé mais extrema. Na fé absoluta.

* * *

Hoje, procurando alguns locais que ainda me faltam para *A mulher de longe*,[2] achei-me no alto de uma encosta que descia bruscamente para o mar, em torrentes, grutas e socavões de terra vermelha, num colorido tão belo e violento que quase parecia artificial. Mais adiante, a terra convertia-se em pedra, elevava-se de novo, enquanto um abismo traçado em linha reta se abria até o mar-embaixo, uma água suja, oleosa, fluía e refluía lentamente, como exausta ao peso de todas as sujeiras acumuladas no seu dorso.

* * *

---

[2] Filme longa-metragem inacabado de Lúcio (história, roteiro, direção e produção), rodado em 1949 na aldeia de pescadores de Itaipu/Niterói (Rio de Janeiro). Em 2012, os copiões do filme foram localizados por mim, sob informação de Luiz Carlos Lacerda, o Bigode, que realizou uma reconstituição poética do filme inacabado dirigido por Lúcio, à partir de cenas recuperadas e de trechos do diário das filmagens, com narração de Ângelo Antonio.

Não, não é uma única espécie de felicidade – TODAS as felicidades constituem uma ameaça a qualquer coisa acima de nós, a uma ordem secreta que subsiste além de nossas incertezas, e que mal divisamos nos seus contornos de sombra e de relâmpagos. Por isto, unicamente por isto, é que a tragédia é o estado natural do homem. Tudo isto, certamente, é menos uma ideia do que um pressentimento – e virá daí, possivelmente, fora a já tão constatada ineficácia das diversões, o sentimento de infinita tristeza ante a visão de uma pessoa absorvida na tarefa de encontrar um meio qualquer de fugir – ou de esquecer, quem sabe, um tenebroso crime de cujo peso na consciência ela própria ignora a origem.

* * *

Seria difícil dizer qual o motivo real que me leva a escrever este Diário, depois de ter perdido um que redigi durante vários anos (lembro-me que, naquela época, senti os meus dezoito anos emergirem a uma insondável distância de mim, enquanto eu experimentava, porque não confessar, uma inequívoca sensação de alívio, como quem tivesse atirado ao mar uma inútil e fastidiosa bagagem...) e de ter tentado outros que nunca levei adiante. Creio que é simplesmente o fato de sentir que começo a viver experiências importantes (quando a idade nos chega e principiamos a envelhecer, quase todas as experiências são importantes, como se selecionássemos de antemão a qualidade dos fatos que vão compor a trama de nosso destino) e que talvez um dia alguém se interesse pelo roteiro destas emoções já mortas. Para mim mesmo, para meu deleite íntimo, confesso que jamais tentaria salvar estes fragmentos do passado: aos meus olhos, não possuem nenhum interesse. E depois, tudo o que morre é porque já teve o seu tempo. Mas insensivelmente penso nos outros, nos amigos que nunca tive, naqueles a quem eu gostaria de contar estas coisas como quem faz confidências no fundo de um bar. Esse diabólico e raro prazer da confidência, que vai se desfazendo à medida que perdemos a confiança na amizade, que ela mais e mais se afasta de nós como um bem inacessível... Sim, esse gosto de confidência que tanto nos persegue, e que em muitos escritores é como a própria suma de suas inspirações e pensamentos. E finalmente, quem sabe, apenas esse prazer de rabiscar, que é de todos nós, e nos faz comprar cadernos inúteis e apontar lápis que nunca usaremos. Fora destas pálidas razões, nada vejo que possa alegar a favor da elaboração deste Diário – e, é preciso dizer, não tenho a menor veleidade de traçar aqui um itinerário espiritual ou realizar um inventário de ideias para servir aos outros. Nada

DIÁRIOS

quis e nada quero: escrevo apenas porque o sol é bom e porque me sinto desamparado nesta enorme manhã de pureza e euforia.

* * *

Releio Julien Green:[3] de novo, com a curiosidade de um adolescente, apalpo as nossas escandalosas diferenças, encontrando-as nas qualidades que o tornam único e, ai de mim, completamente diferente das minhas tendências. Green frequenta lucidamente as altas regiões da alucinação – é senhor num território de brumas e neves irisadas, onde a loucura passeia com toda a sua nativa majestade.

* * *

20 – Continuo minha vida com o esquisito sentimento de estar inaugurando uma época nova, uma estação diferente que ficará para sempre delineada entre quadros fechados da minha existência. E, no entanto, não posso dizer em que consiste este sentimento – é apenas como se alguma coisa muito nítida me encaminhasse para o futuro. Um bem? Um mal? Não sei – e apenas peço a Deus um pouco da calma de que tanto necessito para realizar alguma coisa.

* * *

Duas horas da tarde. Em pleno sol, no passeio defronte, duas ou três pessoas soltam fogos que estalam no alto – no alto que se arremessa para tremendas distâncias, infinitamente azul. A vara, num círculo perfeito, desce verticalmente ao mar, abrindo sobre as águas uma flor de espuma. O fato me parece insólito, mas alguém me explica que é este o costume dos que tiram a sorte grande.

* * *

Lendo algumas páginas de Bernanos,[4] lembrei-me vivamente das duas ou três vezes em que tive ocasião de ver de perto o grande autor de *Sous le*

---

[3]Julian [Hartridge] Green (1900–1998). Escritor estadunidense de expressão francesa, escreveu livros religiosos de orientação católica. Toda a obra de Green é profundamente marcada tanto pela sua homossexualidade como pela sua fé católica, dominada pela questão da fé, do bem e do mal, e da sexualidade. Lúcio sofreu grande influência de Green. Sobre isto, ver o livro de Teresa de Almeida, *Lúcio Cardoso e Julien Green: Transgressão e Culpa* (São Paulo, Edusp, 2009, Coleção Ensaios de Cultura).

[4]Georges Bernanos (1888–1948). Escritor e jornalista francês. Bernanos está vinculado a uma visão trágica e pessimista do cristianismo, que é uma resposta de fé ao tema central da relação entre o homem e o mundo na literatura contemporânea. Lúcio sofreu influência dele também.

Soleil de Satan. A primeira, num almoço durante o qual falou todo o tempo, tão rápida e tão apaixonadamente, que mal compreendi que ele se referia a um dos seus assuntos prediletos: Santa Joana D'Arc. Depois, num jantar, onde novamente, e com a mesma exuberância, falou ele desse outro assunto de sua paixão, a França. Foi nesse dia que, regressando sob uma tempestade que combinava perfeitamente bem com os gestos largos e as invectivas do escritor, ia ele pelo caminho maldizendo o vento e a chuva como se fossem seres vivos, acusando-os de não sei que imaginários crimes, tudo isto entremeado de críticas rápidas e fulgurantes a escritores e artistas do seu tempo. Quando chegamos ao nosso destino, a chuva havia passado. Bernanos, já indiferente à marcha da tempestade, falava agora sobre romancistas. Lembra-me perfeitamente a sua figura, de pé no passeio, apoiado à bengala. Na verdade, era majestoso na sua cólera permanente – e afrontando-o, ousei perguntar-lhe qual era, na sua opinião, o maior romancista francês. Durante um minuto, em silêncio, vi que olhava a noite fria onde ainda vagavam restos da tormenta e, depois, numa voz firme, vibrante, onde havia toda a paixão de uma escolha feita com carinho e meticulosidade, respondeu-me: "Balzac".

A terceira vez em que o vi, estava sentado num bar e escrevia. Muitas vezes eu já o vira assim, indiferente ao ruído que o cercava. Naquele dia, pediu-me que o levasse a meu irmão, a fim de que este resolvesse, como advogado, alguns problemas de família. Antes que o fizesse, amigos mais solícitos empreenderam o que ele desejava.

* * *

Tenho a impressão de que é a última vez que vejo esta criatura, ainda tão nítida no seu mundo de infância. Depois disto, minha imaginação inventará rancores, ambições e atitudes de caráter maquiavélico. No fim de tudo, exausto e sem esperança, perguntarei, como o herói de Proust, como é que pude amar tanto alguém que em nada correspondia às minhas preferências. Sim, eu sei, sou o culpado: se mais tarde pudesse vê-la como a vejo agora, saberia então o quanto nela é frágil, o quanto é mortal inocência para a vida.

* * *

O céu, a vida, a pureza absoluta. Ah, tudo isto é uma questão desesperadamente pessoal. Quando dizemos "o absoluto", com que poderes sonhamos, com que mistérios de consolo e elevação... E se o queremos, que forças temos para arrastar os outros conosco? E se não temos os outros, que nos adianta este Paraíso solitário?

* * *

DIARIOS

Perdoai, meu Deus, transformar os flácidos rostos de barro em máscaras de ferro. Perdoai-me acreditar que o impossível é possível, que a mistura humana escalda e se torna dúctil aos nossos dedos sem piedade. Perdoai a minha loucura, e a minha sacrílega fé na transfiguração das coisas. Bem sei, dia virá em que tudo será apenas como um punhado de cinzas, que eu remexo já sem nenhuma ambição. Perdoai-me por essa hora, quando o tempo se desfizer e eu apenas contemplar, ferido, a refração do meu delírio.

* * *

22 – Sem poder escrever estes dois dias, devido a um acúmulo de trabalho e de visitas. De todo o essencial que vivemos, quase sempre não restam senão nomes para alinhar à voracidade do tempo. Odete, João Maria dos Santos[5] e outros compuseram a atmosfera particular deste domingo em que, juntos, descobrimos Itaipu, uma das maravilhas da Terra. Lembro-me da primeira vez em que fui lá e pergunto a mim mesmo, inquieto, porque neste mundo tudo parece obedecer a um plano determinado, porque as coisas se encadeiam de modo tão natural, como se os acontecimentos fossem sulcos traçados por mãos que desconhecemos, sulcos que agora vamos trilhando sem nenhuma surpresa, como um poema que aos poucos fosse esmaecendo, e perdendo para nós todo sentido de mistério e descoberta...

* * *

Ontem à noite, quando regressava ao hotel, encontrei na rua um velho conhecido, que ocupa suas horas mais calmas escrevendo críticas musicais para um jornal. As outras, as que sobram para seu desvario, gasta-as agitando no mesmo instrumento a solidão e o álcool. Estava pois completamente embriagado e fazia-se acompanhar de um soldado, também alcoolizado. Ao me ver, pôs-se a gritar como um louco: "Você fez muito mal em ter vindo aqui, você não me conhece, eu me chamo Antônio." E depois, mais calmo, como se estabelecesse de súbito uma espécie de cumplicidade, começou a me chamar de João, insistindo em que eu não devia ter aparecido. Todo seu aspecto era tão decadente – lembrei-me de várias pessoas que conheci, atacadas do mesmo "mal" e que, com o correr do tempo, assumiram idêntico aspecto de degradação e miséria – que me fez pensar no surdo trabalho da carne, tão continuamente semelhante na sua enorme profundeza, e que aos poucos substitui o que era mais nobre, mais límpido, mais humano, nessa incrível máscara já sem nome que ontem tive a tristeza de contemplar.

---

[5]Tratam-se da atriz Odete Lara e do cenógrafo João Maria dos Santos, amigos de Lúcio.

23 – Meu Deus, aquela imagem de outro dia me obseda. Aquele grito... Onde extrair o divino naquele rosto degradado que me interpelou na rua? No entanto Cristo existe, eu sei, e talvez fosse Ele que me chamasse através daquela boca alcoolizada.

26 – O tempo firme me anuncia a possibilidade de começar a trabalhar domingo. Já a aparelhagem se acha aqui e estamos mais do que preparados, atrelados a essa impaciência que é como o começo da corrupção de todo projeto ansiosa e longamente preparado. As manhãs surgem frias, com grandes fiapos brancos que se esgarçam preguiçosamente pelo céu.

* * *

As identidades trocadas... Em última instância, que é o mal? Se somos feitos à imagem e semelhança de Deus, o mal é tudo o que atenta contra essa imagem e semelhança, índices dos atributos divinos da natureza humana. O mal é a negação dessa própria Natureza.

* * *

Sim, não há como negar, a profundeza da sensualidade é espantosa, é como um caminho sem fim. Mas caminho perfeitamente igual nas suas linhas, nas suas curvas, nos seus processos, como um vasto corredor que atravessássemos, mostrando a mesma paisagem sem surpresa.

* * *

Ah, o amor que não sabe ter calma e não conhece nenhuma espécie de repouso – antes é uma espécie de febre constante e lúcida. Com o correr do tempo transforma-se numa obsessão sem fundo, um estado agudo, delirante – e que é próprio daqueles que conhecem o nada em que se esfumam todos os sentimentos.

Se Deus não existisse, não chegaríamos apenas à conclusão de que tudo seria permitido. A vida seria simplesmente IMPOSSÍVEL, o peso do nada nos esmagaria com sua existência de ferro. Tudo pode desaparecer, desde que seja possível continuar numa outra vida – mas saber que todo esforço é vão, que o jogo não tem maior razão de ser, tira-nos não só o gosto de brincar, como o de realizar qualquer coisa que valha a pena. A existência de Deus, mesmo mantida no subconsciente ou apenas pressentida, é o que garante a chama da vida no coração de quase todos os homens.

28 – É enervante esta espera de que tudo esteja em ordem para dar o sinal de partida. O tempo é magnífico, grandes nuvens dilaceradas e brancas cobrem o céu, mas o material ainda não se encontra todo em meu poder.

O filme[6] já se acha localizado *take* por *take*, mas ainda assim visitamos hoje algumas praias lamacentas por onde devo começá-lo. São extensões cobertas de um barro feito de areia e sangue que escorre dos matadouros próximos e que exalam um miasma fétido, assim que o sol se torna mais forte; essa lama atrai os urubus, às centenas, sinistros reis desses pântanos amaldiçoados. A imagem desses ambientes surge na tela dotada de máscula poesia – há, nessas praias de morte, qualquer coisa condenada, assim como uma faixa de terra do Apocalipse.

* * *

É curioso, a idade aguça alguns dos defeitos inerentes à nossa natureza – muito do que sou hoje, marcado em características por assim dizer essenciais, foram simples detalhes da minha infância. Não sei o que serão mais tarde, quando já tão graves me parecem agora.

* * *

A existência, sem a Graça, é um acontecimento trucidado e incompleto. Quanto daquilo que nos forma, do que compõe em nossa essência o mais íntimo e o mais solene, desprende-se, afasta-nos do Cristo, para se agarrar e aderir às coisas, às pobres coisas humanas que nos traem sempre, porque apenas acumulam no seu âmago desesperados vazios, ansiedades sem sentido e sem correspondência... Perdemo-nos por fantásticas imagens – e é como se deitássemos à areia um jarro de água pura, tanto esses sentimentos, essas paixões seriam maiores, mais íntegras em sua totalidade no fundo do ser, e que infelizmente, ai de nós, não soubemos preservar...

* * *

Não sei por que tantos julgam que o mar é o símbolo da liberdade: vendo-o agora da minha janela, percebo-o como uma grande coisa aflita e aprisionada, lançando-se sem descanso contra esses carcereiros imóveis que são os rochedos. Nada é mais plangente em sua eterna queixa, em sua prisão perpetuamente agitada pelos ventos da distância.

29 – Finalmente devemos começar amanhã as filmagens de *A mulher de longe*. Sozinho, enquanto passo e repasso cenas que pretendo fazer viver

---

[6] *A mulher de longe, op. cit.*

diante da câmera – esse estranho gosto, essa ansiedade de fazer reviver através de um detalhe, um mundo adormecido e apenas entrevisto – sinto uma espécie de choque, um frêmito quase de susto. Parece-me que acordo de repente, que não tenho o direito de tocar nessas formas escondidas, que não me pertence o dom de fazer ressurgir na tela a visão de um sentimento ou de uma paisagem perturbada... Como pude ir tão longe – pergunto a mim mesmo, como pode me ter apanhado assim desprevenido toda esta diabólica engrenagem?

Mas não, a aventura não é assim tão bizarra. Desde a infância, desde os tempos mais recuados, o cinema foi para mim uma constante preocupação. Lembro-me dos montes de revistas cortadas, os desenhos, os programas que inventei, as telas improvisadas... Na Tijuca, no porão de uma casa onde moramos, havia uma cidade inteira de cinemas. E no que se refere ao teatro – paixão que surgiu em mim bem mais tardiamente do que o cinema – esse gosto pela arte de representar, que tantas vezes me faz andar mais rápido na elaboração de um romance, a fim de atingir depressa as cenas capitais...

* * *

Esplêndida, gloriosa manhã (infelizmente sem as grandes nuvens brancas) que passei estendido entre o mar e a areia, sentindo a vida fluir como uma carícia ao vento. A memória me traz, insensivelmente, a lembrança de praias do Norte que conheci no princípio do ano e que tanto deslumbramento me causaram (Itapoã, Barra e Pituba na Bahia, Atalaia Nova e Atalaia Velha no Sergipe) e que tão intensamente me deram a noção do Paraíso terrestre, com sua luz delirante e morna, seu azul arrancado à criação do mundo...

30 – Acho um pouco desconcertante que um escritor da categoria de Julien Green, cujo IV tomo do *Journal* termino de ler agora, mostre-se ainda hesitante entre o problema da carne e a fé católica. No fundo, é um pouco banal esse modo de encarar a carne como o pecado máximo, o que em definitivo nos afasta do caminho de Cristo. Todos os pecados, e alguns mais do que outros, nos afastam do caminho de Cristo. Por exemplo, essa difícil procura da humildade, tantas vezes ausente dos mais rígidos corações cristãos, invioláveis no seu ascetismo, não é muitas vezes de importância idêntica a esse problema da castidade?

Não, acho que são exatamente essas raízes do velho puritanismo que Green condena, que alimentam suas exaustivas dúvidas. O problema é mais vasto – e no grande romancista de *Adrienne Mesurat,* gostaria de encontrar agora uma análise mais extensa e uma visão da vida mais profunda, que não nos dão certamente essas querelas entre a carne e Deus, capazes apenas de nos transmitir, no fim de tudo, a impressão de uma pungente banalidade.

* * *

Gosto dessas atrozes máscaras da era elisabetana. O que é curioso num Marlowe,[7] por exemplo, é que ele transcende sua obra para viver como um grande personagem trágico da época. Tem-se a impressão que esses gigantes foram talhados à medida exata de Shakespeare.

* * *

O mar, a proximidade do mar torna todas as coisas mais limpas. Lembro-me de Congonhas do Campo, tão pobre quanto as mais pobres aldeias de pescadores que ora visito nos arredores de Niterói – e nenhuma delas possui aquele ar de sujeira e de moléstia, que tantas vezes surpreendi na velha cidade de Minas. Não falo, é claro, da grandeza que Congonhas possui – toda ela hirta, de cinza e pedra, erguida à beira da estrada como um vasto monumento – falo dessa tristeza suja e castigada que deparei nos seus tristes becos, e que parece ausente desses povoados nus, repletos de azul que vêm desaguar à beira do mar.

* * *

Consultando um catálogo de *Cartas,* vejo com desespero que desconheço quase tudo e que desejo ler quase tudo. E o pior é que a este desejo furioso, ajunta-se a louca vontade de também querer fazer quase tudo...

* * *

Mais uma vez, por motivos de ordem puramente técnica, a filmagem foi adiada para amanhã ao amanhecer. Cansados, olhamos a paisagem já vista tantas vezes – e não há nada, nenhuma solução senão continuar a esperar, a esperar...

SETEMBRO

1 – Ontem, finalmente, iniciamos a filmagem de *A mulher de longe.*
Sob um sol causticante, rebatedores, difusores e todo o complicado apetrecho cinematográfico (e porque não dizer, coisas que no fundo me causam certo susto...) entraram em ação, sob o olhar de centenas de curiosos, numa

---

[7]Christopher Marlowe (1564–1593). Dramaturgo e poeta inglês.

praia nauseabunda, de um mau cheiro que empestava o ar completamente. A presença de estranhos tornava-me singularmente tímido e, qualquer movimento, qualquer ordem dada, qualquer representação, provocava uma reação visivelmente ofensiva por parte do público. Terminados os oito primeiros *takes*, quando já regressava, assaltou-me a brusca desconfiança de que o ambiente não oferecia as condições de fotogenia requeridas pela história. Imaginei com enorme tristeza ser obrigado a refazer tudo o que havíamos feito com tanto carinho e trabalho – mas qualquer decisão deixei para depois, após ter visto no copião, hoje à noite, o resultado de nossos primeiros esforços.

Amanhã recomeçaremos tudo.

6 – Todos esses dias imerso na preocupação de um trabalho exaustivo. O copião provou que o local possuía as condições exigidas, surgindo sóbrio, metálico e trágico, no quadrado do pequeno salão de projeções do laboratório.

Voltamos ao nosso trabalho e prosseguimos à mercê de marés vivas e posições do sol, descansando nos intervalos e conquistando aos poucos essa população meio-selvagem de Marohy Grande. As filmagens, em plena lama sanguinolenta e fétida, têm sido árduas: lutamos com o mar sujo e vagaroso, com os urubus e o que é pior, com a desconfiança dos moradores locais.

A cada instante, sinto que houve da minha parte um erro inicial: começar com cenas de conjunto, quando devia iniciar os trabalhos pelas filmagens isoladas. A minha falta de experiência luta com a formação de grupos de quinze, vinte pessoas – e eu próprio me atordoo com os comentários que ouço em torno, perdendo o objetivo de vista e relaxando cenas onde pretendia obter grande efeito.

Apesar de tudo, o filme avança.

* * *

Retidos ontem e hoje, por causa do mau tempo. Neblina e chuva, dessas chuvas miúdas que duram dias e que envolvem tudo num desespero inútil, silencioso. Vago inteiramente perdido, despedaçado pelos sentimentos mais contraditórios.

* * *

O pobre amor que sonhamos – o pequeno grande amor que nos trai e que traímos – essa visão de melancolia e de incerteza, pela qual sacrificamos tanto, sabendo que aquilo apenas nos mata e nos diminui... E no entanto, não é por uma mentira dessas que fazemos arder nossas mais puras reservas, em certos momentos idênticos a este, quando a nossa atenção se desprende de tudo e vagamos inquietos, sem consolo, recolhendo dos minutos vazios todo o mal com que podemos encher a imensa solidão que nos pertence...

7 – Ainda um desses dias de expectativa, passado entre nuvens prenhes de chuva-como avançam lentas e negras por cima de nós! – e rasgos de um sol vibrante e repentino. Ai de mim, um mínimo de esperança para o trabalho de amanhã...

Não há dúvida que isto cria um certo nervosismo; lembro-me do que tantos dizem a respeito de filmagens exteriores, suas dificuldades e a ilimitada paciência que é necessária para com os caprichos do tempo. Não podia imaginar contudo que fosse assim, e que eu devesse passar tantos dias nesse marasmo, obrigado à convivência e à palestra de pessoas que me foram impostas pela condição do trabalho, junto de quem sou obrigado a calar, não para ouvir alguma coisa que se aproveite, mas para escutar um contínuo aranzel de pequenas intrigas, fatos sem importância ou bisbilhotice oriunda de naturezas visceralmente mal formadas. Caminho sozinho, e penso que também não gostaria que o meu trabalho fosse fácil. É melhor assim, que ele me custe até mesmo reservas que supunha absolutamente desnecessárias a esse gênero de empreendimentos.

E, finalmente, tudo tem suas compensações: apesar do *script* estar pronto há muito, esta espera me faz ver detalhes que eu não tinha percebido antes, e que fazem o filme amadurecer no meu pensamento. E é inútil repetir, tão velha é a verdade: só é possível a existência de uma obra de arte, através da obsessão.

* * *

Encontrei-me hoje, por acaso, com um escritor que há quatro ou cinco anos era extremamente arrogante, como só o são aqueles permanentemente visitados por um grande vazio, e que falava sobre sua obra, na verdade mal esboçada ainda, como de autênticos marcos culturais. Depois disto, o destino reservou-lhe piores dias, a doença começou a roer-lhe insidiosamente o organismo, o tempo passou. Ah, que sobre os arrogantes ou não, o tempo passa, e como disse o poeta, isto é que o faz bom. Hoje, pareceu-me mais humilde, mais humano. Falou-me ainda com entusiasmo, é certo, de um livro seu a sair proximamente. Mas já não havia aquele tom dissonante e aflitivo em suas palavras, aquela música desacertada que denunciava os elementos antagônicos de sua natureza vaidosa. Percebia-se apenas, como a abafada melodia de um instrumento ferido, a alegria de poder demonstrar que não estava perdido, que não havia soçobrado naquele espaço de tempo. Desta vez eu o compreendi, sorrindo.

* * *

Na lancha, sacudida com violência pelas ondas, pensei qual seria a minha espécie de morte. Durante muitos anos, sonhei que um dia morreria afogado. Depois, a imaginação traçou-me males mais tristes ainda. E finalmente cheguei à conclusão de que desde há muito a morte se acha instalada dentro de nós (não sei em quanto Rilke me ajudou nesta ideia...), que ali surgiu ao rebentar do primeiro sorriso da carne virgem, que desde essa época, vagarosamente, vem realizando seu trabalho de sapa... ou então, que descuidados e gloriosos como deuses gregos, talvez fôssemos fulminados de repente, em plena visão do céu enorme, pela fria cutilada da catástrofe. Mas de há muito os deuses gregos abandonaram este mundo sem harmonia – e a morte que nos espera, é a mesma que nos acompanha, como a sombra estrangeira que divisamos na limpidez dos muros.

* * *

Viver ou ser fiel à sua vocação é o velho problema que um filme hoje recolocou aos meus olhos. O que é inexato, pois ninguém deixa de viver por seguir esse impulso íntimo e profundo que se chama vocação. Para esses, só esta vida é possível, e tudo o mais é MORTE. Ou flagrantes conivências com essas coisas fáceis que todo mundo denomina, pomposamente, de prazeres.

8 – Ainda um dia inútil. Saberá jamais um calmo espectador de que reservas de paciência necessitamos para levantar um filme? Quando há bom tempo, nem a máquina nem o pessoal está pronto; quando tudo está em ordem, reina o mau tempo.

* * *

Não que me engane, ou queira supor que isto seja senão um modo de me defender... De que extraordinários recursos lança mão uma natureza ferida no seu íntimo, tocada naquilo que para ela é essencial manter em segredo. Tudo o que é definitivo em nós, o que equivale a dizer o mais importante, no segredo é que se concebe. E é triste verificar que não há solução, que me criticam exatamente por causa do que suponho em mim o mais generoso e profundo. Talvez seja ingênuo exalar tais queixas, mas sinto-me aturdido, imaginando que tudo está perpetuamente destinado ao desastre. Não há como fugir, à força de errar sempre tão cegamente, imagino que minha natureza requer uma ponte, uma arquitetura para essas paisagens frustradas. Lembro-me da frase de Byron que me acalentou durante tanto tempo: *"There was that in my spirit ever which shaped out for itself some great reverse."*

* * *

Nos intervalos de filmagem, nas longas horas de expectativa, deitado na grama ou no terreno nu, sinto uma palpitação que não me é desconhecida, qualquer coisa que desce à ponta dos meus dedos, e que se chama a necessidade de escrever. Escrever, imaginar – esse velho jogo de feitiçaria, que é no mundo a única coisa realmente importante para mim. É verdade, escreve-se com a câmera, constrói-se um filme como se faz um romance, mas com que dificuldade, com que longas paradas, com que asperezas no contato diário com os artistas! E o que imaginamos arrasta uma cauda de novas reminiscências, requer uma realidade imediata e bruta, uma rua por exemplo, deixa lugar a um rosto, o rosto a um interior, o interior a uma história inteira... E é preciso ir dando corpo rapidamente a essas visões esquivas, antes que elas desapareçam completamente, enquanto o perfume da rua ainda sobe às nossas narinas, o rosto se contrai num movimento de impaciência, a cortina tomba na janela, antes de nos instalarmos no interior, onde a história principia, já com sua atmosfera formada, e lutamos apenas para escolher o detalhe inicial – se é ele as mãos que vão remexer uma caixa de recordações, se é um retrato que pende da parede, ou se é apenas o corpo exausto que se deixa cair num divã...

E no entanto, é impossível negar o sabor dessas experiências remotas, dessas invasões em domínios estrangeiros, como as que faço pelos campos técnicos do cinema. Através delas, sigo o mesmo processo de contar que me pertence – se não consigo transmitir toda a força que pressinto nestas imagens desconjuntadas, não é que seja artificial o processo, mas tanto no romance como no cinema, são míopes, e de nascimento, as lentes que uso.

* * *

Leio atualmente a correspondência entre André Gide e Francis Jammes. Nomes, títulos de livros e sumários de revistas que os correspondentes citam, já foram tão vistos através de outros ângulos, tão percorridos e examinados pela nossa atenção, que tenho a impressão de estar revendo o inventário de um mundo perdido. É assombroso como tudo envelhece depressa em nossa época. Não há um processo lento, um amadurecer gradual e de evolução sistemática – tornamo-nos caducos aos saltos, sem previsão e sem nenhuma possibilidade de salvamento. Na verdade, estão longe, bem longe, as fronteiras que limitavam as discussões sobre os pontos de vista de Menalque.[8] Essa época teve o seu grande representante, sua estrela máxima, que dia a dia cintila mais com todos os fogos de uma desesperadora celebridade: Marcel Proust.

10 – Que escrever de um dia como este, em que tudo se acumula e nada se faz... De um lado para outro à procura de dinheiro, em conversas de escritório, encarando soluções inúteis para problemas que me são alheios. Não há dúvida que é bem duro o preço que se paga por um sonho. E no entanto, enquanto caminho, enquanto sondo as faces indiferentes que me escutam, enquanto exponho com voz trêmula, onde pressinto faltar toda a força da convicção que me anima, indago de mim mesmo se terei forças para ir adiante, se um dia verei este ideal realizado... Que apoio encontrei para erguer o que imaginei tão alto, quem me auxiliará a levar avante o peso que se acumula sobre os meus ombros? Há momentos em que tenho medo – o futuro me parece incerto e insondável.

* * *

Almoço com Adonias Filho, que me fala de literatura e de outros assuntos, enquanto aos poucos eu verifico o quanto me acho distanciado de tudo isto. A certa altura, diz ele que certa escritora teria lhe perguntado algo a meu respeito. A grosseria da questão não me assusta – apenas me causa uma vaga melancolia. A tristeza que eu poderia ter sentido, reservo-a para coisas mais graves.

* * *

De que modo perdemos os outros, como os contatos que se mostravam tão estreitos, agora empalidecem e se desfazem... Não somos iguais, não sentimos como sempre? Que murchou, que luz se fechou inesperada dentro de nós, que magia perdemos no esforço da amizade? Não, jamais encontraremos a resposta, só há uma verdade: de repente, somente cadáveres nos rodeiam.

* * *

Abandono-me, desfaço-me de tudo, deixo escorrer pelas mãos o que me é impossível reter – e dentro deste pequeno reduto solitário, onde nunca ninguém penetra, onde jamais consigo sorrir, surpreendo a apavorante inutilidade de tudo: até mesmo a pobreza de uns cria o desperdício de outros.

* * *

---

[8]Personagem – inspirado em Oscar Wilde – do livro *Frutos da terra* (1897), de Andre Gide.

Como sinal de sombra que dominasse todas as claridades da atmosfera, como algo que nunca foi entrevisto, mas que percorresse todas as sequências como uma melodia oculta, eu queria que se adivinhasse ao longo do filme a silhueta da Cruz. Afinal, um símbolo de redenção devia presidir a todos esses horrores. Mas não seria um esforço para justificar uma ausência que se pressente, poderosa, desde o início? E assim, sozinha, não é ela mais eloquente do que qualquer justificativa?

11 – Quantas vezes, como agora, diante do erro irremediavelmente cometido, terei de reconhecer que o meu mal – o grande mal de quase todo mundo, mas que em mim assume proporções catastróficas – é o de uma imaginação que nunca permanece em repouso? Não há um terreno vedado ao meu trabalho, percorro a realidade como se todas as coisas tivessem o conteúdo do sonho. O que me consome, ai, é a extensão da minha solidão.

Mais uma vez, trabalhando hoje, senti que *travellings,* panoramas e *long-shots* nada mais são senão capítulos, frases, balbucios do mesmo romance que não se conclui nunca e que, através das imagens, procura apenas transmitir sua fantástica existência.

* * *

Sempre o mesmo ponto por onde tudo fracassa – como uma roda dentada que girasse com um defeito no mesmo lugar. Impossível não se romper um dia...

12 – O que é criminoso é representar tudo o que eu sei – a vida, para ser vivida, é uma abstinência de verdade.

13 – Dia nublado e frio. Visita ao prefeito, que me concede uma caminhoneta para transporte dos artistas. O trabalho marcha demasiadamente lento, preocupo-me, mas não será melhor assim a sacrificar a qualidade da fotografia?

15 – Outra vez neblina e chuva. Aproveito o tempo para ir ao Rio e confesso que, um dia passado deste modo, torna-me mais cansado do que a ausência de trabalho. Mesmas fisionomias, mesmo ruído, mesmos cafés, mesmos problemas. Há no ar um elemento desvitalizante que toma tudo – as melhores pessoas e os empreendimentos mais altos – anêmico e sem calor. Sinto-me horrorizado, sem encontrar no meu trabalho a amplidão que supunha. Em certos momentos pensei mesmo que tudo fosse apenas um sonho de demente. Mas regresso – e numa lancha apinhada, que viajou todo o tempo adernada. Aqui de novo, no hotel, escutando as ondas que batem lá fora, incessantes dentro da grande noite fria, sinto que isto também é "igual", porém um "igual" diferente de todos os outros da minha vida.

* * *

Procurei hoje o Major N. a fim de resolver o problema de um amigo meu – e detalhando as circunstâncias, num bilhete que deixei com o caixa do Bar Serrador, lembrei-me de outras vezes em que cumpri idêntico gesto, para idênticos amigos que hoje já não existem – que já se foram há muito da minha estima. Há uma espécie de morte pior do que a morte comum – é a da traição, do esquecimento e do abandono, e que dá à lembrança um tão pungente gosto de tempo perdido e de inutilidade das coisas. Com a outra, com a morte simples, sempre existe uma possibilidade de saudade, que é um modo de reviver o bem que involuntariamente foi arrancado às nossas mãos.

* * *

Lendo o novo romance de X, sinto que as palavras a consomem. As ideias são simples, em palavras de rebuscado brilho. O que em última análise nos dá a impressão de um alto coche funerário, paramentado de joias e plumas densas de solenidade, mas que transportasse apenas o magro cadáver de um recém-nascido. Que me perdoem a imagem, mas toda essa história, sem o seu aparente luxo, daria no máximo para um conto. O resto, traz o signo do histérico: ela luta com as expressões como se quisesse exauri-las de toda essência.

* * *

Hoje me veio à memória uma ideia que me ocorreu durante o sono e que me parece ao mesmo tempo estranha e poética. As noites, sua substância penumbrosa e indevassável, são feitas pela sombra de tudo o que passou. Por isto é que sempre se tornam mais escuras. E tempo virá, no fim de tudo, que elas serão compostas com a essência de todo o passado. E serão permanentes. Em torno de nós ondularão como grandes vagas irremissíveis e sem fim. Um mar de plumas que houvesse perdido o dom da música.

* * *

Que espero eu, que faço? Inútil perguntar: como um herói de Kafka, espero não sei o que, cumprindo uma ordem que veio não sei de onde. Sinto-me envelhecer por todos os lados, como uma dessas matérias gelatinosas que o mar atira à praia e que endurecem ao sol. A vida flui e reflui em mim como uma poderosa vaga – e sinto-me crescer em silêncio, petrificado neste destino que é o meu mistério, e a grande certeza da minha indescritível solidão.

* * *

Dentro de mim, sombra – mas fria e calma. Fora, sombra onde cumpro os gestos que todos sabem. O que aprendemos, é como nos ocultar de um modo banal, como toda gente mais ou menos se oculta. O que ocultamos, é o que importa, é o que somos. Os loucos, são os que não ocultam mais nada – e em vez dos gestos aprendidos, traduzem no mundo exterior os signos do mundo secreto que os conduz.

* * *

Que Deus me dê a simplicidade de ver as coisas em sua própria verdade, no seu jogo natural entre a luz e o dia – e não transfiguradas e em ânsias. Que o dom é ver a vida escorrer no seu apelo à permanência, insensível à ameaça da morte – e não ver somente a morte, no seu trabalho sutil de transposição, misturando-se aleivosamente às formas mais felizes da criação. É esta a fraqueza dos que não sabem viver em superioridade à matéria nua, confundindo-a, subjugando-se ao seu poder. Enquanto o que é espírito, paira e sobrevive na tranquilidade, contemplando o que é inerte na clara expansão da sua inexistência.

* * *

Sim, é tempo. Se tenho de existir, é pelo esforço da minha atenção. Lúcido e calmo, devo olhar o que se desprende de mim como fragmentos abandonados de uma figura que se esculpe. Agora vejo os meus contornos. Os meus vazios, é o que reconquistei até agora. De ausências é que me formo. Revejo-me no espelho imenso da minha desolação – mas é assim de pedra que me quero.

* * *

Não, a carne é inútil, impossível é contentarmo-nos com tão pouco. O único caminho é ser casto, ante a sensação de pobreza que a posse física nos transmite. A tanto desejo de expansão – de aniquilamento quase – esbarramos com um muro que recebe os nossos soluços com a tristeza impassível das coisas vedadas. E se não sugamos a alma, se não morremos desse beijo, o que temos entre nossas mãos, por cinco minutos, é um cadáver.

* * *

Esse outro, que encontrei hoje e que conheço há tantos anos. Sempre o adivinhei, mas nunca houve palavras entre nós. E de repente, após todo esse tempo, a pretexto de liberdade, mostrou-se cínico. Olhei-o na sua fome de vida, e confesso que tive a impressão de avistar algo sinistro em seu olhar.

17 – Aqui estou eu, como diante de um espelho. Minha imagem inteira se projeta – um esforço apenas, deteriorado por todas as espécies de sonhos. Sinto-me de pé à espera da transformação – sei, sei dolorosamente que me transformarei – e enquanto isto ouço escorrer dentro de mim este sangue escuro feito pelos detritos de tudo o que amei, de tudo o que concebi e que supus mais alto. Há um inverno permanente que me cerca – sinto que me falam ao ouvido, palavras que ninguém jamais escutou – e a solidão traça seus estreitos caminhos, quando o mar bate e o tempo fala de suas débeis conquistas. Não somos ISTO – o que existe, está além, muito além de nós. As vozes que escuto, são sombras da verdade. A verdade é tudo ainda que não adivinhamos.

* * *

Se Deus existe – e sei, sinto que existe – está comigo. Não é possível participar de tantas formas de vida, delas estando tão ausente. E morro de tudo o que vivo: sinto que a existência, em certos momentos, é quase um sacrilégio.

18 – Filmagem lenta, mas em todo caso acho-me satisfeito de ter saído do marasmo de dias atrás. Mesmo processo de sondar o tempo, de sentir o coração apertado: há nuvens escuras para amanhã. Talvez entremos em novo período de inatividade. Ando novamente pela varanda, converso, abro cadernos, estudo, volto a olhar o céu mais uma vez...

A praia de lama onde trabalhamos, impede-me de conseguir certos efeitos imaginados, mas em compensação sobram-me sugestões em que não tinha pensado ainda.

* * *

Retomei hoje minha novela, na intenção de acabá-la o mais cedo possível. Senti certa dificuldade em me reapossar do assunto, como quem volta a trabalhar numa matéria fria. Os personagens são os mesmos da *Reaparição*, e deles sei tudo o que quero dizer, mas os problemas se transformam, distanciam-se, os horizontes se tornam móveis. Não há nenhum prazer em escrever assim.

* * *

Escutando as risadas descomunais de alguns companheiros de trabalho, que se divertem enchendo a noite de urros, pergunto a mim mesmo o que é o riso. Bergson definiu-o num pequeno livro magistral. E eu, sem pretender entrar na sua metafísica, acho apenas que é a explosão de um ser recôndito e monstruoso, uma pura vitória do "outro" que irracionalmente nos habita. Não somos nós, não é a consciência que dita aquele ruído – ao contrário, esquecemos tudo, entregamo-nos a uma noite inesperada e violenta, transmitindo através desse cascatear absurdo, a voz de alguém que ordinariamente o espírito domina.

19 – Gostaria de falar dessa solidão que reside nas extremas regiões do homem, nessa zona recuada onde já não vigoram mais as regras simples da moral, e onde tudo será caos governado pelo mais impiedoso instinto, se o conhecimento de Deus não interviesse e pacificasse esse mundo primitivo.

* * *

Ou então, deste outro tema: morremos do excesso de realidade. Morremos dos limites que criamos para a vida. Se pudéssemos estabelecer, como tentamos sempre, fronteiras para o livre poder de Deus, talvez sobrevivêssemos nesse mesquinho terreno arrebatado ao mistério. Mas ao contrário, já que não ousamos ser tão loucos que aceitemos de olhos fechados a loucura de Deus, é a impossibilidade de compreender que nos aniquila, é o desespero ante o mistério que nos torna trágicos, é esta luta entre o que vemos e o que se manifesta enigmático em nossa natureza, o que se debate e ruge nessa recuada solidão onde só ousamos penetrar em circunstâncias supremas.

...ou então dessa força prodigiosa, imensa, que transforma tudo o que existe em mal, como um jardim viciado onde as flores murchassem sem saber por que – essa torrente que arrasta tudo para a morte e faz essa morte brotar de tudo e em todos os lugares com tal ímpeto, que o bem chega a nos parecer uma coisa arbitrária e importuna, uma coroa de louros secos, que muitas vezes achamos desprezível colocar sobre nossas próprias cabeças.

20 – O cinema é, de todas as artes, a mais trabalhosa. Para levá-la a efeito, é preciso o concurso de grande número de pessoas. A harmonia que requer, portanto, é a mais difícil de se obter. Creio que deve vir daí a raridade das autênticas obras-primas da tela. E de onde é possível a alguns imbecis, apoiados em citações de dicionário, afirmarem que o "cinema não é arte". Arte sim, arte degradada, arte assassinada pela indústria, devido aos fabulosos proventos que engendra, mas ainda assim arte, já que o espírito do homem consegue se transmitir através dela com tão grandiosa intensidade.

Um filme é um mundo que se recria, e para realizá-lo é preciso que se obedeça a leis, códigos e princípios que regem um universo autônomo. Ao contrário do romance, não são leis e códigos de ordem subjetiva – leis e códigos dessa natureza, surgem mais ou menos harmônicos e equilibrados depois da obra levada a termo – e sim imperativos da ordem imediata, princípios de uma realidade tangível, objetiva, agressiva como uma rocha cheia de arestas.

* * *

Enigmática máscara: que se cumpre por trás do que sonhamos? Há uma construção de palpitações verdes por trás dos personagens que se esfumam em nossa mente, semelhante a um cenário de ópera, através do qual escorre incessantemente um rio de águas agitadas e perfeitas.

* * *

Assim estou, pois, nesta curva do caminho. E posso dizer que tudo me falta, se bem que tenha tudo. Os bens da Terra, ai de mim, não cumulam minhas ambições, e o que espero é uma sinfonia de paz ouvida não sei onde. Algo me atrai que não está em mim e me impede a identificação com as coisas. Mas não são acaso as ausências que me cumprem? Não são os meus excessos – tão pobres – que me delineiam? Indago em vão e sei apenas, com uma triste lucidez, que os desastres não me limitam.

Não existo no pleno, e sim no que carece. Assim a melodia se concebe e vibra, ao longo de uma existência que jamais sacia o meu desejo de variedade.

21 – Uma das maiores pobrezas, não seria demais repetir, é a carência do dom da poesia. Não do dom de criar poesia, mas o de surpreendê-la simplesmente nas coisas, isolando-a e respirando seu hálito de vida. De mim mesmo indago com certa perplexidade como existem pessoas que possam viver emuradas, sem pressentir que há um meio diferente de julgar, que a existência e os acontecimentos possuem uma outra projeção, o seu lado permanente de sombra e transfiguração? Nada que existe é aquilo por si apenas – tudo projeta uma intenção oculta, uma aura que transforma a matéria mais dura. Há projeções sem forma concreta, mas é impossível haver formas sem projeções. Completo, o mundo da poesia transfigura-se em sobrenatural – incompleto, o mundo aparente traduz apenas os emblemas de uma ordem mais alta.

Estas considerações, que considero de caráter absolutamente primário, acudiram-me ao espírito enquanto escutava uma conversa entre Chermont e Fred Brugger.

* * *

Manhãs povoadas de mar – não o sujo e amaldiçoado mar onde se desenrolam as sequências iniciais de *A mulher de longe* – mas o mar luminoso e cheirando a sangue que vem desaguar nestas praias vizinhas... Inclino-me um pouco quando a maré se afasta e ouço, nestas pedras pejadas de ostras, conchas e mariscos, qualquer coisa que ferve, chia e sua, como se as pedras enormes respirassem, emergindo da água, atônitas e cegas. Tudo isto tem a pureza e a grandeza do primeiro instante da Criação.

* * *

Jaime, depois que me conhece há muito, fala hoje pela primeira vez sobre a paixão que o atormentou durante seis anos. Curioso: à medida que fala, verifico, por esta confissão, o quanto já se acha distante do caso. Para revelar até mesmo o que existia como segredo nuclear do laço existente entre ambos, é preciso já ter lançado tudo às correntezas largas do tempo. Para esta consciência que fez nascer um amor das fontes calcinadas do remorso, o fato não é mais sagrado. De agora em diante, só a memória sobrevive – se sobreviver. Tal é o destino das grandes paixões.

* * *

O que não me agrada em Charles du Bos,[9] não é o que ele exprime, quase sempre inteligente e justo, aliás, se bem que caldeado numa excessiva generosidade e num fervor místico de descobrir meandros e intenções ocultas. O que o torna quase inacessível para mim, é a maneira pela qual lança ele suas ideias. Todos esses parágrafos sobre "riqueza interior", "acentuado prazer" e "curvas do espírito" dão um sabor antipático e artificial ao que ele escreve. A comparar com o que sentimos ante as mesmas obras de arte – e a verdade é que é sempre humilhante reconhecer que sentimos menos – a sensação que nos possui é a da ironia – e logo vem a ideia de que provavelmente esse homem estará nos enganando, que há um evidente preciosismo nesse furor espiritual. É que, tudo bem somado, ele se refere às coisas do espírito em termos de gulodice.

* * *

Acaso serei sempre o mesmo que espia e sofre, que espia e sofre os mesmos espetáculos e os mesmos sofrimentos? Não, sou eu mesmo, mas já sabendo que não sou mais o mesmo.

* * *

---

[9]Charles Du Bos (1882–1939). Crítico francês de literaturas francesa e inglesa.

Este caso, por exemplo, que agora é o meu, há de me levar a sacrificar muitas coisas. E jamais poderei deixar de sentir que no entanto tudo está perdido, que o sacrifício é inútil. Mas não sou eu, é o meu ser mais íntimo e mais rebelde, que não se acostuma às verdades que o espírito apreende – e num mundo onde quase tudo se repete e onde o hábito é soberano, recusa-se a não participar do movimento geral, e assim vai seguindo, vai seguindo às tontas e cheio de cicatrizes, enquanto a alma permanece alheia. Solitária alma, desolada acusadora! Bem sei que as palavras que esta criatura pronuncia, são palavras que valem apenas durante o minuto que se esgota, que não são justas senão durante o minuto que consinto em fechar os olhos...

A fuga é possível – mas para uma ilha deserta ou um convento. São estes os últimos redutos onde a verdade integral é possível. Que verdade? A do silêncio. Mas enquanto vivemos neste mundo, as garras do hábito são tão fortes, que nos tornamos iguais pelo terror de sermos muito diferentes. Creio que há um instante, no entanto, em que todo o limo do habitual se desfaz em nós – instante em que, nus, olhamos sem espanto a nossa essência verdadeira. Aí a mentira é inútil, o mundo abandonado recolhe seus estraçalhados atributos. Falo, é claro, do instante de nossa morte.

* * *

Neste momento calado, enquanto Ruy Santos[10] limpa as lentes da objetiva, repiso velhas verdades que não faz mal a ninguém serem constantemente relembradas. Não aprendemos, não adquirimos experiências para viver, não nos tornamos diferentes pelo conhecimento – pelo menos naquilo que constitui o fundo essencial de nossa natureza. Isto quer dizer que caminhamos naturalmente do nascimento para a morte. Uma grande vida deve ser aquela que aprendeu a se despojar melhor, a fim de atingir com perfeição o fim inevitável. Só aprendemos nos despojando, e esta é a grande lição de Jó. Só nos cumprimos encarando firmes e de coração tranquilo essa etapa irremovível, que tanto nos esforçamos por esquecer, que tanto tememos e que, no entanto, é a única realidade constantemente presente, a morte. São os homens pequenos que se debatem diante dela – para eles a vida simboliza um ideal perfeito. Mas os que aprendem, os que reconhecem na experiência esse valor despojativo, esse poder de serenidade, sabem que o único meio de se atingir bem o termo de tudo, é largar no meio do caminho

---

[10]Rui Borges dos Santos, mais conhecido como Ruy Santos (1916–1989). Cineasta, diretor de fotografia e roteirista brasileiro. Dirigiu e fez a fotografia do filme O desconhecido, em 1978, baseado na novela homônima de Lúcio, de 1940.

o que nos faz muito pesados. A morte nos recolhe nus, verdade que é tão velha quanto o princípio do mundo. E nem mesmo este corpo que nos foi EMPRESTADO, é admitido em outra vida. Rede de hábitos e contradições mesquinhas, irá jazer sob a terra e aí apodrecerá. E a terra, revolvida um dia, lançará ao vento essas cinzas sem alma. Logo, ainda que um corpo idêntico ressuscite no Juízo Final, este que arranhamos com as garras de tantas ambições frustradas, jamais voltará a ser nosso, jamais nos constituirá com sua floração de sonhos suicidas.

* * *

É inútil negar, o homem é obsedado pela ideia de Deus. Tudo o que faz – quer se manifeste à luz do sublime ou do ignominioso, é um esforço para provar a si mesmo, consciente ou não, a realidade ou o mito da sombra de Deus. Já é uma filosofia banal afirmar que, no entanto, toda a Criação está vincada pela presença de uma entidade incompreensível. (Pois Deus é incompreensível, e aí reside sua grandeza. Os tolos, os que não podem deixar de reduzir as coisas à sua própria altura, julgam-no uma equação resolvida – mas quanto mais é profunda a nossa fé, mais fechado e mais espantoso é o segredo.) Não, não é possível fugir: não sabemos quem somos, e nossa própria angústia ante este fato, justifica o mistério que nos obseda. Somos a pequena afirmação de alguma coisa imensa que não foi levada às suas últimas consequências – e o que quer que seja, só pode ser uma arquitetura no invisível. A qualquer momento, podemos deixar de existir, e neste caso Deus existe, porque não temos a quem doar a esperança que nos foi dada. Certamente há homens sem esperança, mas entre todos é o ser mais triste, pois representa o ateu completo. O único para quem nada tem motivo, para quem este mundo tosco e cheio de arestas informes representa um todo fechado, uma finalidade.

22 – Compreendo agora porque Kuleshov[11] – ou citaria ele uma palavra de Eisenstein? – afirma que o diretor de cinema, antes de tudo, deve gozar boa saúde. Refere-se ele, sem a menor dúvida, a um sistema nervoso forte. Aqui no Brasil então, temos de lutar contra os elementos mais diversos e mais inesperados: o excessivo bom tempo, o mau tempo, dificuldades materiais, capacidade de compreensão, inteligência, boa-vontade, temperamentos caprichosos, falta de material, tudo. O diretor é um homem essencialmente votado ao sofrimento, é o pequeno deus castigado de um

---

[11] Lev Vladimirovich Kuleshov (1899–1970). Teórico de cinema e cineasta russo.

mundo de fatores antagônicos e adversos. Isto em qualquer lugar do mundo faz um herói, no Brasil inventa um mártir.

* * *

Na manhã nublada, eu e Luís Fernando, sentados diante do mar, conversamos. Detalha-me ele seus problemas e inquietações. Tem dezessete anos, uma simpática aparência e uma absoluta insegurança em todas as coisas. Alia a isto uma curiosidade real e um autêntico desejo de progresso e aperfeiçoamento. Tudo nele é frágil, poroso, em luta contra o meio ambiente. Mas é sua fragilidade, exatamente, que me deixa mais pensativo. Na sua idade, também havia em mim curiosidade e essa suscetibilidade à cata do que se pode aprender, essa ductilidade e essa constante avaliação de nossas diferenças com o resto do mundo – mas não existia, estou certo, esta indecisão e esta procura de caminho, que, afinal, pode muito bem ser uma forma de se enriquecer como qualquer outra. Não, eu vivia cheio de erros e de obscuridade – mas não existia em mim nenhuma dúvida. Sempre me senti talhado como num bloco de pedra. Já sabia, como sempre o soubera, o que pretendia. Cegamente marchava para o meu destino, insubmisso, feroz, atormentado e solitário.

23 – Diz Léon Chestov que a filosofia deve perturbar os homens e não tranquilizá-los. Verdade que dia a dia sinto mais, pois nossa tendência geral é para ficticiamente solucionarmos tudo, e assim levarmos a existência numa falsa posição de repouso. Não sei se é novo o que digo, que me importa, mas não só a filosofia, como toda arte que se conta como tal, não deve permitir ao homem nenhum sentimento de tranquilidade. Tudo o que é belo, só deve ser útil para fazer crescer nossa impressão de intranquilidade. A beleza é o supremo espasmo, a angústia máxima, o sentimento maior de furor ante a fragilidade e a possibilidade de destruição de tudo. E é assim, sob o terror, que o homem se realiza integralmente. Estamos nus, integrais em toda a estranheza de nosso trágico destino, quando sentimos o chão faltar sob nossos pés. Todas as velhas filosofias que provam e sistematizam para nos amparar, são mentirosas ciladas que nos amputam de valores essenciais, que nos reduzem a tristes cifras de um jogo banal e sem grandeza. Não há tranquilidade de espécie alguma, a vida é uma série de probabilidades mal defendidas, o universo um acúmulo de, formas executadas por mãos infiéis. Não devemos temer a verdade, porque afinal, revelada ou não, é a única coisa que nos pertence.

* * *

Esta noite dormi mal, perturbado por esquisitos sonhos e pressentimentos. O medo de estar faltando ao meu destino, causa-me a mesma impressão torturante de que me acho separado de coisas que julgo essenciais. O romance me falta – e é uma necessidade quase física, que me põe doente, sobressaltado, infeliz e sem gosto para fazer coisa alguma. No fundo, sentimento de que devo realizar alguma coisa que ainda não foi feita, e para a qual tenho tempo limitado. Acordei opresso, ouvindo galos que cantavam em terreiros distantes.

* * *

Vi um sítio ontem, procurando onde alojar o pessoal para a filmagem. (O sonho da casa, da ilha, da distância, que no fundo é o sonho da serenidade e do destino cumprido...) Árvores altas e secas, eucaliptos gemendo vagarosamente ao vento. Escutei aquele rumor com o coração transido, percebendo a pobreza da terra e a imensa solidão daquele cenário de vertigem. Um riacho, quase seco, escorria à sombra de enormes bananeiras. Perto, altivamente, floria um desmesurado girassol. E todo aquele mundo estava morto, tocado não sei por que espécie de castigo. Nuvens escuras, pejadas de chuva, avançavam por detrás das serras próximas. O silêncio era de uma força sobrenatural.

* * *

É preciso se arriscar ao máximo, a fim de que o sono não nos ganhe – o que em última análise parece um conselho estandardizado de Nietzsche ou de Gide. Mas em certos momentos, compreendo perfeitamente a lógica da minha vida, e o esforço dessa autodefesa que, vista no primeiro instante, parece um movimento inconsciente e descontrolado. Mas a verdade é que não faço isto apenas para experimentar as minhas forças, as minhas pobres forças – o que me habita é um medo secreto de perecer pela estagnação, de comprometer numa situação facilmente conquistada, essa capacidade de renovação que julgo imprescindível a todo criador. Não sei, é claro, se são estes os caminhos em que deveria me arriscar, mas geralmente eu me arrisco em todos, sem me prender a nenhum. Tudo é perigoso, para quem sofre vertigens. Mas para quem não desdenha os grandes saltos na inquietação e no obscuro, tudo é bom para ser visto de perto. (Digo TUDO: as casas cheias de sombra e promessas aliciantes, os grandes becos da nevrose, o tóxico, os olhos insones do ciúme, as renúncias nas sacristias afastadas, os livros da magia, os claros escritórios do jogo e da ambição, o inimigo subterrâneo que nos saúda, a prostituta que nos recebe sem suspeita, a conversa que pode decidir o futuro, TUDO.) E ainda mais, muito mais, o que a poesia consegue transfundir e alimentar de novas luzes em seus vastos laboratórios. Decerto essas experiências nos envelhecem, quando a elas vamos sem nenhuma pureza de coração, quando as consideramos uma finalidade. Mas quando as aceitamos como uma simples possibilidade à nossa revelação, são elas, exatamente, que nos garantem a permanência do dom da mocidade. Elas é que nos conduzem perpetuamente a novas paisagens, que nos auxiliam a afugentar o espectro macio do sono, e nos desvendam implacavelmente os cimos mais raros do perigo.

* * *

Que mecanismo é este que Charles Du Bos se compraz em estudar com tanta minúcia? O da sensação intelectual. E colocado em termos de razão, existe nada que nos pareça mais artificial? Todo este longo *Journal* me parece uma conversação sem interesse, mole em seus infinitos meandros, em suas idas, vindas e recuos, em suas massacradas descobertas. São papéis íntimos de um homem que se ocupou a vida inteira com o mais ingrato e estéril dos gêneros literários: a crítica.

25 – Curioso como certas palavras ou expressões atuam sobre nossa sensibilidade, e de repente, como uma viva claridade surgisse e nos rompesse um canto ermo da consciência. Ontem, ouvindo alguém dizer – "estamos no começo da primavera" – senti-me bruscamente, intensamente infeliz, sem que soubesse o motivo. (Talvez o saiba: mas certas razões são tão imponderáveis quanto o desconhecido. Assim como uma paisagem que não conheço, a vista de um jardim na Itália, um lago da Suíça, por exemplo, acordam-me uma dor repentina, um signo da beleza, da tranquilidade ou do luxo, nada faz senão exacerbar até o paroxismo, o sentimento horrível da minha solidão.) Uma escura engrenagem se movimentou no meu íntimo e durante um minuto tudo foi um confuso turbilhonar. Passei o resto da noite inquieto, o coração confrangido.

Também as cores me levam instantaneamente a mundos imprevistos. Mas são mundos da infância, que vi um dia magicamente e que perdi há muito. Certos tons de rosa, verdes ou azuis, fazem ressurgir em meu pensamento cenas inteiras que há longo tempo já havia submergido no oceano da memória. Olho uma colcha de retalhos, dessas que as senhoras de idade trabalham com carinho e meticulosidade, e pergunto a mim mesmo: este amarelo, este amarelo assim quente e fulgurante como uma réstia de sol, onde o vi, em que janela aberta o deparei um dia, em que canteiro esfacelado, sobre que papoula morna e sem remorso? E à força de investigar lembro-me

DIÁRIOS · 213

que foi em tal e tal época, a sensação se torna sentimento, o sentimento lembrança, a imagem surge inteira: um farrapo de seda que certa manhã distante agitei junto a uma rampa como uma bandeira de vitória...

Mas outras vezes, inúmeras outras, a lembrança não me revive mais nada, só aquela pequena dor continua a me roçar de leve o coração, enquanto afago inutilmente a cor achada. E se cerro um pouco os olhos, sinto o passado deslizar como uma vasta correnteza, cheia de vagas amarelas, verdes, rosas e lilases, onde por vezes fulgura, como um grito, um tom azul que me devolve sem descanso um céu que, este, tenho certeza, jamais encontrei em minha vida.

* * *

Esta perpétua tendência à autodestruição... Sim, de há muito ela existe em mim, e eu a conheço como um doente acaba conhecendo o próprio mal. É incalculável o número de ciladas que invento para me perder – mas não é uma graça de Deus que o outro lado do meu ser, que também vigia e escuta sem descanso, procure sempre transformar essas ciladas nalguma coisa de melhor?

(Ciladas, destruição, remorso – palavras que emprego sempre, que me acompanham como o motivo de uma sinfonia, que retenho e afasto do meu pensamento, que me enfastiam até à náusea... Mas que podemos nós, senão simples instrumentos que inflam certas expressões até o máximo, que fazem-nos circular através de suas essências mortas um sangue único e carregado de sentido, e assim traduzimos nosso ser mais íntimo, as linhas mais firmes de nossa máscara, composta de crime e redenção?)

A verdade é que em tudo quanto tenho feito, sempre há no fundo um elemento que poderia ter sido mortal para mim. Mas que conseguimos nós criar distante da morte? O adubo que faz erguer-se a rosa, é o mesmo que traz no âmago tantos germes de destruição. O essencial é saber-se apenas com que poderoso veneno a manipulação é feita. E defender-se, criar barreiras para o avanço do inimigo, fortalecer-se como um guerreiro no silêncio e na hostilidade. Enquanto assim fizer, tenho certeza, estarei a salvo; as mil serpentes que dormem no fundo do meu sonho, não conseguirão atingir-me as raízes do coração.

* * *

Quieto domingo, com essa luminosidade própria dos domingos. Cada dia da semana abriga o seu sofrimento diferente. O de hoje é nostálgico e cambiante, aliado ao sentimento de praças e coretos vistos não sei onde, cm épocas diferentes da vida. Quando as pessoas não me faziam sofrer assim, ao vê-las indiferentes ao que nelas é a única coisa verdadeiramente a exprimir grandeza: o sofrimento. As pessoas passam levadas pelo vento. Os domingos dissolvem as arestas, os seres diminuem, a atmosfera é líquida, insustentável... É que o homem não é grande no repouso – no esforço da luta, do trabalho ou do sofrimento, é que ele pode alcançar o nível de sua autêntica estatura.

s/d – O que tenho vivido nestes últimos tempos é um acúmulo de fatos sem interesse, desses que progridem inumeravelmente ao lado desses ingênuos semialucinados que pretendem fazer cinema ou qualquer coisa no Brasil. Não há nenhum interesse em detalhar aqui o que é a penosa busca do dinheiro – onde reencontramos bruscamente, como através de uma iluminação fulgurante e sobrenatural, essas faces abjurgadas por um Péguy ou um Léon Bloy, nos seus anátemas célebres contra o dinheiro... – a corrida aos bancos e os esforços para atrair a atenção de ricaços mal-humorados. Não, jamais compreenderão do que se trata – mas se compreendessem, haveria mesmo interesse em tentar alguma coisa? Tudo é bom quando é colhido ainda na aurora, sem esse áspero afã de encaminhar os problemas ao terreno nivelado da indústria. Essas fisionomias me desolam e me afastam do meu verdadeiro desígnio e – não estou longe de confessar que, no fundo, talvez o que eu mais ame seja precisamente essas dificuldades.

* * *

Encontro num bar com Alberto Cavalcanti,[12] que vejo pela primeira vez. No Brasil, diz ele, o que falta são "produtores". Imagino que queira se referir a "financiadores", e exprimo minhas modestas crenças em certas possibilidades. Mas enganei-me, segundo ele, "produtores" na Europa são "organizadores", uma espécie de gerentes de produção. Cavalcanti afirma ainda que nossa principal carência é a de técnicos. Concordo, em parte – técnicos, mas com certa capacidade de adaptação. Explico melhor: o cinema no Brasil ainda não é uma indústria organizada, falta-lhe tudo, vive geralmente de improvisos. Se o técnico é inteligente, adapta-se, faz de tudo, como nós homens de boa vontade fazemos. Se não o é, perece, como tenho visto a tantos... É impossível exigir em nosso meio condições de tra-

---

[12]Alberto de Almeida Cavalcanti (1897–1982). Diretor, roteirista e produtor cinematográfico brasileiro. Geralmente Lúcio o cita apenas como Cavalcanti ao longo dos *Diários*.

DIÁRIOS

balho idênticas às da Europa. Cavalcanti nada responde, o que me impede de saber se concorda ou não com meus pontos de vista.

Fazia-se acompanhar de Davi Conde.

s/d – Mudamo-nos hoje para Itaipu, sob um céu de tempestade.

O vento era tão forte que parecia querer arrastar o mar até a porta de nossas casas. A paisagem é um amálgama atormentado de areia, rochas e vento. Se *Wuthering Heights* fosse escrito numa praia, seria sem dúvida aqui que Emily Brontë encontraria o cenário ideal para a sua história.

Na tarde nebulosa, que o vento percorre numa fúria quase monótona, Chermont, Orlando Guy e eu, descalços, subimos grandes dunas de areia, onde florescem espantosas flores vermelhas de cacto. Embaixo, de um verde surdo, o mar rolava até longe suas ondas crispadas pelo vento. A plenitude dês se instante, a liberdade, o esplendor dessa existência de vegetal açoitado pela tormenta! Com a pele cortada pela areia fina, rolamos ladeiras abaixo, ferimo-nos nas urzes, apertando contra o peito braçadas de flores selvagens que espalhamos pela casa inteira.

* * *

A sobre-humana solenidade desses rochedos enormes. Há aqui, latente e com olhos glaucos que fitam da sombra, alguma coisa que desafia o orgulho do homem.

OUTUBRO

9 – Domingo em Itaipu. Várias visitas, inclusive a de Tinoco[13] e Marcos Konder Reis. Eu estava descalço e com um ramo de algas secas nas mãos, quando este último desceu do automóvel. De longe, vi o pequeno ônibus estacar dentro de uma nuvem de poeira – larguei as algas e saí correndo ao encontro dos que chegavam. S. vinha com eles, acompanhada pelo primo. Durante toda a noite ventou e choveu, mas o dia adquiriu certa luminosidade, o que permite a quase todo mundo ir ao banho de mar. Sentado à mesa grande da sala de jantar, escrevo – e sofro, desse velho sofrimento que me é tão conhecido, enquanto ouço vozes lá fora e, ao longe, brilha a vegetação da encosta, lavada e nova.

* * *

---

[13]João Tinoco de Freitas (1908–1999). Produtor e financiador de diversos filmes dos anos 50, dentre estes, *A mulher de longe*, de Lúcio. Pai do cineasta Luiz Carlos Lacerda, *op. cit.*

É inacreditável o extraordinário número de formas de sofrimento que criamos para nós mesmos. Jamais poderia imaginar, em situação alguma, que existisse uma solidão idêntica a esta. Não é como a sensação de um vazio exterior, uma ausência no mundo que nos cerca, e que assim nos transmite a sensação do nosso isolamento – é antes o vivo sentimento de que nos subtraíram uma parte vital do ser mais íntimo, que dentro de nós há uma carência absurda, um vácuo que nada mais conseguirá completar. E tudo serve para nos fazer sobreviver à tona do naufrágio: objetos, vozes, recordações. O impulso é de reconstruir à força o que nos foge, mas só respiramos um ar viciado, onde flutua um elemento pardo e sem generosidade. Assim caminho agora à noite, recolhendo o eco das vozes que já não soam, e sem conseguir ocultar que Itaipu me parece uma terra de degredo.

* * *

Minhas mãos tremem, a luz se faz em meu coração como uma ferida reaberta que deixasse irromper um filete quente de sangue: impossível escrever, as palavras se encaminhariam fatalmente para um hino de amor.

* * *

Ontem a esta hora, X. estava aqui e eu sentia a casa inteira cheia de sua presença. Mas que é ONTEM? Somos, cega e deploravelmente, apenas hoje, apenas o que nos vive. Entre essas ilhas de noite e de alvorada que se chamam passado e futuro, o hoje, o instante que nos faz respirar e nos possui entre seus dedos implacáveis, colore-se com a única tinta possível. Mas nem sempre é real, nem sempre nos eleva a uma categoria perfeita de verdade. Há momentos como este em que escrevo, no qual à força de sofrermos perdemos todo o contato com o existente – somos apenas o ponto de encontro, confuso e tumultuário, das pobres sensações que conseguimos abrigar no coração, de emoções e calores que perdemos, de pressentimento do que virá, tudo isto condensado no hausto de uma única ânsia – o da vida que ainda não atingimos, mas que já começa a ser nossa pela assimilação venenosa do sangue e da revelação.

12 – Aqui estou de novo em Itaipu, depois de um dia no Rio. A melancolia de sempre: céu escuro e vento frio, tal como no primeiro dia em que vi este lugarejo. Não consigo esmagar o que sinto: tudo me chama para longe, para bem distante daqui, enquanto os compromissos me retêm nesta praia amaldiçoada. Ah, que força de vontade, que paciência, que resignação são necessárias para levar a termo um empreendimento como este!

DIÁRIOS

Encontro no Rio com Marcier,[14] que se queixa que as pessoas estão se petrificando. O que é inexato – já não temos força para gritar e protestar como o fazíamos há dez anos atrás, a vida se impôs, somos mais humildes. Não perdemos nenhuma batalha, simplesmente porque desde o início estava tudo perdido. A verdade é bem mais simples do que nosso espanto em descobri-la.

Noite em Itaipu – uma noite mais compacta e mais desamparada do que todas as que eu conheço. A esta hora, no Rio, estaria jantando com X em qualquer pequeno restaurante. Aqui, escrevo apressadamente estas linhas, a fim de aproveitar a luz elétrica que se esgota às nove horas. Durante o dia, este silêncio é suportável. À noite, é como a própria substância da escuridão, absoluta e impenetrável. Sinto-me menor, como se o mundo tivesse se alargado de repente. E o que é meu, sentimentos e problemas, surge inteiramente destituído de importância. Minha vida é como um suspiro que palpitasse no imenso vazio. Aqui, tudo ainda está para ser inventado. Sentimentos e emoções são primitivos, são estremecimentos do primeiro filho ainda agasalhado à sombra da mão de Deus. Uma potência secreta vigia de longe, e os homens se confundem com os animais, submissos à natureza toda poderosa.

13 – Ainda um dia que se levanta nublado e frio. Nada a fazer, senão esperar, olhando o tempo, folheando revistas e amargando a inutilidade dessas longas esperas, que eu já devia conhecer da locação de Congonhas do Campo (*Almas adversas*)[15] feita no ano passado, por essa mesma época.

* * *

Conheço muito bem tudo o que me move, qual o óleo que põe em movimento as penas engrenagens da minha atividade. Se não fosse este sentimento agarrado ao coração como uma planta no fundo de um aquário, as gravuras de Daumier e de Derain – a mancha ocre de Derain dá uma inesperada vida à parede nua – que eu colo à parede, seriam anêmicas folhas de papel, inteiramente vazias de significado. A vida é isto: um canto de amor, secreta melodia que ilumina a pauta inanimada das coisas. Um milagre de transfiguração permanente – por trás de tudo, como um grande gesto de carinho.

* * *

---

[14]Emeric [Racz] Marcier (1916–1990). Pintor e muralista romeno. Vem para o Brasil em 1940, a convite dos escritores Jorge de Lima (1893–1953) e Mário de Andrade (1893–1945).
[15]Filme de Leo Marten, de 1948, com roteiro de Lúcio e produção de Lúcio, João Tinoco de Freitas, Newton Paiva e Leo Marten. Foi filmado em Congonhas do Campo, Minas Gerais.

Tive esta noite um sonho estranho: um enorme cão havia penetrado dentro de casa e eu lutava para expulsá-lo, tendo na mão um grande crucifixo que me acompanha há muito. O cão relutava, mordendo o crucifixo de madeira. Com muito trabalho consegui colocá-lo do lado de fora. Tendo fechado a porta, escutei-o rosnar sem descanso, rondando as imediações. A interpretação freudiana deste sonho é extremamente fácil, o que não lhe retira entretanto o tom de nitidez e de surpresa que o fez diferente dos outros. Acordei assustado e, tateando o escuro, acendi a lamparina que se acha à minha cabeceira. Sozinho com aquela luz fumarenta, escutando os mil ruídos da noite lá fora, não pude deixar de sorrir à identidade dessa situação com tantas e tantas que procurei descrever em minhas histórias.

* * *

Muitos dão nomes diferentes a esta forma da energia. E no entanto, o que me interessa não é o prazer, a ação, a glória ou mesmo o amor. É, única e exclusivamente, essa força do absoluto que se chama paixão. Não sei se há em mim um vício central da natureza, sei apenas que é nela, nessa paixão voraz e sem remédio, que encontro afinidade para as minhas cordas mais íntimas.

15 – Novamente dois dias no Rio, onde encontro Amando Fontes[16] que me fala sobre uma projetada filmagem de *Os Corumbas*. Diz ele que eu sou o diretor que nos faltava – e ai de mim, realmente eu o gostaria de ser, se não tivesse uma visão bem nítida das nossas dificuldades e das minhas deficiências. Mas não deixa de haver interesse nessa possibilidade de filmar a bela e patética história da família Corumba.

* * *

Pensamento na Cinelândia: ninguém suporta a esmagadora tarefa de viver. Dito assim, tem um sabor acaciano, mas a verdade é que, se caminhamos, se realizamos normalmente tudo o que nos é designado, a razão é unicamente a Esperança que nos transporta. Seria impossível viver sem esperança – ela dá uma austera e repentina solenidade às coisas.

* * *

Sempre ouvi dizer que para se ser católico, é necessário ter força de vontade. O que é inegavelmente verdadeiro, mas não no sentido absoluto da

---

[16]Amando Fontes (1899–1967). Escritor brasileiro.

palavra, pois quer tenhamos vontade ou não, a maioria de nós é indelevelmente católica. (Eu sei que só é católico o praticante, mas mesmo assim...) Não quero fazer aqui a conhecida diferença entre ser cristão e ser católico, pois a meu ver só há um modo de ser cristão, é ser católico. Assim, o difícil não é ter força de vontade para ser católico, mas para viver catolicamente. Sofro diariamente, e com uma intensidade que seria desnecessário afirmar, de todas as ausências que me cria a minha pouca força de vontade. (E no fundo, bem no fundo, flutuando livremente, esse sentimento, tolo, eu sei, de que talvez estivesse assim invalidando algumas de minhas possibilidades mais autênticas... Repito, tolice, mas ainda assim invencível sentimento.) Catolicamente é difícil, é terrível viver, mas não seria a única maneira possível? Como suportar certas contradições, certos erros, certas deficiências e obscuridades? Como suportar essa horrível atração do caos? Como juntar os dois eus diferentes que me formam?

Não queria, no entanto, ser um católico temperamental e artístico, um desses donos da verdade que frequentam sensitivamente as belas igrejas, sempre a par das últimas fabulações humanísticas francesas. Jesus para mim assume um aspecto diferente – onde o vi, com que face procuro torná-lo mais próximo de mim, lado a lado, como um companheiro? Ou talvez não, que assim me seria muito fácil perdê-lo – preferia senti-lo como uma nuvem de ameaça e de cólera, pronto a nos esmagar finalmente com sua indescritível justiça, o Cristo – e entre tantos aspectos onde outrora só julgava vislumbrar pecado e esquecimento, vejo hoje cintilar a mais inquieta das presenças. Prefiro mil vezes a sóbria calma, a pobreza cheia de dignidade da igreja de Itaipu – duzentos e setenta anos de existência – do que as famosas missas gregorianas do Mosteiro de São Bento.

* * *

É curioso notar no caso do estrangulamento desse velho da Praça da República, o reaparecimento de algumas figuras que desde alguns anos vêm surgindo à tona de vários crimes idênticos: como as vítimas, monótonas na sua contextura uniforme de vítimas, eles parecem fabricados em série, superpostos às situações como bonecos recortados em silhuetas. São jovens sem nenhum escrúpulo, que a dificuldade da vida vai engendrando com a imaginação quente e uma completa predisposição a todas as baixezas. Não há nisto nenhuma grandeza, pois também não há nesse movimento nenhuma paixão. Note-se bem que não são jovens de baixa classe, nem tipos previamente classificados no *bas-fond* – ao contrário, são estudantes mais ou menos letrados, bastante representativos do que é costume chamar-se classe média. Apesar dos jornais teimarem em chamá-las "desclassificados" e "vagabundos" eles só o são num certo sentido, e do modo mais superficial possível. Sem tempo para se afazerem ao estilo desumano da época em que vivemos, são muito cedo atirados contra a parede e forçados a agir – e eles cumprem a ação, devolvendo à sociedade o indivíduo tosco que conservam no fundo, e que nada mais é do que o rapazinho típico dos nossos melhores bairros, o brasileiro coca-cola. Na verdade, apenas produtos de uma falsa civilização, exterior e vertiginosa, que se alastra pelo Brasil e que, inexoravelmente, irão descobrir na penitenciária, aceitando-as ou renegando-as, as leis de comportamento que são necessárias ao trato das relações humanas – se não se tornarem, é claro, nalguma coisa bem pior do que esses desgraçados que afloram patética e inocentemente ao terreno do crime.

Mar verde – mar fechado entre as pedras como num país de segredo. Mar de uma pureza como nunca vi igual, crescendo cheio de luz entre rochas negras, verdadeiras lajes de ferro.

Nomes de barcos que dormem ao sol: *Heldemosin, Nortina, Folha da Inveja, Deusa,* dezenas deles. As redes secam, enquanto um vento seco, iria, sopra de longe, de muito longe.

* * *

O problema é construir a vida como se fosse um sonho, não um sonho vivo, mas um sonho que tivéssemos inventado. Um sonho que não fosse a visão de um insensato, num completo desconhecimento das coisas – mas um milagre de harmonia, de equilíbrio e de compreensão. Aliás, que outra finalidade emprestar às pobres coisas desamparadas que somos, senão a de compreender, compreender sempre e mais profundamente, até poder aceitar tudo sem revolta? Compreender com a alma, o coração, os dedos, os lábios, com tudo o que é dotado de um sentido qualquer de percepção, com as pequenas e inúmeras almas antagônicas que nos constituem. Então viveremos como um sonho, acordados e lúcidos, que a realidade, é sempre bom repetir, é um mistério cujo alfabeto jamais soletramos com inteira coerência.

16 – Mais um domingo de vento e neblina em Itaipu. Tenho a impressão de que vim arrebentar-me no próprio centro onde são fabricados os ventos e as chuvas, tanto a intempérie sacode esse pobre lugar ermo e martirizado. Chove, chove, chove de todos os modos: a água chia, respira, escorre pelas vidraças, pelas frinchas, atravessa as paredes, escancara a casa ao furor do vento e à proximidade monstruosa do mar. Não raro tenho a impressão de que esta casa, miraculosamente transformada em barco durante a noite, irá amanhecer navegando em oceano alto, ao sabor dos vagalhões e dos

DIÁRIOS

sopros encolerizados. Há vinte e cinco dias completamente imobilizado – e é preciso confessar a minha imbecilidade, tudo isto como resultado de se procurar facilidades num filme quase todo feito de exteriores.

* * *

O crime da Praça da República continua a me interessar. É curioso como os perfis se delineiam pouco a pouco, através dos depoimentos e das acareações. Tocamos aqui a um mundo primitivo, absolutamente dependente das formas de vida que usamos hoje; são jovens que passeiam inocentemente com as irmãs em Friburgo, que se despedem das mães com lágrimas nos olhos, e depois, sozinhos nos centros viciados da cidade, falam em "trucidar o velho", "dar o golpe", exatamente como se tudo fosse permitido, e erigindo deste modo, quase inconscientemente, a autenticidade do seu destino de violência. Ah, quantas vezes, em mesas de bar, desvendei através de uma ou outra fisionomia calma, o surdo palpitar desses corações à espreita do momento oportuno, desses olhares cegos, voltados para uma única tremenda verdade interior, prontos a se acenderem no instante exato e fulgurante da consumação... – É impossível não reconhecer que algumas grandes questões se colocam em crimes desta natureza – e é impossível também deixar de pensar em Dostoievski e nalgumas das suas profecias a respeito da liberdade humana.

* * *

Escrito na parede de um quarto: "Se é verdade que morremos a todos os instantes, o que mais nos mata é o que calamos no fundo do coração."

Não sei por que escrevi isto, que agora me parece banal e sem correspondência com o que me preocupava no momento. O quarto é o de Orlando Guy,[17] forrado de esteiras e com peixes simbólicos desenhados nas paredes. Todos os visitantes escrevem frases na parede e há sentenças de Fernando Pessoa em mistura a Shakespeare e Emily Brontë – bem como várias de categorias pessoais. No teto, uma rede de pescador suspensa, com estrelas-do-mar e conchas pendentes dos cantos.

17 – Agora já não é mais a neblina: depois de uma tempestade ontem ao escurecer, cai continuamente uma chuva miúda e fria. Inútil pois continuar aqui, irei ao Rio, desafogar um pouco o coração e esperar que o tempo se firme.

* * *

---

[17]Orlando Guy. Ator brasileiro. Trabalhou no filme *A mulher de longe, op. cit.*

Visita ontem do Sr. S., amigo de D. Rosita Gay,[18] que trabalha conosco. O Sr. S. que é um homem baixo, careca e exuberante, vem acompanhado de dois amigos singularmente suspeitos. É ele autor de três peças horríveis e dirige um teatro de amadores na Tijuca – e é este o único assunto de que fala, com incansável volubilidade, durante o tempo todo. Tem-se a impressão, ouvindo-o, de que não se trata de um autor suburbano, de um autor sem compromisso com qualquer espécie de qualidade, mas um Gielgud,[19] um Shakespeare, ainda estonteado com a extensão do próprio talento.

* * *

Eu me curo lentamente, pela impossibilidade de permanecer doente. Mas como eu detesto essa saúde gratuita, esse permanente desinteresse pelas coisas. Graças a Deus tudo em mim ainda dói e, tenho certeza, no Rio tentarei reabrir calmamente essas feridas.

* * *

Nada, realmente, mais gratuito do que os pássaros: de onde estou, escuto-os cantar, em plena euforia, sob a chuva.

* * *

La Negra – é o nome de um barco solitário, carcomido pelo mar e agravado pelo tempo. Um resto de âncora devorada pela ferrugem descansa ao lado. E suas cores, outrora garridas e vitoriosas, desapareceram há muito sob a inércia e o esquecimento.

s/d – De novo em Itaipu, depois de alguns dias no Rio. Estou sozinho em minha casa – Rive Gauche[20] – e escuto os grilos e os sapos, com uma noite imensa pesando em torno. Reinício da filmagem hoje, sob um sol esplêndido. Tivemos várias visitas e almoçamos sob a árvore grande que fica à minha porta, numa mesa improvisada. Depois, estendidos numa esteira, esperamos que o sol diminuísse de intensidade para recomeçarmos o trabalho. Dentro de mim tudo estava quieto, num desses raros momentos de harmonia em que quase podemos afirmar que atingimos a plenitude da vida.

* * *

---

[18]Rosita Gay. Atriz brasileira. Trabalhou nos filmes *Almas adversas* e *A mulher de longe, op. cit.*
[19]Sir Arthur John Gielgud, mais conhecido como John Gielgud (1904–2000). Ator, diretor e produtor inglês. Um dos maiores atores da Inglaterra do século XX.
[20]Lúcio faz uma brincadeira ao comparar a "Rive Gauche" ou "Left Bank", que geralmente refere-se à Paris dos primeiros anos do século XX, à Paris dos artistas, escritores e filósofos, com sua casa.

DIÁRIOS

Quero gravar neste caderno, para minha própria lembrança, a noite de ontem. Sob um céu inteiramente cheio de estrelas, o mar vinha de longe, brandamente, curvado em ondas que mais se assemelhavam a auras fosforescentes. Em suas longas curvas, até os rochedos mais distantes, tinha ele na escuridão lampejos de ouro. A própria areia tornara-se fosforescente, e escorria entre nossos pés descalços como um líquido sobrenatural.

Quanto deverei pagar por esses instantes de felicidade absoluta, incômoda de tão presente, e em que me senti habitado por um sentimento tão pleno de harmonia e realização, que quase doía em mim como uma ferida aberta no espírito?

Mas devagar o mundo retomou suas formas habituais.

26 – Às vezes não é a vida que me interessa – mas o que me faz estrangeiro dentro dela.

27 – Amanhecer em Itaipu, depois de uma noite agitada e insone, estranhamente sensível aos mil pequenos ruídos da solidão. Sinto-me bastante fatigado e de minuto a minuto minha tarefa parece mais difícil. Acresce a tudo isto, que minha alma não está mais aqui, é com esforço que suporto as faces que me rodeiam. Não sei onde conseguirei forças para terminar o filme, se bem que tenha absoluta consciência de que é preciso ir até o fim.

NOVEMBRO

6 – Assisti antigamente ao trabalho de negação de Rui Barbosa, assisto agora à sua reabilitação, perante esse falso espírito de brasilidade, essa carcomida "consciência nova", que nos é legada por uma democracia sem autenticidade, a favor de uma democracia sem futuro. Certamente as conclusões são melancólicas: Rui, que serviu aos destruidores de ontem, serve aos endeusadores de hoje. É este, naturalmente, um dos privilégios das figuras ricas de humanidade: servir em todos os momentos, por vários lados de sua estrutura pessoal. Mas que não me falem na grande injustiça do Brasil em não reconhecer a "sede de poder" da velha águia – Rui era apenas um político teórico, um homem sem asas para levantar voo no grande charco em que se tinha convertido a pátria. Ele, que parece ter compreendido tão bem os males de seu tempo, que viu como ninguém a tendência mesquinha da política brasileira de se esmigalhar em contrafações miúdas e pessoais do autêntico jogo político – não há, nunca houve partidos no Brasil, há apenas homens que servem aos seus próprios interesses, com o auxílio de hipotéticos partidos – não foi suficientemente forte para esmagar os energúmenos que entravavam sua carreira. Não concebeu, não criou, não viveu

uma revolução. Ela, unicamente ela, essa coadjuvante dos homens fortes e dos destinos em chama, é que daria não só grandeza, mas veracidade à sua sede de poder, à sua pretensa vontade de mando. Poderão me objetar que Rui era um homem que acreditava nas leis, um jurista que pretendia jogar com meios legais. Neste caso, era reconhecer de antemão que estava com a partida perdida e que, o orientador exigido pela massa sem compromisso, não se encarnava nele, não coadunava com seus escrúpulos. Nas campanhas políticas, nos movimentos a que serviu, Rui foi somente um agente dentro do movimento brasileiro, jamais ultrapassou o ambiente. Não rompeu a muralha, não torceu as águas, não plasmou o futuro, não inventou um novo espírito político. Dogmatizou, servindo à linhagem sem viço de um republicanismo vindo sem preparação, sem terreno de cultura, sem forças para se equilibrar, e que mais tarde, ludibriando sua tímida fidelidade às leis criadas, iria dar alento a uma série de governos preocupados unicamente em burlar essas mesmas leis, submetendo-se assim a todas as revoluções domésticas que foram servidas ao Brasil desde esses tempos. Tudo o que acontecia era mais forte do que a ambição desse sábio de gabinete. E no entanto, o que o Brasil aplaudiu naquela época com tanta intensidade na figura da Águia de Haia, foi a esperança de um homem salvador, com forças para atrair à sua personalidade os anelos dispersos e os ideais flutuantes. E a verdade é que sempre esperamos mais do que ele nos deu. Sua época, estruturada num ambiente de lutas mercenárias e sem a menor aparência de vitalidade, estava caldeada para o aparecimento de um meteoro. E o que brilhou foi uma chispa de fogueira. Esse homem de verbo inflamado, não soube corresponder ao apelo do povo, à sua ânsia de dignidade e de concepção, não se sobrepujou, não se colocou à altura da secreta aspiração que sintetizava obscuramente a alma do povo. Foi um literato, um gramático, um político, um orador, um diplomata – foi tudo com brilho, não sendo apenas o único homem que a nação esperava que fosse. Apodrecidos por todos os lados, por essa facilidade em apodrecer que desde cedo sombreou o nosso destino de gente livre, uma pequena chama, no entanto, seria o bastante para atear fogo ao país. O Brasil sempre conservou em sua alma a necessidade mais ou menos remota do incêndio. Ansiamos pelas grandes catástrofes públicas e pelas violências sem remédio. Naquela época, é preciso confessar, não houve o homem que ousasse tanto, como, ai de nós, ainda não existe hoje.

Sei muito bem o que poderão me responder os tolos – e eu direi simplesmente que é isto mesmo.

* * *

Um artigo de Schmidt comenta o enterro de Rui Barbosa, a que ele assistiu rapaz ainda. Segundo o poeta, o povo não se comoveu, não se mostrou à altura da grande perda. O que vem confirmar o que eu disse acima, o povo sentia-se traído, não era uma morte trabalhada como uma agonia nacional. Em torno do caixão de Rui, não se acenderam essas chamas de entusiasmo viril e enlutado que percorre as nações devolvidas à sua consciência, pelo mistério da morte de um dos seus grandes homens. Um deus desaparecia, que não soubera ser tão grande quanto a esperança do povo. Morria um erudito, mas continuava vago o lugar do profeta.

8 – Quase tudo – para não dizer tudo – me desespera nesta campanha do Brigadeiro. É um homem honesto, decente, etc. – e isto nos serve momentaneamente e nos fascina, já que temos tido tão poucos homens públicos honestos. Mas de que espécie de honestidade falamos nós, de que rendilhado de virtudes domésticas, de que pequena coroa de rosas angélicas, quando temos necessidade de uma ação forte e autoritária, disposta a revolver até o âmago este monturo de coisas inúteis e monstruosas que é o Brasil? Quem viaja um pouco pelo interior e vê, como eu vi com olhos habituados apenas à paisagem arrumada das cidades, o que é a pobreza no interior de Minas, Bahia e Sergipe, onde os homens vagam num estado tão primitivo que lembra as zonas mais desamparadas da Índia e da China, quem experimenta de perto o odor canceroso dessas levas causticadas pela fome e pela doença, entregues ao seu destino como animais à sua tristeza, esses sabem que além de forte e decidido, o governo deve ser paternal, consciente, dotado de atributos que o tornem ao mesmo tempo um enfermeiro, um padre, um médico e até mesmo um adivinho ou feiticeiro.

Precisamos de um acontecimento ímpar que dê unidade espiritual a este mundo enorme visitado permanentemente pela miséria e pela ignorância. Precisamos de um santo, de um taumaturgo. De um chefe de Idade Média, que aliasse à sua alma de guerreiro o sentimento de um poeta – de um poeta que ousasse visionar a extensão de nossas necessidades e a força necessária capaz de impelir até à consumação o destino do país. De um general sem vaidade, de um médico sem paixões, de um funcionário sem esquecimentos. De alguém enfim que tivesse coragem para romper de vez nossas detestáveis tradições políticas e compreendesse que a democracia, tal como é praticada, em suas mil pequenas e enervadas engrenagens, não atravessa certa linha de civilização, não penetra nas zonas recuadas, onde a vida ainda é uma paródia sinistra e primitiva. Para essa gente, para esse pobre rebotalho que vi errando pelas estradas, o "governo" ainda é algum presidente já desaparecido ou apenas uma entidade sem nome certo. Todos os nossos atuais grandes gritadores de salvação, deviam pensar menos um pouco nesse tema brilhante que é a "triste hora em que vivemos", para pensar um pouco mais na hora extensa que o outro Brasil vem vivendo desde há muito.

* * *

Não cometamos o erro de querer transformar este mundo num céu – o céu é de essência diferente. Mas façamos simplesmente com que seja possível o mundo aceitar o céu como uma conjunção que o completa e por assim dizer lhe dá identidade.

11 – Atormentado durante todo o dia pela ideia de escrever romances. Já não penso em novelas, o que resolvia um pouco a minha preguiça em atacar temas muito extensos, mas em retomar o velho painel de *A luta contra a morte*. Sem dúvida teria de vencer as deficiências do primeiro volume, publicado quando eu tinha pouco mais de vinte anos. Mas com alegria iria desaguar nos outros, cujos temas há tanto vivem em minha mente, cujos personagens conheço tão bem, numa paisagem feita de tão obstinadas recordações! Ah, como lamento os meus dias de preguiça e ociosidade... É em momentos como este que outros trabalhos, o cinema principalmente, tornam-se uma sobrecarga para mim.

13 – O grande trabalho da minha vida é coordenar todos os elementos, bons e maus, de que me sinto composto. Percebo que tenho um sangue de aventureiro, de cigano ou saltimbanco, aliado a não sei que instinto feroz e perfeitamente homicida. Reúne-se a isto uma diabólica fantasia, que me faz julgar todas as coisas extremamente fáceis às minhas intenções. Mas, ai de mim, são tão pobres as minhas forças, que mal consigo levantar uma parte do que me sinto capaz. Quando Deus me dará forças para ser paciente com meus pobres limites? Queria tudo, fazer tudo – e num espaço de tempo mínimo. Mas aos poucos vou compreendendo que o meu mundo é outro – a imaginação que me foi dada é para criar um universo que não me fira com suas arestas, uma cidade prisioneira do papel branco, feita de palavras. A sabedoria é fazer calar este sangue selvagem, que arde nas minhas veias. Se puder, no entanto.

s/d – Hoje, parando no meu escritório alguns instantes imaginei o que são realmente as inenarráveis dificuldades para se construir um filme como o que tive a veleidade de começar. Não é só financeiramente que não me acho preparado. Temo aliás que, neste sentido, não o estivesse nunca. Mas no que se refere à colaboração, também estava inteiramente desprevenido. As pessoas que me cercam, se algumas possuem boa vontade, falta-lhes

DIÁRIOS

capacidade, outras são dotadas de capacidade, mas falta-lhes inteiramente o senso de colaboração. A bem dizer tenho que fazer tudo, desde contas de armazém, menus, resolver problemas pessoais, intrigas domésticas e até mesmo exercer o ofício de polícia. Tudo isto não seria nada, se eu não tivesse de lutar ainda contra uma verdadeira maré de intrigas, de silêncios hostis e ameaças mais ou menos veladas. São necessários pelo menos vinte anos, antes que se possa fazer no Brasil um filme de qualidade relativa, com meios relativos.

* * *

Encontro com Athos Bulcão,[21] que acaba de chegar de Paris. Fala-me, naquela sua voz rouca, de St.-Germain-des-Prés,[22] Bebé Berard[23] e François Mauriac.[24] Deste último conta algumas anedotas curiosas, especialmente as que se referem à indescritível vaidade do romancista. Isto me faz pensar um pouco, e porque não dizer, com certo enternecimento sobre Thérèse Desqueyroux,[25] Bernard Lacaze e outras personagens que antigamente me causaram tão grande deslumbramento. E pergunto a mim mesmo, dentro de vinte anos, que restará de Mauriac?

s/d – Dizem os jornais: "Agora o cinema nacional vai. Cavalcanti ficará em São Paulo." Encaro a notícia com ceticismo: quanto tempo levará o Brasil para devorá-lo? Estive com ele, na véspera de sua partida para Londres, em casa de Roberto Burle-Marx.[26] Bebia cachaça e parecia aborrecido com o andamento das coisas. Falamos um pouco sobre *A mulher de longe* e ele me escutou em silêncio. Não creio que tenha se interessado – é atualmente um homem importante demais para se preocupar com outra coisa além de si mesmo.

* * *

Não sei que caos é este a que se referem nossos articulistas políticos, e que segundo eles, já se aproxima. Engano: há muito estamos nele. O Brasil

---

[21]Athos Bulcão (1918–2008). Pintor, escultor, arquiteto, desenhista e mosaicista brasileiro.
[22]Bairro parisiense originado ao redor da Abadia de Saint-Germain-des-Prés.
[23]Christian Bérard, também conhecido como Bébé (1902–1949). Artista, ilustrador e designer francês.
[24]François Charles Mauriac (1885–1970). Escritor francês, Prêmio Nobel de Literatura de 1952.
[25]Personagem do romance homônimo de François Mauriac, publicado em 1927.
[26]Roberto Burle Marx (1909–1994). Artista plástico e paisagista brasileiro, renomado internacionalmente ao exercer a profissão de arquiteto-paisagista. Morou grande parte de sua vida no Rio de Janeiro, onde estão localizados seus principais trabalhos, embora sua obra possa ser encontrada ao redor de todo o mundo. Grande amigo de Lúcio.

é um prodigioso produto do caos, uma rosa parda de insolvência e de confusão. A verdade é que já nos acostumamos com isto, não dói mais, como certas doenças malignas.

* * *

Uma das formas do ódio a Jesus Cristo: a náusea ante a profundidade. Cristo pertence a tudo, menos a um conhecimento de superfície.

s/d – É preciso ter gostado de certas coisas, para julgá-las sem remorso. Não aprecio Hello[27] suficientemente para recusar-lhe a frio o meu entusiasmo. Leio sem interesse o livro de Stanislas Fumet[28] sobre ele – terminologia, processo, conclusões, parecem-me já vistas e usadas. O próprio autor esmorece às vezes e deixa transparecer um pouco da verdade. Nestes momentos é que me parece mais fraca, mais vulnerável, a dialética de grande número de escritores católicos. As palavras rolam, solenes e vazias, ao longo de velhos caminhos batidos, traduzindo formas que marcaram época e que desde então vêm se esgotando no escoar do tempo.

* * *

"Civilizar-se é cristianizar-se" – diz Quintino Bocaiúva numa carta a Machado de Assis. Que dizer de um mundo que se arroga supercivilizado e é, na sua essência, totalmente descristianizado?

s/d – Com a presença de certo número de pessoas, entre elas o Conde de Robilant[29] e Octávio de Faria, exibição de alguns *takes* de *A mulher de longe*. A impressão é boa, o conde se manifesta bastante favorável. Octávio de Faria, com aquele tato que entre nós torna tão particular a qualidade da sua inteligência, fala-me momentos mais tarde sobre os defeitos achados e as qualidades entrevistas. Eu o escuto, olho e penso – há quinze anos que o escuto, em situações de maior ou menor importância, e seu pensamento, sempre atento e fluido, foi constantemente o que ouvi de mais útil e de mais compreensivo à natureza dos meus trabalhos.

19 – De novo em Itaipu: os mesmos ruídos, os sapos e os grilos, o som tumultuoso e surdo dos brejos, uma ou outra nota de violão, que a distância torna mais longa, os mesmos tipos, escuros, enfumaçados, olhando-nos com uma curiosidade toda feita de apreensão e pobreza.

---

[27]Ernest Hello (1828–1885). Escritor e católico francês. Escreveu livros e artigos sobre filosofia, teologia e literatura.

[28]Stanislas Fumet (1896–1983). Ensaísta, poeta, editor e crítico de arte francês.

[29]Edmundo di Robilant, conde italiano.

Não sei, não tenho certeza de continuar o filme. O dinheiro escasseia, os artistas não se resignam a trabalhar sem receber as multas combinadas, a situação se agrava de minuto a minuto. E apesar de tudo, faço um esforço imenso, pois a desistência do meu plano viria complicar, atualmente, todos os interesses da minha vida. Luto, luto sem descanso. E sei, sinto que há nisto, aos meus olhos humilhados, qualquer coisa que me acalma e me paga os esforços despendidos.

Estes últimos dias no Rio, entregue aos meus próprios impulsos e sem nenhuma coragem para me controlar (essa curiosidade mórbida, esse desespero das coisas sãs e familiares que tantas vezes assume o aspecto da poesia e até mesmo do bem...) amargam e pesam na minha consciência com um reflexo diferente dos outros. Sinto que piso estradas novas que não me ajudam e nem me lisonjeiam, mas há nisto uma espécie de desafio, um desejo de solidão e uma certeza do meu destino, que dificilmente os outros poderão aceitar ou mesmo compreender. Custo a reconhecer esses numerosos outros que me habitam e que ultimamente conduzem os meus gestos – e nem mesmo posso dizer que estou agindo inconscientemente porque, ai de mim, jamais consegui ser inconsciente nesta vida. Não raro uma fisionomia conhecida surge inesperadamente em meu caminho, e não sou eu que me sinto irreal; dessas pessoas, sim, e que desertou todo senso de verdade e toda capacidade de permanecerem vivas ao embate das correntes ferozes que nos sacodem. Não sou eu que me tornei estranho, apenas ausentei-me dos pesadelos alheios.

* * *

Iracema Vitória[30] me fala do seu casamento e me propõe para padrinho. Ao vê-la assim familiarmente estirada na areia, penso em todo o mal que dizem a seu respeito, quase sem acreditar nele. Mas não me engano: a beleza dessa face oculta sombras traiçoeiras. Em todo caso, sugiro a igreja de Itaipu para a cerimônia, velha de mais de duzentos anos, e que se eleva serenamente no alto de uma colina. Perto dela, tudo parece mais duradouro. E Iracema, convenhamos, menos poderosa em sua displicência.

s/d – X já não está aqui. As águas do mesmo mar nos separam.

Mas é de ausências assim, terrivelmente amargadas, que se constrói a possibilidade de ficar. Não podemos ser tão constantes quanto o tempo, que não nos esquece e nem nos abandona nunca. A imaginação, esse ácido verde,

---

[30]Iracema Vitória, vedete e atriz do cinema brasileiro dos anos 1940/1950, trabalhou em *A mulher de longe*, de Lúcio, *op. cit.*

deteriora os mais sólidos sentimentos. Enquanto o tempo é impassível, não perdoa e nem se distrai. Cumpre pois que façamos como se ele não existisse, e atravessemos essas ausências, serenos como se apenas fechássemos os olhos a um sono reparador. Só assim podemos impedir que se destruam os propósitos de solidariedade que condimentam os mais eternos, os mais constantes votos de amor. E que a solidão nos ajude.

20 – Outro domingo em Itaipu – agora a tristeza aqui é tão grande que o tempo parece tecido de sonolentos domingos – com o tempo nublado, olhando a Igreja de São Sebastião que se levanta no alto da colina, mesmo defronte de nós. As horas fogem, carregadas de inútil e penumbroso sentido.

Itaipu se esfuma aos poucos, penso já não ver mais nada, tateio apenas, com dedos que a aflição torna ásperos e ardentes.

27 – Novos planos imaginados para levar o filme a termo. Há uma certa serenidade, um acordo geral entre as vozes dissonantes, que bem mais me parece o sinal da catástrofe do que outra coisa. Iracema,[31] Orlando,[32] confabulam olhando-me de longe. Já consegui mesmo ser ameaçado de morte duas ou três vezes. Enquanto isto, faço e refaço contas, sonhando possibilidades que não se firmam senão durante o espaço de um minuto. A única consciência que tenho, é de que precisamos sair deste marasmo. Precisamos, mas é em vão que o céu se estende, azul, e o mar cintila: os meios não aparecem.

28 – Sensação nítida, fria e obsedante, de que realmente alguém deseja a minha morte. Às vezes desconfio de que essas vagas ocultas e cheias de desejos maléficos são pura e simplesmente emanações da minha própria natureza, uma aura de pressentimento e violência que me anunciasse fatos mal esboçados ainda, pois é preciso convir que me sinto constantemente perseguido pela noção de sangue derramado, de catástrofe iminente e sem remédio. Não consegui dormir e, sentado na cama, senti durante toda a noite alguém rondar a casa. De vez em quando o vento sacudia a janela – este vento rápido, inesperado e brutal como uma bofetada – e sobressaltado, imaginava que era chegado o momento em que finalmente iria conhecer a verdadeira fisionomia do criminoso. A manhã chegou apesar de tudo e eu me levantei pálido, insone, sentindo meu coração pesado de todos esses crimes trancados e sem efeito.

29 – As intrigas se sucedem em torno de mim, de minuto a minuto chegam ameaças aos meus ouvidos, recados e mensagens. Os artistas conjeturam,

---

[31]Iracema Vitória, *op. cit.*
[32]Orlando Guy, *op. cit.*

DIÁRIOS

dividindo-se em dois grupos irreconciliáveis, um a meu favor, que espera notícias do escritório no Rio, outro contra, que me trata como se eu fosse um embusteiro. Mando saber notícias do produtor, que marca uma reunião no Rio. Ligeira calma à espera dos acontecimentos.

s/d – Uma das senhoras de idade que eu contratei é agredida por uma companheira enquanto dormia, com um tijolo atirado de longe. Grito, sangue, correrias. As cenas são lamentáveis, esgotam-me, sinto-me com os nervos à flor da pele. É inacreditável como em situações assim se revelam o fundo verdadeiro e os sentimentos humanos: nunca pensei que estivesse lidando com gente de estofo tão baixo.

s/d – Certamente quem escreve sobre sexo pode dizer que não conhece ainda o amor. No máximo, terá sua intuição. Mas quem escreve sobre a morte, sabendo exatamente o que é morrer, sabe muito bem o que é a dor, o sofrimento, e tudo o que, de maneira semelhante, compõe também a essência do amor. Pode haver morte sem amor, mas é impossível haver amor onde não entrem parcelas enlutadas de morte.

s/d – Pela vontade modelamos com a dúctil matéria de nossa alma o que queremos – dela fazemos tão bem uma imagem do inferno quanto um espelho do Paraíso. Se através dela traçamos um gráfico da danação, é assim que veremos o mundo em toda sua angustiosa mistura. Mas se naquela cera suave imprimimos a única imagem que nos faz possível aceitar o enigma da existência – refiro-me à presença de Jesus Cristo – neste caso a nossa tristeza já não trará o horrível selo da inutilidade, e podemos contemplar o desagregamento e a corrupção das coisas, sem o tormento pusilânime de nos sentirmos escravos de uma dor sem sentido.

ANOTAÇÕES SEM DATA

I – Acho extraordinário, depois de tantos dias decorridos, tudo o que está escrito atrás. É verdade que há muito tempo não abro este caderno, preso aos acontecimentos que se precipitaram com enorme força: paralisação da filmagem de *A mulher de longe,* campanha nos jornais, três processos na Justiça do Trabalho. Não me queixo. Bem analisadas, essas coisas são imbecis, na sua essência e na sua finalidade. Não há o que responder, quando sentimos que determinadas acusações não são feitas de coração limpo, e há nelas, de mistura a uma formação deficiente e a uma total falta de caráter, uma dose de má-fé capaz de inutilizar planos melhor arquitetados do que o meu.

Mas não há como negar: melancólico fim para *A mulher de longe*. No entanto, será realmente o FIM? Absurda esperança: só o mês de março nos trará a última palavra.

II – De onde foi que veio esta chuva? Nem todo o céu conseguiu escurecer, há no ar batido uns farrapos de azul, que teimam em pousar sobre as árvores, enquanto uma ou outra andorinha, em voo cego, corta o espaço. Anoitecendo, ainda existe no ar sem dono alguma coisa que amanhece.

III – Evidentemente a época é turva, nosso poeta tem razão. Época turva, de acesso inglório da mediocridade bem organizada, consciente do seu papel e das suas incapacidades. Mas desde quando é turva? A verdade é que há muito caminhamos em plena noite, palmilhando o caminho do mais triste e viçoso dos materialismos. Viveremos uma data metálica de demência e de carência de valores – essenciais à natureza humana. A transmutação de que outrora nos falava Nietzsche, e que ele previu num sentido vertical, vem sendo feita, não há dúvida, mas não é o super-homem que vemos progredir, e sim o homem escuro e sem identidade dos mundos inferiores. Alguém aparecerá um dia, em época que não podemos precisar, a fim de conferir a esses tempos sem alma o selo de sua nefasta dignidade – e neste novo Messias, não será difícil reconhecer a face rubra e esplendorosa do Anticristo.

IV – A cor já havia se despedido. Pobre, aquele ser transitava pelas ruas. Mas no seu rastro, que eu perseguia incansável, havia uma flor, e recendia: heliotrópio.

V – Adivinho Kafka: corredores cheirando a hospital, caminhos dos seus domínios. Mas não é aqui, apenas, a residência da burocracia?

– Realmente Graham Greene me agrada muito, mas desconfio imensamente do grande encanto de seus livros. É muito envolvente, não há possibilidade de se fugir ao seu fascínio certo, sem subterfúgio. Quem sabe todo o seu sutil veneno não nos parecerá um dia óleo açucarado, disfarçado com algumas gotas de amargor? Desconfio do charme – e da simpatia que o charme concede ao mal – pois é em certos autores o que geralmente envelhece mais depressa.

VI – Naquele tempo, lembro-me bem, ainda não havia a praia.

Diziam somente:

– Há pitangas por trás daquele morro.

Era a Boa Viagem. Um dia, ousei subir a encosta e antes que esmagasse na boca a primeira fruta vermelha, vi o mar, enorme, chegando de longe com suas faixas e espumas.

VII – Homens, artistas a quem a noção do tempo aprisionou Proust, Joyce, Virgínia Woolf – é inútil a causa. O tempo é um cavalo sem cor que

DIÁRIOS 233

emerge de um mar sem fundo. Não discutamos sua razão, o que nos consome é sua verdade sem razão. O tempo é reversível – decerto é um cavalo que emerge, mas para felicidade nossa apenas corre, sem nunca deixar o mar.

VIII – O ARTISTA MORTO – A casa tinha paredes cheias de tapetes, pratos e faianças. Escuro, ele transitava entre estátuas e sinfonias de Mozart. E, confesso, jamais consegui identificar com tudo aquilo o autor de tantos livros ingênuos, cheirando a pobreza. Morto, no entanto, senti o quanto lhe era estranho aquele ambiente: sua face, barroca e dura, assemelhava-se extraordinariamente à linha de sua obra.

IX – Tempo de memória, estação de silêncio. Nunca consegui ter a ilha ou o sítio que imaginei – mas não importa. Pelo caminho mesmo vou deixando o sangue que em mim ressuma o já ido e vivido.

[1950][33]

ABRIL

28 – Uma das piores formas de intelectualismo: falar com certa constância e certo brilho sobre coisas a que não se dá nenhum crédito... Por exemplo, o diabo. Não há dúvida que para muitos escritores é ele apenas um tema rico, desses que enchem o vazio de uma crônica ociosa ou faz resplandecer as páginas de um livro morto. Tem-se a impressão de que se trata de um belo motivo para composição, mais ou menos idêntico aos que nos são apresentados na escola pública. Mas através dessas linhas tortas, o diabo irrompe nítido, sublinhando o inútil de todas as vaidades e o artifício dessas caricaturas sem fé.

* * *

O governo feito para pequenos governados – a pátria elaborada para pequenos salvadores. O mito criado para almas sem forças – ou melhor, o mito sem forças para se constituir. Homens incapazes de suportar qualquer espécie de grandeza, a que vem do bem como a do mal. Os pálidos servidores de uma política rasteira e de mortiços lampejos cotidianos, feita de jogos anêmicos de funcionalismo público e travada apenas no asfalto frio do dia a dia... A tarefa, e não a missão. A obrigação, e não a vocação. Finalmente, esse deserto justo-democrático – que usamos ultimamente com

---

[33]Provável lapso do autor a não inserção desta data no *Diário I*.

tanta soberba e tão inchados de demagogia estéril, reveladora apenas de uma completa ausência de ideais mais elevados.

* * *

Todas as vezes que um poeta se ocupa de política – esses mesmos que descobrem para a arte abandonada as palavras mais desdenhosas e os apodos mais ridículos... – ou é falso poeta ou falso político. Esta ideia seria perfeitamente banal se não acrescentássemos ser mais ou menos comum encontrar no mesmo indivíduo as duas naturezas simultaneamente falsas. Pois a verdade é que ambas as profissões são as que mais se prestam a todos os investimentos da simulação.

30 – Curioso: Clouzot,[34] que se encontra no Brasil, falando ao *Correio da Manhã*, afirma: "Pretendo escrever com a câmera assim como o escritor com a pena."

* * *

Sei muito bem que atravesso agora uma hora escura de transição; ou adquiro o aspecto do novo homem que surge dentro de mim ou pereço sob os fragmentos do antigo.

Não se muda aos poucos, mas aos saltos – e é fácil perder-se o fôlego de uma passagem à outra. Acho desnecessário repetir que não sou agora nem melhor nem pior, apenas eu mesmo. Ou antes, eu mesmo com mais intensidade, feito deste calor com que a idade vinca nossas inclinações de adolescência e delas faz, sem nenhuma complacência, qualidades ou defeitos puros, que podem surpreender aos tolos, mas que ante olhos compreensivos, apenas são meios de nos tornarmos mais nítidos ou mais próximos.

Se mudamos assim tão fundamentalmente, é que nos aproximamos mais largamente de nossa essência. Neste minuto agora, para citar um exemplo, sinto-me extraordinariamente mais próximo da minha morte. E que é a morte senão a essência de todos nós? Perdemos tudo, transfiguramo-nos, e bons ou maus somos sempre outros, a fim de podermos atingir em verdade a morte que nos vive.

* * *

Sentimento intenso e profundo de que a verdadeira AÇÃO se passa ao longe, em terreno obscuro e distante, para o qual vivem de costas os nossos

---

[34]Henri-Georges Clouzot (1907–1977). Cineasta francês.

DIÁRIOS

políticos, preocupados em remexer os próprios dejetos. Sei muito bem que poderão dizer que falta senso prático aos meus vagos intuitos, mas que senso prático é este que atrela nossos debates à velha charrua de uma concepção morta e sem força para se impor à estéril confusão em que vivemos? Falta de visão, de consciência dos horizontes amplos – falta de conhecimento, falta de educação, falta de curiosidade, falta de percepção, falta de tudo, FALTA – eis a triste mais do que restrita terminologia que condiciona o espírito novo da nossa democracia de agora.

* * *

Povo sem história, com um destino fácil arquitetado à sombra de conveniências e suspeitas domesticadas, sem guerras autênticas que nos tenham fortalecido o ânimo e sem heróis que encarnassem o desejo viril do risco, viemos nos lacerando até essa execrável pantomima de governos fabricados por grupos e grupelhos interesseiros, sem alma válida, de opiniões forjadas e impingidas por jornais sem autoridade moral, nunca conseguimos soprar ao "gigante adormecido" a chama de um movimento verdadeiramente nacional, onde vislumbrássemos, não o calor de ridículas querelas intestinas, mas o impulso para se projetar acima de nossos limites e assim nos tornarmos uma imagem verídica de gente com história, sentimento e alma. Devorados por todas as molezas oriundas de uma raça de negros e imigrantes, não fabricamos lanças para defender o que é nosso, pois nunca tivemos nada, e o que temos, doado por exclusiva cegueira da natureza, nunca foi ameaçado de coisa alguma – nunca relutamos em ceder, porque também nunca nos achamos perfeitamente na posse de nada – e deixamos de ser Colônia, como deixamos de ser Império, como abolimos a escravidão e proclamamos a República – sem sangue, sem conquista de espécie alguma, graças a pequenos tumultos sentimentais, ingênuos e fanfarrões, que nos caracterizariam perfeitamente como um povo secundário e sem personalidade. E por causa desta ausência de luta, por causa deste espírito de aceitação e passividade, é que carecemos deste sentimento de posse. Assim vimos apenas cristalizando ao longo de uma costa erguida entre abismos e socavões de uma grandeza infinita (lembro-me, com que estremecimentos, das negras silhuetas de pedra que se projetam mar adentro nas costas do Espírito Santo e da Bahia, e que entrevi numa viagem que fiz ao Norte...) uma terra toda feita de doçuras pacatas e aquiescências sentimentais... terra que os nossos provectos, doutos e castrados professores de hoje, contemplam com embevecimento e saúdam como o ideal dos países amenos. E é claro, das raças destituídas de futuro.

* * *

Escrevendo as linhas acima, outras ideias me surgem, e imagino que é preciso não somente acentuar o mal, mas tentar também encontrar uma possibilidade de salvação. A mim pois, salvadores de última hora, rasgadores de véus que ocultam miríficas batalhas econômicas... Deixai simplesmente que o abismo venha a nós, como a graça de Deus. Deixai que a bota pesada das guerras e das invasões nos pise a alma feminina e corrompida, para que possamos um dia fazer alguma coisa com o estrume que sobrar das famigeradas concepções que hoje nos amparam. A mim, patriotas de todos os cantos, para que gritemos em coro pela morte, pelo incêndio e pelos bombardeios sem clemência. Roguemos a Deus a graça de sofrimentos idênticos a todas as pragas da China e do Egito, para que possamos meditar um segundo, no silêncio forte das vinganças que se premeditam, em todos os terríveis benefícios que herdamos com a vida semicolonial que é hoje a nossa. Denunciemos agora sem temor, para achar mais tarde aquilo que constitui um *espírito* – o nosso espírito. Como os taumaturgos da antiguidade, precisamos insuflar com violência uma vida ao corpo adormecido, ao deserto que somos, que AINDA somos. Penso nalguma coisa que constitua um espírito eminentemente brasileiro, dotado de vivência e aristocracia, capaz de se opor a essa velha onda de mulatismo no seu sentido mais extenso e mais profundo, o autêntico *lado de sombra* da nossa personalidade. Não sou dos que defendem o negro, pois as qualidades que neles nos apresentam, de caráter sensível e plástico, são atributos eminentemente corrosivos, ou melhor, aqueles exatamente que através do tempo e da formação de um povo, mais contribuem para seu amolecimento e desvitalização. Tudo o que havia no negro de forte e de autêntico no significado "bravo" da palavra, foi cauterizado na senzala. O que herdamos foi o seu gosto nostálgico das músicas e das pequenas virtudes familiares. Precisamos ser desumanos para recobrar a energia que nos falta. O *lado branco,* que alimentou nossos únicos homens de estirpe, é aquele sobre o qual devemos construir nossa possibilidade de existir.

[MAIO][35]

2 – Em última análise, indago desesperadamente o que tanto me desagrada em tudo o que vejo, neste esforço de propaganda eleitoral, nesses momentos em que uma nação democrática parece desenvolver ao máximo suas qualidades intrínsecas, exibindo com ostentação seus falsos poderes

---

[35]Provável lapso do autor a não inserção deste mês no *Diário I.*

DIÁRIOS 237

e suas falsas raízes populares – e chego à conclusão de que precisamente esta democracia é que é em si uma coisa corrupta e destinada a festejar o lado mais baixo e inóspito do homem. Se falo, um pouco desprevenido de razões, é que sinto no meu íntimo uma aristocracia inata que me impede qualquer simpatia com uma forma de governo que se pretende oriunda do discernimento e da vontade esclarecida do povo. O povo jamais foi esclarecido, não há nele discernimento que não pressuponha em sua base um sentimento de interesse secundário. O povo, quando é grande, é cego e arbitrário. Suas manifestações de grandeza e de autenticidade, são tremores, catástrofes, suicídios coletivos. Porque só então se agita ele, certo ou errado, em torno a um ideal superior – ideais de perigo, de emancipação ou de domínio, ideais de violência e de autoridade. Quando os interesses se dividem e a luta se trava em torno de comarcas, prefeituras ou simples encargos públicos, o povo é mesquinho e se deixa governar por apetites secundários. Talvez esteja repetindo velhas fórmulas, não sei, mas acredito nelas e verifico sua verdade através do que conheço e do que adivinho. Mais ainda: a democracia tal como é a nossa, é o sistema de governo dos aventureiros e dos *parvenus*. Para que eu a aceitasse e me sentisse animado disto a que chamam tão pomposamente e infrutificamente de "ideais democráticos" (ou mais longe: essa democracia se caracteriza essencialmente por uma total falta de ideais, por uma amputação de qualquer ideia superior, a favor de um rebaixamento geral de crenças e possibilidades divinas e eternas) – para que eu a aceitasse, repito, seria preciso que dentro de mim limitasse certo impulso, certo movimento magnético e vital que me atira para o alto, para longe, e que desprezando o detalhe, me faz ver o Brasil não como um aglomerado de eleitores escolhendo o candidato de uma forma de governo passiva, mas um todo feito de alma e nervos, à procura do seu espírito mais fundo e dos sinais de sua veracidade, como organismo nacional.

* * *

O erro seria o fato de se procurar uma razão imediata, uma cura, uma solução de superfície, quando o problema, possivelmente, fosse desvendar a face oculta, o *espírito* (sempre, obstinadamente, esta palavra que volta...) que nos traduzisse como uma visão autônoma. Não temos ainda o segredo de nossa identidade, somos povo de superfície e de existência animal: nada, em nossas constantes de vida, exprime um pressentimento ou uma consciência desse ignoto que sombreia a máscara das raças positivas. Somos terra sem mistério. E não se constrói sobre o inexistente, pois antes de possuirmos uma alma que nos seja própria, qualquer solução teria caráter transitório, oferecendo somente uma estabilidade momentânea.

s/d – Há hoje, entre nós, numerosos salvadores e "grandes" pregadores do espírito nacional. A lembrança de Camões, mais ou menos estruturada à fisionomia ardente de Péguy, incita nossos escribas, determinados a desvendar o segredo das agruras políticas que nos castigam. Que Deus me afaste de semelhante infantilidade, de tão enfatuada tolice. Se procuro com certa insistência aquilo que poderia me indicar a marca de um "espírito brasileiro", é para que defina a mim mesmo e encontre em meu íntimo a permanência desses valores nacionais que determinam a existência de um verdadeiro escritor. E se assim procedo, é exatamente porque não sinto muito vivas as minhas raízes, sofro antes de uma carência que me põe constantemente inquieto, e me faz debruçar sobre todos esses tristes problemas, com um mal-estar que se avizinha de repugnância. Não fosse a certeza de que uma essência verdadeira existe, em qualquer escuro desvão desse país de ambições diminutas (a ambição, como o apetite, é um dos sintomas mais vivos de vitalidade) – e certeza sobre o fato de podermos adaptar livremente nossos sonhos de realidade e sobrevivência, talvez de há muito tivesse deixado de remoer essas questões; resta que não somos escritores em vão, como um instrumento vibrado pelo vento: nosso destino, queiramos ou não, está estreitamente vinculado à terra em que nascemos. Deus me livre de ser um artista exótico e sem nacionalidade, um desses despaisados que se adaptam a qualquer lugar e que compõem os buracos de qualquer paisagem necessitada... Antes de sermos identificados à terra obscura que nos gerou, jamais poderemos atingir a posição de lucidez e de calma – e porque não acrescentar, de luminosa humildade – que nos colocará acima dos litígios e das negações inúteis, estreitamente vinculados à voz que exprime o que de mais saudável e de mais profundo caracteriza a fisionomia permanente de um povo. Mas, *helás,* talvez eu esteja enganado e isto seja apenas ilusória ambição – a ambição das ambições.

s/d – Há momentos, como este, em que me sinto todo animado de instinto e chama, de coragem e... ousemos a palavra: duplicidade. É extraordinário o número de recursos que encontro no meu íntimo – e digo a mim mesmo que é isto também o que me torna tão perigoso, que me leva tão continuamente a remotas distâncias e me faz caminhar com orgulho e obstinação junto às estreitas veredas da autodestruição.

s/d – É bastante curioso que, hesitando, encontrando dificuldades ou mesmo desdenhando até hoje dar uma forma precisa ou um arcabouço aos meus pensamentos, esta forma e este arcabouço se imponham cada dia com maior gravidade para mim, tanto nossa própria vida está ligada aos nossos pensamentos, tanto nossas ideias somos nós.

Se continuasse a viver sentimentos e intuições desordenadas, correria o risco de mais cedo ou mais tarde atirar-me à simples loucura ou ao aniquilamento, que estes são os caminhos mais certos das imaginações desgovernadas... A força com que fala em mim o instinto de conservação e a preservação de uma obra – ai de mim – que ainda está longe de ser realizada, conduzem-me inexoravelmente a uma definição clara das minhas tendências, que pouco a pouco me torna mais forte. (Não discuto o mérito da obra a ser feita – é mesmo possível que não interesse a ninguém – mas só ela me explica perante mim mesmo e é o único testemunho que posso apresentar de uma existência que, devidamente examinada, é inútil a toda gente.)

Tudo isto para dizer que me sinto no limiar da maturidade, ou melhor, depurado de grande número de venenos que até este momento constituíam parte da sombra e do nevoeiro sempre presentes ao meu caráter.

3 – Dia de silêncio e demissão. Ah, meus venenos, como são mais extensos e mais fundos do que suponho. Ah, como custa me ver livre de mil pequenas fraquezas que detesto, que me subjugam e me reduzem a um desesperado estado de revolta e de impossibilidade! E no entanto tudo parece se calar em torno, só o coração bate concentrado, surdas pancadas de vida recolhida e triste. O sangue escorre, é verdade, mas perfidamente lento nas veias, enquanto o tempo permanece imóvel.

* * *

Necessidade de defendermos nossas ideias e aspirações do contato cotidiano – tudo parece insustentável e fantasmagórico, ante pessoas que vemos todos os dias, ou à luz forte do sol, que tudo nivela, reduz e aniquila.

5 – De Dostoievski: "Durante toda a minha vida trabalhei por causa do dinheiro e durante toda a vida estive constantemente na necessidade; agora mais do que nunca."

AGORA MAIS DO QUE NUNCA. Não em outra ocasião, mas precisamente agora. Ah, sei muito bem o que poderiam pensar certas pessoas, caso encontrassem esta frase solta assim nos meus diários. Mas não é a semelhança de situações, a identidade de sentimentos, o que nos seduz e nos aproxima desses companheiros mudos que são os autores?

Inútil negar, fugir, tergiversar, o dinheiro, ou melhor, a ausência dele é em certas vidas o mais permanente signo de autenticidade. Na minha, a importância do dinheiro é fundamental, porque nunca o tive, e porque o seu valor real, positivo, escapa à minha compreensão. Minhas maiores surpresas, sempre foram neste terreno, pois o dinheiro não é uma fisionomia móvel, mas dura matéria que cauteriza e decompõe a essência íntima das coisas. Não, talvez seja errado dizer que o dinheiro é uma dura matéria, ao contrário, possui uma alma cheia de ardis femininos e prenhe de devoradoras vinganças contra aqueles que o desprezam. É assim que escorre alvissareiro de nossas mãos, tatuando vilipendiosamente com a marca da pobreza os que puros se erguem aos olhos de Deus, e que a fatalidade da poesia torna tão tristes e desgraçados, neste mundo onde só vibra a melodia onipotente da cifra e da matéria.

* * *

Somos fortes sozinhos, reunidos é que os outros são fortes. Eles se revelam para se unirem, nós nos ocultamos como o melhor meio de defesa. Mas ai, o que existe é sempre a guerra.

* * *

Não esquecer a chuva forte, contínua, em bátegas cerradas, que vi ontem à noite; diante de mim ela se desenlaçava em grandes véus ondulando pesadamente, com a ciência e a graça de uma cortina aberta no espaço imenso e escuro. Depois, o aspecto cataclísmico da cidade, as ruas cheias, luzes apagadas, o trânsito impedido, o mar calado sob a inesperada violência do céu – e através de tudo isto, sopro misterioso, incessante, cheio da mais solene pureza, o vento, o vento que chegava de longe como de uma ressuscitada época bíblica, trazendo não sei que inidentificável lembrança de pranto, odor de velas queimando e morte – alto, majestoso, esmagador sentimento de morte, que fazia as árvores inchadas se erguerem mais alto, com seus brancos olhos fascinados em expectativa na escuridão.

E eu caminhava na rua, com um pequeno coração solitário e transido de amor.

* * *

Este possui o dom de fabricar sonetos com talento e caprichosa engenharia – e enganaria certamente, caso não percebêssemos no terceiro ou quarto, que o mistificador é muito maior do que o poeta, que a marca da fábrica é mais nítida do que o selo da inspiração. Não é a necessidade que dita estas rimas, mas o prazer da fatura, a habilidade da composição. Mas todos os grandes poetas são poetas de transe e de necessidade. A habilidade, em arte, é fator mais do que secundário.

DIÁRIOS

6 – Falando hoje com alguém que se interessa por teatro, tentei esclarecer um ponto que de há muito vejo alterado, intencionalmente ou não, até mesmo no pensamento dos amigos mais próximos: não me aproximei do teatro ou do cinema como derivativos do romance, ou em substituição às novelas que escrevo e das quais me sentia cansado. Ao contrário, foi um ato de plena consciência, imaginando que seria possível fazer muito neste terreno, ainda tão pobre entre nós. (Mas infelizmente estava longe de saber que pobreza pode muitas vezes significar apenas impotência, e não descaso – e assim não tardei a verificar o número de aves de rapina e de animais ferozes que trabalham a inerme presa, sob alegação de exalçar entre nós as duas artes...) Mas foi lucidamente, bem lucidamente que me meti nesses empreendimentos, disposto a aprender e a captar tudo o que pudesse vir a me ser útil. Confesso ainda que em muitos pontos de vista – sobretudo no tocante à arte de representar – o teatro me interessa mais. Seu jogo é mais vivo, seu sangue mais ardente, suas possibilidades mais extensas e também mais irremissíveis. O cinema é mais artificial, extraordinariamente mais complexo na sua realização (onde basta um ator para viver uma cena, no cinema é necessário todo um conjunto de técnicos e circunstâncias para uma perfeita *réussite*), muito mais mecânico e além do mais, que energia requer na conjugação de sua vasta aparelhagem técnica! No filme, o diretor é um deus todo soberano. No teatro, ao contrário, o ator reina quase absoluto e, se tem talento, pode até mesmo suprir essa imensa lacuna, impossível de se conceber num espetáculo cinematográfico: a ausência de um espírito condutor.

E também não sei. Quando montei para o Teatro de Câmera a peça *O coração delator*[36] de Edgar Poe (inspirada num conto deste último e que, por inexplicável escrúpulo, apresentei como sendo da autoria de Graça Mello...[37]) desenhei as roupas, orientei o cenarista e escolhi detalhe por detalhe a *mise en scène*. Não por vaidade, é preciso esclarecer aqui, mas por deficiências financeiras. Como tivesse também de orientar muitas marcações em cena, resultou um todo mais ou menos harmonioso, que traduzia bem o espírito que eu havia procurado. Assim, tal como o diretor comanda tudo no cinema, não seria melhor no teatro um espírito orientador único? Que faria Jouvet,[38] por exemplo, se além de dirigir e representar pudesse também escrever as peças que representa e desenhar os costumes que usa?

---

[36]Peça adaptada por Lúcio, do conto "The tell-tale heart", de Edgar Allan Poe (1809–1849), e encenada em 1947.

[37]Octávio Alves da Graça Mello, mais conhecido como Graça Mello (1914–1979). Ator, dramaturgo e diretor brasileiro.

[38]Louis Jouvet (1887–1951). Ator, diretor de cinema e de teatro francês.

Não teríamos um espetáculo bem próximo, como harmonia, desses filmes cerrados, densos, que fazem a glória de um Clouzot[39] ou de um De Sica?[40] Não tardará a época em que o escritor terá de se misturar a tudo, e tornar-se uma ópera de mil cordéis, capaz de por si mesmo produzir todo um espetáculo, qualquer coisa feérica e monstruosa como um engenho da Idade Média. Assim o sonharam homens supremos, desses em que a curiosidade sempre se aliou ao talento de produzir, tais como um Leonardo da Vinci, um Shakespeare, um Molière – pintores que inventam palcos giratórios e aperfeiçoam a mecânica dos primitivos bastidores, autores e poetas que não desdenham pisar o palco, na ânsia de reproduzir melhor as paixões que sacodem os títeres nascidos de suas mãos... (Paixão, ó Paixão, por que não dar à sua expressão todo sangue de nossa descoberta e de nosso terror?)

Este é o motivo por que tantos já se apoderaram do cinema e através dele traduzem o melhor do seu pensamento. Não importa a maneira de se expressar, o veículo – o que é preciso é exprimir bem suas próprias ideias. Rossellini,[41] Clouzot, italianos, franceses, toda a vanguarda de hoje, são, como disse aquele último, "diretores que usam a imagem como o escritor a pena". Por isto é que, tentativas falhas ou não – e até agora, quase sempre falhas, tanto os deuses traem os nossos melhores sonhos... – reivindico o caráter intencional de minhas pequenas experiências no teatro e no cinema, procurando atribuir a esses esforços o sentido de uma pesquisa nova, dentro de terrenos que cada dia devem ser menos estranhos a quem escreve. Outros virão que acertarão a nota justa – não me foi possível, por carência de elementos ou ausência de dons – mas a época se aproxima em que, saindo de seu gabinete, o poeta fará explodir aos olhos do público um mundo de cantos e de imagens formados com meios mais cruéis e mais perfeitos do que a palavra escrita.

* * *

Não sei quem inventou o diário íntimo, que alma tocada pela danação e pelo desespero do efêmero – sei apenas que relendo páginas de meses atrás, senti-me de repente com o coração tão pesado que não pude continuar. Ah, como mudamos e como mudamos depressa! Como perdemos tudo, como os sentimentos mais fortes se dissolvem, como a vida é um contínuo e tremendo

---

[39]Henri-Georges Clouzot, *op. cit.*

[40]Vittorio De Sica (1901 ou 1902–1974). Ator e diretor, figura líder do neorrealismo italiano.

[41]Roberto [Gastone Zeffiro] Rossellini (1906–1977). Diretor e roteirista italiano. Um dos criadores do neorrealismo italiano e um dos mais influentes cineastas de sua época.

aniquilamento! Ah, como compreendo, sinto e vejo os meus desastres, os meus erros, os meus enganos! Como é triste essa dor de não poder reter coisa alguma, como é horrível ter perdido tanto, e como agora me sinto – e sempre, e cada vez mais – desamparado e triste! Escuto o conselho que me dão, enquanto maciamente o automóvel rola pelo asfalto das ruas – rezar. Rezar mesmo com os lábios duros e trancados. Que a vida, a verdadeira, está além e muito acima de nós. Mas quem me devolverá o que fui, quem reconstituirá minha esperança perdida, a eternidade que imaginei nos meus dias de infância, a plenitude de um desespero que me constituiu aos embates da vida feita de graça e tempestade?

Em momentos como este, sinto apenas, fundamente, a tristeza de não sermos nada.

7 – É muito estranho, mas que aconteceria se certas pessoas que nos acusam de não amá-las, tivessem a súbita revelação de que são precisamente elas que não nos amam? Somos tão fracos e miseráveis que todos os enganos se tornam possíveis – e neste constante fluxo de sentimentos que nos sacodem, por que não acreditar num pequeno vício do coração, num desvio da sensibilidade, numa máscara do nosso espírito desprevenido? Mas estas coisas são segredos de que não temos o direito de suspender o véu – há nelas o signo do interdito, como se da sombra um anjo se postasse diante de nós exigindo silêncio.

* * *

Visita a um poeta, a propósito de editores. Intimamente, não posso deixar de sorrir ante a situação, ao lembrar-me dos primeiros tempos em que ele me visitava, acanhado dentro da sua roupinha encolhida, consultando-me a propósito de tudo, livros, edições, gravatas e até nomes de flores. Algum tempo mais tarde, e depois de quinze anos de atividade literária ininterrupta, sou eu quem o procura para indagar de certas coisas. Se a minha posição é novamente a de um estreante, não deixa de ter certo agrado aos meus olhos. Crescer depressa é um dos mais alarmantes sintomas de envelhecimento no Brasil – é como nascer mortos para a nossa fictícia celebridade.

Conta-me o poeta anedotas a respeito de Bandeira e de Schmidt, o que de repente me faz pensar na miséria do jogo literário, de tudo o que não sendo a obra pura e nua em sua candente solidão, transforma-se em veneno de artistas e trânsito miúdo de vaidadezinhas machucadas. Jamais deveríamos conhecer o particular da vida dos grandes homens. Para que suas obras de arte existam, não é preciso trazer a público os cacoetes que melancolicamente se agarram à esteira até mesmo dos maiores.

* * *

Escrevo – e minha mão segue quase automaticamente as linhas do papel. Escrevo – e meu coração pulsa. Por que escrevo? Infindável é o número de vezes que já fiz a mesma pergunta e sempre encontrei a mesma resposta. Escrevo apenas porque em mim alguma coisa não quer morrer e grita pela sobrevivência. Escrevo para que me escutem – quem? um ouvido anônimo e amigo perdido na distância do tempo e das idades... – para que me escutem se morrer agora. E depois, é inútil procurar razões, sou feito com estes braços, estas mãos, estes olhos – e assim sendo, todo cheio de vozes que só sabem se exprimir através das vias brancas do papel, só consigo vislumbrar a minha realidade através da informe projeção deste mundo confuso que me habita. E também escrevo porque me sinto sozinho. Se tudo isto não basta para justificar porque escrevo, o que basta então para justificar alguma coisa na vida? Prefiro as minhas pequenas às grandes razões, pois estas últimas quase sempre apenas justificam mistificações insustentáveis ante um exame mais detalhado.

10 – Não são os acontecimentos que fazem um diário, mas a ausência deles. Nada pude escrever durante esses dois dias, devido ao atropelo dos fatos, mas quero fixar aqui o meu cansaço cada vez maior de tudo o que hoje compõe a maioria dos elementos de minha vida. Penso em retirar-me para um sítio ou uma fazenda, longe de literatos, atores, empresários, diretores de jornais e revistas e, em geral, toda essa gente que gasta os dias elaborando planos às mesas de cafés.

12 – Aniversário de minha mãe.[42] Amigos e parentes reunidos. E as mesmas conversas de sempre, os mesmos risos, enquanto silencioso o tempo trabalha e desfaz nos rostos a chama da mocidade.

* * *

Primeiros planos, ontem, para a reapresentação do Teatro de Câmera. Não há mais nenhum entusiasmo da minha parte e sigo sem interesse as palavras de Agostinho Olavo. Voltaria este à diretoria e trabalharíamos no Fênix[43] às segundas-feiras. Penso em aceitar porque seria o único meio de

---

[42]Maria Wenceslina Cardoso, tratada carinhosamente por todos como Nhanhá.
[43]O Cine-Teatro Phenix ficava na Rua Barão de São Gonçalo (depois Av. Almirante Barroso) nº 65, de 1914 a 1932. Transformou-se no Cine Ópera de 1937 a 1944 e voltou a ser apenas o Teatro Fênix até 1950, quando foi demolido. Em seu lugar foi construído o Edifício Cidade do Rio de Janeiro.

DIÁRIOS

resolver meu compromisso com o Serviço Nacional de Teatro.[44] Mas de há muito estou ausente de todas essas coisas – escuto, apenas escuto, olhando a noite que se aproxima dentro das sombras ainda verdes da tarde.

13 – É curioso que mesmo as pessoas mais interiorizadas ou voltadas para um ideal superior, não consigam encarar os fatos da vida, os miseráveis fatos que vivemos, senão de um ponto de vista objetivo e imediato, direi mesmo – material. É como se para esses homens de fé, o absoluto não existisse – e a fé tivesse momentos particulares para ser tomada como medida das coisas.

* * *

Clarice Lispector[45] me fala ao telefone sobre *O filho pródigo*[46] que escrevi tão rapidamente, e que hoje me desgosta por variados motivos. (Um deles, o mais forte, é que o movimento, a amplidão do tema esboçado, requeria maior amadurecimento e tratamento menos rápido. Depois, o ridículo medo de não acertar com a famosa "carpintaria teatral" ...).

Apesar de ter em mão a trama e as ideias condutoras de *Os regicidas*, não é este romance o que mais me tenta agora. Ainda sonho com o teatro, e imagino escrever uma peça em cinco atos que terá o título de *O estandarte do rei*.

* * *

Toda esta semana quase sem escrever neste caderno, vivendo a esmo, esperando, nem eu mesmo sei o que. Esperar, que é este o último sentimento ancorado no fundo do ser, a essência que garante essa unidade íntima sem a qual cessa todo o desejo de existir. Minha única vontade é viajar, viajar longamente por essas terras do interior que não conheço, vendo a noite acender bruscamente essas pequenas cidades que se aconchegam à beira dos rios, ou que se agasalham em vales percorridos de agrestes, dilacerantes perfumes. Lembro-me de tardes que vi se arrastando pelas encostas secas dos pastos, em golfadas de um vermelho vivo que ia se diluindo além

---

[44]O Serviço Nacional de Teatro – SNT, fundado no fim dos anos 1940, patrocinava a criação de grupos experimentais e a montagem de novos textos brasileiros. Foi extinto em abril de 1990 pelo então presidente Fernando Collor de Mello.

[45]Clarice Lispector, nascida Haia Pinkhasovna Lispector (1920–1977). Escritora e jornalista brasileira, nascida na Ucrânia e naturalizada brasileira. Uma das maiores escritoras do país do século XX. Foi grande amiga de Lúcio e uma das mulheres mais importantes em sua vida, juntamente com Nhanhá e Lelena, respectivamente, suas mãe e irmã.

[46]Peça escrita especialmente para o grupo Teatro Experimental do Negro, que a apresentou no Teatro Ginástico, no Rio de Janeiro, em 1947.

das serras escuras – lembro-me de rumores e águas que ouvi em viagens antigas, feitas com o coração opresso e a mente turva. *E* pergunto agora quando terei uma serenidade perfeita para voltar a essas coisas, livre desse sofrimento que parece constituir em mim a própria possibilidade de "ver"? *E* nem mesmo sei se não serão as paisagens que provocam em meu espírito essa impressão de angústia e sufocamento; vejo-as da janela do trem com uma penosa emoção que se mistura ao sentimento de impossibilidade, como se estradas, cidades, ladeiras e barrancos, fossem assim vistos de longe, reservatórios de uma infelicidade ainda não experimentada por mim, mas que me fosse fatalmente destinada. É que talvez não veja nunca as paisagens como quadros inertes, antes participo delas com violência, sentindo que sobe de toda aquela solidão uma voz sufocada e estranha, que corresponde em mim a outra voz também confusa e cheia de gemidos.

* * *

Não, não é tempo mais de fazer teatro, nem de ressuscitar o que quer que seja. Que o tempo leve para bem longe essas tentativas que só viveram num instante de esquecimento e exterioridade. A hora é de silêncio e reco-lhimento, e que Deus me guarde de retornar a essas melodias sem sentido. Um dia, talvez, possa retomar tudo o que, feito agora, seria apenas repetir experiências feitas, num sacrifício sem compensação. Agora quero de novo os espaços livres – a mim, serenidade, que o voo é amplo e para regiões mais puras.

14 – Tédio dos sábados no Rio, com o encontro permanente dos amigos, em melancólicos bares onde escorre incessante uma fauna noturna e des-provida de energia. À parte Marcos, Atos, Heitor Coutinho, reunidos em torno a uma pequena mesa mal iluminada, falamos sobre todas as coisas, já tão faladas, prevendo as inevitáveis pausas e os grandes silêncios que nos pertencem, como zonas aonde nunca vai ninguém. Assim a vida se esculpe, enquanto as máscaras, ardentes e fixas, também vão se compondo – e no fim de tudo já guardam uma gelada matéria de estatuária realizada. Fica ainda, flutuando no ambiente, a memória de tantos gestos truncados, feitos desse desprezo sem remédio que nos incita a bizarra doença de existir. Aos poucos a manhã se aproxima com seus ventos frios – e cada vez mais nítidos, adivinhamos o som dos mares acordados e a pungente presença dos galos.

* * *

DIARIOS

A Europa... O nome vem como toda uma música que crescesse do mais íntimo do meu sangue. Quem sabe, talvez fosse um remédio.

* * *

Leituras: Green, um livro que eu não conhecia ainda: *Le Voyageur sur la Terre*. Prazer de encontrar um escritor diferente dos que hoje trafegam pelos anais da publicidade – Sartre, Camus, Greene, etc. Há aqui um sabor clássico e um jeito todo especial que evidencia, mais do que qualquer outra coisa, a presença do grande escritor.

Tolstoi – *Confissões*.

15 – Ontem, domingo, várias visitas à noite, entre elas Marcos Konder Reis e Agostinho Olavo. Novas conversas sobre o Teatro de Câmera, mas confesso que me sinto inteiramente desanimado. Falou-se também da estadia de Jean-Louis Barrault entre nós, e fui convidado a vê-lo numa recepção que se teria realizado ontem mesmo. Recusei, pois a verdade é que no momento presente Barrault não me interessa em nada. Falou-se também que ele escolherá uma peça nacional para o seu repertório, o que já motivou a colocação a postos de todas as nossas ilustres vaidades. Conservei-me ausente, não por orgulho, mas porque tinha em mente os trabalhos opostos ao teatro que devo começar em breve.

17 – Artigo de Fulton Sheen.[47] Tem a vantagem de não usar certa pomposa e batida terminologia de escritores católicos – e a desvantagem de dizer gravemente banalidades que assumem o aspecto de grandes verdades. Mas, bem pensado, as grandes verdades não são banalidades que vivemos continuamente com roupas novas, e servimos ao nosso constante hábito de esquecer? Não existe uma infinita variedade de verdades – existem apenas algumas verdades básicas, como por exemplo, Deus, o sofrimento e a morte. O resto são detalhes, fragmentos que usamos e reusamos até recompor o grande todo, a sentença indiscutível.

* * *

Viver assim não é viver – podemos sofrer da carência de algumas coisas, mas não dos fatores vitais que nos animam. Falta-me tudo, a paz, a inspiração, a vontade de continuar... Alguma coisa está AUSENTE de mim. Sinto, caminhando em ruas cheias de gente e densas de um frenético

---

[47]Fulton John Sheen, nasceu Peter John Sheen (1895–1979). Arcebispo estadunidense da Igreja Católica.

fervor pela vida, que sou apenas um grande vazio sem motivo. Para mim, a existência escorre como se eu contemplasse seu espetáculo através de vidraças baixadas.

* * *

Além do Brigadeiro, surge novo candidato. Os "salvadores" se apressam a toque de caixa, enquanto reerguem da velha Minas, tão cheia de sombra, os espectros do seu passado civismo. Ao mesmo tempo, ressurgem os surrados processos eleitorais, rearticulam-se os grupos dominadores, reorganiza-se a caça aos postos mais em vista, apresta-se enfim toda a mascarada que caracteriza a corrupção quase inata do nosso espírito político. Deste modo é que se corporifica uma forma de governo que pode ser tudo – comércio, operações jurídicas, transações internacionais, o diabo – menos, é claro, a expressão vívida de um ideal democrático. Está próximo o advento das in-finitas liberdades – e então seremos conscientemente donos de nossa imensa imbecilidade, grã-condutores da nossa magnificente incapacidade de existir. O dom fundamental do brasileiro é quase sempre o de conseguir rebaixar qualquer coisa; mesmo Deus, que a cantiga popular apregoa como tendo nascido na Bahia, assume para nós um aspecto de uma entidade barata e cabocla que nos garante todas as familiaridades. E é isto exatamente o que queremos: reduzir tudo à camaradagem de copa e de cozinha. Amém.

* * *

Ouço dizer que Gilberto Freyre desejaria que o romance de Luís Jardim (*As confissões do meu tio Gonzaga*) fosse "ecológico". Não li o livro, mas é evidente que a opinião é de um sociólogo. Que seria, na verdade, um romance ecológico? O mestre que responda.

* * *

Ideia para um estudo: Álvares de Azevedo, o cantor de Satã, de Macário e outros mitos poéticos do romantismo, contra Castro Alves o cantor na-turalista dos escravos. Aliás poderia haver uma separação mais profunda e que viesse até nossos dias: Álvares de Azevedo, Machado de Assis e Graça Aranha (o do prefácio às cartas de Machado e Nabuco) como líderes de uma corrente que se opõe nitidamente a Castro Alves, Lima Barreto ou Aluísio Azevedo, até os escritores regionais de hoje. Neste último caso, penso particularmente em Jorge Amado.

* * *

DIÁRIOS

Envelheço como as tempestades – encaminhando-me sem ressentimento para as cores alvas da bonança. Perco os meus relâmpagos e as minhas violências – entrego-me à luz que nasce, humilde e de cabeça baixa. Mas dos céus revoltos por onde andei, conservo o segredo de uma melodia que não é feita somente de paz, mas que na sua última aquiescência, relembra ainda o amontoado negro das paisagens devastadas.

* * *

Sonho quase todas as noites, e sonhos de uma tal tristeza, que acordo transido e sem coragem para me mover na cama. São continuamente cenas de um destino amargo e truncado, crimes que vejo cometer, com a arma em riste e o sangue golfando vivo e violento, momento de tragédia em que todo o ser recua alvoroçado, instantes de pura ansiedade. E assim é desde menino: ouço frases inteiras que me são ditadas, assassinatos que se repetem quase monótonos na sua identidade, atos de violência que se parecem misteriosamente uns com os outros. Que significam, que signo secreto traduzem, ou serão apenas projeções de uma consciência esterilmente atormentada? Não sei, talvez não o saiba nunca. Mas às vezes, mal refeito dessas pungentes visões, imagino que carrego tremendas culpas que não me pertencem. Que talvez nunca tenham pertencido a ninguém.

* * *

As cores que são vistas em estado de embriaguez, cores álgidas ou mornas para as quais seria preciso criar novos nomes. Cores semelhantes a rochedos se dissolvendo, a golfos se abrindo, olhos, como rosas acesas na massa fria dos muros. Cores magnéticas e febris, que nos percorrem como espasmos, grandes auras circulares semelhantes a rajadas de vento, cascatas de luzes que ainda não foram inventadas, sóis de firmamentos em fuga e satânicas alvoradas – música do nada, apenas.

18 – Não é perder que me aflige – porque perdemos tudo, e seria inútil lutar. É perder dessa maneira, sem uma palavra, como uma flor viva que atirássemos ao fundo de uma sepultura. Ai, como eu me enganava, como eu me engano a meu próprio respeito! Julgo-me muito mais frio do que sou, e na verdade a ausência das pessoas me causa uma profunda perturbação. (Sei que despisto, que não me refiro exatamente ao que devo – porque ao certo, era de X., era da sua ausência que devia falar...)

* * *

Divago, apenas divago sem encontrar motivo para tantas horas difíceis – e sei apenas me lamentar, defendido contra todo ataque da realidade, que não me é possível suportar de modo algum. O amor para mim é uma alucinaçao perfeita, um estado de transe e de obsessão. Nisto, o movimento é idêntico ao que processa o romance no meu íntimo: ambos me dão a sensação de que romper aquela atmosfera mágica, é como destruir a força latente, os limites talvez de um mundo proibido, meu, somente meu.

* * *

Dia nublado, que me faz lembrar os de Itaipu. Como tudo vai longe, e como é triste escrever assim, sentindo que apenas demandamos distâncias maiores...

* * *

Estreia hoje de *Almas adversas,* que tanto trabalho me custou. É verdade que serviu para mim como uma profunda experiência, mas não posso constatar senão que se trata de uma grande esperança fracassada. Com que ingenuidade acreditei que estivesse trabalhando a favor de uma grande tarefa! – e convenhamos, o defeito não é dos outros, é meu. Não tive a alma pequena que era necessária para empregar nessas coisas... E só compreendi isto tarde demais·

19 – Encontro ontem com Nelson Rodrigues, que me fala acerbamente do teatro no Brasil Há um ponto em que não lhe é possível negar razão: mais vale uma peça bem montada do que uma fortuna ganha. *Hélas,* a conversa me parece um pouco sem razão de ser, pois eu que não conheço a fortuna, muito menos sei o que é uma peça bem montada.

* * *

Depois de algumas "batidas", o ator Fregolente[48] encontra a seguinte definição a meu respeito: "O irreal cavalgando o real."

21 – Outro crime em Niterói, quase que absolutamente idêntico ao da Praça da República. Reaparecimento dos mesmos tipos, isto é, os jovens sem escrúpulos. E neste, como naquele, a presença também de um velho sem escrúpulos, que atrai o crime como sob o impulso de uma força secreta. Talvez não esteja me exprimindo bem, pois não é exatamente força, mas uma profunda fraqueza, o que caracteriza essas naturezas vocacionais de

---

[48]Ambrósio Fregolente (1912–1979). Psiquiatra e Ator brasileiro.

DIÁRIOS 251

vítimas. Uma fraqueza sombria, mole, efeminada, que se dilui através dos gestos e das palavras embebidas em morna capciosidade. É assim, com esse dom oculto, que essas naturezas transitam até o momento em que surge outra constituição "equívoca" – o drama então toma forma e o crime se realiza. Nas paredes manchadas de sangue e de um quarto suspeito, o que se inscreve é um esquema traçado há muito: o húmus quente que borbulhou da vida humana sacrificada, é apenas o clímax de uma diabólica predestinação levada a termo.

* * *

Nem sistemas, nem partidos – ainda é o único lema que me serve. Os sistemas apenas nos oferecem uma determinada imagem da verdade, ou melhor, as suas aparências. Os partidos, estes, só conseguem nos transmitir uma visão errônea da vida. Tudo o que é saudável, flutua, brilha e não se deixa jamais apreender. O melhor símbolo do pensamento livre continua sendo a vaga alta, errante, senhora absoluta do infinito. Sejamos pois como a vaga que roça a orla de todos os continentes e não se detém em nenhum.

s/d – O crime dos fanáticos de Muriaé possui um "tom" que lembra muito o clima de Dostoievski – como em geral o "crime", tocando de perto problemas fundamentais da essência humana, lembra sempre algumas das verdades apontadas pelo grande romancista russo. Neste caso de Muriaé, onde alguns fanáticos, guiados por um jovem de dezenove anos que se intitulava "Anjo", assassinaram uma pobre mulher que consideravam possessa, assistimos subir à tona alguns dos elementos mais primitivos e mais recuados da natureza do homem. Seres aglomerados num total desconhecimento de tudo (por exemplo, nunca tinham visto um trem de ferro) entregues ao processo do seu próprio destino como simples animais, inventaram, através dessa carência nostálgica que dá à natureza humana um dos seus signos mais perfeitos de grandeza, um deus absurdo e sanguinolento, erigido pelo medo de se perderem no vazio, no grande vazio que é o espectro de todos nós. Tanto a liberdade absoluta é um peso quase impossível de ser suportado.

* * *

Certos caprichos são mais perigosos do que as paixões. Pelos caprichos fazemos tudo, continuamos sempre, porque afinal caprichos significam apenas prazeres que não nos ofendem. Quanto às paixões, ou destroem de uma vez, ou o nosso egoísmo, a nossa contínua tendência ao repouso as expulsa, porque nas paixões, ao contrário dos caprichos, tudo é traição ou atentado à sensibilidade. Assim é bom desconfiar das paixões duradouras –

no fundo, não passam de simples caprichos de um temperamento que não ousa ou não quer se comprometer inteiramente, mas vai pagando o seu tributo, sem sequer suspeitar das ciladas que existem nessas corredeiras fáceis.

Porque digo isto agora, não sei, mas este é o meu estado de espírito hoje, olhando o bom sol da manhã lá fora e imaginando que, afinal, minhas enormes paixões são apenas caprichos exagerados.

22 – Esse caos que atravessamos (tanto e tão assustadoramente proclamado...) onde vários fatores difusos se misturam, onde tipos possivelmente fixos e duráveis se alternam com simples fantasmas, e manifestações de uma corrente oculta e sadia em momentos rápidos revela sua existência-esse caos onde o espírito brasileiro tantas vezes parece naufragar e desaparecer, afinal de contas bem pode ser necessário à nossa existência. Tínhamos talvez de viver esse longo período de adaptação a fim de encontrarmos o que poderíamos chamar de verdadeira expressão da nossa personalidade -assim como depois das chuvas fortes as águas das enxurradas se misturam ao livre mar, assim como o corpo são absorve os venenos de um mal estranho, convertendo-os maravilhosamente em germes de vida.

* * *

O problema essencial não é ensinar o brasileiro a *ser,* mas a *querer ser.* Ainda não temos consciência para sermos coisa alguma, mas é preciso tentar vislumbrar a possibilidade de *querer ser.* Um país com fome de futuro, é um país que existe. Aliás, bem pensado, *ser* apenas não é importante – tudo repousa exclusivamente na vontade de existir, de sentir o sangue arder em função de uma perspectiva qualquer quanto ao futuro. As únicas nações vivas são as condenadas ao futuro.

* * *

"Querer ser" é o que deve caracterizar o possível tipo desse novo brasileiro. Onde está, quem é, não sabemos – mas sentimos, com a dilacerada esperança que nos subsiste, que nalgum lugar deve existir. O novo brasileiro é uma fatalidade oriunda da lei dos contrastes. Assim como se formou o estado de caos e se caracterizou o estado de barbarismo, assim se produzirá a reação e haverá o nascimento do exemplar voluntarioso e cheio de dramática nostalgia, que encarnará o tipo representativo do futuro homem nacional.

* * *

DIARIOS 253

(Uma teoria do *caos* – que está longe de ser a *catástrofe,* como o julgam tantos. Caos quer apenas dizer desagregação e falta momentânea de qualquer padrão estabilizador de civilização. Por exemplo, se fomos durante algum tempo um povo "essencialmente agrícola", sem conseguirmos ser uma nação industrializada, somos uma decorrência de vários fatores sem preponderância certa. Não somos definitivamente isto ou aquilo, mas isto e aquilo ao mesmo tempo, em correntes alternadas. O que positivamente é um mal, pois é o estado de caos permanente – quer como povo, quer como espírito -que gera o desastre definitivo.)

* * *

Outro lado grave do problema é que participamos de um continente informe, sem fisionomia própria. Os velhos impérios índios modelaram uma fisionomia morta na poeira dos tempos e, decepados do tempo em movimento, constituem mais um motivo de paradoxo do que uma tradição em vigília. São apenas altares de povos sem rumo certo. Quem quiser modelar seus próprios traços, terá de arrastar após si, de roldão, o resto das nações sul-americanas. Não temos espaço para vários matizes de existência – criamo-nos ao mesmo tempo, servidos ao mesmo tempo por inúmeros fatores adversos. Prisioneiros de revoluções mesquinhas, de ingênuos movimentos patrioteiros, assistimos conjuntamente à efêmera ascensão de heróis sem autenticidade, mitos sem verdade e ditadores de impostura, sem raízes na terra e sem compreensão de sua missão; é essa ausência, em suma, que cria os tiranos de opereta, tão comuns em nosso continente, esvaziados de grandeza e dessa fatalidade que ergue os reis e os governos puros até a efígie – já exemplo e História.

Sim, está para vir o grande homem de todas as pátrias, o deus capaz e solitário, o mais sul-americano dos brasileiros. Porque nenhum outro país terá forças para arrastar em sua cauda lactescente, esse mundo inorgânico, cheio de projeções indistintas, de ambições esfumadas e anseios extraordinários que é o Brasil – que também será o Brasil um dia, no enigmático tumultuar do seu sangue.

* * *

Se examino um pouco, não é propriamente o fato de ser caos que considero grave para o Brasil – mas o fato de ser exclusivamente caos. O caos em si, repito, não é um mal, é antes demonstração de pletora de riquezas. Mas no nosso caso não temos qualidades salientes a reivindicar, somos apenas uma massa bruta e amorfa, fragmentada por experiências negativas e de desistência. Ora, quem quiser *ser, existir,* é indubitável que terá primeiro de se abraçar a esse caos, de se constituir nas dobras de sua flagelada vestimenta. Isolar-se, seria criar uma virtude bizarra, um vitral de luxo para uma casa em ruínas. É preciso integrar-se no sangue difuso e bárbaro, a fim de se fortalecer e levar avante as linhas do destino. (Tanto é verdade que a uma manifestação de coragem logo se seguiriam outras, e que desse movimento poderia, quem sabe, surgir o almejado espírito brasileiro... Da força de um depende a coragem dos outros, e toda uma bandeira poderia ser posta em movimento, com alguns nomes que bastassem para dar caráter à Nação. Mas, ai de mim, vejo que já estou divagando, que já vou muito longe nas asas do sonho – o que imagino já são os princípios de uma ação política.)

Assim é preciso dar expressão ao caos. Ou melhor, torná-lo assimilável; existente, sem dúvida, não mais como uma verdade difusa, mas como manifestação de um espírito vivo, firme além das secreções pantanosas de um mundo, por assim dizer, assassinado.

Para que lado marcha o mundo? É inequívoco, para o abandono de determinadas formas caducas, caóticas em si – e consequente utilização de estados mais avançados de civilização. Nós ainda estamos em épocas muito recuadas, em estado larvar de afirmação, e os outros já veem mais alto, e já planejam o salto sobre o abismo, sem cogitar se devem ou não esperar que nos eduquemos convenientemente. Que fazer? Rompermos com o passado, amadurecermo-nos de um só jato. Nosso futuro é instantâneo, tem de se cumprir agora. É esta a única oportunidade de sermos nós mesmos, a nossa "chance", porque ainda não fomos nada, nunca nos erguemos à altura de povo liberado de seu ranço primitivo e efetivado como fatalidade histórica. Se não soubermos distinguir este momento dentro da noite escura, é que depois de quinhentos anos ainda estamos destinados a continuar adormecidos nas areias do antigo Atlântico das descobertas, que desde então nos embala saudosamente.

* * *

Todos esses pensamentos levam-me a um ponto adiante das considerações feitas tempos atrás. A "linha branca" que supus como única capaz de nos caracterizar, não seria uma flor de estufa, uma espécie de produto raro de viveiro, criado sem o conhecimento das forças desencadeadas com a queda do Império, mas a imposição de um tipo, novo, diretamente oriundo daquele, e invulnerabilizado por todos os elementos colhidos na aventurosa travessia. Voltamos ao ponto de partida, é verdade, mas com o espírito enriquecido pelos valores novos apreendidos na jornada. Tornamo-nos desconfiados e sonhadores – algo de enigmático se introduziu em nossa natureza bruta. Assim é que devemos encarar a corrente do pensamento novo.

* * *

Às vezes, relendo essas desordenadas notas que escrevo ao sabor da inspiração, sinto a tristeza de supor tudo isto apenas um eco da minha solidão. E serão realmente sonhos, deformações de um homem que se sente irremediavelmente – por que castigo, por que privilégio? – fora do tempo? Mas não, não pode ser, uma voz me diz que há alguma verdade dentro de tudo isto, um pressentimento certo. Não criei esses sentimentos, não alimentei essas coisas como produto de estufa. Tudo isto se revolve obscura e tumultuosamente dentro de mim, sem que eu saiba distinguir ao certo qual a sua forma definitiva, qual a expressão acabada de sua existência. Outros encontrariam talvez expressões mais adequadas, ou coordenariam melhor essa informe visão política, que, afinal, entre um sentimento vivo e uma impossibilidade total de realização, conduz meu pensamento a uma espécie de dilaceramento, de incoerência. Examino, peso, procuro penetrar com os olhos cegos da intuição esse mundo que imagino erigir-se na sombra. E sinto então que represento uma verdade ainda não dita – nem sei de que espécie, nem sei negação de que mentira – mas que já toda se arma nas profundezas inconscientes do meu pensamento.

* * *

Levanto-me, passeio, escuto avidamente o que os outros me dizem. Como que um segredo me esconde o julgamento alheio. Reajo, tento em vão explicar o meu ponto de vista. Não é possível que não se compreenda que não podemos e nem devemos aceitar as pequenas virtudes, os benignos proventos de uma politicazinha qualquer, dessas que vemos servidas ao crepúsculo melancólico do Ocidente, e cujas sobras se adaptam à fisionomia inerte da existência brasileira. Não somos povo ainda para nos deixarmos entregue[s] ao nosso próprio destino. Temos necessidade de crueldade e de prepotência. Basta olhar, basta ver, basta sentir esse imenso vento carregado de miasma que vem do interior, para compreender que as fáceis qualidades de uma elite macia apenas nos sufocam. Quem quiser constatar o Brasil que apodrece aos poucos, basta viajar e assistir chegar do sertão mineiro, por exemplo, um daqueles sinistros vagões de vidraças descidas, com um rebanho pálido, amontoados uns sobre os outros, e protegidos por um cartaz exterior que diz "Moléstias contagiosas". Se me perguntarem agora se é um estado fascista, um ditador comunista o que eu reclamo, responderei simplesmente que não sei – apenas sinto que precisamos ser sacudidos, atirados ao bojo das mais inomináveis catástrofes. É tempo de nos transformarmos em abismo, antes de temê-lo tanto. À beira estamos, desde que nascemos, e agora é preciso que nos afirmemos, ainda que seja pela morte, pela violência ou pelo sacrifício, que conquistemos a nossa possibilidade de existir. Teremos de produzir a nossa própria forma de governo, teremos de encontrar uma solução pessoal através do mais extenso e profundo dos choques. Não há valores a salvar, porque ainda temos de criar os nossos verdadeiros valores. Sim, agora sei o que responder: é por isto que me bato, pelo advento dessa consciência reivindicadora, pelo Brasil realmente na posse de seus males e de seu destino. Sei também que esta tragédia nos erguerá, porque o nada não engendra o nada, mas a proximidade da destruição cria a necessidade da defesa. Sejamos um vasto vagão de moléstias contagiosas, um veículo imenso que exala os vapores mortais da revolta e da violência – mas em movimento.

* * *

Quanto mais escrevo – e às vezes é necessário que eu me detenha, que eu reflita um pouco sobre esse impulso que me leva constantemente a extremos onde não pensava ir – mais encontro razões para minhas aversões políticas. Um sistema de governo democrático, tal como é praticado, em país como o nosso, assume uma única acepção: organizar, conduzir, coordenar o existente. É o que se poderia chamar de visão imediata e presente das coisas – e o que julgo necessário, é um sistema político que tente reunir as forças abstratas dispersas, no esforço para criar, antes de organizar, um ideal correspondente a uma realidade mais avançada, mais fundamentalmente brasileira, um captar de energias obscuras e latentes, que nos encaminhem perpetuamente ao futuro. Toda nação que coordena daquele modo, faz suas contas – e apodrece. Ainda é tempo para somarmos apenas nossos rudes instintos e nossas vitalidades esparsas. Criemos a nossa esperança. E eu sei, sinto que não me bato por uma tirania, mas por uma política de ação intrinsecamente dinâmica. Não há dentro dela ideais estáticos – mas uma natureza em evolução. Todos os tiranos acabam por ver indefinidamente, em todas as formas de vida, apenas sua própria imagem. Não apregoo, não grito por um ditador. O que procuro é a nossa alma, a nossa inspiração, capaz de produzir, de modelar sem fraqueza a sua equação política. Mas que esta alma seja realmente nossa, e assim não nos detenhamos nunca, olhos fixos na distância.

DIÁRIOS

23 – Completa impossibilidade de trabalhar. Assim nos perdemos, aos poucos, aos pedaços, como um bloco de sangue e espírito que se desfaz. Não adiantam as palavras, as invectivas, nada – tudo tem de pertencer à grande sombra, à noite eterna que nos acompanha. E a única coisa certa é que, sempre que voltamos à tona, é mais difícil recompor a vida. Agora compreendo, nessas sucessivas perdas, os lados por onde vim desmoronando – e tenho de concordar que a derrota começou há muito, quando eu ainda me julgava um pequeno príncipe entre as coisas. Paguei, pago muito caro o meu sentimento de orgulho e de poder: jamais me vi tão baixo quanto agora me vejo. Outrora, não me era possível pensar que fosse tão longe e que experimentasse com tão desarvorado prazer este sentimento de esmagamento e de inutilidade. Agora tenho de remover um mundo de entulhos, para tentar esta coisa exangue, amarga e sem piedade, que se chama ressurreição.

* * *

É com esta consciência de miséria que luto para sair de mim mesmo, para esclarecer até o final esses pensamentos erguidos em mim, tenho certeza, como um sinal de vitalidade e de salvação.

Sim, não podemos nos considerar uma operação resolvida, uma forma estabilizada de povo – temos de revolver, de buscar sem descanso, de perquirir em todas as direções, abandonando o conforto que nos ameaça e que em definitivo pode nos fornecer a máscara sumária da morte. (É pelos pés do desastre que o futuro caminha: não nos enganemos, foi como homem, dilacerado e abjeto, que Deus veio ter conosco – dilacerados e abjetos é que estaremos à altura de qualquer céu.) Como os indivíduos, há povos suicidas: são os que absorvem os próprios venenos, os fermentos contínuos que vêm de sua nostalgia ao primitivo, ao bárbaro, ao primeiro desenho de sua face inexperimentada, e que assim constroem o seu inferno, através de gerações sem vitalidade e de um porvir sem significado. Ousemos a nossa futura civilização, sejamos a nossa explosão e o nosso desentendimento. Que todos os tóxicos fáceis – e os vemos servidos ao povo com o molho das mais repugnantes teorias, em mistura a lembranças de ritos africanos e outras efervescências de uma raça que ainda não soube se afirmar – apenas sirvam para nos denunciar que sob a roupagem das heranças nativas ou seminativas, brilha o corpo de um adolescente que contempla o céu e o mar a serem conquistados.

25 – O desespero nos vem, é certo, da consciência de que o mundo é totalmente vazio – somente nós o povoamos, e nossas sombras.

E se não temos fé suficiente, com que povoá-lo senão com pedaços de esperanças arruinadas? Ou com um grande ídolo de face escondida, em cujo pé: escrevamos inflexivelmente as letras ensanguentadas da Esperança.

* * *

Mas onde colocar essa Imagem, a verdadeira, para que ela não fuja e não se desvaneça, e não se torne miragem e nos pareça afinal um simples punhado de cinza que se dissolve em contato com o cotidiano? Teremos de escrever, não há dúvida, um catecismo em que os dogmas sejam traçados sob a égide ardente do Medo.

* * *

Seria mais fácil se o Cristianismo não exigisse de nós, ao mesmo tempo, como observa Pascal, que nos rebaixássemos tanto e nos elevássemos simultaneamente às alturas de Deus. Mas só temos essa dura condição, ou saber que tudo é pó, que apodrecemos e somos apenas um pouco de esterco que alimenta a eclosão de um campo azul de primaveras, ou dar a este vazio o significado de um grande emblema divino, cuja significação total nos é vedada. Restauremos pois os velhos tempos do sacrifício: que neste vazio, sangre a vítima que jamais cessamos de oferecer para que os deuses ocultos nos deem um sinal de sua existência.

* * *

Desatadas aos pés dos ídolos traídos, as flâmulas da lei ostentam as marcas imperecíveis da nossa desgraça. Ah, miseráveis os sensíveis para quem as formas deste mundo assumem aspectos de coisa eterna! Miserável a arte que ostenta a cor, o som ou a linha pagã, antes de formular o seu *Deo gratias* à força bloqueada dos mares e à estabilidade inatingível do céu! Miseráveis todos nós, que plantamos no perecível e ausente de Deus, um estandarte novo de vermelho e sombra. E desatentos, juramos a felicidade. E juramos, por tudo o que seja fácil e sem sacrifício.

* * *

Dormi e acordei sob a impressão de estranho mal-estar; sentimento de um destino obscuro e truncado. Responsabilidade em destinos alheios, sensação de culpa e de total incapacidade para erguer a vida a um nível sereno e justo. (Este nível sereno, justo – realmente, fundamentalmente eu o desejei alguma vez na minha vida?) Profundeza de certas impressões – como uma aura que circulasse no mais íntimo do ser – e que não se constituíram ainda em sentimento firme. Agitamo-nos no sono ou semiacordados – e as vagas se sucedem sobre nós, arrastando os secretos detritos que povoam nosso inconsciente, a vida nas trevas da alma, o que em última análise deve constituir nosso supremo movimento diante da morte: o medo incaracterizado do animal, palpitando às expensas da consciência, crivado de raios escarlates de remorso e pressentimento, como veios súbitos riscando o cerne duro das pedras.

* * *

Vem quase todo o mal, eu sei, da minha enorme incapacidade de mentir. (Penso nas vezes em que me disseram o contrário, alegando mesquinhas razões, que jamais atingiram essa estrutura última e fundamental do caráter e do ser.) Nem mesmo é porque deixe de considerar às vezes o que existe na mentira como maior sabedoria, maior *souplesse* para a vida. Mas há em mim, maior do que o orgulho, uma ferocidade que me impede isto. Se me calo, não significa que esteja pactuando com a mentira – é que, no trânsito comum da vida, as pessoas que encontramos não suportam toda a verdade de que somos capazes. Há nuances, gradações a serem servidas – e como certos tóxicos, só atuam ingeridas em pequenas doses.

* * *

Tudo já foi mais ou menos dito – e em geral, melhor do que o repetimos. Mas é só por nosso próprio entendimento que descobrimos as coisas; o novo reside na arte de reunir sob o comando de uma única personalidade, elementos esparsos em várias, e através deles elevar um todo harmonioso. A mais velha das sentenças é aquela que afirma que somos uma efígie reduzida do mundo – deste mundo que, afinal, é tão extenso na sua perfeita identidade e na sua infinita monotonia.

* * *

Aqui está alguém que eu conheço e cujo retrato encontro estampado em todos os jornais. T. possui dezoito anos, tez pálida, cabelos muito pretos e olhos intensamente azuis. Olhos que vivem nesta face com a melodia agreste dos felinos. Quando o conheci, surpreendeu-me a força que manifestava, calada e secreta. Fugiu de casa, agrediu algumas pessoas, roubou perto de trezentos mil cruzeiros, foi condenado e eu o revi, mais tarde, na penitenciária, numa visita que fiz àquela casa. Não trocamos palavra, ele trabalhava na seção de consertos de rádio e eu o reconheci imediatamente, pela extraordinária particularidade de seus olhos agudos, vigilantes, se bem que tivesse crescido muito e guardasse em todos os gestos um jeito novo de defesa. (Lembrei-me particularmente de um dia de carnaval, quando me levou à casa onde então morava, um sórdido barracão, em companhia de um preto que ele espancava continuamente. Embriagou-se nesta noite e quebrou todos os móveis que existiam lá dentro. Eu o contemplava, cheio de admiração.) Agora acaba de fugir pelos esgotos da prisão, onde esteve durante dezoito horas, emergindo rasgado, mordido pelos insetos e coberto de lama, num dos bueiros da cidade. Preso de novo, declarou aos jornais que não suporta a monotonia da vida. E eu me lembro mais uma vez daqueles olhos sem repouso, autoritários, capazes de todos os extremos, que tentei evocar numa peça que nunca saiu da gaveta, intitulada *Olhos de gato*. O que ousei pensar, decerto fica muito aquém da realidade. Ó grande Deus, equívoco da paixão e do crime!

26 – Acordo sob nova impressão, numa manhã agradável e de suaves claridades. Não há dúvida, eu sei muito bem qual é o caminho, mas é preciso paciência, pois toda reconstituição – de um crime, como de uma virtude – requer habilidade e nervos longamente experimentados. Afogo os olhos em pequenas imagens da vida – uma folha nova que palpita numa réstia de sol, um grito que se prolonga na distância, o vento manso-tento calar as batidas do coração, dizendo – é tempo – enquanto tudo me parece um preparativo e revejo através da memória outras manhãs em que me senti tão moço quanto agora.

A verdade é que devo recomeçar tudo. Não me desagrada muito esta ideia de começar de novo, há nela um sopro de mocidade, de desafio, que afaga todos os meus mais latentes impulsos, mas o número de defeitos, de maus hábitos adquiridos, é agora muito maior a combater. (Não sei, minha mão treme, meu pensamento se obscurece: que são maus hábitos, que são defeitos, neste acúmulo de vida em que tão dificilmente podemos separar o bem do mal, o que nos é útil do que nos é inútil? Além do mais, sou da raça dos que se alimentam de venenos.)

Repito comigo mesmo: nenhuma complacência. Os lados por onde me deixei ir são os que mais facilitaram meus dons fáceis, e o momento é chegado de cultivar os mais difíceis. Penso que talvez seja isto o que se chama melancolicamente de maturidade. Enquanto moços, o sentimento da medida não é o que mais nos distingue e exibimos orgulhosamente nossos tesouros. Depois é que nos contemos e achamos de melhor alvitre contar o nosso ouro provável. O resultado é fácil de se ver, as moedas postas em circulação são de melhor peso, de brilho mais duradouro e mais autêntico.

DIÁRIOS

Diz Bernanos que não há romancista antes dos quarenta anos. Talvez, por isto, é que sinta tão frágil tudo o que escrevi até agora. E é com esta disposição à severidade que me encontro mais uma vez, frente a frente com o meu destino, esse companheiro de face sempre velada.

27 – Enquanto esperava X., detive-me lendo algumas folhas do último *Journal* de Gide, de pé, sobre o balcão de uma livraria. Curiosa aventura – se bem que já não nos sirva nenhuma novidade, o jogo desse espírito ainda tem todo o fascínio da juventude, justamente dessa juventude que ele próprio é o primeiro a reconhecer em si, e que notifica ao público com tão cautelosa minúcia. E depois, que resistência, que *attachement* às suas ideias e aos seus princípios... Se descobrimos aqui e ali algumas brechas que nos fazem lembrar sua idade, é sem evitar certa tristeza, semelhante à que sentimos se abandonamos no caminho um pouco do que nos constituiu – e que no caso são as primeiras leituras de Gide, a surpresa dos *Faux Monnayeurs,* as grandes discussões, em intermináveis noites caminhadas a esmo, a favor ou contra o cantor dos alimentos terrestres.

Tudo isto envelhece, enquanto sentimos o *Journal* empalidecer – aqui e ali, como uma nota mais forte que vibra, um ressaibo das antigas lutas. Talvez seja isto o signo mais visível de sua durabilidade. Visível, mas não o único – ou melhor, aquele apenas, que mais nos retém à música permanente de suas páginas.

* * *

O segredo é simples, não se arrisca tudo no jogo. Ou dizendo de outro modo, não podemos romper totalmente com os laços que nos prendem aos pontos de origem. Isto dito assim pode parecer um tanto enigmático, mas confesso que não é fácil exprimir o pensamento que me ocupa. Somos como parcelas de um único todo, lançadas numa pista inclinada – quando menos voltamos o olhar para trás, mais nos distançiamos de nossa verdadeira essência. Qualquer coisa que fosse mais ou menos o contrário do conselho que o anjo deu à mulher de Ló. Isto quer dizer simplesmente que muitas das pessoas que hoje vejo, tão diferentes do que foram, fizeram arder uma essência muito íntima, uma espécie de pureza protetora contra esse rio anônimo que é a vida de todo mundo. Não sei por que, mas sinto que hoje elas se entregam com fome a esse ardor de viver – e percebe-se no entanto que perderam algo elementar e que agora são apenas seres esvaziados, catalogados para não sei que ceifa sem data certa, mas que já transparece no futuro, escuro e aberto como uma imensa vala comum.

29[49] – Não, não compreendo a minha tristeza. Há certos dias em que ela é tão forte, tão densa; que parece subtrair outras parcelas do meu ser, enquanto me transformo numa nebulosa estranha, vagando entre as coisas como um condenado. Não há dúvida, nunca houve ninguém tão triste quanto eu. É um sentimento caudaloso, lento, sem nenhuma possibilidade de solução – e ai, tudo isto não me pertence, fui colhido de repente em meio à correnteza, servem-me a condenação de pessoas que atiraram fora seus próprios males, revestem-me de um destino sobrecarregado de vários destinos, uma melancolia que me satura inteiramente, que eleva suas mãos de pesadelo às minhas faces, que se cola ao meu corpo, que anoitece minhas veias, que se torna eu mesmo, como um excesso de luz ou de saúde. Tristeza, minha alegria.

30 – Vi ontem, de perto, Jean-Louis Barrault.[50] (Estava num desses famigerados bares que sempre se enchem de intelectuais, e alguém mostrou-me também a filha de Jacques Copeau[51] – vi um ser alto, de cabelos louros, mas tudo isto sob uma bruma mansa de uísque.) Barrault pareceu-me mais baixo e mais jovem do que supunha. Imaginava um homem anguloso e magro: vejo surgir um homem de estatura mediana, cheio de corpo e muito moço. Seus movimentos são extraordinariamente livres, e de todo ele vem um calor, um fluido constante, que deve ser o segredo de sua presença no palco. Lembro-me de Louis Jouvet,[52] que tantas vezes vi em bares da Lapa, e que era habitado pelo mesmo dom de presença. Não é este, afinal, o que caracteriza o verdadeiro artista, sua capacidade de comunicação e domínio da plateia? Atores são feiticeiros que prendem o público pelos efeitos da magia, que o subjugam através desse poder estranho da persuasão – e se são grandes, como Barrault, não precisam de acessórios, luzes e cenários. Basta que surjam, como agora, sem nenhum preparativo, para que a magia se produza.

31 – De novo, sono perturbado de pressentimentos e visões angustiosas. Uma a uma desfilam faces conhecidas, e parecem exprimir um aviso que não compreendo e que há muitos e muitos anos se repete. Acordo com o coração pesado, cheio de uma nostalgia, de um remorso que não consigo explicar. Sei apenas que é um sentimento – ou seria melhor dizer uma

---

[49]No *Diário I*: "25". Provável lapso do autor.
[50]Jean-Louis Barrault (1910–1994). Ator francês.
[51]Jacques Copeau (1879–1949). Diretor, autor, dramaturgo e ator de teatro francês.
[52]Louis Jouvet (1887–1951). Ator, cineasta e diretor teatral francês. Apresentou-se em São Paulo e Rio de Janeiro e morou no Brasil, por quatro meses, em 1942.

DIÁRIOS

sensação? – que me vem das regiões mais distantes, mais intransitáveis do ser, e que só aparece quando estou dormindo, livre portanto das camadas impostas pela força do cotidiano.

* * *

Ontem à noite, longa conversa com Marcier, que deve receber hoje o certificado de sua naturalização. Rememorei esses dez anos de conhecimento e, feita a soma de sua vida durante esse período, forçoso lhe é reconhecer um certo senso prático (direi melhor: um sistema de autodefesa) que o conduziu até o ponto onde hoje se encontra. Não sei se sua pintura empobreceu, conforme ele próprio diz, mostrando-se tão apreensivo – mas lembro-me agora, particularmente, das primeiras vezes em que o vi, ou no quarto de Murilo Mendes[53] ou num pequeno *atelier* escuro, entre espantosas telas de homens degolados, anjos e aleijados. Daí para cá, os quadros trágicos transformaram-se em grandes painéis da vida de Cristo. Dentro do pintor a harmonia foi sendo feita, até conseguir ele ser este homem que hoje janta diante de mim, proprietário de um sítio em Barbacena, de cinco filhos e de uma naturalização no bolso.

Não pode dizer que não tenha vencido a batalha, e com os elementos mais leais. Agora, prestes a voltar à Europa, há de reconhecer que o seu trabalho frutificou e que, por bem ou por mal, é da mesma qualidade de alma, da mesma simplicidade, do mesmo cunho austero, que um dia, caminhando pelas ruas de Sabará, ele distinguiu através de um silêncio que designava, indubitavelmente, as condições essenciais para que se manifestasse um verdadeiro espírito criador.

* * *

Desconfiar, reagindo sempre. Não aceitar nunca. Todo pacto com o tempo presente é uma forma de trair o futuro. Os homens, as coisas, os sentimentos de hoje, são restos de antiguidade, dos sentimentos, das coisas e dos homens que já exprimiram, que já se manifestaram como elos de crescimento. Não nos lançarmos à compreensão fácil e nem nos situarmos nos terrenos de uma aceitação superficial: o que é duradouro exige paixão, e paixão significa ao mesmo tempo repulsa e atração. Os homens de hoje nos compreendem pelos lados que nos são mortos, sem resistência para o

---

[53]Murilo [Monteiro] Mendes (1901–1975). Poeta, prosador e crítico de artes plásticas. Com apoio financeiro do pai, edita, em 1930, o primeiro livro, *Poemas*, pelo qual recebe o Prêmio Graça Aranha. Esse livro é considerado um dos pilares da "Poesia de 30". Foi grande amigo de Lúcio.

futuro; aqueles que nos aceitam, são os que o fazem sem compreender o que em nós é substância imatura, destinada a nos fazer perduráveis ao longo do tempo. O tempo presente é o nosso túmulo – e a única coisa a que se pode dar o nome de ressurreição, é o futuro.

* * *

A extraordinária doçura de Mozart – que escuto agora, como escutei tanto em dias passados, através de horas mais calmas, horas que hoje sei de importância bem maior do que eu próprio supunha... – nada mais traduz senão uma longa intimidade com a morte. Ou melhor, com o mundo em deliquescência, a fuga do tempo e o permanente choque dos sentimentos em alternância no fundo do ser. Ao contrário do que se julga, Mozart não é o músico da euforia, mas o cantor do luto. A atmosfera que banha sua melodia deixa à mostra, como uma arquitetura dentro d'água, os alicerces escuros da responsabilidade e do remorso.

JUNHO

1 – Lá se vai maio – mais um maio da minha vida. Que este tenha sido de mistérios e de soluções ocultamente resolvidas, não me resta a menor dúvida. Não passou impune, não desapareceu sem deixar nenhum eco – ficou como mais uma dura etapa dessa existência que levo, à espera da minha transformação. Não posso resignar-me a ser apenas o que sou neste instante – este de agora é apenas uma das possibilidades escolhidas a esmo, e que se demora, sem forças para abandonar a forma atônita que habita. Este é possivelmente o erro, pois devemos ser tudo ao mesmo tempo, sem sermos definitivamente coisa alguma.

Que outro maio me encontre menos frio, menos triste, menos egoísta. Menos desesperado, menos orgulhoso, menos fátuo, menos incapaz e, ai de mim, menos solitário. Não sou senão uma grande solidão sem rumo certo. Que outro meio me ache com melhores sentimentos, sob o signo claro da minha infância. Sob a luz de maio coloquei um dia a minha vida, e se bem que agora ela me traia sob todos os aspectos, espero que sua Divina Protetora me permita reuni-los um dia – todos os maios – em largas pausas onde possa enfim reconhecer que nelas deixei transpirar o que em mim era mais sereno e mais iluminado. Pausas brancas que falem entre períodos de febre e sombra. Que o tempo, para nos dar um mês entre puras braçadas de flores, nos dá onze trabalhados de espinhos, amarguras e confrangidos horizontes.

E chegamos finalmente a junho, que a Igreja celebra como o mês do coração ensanguentado, rodeado por uma coroa de luz. Façamos votos também, para que corações como os nossos, que tão orgulhosamente erguem sua tiara de trevas, assistam todo o sangue que esgotam com fartura, transformados em gestos de amor e de caridade. Os votos são próprios dos poetas – e que pode dizer um poeta como eu, empedernido, senão louvar com lábios trêmulos esse junho que já começa, e que também já se desfaz, erguendo bem vivo, com as mãos trêmulas, o coração de Jesus Cristo, tão desamparado em seu emblema?

* * *

Poema a ser feito, sobre o vento.

A morte não é um fato isolado, um mal que nos sucede, tudo morre em todos os instantes, tomba, seca, rui e desaparece sem que nada possa reter esse imenso movimento de extermínio, levado a termo pela mão invisível da sombra. (Disse "sombra" porque este é o termo mais poético para designar essa coisa informe e sem identidade que é o nada.) É verdade que recriamos tudo, que levantamos continuamente novas expressões de vida, que inauguramos sem descanso manifestações destinadas a perdurar, levados pelo nosso anseio de fazer permanente alguma coisa, um nome, uma coluna, um teto de igreja, como na infância traçamos nos troncos das árvores um coração com as iniciais do nosso amor – mas a morte vem em nosso encalço como uma nuvem cheia de invernos, e que avançasse de confins arrebentados. Os símbolos do nosso esforço se transformam em imagens duras e sem expressão, como galhos tornados negros pela tempestade que passa. Tudo morre em todos os momentos, como um vasto rito no mundo, e o mundo também é destinado a desaparecer. No fim de tudo, só o vento rodará pelos espaços vazios, senhor da sua vontade e dos infinitos abismos, onde sua cólera cega vagueará desamparada. (Éolo, príncipe antigo e de mente turbada...)

* * *

Necessidade de organizar a vida, de trabalhar de modo mais ritmado. Se até hoje nada consegui, será possível obter um resultado algum dia?

Ao mesmo tempo acho inúteis tentativas desta natureza. É que o resultado não importa. Enquanto vivemos, realizamos perpétuas tentativas que nos esboçam o caráter e definem nossa liberdade. Que Deus me livre de um resultado qualquer, pois são os meus fracassos que me alimentam para novas investidas. E bem pensado, não é isto que se chama estar vivo? Vivo me sinto, e puro de todos os resultados.

* * *

Leitura: *Journal* de Delacroix. Prazer de encontrar novamente, alguém que "veja", mais do que "ouça". É como se de repente a paisagem do mundo readquirisse suas cores – e compreendemos que esta é a grande novidade, pois realmente os regatos são azuis, há céus verdes de inverno e a terra, de quando em quando, cobre-se de rosas amarelas.

2 – Tudo começa mal neste mês de junho. Até quando irá assim a minha vida, sem um ponto de apoio real, não sei...

* * *

Repassando estas páginas, vejo que falta quase tudo o que me sucedeu – e examinando as notas escritas até agora, pergunto se um determinado gênero de palavras – ou de sensações – em vez de criar a impressão de realidade, não levantaria, ao contrário, uma outra, substituindo a verdadeira e se impondo com uma autonomia cheia de força? Sim, o uso de certas expressões acaba criando uma realidade nova – talvez eu não esteja completamente dentro dela, e o seu manto, que é imposto a despeito meu, traduza somente os suspiros e as falhas de uma existência que não conseguiu se expressar.

* * *

Poderia citar fatos: estive com X., fomos ao cinema, depois jantamos. Mas são estas coisas, exatamente, as que devem figurar aqui nestas páginas? Ou, ao contrário, devem elas cair no esquecimento? Prefiro o sentimento que me causaram, e se algum houve digno de nota, este é que deve figurar aqui, ainda que seja expresso numa linguagem capenga e só corresponda a uma parcela reduzida da verdade.

(Nestes momentos difíceis, nem um olhar para o alto. Por que, meu Deus, se o meu coração tão aprisionado às coisas terrenas prefere a miséria em que vive, à paz da solidão? Por que é que as forças me faltam, e o mistério se cumpre, tão nitidamente escrito através do meu sofrimento? Que a Graça de Deus, mesmo assim, não me desampare – pois sem ela nada sou, e tudo é escuridão no meu ser, e nesta pobre carne selvagem.)

3 – Hoje, depois de muito tempo, visitei Roberto Burle-Marx. Achei-o como sempre, entre tintas, plantas e mapas, naquele excesso de afazeres que o caracteriza e que, a meu ver, se rende financeiramente, afasta-o da pintura. Falou-me longamente sobre amigos comuns, traçou-me mais uma

vez o itinerário de sua vida e mostrou-me seus últimos quadros. Quieto um instante, naquele ambiente de *atelier* saturado de tintas e cheiro a óleo, senti desenlaçar-se em torno do meu silêncio aquele mundo de cores e formas abstratas. Há uma magia, uma música particular naquelas coisas, e o homem que sabe manejar aquelas linhas e ângulos coloridos, possui alguma coisa de um fauno, de um duende em misteriosa conexão com os seus pincéis e suas paisagens. Ele vibra, estremece, brilha, enquanto mostra suas telas – e ao mesmo tempo é azul, verde, vermelho, as cores todas, enquanto sua, metido numa velha roupa manchada. Com os olhos inquietos, penetrantes, onde há uma desconfiança e uma inteligência bastante peculiares à sua raça, examina o efeito dos quadros na minha face. Sinto que quero bem a esse *atelier,* a esse mundo em fusão; que importa que os jardins nem sempre sejam perfeitos, e os quadros nem sempre definitivos – há neles, contudo, algo de um universo primitivo, elevando-se à força de um impulso secreto, com o ímpeto das primeiras e mais fecundas energias da criação.

4 – Escrito num café:

– Se imagino o quadro, vejo-o com tal nitidez, que o cinema me parece a única maneira de transmiti-lo – daí talvez o meu erro. (Houve erro, não há dúvida. Eu não devia, eu não podia atirar-me assim ao trabalho de realizar um filme. Confesso agora que fui levado pela minha vaidade, e pelo desejo de mostrar-me apto a fazer tudo. Quis demais, com cega confiança em meu poder. Se tivesse dinheiro, é possível que conseguisse terminar o filme, mas não teria então, como tenho agora, oportunidade de julgar a aventura apenas como uma resultante dos fumos que me subiram à cabeça...)

Mas se há culpa nisto, é que o lápis me trai e vai mais lento do que a minha imaginação. Queria que as coisas assim vistas através do pensamento se transformassem em formas vivas – e precipito, e comprometo. A impaciência é o meu grande pecado. A fotografia talvez fosse mais direta, mas os variados mecanismos que são exigidos para a confecção de um filme, complicam-me, impedem-me de atingir imediatamente o ideal sonhado. Não sei se deva entristecer-me, mas volto ao romance com os mesmos quadros à minha vista, talvez mais desiludido, mas também um pouco mais seguro do que tenho a fazer.

* * *

Neste momento, de tão grande tristeza para mim, queria escrever uma ou duas frases sobre a ingratidão. Há qualidades negativas, como existem as positivas – somos, enquanto personalidades, tanto uma coisa como outra. E conhecer esses corações parados, essas veias sem sangue e esses olhos que nenhuma ternura ilumina, é desenhar um tipo que revela muito do nosso próprio mal: a complacência. O amor ao abismo. A vida é tão extraordinária, que amamos particularmente aquilo que menos se parece conosco: os grandes desertos, os infinitos de enormes corações sem motivo.

* * *

Ouço – e nada me diz além das palavras frias que escuto. E também sei, neste silêncio que me retém prisioneiro de sua fantasmagoria.

* * *

Decerto a voz, a presença, a chama, seriam exatamente o que eu procuro. Mas estas coisas não compõem as verdades que são minhas, apenas eu as sonho na vastíssima paciência do meu coração.

* * *

Marasmo da política – ou desta coisa a que dão o importante nome de política. Dias de penumbra e de indeterminação. No entanto, pressente-se por trás de tudo o acúmulo cada vez mais extenso de turvos elementos de tempestade.

Que venham, que venham logo as furiosas chuvas, pois são elas que lavam a terra e purificam os corações cansados de ódios mesquinhos.

* * *

(Mesmo dia, à noite)

Não sei o que já me une a este caderno – aqui estou de novo, aprisionado às suas páginas. Escrever nele torna-se um hábito que, na minha constante dispersão, considero de grande utilidade. Será este "diário" um dos caminhos por onde recuperarei o que tenho perdido ultimamente, com tanto descaso, como se tivesse um fundo inesgotável à minha disposição?... Sem dúvida é o meu inconsciente – ou o meu Anjo da Guarda – que dia a dia me faz mais unido a estas folhas. É um processo de defesa onde entra muito desse instinto de conservação que faz certos doentes graves se apegarem a pequenos detalhes da vida....

* * *

Visita a Rosário Fusco,[54] que depois de muito tempo revejo na mesma exuberância, no mesmo transporte de imaginação e de magnífica *insouciance*

---

[54]Rosário Fusco [de Sousa Guerra] (1910–1977). Escritor e advogado brasileiro. Importante nome do modernismo mineiro, um dos fundadores da revista *Verde*, de Cataguases. Amigo de Lúcio.

que é uma das características fundamentais do seu temperamento. Como sempre dá-me dois livros que acaba de publicar, mostra-me provas de outro, os originais de um romance inédito, suas últimas pinturas, decorações e até mesmo Rita, sua filha recém-nascida. Mesmo ambiente desordenado, fácil e ligeiramente alucinado que já vi tantas vezes. As diversas moradias (e as diversas mulheres.) onde e com que tenho visto o escritor, possuem sempre alguma coisa de improvisado, como um campo de ciganos. Sente-se que amanhã, possivelmente, o morador já terá levantado suas tendas e pelo chão só restarão sinais de uma vida abandonada para sempre. Mas através de tudo isto, e de suas eternas promessas nunca cumpridas (... este mentiroso demônio da facilidade, que eu tão bem conheço!) escorre um calor bom, de sangue que, afinal, é realmente generoso e quente.

* * *

No bonde, de regresso, penso mais uma vez no desmantelo da minha vida. Compreendo a existência de Rosário Fusco, mas sei que é assim apenas porque não consegue que ela seja de outro modo; sente-se permanentemente no fundo de sua natureza, uma indisfarçável nostalgia da ordem. Quanto a mim, bem sei que é tempo de retomar as rédeas. Percebo cada vez melhor o que devo fazer e experimento-me, como um doente que tateia seus males, a fim de verificar se ainda doem as partes machucadas.

* * *

Da casa de Lêdo Ivo, aonde vou levado por esse desassossego que parece me consumir, trago dois livros que para lá enviaram endereçados a mim: um de Cassiano Ricardo e outro de uma senhora paulista sobre Goethe. Mas no momento, não são estes os que mais me interessam, e sim o último *Journal* de Gide, que não hesito em confiscar, e a cuja leitura me atiro, com uma curiosidade que nada retém.

* * *

Penso – e acho que tudo ainda está salvo, quando me toca um desejo tão grande de me aperfeiçoar. – Em que, por quê? A expressão talvez não seja certa – o que eu procuro, e obstinadamente, é atingir a mim mesmo. Ser eu – o meu futuro.

5 – Já começa, já chegamos à época das grandes publicidades eleitorais. Numa rua de Copacabana, enormes microfones transmitem hinos e sambas em horrendo tom metálico, enquanto poderosos refletores iluminam a jatos uma multidão pálida e sem repouso, que evidentemente nada compreende

do que se passa. A única coisa pura em tudo isto, o vento da noite, balança mansamente as faixas de propaganda.

Que época é esta em que vivemos, onde os produtos são impostos a tão rudes golpes de publicidade, que época é esta, onde o que é mais feio – a casa, os refletores, o ambiente – é duramente imposto a homens anestesiados, sem nenhuma capacidade de defesa e julgamento? Saudemos: é o reino da grande deusa Liberdade, a era em que a Democracia inaugura seus folguedos atômicos.

6 – O mais difícil – não direi o impossível – é aquilo que o Cristianismo, em última instância, comanda: esteja neste mundo, mas com a condição de não participar dele. Horrível situação, que está bem longe de ser a de um Kafka, quando ainda contam a saúde, o belo e a alegria. Estou pois neste mundo, e pobre de mim, dele não sei me separar. Às vezes, nos meus momentos de grandeza e de fastígio, acredito que sou a última das testemunhas do terrível, um homem que traz sobre a testa a mão escura do pecado. Mas, isto, são apenas rajadas que me sacodem ao longo das ruas transfiguradas. Quieto, estendido no meu quarto, peço a Deus que faça com que essa rebeldia, que eu vejo se aproximar de mim com tanta força, seja um hino de louvor a essa criação, cuja espantosa beleza me revolve muito mais do que todas as palavras dos santos e dos moralistas. E acaso a culpa é minha?

* * *

Sem dúvida, o ideal como "diário" não é um processo constante de autoanálise – convenhamos que nem sempre há dentro de nós grandes novidades, já somos tão conhecidos – e sim alguma coisa que participe da invenção. Gênero híbrido, a ser tentado.

* * *

Tudo o que sentimos é verdade? Grandes correntes nos atravessam, de ideias contraditórias e sentimentos bizarros – mas que é duradouro, existente e exprime com autenticidade a realidade viva do nosso ser?

Ou talvez não sejamos o que é permanente senão por um esforço lúcido da vontade; nossa certeza é, ao contrário do que imaginamos, apenas o que é indeterminado e sem raízes fixas no tempo.

* * *

Leitura: antes de terminar o *Journal* de Delacroix, que me é impossível ler de um só jato, lanço-me ao *Martin Chuzzlewit* de Dickens – exclusivamente por necessidade de um longo romance à moda antiga.

* * *

A inutilidade de confiar em pessoas como Rosário Fusco: resolvem tudo, mas apenas porque é fácil imaginar as coisas. O que quer dizer que o impulso é bom, mas a realização é difícil. Há um ponto qualquer da realidade que lhes escapa, e sem que os possamos chamar de mentirosos, são pessoas em eterno *déficit* com a verdade. Ou com a promessa, o que é mais poético e mais justo.

* * *

Sim, a saúde, a alegria, o belo existem para mim, mas como destroços de um mundo incoerente. As tristezas que tenho, se não parecem minhas, de tão arbitrárias e violentas, são como as alegrias: vindas não sei de onde e que me apanham de repente no caminho. Não há um motivo persistente, um estado definitivo, há vagas que me devoram.

* * *

Já com a luz apagada, levanto-me de novo, sob pressão dos mesmos pensamentos angustiosos que me obsedam. Aqui estão eles mais uma vez, como cães furiosos que me mordessem os calcanhares. Tudo o que fiz me parece inútil e errado, e o que é pior, sem nenhuma esperança de conserto. Autor de uma obra falha, levado pela vaidade a todos os extremos, mais do que deficiente nas minhas relações com os outros, negligente em tudo, cruel e egoísta para com os meus – assim, rolo em vão sobre os lençóis, procurando um sono que não chega. Serão assim, eu sei, molhadas de suor e de remorso, as minhas madrugadas do futuro.

Houve tempo em que sofri assim a obsessão da ideia da morte, e tudo o que me sucedia era como o pressentimento de um fim próximo. O que sinto agora é mais ou menos idêntico, se bem que eu não saiba precisar exatamente o que está em agonia dentro de mim. Há um poder desumano, excessivo, que me esmaga, e não tenho nenhuma força para banir isto a que sempre chamei de "meus fantasmas". Rememoro todas as oportunidades perdidas e o destino que despedacei, por cegueira e tola ânsia de viver.

Mas só agora compreendo, através dessas crises de susto e pessimismo, o quanto me interessa realmente aquilo que tenho a fazer. Eu sou como um homem levado por uma correnteza brava, mas que conserva ainda nas mãos um punhado de terra da ribanceira de onde se desprendeu. Dia a dia, tudo o que compõe essa coisa secundária e sem viço que se chama o "resto", tem menos interesse para mim; só o trabalho, aquilo que eu considero como trabalho merece alguma coisa e, fora dele, só há a magia fictícia dos sentidos, febre enganadora, tempo gasto à toa.

* * *

S. devolve hoje as minhas peças. Ela fala com bastante exuberância, observações certas e erradas – e jamais vi ninguém se exprimir tão pateticamente sobre um ideal que, afinal de contas, é perfeitamente falso. Esse teatro que ela diz amar acima de tudo, não lhe pertence – o que ela ama é um mito, uma vocação que não é a sua, tomada de empréstimo, com essa violência e essa ousadia das mulheres que elegem aqui, motivos para encobrir fracassos acontecidos mais longe. Como tanta gente, subsiste através de uma mentira, e pelo furor que emprega, parece mais armada do que todo mundo. Toda esta arquitetura de fortaleza, no entanto, circunda apenas um grande vazio.

Trago as duas peças para casa, certo de que não aceitarei seu oferecimento para montar uma delas. Não, em coisas assim é que mais se consome o tempo e eu não estou mais disposto a empregar minhas vaidadezinhas errantes. Um dia, talvez, volte ao teatro, mas não agora. A resposta é pois idêntica à que dei a alguém, quando se falou no reaparecimento do Teatro de Câmera – um "não" sem maiores explicações.

* * *

Fim do *Journal* de Gide, lido com um interesse sem esmorecimento. Curioso, ele parece preocupado com os julgamentos à sua obra e defende-se continuamente de alguém invisível que o acusa de um *échec* – aqui e ali alega que suas páginas hoje o desgostam, que as acha fracas, exatamente porque presta muita atenção ao que lhe dizem. Lembro-me de ter ouvido Bernanos dizer que o diabo, quando já nos fez muitas, sopra aos nossos ouvidos a última de suas tentações: que perdemos o tempo e elaboramos apenas uma obra que não vale nada.

* * *

Contam-me que Jean-Louis Barrault falou, antes da apresentação de *O Processo,* que tudo é teatro – menos o que nos causa tédio. Opinião que considero profunda e de alguém que conhece perfeitamente teatro. A verdade é que o teatro, como expressão artística, é um gênero mais do que secundário. Não quero rememorar aqui os famosos julgamentos de Nietzsche, Pascal e Bossuet – mas basta abrir um dos nossos jornais para se constatar que só pode ser infinitamente secundário, aquilo que se presta a ser examinado sob o ponto de vista de "carpintaria teatral", esse conto para enganar os tolos que inventaram os autores destituídos de senso poético, que "arrumam" pequenas situações domésticas, onde sobra a famosa "carpintaria" e há uma total, uma esmagadora ausência de qualquer voo dessa poesia que, afinal, foi o elemento forte com que contou a obra de um Shakespeare, por exemplo.

7 – Evidentemente Gide deve sentir que este mundo é muito frágil para justificar a nossa alegria, ou melhor, a sua famosa alegria. De onde vem possivelmente a afirmação de que "Deus está por vir – e que ele depende de nós". Que é por nossos meios que chegamos a Ele, nenhuma dúvida, mas Gide não aceita o fato paradoxal de que seja por meio do sofrimento. Por outro caminho, a que espécie de Deus chegaremos?

* * *

René Schwob,[55] que antigamente li no maior dos transportes, hoje me causa uma enorme repulsa. Faz-se "diário" por todos os motivos, menos pela intenção de se ser santo. Tentativas desta natureza, misturadas a pesquisas literárias, soam com um insuportável tom de vaidade – e é triste reconhecer que é o mesmo de tantos católicos de todas as terras. Há certas coisas, cuja dignidade é tão profunda, que só devem vicejar, só devem encontrar seu elemento natural, no silêncio.

9 – Ontem, passeio de automóvel com Amalita até Jacarepaguá. Em caminho, ia ela enumerando detalhes do seu problema, tão triste e insolúvel, e tão desesperadamente terreno. Enquanto isto, uma paisagem maravilhosa desnudava-se aos nossos olhos: viva, com um frêmito que parecia subir das mais extremas profundezas da terra, a natureza palpitava à brisa nova da manhã. As folhas das bananeiras, recortadas ao longo do céu azul, emergiam intactas da água da lagoa. Horizonte denso, de uma cor cheia de nobreza e antiguidade, expelindo já a luz quente do meio-dia. E que distância, como parecíamos fechados dentro do mesquinho mecanismo do nosso mundo, enquanto tudo aquilo nos era ofertado, aberto à nossa necessidade, à nossa admiração!

---

[55]René Schwob (1895–1946). Judeu francês que se converteu ao catolicismo aos 30 anos. Escreveu uma biografia de André Gide e livros de filosofia.

Eu sentia tornar-me aos poucos primitivo e ingênuo, prestes a resfolegar sobre aquela pureza toda, como um animal pela primeira vez abandonado à alegria do mundo.

* * *

Cansaço de que as coisas ainda existam porque não têm por onde acabar – cansaço simplesmente. Nada nos pesa mais do que os sentimentos que se tornaram hábitos. Talvez não tenhamos o direito de existir antes de atravessarmos determinadas zonas de sofrimento; estas onde caminho agora, dão-me a impressão de porões de sofrimentos idênticos, já experimentados noutra época, mas que me são revelados, em seus corredores obscuros, como terrenos de experiências novas, além daquelas, e que me sugerem uma inédita profundeza em nossa capacidade de suportar as coisas. É espantoso como podemos ir longe, acompanhando simplesmente os nossos impulsos, alimentando-os, revolvendo sem descanso a terra onde atiramos as sementes desses sentimentos, para colhermos afinal, como de uma terra saturada de estrume, somente este roxo girassol da desolação.

Palavras. As próprias manhãs me cansam – e acordo exausto, doente, com uma perfeita antevisão da minha velhice.

(Como eu já sofro da minha futura velhice – como me dói ela, quando consigo surpreendê-la. E no entanto, quem sabe – a velhice talvez seja apenas paz e desconhecimento.)

10 – Alguém, há tempos, achou esquisito que eu afirmasse não ser um escritor, e sim uma atmosfera. Há dias em que me sinto um personagem, e não eu mesmo. Alguém está contando uma história em que sou um dos acessórios. Só me reconheço, só encontro de autenticamente meu, a obstinação com que levo esse ser imaginado a costear todas as rampas do precipício.

11 – Começo o domingo relendo *Os sertões,* de que só guardava uma confusa lembrança, como leitura de adolescência. Surpreende-me que não encontre mais as famosas dificuldades que deparei na época – a linguagem me parece menos preciosa, e os problemas também diminuíram de tamanho. O que equivale a dizer que a leitura agora tornou-se mais agradável.

12 – Dias vazios, desoladoramente vazios. Passo as horas ocupado em resolver meros problemas financeiros, e em encontrar essa coisa difícil que se chama dinheiro. Difícil e repugnante – mas Valéry tem razão, é ele o óleo que alimenta as engrenagens do mundo.

14 – Nada escrevi ultimamente neste caderno, todo entregue à releitura de *Os sertões.* E confesso que, apesar de tropeçar aqui e ali no arquicélebre estilo de Euclides da Cunha, de sentir perfeitamente o envelhecimento de

certos trechos, pela aplicação e exaltamento de teorias caducas (Darwin, etc.) o livro pareceu-me conter uma autêntica grandeza e assumir, em certos instantes, a altura vertiginosa de uma epopeia. Não sei, não vejo no sertanejo a nossa "rocha viva". Alguma coisa, é certo, falou em Canudos, desse espírito que poderia ser o nosso, mas elementos diferentes e variados (o fanatismo, a ignorância, etc.), entraram na composição desse tipo, emprestando-lhe um caráter transitório, revelando indubitavelmente traços de uma personalidade oculta e firme, mas com elementos fugitivos e parciais.

No entanto, a indicação de Euclides é sincera. Se aponta um possível tipo representativo, não comenta entretanto por que caminhos conduziríamos as águas de uma futura civilização a que, segundo ele, estamos condenados. Decerto – e mais do que decerto – seu livro acusa, e se acusa, é a força dessa bárbara República que trucida homens ignorantes em vez de conduzi-los até horizontes mais largos.

De há muito o nosso jornalismo se habituou a um gênero cujo sensacionalismo prima pela mais extrema grosseria; Euclides devia ser o modelo de todos os que, para inquirir e prestar um depoimento, e desejassem fazê-lo, perfeita ou imperfeitamente, se apoiassem em esteios de honestidade e de justiça.

* * *

Ontem, almoço na penitenciária, em companhia de Jorge Lacerda. Encontramos no gabinete do diretor, o jornalista Francisco de Assis Barbosa que me apresentou o famoso bandido Carne-Seca.[56] Durante alguns minutos dei vazão a uma curiosidade sem limites. Carne-Seca pareceu-me antes um menino assustado, cheio de tatuagens, ignorante e simples. De vez em quando, fita-nos com magníficos olhos verdes. Conta, de cabeça baixa, rapidamente, várias ocorrências de sua vida. Percebe-se que sob o peito, bom ou mau bate um coração extraordinariamente vivo, que nem as prisões e nem os castigos fizeram adormecer ainda. Nada que lembre ferocidade ou esse ar machucado de certos criminosos. Apenas confusão, falsa noção de bravura – ou autêntica que sei eu... – e mais do que tudo isto, pobreza. Uma indizível pobreza. E o que ele chama, timidamente, de "cabeça quente".

* * *

---

[56]Antigo cangaceiro do bando de Lampião, cumpriu pena de mais de dez anos na então denominada Ilha-Presídio de Fernando de Noronha.

Regresso a *Martin Chuzzlewit*.[57]

18 – Inteiramente afastado deste caderno – e de tudo o mais – com as novas perspectivas que se oferecem de terminar *A mulher de longe*. Agora não se trata mais de vaidade, porque não encontro nenhum prazer em reiniciar as filmagens. Trata-se apenas de salvar o que já comprometi anteriormente, e que me pesa bastante, por não ser dinheiro meu. Encontros, projeções das partes já feitas, fotografias – a mesma ronda de sempre, à espera de que a solução apareça. Desta vez, no entanto, tudo que parece mais fácil. Vejamos o que me reservam os dias futuros.

* * *

As mesmas quedas, os mesmos tristes efeitos. Mas não é a salvação em si que importa, e sim o esforço para atingi-la.

* * *

Decerto isto é o que se pode chamar de *bem*. E é o que nos convém, já que aquilo que convém aos outros deve nos convir também. Mas que podemos nós se não amamos isto, e o *bem* que o nosso coração elege é um bem condenado pelos outros? Não quero morrer, e o mal que escolho, é o bem que me dá vida.

(Poderia dizer, como num fim de carta que não se envia nunca: sinto não corresponder a esse fervor, a essas positivas demonstrações de amizade. É que são outros os elementos de que necessito para ser feliz. Esta é a perpétua tentação: fazer dos elementos que me devoram a razão que me faz continuar – e não é, em último caso, querer tornar as coisas melhores e fazer do mal; inerente ao mundo, um dos motivos da sua grandeza?)

* * *

Não sei, mas caso o filme continue, terei os meus horários completamente baralhados. Na minha vida já tão desordenada, terei de reconstruir uma ilha, um "tempo" diferente, a fim de salvaguardar o meu trabalho diário – obrigações que cada dia afasto mais – e que afinal, é a única coisa que realmente ainda prezo. (Há momentos em que de súbito essas repetidas afirmações soam dentro de mim num tom perfeitamente falso – e pergunto se a necessidade de reafirmar essas intenções não traduz um respeito que

---

[57] *The life and adventures of Martin Chuzzlewit*, comumente conhecido como *Martin Chuzzlewit*, de Charles [John Huffam] Dickens (1812–1870), considerado o seu último romance picaresco, originalmente publicado seriado entre os anos de 1843 e 1844.

DIÁRIOS

vai morrendo, uma ilusão a que eu tento me agarrar com a ânsia dos agonizantes... Não posso evitar um vago sentimento de medo. Qualquer coisa em meu íntimo, ousada e nova, parece anunciar o advento de um homem recente – mas logo tudo desaparece e o eu antigo volta a retomar sua primitiva posição.)

Desespero desses caminhos tão distantes a que me entrego. Mas também não é um sinal de caráter, permanecer neles até um total esgotamento?

* * *

Artigo de Tristão de Athayde sobre "Palco". Segundo ele o teatro no Brasil passou a existir depois do movimento pós-modernista. Admiro-me que o Sr. Tristão de Athayde, tendo assistido à representação de peças minhas, conhecendo o meu esforço para levantar o "Teatro de Câmera" e sendo a pessoa que é, omita tão cuidadosamente o meu nome, datando esse esforço novo a partir de Nelson Rodrigues e, finalmente, enumerando pessoas que me parecem inteiramente destituídas de valor. Ora, *O escravo*[58] é anterior ao *Vestido de noiva*[59] – e creio ter sido por intermédio de *O filho pródigo*, que o Sr. Tristão de Athayde tomou conhecimento do Teatro Experimental do Negro. Certos silêncios, certas omissões, significam mais do que várias críticas de ataque, se partem de pessoas que aprendemos a admirar desde muito cedo.

* * *

(Meia-noite)

Aqui estou eu, de novo, em pleno silêncio, depois de um dia inutilmente movimentado e cheio de palavras vazias. Agora percebo que vivo, converso e rio, mas que realmente não estou presente, que há muito me ausentei, como alguém que se afasta de uma paisagem sem interesse. Para onde vou, não sei – mas não me assusto e nem me precipito. A menos que estejamos definitivamente danados, ninguém deixa de cumprir sua missão. Se às vezes

---

[58] Essa peça de Lúcio foi o terceiro espetáculo encenado pelo grupo "Os Comediantes", apresentado no Teatro Ginástico, no Rio de Janeiro, em [?] dezembro de 1943. Diretor de Cena: Adacto Filho. Cenário: Santa Rosa. Atores: Luiza Barreto Leite Sans (Augusta), Nadyr Braga (Izabel), Maria Barreto Leite (Criada), Walter Amendola (Marcos) e Lisette Buono (Lisa).

[59] *Vestido de noiva*, de Nelson Rodrigues (1912-1980), foi levada à cena, por primeira vez, no dia 28 de dezembro de 1943, no Teatro Municipal do Rio de Janeiro, dirigida pelo polonês Ziembinsky (1908-1978), e, curiosamente, nas mãos do mesmo grupo, "Os Comediantes", da peça de Lúcio. Muitos críticos dão *Vestido de noiva* como o marco zero do moderno teatro brasileiro. Apenas Sábato Magaldi dá crédito à peça de Lúcio, que também se enquadrava no que se fazia de mais moderno no Brasil.

é difícil, se demoramos no caminho, não quer dizer que tudo esteja perdido. O coração vela, e é ele que nos guia, como uma lanterna que reconhecêssemos no escuro apenas pelas suas desordenadas palpitações.

* * *

Conversando ontem com alguém, falei que sabia muito bem os meus defeitos, e que o maior deles, sem dúvida, era a ausência de detalhes. Não sou maleável e nem sei me adaptar às pequenas junturas da vida: sinto-me um monstro rude e sem vivacidade, no meio da infinita, da minuciosa sabedoria alheia.

Às vezes percebo que os outros fingem que não dão acordo da minha pessoa, e é melhor assim, pois poupam-me o sofrimento de me sentir tão diferente, tão alheio aos esforços que fazem para me adaptarem a uma medida que não pode me conter. Não sou culpado dos desastres que me acompanham. Sei apenas que existo. E por onde sei, é geralmente pela boa vontade com que aceito e compreendo o meu desterro. Todos os homens parecem melhores quando vistos de longe – e só tenho assistido crescer em mim, o interesse e o amor que poderia lhes dedicar. Não há nenhum orgulho nestas pequenas confissões, há o resultado positivo de uma improfícua série de esforços para me adaptar à visão alheia, e a convicção final de que nasci com alguma coisa monstruosa, exagerada e aberrante, que faz por exemplo, com que todos os olhares se voltem surpresos para mim, quando entro pela primeira vez num salão. Pode ser que isto delate uma medida de importância, mas não há dúvida de que evidencia também algo do que de pior existe no mundo.

Quanto ao resto – tudo passa na dilatada paciência do tempo.

* * *

Pela segunda vez este ano, um ladrão levou-me todas as roupas. Esqueci tudo da primeira, sem nenhum remorso, e desta, confesso que me punge a perda de um escapulário que se achava num dos bolsos, e que há muito me acompanha. (Foi este mesmo escapulário que sobressaindo um dia com o seu grosso cordão acima do meu colarinho aberto, Fregolente apontou-o e disse: "Quem usa isto, não há dúvida de que está salvo.")

* * *

Civilização – assim como a compreendemos, uma máscara colada artificialmente a um rosto sem linhas firmes. O que é preciso é aceitar o estado em bruto – e compor uma fisionomia própria. Mas somos tão deliberadamente imbecis, que nos julgamos assim ao abrigo de um esforço maior – e atingimos sem esforço a maturidade. Mas como povo, apenas marchamos nas cegas planícies onde viajam as nações menores, que à custa de permanentes sacrifícios construem com sua miséria o conforto das nações maiores.

A pobreza entra muitas vezes na composição da grandeza de um povo – não a miséria, que apenas traduz seu estado de vassalagem.

19 – Jacques,[60] que regressa dos Estados Unidos, diz ter muita vontade de me rever, pois lhe haviam dito que eu envelhecera muito nesses dez meses. E é verdade – não se vive impunemente tudo o que eu tenho vivido. Sinto a vida devorar-me, gastar-me de todos os lados – e que sobra, meu Deus, que adiantam tantas ambições frustradas?

20 – Aparentemente é fácil distinguir o bem, aquilo que uma consciência justa deve escolher – mas como é difícil perceber não o bem aparente, mas aquele cujas raízes estão mergulhadas no mais íntimo do nosso ser, que nos custa o sangue e a dor do mais livre discernimento!

Justiça – sim, a justiça que se parece com frieza do coração. Aceitemos a outra, onde entra toda a criação, num grande rasgo de humildade, um pouco ao deus-dará, como se recolhêssemos sem escolher os pedaços de um ideal mutilado – e não apenas os pedaços melhores, os mais puros desse mesmo ideal. A Justiça deve andar misturada à Caridade, nesses dias em que a sombra de Jesus Cristo parece tão afastada de nossas misérias. Em último caso, necessitamos mais da Caridade do que mesmo da Justiça. Há momentos em que a Justiça é inútil.

* * *

(Jesus – não o Cristo.)

* * *

O que me causa medo numa certa espécie de catolicismo, é a formação de uma casta, a consciência de uma superioridade como os melhores, os que souberam aceitar mais livremente esse dom de escolher a "verdade" – a difícil verdade, finalmente. Ora, se somos católicos, somos mais iguais a todo mundo, somos mais os outros do que nós mesmos, somos a mistura, a fraqueza que não se vence, o desespero, o erro comum. Não há pior espécie de salvação do que a solitária – é a salvação dos fariseus. Os santos, que de

---

[60]Jacques do Prado Brandão (1924–2007). Intelectual, poeta, amante de cinema e um dos fundadores do Centro de Estudos Cinematográficos de Belo Horizonte. Amigo de Lúcio.

todo o gênero humano são os que mais intimamente existem na convivência de Deus, dedicam-se ao martírio, que é a convivência total com todos, com os enganos e a impiedade de todos.

É justo que pensemos em homens como Léon Bloy ou Bernanos, de cólera tão espontânea e acusadora – mas neles existe também outra coisa. E quem poderá supor o que ardeu em suas almas como interesse, ternura e paixão por esse triste gênero humano? Sim, Bloy, Bernanos, homens impacientes. Ambos tiveram direito à cólera, fizeram parte de uma casta perigosa que fulmina épocas tardas no conhecimento da Verdade. Mas que casta gelada e horripilante geraram eles, esses falsos demagogos da Igreja, esses pequenos príncipes da verdade que é de todo mundo, beleguins do Direito, para quem o mundo é um enorme campo perfeitamente dividido entre os que prestam e os que não prestam – partidários e inimigos, transformando a Igreja, que é a coisa mais ampla possível, uma espécie de coração do próprio mundo, num antro fechado, esquivo e antipático como um partido político.

A humildade é uma virtude difícil, é uma virtude de amor. Para nós não é ela senão uma ocasião a mais de exaltação, de compreensão e de aceitação desses que julgamos do lado comprometido, os participantes do erro, os únicos a quem nos pode interessar a revelação de Jesus Cristo, porque são os únicos que ainda não corromperam sua Imagem, os únicos que podem nos ajudar, permitindo que os ajudemos.

Sem dúvida, o mundo que dia a dia aprimoramos com suas engrenagens de tortura, está chagado até o âmago por isto que se chama mediocridade – mas antes um Universo atolado no erro, capaz de atrair a justiça fulminante de Deus. Só assim o homem viveria novos e terríveis dias de revelação; só assim deixaria de ser essa humanidade de cordeiros satisfeitos, essa seara de almas pacificadas e bem tratadas que se apresentará no último dia aos olhos do único Juiz. (Vou mesmo mais longe: acho que devemos disseminar todos os germes da desagregação, para que se produza uma nova época de terror. É o único modo de reerguermos um Cristo vingativo e terrível, que vimos perdendo desde a Idade Média...) Não – e este é o erro das dou-trinas políticas do nosso tempo, erro que a Igreja absorve sem descanso como um veneno que fosse esclerosando suas veias – não devemos igualar tudo, não devemos banir o pobre, não devemos extinguir o pecado, não devemos ocultar o mal, não devemos salvar metade, fazendo dessa salvação uma acusação à outra metade. Façamos com que o pecado nos seja caro, e a renúncia a ele uma autêntica virtude. Não aceitemos depressa a nossa conversão – que as conversões rápidas são prêmios, sinais de eleição aos olhos de Deus, inundação veemente e categórica da Graça. Não sejamos, portanto, únicos. Que o jogo seja de todo mundo, que nos sintamos ligados uns aos outros, não pela diferença do resto, mas pela certeza da infinita complacência de Jesus Cristo. O amor do próximo é bem mais difícil do que parece, é quase impossível. Mas o próximo é tudo, é a ponte e o termo. "O inferno são os outros" – grita Sartre. Os outros são as brasas sobre que caminhamos em direção à salvação.

Tenho visto muitas espécies de católicos desagradáveis – nenhuma tão irritante quanto o democrata católico. É ele o homem do equilíbrio mediano, das virtudes medianas, dos transportes medianos. Em artigo de fé, todos os sentimentos devem ser extremos. À força de imaginarem uma democracia católica, o que é mais ou plenos inimaginável, acabam criando um catolicismo democrático, que só pode ser encarado como uma heresia.

Talvez não seja aqui o lugar para repisar tais coisas, mas se o faço, ainda que não contenham grande novidade, é apenas para afirmar que, católico, é ao lado do pior criminoso que encontro o meu lugar.

* * *

Num jornal literário alguém se lembra de um artigo meu sobre poesia, condenando muito justamente a frase: "Nenhum poeta verdadeiramente grande deixará de cantar o mar para cantar o peixe." Quis dizer se não me engano, que ele preferirá o grande tema ao detalhe. Mas talvez isto tenha sido mal expresso – e hoje, confesso que tudo é importante, desde que o poeta se realize.

* * *

Evidentemente, há uma escola de poesia que substitui a pesquisa pela inspiração. Não falo do "jato iluminado", do "relâmpago", mas simplesmente da natureza poética em si. Esta escola permite a toda gente dotada de certa inteligência, realizar exercícios poéticos, substituindo a habilidade pela emoção. Evidente, mais do que evidente – este é o motivo por que aumentam os poetas "difíceis". Há poetas desse gênero em todos os cantos, cada dia que passa multiplicam-se assustadoramente. E Mallarmé, que realmente era poeta e situado "difícil" no seu tempo (hoje, apoiado em Pound, todo mundo monta sua barraca no adro do templo obscuro) é o responsável por essa fabricação de versos enigmáticos e vazios. Acho que o "difícil" não deve ser levado em consideração senão quando existe por trás dele algo que o justifique. Pelo menos "difícil" neste sentido comum, que toda gente emprega. Pois a verdade é que um verdadeiro poeta já é, por si, acontecimento difícil, extremamente difícil.

(Acusar Mallarmé, peca por excesso contrário, isto é, por facilidade. Há numerosas raízes à base desta convenção, e uma delas, que sem dúvida não é a menor, é T. S. Eliot. Talvez corresponda também a alguma necessidade oculta do nosso tempo, esse gosto de aparar e cauterizar os versos, substituindo o que antes era derramado e eloquente, por um tom menor, que parece corresponder mais imediatamente à concepção do modesto e melancólico humano. É um determinado ângulo, um modo particular de encarar as coisas, onde percebemos de início a dose imposta pelo conhecimento do cotidiano, como uma música permanente, que percorresse e agrilhoasse durante todo o tempo, qualquer voo mais exagerado ou menos circunspecto da inspiração...)

21 – Ontem com Octávio e Vanessa.[61] Conversa sobre tudo, inclusive política. Octávio pensa que o Brigadeiro, caso seja eleito, correria o perigo de se transformar num pequeno ditador. Possível, mas penso comigo mesmo que nada existe de pior do que um ditador medianamente bem intencionado.

24 – O mundo é cheio de correntes, relâmpagos e eletricidades ocultas; tudo se passa muito independente de nossos pobres gestos. A verdade é escrita em linhas firmes do outro lado. Onde? Não sei – apenas sentimos, entre premonições e espantos, a certeza de que a vida completa existe na distância – como alguém que ao crepúsculo, vê no horizonte os sinais de uma tempestade longínqua.

25 – Não, nada importa. Quem quiser, que viva como lhe agradar. O importante, a única coisa que conta, o que nunca devemos perder de vista, é o amor que Deus alimenta por nós. E se este amor existe, que importa o resto? Nada importa.

* * *

O amor de Deus pelo gênero humano é idêntico ao do criador que ama sua obra, e não pedaços da sua obra. É um amor inteiro, absoluto. Se nos salvamos alguns, que adianta? Deus espera recolher toda a Criação em seus braços, de onde sua infinita paciência. Somos cegos e desatinados, mas caminhamos, caminhamos desde o primeiro dia. E se Ele nos enviou o Filho, foi para provar o seu amor e mostrar a Lúcifer, através desse grande resgate, que seus domínios ficarão vazios para a eternidade.

* * *

---

[61]Octávio de Faria e Vanessa Netto, prima de Lúcio, filha de seu tio materno, Oscar Netto.

Novamente se esfumam as possibilidades de continuação de *A mulher de longe*. Há em mim um surdo contentamento: levar avante este projeto, não passaria agora de uma simples obrigação, cumprida com esforço e penoso sentimento do dever.

* * *

Quando um homem possui certa dose de poder, de energia, de eletricidade fecundante e criadora, distingue-se pelo dom de acordar maior ou menor número de espíritos, de projetar-se, em escala mais superficial ou mais densa, sacudindo em graus diferentes, naturezas até aquele momento alheadas de problemas que nem sequer poderiam imaginar que existissem. Este é o motivo por que todo grande homem é antes de tudo uma comoção nacional – quer seja ele grande no terreno político, estético ou científico. Não falo da natureza de sua grandeza, mas simplesmente do que o torna diferente dos outros, sua força interior.

Ora, em terreno político, não tivemos nenhum homem que produzisse comoção nacional – quero dizer, que sublevasse a superfície calma dos acontecimentos, arrastasse as multidões e impusesse uma nova organização de leis e uma forma diferente de viver. Tivemos cultos de interesse coletivo, mas jamais um ser de trajetória fatal, de densidade magnética, capaz de acordar esse mar obscuro e sem amplos entusiasmos que é o povo – o povo brasileiro.

Do Império para a República, impusemos sem grande esforço um ideal conquistado ao estrangeiro – e fizemos eleições democráticas a troco de negociatas e cabalas mesquinhas, sem nenhum espírito de justiça para com os ideais que acabávamos de conquistar. O resultado tem sido a política que praticamos aos saltos, sem vitalidade, sem fé, sem qualquer demonstração de esperança – criando um sistema de eleições verdadeiramente colonial, com o mito dos coronelões dominando o espírito primitivo do sertanejo, numa luta de pequenos partidos regidos pelo guante de tiranetes de província.

Não é difícil imaginar que este cenário infenso às emoções realmente profundas, seja o mais propício ao aparecimento de aventureiros que simulam o grande homem nacional. É o sistema em que vivemos atualmente. Mas esses aventureiros são de tal modo perceptíveis, que só conseguem fabricar arremedos de grandes intrigas. São deuses de uma ínfima política, à espera de que a oportunidade os favoreça; são ditadores de aldeia, trabalhados na tocaia para povos que ainda não contam com uma vontade própria.

* * *

Pobres de leitura, de trabalho, de sentimentos, de tudo, esses dias não me oferecem nada que possa recolher ou guardar como testemunho da minha vida. São dos que não servem para um "diário", pois nem tudo deve sobreviver, e muito do que vivemos pertence necessariamente ao passado, já é passado antes de ter acontecido. Só vale o instante que dá nascimento a uma ideia, a um sentimento, a uma sensação, a qualquer coisa que exprima melhor e dê mais luz à nossa personalidade – não essa colheita de ramos áridos, de ervas daninhas, que é a única vegetação dessas regiões caladas onde se erguem os nossos limites. Regiões que tantas vezes percorremos com um coração diferente como se não fosse o nosso, os olhos secos, ardendo numa impiedade que nos faz considerar a morte como um lenitivo.

"Os limites do principado" – como me disse um dia Cornélio Penna.[62]

30 – Desviam-se as atenções para o início das hostilidades na Coreia. Procuro os jornais, ansioso, esperando que seja afinal a catástrofe definitiva. Quase toda gente que conheço, prenuncia o fim do mundo. Para mim, no entanto, cujo cansaço é tão mortal, apenas atingimos o começo. Não é o homem que perece, mas o homem antigo, esmagado pelas ideias, pelo sistema de vida e concepções caducas que o ampararam até agora. (Sei por que falo: a verdade é que, contra todas as aparências, não consigo me culpar de coisa alguma. Acredito apenas que estou vivo, e que as coisas me ferem, e por vezes até me cobrem de sangue. Não aprecio e nem compreendo o mundo tal como está elaborado. Com a arquitetura mesquinha com que foi levantado, destina-se a um rebanho de homens passavelmente medíocres, mas nunca para quem não consegue fazer das coisas um engano, e suportar o erro como uma virtude.)

Criamos uma tal série de preconceitos, falsas evidências e verdades discutíveis, que não é mais possível controlar o mundo com esses dogmas. O que iremos conhecer no futuro será uma civilização revolvida até suas estruturas lacerada de todos os lados pelos venenos que engendrou e que a destruíram. Já há, evidentemente, sinais desta nova humanidade. Possivelmente o homem será livre, belo, cheio de rancor e de paixões agressivas, desalojado das infindáveis minúcias com que o aviltam os tempos modernos. Mas totalmente, tal como será nos dias que vão vir, ainda é cedo para divisá-lo. Apenas deixemo-lo vir, e que seja de confiança a nossa palavra.

* * *

---

[62]Cornélio Penna (1896–1958). Romancista, pintor, gravador e desenhista brasileiro. Participou da Segunda Fase do Modernismo no Brasil e criou o realismo psicológico brasileiro. Foi um grande amigo de Lúcio.

DIÁRIOS   285

Mas é fácil ver: uma determinada espécie de conformismo, de cultivo das qualidades medianas de equilíbrio e bem-estar (o homem casado, pai de família, democrata, etc.), criou pecaminosamente um cristianismo adaptável às suas ambições, um cristianismo que seria tudo, menos uma violência, menos uma exacerbação dos sentimentos. Uma religião tranquilizadora. Necessitamos urgentemente de voltar aos tempos da Inquisição. Precisamos das grandes fogueiras e dos punhais aguçados à sombra das sacristias. Nunca houve santos conformistas e democratas – e o ideal cristão é o dos santos, de que a Igreja cada dia tem mais necessidade.

JULHO

1 – Dia em que julgo se ter encerrado um período importante da minha vida.

2 – Depois das palavras de ontem, o silêncio de hoje; penso no que me sucede. Não, nada se encerra, tudo se transforma, a essência, inalterável, permanece muda no fundo das coisas. Não sei se é melhor assim, mas a tantos golpes repetidos, sinto que me esvaio, que me torno outro, como uma figura nova que aos poucos vai saindo de um mármore lacerado pelo escultor.

Nunca me senti tão perdido, tão vazio, tão inutilizado. Adeus, planos heroicos de reforma. Eu apenas me adapto, covardemente, aos meus males. Mas até quando?

7 – Durante dias afastado deste caderno, vivendo uma existência de animal sem rumo, sem vontade e sem discernimento. Este é o período sombrio, o inverno da minha vida. Nunca pensei que se pudessem passar horas tão desprovidas de esperança, atirado contra essa última parede que o homem exausto levanta nos limites da razão. Acredito que já não há mais nenhuma rebeldia, nenhum heroísmo na minha atitude, mas somente um apelo fundo e desatinado pela destruição final.

Não resta dúvida de que certos períodos são épocas de provação; Deus nos experimenta até o cerne, para ver se conhecemos de que têmpera somos formados. Eu sei qual é a minha triste natureza. Conheço o fascínio que a exorbitância exerce sobre mim, o gosto do mal subindo até a garganta como um fluido escuro, a necessidade de reconhecer o pecado a fim de me fazer vibrar e sentir que palpita no meu íntimo, um terror que me faz menos banal e menos tristemente moldado às misérias do todo dia. E sei o sofrimento desses indivíduos que seguem tão encarniçadamente suas paixões, que se entregam completamente a um signo delas, esperando uma redenção imposta às avessas, uma luz que venha de qualquer espécie de abismo, mas que seja diferente deste acanhado mundo em que vivemos. Um mundo de santos danados.

É verdade que eu não saberia viver sem a paixão; mas é verdade também que são tão poderosas suas forças na minha alma, que o seu tumulto me mata. Sobrevivo, pela graça de ser poeta.

* * *

Nada lido e nada feito. Somente planos e títulos que se amontoam, enquanto a vida escorre. Viajar seria a grande solução. Mas como? Não tenho senão dívidas a recompor, cifras a devolver, que não sei de onde tirar. Uma existência assim me parece um fato quase sobrenatural. Há momentos em que tudo se escurece diante de mim... Penso, penso se não seria melhor... Apalpo e reconheço o caos que tenta me absorver. Mas ah, não devo, não posso, não tenho o direito de perder de vista a secreta ordem que, apesar de tudo, sempre me habitou. A ordem dos amotinados, é verdade, mas contudo a que me permitiu viver até agora e realizar alguma coisa. A ordem, sem a qual existir não é possível... A ordem.

* * *

Eu me analiso, espio, condenso meus sentimentos. No silêncio do quarto em que escuto meu coração bater, quase não me reconheço. Mas é forçoso convir, ESTE também sou eu. Mas eu, quem sou? Quem?

9 – Artigo de Sábato Magaldi[63] sobre *O escravo*. É o primeiro que situa essa peça no tempo exato do seu aparecimento. Escrita em 1937, representada pela primeira vez em 1943 pelos "Os Comediantes" – e mais tarde pelos Teatros do Estudante de Paraná e Santa Catarina, esse pobre drama não correspondeu ao muito que esperei dele. Lembro-me das discussões que tive com Ziembinski, então recém-chegado ao Brasil e das divergências que desde então nos afastaram. E encontro razão nesta falta de eco: relendo agora alguns trechos, percebo suas deficiências e todo o enorme fraseado que a entulha. Mas também não estou certo de apreciar as que fiz mais tarde...

* * *

Domingo, e um domingo com o calmo sentimento dos domingos, com o sol frio lá fora, os jornais desdobrados sobre a cama, o coração livre. O coração mais livre do mundo, como o dos pássaros e o das crianças. Ne-

---

[63]Sábato [Antonio] Magaldi (*n.* 1927). Crítico teatral, teatrólogo, jornalista, professor, ensaísta e historiador brasileiro, membro da Academia Brasileira de Letras.

cessitava há muito de um dia como este. Assim é que eu gostaria de viver, como se a cada momento estivesse nascendo de novo, e tudo fosse tão puro como se enfrentasse pela primeira vez a luz dos minutos que passam...

20 – Se um dia tivesse a veleidade de dar nome às diferentes épocas da minha vida, chamaria a esta que vivo agora "os anos de obscuridade". Obscuridade, lento mergulho no conhecimento de mim mesmo, do desespero que até agora alimentou meus passos, das fronteiras invisíveis que sempre senti em torno de mim. (Alguma coisa impede a minha explosão; sinto-me crescer de todos os lados, mas uma ordem vinda não sei de onde retém a febre no meu sangue. Olho o mundo com pupilas que vedam uma tormenta.)

Quantas vezes, regressando destas infindáveis noites de desperdício, a que me obrigo e que realmente tanto detesto (só uma coisa no mundo me interessa, a ordem) sinto que sou apenas uma máquina desatinada e cega, roendo não sei que indevassável trabalho. Disse não sei onde que me conheço, o que não é exatamente a verdade. Componho-me, com carências que me criam de necessidades e ausências. O sangue arde em minhas veias, enquanto um impulso profundo, de origem quase monstruosa, encaminha-me para um destino certo, uma paragem que sei existir na distância, com a fatalidade do vento que se forja do nada.

* * *

Não só a ordem: a pureza, na sua extensão absoluta.

21 – Depois de em vão ter tentado conciliar o sono, levanto-me, acendo a luz, procuro o papel. E não compreendo: ontem dormi mal, esses dias todos...

Falta-me o ar; minha vida me aparece sob o ângulo mais detestável, sinto-me esgotado, lento, sem possibilidades para o futuro. Que fiz, que tenho feito? É horrível essa impressão de fracasso. Que exprimem estas notas coligidas aqui? Não são expressões truncadas, balbucios sem tradução exata, palavras destinadas a morrer? Que subsiste de mim, que ficará como eco desta doença que me fez nascer, que deitará raízes e numa época em que já não serei mais, crescerá sobre a minha memória como uma árvore de galhos negros e poderosos? Ah, perdi tudo, fui longe demais... Possivelmente terei desperdiçado minhas energias melhores, destruindo-me com uma selvagem obstinação. Inútil indagar o que penso, como existo, onde estão meus amigos... Errei tudo porque acreditei que tudo havia sido inventado por mim. Disse-me Marcier que o meu grande mal – todo mundo pressente que há em mim um grande mal – era que eu próprio não acreditava na minha existência, não me levava a sério. O que é inexato, pois o que atravesso agora decorre exatamente de ter acreditado demais.

Quis profundamente, com excessiva paixão – ai de mim, como tudo o que quero – coisas que só deveriam me interessar superficialmente. Acreditei no meu teatro, no meu cinema, no meu orgulho, no meu amor, na minha liberdade. Onde estou? Devorado por todos os sonhos que converti em paixão, sugado, traído, desamparado.

Mas não vencido.

24 – Leio, sem nenhum interesse, uma medíocre vida de Puchkin. Detenho-me na frase: "Todo poeta vale mais do que sua vida." Todo mundo vale mais do que sua vida.

* * *

Não, as pessoas não se modificam tanto. Se à medida que envelhecemos, verificamos o quanto são diversas entre si, quanto mais aprofundamos nosso conhecimento, mais decepcionados ficamos. É que as qualidades, os traços que admirávamos antes, se são vincados posteriormente, não delineiam mais uma personalidade forte, e sim uma caricatura. (Exemplo clássico: o Barão de Charlus. Feito o retrato desde o início, Proust vincou de tal modo o seu esboço, que ele se tornou um tipo *hors série,* um puro monstro caricaturado. Com feroz alegria, é certo, com esse brilho e essa feérica decisão com que Beethoven atinge finalmente o apogeu de um motivo insistentemente manuseado ao longo de um dos seus grandes quartetos, mas de qualquer modo endeusado pelo grotesco e retalhado pelo excesso de suas linhas até à majestosa aparição do último volume...) Os retratos em tom natural são raros; o tempo é uma espécie de lente de aproximação que engrossa os detalhes e deforma a nitidez das linhas. Vivemos num mundo de imagens deterioradas, o que não resta dúvida, é mais do que uma simples verdade.

* * *

Ainda não tinha sabido, nem de longe, como se pode ser sozinho no Brasil. Não sozinho para as coisas mais graves, como apregoa Rilke, que para isto sempre somos afortunadamente sozinhos, mas numa completa ausência de amparo, de interesse, de solicitude, numa completa carência de compreensão, de eco, de amizade – num abismo de frieza, de hostilidade e até mesmo de desprezo. Às vezes, em horas tão escuras como as que vivo atualmente, costumo imaginar que não há possibilidade de existir sem provações desta natureza. É necessário que se experimente até o âmago o desdém dos imbecis, que a luta se trave em nosso próprio ser, e nos sintamos coisa espoliada e miserável aos olhos de uma sociedade feita para o que é ocioso e fútil. Há uma inércia, uma estabilidade em mim que impede o meu arrolamento na hierarquia dos valores manuseáveis; não sou bom senão como medida de desequilíbrio e desconforto. Não há nenhuma vaidade nestas afirmações, pois sei muito bem o que significam esses transes em país como o nosso; não temos nem sequer uma pobreza digna, mas apenas uma miséria sem compostura.

Sinto que devo recomeçar tudo de novo, renascer diferente do que fui – nada sou neste instante senão o resultado de um esforço perdido, e deixar de reconhecer isto, é perpetuar este fracasso. Devo ser o homem novo que ainda não conheço. Como quem se acha no interior de um vagão prestes a partir, olho tristemente os que passeiam na plataforma, com o vago sentimento de que desta vez a viagem é definitiva... O que eu amo é a plataforma, pois sempre imagino ficar, calculando, erradamente, que o amor é que fica, e jamais o que parte.

* * *

Acabo a vida de Puchkin. Curioso, só me identifico com a existência de poetas através dos livros, por um instante único que é o mesmo para todo o mundo: a morte. Vivo realmente uma agonia que me pertence. E costumo imaginar que tantos males me foram poupados durante a existência, para que possa morrer de uma morte longa e que contenha todas as mortes. A mim, divindade oculta, mas que sei à espreita numa esquina qualquer do tempo.

* * *

O que eu atravesso agora, certamente estava no meu caminho e eu devia sofrê-lo, porque todas as vidas são assim, cheias de altos e baixos e, sobre-tudo na vida de escritores – que me perdoem, mas não encontro outro jeito de me designar, nem sei direito o que faria, caso não pudesse intitular-me de escritor – há um momento de obscuridade densa, de incompreensão, ciúme e hostilidade – e é como se suas forças fossem experimentadas e as fibras de sua natureza postas à prova. Se atravessam esse país escuro, tornam-se maduros e fortes, e ganham, quem sabe, o futuro. Henry James tem razão: todo futuro é violento. E é no presente que ele nos busca, com forças de astúcia e de luta. Há os escritores que fogem, sem coragem para essa inóspita viagem: são os que se traem e não reconhecem elementos de grandeza na privação humana. Mas uma das grandes provas que o mundo moderno exige do artista, é precisamente esta: a coragem de ser autêntico até às proximidades da morte. Não querem apenas o testemunho da nossa obra, querem também a do nosso martírio. Nos tempos que vão vir, todo poeta para subsistir deverá também ser um santo. Todo passe de glória virá colado a um passe de morte. Os artistas fáceis, sem compromisso com o silêncio e a miséria, estarão destinados a desaparecer com o clamor das turbas: a aprendizagem do futuro é uma herança de escorchamento.

Quanto a mim, não sei, talvez não tenha forças para atravessar esta "linha de sombra" de que Conrad não nos fala. Resta-me então sonhar com todos os meus grandes planos, porque os planos são a única positiva fidelidade que conservamos ao nosso orgulho da juventude. Talvez aceite em cheio o desafio, pois afinal o que eu prezo é muito pouco para temer tanto a destruição.

* * *

(Não acredito que Deus vigie constantemente nossas pequenas misérias – mas há instantes, fases de luta, em que sentimos perfeitamente que é a nós que seu olhar acompanha...).

* * *

Nós nos cansamos, e cansamos as pessoas que nos amam. É que a vida é fornecida de um modo total, sem perda alguma de sua terrível espessura. Não há possibilidade de nos escondermos com nossas impaciências e misérias cotidianas. Somos, enquanto duramos. Por isto é que a morte nos restitui nossa verdadeira grandeza, nossa medida exata porque elimina arestas e excessos. E o curioso é que, tantas vezes somos só o excesso, que um morto nos surpreende, parece-nos um desconhecido, na sua calma e no seu isolamento. Tínhamos acostumado a ver nele somente o que não conseguíamos lhe perdoar. Mas ele é ele – e o será sempre, enquanto for morto. Nós continuamos, e o perdão não interessa a ninguém. Porque vivemos, e nos transformamos.

* * *

Sem leitura certa, abro ao acaso um dos tomos do *Journal* de Julien Green e encontro uma frase que me perturba: "O verdadeiro romancista não domina seu romance, ele se torna seu romance, mergulha nele." Por que motivo não havia reparado antes nesta anotação? Julien Green, que nunca se arrisca, que é todo compromisso e exclusão – Julien Green é o melhor romancista mineiro – dá uma regra sem segui-la. Ele sabe de que se amputou.

O pior é quando se começa a duvidar de tudo, pois tanta indiferença deve evidentemente ocultar uma razão. Merecemos realmente a atenção dos outros, poderemos produzir alguma coisa, o que está feito tem algum indício de valor? E o diabo – pois só pode ser o diabo quem nos sopra uma angústia dessa espécie – diz "não" ao nosso ouvido, para que as horas fiquem mais escuras e o coração esvaziado de toda esperança.

27 – A sufocante questão do dinheiro. Não tenho a mínima intenção de fazer literatura a respeito, mesmo porque sou visceralmente contra a diabólica noção burguesa, de que a obra de arte deve nascer da miséria. Acredito, ao contrário, que esta mesquinha procura diminui qualquer espécie de dom criador e que o artista se torna estéril nesta luta para encontrar meios de subsistência. A ideia do poeta pobre e necessitado, foi inventada expressamente pelos homens que desejam fugir à responsabilidade de amparar os artistas; este é o grande erro do nosso tempo, pois esses homens pagam com ódio, a única coisa que os torna maiores perante o senso da história·· as obras de arte, o produto do espírito humano livre e criador.

Mas o dinheiro – aquele de que vivo, é uma conquista diária – vivo de ganhar aquilo de que eu morro.

29 – Deitei-me, dormi, acordei de novo. Como sempre, levanto-me, acendo a luz, escutando acordes que vêm de longe – sempre, sempre a mesma melodia – e o vento. O que o vento diz é sempre estranho e diferente. O vento não diz nada.

Se presto mais atenção, julgo perceber também restos de vozes, mas tudo entrecortado, esfumado como se eu ainda estivesse sonhando. O ambiente é de paz, e não de angústia. Há muito tempo que não me sentia assim tão sereno; minhas próprias dificuldades, essa tormentosa busca do dinheiro, a má vontade alheia, tudo desaparece. Sou infinito na enorme quietude. Na sala próxima o relógio bate-o mesmo relógio, as mesmas pancadas que ouço desde menino, e que me trazem a noção de uma voz familiar e amiga. Tudo o que acontece comigo é puramente temporal; há um momento em que tudo se dissolve no tempo e se incorpora à serenidade das coisas libertas e confundidas num único todo. Vagaroso, meu ser se dilata na obscuridade. Mil raízes me confundem à coisa anônima que a noite protege. E inexplicavelmente, sinto-me menos pobre e menos sozinho. (Um tempo: o sozinho de Deus não é o meu sozinho. Sou um sozinho do nada. Sou eu mesmo, quieto e humilde. Digo: Deus? Deus só atende, ao que parece, aos que falam alto.)

* * *

Telefonou-me hoje alguém pedindo que eu desse minha peça à Maria Sampaio. Desfeita a ligação, pensei um pouco nos belos tempos da *Corda de prata* e na voz quente e cheia de vivacidade da atriz, que naquela época tanto me entusiasmava. Falei com ela em seguida e, pelo telefone, essa voz pareceu-me irreconhecível. Alguma coisa deve estar mudada.

Não creio também que ela se interesse por *Angélica*. De tudo o que escrevi para teatro, é no momento o que me parece mais difícil de ser aceito. Não me engano a este respeito, mas não custa fazer uma tentativa a mais.

* * *

Estamos acordados, e os outros dormem. São os mesmos que riem, conversam e se divertem conosco. Mas é de repente, fugindo o sono que os domina, que sentimos que eles não estão conosco, que é IMPOSSÍVEL. As vozes do mundo, as fisionomias, os atos aparentes são exatamente como os que cumprimos, mas não há como negar, a razão é sempre deles. Um dia, é verdade, não sei quando, acordarão definitivamente e nos olharão com espanto – estarão então conosco, seremos ainda os amigos.

Temos medo de assustá-los, vivemos em surdina, uma pequena comédia de nuances, sem pompa e sem vivacidade – é que nos preferimos assim, menores em nosso silêncio, a sermos muito altos, solitários. O que vivemos sozinhos, já basta para nos dar vertigens; agora é bom que simulemos um pouco o jogo das criações. Mas sempre com o coração transido pelo que omitimos, pelo que não somos lealmente, obrigados por esta dura lei do mundo, e a certeza de que os amigos só nos amam à altura de suas suposições. Jamais perdoariam o excesso, e o excesso é o elemento primordial que nos compõe.

* * *

Alguém, creio que um desses poetas novos que começam com tanto orgulho e tanta ingênua hostilidade, afirmou que eu me repito. Discordo em parte: apenas me componho. Com pedaços do mesmo colorido, é certo, até poder atingir o todo harmonioso que forma o painel. O meu painel. Se conseguirei alcançar o objetivo, não sei, mas não tenho nenhum receio de reforçar as voltas de um desenho que ainda julgo muito longe de estar terminado. E depois, há maneiras mais infiéis de se repetir, por exemplo, a dos que copiam o próprio vazio e nunca dizem nada, convictos de que estão sendo originais, ou difíceis. A recusa é uma pauta de música rara, e convenhamos, não é muito adequada à mocidade. Usá-la, é traçar o itinerário de uma velhice precoce. A falta de expressão não é qualidade, é inexistência.

DIÁRIOS

30 – Penso, com uma insistência que parece se misturar ao meu sangue, numa fazenda qualquer, num sítio, onde possa atirar-me para escrever histórias, as infindáveis histórias que me enchem a cabeça, os olhos, as mãos, e que formam esse angustiado personagem que transita pela vida diária.

Uma mesa, sob uma árvore, um velho eucalipto talvez; e essas vozes que são mais fortes do que eu, que cochicham segredos que não me pertencem, e que me iluminam por dentro, com essa estranha luz que os outros descobrem no meu rosto e que me faz sozinho, um homem acompanhado por uma multidão de fantasmas inquietos e inexoráveis.

AGOSTO

(Diário de Penedo)[64]

14 – Há exatamente um ano, iniciava eu este *Diário*. Através de tantas lacunas e tropeços, de tantas ausências e esquecimentos, vem sendo ele, na verdade, o único itinerário válido da minha vida. Não sei qual é a força que comanda a necessidade das coisas, mas sinto-me percorrido por tendências e opiniões tão contraditórias, que o esforço para fixar-me é a origem do nascimento destes cadernos.

Há um ano atrás estava eu em Charitas, Niterói. Hoje me acho em Penedo, nos arredores de Resende, e um grande silêncio me envolve. Não que se tenha aquietado o meu coração – mas já não me era possível suportar o rumor da cidade, nem a pressão dos últimos acontecimentos.

Não sei o que dizer de Penedo – as mesmas estradas, pinheiros, eucaliptos, um céu azul e enorme. Eu me investigo, enquanto as mangueiras recém-floridas expelem um cheiro novo e intensamente vegetal. Sou diferente do que era há um ano atrás? Também seria difícil responder; creio simplesmente que sou mais calmo. Às vezes experimento-me para ver se ainda existo tal como me conheci, tantas são as diferenças que sinto no meu íntimo. É como se uma vida diversa e ininterrupta nascesse sem descanso na minha alma. Mas não são talvez sentimentos de morte os que me sacodem e sim, provavelmente, sintomas de vida, agreste e futura. Daí talvez a impossibilidade de coordenar as forças disparatadas que agem em meu espírito; à medida que o tempo passa, no entanto, a quietude se vai fazendo, e dia virá, certamente, em que o equilíbrio dentro de mim será perfeito.

Projetos de trabalho, é claro. Mas apenas projetos. Não desisto contudo de começar o longo romance que imagino, a história de uma cidade talvez,

---

[64][Grifo de Lúcio Cardoso.]

com suas ruas, suas casas, seus tipos raros acautelados à sombra de antigas janelas coloniais...

Espero o jantar e ouço a fabulosa vida do campo, palpitando na escuridão. Campos e nuvens se estendem em silêncio – e fechado num pequeno quarto que dá para o imenso vazio, contemplo uma rosa amarela, quase viva, que alguém colocou num copo d'água, sobre a minha mesa.

* * *

Adoro o campo, e ele me causa certa angústia: o vazio, sua existência enorme e singular, independente da presença humana. Uma energia arbitrária e azul sacode a terra e ergue as árvores vitoriosas no fundo do horizonte. Ah, como a humanidade me interessa, suas intrigas e suas vozes... Quando, meu Deus, quando poderei suportar de coração leve um alheamento como este?

15 – Passeio a cavalo por estradas vazias e pedregosas. X caiu do cavalo e tem o rosto cheio de equimoses. Sentimento de que me habita a alma poderosa e antiga de um senhor feudal. As paisagens desfilam tocadas de extraordinária nobreza – estradas, igreja humilde numa volta do caminho, campo nublado onde trabalham homens minúsculos como formigas.

Aprendo nomes e palavras finlandesas, que soam diferentes, sonoras e cheias de saúde. As horas fogem rapidamente.

* * *

Leitura: *Minha formação* de Joaquim Nabuco, sem nenhum entusiasmo. As ideias colhidas ao sabor do tempo, como envelhecem depressa! E os autores, e os livros! Só permanece o pensamento criador que nasce de uma experiência funda, pessoal – o resto, esparso no ar, o vento das épocas carrega para longe.

* * *

Penedo: uma antiga fazenda, como tantas que tenho visto, com inumeráveis quartos vazios, que agonizam sob o pó e a umidade. Antigas casas sem serventia – e lá fora, uma fila de coqueiros que se move brandamente sob um céu de cinza.

16 – Continuo a leitura do livro de Joaquim Nabuco com bem maior interesse. Aqui e ali recolho frases que me parecem significativas: "Nós, brasileiros, o mesmo pode-se dizer dos outros povos americanos, pertencemos à América pelo sedimento novo, e à Europa, por suas camadas estratificadas."

DIARIOS

Tem razão – e convenhamos que se trata de uma velha verdade. Mas se ele diz adiante que "talvez a humanidade se renove um dia pelos seus galhos americanos" – então é preciso supor que tal milagre só possa se operar no dia em que deixarmos de ser um espírito *flutuante*, mas estratificado, autônomo, com sua fisionomia peculiar facilmente reconhecível. Comparando tais ideias, vejo que não ando aqui longe do espírito nacional que eu tanto gostaria de encontrar em nossa gente, e que me parece imprescindível a qualquer espécie de emancipação.

* * *

Relendo notas escritas tempos atrás, verifico a diferença de estados – a calma de hoje, com a angústia de outras épocas – e então Penedo me parece um vasto banho de verdura e de serenidade. Tudo aqui é despropositadamente verde, verde que vai se transformando e esmaecendo em cinzas variados, até as serras azuis que se elevam na distância. Pouco a pouco, como um doente que se apalpa, reconsidero e reavenho o que me formou antes desse imenso conflito. Conflito, no sentido de que explodiu e fragmentou-se o que antes estava unido e formava um todo... Não posso esconder a alegria de sentir-me ainda vivo, com um coração mais do que ardente sob a aparência de uma forma morta, inédito ainda, com olhos selvagens e bem abertos à claridade, à luz de fogo e de mistério que banha todas as paisagens da existência.

* * *

Finalizo *Minha formação* sem grande entusiasmo. Nabuco, que evidentemente foi um homem culto, um digno representante dessa bela raça que o último Império nos legou, era um espécime do seu tempo, um ser todo voltado às questões da época, à abolição, ao banimento ou não do Imperador, etc. Na verdade, tudo isto é simpático, é exato, há nobreza na confissão de suas deficiências literárias, e até mesmo beleza no rápido bosquejo de Massangana. Mas ainda aqui não há o homem profético, o iluminado – não quero me referir ao denegrido "homem carismático" que de quando em quando sobe à tona das correntes políticas, e que o abuso converteu nestes últimos tempos numa espécie de fantoche grotesco e temível – mas simplesmente o "vidente", o que poderia atravessar com olhar seguro as energias latentes, vislumbrar o espírito em ebulição, e denunciar finalmente o advento do futuro, que será nosso de qualquer modo, com deficiências, lacerações e outros males sobrevindos do enorme trabalho de recompor um país vivo com trechos de desertos e caatingas desalentadas.

Nabuco viu o seu tempo – mas também não previu nada. Não sentiu a corrida desabalada da troica de que nos fala o escritor russo, não pressentiu o advento do "quarto estado", não tomou nas mãos a charrua a fim de trabalhar o destino – não viu enfim, na sua essência de caos e de miséria, o gigante se recompondo com formas anquilosadas, aos poucos, em recônditos abalos sísmicos – e nem sequer pôde conceber nesse soterrado latejar, a época distante em que a Nação poderia reverdecer como o mais poderoso dos "galhos americanos"...

Eu sei, palavras de confiança, não palavras de entusiasmo. Manifestações de amor, e não rasgos de orgulho. Mas a verdade é que, terra pobre, esturricada e embebida em sangue pouco generoso, é a única que tenho nas mãos. Dela é que eu me constituo, como uma árvore seca e cheia de ansiedade.

Às afirmações de Nabuco, prefiro o silêncio duro, hostil e carregado de suspeita, desse outro grande do seu tempo, cujo nome ele mal aflora, e que, afinal, não consegue arrolar na sua lista doméstica de pequenos deuses políticos: Machado de Assis.

* * *

Sondo a vastidão do campo, e como que me incorporo à vida obscura e humilde dessas terras quentes de sol – paro, contemplo uma mangueira carregada de flores e que ressoa povoada de abelhas. Escuto o córrego que canta nas pedras – e vejo a noite surgir com a queda do sol, em mil pequenos murmúrios cegos e melodiosos. Então a vida já me parece sem tanta angústia, meus fantasmas esmorecem, subtraio-me aos pensamentos, e torno-me objeto, respirando, solidário e mudo, incorporado à enorme inocência de todas as coisas.

* * *

O mistério da fazenda de Penedo me obseda – que vida houve lá, que ecos de civilização sacudiram seus muros, que nomes de poder e de fartura viveram ali a sua legenda? D. Siri, proprietária da casa onde me acho, e cujo marido morreu há quatro anos numa cheia do córrego (o mesmo Iaaco de que Marcier me havia contado a história...) avisa-me que a fazenda é mal-assombrada. E não me resta nenhuma dúvida: tão grande casarão, abandonado ao silêncio e à devastação, só pode constituir um pesadelo. Em torno dele a vida foge espavorida, só os espinheiros e as urtigas crescem com sombria ferocidade, enquanto os camaleões, as cobras e os escorpiões se aninham sob as pedras esverdeadas pelo musgo.

No entanto, não estaria aqui, como um aviso a ser decifrado, a história desse espírito que tantas vezes eu procurei encontrar, uma manifestação pessoal, autêntica, da nossa maneira de ser? À medida que o Brasil se afasta para o interior, sua alma se torna mais forte e mais positiva; foi em Minas Gerais, nos becos e vielas de suas cidades mortas, que vi se erguer mais alto e mais cheio de grandeza o espírito da nossa gente. Todo esse passado é como o estrume que alimenta o porvir; a terra estua ao poder desses fermentos e a alma, tanto tempo oculta, irradia uma fosforescência miraculosa e nova. Não há dúvida, neste casarão brasileiro há um tom de grandeza indescritível; quem quer que tenha vivido aqui, encarna hoje essas raízes sem as quais é impossível criar um sedimento de povo ou de nação. A legenda que o acompanha, e que faz a gente ingênua guardar distância dele ou traçar o sinal da cruz à sua simples lembrança, é o prestígio que o mantém de pé e que o transforma num monumento vivo: o caráter de uma possível raça se estrutura ao longo de suas colunas semiderrocadas, e o que se vê de suas velhas janelas, é a paisagem conquistada da terra que se exprime por meio dessa voz que desafia o tempo.

17 – O demônio é pequeno, magro e fala quase sem cansar. Está, como eu, estirado nu numa das tábuas da prateleira da sauna, e não parece estonteado com os vapores, tal como me acontece. De vez em quando comunica-me que o meu banho está errado e que não sigo exatamente as regras finlandesas: tenho de descer do canto sufocante onde me abrigo e deixar-me vergastar furiosamente com um chicote de folhas de eucaliptos. Em seguida sentar-me numa tina cheia d'água fria – e logo após subir de novo para a minha prateleira, onde quase sufoco, mal divisando o meu interlocutor através de espessas ondas de vapor. Não há dúvida de que era precisamente aqui que eu devia encontrá-lo. Revela-se logo um velho amigo da minha família, enquanto eu tremo interiormente, pensando em tudo o que poderá suceder. Possui um sítio não sei onde, uma máquina fotográfica com que apanhará instantâneos nossos, mil e uma pequenas utilidades. Recuso-me ao ridículo de sair da sauna correndo nu para me atirar ao rio; prefiro vestir-me calmamente, e só assim consigo livrar-me do importuno mestre de banhos a vapor.

Escrevo para L.[65] – os indescritíveis resultados das minhas determinações – e que não me é mais possível adaptar o que penso atualmente a um

---

[65]No manuscrito: Lelena.

sistema de vida que considero morto. Por bem ou por mal, aos tropeços ou não, somos levados a determinadas concepções sobre as coisas, e é impossível condicioná-las a certas formas de existência inerte. (Oh, essas concepções sou eu mesmo; não as inventei, não as tomei de empréstimo. Já existiam no fundo do meu ser, e apenas amadureceram e revestiram-se de identidade para surgirem à luz do dia. Como renegá-las pois, como dizer que não me pertencem?) Se falo por exemplo a respeito da minha religião, no íntimo tão confusa, ou sobre os meus ressaibos políticos e morais, ou sobre tudo enfim que resume meus defeitos e esforços, especifico um fator vivo que fatalmente cria uma forma nova de existência. Sei o quanto é perigoso, o quanto é fácil falar assim; mas não devo ter medo do que digo, pois custou-me caro aprender as palavras que uso agora.

Não sei se L.[66] compreenderá o que quis dizer – eu próprio, numa: outra época, perceberia sem susto tudo o que reponta dentro de mim? – e todo o desespero que há na minha carta. Tentei apresentar a questão com dados imediatos, mostrar que ela própria... Eu sei, é necessário esclarecer tudo isto. Mas enquanto o drama se passa, é impossível extirpá-lo da minha carne. Somente assim é que os dramas têm algum significado. Com sangue é que se paga, que todos nós pagamos, quando temos coragem para pisar sem véus e sem mistificação a arena dura dos tempos que estão chegando.

Ah, se as ideias fossem leis sem vitalidade, sistemas sem energia, seria inútil nos debruçarmos sobre elas – mas existem, são verdadeiras, é ao seu calor que nos transformamos, que abandonamos o homem antigo, o ser ultrapassado, que nos tornamos o "outro", o "novo", a fim de não perecermos. Porque, queiramos ou não, temos de nos ultrapassar um dia. É quando chegamos em casa, depois de perambularmos em vão pelas ruas, ou depois de conversarmos horas com um amigo que não nos entende mais, ou de verificarmos que os objetos que admirávamos já não correspondem em nosso espírito a nenhuma espécie de entusiasmo, é que descobrimos que a mudança se processou. Temos de ser outros, com todo o heroísmo de que formos capazes, pois afinal, essas ideias que nos trabalham tão vivamente, exigem em primeiro lugar que sejamos heroicos ao abandonar na estrada o ser que fomos, e que o amor dos outros se obstina tão desesperadamente em guardar dentro de casa, como um defunto na grande sala de receber visitas.

Aliado a tudo isto, um sentimento de angústia inexprimível: a sensação da morte próxima.

* * *

---

[66] *Idem.*

Jan Zach,[67] pintor, fala-me da atual vida de Y.[68] e comenta: ele jogou uma partida perigosa e agora está aprisionado para o resto da vida. Não há dúvida que extinguiu até mesmo toda possibilidade de trabalho.

19 – O sentimento do pecado é que nos faz avaliar o quanto estamos vivos; é pela angústia, pelo sentimento aterrorizante que me habita (acordo durante a noite, dentro de um silêncio sobrenatural, com a impressão de que cometi onde e não sei quando, um ato irreparável) que avalio o quanto estou longe de possuir esse espírito tranquilo e isento de outras preocupações que não seja o meu tormento de todo dia. Eis um momento em que sofro, e tudo me parece incerto, pesado e sem claridade – o mundo perfeito da consciência culpada, do espírito marcado pelo remorso, pela noção do pecado entranhando na carne, orientando a existência como um câncer ramificado no ser, e que chamasse a si toda manifestação de vida.

* * *

Campos plúmbeos, de ameaça e de morte: contorcido, o mato flameja dentro da tarde que expele todos os seus miasmas – ao longe o céu se fende num único traço sanguinolento.

20 – Nenhuma notícia do Rio. O dia se desenvolve cheio de lentidão, espreguiçando-se ao sol quente da roça. Abelhas invisíveis zumbem, e erra no ar um cheiro novo de limoeiro.

* * *

Há momentos em que compreendo com espantosa nitidez, fatos brumosos e recuados, que surgem de repente com uma luz tão forte e sobrenatural, que quase chega a me cegar. Fatos que evidentemente não me pertencem, que não vivi, que só conheço através da aura morta que se desprende do papel. Por exemplo, a loucura de Gogol.

* * *

Duas odes que eu imagino incansavelmente, sem forças para transportá-las ao papel: ["]Ode ao Pranto["] e ["]Ode a uma Varanda Inexistente["].[69]

---

[67]Jan Zach (1914–1986). Artista plástico checo. Passou uma temporada no Brasil nos anos 1940, onde se juntou à cena artística do Rio de Janeiro, trabalhando e expondo o seu trabalho. Em 1947 casa-se com a canadense Judith Monk e se muda para a zona rural do Brasil, retornando à escultura.

[68]No manuscrito: Marcier.

[69]Estes poemas, realmente, não foram escritos.

22 – Visita, num quarto puramente estilo europeu (não sei como, conseguido com velhos móveis de Minas) a Garina Simon Studenic (este último nome, creio que tomado de empréstimo).[70] Seu marido Hugo Simon, morto de câncer há dois meses, foi uma das cinco maiores fortunas da Alemanha. O casal privou com Rilke, Wassermann, Stefan George e outras celebridades. O marido, grande conhecedor de pintura e escultura, foi o introdutor da arte moderna na Alemanha e orientou grandes museus na Europa. E hoje, sozinha, dentro desse verde denso e agreste de Penedo, vive ela entre estampas e objetos que lhe revivem sem descanso o passado. Fala de tudo isto com olhos ligeiramente úmidos – e depois de ter possuído palácios que foram confiscados por Hitler, termina dizendo que a vida cabe inteira dentro de um simples quarto. Segundo ela, foi este o último ensinamento de seu marido, cujas memórias, no momento, estão sendo editadas por uma importante casa de Berlim.

Mme. Garina fala sobre Hoffmann com uma volubilidade, um conhecimento de autêntica alemã. E diz: "Sua vida..." Eu a retenho com um gesto – conheço tão bem essas vidas surdas, cujo mistério jamais surgiu em pleno, e que se esgotam vagarosas ao sol de uma suspeita que não se confirma nunca... Lembro-me particularmente de Hawthorne, acusado pelos testemunhos de Emerson e de Melville (sim, de Melville, ele próprio tão implicado nesse processo de sombras...). Mme. Garina compreende o meu gesto e suspira. E durante algum tempo fita o vago, como se escutasse uma música vinda não sei de onde.

* * *

Este *Diário* todo, reparo agora, parece conter uma única nota, monótona e triste: a queixa, o remorso, a tentativa de justificação de alguém que não conseguiu ainda, e que provavelmente nunca conseguirá dominar as forças contraditórias que o movimentam.

É verdade, alguém que procura, que examina sem descanso seus próprios impulsos e os dos outros, alguém que sofre de uma única e constante melancolia, a de estar vivo, e vivo num mundo de signos indecifráveis.

Quando moço, já era assim; maduro, sou moço por uma espécie de hábito, confrangido pela visão do que não consigo compreender, talvez um

---

[70]Lúcio está certo, o nome dela era Karina Simon e o do marido Hugo Simon (1880–1950), banqueiro e político alemão. Quando estavam fugindo da França para a Espanha, depois Portugal e, finalmente, para o Brasil, usaram passaportes falsos com os pseudônimos de: Garina Studenic e Hubert Studenic. Aparentemente, o marido voltou a usar o nome verdadeiro no Brasil, mas ela manteve o "Garina" e o "Studenic", acrescentando apenas o nome do meio: Simon.

DIÁRIOS 301

pouco mais leve e mais contente do que na mocidade – como quem respira mais livremente, já que o fim da jornada não parece tão distante.

23 – Última visita a Jan Zach, que me faz ouvir numa vitrola de mão, discos de Prokofieff, acompanhados de uma batida de mel. As árvores de Penedo se movem docemente ao sol da manhã. Penso no Rio, com suas ruas acanhadas e sujas. Amanhã estarei lá, e a vida antiga retomará seu ritmo. E quando voltarei a Penedo, quando sentirei roçar meu rosto este vento novo que cheira a essas hortas bem tratadas que vejo ao longo do caminho?

25 – Afinal, notícias do Rio. Além de um telegrama de L.[71], uma carta do meu irmão. Há também, graças a Deus, uma carta de Octávio.[72] "Apenas, as areias do deserto são insaciáveis..." diz ele. E eu conservo a carta entre as mãos durante muito tempo, a fim de não me sentir tão sozinho e nem tão desgraçado.

SETEMBRO

10 – Depois de tantos dias, volto a este caderno, tendo atravessado mais uma tempestade e posto o barco remendado a navegar de novo, porém sem nenhuma vontade, apenas por uma espécie de obrigação. Não há dúvida de que a vida é bem insípida – a tenacidade com que nos fere nos mesmos pontos!

Acredito que a idade traga um certo apaziguamento e que, à margem das coisas, o espetáculo talvez deva ser mais interessante, os homens mais diversos, a vida mais variada em suas surpresas. Mas enquanto estamos dentro dela, e mergulhando até os olhos nos seus acontecimentos – *sound and fury* – o seu insuportável vazio é como um cáustico que nos devora.

s/d – Revi um filme visto há dez anos atrás, se não me engano: *Vive-se uma só vez*. Apesar das grandes qualidades de Fritz Lang, os segundos planos desta fita são esfumados, indistintos, e a fotografia parece constantemente mergulhada na neblina. Creio que foi a partir do *Cidadão Kane* que Gregg Toland inventou o *pan-focus*, e não há dúvida, como se pode verificar neste filme relativamente novo, que foi uma descoberta de extraordinária importância.

s/d – Todas as nações têm o seu instante. Se não o percebem, se o desvendam ou o traem, são questões diferentes, mas há um momento determinado em que elas são chamadas a corresponder ao voto que Deus lhes fez e, cegas

---

[71]Provavelmente, Lelena.
[72]Octávio de Faria.

ou lúcidas, cristãs ou agnósticas, são obrigadas a assumir no minuto preciso o papel que lhes foi determinado. (Qual foi, como caracterizá-lo? Talvez o saibamos desde o primeiro minuto, talvez o ignoremos para sempre.)

Nenhuma nação foi criada sem destino, o que equivale a dizer que não há povo sem história. E em qualquer sentido que seja olhada a História, do ponto mais próximo como do mais recuado em que se colocar o observador, ela se divide em duas únicas partes, ou melhor, em duas partes fundamentais, atraindo para esse centro divisor todos os acontecimentos desenrolados na Terra, que sob este denominador adquirem seu verdadeiro sentido. Esse centro comum, que rompe a história humana em duas partes distintas, é o aparecimento de Jesus Cristo, e foi Ele quem lançou os fundamentos da Era Nova, ou a participação de um mundo até aquele instante adormecido, à responsabilidade do Livre Arbítrio.

Ora, repetimos, nada haverá e nada houve de tão importante quanto este aparecimento de Deus entre as criaturas humanas – e deveríamos dizer o "primeiro" aparecimento, porque ainda que este mesmo Deus viesse uma segunda vez, já o fato não teria mais esse caráter "inicial", de "primeira correspondência", de "evidência em primeiro plano" dessa espantosa demonstração física de uma presença divina. Deus seria assim como uma confirmação, e jamais poderia surpreender novamente o homem no êxtase do seu primeiro assombro. E isto, ainda que se quisesse encarar esse fato da Encarnação como qualquer pensador ateu, que geralmente o sugere sob a espécie de um mito supremo, uma das grandes e generosas mentiras do homem, pois é o fato exorbitante de sua existência, que nos põe calados e com o coração permanentemente pactuando do *outro lado*. Jesus Cristo mistura aos limites materiais das ocorrências humanas, de qualquer modo que seja olhado, uma noção de transcendente que de súbito torna o caminho fulgurante, e nos faz maiores. Não é só o caminho que Ele ilumina, mas aumenta também a estatura do viajante. Tudo o que acontece, tudo o que aconteceu fora disto, está situado dentro das contingências terrenas, pertence ao estreito catálogo dos nossos erros ou das nossas vitórias, é "humano, demasiado humano", como situou um pensador que, ateu, tudo fez para transmitir a essa coisa aprisionada em seus limites que é o homem, uma noção superior, uma grandeza maior que, ai dele, ai de nós, pertence, não à nossa perecível arquitetura, mas à entidade suprema que nos criou.

Deuses não somos, é certo; mas por esse misterioso decreto que nos elegeu para este ou aquele instante preciso (os povos são ampliações da noção individual; se possuem seu "instante", mais acertado ainda é dizer que imitam o "instante" decisivo que há na vida de todos os homens) devido a essa enigmática lei que faz emergir das trevas uma nação até esse momento esquecida não somos "deuses" nem participamos de um território divino, mas quase o somos, neste minuto preciso em que da distância Deus nos aponta na penumbra do caos.

Daí então passamos a existir, vitoriosos ou não, errados ou não, pobres ou não, mas com a alma, a verdadeira alma que nos foi insuflada por um momento de graça, e sem a qual não é possível a nenhuma nação subsistir, porque os mortos não subsistem, e uma nação sem alma é uma nação morta, assim como o homem sem a graça é um ser amputado na sua majestade.

* * *

Se demorei na palavra "instante", ou "destino", ou "eleição", enfim em toda a velha terminologia que o mundo materialista e oportunista do nosso tempo baniu do seu empobrecido dicionário, poderia esclarecer melhor a minha ideia, caso quisesse citar um exemplo – neste caso, há um exemplo clássico para povo "eleito", para "destino", como missão prefixada ou castigo a cumprir. O povo "eleito" por excelência, "eleito" porque o foi no instante nuclear da história e do destino do homem, "eleito" porque foi exatamente o chamado a colaborar na grande tragédia da Encarnação, e assim representar o homem na sua tragédia fundamental, é o povo judeu, arrancado às margens dos seus rios pacíficos e dos seus tradicionais costumes, para a manifestação máxima de sua vida e da vida de todos os homens. Não é uma história de vitória, nem de supremacia, nem de claro espírito de justiça, a história do povo judeu; antes, por um secreto desígnio em que hoje reconhecemos a implantação das bases mais nítidas da nossa humilhação e da obscura condição humana, foi o povo escolhido para "errar", para prestar no minuto majestoso do seu chamado, a recusa de sua esperança, de sua crença e da superioridade do seu destino. Mas que tem isto, ou nos salvamos todos ou jamais nos salvaremos, como tanto se tem dito. Desde a aurora dos acontecimentos terrenos, com os olhos voltados para os princípios mais materialistas da existência – foram eles que ergueram o "bezerro de ouro" – era a gente talhada para "negar", para fechar os olhos à esperança que acalentavam há séculos, e trazerem à Cruz, entre sangue, fel e lágrimas, o Único que os arrancara daquela abjeção, no intuito de transformá-los em povo remido. Mas é terrível o peso de um destino de eleição. Cego, o povo judeu cindiu a história e precipitou a humanidade no limiar dos tempos novos, onde a aguardavam as noções trágicas do pecado e da responsabilidade. E criou-se para a eternidade.

s/d – Abro O *idiota* de Dostoievski que tanto me deslumbrou outrora. Insensivelmente uma pergunta me vem ao pensamento: que é o senso, o bom-senso? A capacidade de se adaptar ao nível comum em que todos vivem. Neste caso, os que não podem, os que possuem arestas que não se adaptam às engrenagens da realidade comum, serão loucos simplesmente? Ou há um nome especial para esta exaltação, este sentimento de impotência e ao mesmo tempo de plenitude?

Ah, como sinto, como vejo, como percebo a ausência de Jesus Cristo – o nome assim atirado, fere a página, estremece, lacera a terra morna do hábito, acostumada à visão materialista das coisas... e eu próprio, tão destituído de rumo, um instante perplexo, paro, repito a palavra, sentindo até onde poderia ir, se quisesse aprofundar o sentimento que me ditou essa pequena descoberta...

Oh miséria, não há como fugir, o mundo é a nossa própria morte. Não há possibilidade de entranhar na sua essência egoísta, o que poderíamos chamar de verdadeiro espírito cristão. O espírito cristão é exatamente a loucura, a falta de senso. Ao longo do tempo, como vimos perdendo suas linhas essenciais, seus ensinamentos, sua própria figura! Como mentimos, como substituímos, com que habilidade, com que fidelidade à nossa permanente atração pelo nada!

Foi Ele, não há dúvida, foi Jesus Cristo quem mais se insurgiu contra a dura tirania da realidade, o despotismo do bom senso e da complicada maquinaria dos fatos comuns. Penso um minuto, rapidamente, no sistema burocrata tão pateticamente denunciado por Kafka, através dos seus funcionários, juízes, escriturários: há, nele, uma espantosa imagem do inferno. O funcionalismo público, com suas redes de controle e seu sistema de mecanização, é uma das mais perfeitas invenções do diabo. Que louve, quem quiser louvar, esta mentira trágica do poeta funcionário: este monstro esvaziado de sua verdadeira essência, é a última invenção de Satanás para planificar o mundo e reduzir-lhe o espírito poético. O poeta funcionário é um escárnio só admissível no mundo aterrorizante de hoje, é o toque final do diagrama da decomposição, o fecho, o cimo da obra de abastardamento e de diminuição dos valores maiores que a nossa época assiste sem defesa.

Por esse processo de eleição de valores que nos trucidam e que nos matam, é que esquecemos a doença que o Cristo representa, seu perpétuo embate contra o sono e as forças passivas do senso comum. E em nome de que, por que trocamos tudo isto?

DIÁRIOS

Testemunhos trágicos têm se erguido contra o burguês – inutilmente, porém. O burguês deve existir como ponto de referência à nossa revolta. Porque a missão de alguns poetas é empunhar o chicote para lacerar a maioria cega e domesticada pelo hábito de existir sem sofrimento.

OUTUBRO

9 – Aí estamos com a realidade insofismável: praticamente o Sr. Getúlio Vargas está eleito. As forças inconscientes que o elegeram, nada mais fizeram do que corresponder a um estado de coisas latente, a um espírito de rebaixamento e de preferência por elementos heterogêneos e impuros, que desde há muitos anos vêm trabalhando o espírito brasileiro. O Sr. Getúlio Vargas corresponde a um falso ideal de liberdade e de relaxamento das massas: o "pai dos pobres" é na verdade um lisonjeador do espírito reivindicador e anarquista que existe no fundo estagnado do povo.

Chegamos finalmente a uma fase de plenitude: teremos um governo absolutamente constituído de cafajestes. Desvenda-se no horizonte uma das horas mais sombrias para o Brasil – e é certo, seria ocioso esconder, que o desnivelamento que presenciamos desde há tanto, produzirá a nova forma de país que vamos ser. Ou vitorioso, através de suas fórmulas mais deprimentes, ou vencido, íntegro contudo no seu espírito mais aristocrático, que poderá reter as sementes a fazer germinar no futuro, e que agora só poderá se constituir como sustentáculo de uma oposição inteligente.

* * *

Leitura dispersa e lenta: o *Moby Dick* de Melville, alguns romances de Graham Greene, que é hoje a leitura de todo mundo. Mas o melhor do meu tempo emprego em dirigir e montar *Angélica,* que deve subir à cena no próximo dia 16. Não encontro nenhum prazer nesta forma de trabalho, mas sou obrigado a isto, em vista dos compromissos que assumi com o SNT...[73] Mas se Deus quiser, encerrarei por aqui as minhas manifestações de "realizador".

* * *

---

[73]Serviço Nacional de Teatro, *op. cit.*

Planos de uma vida nova, é certo. Mas depois de um minuto, não verifico que são os mesmos planos de sempre, e que nunca levo avante? Mas se não fossem os planos, nunca teríamos coragem para prosseguir em nossa magnífica ociosidade.

* * *

Um homem com a obsessão de criar alguma coisa, é alguém que só interessa a reduzido número de pessoas. É o habitante de um universo fechado. Não há dúvida de que o nosso tempo perdeu o interesse pelos artistas e despreza a arte de um modo geral: abordamos um mundo altamente mecanizado. A doença é um mal menos terrível, e acostumamo-nos à morte, assistindo-a aos milhares. A razão é que podamos todas as nossas raízes no sobrenatural; tornamo-nos espantosamente uniformes e comerciais. Mas se é este o signo bárbaro por que se distinguirá a nossa era, mesmo em tempos mais afortunados o artista criador sempre foi mais um importuno do que outra coisa. Em última análise, o possuidor só interessa ao possuído, o artista portanto ao demônio – *daemon* – como diria Goethe, seu destino, sua fatalidade.

21 – Volto a este caderno como quem persegue uma sombra. Para me readquirir, para me reajustar, que esforço, que penoso trabalho de reconquista e de exclusão dessa ganga recebida no extenso trajeto em que venho me gastando, e onde não vejo mais os termos da minha autodestruição, mas apenas turvos caminhos da minha descoberta. Porque sempre nos descobrimos naquilo que mais amamos, como naquilo que mais sofremos. E até mesmo naquilo que não nos representa e traça por sobre as linhas habituais do nosso ser, a identidade nova de alguém desconhecido e alucinado. Sempre nos descobrimos, enquanto a morte não chega. E não é ela a grande descoberta final, a que nos revela íntegros e perfeitos, nessa imagem esculpida através de dias álgidos ou ardentes, o barro luminoso com que levantaremos dentro de nós o ser vivo que substituirá a perecível matéria de que se compõe nosso corpo?

Trabalho na composição da minha identidade com um furor cego e desatinado; que Deus me dê forças para revelar inteira a minha essência de frio e de demência.

* * *

Leitura: ainda Graham Greene, com a vaga desconfiança de que tanto prazer deve proceder de uma facilidade que mais tarde irá destruí-lo aos meus olhos.

DIÁRIOS

NOVEMBRO

2 – Leio o livro de Maurice Heine sobre Sade[74] com a maior curiosidade. Sim, ninguém nega mais (pelo menos os que não repelem Sade à primeira vista, com nojo e violência) que ele tenha sido um homem de atributos geniais. Depois de Otto Weininger[75] e de tantos, já é lugar-comum falar em proximidade dos extremos. Não há dúvida também, quanto ao fato de que ele foi martirizado e injustiçado pelos de sua época. Mas seu ateísmo, levado àqueles limites do absoluto a que alude seu biógrafo, levou-o naturalmente à destruição da concepção do homem segundo uma imagem divina. Não suportando tal coisa, porque não é da natureza do homem suportar o Nada absoluto, Sade se volta contra a matéria num cego furor, invectivando-a, blasfemando – e o que é pior, perdendo o controle e o respeito – porque era um homem ardente e apaixonado nos seus movimentos – suja essa imagem, tortura o amor como um sentimento considerado superior, cria finalmente seus numerosos e tortuosos processos de lubricidade, resultantes unicamente de um fator fundamentalmente ontológico: sua falta de amor e de respeito pelo gênero humano.

Que poderiam fazer os dignos burgueses da época, ante tão espantosa manifestação de desprezo – desprezo de origem religiosa, blasfemo, criminoso? Adotar uma atitude de represália – e foi o que fizeram, lançando à prisão, sucessivamente, e por longos espaços de tempo, aquele que expunha com tão delirante veemência, seu desespero pela falibilidade da obra do Criador.

* * *

Sonhei esta noite com uma personagem de romance, cujo nome era Lucrécia ou Albana, não sei mais; a cena surgiu de repente como se fosse uma "tomada" cinematográfica, e ela ria, sentada no alto de uma escada pouco iluminada. Havia qualquer coisa antiga na sua figura, e ela trazia no colo alguns grampos de prata. Dita assim, a visão perde a sua intensidade e adquire um aspecto bastante literário, mas o que era extraordinário, e que eu não consigo renovar, era a força, a realidade desta figura de sonho.

* * *

---

[74]Maurice Heine, escritor francês. O título do livro: *Le Marquis de Sade* (1950).
[75]Otto Weininger (1880–1903). Filósofo austríaco.

A opinião de J.,[76] a quem confiei este Diário, paralisou-me durante algum tempo. Volto agora, não com o objetivo de realizar qualquer espécie de ideal literário, mas apenas por uma... vamos dizer, uma disciplina do espírito, já que carecemos de alguma, por mais leve que seja. Não quis, pelo menos até agora, transformar este caderno numa exposição de ideias. Nem sei se há nele, realmente, a intenção de apresentar uma ideia nítida – fui escrevendo naturalmente, e é possível que reflexos alheios (é disto, sobretudo, que ele me acusa: não serem novas minhas ideias...) reminiscências de conversas ou leituras, tenha aflorado com certa insistência a estas páginas. Mas neste caso, acho quase inútil esclarecer – é o que legalmente se incorporou a mim: sigo de novo o caminho, pensando que talvez um dia estas folhas me sirvam. E com a certeza de que se a opinião dos amigos ajuda, muitas vezes atrapalha. Impossível uma visão geral, um conceito definitivo sobre o todo, quando o autor é tão desconhecido nosso e as qualidades que prezamos se ramificam em tão sabidos e numerosos defeitos. Também, é verdade que os amigos acertam, indo diretos ao objetivo, sem prestar atenção aos detalhes. Mas em obras como esta, sem pretensão e sem objetivo, não são precisamente os detalhes que mais nos interessam?

* * *

Leitura: Dickens mais uma vez, o *Dombey e filho,* desta vez com maior felicidade. Pena que o mundo tão intensamente colorido de Dickens, seus colossais preparativos, seus tiques e características de personagens, sirvam de veículo a paixões comumente tão pobres, e de entrecho tão banal. Adivinha-se tudo desde o princípio, o castigo dos maus e a recompensa dos bons. Mas seus retratos são inesquecíveis e, por si apenas, bastariam para garantir o lugar que ele ocupa entre os grandes romancistas do mundo.

Nota curiosa: este universo de caricaturas e fantasmas, está cheio de crianças. De crianças perseguidas e maltratadas, idênticas e tristes no seu martirizado convencionalismo. Como aqui estamos longe das soturnas e misteriosas crianças de Dostoievski! Ou sem ir tão longe, das simples e trágicas crianças de Thomas Hardy...

* * *

---

[76]No manuscrito: Jacques [do Prado Brandão].

DIARIOS

Ainda *A vigésima quinta hora,* da autoria de um escritor romeno.[77] Opinião muito exata de um amigo: os homens são espancados, e evidentemente sentem prazer em lembrar que o foram.

4 – É bastante interessante o livro de Claude Edmonde-Magny sobre a *Idade do romance americano.* Desvenda-se com segurança o parentesco entre romance e cinema, que são, indubitavelmente, as artes mais próximas entre si. Não creio que nenhum romancista autêntico, e conhecedor seguro dos processos técnicos do cinema, aliado a um instintivo conhecimento da arte de representar, possa se sentir intimidado com uma câmera-ele se tornará fatalmente. um diretor, e criará também no filme o seu estilo, tal como no livro. Eis as palavras finais de um dos capítulos de Edmonde-Magny: "Vai-se caminhando cada vez mais, parece, ao momento em que o filme, como o romance, poderá ser atribuído sem ambiguidades nem restrições a um autor único, e não é interdito imaginar o momento em que, nas cinematecas do futuro, seções inteiras, poderão se intitular orgulhosamente *Obras completas* de René Clair, de Fritz Lang ou de Preston Sturges."

* * *

Apesar de tudo, apaixonante experiência esta, que levo a efeito com *Angélica:*[78] sente-se a peça desagregar-se entre os nossos dedos, decompor-se como uma malha de xadrez que se desfaz, tornar-se em nada, finalmente. Meditando um pouco na obscuridade da plateia, enquanto os artistas repisam várias vezes uma mesma cena, acho inacreditável que palavras tão vazias tenham condensado alguma emoção, ou tivessem significado um momento de inspiração minha. São frases sem calor, indiferentes, como se pertencessem a acontecimentos banais, cotidianos, e não a uma obra fechada, que limita o drama.

* * *

Resolução de viver cada vez mais sozinho. Não por orgulho, nem por desencanto, que estas são reações da mais extrema mocidade – mas pela certeza de que assim esgoto menos rapidamente as minhas possibilidades.

5 – Avanço o ensaio de Claude Edmonde-Magny[79] com muito menos interesse. Dos Passos, Sinclair Lewis... Sim, não há dúvida, autores que muito

---

[77]Constantin Virgil Gheorghiu (1916–1992). Escritor romeno, mais conhecido por seu romance de 1949, *A vigésima quinta hora.*

[78]Peça em três atos, escrita por Lúcio, apresentada no Teatro de Bolso, no Rio de Janeiro, em 1950.

[79]Claude-Edmonde Magny é o pseudônimo de Edmonde Vinel (1913?–1966). Escritora francesa.

eu li no começo da minha vida literária, e que tanto influenciaram escritores daquela época, Jorge Amado por exemplo. Lembro-me particularmente deste, falando-me do desenvolvimento do romance através dos odores, segundo John dos Passos. Creio ter sido esta técnica que ele empregou no seu romance *Suor*. Como explicar hoje a voga desses romancistas na França?

De Faulkner[80] e Hemingway,[81] nada falo – que ainda hoje os conheço mal. Mas a própria ensaísta afirma que em suas últimas obras Dos Passos volta a um ponto mais moderado na arquitetura de seus romances, por assim dizer mais próximo à fatura clássica. A extrema brutalidade da vida americana na época do *Big money* e *Manhattan transfer* (prelúdio sem dúvida da época em que resvalamos) suscitou a forma esquemática e entrecortada dessas novelas, na aparência de tão agressiva e causticante novidade. Essa época, como as outras, tem os seus mártires, e o mais notório deles, incontestavelmente, é Scott Fitzgerald.

Enquanto dia a dia o mundo vai se jungindo às fórmulas simplistas e materialistas da vida norte-americana, sua arte é a resultante de uma força sem alma; não procede de uma ideia nacional ou de um martírio coletivo, como no caso da Rússia ou da Alemanha, que são possivelmente as duas nações que mais acalentam esses fogos em suas entranhas, mas de um estado de fastígio e de progresso, que sepultou uma consciência trágica do homem e do seu destino. Dos Passos, Sinclair Lewis, que a França tanto ama (lembro especialmente a atmosfera irrespirável de *Babbitt,* que li aos dezesseis anos de idade) são os profetas de um mundo nascente naquela época, o mundo da máquina, da impersonalidade, da técnica enfim. Não há nesses romances a noção do bem e do mal, há apenas o mal-estar social, oriundo da alteração dos fatores econômicos, a compressão do indivíduo por forças automáticas e monstruosas. Não existe o demônio – mas o patrão – como não há pecado, e sim contingências sociais. Não há sombras, apenas reflexos da luz obsedante e fria do gás néon. Esta é a alma metálica e impiedosa dos grandes cantores do mundo em que vamos mergulhando rapidamente.

---

[80]William [Cuthbert] Faulkner (1897–1962). Escritor estadunidense, considerado um dos maiores escritores dos EUA do século XX. Recebeu o Prêmio Nobel de Literatura de 1949, o National Book Awards em 1951, por *Collected stories,* e em 1955, pelo romance *Uma fábula,* e dois prêmios Pulitzer, em 1955 por *Uma fábula* e em 1962 por *Os desgarrados.* Faulkner e Lúcio se conheceram no 1.º Congresso Internacional de Escritores, ocorrido em São Paulo, em 1954. Há, inclusive, uma foto em que ambos aparecem juntos.

[81]Ernest [Miller] Hemingway (1899–1961). Escritor estadunidense. Pelo livro "*O velho e o mar*", de 1952, considerado a sua obra-prima, ganha o prêmio Pulitzer (1953) e o Prêmio Nobel de Literatura de 1954.

E agora indago, se existisse hoje, que pensaria um Scott Fitzgerald, que pensam todos os autores dessas espessas fotografias de um mundo frustrado?

s/d – *Angélica*, levada à cena ontem, num teatro minúsculo e pouco confortável, constituiu mais um fracasso para se ajuntar à série que me vem perseguindo ultimamente. Os motivos eram visíveis: cena estreita, artistas que ignoravam completamente o texto, má vontade de muitos e direção deficiente. Que mais para constituir outra coisa além do lamentável espetáculo de ontem? No entanto, houve um momento em que, ajudando Luíza Barreto Leite[82] a se vestir, fitei-a de longe, envolta na sua roupa cor de ouro, com o longo véu de filó negro sobre os ombros, senti, pela simples presença daquela figura, toda a indestrutível "verdade" que a peça poderia representar.

Mas depois que o pano desceu, abateu-me um grande desalento e compreendi que não é possível deixar de reconhecer que há uma força que impulsiona os mesmos ocultos desígnios que presidem nestes últimos tempos ao desastre de tudo o que empreendo. O que vivo, teria de viver como uma lei a que não posso me furtar; é mais uma palavra dessa misteriosa frase escrita por trás dos acontecimentos, e que marca o meu destino com o seu mais triste signo de veracidade..

* * *

Aí estão os restos de *Angélica* – e eu reconheço sem grande pena que não poderia ser de outro modo. Há certo furor, certa impaciência na mão que me fere. Provavelmente não estou muito longe de adivinhar tudo o que foi escrito a meu respeito, e que jaz indecifrado na sombra.

* * *

Não, não, é completamente inútil voltar ao teatro. *Angélica* marcou definitivamente a minha última tentativa. Agora o caminho é um pouco mais estreito, o desenlace mais próximo. Mas não me sinto amargo e nem hostil a ninguém; ao contrário, tenho a alma leve e é com alegria que imagino planos diferentes, viagens, etc.

---

[82]Luíza Barreto Leite (1909–1996). Atriz, crítica e diretora teatral brasileira, uma das fundadoras do histórico grupo teatral, "Os Comediantes".

s/d – João Maria dos Santos[83] fala-me em Cavalcanti com bastante entusiasmo. Segundo ele, estamos numa época bem melhor para o Brasil. Com alguns uísques, não é difícil concordar: chego mesmo a declarar que ná indícios de que estamos salvos. Ouço rumores de que estão para chegar Cocteau e René Clair. Ele lamenta: "Pena que tenha sido interrompida a filmagem de *A mulher de longe...*" Eu acrescento comigo mesmo um rosário de infindáveis penas. Novos uísques e eu acabo confessando o meu grande, o meu maior desejo: filmar *Os sertões*. João Maria dos Santos, à minha descrição, ainda se entusiasma mais. E eu, pensando de repente em tudo o que se disse, regresso ao meu nada, fugitivo e desamparado. Já não é permitido sonhar, nem mesmo com uísques.

s/d – Um novo livro de Charles Morgan.[84] Leitura fria e sem interesse. Com que espantosa velocidade Charles Morgan envelheceu nestes últimos dez anos!

s/d – Encontro à saída de um cinema com Octávio de Faria. Falamos dos velhos tempos, de Cornélio Penna, dos nossos encontros no Café Cinelândia, dos dias cada vez piores que vivemos. E há em tudo isto uma grande melancolia, parecem fatos acontecidos há séculos. Conta-me ainda que alterou completamente o plano da *Tragédia burguesa* e que o próximo livro se chamará O *retrato da morte*. Segundo ele, o tempo, o instante no tempo que passa, é o único autêntico retrato da morte que possuímos. Faz também alguns comentários sobre Julien Green, de quem ambos acabamos de ler *Moira,* lamentando que este autor não tenha coragem para dizer tudo, de ir até o fim.

s/d – Decisão de abandonar hoje o famigerado Teatro de Bolso. Aliás, o teatro de qualquer espécie, com que tanto perdi e nada recebi em troca. Toda gente de teatro se mira perpetuamente num espelho de duas faces: egoísmo e vaidade. Agora compreendo – e sem esforço, apenas deixando subir ao meu pensamento o ranço das coisas – porque Pascal disse que o teatro era prostituição.

30 – Visita ontem a Frei G.[85] a quem narro as dificuldades da minha vida. Compreendo que há um certo nervoso, uma certa dubiedade nos meus propósitos. Ele me escuta com interesse e fala-me, primeiro em Álvaro Lins,

---

[83]João Maria dos Santos, diretor de arte e premiado cenógrafo da Companhia Cinematográfica Vera Cruz.

[84]Charles [Langbridge] Morgan (1894–1958). Dramaturgo e romancista inglês.

[85]No manuscrito: Gastão.

depois em Cavalcanti. Pergunta-me se eu não gostaria de trabalhar com este último – e eu digo sim, desamparado, olhando as paredes como quem se afogasse aos poucos.

DEZEMBRO

2 – Visita a um feiticeiro, em Nilópolis, que nos recebe entre gente que cheira a cachaça e fuma charuto. Deve haver uma dignidade especial nesses dois hábitos, mas o que percebo bastante vivo, é o resquício africano de tudo isto, o sentimento da cubata, do sacrifício e do poder supremo do curandeiro. Há qualquer coisa cega e abandonada neste mundo mergulhado na escuridão: os olhares mansos, humildes, submetem-se a um poder que possui mais de malefício do que propriamente de generosidade paternal. O pior é que esta gente sofre real, miseravelmente.

* * *

Viajo num trem de subúrbio e examino as fisionomias vulgares, tristonhas, que enchem o vagão; no fundo, perdida na massa indistinta e relaxada de cabeças, alguém canta com voz embriagada um refrão sobre o "baixinho" que, segundo essa pobre gente, foi eleito pelos "pais de santo". Que esperar de um povo como este, sem horizonte e sem possibilidade de espécie alguma, e que se agarra como última tábua de salvação a esse mito que se chama Getúlio Vargas? Triste povo, triste raça! De que maltratada matéria se comporá sua fisionomia futura, por que meios se fará existente, como será perceptível através da imensa bruma em que sobrevivemos?

Os instantes se diluem sem força na fluidez do tempo. Não é a nossa hora ainda. Temos de esgotar toda a ração de tristeza, de obscuridade e de indigência que nos sobra. Um dia, talvez, aprenderemos a chamar pela sua designação certa aquilo que desejamos. Até lá, como as crianças, daremos nomes de gente aos fantoches meio esburacados que o destino nos serve. Mas o impulso que nos leva tão desatinadamente para a frente, fará o deserto se consumir às suas próprias necessidades; aprenderemos a distinguir nossa própria voz, e volveremos os olhos para o lado da verdade.

A necessidade do mito, aí está. Só não somos suficientemente fortes para gerá-lo à altura de nossas carências. Idealizarmos forças subsidiárias, que servem unicamente a males passageiros. Mas o grande mal, feito pela doença e pelo atraso que nos consomem, ainda são impunes e vivem o seu grande momento. Até que surja o homem, o acontecimento ou a ideia (falo tanto de um movimento político quanto de uma catástrofe; tudo nos serve desde que faça explodir o chão do habitual que vivemos, e arraste uma inspiração na sua cauda flamejante) que faça desaparecer esses sintomas de impotência, e nesta ascensão, crie na sua ânsia a nossa própria alma.

* * *

Vago, escuto, assisto – sombra de mim mesmo, vazio, paralisado de que sentimentos, de que continuadas ausências? Acaso existo fora deste ser solitário e cinzento, acaso ousei imaginar mais do que esta silhueta cabisbaixa e devorada de ambiciosos desejos? Em que dia, em que minuto de alucinação e fantasia? Ainda queimo, mas de fatigadas ambições.

* * *

A janela aberta, a música e a chuva. E eu me renovo ao influxo de lembranças antigas – sim, eu mesmo, finalmente – sentindo-me de novo perdido e infantil, dentro deste corpo desconhecido que envelhece, que a cada minuto se torna diferente, como a vela que escorre, deforma-se, ao mesmo tempo em que a chama renasce, no íntimo, azul e pura.

* * *

A um certo momento, coesos, em *grupo*, imóveis, sentimos a transformação: deixamos de ser simples pessoas, tornamo-nos legenda. O que éramos, fomos; agora somos, não sei por que inesperada feitiçaria, material de um mundo estratificado no sonho.

3 – Artigo de determinado crítico sobre *Angélica*, respirando uma tal estupidez, uma tão grande má vontade, uma desonestidade tão veemente, que me põe perplexo, apesar da minha larga experiência. Isto é que é o pior no teatro: colocar-nos ao alcance de imbecis desta espécie. Para quem não leu a peça, e diante da hesitação dos artistas, é fácil pensar que o defeito maior é do próprio texto. E aí estão, dogmáticos e estúpidos, os críticos como este, que não hesitam em apontar a causa do fracasso no drama mal apreendido, mal decorado e mal assimilado.

20 – Tudo o que vivi, vivi como um estrangeiro. O bem, como o mal, sempre me pareceu um excesso, e a dor que a desordem me causa, é idêntica à angústia que me vem ante as dilatadas purezas. O apito dos trens, as belas paisagens, os muros frios e altos, as casas de cimento avaro, tudo retine em mim e me faz sofrer, porque exatamente tocam no meu íntimo a corda que está sempre em desacordo com o mundo.

Gostaria de caminhar e não me deter nunca; todas as paisagens me ferem. O repouso – ordem, serenidade, trabalho – é para mim quase constantemente um estado inatingível.

22 – Sinto-me no limiar de uma nova vida. (O número de vezes que repetimos estas palavras! São elas, ou melhor, o sentimento que condicionam, que nos garantem a permanência da vida no fundo do ser. Se mudamos, é porque a esperança não nos abandonou, é porque ainda estamos acordados.) Tudo me diz que de agora em diante as coisas serão mais serenas, que terei menos febre, e os desejos se aquietarão no fundo do meu peito. (Penso, e durante um minuto, a visão estremece nova no meu pensamento: estradas que avançam sem chegar jamais às cidades que imaginamos, ruas atentas à aventura, janelas entrefechadas através das quais um vento morno sopra todas as possibilidades...)

Repito sem descanso, como um convalescente (e ainda como eles, experimentando o corpo, sem ter certeza de que tenha forças para chegar até o outro lado) o meu programa de trabalho. O que significa dizer que renovo os meus protestos de isolamento. Adeus belas tardes de sol, noites nos bares, conversas arrastadas em inúteis horas de simpatia e de tóxicas promessas. Adeus tudo o que eu fui. Dèvo estar atento ao homem novo que se levanta dentro de mim. Às vezes, as crises de crescimento têm os sintomas de morte – e muita vez supus divisaɪ ɪeste ser despojado e atônito, a imagem de um homem vencido, quando apenas me tornava mais eu mesmo, mais próximo ao centro das verdades que me constituem.

Adeus, homem de sonho, encostado ao poste da madrugada – como Leonardo da Vinci no *Codex Atlanticus,* poderei dizer agora: "Não me despreze porque eu não sou pobre – pobre é aquele que tem grandes desejos."

* * *

Leituras feitas com dificuldade e a esmo, a atenção dispersa. Um romance brasileiro sem maiores qualidades, um romance americano[86] qualquer, também sem maiores atrativos.

Refaço com esforço artigos velhos sobre Hawthorne e Henry James. Ambos me parecem superficiais e vazios. Copio e recopio coisas passadas. Sinto a impressão de que tudo isto são pegadas, símbolos de uma existência esvaída, e que vim tateando no escuro, sem nenhuma esperança. Não é sem um certo sentimento de alívio que vejo o ano se esgotando. Nada fiz e nada

---

[86]No datiloscrito, Lúcio menciona a autora do romance: Dorothy Canfield.

me trouxe o Ano Santo. (Penso melhor, talvez seja injustiça ou ignorância minha: que sabemos ao certo do que traz ou do que não traz um tempo? Talvez tenha sido agora o instante em que fui mais desapiedadamente vivo. Este coração pesado, bem mais pesado do que antigamente, não se enriqueceu com o amargo suco das mentiras com que tentei me envenenar? Não morremos ainda desta vez – e é possível que para mim toda a verdade destes últimos tempos esteja na verificação de que não nos extinguimos segundo a nossa vontade, mas que mãos de infinita misericórdia nos acolhem sempre no minuto exato em que nos traímos e anulamos nossas mais penosas conquistas...)

Abandono artigos e cópias. Sinto no entanto que é com otimismo que devo encarar os novos dias que vão começar. O sol brilha. A vida, a vida inteira me espera. Viver é arriscar-se permanentemente, e o que mais me anima, é a coragem do lance.

26 – Nesses últimos dias, com Fregolente e alguns amigos, fomos de automóvel por essas estradas afora. E assim, até Ubá, Minas Gerais, tive ocasião de redescobrir as pequenas cidades que tanto me apaixonam – e as paisagens sempre desoladas, com a monotonia dos milharais subindo encostas. Tudo isto, cortado pelo velho Paraíba, em curvas fundas, coroadas de espuma, enquanto a música ressoando no vale, denuncia a violência solitária das águas.

Jamais me esquecerei do azul desses dias. Enquanto paramos na estrada para trocar um pneu, experimento na concha das mãos a água fria que escorre das pedras. Uma cidade ingênua e feliz que dorme ao sol: Sapucaia. Vieram outras depois, onde saciei a minha constante fome de paisagens: Guidoval, antiga Sapê, a mais bonita de todas, de aspecto mais característicamente mineiro. (Guidoval – quando voltarei lá um dia, eu que me senti apenas no começo da nossa amizade?) A cidade morre aos poucos, enquanto o que sobra de vida se concentra numa única rua, estreita e calçada de grossas pedras, onde erra um perfume bom de quitandas e doces familiares. Em certos momentos, lembra Congonhas, menor, sem dúvida, e também sem a imponência dos profetas. Mas é o seu encanto maior, esse beco abafado, onde a sombra se comprime entre janelas de guilhotina, e o ferreiro bate o seu martelo plangente, na forja eriçada de faíscas.

Vieram depois Cataguases, Ubá – e pareceram-me cidades de trânsito, bem maiores do que Leopoldina, Sapucaia ou Guidoval, mas feias, pobres nas suas graças de vilas erguidas a esmo para caixeiros-viajantes, entrecortadas em pleno meio-dia pelo som dos rádios escandalosamente abertos nas praças públicas. Mais tarde chegaram outros campos cheios de gente triste.

DIÁRIOS

Desço e tomo café com rapadura num casebre de telhas-vãs: o caboclo me fala de suas dificuldades, das feitiçarias de sua mulher e da mordedura de cobras. Eu escuto, sentindo vir a tarde com uma imponência repleta de melancolia. E assim tão desamparado, como o Brasil me parece uma realidade ao alcance de todas as previsões!

* * *

Releio alguns ensaios de Mário de Andrade, procurando rememorar as duas ou três vezes em que o vi. Tenho presente na memória uma máscara contraída, desconfiada sob linhas sem muita amenidade. Quando o encontrei pela primeira vez, menino ainda, falou-me todo o tempo em Augusto Frederico Schmidt, de quem então ele me considerava um admirador e um discípulo. Admirador, sim – e sabia até alguns poemas de cor. Discípulo, não sei... tenho sido tão mau discípulo de tanta gente grande!

Outra vez, no consultório de Jorge de Lima, encontrei Mário de Andrade em palestra com o poeta Deolindo Tavares. Falamos em Cézanne e Van Gogh – eu, com aquela incontinência de quem está começando a descobrir as coisas, o autor de *Belazarte* provavelmente com um acerto de que não me recordo mais... Hoje, que rememoro isto, não estão vivos nem Mário de Andrade, nem Deolindo Tavares. No entanto, as figuras permanecem nítidas, e eu os revejo agora, bloqueados num mútuo desconhecimento – a selvageria, a sensibilidade em carne viva de Deolindo Tavares! – enquanto eu também, um pouco desnorteado, esforçava-me para brilhar numa conversa que não interessava a ninguém.

31 – Hoje. Uma única palavra para terminar um ano de complicados acontecimentos – e dizer da época nova que começa.

1951

JANEIRO

2 – Começo o novo ano num estado de espírito difícil de ser explicado. Não há como negar, por mais que disfarce e procure encontrar designações que me apresentem uma realidade diferente, o certo é que minha vida, tal como eu a tinha imaginado, como até agora me habituara a considerá-la, arquitetada sobre bases definitivas, rui – e rui sem nenhuma possibilidade de continuação.

Não há em mim nem medo e nem covardia. Também não posso pensar em hesitações e recuos – sou finalmente obrigado a tomar partido, e a seguir, mesmo com o coração transido, o caminho novo que se abre diante de mim. (Revejo tudo agora, com olhos que já se distanciam dessas paisagens familiares – minhas fraquezas, minhas desoladoras fraquezas! Horas que eu perdi numa dispersão quase criminosa, amizades que desprezei, oportunidades esmagadas sem piedade, compromissos rompidos, dívidas contraídas sem nenhum escrúpulo, tudo o que eu possuía queimado e atirado ao vento, promessas esquecidas, votos não levados a termo, todos os sintomas de um homem ausente de si mesmo e visitado pelos ventos das paixões mais contraditórias... ó triste eu mesmo, cego coração de poeta, alma desvairada e sem repouso – que outra contemplação exiges de ti, além dessa sacrificada imagem que exibes com os olhos cheios de lágrimas? Deus que tenha pena, e levante até o seu peito o esforço dessa vontade – talvez possa fazer ver através da sua misericórdia, o ser integral, no trabalho e na solidão, que deve constituir a tua imagem nesse futuro que já se aproxima, que já te envolve, que já se faz irrecusável realidade...)

Sim, nada vejo de alegre e nem de compensador neste começo de ano, a minha existência é uma estrada morna e sem grandes horizontes. Trabalho num jornal que apregoa e divulga ideias que não estimo por considerá-las erradas; vivo uma existência pacata de burguês, compondo uma fisionomia adequada com o senso das proporções alheias. (E não o consigo, é verdade; há nos meus olhos alguma coisa alucinada que não engana a ninguém...)

Nunca entro no jornal sem cometer uma violência contra mim mesmo; todo o falso espírito de ordem, de bom comportamento e velada hipocrisia que lá reinam, é mais do que suficiente para revolucionar-me o estômago. E fora, andando pelas ruas, indago de mim mesmo quem sou, de que modo resolver este mistério que há tantos anos me segue, tal é a intensidade com que me sinto à parte, flutuando à margem das pessoas e das coisas.

Mas agora pergunto, depois de todo esse esforço para adaptar-me às circunstâncias: afinal, eu mesmo, onde estou? E eis o retrato de pé, o homem que surge íntegro na sua essência nova: meio morto pelas salas de redação, sonâmbulo nos bondes, indiferente nas esquinas, ausente de tudo o que me cerca e de tudo o que assisto. Ausente, ausente, ausente. E quem nunca se sentiu assim esvaziado de todo conteúdo real, não pode saber também o que é o ímpeto da vida, e o acúmulo de suas tormentosas vagas sobre o coração! Tudo vem então com o furor de uma tempestade – e tudo nos deixa como uma praia bruscamente varrida pelos ventos.

É verdade, como diz um amigo, que estamos acostumados a satisfazer nossas vontades, a satisfazê-las demais. Ai de nós, como queremos aquilo que nos toca, como acariciamos e exalçamos nossas ambições... Mas se no entanto essas vontades são fundamentais, como sermos diferentes, como nos tornarmos outros? Podemos nos recusar pequenos caprichos, ambições sem grande vulto, massacres sem dilaceradas auras – mas não é verdade que quase sempre, no final de tudo, somos apenas nossas próprias ambições? Somos aquilo que desejamos com mais intensidade. Defendo pois as crises violentas, as mutações que nos revolvem a estrutura do ser, como se nos alimentassem tempestades; são elas que nunca deixam de fazer ferver o sangue pálido que erra em nossas veias.

* * *

Minha insensibilidade, minha frieza, minha falta de amor – este "coração de pedra" a que minha mãe aludiu um dia... – talvez. Ou coração sem lugar para muitas coisas, como um porão atravancado de objetos velhos. Alguns inúteis e fora de uso – mas tão preciosos como o supérfluo para certos maníacos. Ser amável, atento, "presente", no sentido mais extensamente social da palavra – não são os apanágios de um coração fútil, cheio de vagares e compartimentos vazios? Tenho o coração cheio com toda a minha alma. Bem pensado, o tempo é pouco para me destruir por tudo o que amo. Assim é que o silêncio, para mim, é a manifestação de um coração pleno; no silêncio de uma sala, reconheço imediatamente os que batem sua concentrada sinfonia, fechados, solitários, enquanto o estrépito dos outros percorre o espaço indiferente como uma gama leviana de guizos...

* * *

Parado, fixo no instante, contemplo-me enquanto em torno tudo se move. A hora regela-se, inapelável, no gesto de adeus: o silêncio sobe até mim como se viesse de uma permanente noite escura.

s/d – Resposta a uma enquete sobre a posição do artista, e que nunca foi publicada:

– Não sei o que mais se possa dizer sobre a posição do artista em face dos tempos que correm – os desgraçados tempos que vivemos tão entranhadamente marcados pela fúria das ideologias e dos interesses políticos em choque. Não é em nenhuma dessas ideologias que faço o meu ato de fé, pois as ideias políticas passam, os processos se renovam, a fatalidade constrói e destrói o destino dos povos, e tudo se rende ao eterno esquecimento.

Quero afirmar uma vez mais, com calor e humildade, minha crença no artista, no valor da sua missão e na superioridade da sua vocação. Não sei se existiram muitos artistas nas épocas de paz e de bonança – antes me parece que esses são os terrenos próprios ao desenvolvimento dos meios, à apreensão segura e lenta dos processos, à geração obscura e vagarosa, no âmago anônimo dos povos, da massa prestes a explodir, a tornar-se força, movimento e voz. Acho que a maioria dos grandes artistas com que conta a humanidade, é produto de épocas profundamente perturbadas, que o caos dos tempos tem fornecido o ímpeto para o aparecimento desses a que outrora Baudelaire chamava os *phares*. É que as épocas castigadas têm necessidade dos seus grandes homens. Nos momentos de profundo pessimismo, de desistência e negação do homem, é que é necessário fazer vibrar mais alto a voz da esperança. Todos os poetas são filhos da tempestade.

E que diria dos dias em que vivemos, tão turvos, tão pejados de sangue e sofrimento? Não sei, acho talvez que vivemos uma época de grandes artistas. Se é exato o que Valéry disse sobre a obra de arte, que ela é uma concha depositada pela mão do homem à margem do tempo, é justo esclarecer que são as águas, no seu maior ou menor furor, que trabalham a riqueza de suas linhas e arestas. Não há dúvida, os artistas, os grandes, os únicos que contam para nós, foram também grandes mártires. Essas épocas de luta são férteis em castigos. Em última análise, acredito que os artistas são criados e lacerados pelo tempo em que vivem. Não fosse a mais profunda carência de tempos como os nossos, a de santidade. Necessitamos de santos, como de artistas. Mas os santos são raros neste mundo imperfeito, e enquanto isto, são os artistas que vão pagando pelas ausências de que tanto sofremos.

7 – Li hoje uma entrevista de Faulkner que muito me impressionou, não pelo que contém de novidade, mas pelo que se aproxima do que penso quanto ao miserável tempo em que vivemos. Segundo o autor de *Sartoris* (que em vão eu me esforço por terminar...) estamos penetrando numa época de absoluto materialismo. Não estamos penetrando, já a vivemos, já absorvemos insones os seus miasmas, esparsos pelo ar. O menosprezo de Faulkner pela profissão literária, alegando-se exclusivamente um fazendeiro, já é um triste sintoma desses tempos negros que vivemos – tempos em que os artistas se demitem, por falta de convicção ou por vergonha. É a época dos pelourinhos e das arruaças, e o vilipendiado é o que o homem possui de mais nobre. É a época em que surge, no campo das artes como em todos os outros campos onde o autêntico é poluído e amesquinhado, a raça numerosa e sem escrúpulo dos aventureiros. A mediocridade subs-

DIÁRIOS

titui a deusa Razão. É o que estamos assistindo diariamente, *hélas,* sem nenhuma esperança de recomposição.

* * *

Hoje, num cinema, distraí-me do filme pensando no estilo de Cornélio Penna, e não sei por que, lembrando com extraordinária intensidade certas palavras, certos motivos que lhe são peculiares. Tudo aquilo vinha a mim como as notas de uma sinfonia solene e surda, e eu imaginava que tal poder musical e encantatório só pode pertencer, na verdade, a um grande artista.

* * *

Nenhuma leitura no presente momento. Falta-me disposição até mesmo para abrir um livro.

Escrevo O *viajante,*[87] com o mistério e a lentidão de quem abrisse aos poucos uma janela para uma paisagem inteiramente agreste e desconhecida.

* * *

O modo pelo qual matamos as pessoas (viver é um permanente acesso a um estado de consciência e de liberdade; somos uma conquista que se multiplica através dos minutos, que se afirma e também se esgota ante as numerosas manifestações alheias de egoísmo e negação) – o modo pelo qual matamos as pessoas, repito, é pela simples forma com que recusamos seu pedido à vida. Sabemos que elas se sentem à margem e que necessitam daquela confirmação de existência. Mas nossos lábios se fecham e o silêncio consuma o crime.

(A ideia exposta acima é confusa, mas a emoção que a originou é verdadeira. Pena que não consigamos transmitir geralmente o que sentimos com tanta força – mas há coisas, realmente, que ainda pertencem de modo exclusivo ao domínio do segredo. Nada é mais enigmático do que aquilo que aproxima e separa os seres; não falo, é claro, de amor, amizade ou qualquer outro sentimento catalogável, mas desse jogo íntimo e sem visibilidade à luz nua da razão, dessas correntes constantes e ocultas que percorrem e deflagram os seres, tantas vezes insuspeitadas, mas tantas vezes também conduzindo-os cegos e desatinados, como se poderosos ímãs os atraíssem de esferas invisíveis. Há um diálogo subterrâneo, que se manifesta sem cessar, e que nos transforma neste mundo, em tentos de uma partida jogada no invisível.)

---

[87]O *viajante,* romance póstumo inacabado, foi organizado por Octávio de Faria e publicado pela José Olympio em 1973.

8 – É quase incompreensível o que sinto: como que o meu ser se comprime de todos os lados e, tanto sofro pelo que em mim não consegue se expandir, como pelo que faço sofrer, com os meus transbordamentos. (Lembro-me de Frei G.[88] que disse: você jamais terá sossego no que empreender, porque é um místico amputado.)

Necessito estar só para me transformar – e o coração me prende a tantas ilusões, a tão desgraçadas aparências de sentimento! Se A, B, ou C me obsedam, sou absolutamente lúcido nestas obsessões, pois sei que é um sentimento alimentado pelos meus lados mais turvos e que, no fundo, é a carne, apenas a carne que me retém prisioneiro...

Ah, quando obterei essa harmonia que tanto desejo, quando aplacarei essa "inquietação de felino" de que me fala um amigo?

* * *

Faulkner tem razão, têm razão todos os que denunciam a escuridão e a decadência do nosso tempo. Assistindo hoje a um filme italiano, descobri de repente a presença do inferno, do sufocado inferno em que vivemos. Têm razão também os russos, quando denunciam os festivais de Cannes, onde é permanente a mostra de filmes pessimistas, trágicos, doentios, atestando a deliquescência e a desesperança no gênero humano. Só que os russos nos acenam com uma irrisória proposta de esperança – e aqui ou lá, deste lado do campo ou do outro, os tempos sem Deus trazem aos olhos dos homens as mesmas lágrimas de sofrimento.

s/d – Carta escrita a um frade e que nunca foi enviada:

Frei...[89]

Sento-me para escrever-lhe, ainda um pouco perplexo com o que se passou ontem. Quando fui procurá-lo, é porque minha irmã me tinha dito que o senhor era "um amigo" e que desejava se aproximar de mim "como amigo". E a palavra, entre todas, que tanto me perturbou, que eu "não tinha nenhum amigo". Foi assim, neste estado de espírito, que naquela tarde, só e em luta franca contra os elementos práticos deste mundo, que eu tão pouco compreendo, bati à sua porta, esperando, não uma solução para meus velhos problemas espirituais, e sim um "ato de amizade". Para mim, e naquele instante, ato de amizade era um ato de confiança, de confiança

---

[88]Provavelmente, Frei Gastão, *op. cit.*
[89]*Idem.*

DIÁRIOS

plena e sem indagações. E não lhe ocultei nada – o que não disse, foi talvez por julgar inoportuno ou simplesmente porque não me foi perguntado.

Tenho para mim, e isto há vários anos, que a misericórdia de Deus para comigo, e a total iluminação da minha alma, só se farão através do meu trabalho. Lidando com essas tristes almas obscuras que invento que eu não escolhi, mas que me foram dadas na sua solidão e no seu espanto – perdoe-me falar deste modo – aprendi o quanto de ternura e de infinita piedade vai numa vocação. Eu sei talvez elas não sejam nem mesmo esteticamente acabadas, mas ainda assim, essas figuras desajeitadas é que me fariam ver, através de tão áridos caminhos, a verdade parcial ou total para que Deus me reserva. De supor tantos seres transidos na sua miséria, é que sonhei um dia a possibilidade da infinita misericórdia de Deus.

Preparado para escrever, a vida prática como que amputou-me os meios. Na tentativa de solucionar definitivamente tudo, ocupando uma situação estável, perdi o pouco que ainda me sobrava. Não sei por que, aquilo que era permanente, isto é, minha incapacidade para a vida prática e, além do mais, defeitos básicos da minha natureza, aos olhos de muitos pareceram sintomas de uma grave crise, de uma tragédia espiritual que precisava ser resolvida a todo pano. A crise existe, a tragédia é permanente. Fui compreendendo aos poucos o que se pensava a meu respeito – através de meu irmão, por exemplo, de quem tanto me lembrei, ao escutá-lo aí no último dia em que o procurei. Sua falta de confiança, seu receio, não de que eu me perdesse, mas de perder-se não me salvando, fizeram-me pensar singularmente nos meios drásticos que meu irmão, no seu excesso de zelo, costumava aconselhar-me.

Não, meu caro Frei..., não nos salvamos com um retiro de um mês, e nem coordenamos assim tempestades que não existem. Um problema existe, sim, e grave, mas há vinte anos que eu me debato dentro dele, e é possível que, ultrapassando-o, nada mais me afaste desses sacramentos que são a base de toda a vida eterna. Este problema sou eu mesmo, simplesmente. Não preciso ferir a natureza particular de meus defeitos, para confessar que unicamente eles me impedem uma submissão total à Igreja – é que, lá dentro, esses defeitos que sou eu mesmo, não teriam lugar e, sem eles, no momento eu não consigo imaginar-me bem. Explico melhor: o romancista é um ser voltado para o mundo, para as paixões do mundo, para a história dos sentimentos e do destino dos seres. Calar aquela parte dentro de mim, tornar-me simples espectador, seria a solução, mas a força que me obriga a estar constantemente presente a essas crises e tormentas alheias, também me trai e me imiscui na correnteza geral. Até agora não consegui afastar-me do mal que escrevo, ou simplesmente representá-lo – esse mal sou eu mesmo, e a paixão do homem, nas suas auras e nas suas ânsias, é idêntica à paixão do romancista. Quem sabe, um dia poderei estar de fora e narrar o curso dos acontecimentos sem uma participação muito viva. Mas lembro-me aqui de que alguém já disse que não há um único santo que tenha sido romancista. Terá o senhor compreendido, terá visto por que até agora, sem colocar-me contra, ainda não pude, definitivamente, dizer que sou um católico?

E deverá isto, que constitui um problema tão antigo para mim, impedir que eu tenha um pouco de calma e que trabalhe com relativo conforto? Por que devo, num mês, resolver problemas que não me parecem inferiores, mas apenas de permanência mais extensa do que as miseráveis questões práticas que me assaltam?

Seria fácil, imensamente fácil, retirar-me um mês para um convento qualquer e à saída dizer que estava pronto e que queria o meu emprego. Mas eu não sou desses. Prefiro afastar a possibilidade desse emprego e aguardar que meus problemas espirituais se resolvam de um modo mais sereno. Depois disto, então, poderei bater à sua porta e reclamar o meu emprego.

Resta ainda uma afirmativa. Questão de fé e de amizade, sempre foram para mim um pouco a mesma coisa. Numa como noutra, o bom senso nunca teve grande parte. Esclareço: a fé é antes de tudo uma questão de falta de senso, pois não se exige tão grande soma de sacrifícios em nome de coisa tão abstrata. O céu, em certos dias, não passa aos nossos olhos de uma miragem. A fé é uma questão de loucura absoluta. E a amizade também, já que em nome dela nos cegamos, abrindo o coração aos gestos mais largos e sujeitando-nos a provas que muitas vezes são árduas e dolorosas.

Segundo compreendi, suas palavras outro dia aí nesta pequena sala pareceram-me cheias de razão e de bom-senso. Não se ajuda assim um louco como eu. E chegamos ao âmago do erro, do erro que cometi involuntariamente, se bem que levado pelas suas palavras anteriores: eu fui exatamente lhe pedir que acreditasse e auxiliasse este louco, que não lhe faltasse neste instante e se munisse de toda a sua indulgência para com a sua cegueira e sua incapacidade de acertar com o que todo mundo afirma que deve andar certo. Em vez disto, encontrei agora alguém que me propôs uma reforma básica na vida, e que afirmou não me poder ser útil materialmente, porque, caso me perdesse, Deus não o perdoaria também. Não sei, mas às vezes acredito que Deus espera também que apostemos contra Ele. Mas isto é um pensamento meu de horas ociosas, e a forte dose de razão que havia em suas palavras, inutilizam-se pelo menos quanto às minhas pretensões anteriores.

Não sou, nunca fui um *fin de siècle,* misturado a resquícios românticos e heranças ancestrais. Sou totalmente um romântico, com más heranças

DIÁRIOS

próprias e sem responsabilidade de ninguém. Sou isto, se é possível assim reduzir uma pessoa viva a um esquema. Sei também que a verdade inteira nem sempre se diz, porque nem sempre é fácil aceitá-la. Peço-lhe portanto, em nome da verdade relativa a que somos obrigados, que não me condene muito, e nem julgue que sou inteiramente despido de alma. Mas o dia em que puder aceitar um emprego após trinta dias de retiro espiritual, neste dia, pode estar certo, estarei de novo à sua porta e cheio de confiança de que ganhamos o céu para nós dois.

Até lá, despeço-me com imenso reconhecimento por tudo,

L.C.

P.S. Não veja orgulho nesta carta, mas uma grande tristeza. Sinto que as minhas possibilidades se reduzem, e o tempo passa. Talvez seja exatamente isto o que Deus queira de mim, que faça alguma coisa no medo e na insegurança. Estou pronto.

s/d – Atormentado, sem destino, vagueio pelas ruas, sem nenhuma vontade de voltar para casa. Não, não posso estar errado – nem mesmo é uma ideia, mas um sentimento, o que é diferente e me faz compreender que realmente fui lesado nalguma coisa. Baixo, enquanto as sombras das árvores se agitam sobre as calçadas escuras, repito o nome de Cristo, o nome de Jesus, com os olhos cheios de lágrimas. Não posso estar errado. À força de me sentir expulso dessa comunidade cheia de ordem, começo a imaginar um Cristo diferente, um Jesus estranho ao da minha infância, mais próximo de mim e mais distante deles. A visão se impõe e a cada momento vai se fazendo mais nítida. Não acredito que tenhamos perdido Jesus Cristo, como tantos homens de ideias gostam de apregoar, o drama é mais fundo e mais trágico: nós o substituímos e criamos uma espécie de sucedâneo mais de acordo com nossas pequenas necessidades. Reflito isto amargamente, enquanto penso num outro Jesus Cristo, despojado e nu, com o corpo coberto de cicatrizes. E passo e torno a passar diante da igreja iluminada, sem coragem para entrar, sentindo que o meu lugar não está ali, e que lá dentro só existe um grande espaço esvaziado da verdadeira grandeza. Uma grande onda de ternura se apossa de mim e caminho mais depressa, sentindo que o ar se torna mais leve e que já não me acho tão sozinho.

s/d – Devagar vejo se expandir a ideia de *O viajante*. Já agora o romance toma vulto, e vejo próximo o instante em que ele poderá ser levado a termo sem dificuldade. Os personagens criam formas, o ambiente se caracteriza definitivamente. Vejo o hotel antigo em que "ele" vai bater uma noite, a janela que se abre, a sinistra quietude da rua. Numa época qualquer da minha vida, não sei quando, devo ter atravessado uma rua idêntica, ocupado com os mesmos sentimentos. Vejo depois o corredor e a placa de metal na porta do quarto. Também isto me é conhecido. E lá dentro, o longo fio da lâmpada, escuro de mosquitos, preso a um dos lados da cama miserável.

Agora sei que a história irá sem tropeço até o fim. Mas quando, quando meu Deus, serão aplacadas essas negras vagas que ainda me percorrem o coração?

10 – São as noites como a de ontem, que eu não suporto mais. Creio que já me falta mocidade para esses longos desperdícios, para esse vaguear contínuo de café em café, bebericando e desfiando conversas que, de tão fúteis até constituem um atentado a Deus. Se somássemos tudo o que foi dito no decorrer dessas horas, não encontraríamos uma só palavra que valesse a pena ser mencionada. É a morte, pura e simples, num presente sem nenhuma reserva para a memória.

* * *

Encontro M.[90] que me diz: "O fundamental na natureza de Mário [Peixoto] é sua alergia à verdade. E isto é levado a tal ponto, que ele proprio chega a acreditar no que inventa. É o que o inocenta, pois a realidade causa-lhe espasmos."

Conheço várias pessoas atacadas em graus diferentes dessa mesma doença.

13 – Grande cansaço de tudo. Vivo com a impressão de realizaı um enorme esforço e sem outro desejo que o de descansar, descansar, infindavelmente, sem ver e sem ouvir ninguém. Tenho o Rio de Janeiro nas minhas veias como uma doença. Cheguei a um ponto de saturação em que tudo me faz mal e parece excessivo: ando como quem carrega um peso superior às suas forças, e escuto o que me falam, sem calor e sem compreensão.

Até mesmo o romance O viajante, não caminha – minhas mãos pendem inúteis, sem nenhuma capacidade de vibração. Abro um livro[91] de Faulkner, e leio sem o menor sopro de paixão, distanciado como se ouvisse alguém contar tudo aquilo, de muito longe.

* * *

---

[90]No manuscrito aparecem o nome e o cargo da pessoa: "Moreira, espécie de secretário de Mário Peixoto".
[91]No manuscrito, Lúcio menciona o título: Sartoris.

DIARIOS

Por que, que me conduziu a isto? Agora sei como se pode ser esvaziado de sua essência mais íntima e assim se converter num fantasma; não há nenhuma realidade em miro, e este ser incolor que transita pelo mundo, é uma aparência de miro mesmo, sobrevivência do que fui, imagem refletida não sei em que diabólico e sobrenatural espelho. O outro, o verdadeiro, deve me contemplar cheio de angústia de algum lugar que não alcanço mais...

Escuto num lotação, pintores que regressam de Paris: Milton Dacosta e Bandeira. Compreendo agora, ouvindo-os falar da França, naquela linguagem que em geral os artistas plásticos consideram como a mais própria e a mais inteligente para se expressarem, o motivo por que não devo pensar em sair do Brasil. Pelo menos agora. Numa terra que acolhe tão generosamente artistas estrangeiros, é fácil perder de vista a paisagem onde nascemos. E eu sei, tenho algumas tentativas a fazer, antes de me permitir esse mergulho na euforia. Não quero ser francês, nem internacional, nem europeu. Se tiver forças, se Deus me ajudar, desejaria apenas transmitir a tristeza peculiar e cheia de dolência que vi em tantos tipos diferentes da minha infância, que reencontrei mais tarde, que descubro em mim mesmo, e que é uma das qualidades de "alma" dessa gente enferma e escravizada que é a nossa. Essas coisas me constituem; se eu não tiver tempo de ir às terras de França, já acho muito, já considero uma graça de Deus, ter visto com bons olhos de amor, esses caminhos difíceis, sulcados pela lembrança de tantas jornadas trabalhosas que cortam as montanhas de Minas Gerais, e onde vive uma velha gente puritana, que se achega à beira da linha férrea, quando o trem passa, emergindo da bruma matinal com grandes latas de leite, e um olhar tranquilo que, desde longe, acolhe o viajante como um secreto voto de boas-vindas.

* * *

Há dois ou três dias, Henrique Carstens[92] se achava num bar e bebia sozinho. Impressionou-me sua solidão. Pálido, parecia cercado por uma barreira invisível. Contam-me que morreu ontem, de repente, devido ao excesso alcoólico. Do bar em que se achava, ele deve ter saído diretamente para a morte.

* * *

---

[92]Henrique Carstens, poeta bissexto, publicou, em colaboração com Odilo Costa Filho, *Livro de poemas de 1935*, em 1936.

Eustáquio Duarte[93] e Luís Jardim[94] conversam numa das mesas do Juca's Bar. Eu os escuto, flutuando infinitamente distante do ambiente já bastante turvo. A certa altura, Jardim arregala os olhos e proclama que é impossível viver sem amor. A velha, a inútil verdade!

21 – Vou com Fregolente à Barra da Tijuca, onde durante algum tempo, infeliz e sem repouso, viajo através de uma multidão feia, triste e sem nenhuma dúvida profundamente desgraçada. Só a desgraça alimenta uma tal sede de divertimento. Aliás, é sempre este o aspecto de um aglomerado que se reúne à procura de esquecimento: os limites humanos surgem com avassaladora nitidez e o rebanho festivo adquire um aspecto confrangedor, de coisa abandonada e amaldiçoada. Não é precisamente nesses minutos, nesses e não em outros, que ousamos desejar para toda essa gente uma catástrofe comum, uma guerra, uma inundação ou até mesmo um ataque coletivo de insânia ou de crueldade – qualquer coisa enfim que agite essas carnes moles que se estendem ao sol, domesticadas pela preguiça, pelo álcool e por uma sensualidade grosseira e sem profundidade?

Talvez o amanhã pertença a gente dessa espécie – talvez sejam eles os coordenadores do mundo em que começamos a viver. Mas são tão melancólicos e tão estritamente confinados à sua miséria, que possivelmente estão muito longe de perceber o que se passa. O Deus antigo, o Deus do terror e das hecatombes, bem poderia agora esparzir esse sangue bruto ao longo das areias mornas – bem poderia brandir um raio ou soprar uma rajada morna de demência – qualquer coisa finalmente que fizesse sangrar essas almas cativas, tornando-as acordadas e viris. Há uma determinada sonolência da alma, que só o castigo e o medo conseguem afastar. Os ferros do tempo dos escravos ou as tenazes ardentes da Inquisição, tudo serviria para fazer vir à tona das faces uma sombra de sentimento ou de espírito. Mas é inútil sonhar, eles apenas vivem uma agonia sem sentido, enquanto aconchegam ao sol brando, sem amor e sem piedade, as velhas carnes maltratadas.

(Inútil conter, é muito forte o sopro de impiedade que me atravessa. Ó carnes abastadas e domingueiras! Custa a crer que tenha havido um mistério da Encarnação, e que um Deus autêntico tenha descido a este mundo para redimir tal rebotalho... Sim, as revoluções, que são exteriores, podem lidar com isto – mas a religião, que fará desta vontade assassinada?)

* * *

---

[93]Eustáquio Duarte, médico pernambucano radicado no Rio de Janeiro.
[94]Luís [Inácio de Miranda] Jardim (1901–1987). Escritor e pintor brasileiro

DIÁRIOS

Jantar ontem em casa de Otto,[95] com Murilo Mendes e Emílio Moura.[96] Este último parece guardar um segredo que todo mundo ignora – calado, dorme sobre si mesmo, sem perder no entanto uma palavra do que se passa. M. Mendes, grandiloquente e procurando o efeito, como sempre – e como sempre numa nota fora do diapasão. Em certos momentos, humano –, intervém então Maria da Saudade que lhe faz alguma observação irônica, com a maldade peculiar a certas mulheres egoístas.

* * *

Artigo de Sábato Magaldi sobre os melhores de 1950. A melhor revelação: Acioly Netto. Assim acontece quando não acreditamos em Deus e não possuímos nenhuma medida de ordem sobrenatural para julgar as obras de arte. Toda tentativa tem de ser computada pelo que representam em si mesmas e somos obrigados a reconhecer e testemunhar imbecilidade daquela espécie.

22[97] – Cada dia compreendo mais nitidamente que não perdemos o Cristo, como tantos pensadores modernos gostam de afirmar, mas fizemos pior, porque o substituímos. Não foi um mergulho na negação, um ato total, que poderia nos fazer voltar ao ponto primitivo com a mesma violência com que o abandonamos – foi antes uma crise de cegueira lenta e voluntária. Cristo, tal como o herdamos dos antigos, exigia que estivéssemos à altura de sua grandeza. Mas preferimos adaptar um outro às nossas minúsculas necessidades, um Cristo ideal ao tempo que vivemos, estandardizado, sindicalizado, racionalizado. Como o personagem do conto famoso de Flaubert, que se ajoelhava diante de um papagaio empalhado, imaginando que fosse o Espírito Santo, assim nos ajoelhamos diante de um Cristo talhado à medida para um tempo sem estatura. É este, sem dúvida, o grande crime da Igreja: ter fornecido às multidões cegas um Deus tranquilo e sem vitalidade, um Cristo sem martírio e sem lágrimas, trabalhado nas sacristias e nas confrarias, nas Ações e nas Sociedades de classe. Não é este o que encontramos, quando em nós há uma convulsão ou uma ânsia pelas coisas extremas: o que deparamos então é um vácuo que não corresponde mais aos pobres mistifórios, sucintos e bem-comportados, que nos serviram como sucedâneo da Verdade.

---

[95]Otto [de Oliveira] Lara Resende (1922–1992). Cronista, contista e jornalista brasileiro.
[96]Emílio [Guimarães] Moura (1902–1971). Poeta brasileiro.
[97]Aparece "21" no Diário I. Provável lapso do autor.

23 – Agora sei: nenhuma força, nenhuma tentação me afastará novamente do caminho do romance. Eu o sinto desenvolver-se em mim, como uma árvore secreta que alongasse pelo meu sangue seus galhos estuantes de sombra.

Desordem apenas aparente – a fim de facilitar o aparecimento do que é belo, do que é puro, do que é verdadeiro, e que a esclerose mantém prisioneiro do habitual. No fundo, uma enorme serenidade, uma grande confiança, que são a tradução mais fiel de uma grande certeza. Talvez se possa dizer que isto se chama dar um estilo clássico a uma essência romântica.

* * *

Vejo minha tia,[98] vítima de um espasmo cerebral, estendida numa cama e falando com dificuldade. Assim – com que mágoa, com que coração cerrado o constatamos!-a morte vai erguendo suas vitórias sobre o nosso corpo, e o que foi, o que existiu com tanto calor e vivacidade, não será mais, nunca mais.

25 – O que me faz perder tantas possibilidades, o que torna inúteis tentativas de aparência tão firme, realizações que surgem fortemente vinculadas à realidade, é o impulso único, a espécie de paixão, onde há um "quê" delirante, com que me abraço às coisas. Se houvesse mais calma, ou num sentido mais amplo, se eu visasse uma extensão menor a transpor e não dilatasse tanto os limites das minhas pretensões – se eu soubesse medir tudo pelo seu aspecto mais imediato e mais humano, se eu pudesse ver até que ponto me acompanham aqueles que tento trazer comigo e, ai, se eu amasse menos o gosto de todos esses obstáculos acumulados, em última palavra, se eu tivesse sido feito para elaborar na paz e não para traçar o meu caminho em plena guerra, talvez levasse avante os meus sonhos e os visse presentes aos meus olhos, sob a graça das coisas finalmente materializadas. Mas se há "graça" no caso, uma só deve contar: a de fracassar sempre, a de ver esses sonhos somente pela metade ou apenas na caricatura de sua verdade mais funda – para que eu possa recomeçar perpetuamente, e dentro de mim seja continuamente jovem essa fonte que nos dita os grandes sonhos e nos faz, neste mundo de agressivas formas realizadas, escravos de ideias e de possibilidades que jamais encontrarão aqui o seu lugar.

* * *

---

[98]No manuscrito: "Tidoce", que era o apelido de Eudóxia.

DIÁRIOS

Lamento o tempo que desperdiço ou que não encontro para escrever *O viajante*. O livro está de tal modo maduro, tão presentes sinto seus personagens e o frêmito que lhes dá vida, que às vezes vou pela rua e sinto que não sou uma só pessoa, mas um acúmulo, que *alguém* me acompanha, sardônico e vil, repetindo gestos que agora são duplos, embaralhando minhas frases, com uma ou outra palavra que não pertence à realidade, mas ao entrecho que me obseda.

* * *

Dia de calor e de inutilidade. Estendido, sem coragem para tomar o lápis, deixo desfilar em meu pensamento, uma vez mais, os personagens de *O viajante*. Fora disto, tudo o que se refere ao espírito parece morrer e desaparecer ante essa onda bruta de sol e de decomposição. Uma decomposição ardente, úmida, cheia de estilhaços luminosos. Uma morte lenta entre fagulhas.

O problema da subsistência é aflitivo e primário, enquanto as horas escorrem numa insuportável lentidão.

E no entanto: mais firme do que nunca nos meus propósitos de ordem e de trabalho. A vida refloresce em mim, como do fundo de um velho tronco causticado pela tempestade, brotam algumas folhas macias e novas, nascidas de alguma raiz poupada entre os destroços.

30 – Sinto dia a dia o romance dilatar-se em mim – dilatar-se ao máximo, a ponto de transbordar e começar a ser outra história. E é estranho: quando o silêncio se faz em torno, verifico o levantamento dessas paredes, desses becos, dessas casas fantasmais que se erguem do nada, dessas paisagens ao vento, desse pequeno mundo inexistente de que conheço o mais ínfimo odor, a mais humilde fenda na parede, a luz que bruxuleia na maior distância – e que, no entanto, como nos delírios dos toxicômanos, só existe dentro de mim.

Jamais poderia precipitar de um milímetro o aparecimento desta visão; tudo vem no seu momento oportuno e sem intervenção de nenhuma força estranha. Penso nas minhas lutas e no esforço que tenho feito ultimamente para escrever, sem conseguir alinhar senão palavras geladas e frases sem a menor vibração. Nada poderia fazer antes de ouvir essas vozes que agora ouço, e estabelecer a alucinação em que agora vivo – pois o romance nos separa violentamente da realidade, e, se há autenticidade na sua gestação, cria uma segunda vida secreta e parasitária, nessa existência segregada do exterior. Gesta, hino ou saga – a obra de criação é a maneira mais perfeita de nos trazer voluntariamente aos domínios da loucura.

* * *

Sonhei esta noite que tinha um livro entre as mãos, escrito por mim. Logo à primeira página havia a seguinte dedicatória: "À real, ao ser verdadeiro e autêntico, que serviu de modelo ao pálido esboço que tentei nestas páginas..." Que livro era, de quem se trata?

* * *

Mergulhado há dias na leitura de vários romances americanos: Hemingway e Erskine Caldwell. Confesso que o primeiro me desperta maior interesse. Mas sem arrebatamentos, sem grandes lances, sem extasiantes descobertas: apenas leitura fácil e sem tropeços.

FEVEREIRO

3 – Com a minha velha mania de encontrar um dia o lugar que me sirva – o suspirado lugar onde leremos os livros que guardamos para "depois", onde escreveremos a nossa "obra" e onde viveremos em paz o resto dos dias – visitei ontem uma casa no alto de uma encosta, na Estrada do Joá. Ó, o azul do mar, o mar dessa hora, o mar chispando em rasgos brutos, verdadeiros socavões de luz abertos no flanco das ondas... Mar criança ainda, babando toda uma espuma de festa e de juventude ao longo das ilhas nuas, todo frêmito e festival contra as areias abandonadas...

A casa, meio escondida pelo mato, ostentava uma ou outra rosa nos canteiros maltratados. Apanhei uma, vermelha e enorme, para Amalita que me esperava embaixo – e sozinho – sozinho e alegre, em instante como só o permite uma extrema saúde – aspirei com força, longamente, tudo aquilo que eu sabia, jamais, jamais viria a me pertencer um dia...

* * *

Leio nos jornais o caso de sete negros da Virgínia, acusados de terem violentado uma moça branca. Quatro deles serão eletrocutados hoje, o que me faz pensar bastante no romance de Caldwell que acabo de ler, *Trouble in July*. Acho esquisito que eu tenha certa dificuldade em apreender perfeitamente, na extensão da importância que parece ter, esse problema do negro nos Estados Unidos, de tal modo a questão é diferente no Brasil. Mas não há como duvidar, as notícias aí estão palpáveis, e os romancistas e relatores nada exageram quanto aos processos terríveis que existem por lá. Isto nos traz à lembrança, de um certo modo, o que sucederia, caso quiséssemos adotar os mesmos métodos por estas bandas...

Não, é inútil, a verdade é mesmo horrível, e só podemos verificar, sem muita complacência, o que existe de animal, de ruim, de capcioso na natureza do homem. Homem, obra suprema do Criador, levantado à sua imagem e semelhança! Nem besta nem anjo, como quer o cético inglês, ou melhor, anjo devorado por todas as raivas malignas da besta, tal como o descreveram, nos transportes de suas trágicas invectivas, Hawthorne, Melville, Poe, esses americanos testemunhos do anjo aprisionado em sua ignota matéria perecível.

* * *

Li não há muitos dias, que Cavalcanti acabara de sair da Vera Cruz. A notícia me espanta, pois não julgava tão acelerados os fermentos da decomposição. Leio agora que pretende filmar *Os sertões*. É um sintoma grave, os grandes sonhos nos momentos de maior depressão...

* * *

B.,[99] com quem passeio interminavelmente de carro, parece-me, à luz forte das duas horas, mais velha e mais nervosa. Não sei se persegue antigos ideais com o mesmo afã, mas a verdade é que está chegando ao período em que não lhe é mais possível esperar, em que tudo – principalmente os "velhos ideais" – têm de ser resolvidos depressa, porque a vida se esgota, desaparece implacável no conta-gotas do tempo. Não há possibilidade de fuga: ela se acha no momento exato em que as pessoas se calam... ou se tornam cínicas.

8 – Obrigado, meu Deus. Como sei, neste instante, que minha vida até agora tem sido apenas um erro, um enorme, estranho e confuso erro! (E no entanto, se pudesse recomeçar, não há dúvida de que repetiria tudo; é que estes erros também são inerentes a mim e completam certas lacunas, certos claros que me são peculiares. Sem eles, sinto-me diferente, como as reentrâncias e os riscos tortos que fazem parte de um desenho.)

E se hoje sei isto, se posso avaliar o caminho que já percorri, se posso imaginar quanta ilusão armazenei tolamente no fundo do coração, é que posso avançar ainda, é que as barreiras não me vedaram o caminho, nem tudo está perdido.

O que se fala, o que se afirma das pessoas sem conhecê-las! Escuto casos que correm a meu respeito, maldades e desconhecimentos intencionais – e nada posso fazer, senão medir através do silêncio e do susto, a imagem do que tenho sido. O que mais louvo em mim e o que me fez diferente dos

---

[99]No manuscrito, suprimido por Lúcio: "Amalita"; no datiloscrito: "A.".

outros. Não quero saber se é bom ou mau, mas todo o mal que me tornou assim sozinho, é um bem cuja medida só eu tenho nas mãos.

Essa ingenuidade que tantas vezes me levou longe, é a mesma que me traz de volta, e me faz repetir agora, baixinho, neste tom em que se conversa com os velhos amigos: obrigado, meu Deus, por me ter feito assim rebelde e assim despojado de tudo.

* * *

O plano do romance[100] avança. Já agora, transpostos os limites da novela, derrama-se numa vasta extensão e, unindo-se a ideias antigas (todo eu sou o mapa antigo de um romance que ideei na adolescência; quando aprofundo muito os veios novos, converto-os em afluentes do mesmo rio dominador e soberano; quando deixo as ideias vicejarem espontâneas, acondiciono ilhotas e pequenos territórios ao país oculto que trago em mim...) converte-se numa série inteira: o velho, o nunca abandonado "Apocalipse",[101] que já mudou de nome várias vezes. Durante o dia inteiro caminho, imaginando situações após situações e, lentamente, as figuras continuam a emergir do fumo. O panorama é o de uma cidade, uma cidade inteira, com suas praças e cantos sombreados, suas velhas casas onde se escondem ainda tonéis de vinho, pipas portuguesas, com suas varandas que já não retinem mais ao rumor dos bailes, seus mexericos e seus tipos peculiares.

Imagino que nessa cidade as paixões rivais se entrechocam sem descanso; enquanto os idílios antigos esmorecem no esquecimento ou se transformam em inapeláveis rancores, os novos repontam, e se desenvolvem à sombra dos jardins que nunca cessam de florescer. As lutas se sucedem e, num ritmo largo, se bem que acelerado, o mesmo vento de insânia e crueldade percorre as suas páginas. (Ó suprema ambição! Mas sonhar já é um prêmio compensador a tudo o que não obtemos...)

Através da cidade, o mito de um país agonizante. Nessas lutas sem tréguas, a descrição de sentimentos envenenados que corroem o espírito desse país, que o torna inerte e sem viço para o futuro.

Bem sei como será difícil levar avante semelhante plano. Mas quero que a cidade ressuscite e se levante claudicante de suas ruínas, enquanto o sino faz rolar através das encostas suas primeiras badaladas desde que o esquecimento amortalhou aquelas ruas. Nas lágrimas dos ressuscitados,

---

[100]No manuscrito: "Apocalipse".
[101]Os manuscritos do romance incompleto, "Apocalipse", datado de 1951, encontram-se no ALC.

DIÁRIOS 335

imagino ver não o emblema de uma vitória, mas de uma esperança, que é como um vento saudável e novo sobre as terras requeimadas...

Para povoar este pequeno mundo, imagino seres duros e intratáveis – seres habitados por todos os crimes, por todas as redenções. Suas paixões devem ser impetuosas e eloquentes, para que possam grifar, na sombra, o espectro da falta em consumação que, em última análise, é a alma soterrada da cidade, entregue a todos os poderes da destruição.

(Que Deus me perdoe a ambição desses sonhos; nas longas horas de desânimo e de injustiça, é com eles que iludo a minha esperança e faço calar os toques desesperados do meu coração. Que a ambição, às vezes, não é um simples vício dos sentimentos, mas um sistema pessoal de caridade, um modo de não deixar morrer, definitivamente, uma alma cansada de lutas inúteis e sem grandeza.)

* * *

Volto da casa de Lêdo Ivo, acompanhado pelo poeta Tomás Seixas,[102] numa bela noite cheia de estrelas. Lêdo Ivo rememorou anedotas com a exuberância de sempre, e mostrou-me depois o rascunho de uma *Ode equatorial*.

Agora Tomás Seixas vem falando ao longo do caminho e, é visível, nada lhe é desconhecido nesses terrenos vizinhos ao suicídio. Trêmulo, numa emoção em que se percebe uma sinceridade quase primitiva, rememora sua vida e traça planos para o futuro. Sim, não há dúvida de que ele já se acha salvo, pelo menos salvo dessas fúrias incansáveis que tantas vezes nos perseguem pelas ruas caladas e sem fraternidade. São as fúrias sem nome, as soberanas esfaimadas e obsedantes da desordem e do desespero. Tomás Seixas, em linguagem mais amena, fala agora sobre os anjos que se encontram nas grandes cidades – e eu os imagino recônditos e de olhos cintilantes, que se saúdam, uns e outros, reconhecendo pelas esquinas os que trazem consigo o fantasma de uma morte enclausurada.

10 – Comumente tenho a impressão de que repito, repito incansavelmente, as mesmas palavras, as mesmas queixas, os mesmos gritos e temas que percorrem este *Diário*. Mas não é de repetições que se compõe a verdade de cada um, como as notas destacadas, incisivas, da mesma extensa e amargurada melodia?

---

[102]Tomás Seixas (1916–1993). Poeta pernambucano.

Digo isto porque, à força de ver repetidas neste caderno as mesmas coisas, a anotação dos mesmos erros, das mesmas frases e conceitos, assalta-me a suspeita de que tudo isto possa parecer "literário", "composto", no pior sentido. Alguém já me falou exatamente a esse respeito. Revolvo as páginas, indago, tentando descobrir onde se localizam as frestas através das quais escorrega a verdade. Momentaneamente tudo me soa falso, sem densidade, quase ridículo. Mas logo após, num momento de maior serenidade, sinto que é assim mesmo, que deve ser assim, pois se é verdade que existem muitas anotações deficientes, não é porque deixem de corresponder a uma verdade, a um sentimento ou emoção real, mas apenas porque no momento em que escrevo, minha alma se acha num estado pouco propício, de ausência e de aridez. Foi um coração sem voz que ditou a informação velada – e se ela nada exprime, é porque substituímos pela verdade mais funda uma verdade de momento. É que, às vezes, nem sempre a oportunidade é boa para se tocar no que é mais autêntico – ou porque a soma inteira da experiência ainda não formou uma verdade completa, ou então porque a perturbação que ela causa obriga-nos a tomar de empréstimo uma verdade menos essencial.

Porém, tudo é verdade, tudo é essência, e se prestarmos atenção a isto, veremos que as palavras apenas nos soam sem consistência, porque realmente *só* a morte consegue dar às frases que escrevemos – sobretudo quando se referem a nós, à nossa vida – toda a solenidade de que carecem, toda a luz que lhes é precisa para existirem. Tal ou tal pressentimento, tal ou tal abafado gemido, tal alusão à busca do dinheiro – não parece tudo isto falso e ilusório quando ainda estamos aqui, quando os amigos nos encontram todos os dias de invariável humor, quando o sol se deita sem estremecimentos e surgem as manhãs sempre lavadas à luz da esperança?

11 – Ontem, com Otto Lara Resende, quase toda a noite num bar. Concordamos em que a única vantagem de reviver essas experiências mortas, é o fato de poder constatar o quanto nos achamos afastados delas. Tédio das mesmas faces entrevistas nos mesmos lugares – tédio das mesmas conversas, repetidas – quando? – em momentos idênticos. A vida torna-se mesquinha e avara, recolhida a essas pequenas lagoas sem alma. Saímos diminuídos dessas noitadas, com a sensação de que apenas ferimos a essência do que nos era vital.

14 – A medida que o tempo se esvai, compreendo melhor que o sucesso é o sinal mais vivo da velhice. Deus me livre de ter "chegado", de nada mais me mover senão o sentimento da plenitude. É uma felicidade poder constatar que ainda estamos bem longe no caminho, e que esse permanente fracasso – não encontro outro nome para designar o resultado de minhas

variadas tentativas – que às vezes, momentaneamente tanto me oprime, é apenas o sinal mais sério da minha existência, da minha possibilidade e desse constante poder de renovação sem o qual não existe nenhum artista vivo.

16 – Abandono finalmente o jornal[103] onde vinha trabalhando; se bem que sinta interiormente um imenso desabafo, sinto-me oprimido por ter de começar uma outra vida, uma nova aventura. Desta vez, é bem verdade, não o faço com o coração ligeiro de outros tempos: o tempo passa e esta brincadeira de se adaptar aos lugares não me parece tão interessante. Não posso dizer que tenha me adaptado à folha onde trabalhei – ao contrário, em poucos lugares me senti tão infeliz, tão deslocado, e tão humilhado no cerne mesmo da minha condição de escritor. Mas começar uma nova vida não é mais o jogo sem consequências de antigamente; agora, parece-me um transe estranho e cheio de dubiedade.

* * *

Aqui estou de novo, com a fisionomia dos velhos tempos, sugerindo aos outros, hipocritamente, que o mundo é um acontecimento habitual. Talvez me acreditem, o que é uma pena, pois dia a dia sinto com mais intensidade que tudo é exorbitante e descomunal. Nesse acúmulo de fatos extraordinários, compreendo que o meu destino é o de uma completa obscuridade. Não sei que força sorrateira e impetuosa vem desde há muito levando meus amigos e conhecidos, atirando-os no vórtice, apagando gradualmente as luzes de seus nomes. Há momentos em que me sinto apenas rodeado de sepulturas. Sei que não devo fugir e nem temer; se é assim, assim será. Inútil repetir que para fugir ao silêncio e ao esquecimento que me esperam, faltam-me maleabilidade, disponibilidade e até mesmo gosto de viver. Sou uma presa com destino mais do que certo. E depois, meu Deus, é tão pequeno o número de coisas que realmente me interessam!

* * *

Flores que cheiram a carne, a carne nova e sensual; flores que se debruçam sobre os muros, que esparzem um odor de lençóis úmidos, de saliva e de sangue.

* * *

É curiosa a repugnância que sinto hoje: sempre tive este sentimento, mas agora é mais profundo, mais enraizado no meu ser – contra toda espécie de publicação literária, manifestações de "progresso intelectual", congressos,

---

[103]No manuscrito: "*Tribuna da Imprensa*".

"movimento" de novos, enfim, tudo o que faculta à literatura a condição de um classe organizada, de profissão. De tal modo eu a considero uma coisa íntima, e seus problemas são tão graves, e tão fundamentalmente ligados ao nosso ser, que um único estado lhe é compatível: a solidão. A total, a absoluta solidão. O resto, são conversas de desportistas e amadores de jogos literários, o que é bem diferente da trágica e mística condição a que me refiro.

19 – Quando somos novos, e escrevemos avaramente os nossos papéis, imaginamos que todo mundo tem os olhos voltados para nossas atividades e que coisa alguma passa despercebida aos olhos do público; depois amadurecemos, e começamos a desconfiar que muito pouca gente se interessa pelos nossos gestos. Contamos e recontamos os prováveis leitores: talvez meia dúzia. E no fim de tudo, sem grande interesse, constatamos que ninguém nos lê; foi tudo uma cegueira da mocidade. É que as pessoas que leem ou se interessam pela literatura estão tão ocupadas consigo mesmas que não têm tempo de prestar atenção nos outros.

* * *

Eu criei o ódio e o silêncio com que me vejo cercado. Mas o meu grande erro, o que hoje mais me oprime, foi não ter acreditado na inveja dos outros. É que eu supus que a partida se processasse num plano de sentimentos mais elevados...

20 – Está enfim satisfeita a curiosidade de André Gide: desde ontem à noite não pertence ele mais a este mundo.

Quase sem querer, rememoro minhas primeiras leituras de Gide, as frases que sei de cor (*par coeur,* como dizem impecavelmente os franceses...) os livros que ainda reabro – e sem dúvida parece-me estranho que não mais exista este homem que nunca vi, mas que ocupou lugar tão proeminente na minha vida, que foi matéria de tantas discussões, e com quem tanto aprendi a discernir o que é bom e o que é mau neste mundo. Gide morto, nossa época como que extingue mais uma das suas luzes – e o carro escuro que nos transporta, avança mais um pouco neste futuro de metálicas paisagens. Ainda é possível vê-lo no horizonte: Gide é uma das últimas figuras, das derradeiras grandes personalidades que encheram nossa mocidade com a força de pequenos e autênticos deuses. Com o seu desaparecimento, tornam-se mais nítidos os duros dias que se anunciam: muita ilusão, muito reflexo de vida, muita crença se despede com este que se vai. Mas ao mesmo tempo eu me pergunto se toda a veneração que tivemos por Gide não corresponde ao respeito que sempre sentimos por uma época morta, se Gide realmente não estava morto há muito, no esvair deste século que deu seus últimos grandes relâmpagos com Proust, Claudel, Valéry e outros – e que, ao emergir, fez subir à tona esse monstro incoerente e desapiedado que é o mundo em que vivemos hoje.

* * *

Releio com enorme curiosidade o *Destino do socialismo* e acho difícil não se vislumbrar Octávio de Faria inteiro em suas páginas. Curioso também verificar os lados por onde ele progrediu e se afastou na medida estritamente política de suas teorias. Certos momentos, no entanto, certos trechos veementes e apaixonados, já denunciam plenamente a nota eloquente e trágica de seus romances. Por exemplo, quando traça o perfil de Marx, parece-nos hoje, pela sua "dramaticidade" em reerguer aquele "destino", traçar o esquema futuro de Ivo ou Pedro Borges. Não deixa de ser extraordinário como as coisas se iluminam com o correr do tempo.

* * *

Não sei se essas contradições todas não são exatamente o conteúdo vivo que me forma: essa aspereza, essa impaciência (que me faz as mãos frias, a garganta cerrada) essa incapacidade de aceitar a vida nos seus planos mais simples, esse desconforto, esse amor ao desmedido, ao trágico...

E apesar de tudo, somos outros, somos muito diferentes do que o que fica dito num caderno como este. Somos ainda muito mais o que não cabe aqui, os impulsos incertos e sem categoria definida, o que se distancia das afirmativas, e nos faz erguer outros, solitários até mesmo na profunda incompreensão de si mesmos.

21 – João Augusto, que vem lendo este *Diário* desde o seu nascimento, aconselhou-me a ser mais sincero e a tocar em pontos que até agora, segundo ele, venho escamoteando. Não vejo, na verdade, nenhuma necessidade disto, primeiro porque não tenho nenhuma tese por assim dizer... gidiana, a defender, segundo porque não vejo nenhum interesse em enumerar fatos que me parecem mais desdenháveis do que outra coisa. E depois, finalmente, porque fatos, quando não projetam uma claridade qualquer pela qual possam subsistir, são apenas fatos, e portanto destinados a serem arrolados na imensa lista de coisas devidas exclusivamente ao esquecimento.

* * *

Sim, vivemos, vivemos isto e aquilo, que ocupa em nossas existências um tão complexo espaço; vivemos essas e outras coisas, que talvez, quem sabe, merecessem uma ou duas notas. Mas no silêncio do quarto, quando nos detemos com o próprio pensamento, não vêm à nossa consciência um sentimento de inutilidade, não percebemos que o jogo se acha frustrado desde o início, e não elegemos em nosso íntimo outras considerações como maiores?

Que o tempo leve, pois, o que só pertence ao tempo.

25 – Ainda um dia, ontem, como tantos do passado. O hábito se une a nós como uma erva que custasse a se desprender do velho tronco. Saí com Sábato e Nellie, esbanjando inutilmente o tempo, comentando horas e horas a fio num bar, sem interesse e sem profundidade, casos e coisas do momento. É talvez o que se chama viver o "dia-a-dia", compor o cotidiano – ou melhor, extrair dos fatos toda parcela de grandeza, toda possibilidade de tragédia ou de aventura, sujeitarmo-nos apenas, seguindo com o que nos vive, antes de vivermos em sua plenitude o momento que nos é dado...

É este, possivelmente, o caminho certo. Mas não posso viver sem remorso essas demonstrações de pobreza e de descrença espiritual. Não há outro nome a dar a esses tateamentos, a essas tentativas vãs para atingir o cerne comum, o centro de desinteresse geral que constitui a vida de todo mundo. Sinto que o tempo urge, e no entanto compreendo que é preciso paciência, ainda um pouco mais de paciência, a fim de suportar o vazio desses momentos de pausa, dessa monotonia que é o próprio âmago das grandes renúncias. Mas olho as ruas com olhos turvos, e sinto que me tratam como se fosse um doente, um convalescente de não sei que estranha e insidiosa moléstia.

* * *

Converso com Marcos[104] que me fala em Jean Genet. Coisas da alma fechada de cada um, estremecimentos que são sempre os mesmos – manifestação viva da alma e do sangue que alimenta a poesia, quota de sofrimento que somos obrigados a pagar pela régia graça de poder "ver" a verdade nua das coisas. "Que é a verdade?" – lá está no Evangelho.

A verdade, talvez, seja o calafrio com que contemplamos a gravidade, a imortal gravidade de tudo o que nos rodeia: o silêncio, a calma, a música profunda e miraculosa que escorre na essência de tudo o que existe, e que

---

[104]Provavelmente Marcos Konder Reis

DIÁRIOS

faz da sombra mais pura, da forma mais inconsequente, uma entidade atenta e compreensiva ante o espantoso milagre de viver.

* * *

METAMORFOSE – A lei da mudança é permanente, o que quer dizer, ou nos modificamos ou apodrecemos.

* * *

Há deformações de linguagem que exprimem uma época: "infernal", como sinônimo de belo, formidável, extraordinário.

* * *

Após ter dormido algumas horas, acordo em meio da noite, com o coração inquieto e sentindo pesar em torno de mim o enorme silêncio. Lembro-me de alguns anos atrás e um nome se impõe à minha memória, o de Rachel de Queiroz.[105] Lembro-me como naquela época fui grosseiro, voluntarioso e tolo; como desconhecendo completamente os valores efêmeros deste mundo, esmaguei uma amizade com os fumos do meu orgulho e da minha leviandade. Ah! É que naquele tempo eu não era senão um pequeno idiota embriagado com a certeza do meu talento e da minha liberdade...

Lembro-me do pequeno apartamento onde ela morava, e que eu tanto frequentei, com uma janela aberta sobre a área do Castelo (creio que é o mesmo onde hoje mora Maria Sampaio); lembro-me das visitas que fizemos a D. Francisca Azevedo Leão,[106] com uma bela casa onde havia um terraço cheio de plantas; lembro-me dos nossos jantares em Santa Teresa, das idas à casa de Cornélio Penna, dos encontros no Café Cinelândia. Mas tudo isto parece ter sido há séculos, há séculos – e o que sobe ao meu coração é através de uma densa onda de remorso.

Hoje seria diferente, completamente diferente. Mas não é vantagem porque não há melhor calmante para as vaidades exaltadas do que o tempo; e grande, realmente, teria sido se eu soubesse na época perceber o erro que cometia e evitado ferir alguém que me havia oferecido espontaneamente uma autêntica amizade. Mas foi assim que estraguei quase tudo o que havia de bom na minha vida

---

[105]Rachel de Queiroz (1910–2003). Escritora, tradutora, romancista, jornalista, cronista e dramaturga brasileira. Foi a primeira mulher a ingressar na Academia Brasileira de Letras e também a primeira galardoada com o Prêmio Camões de 1993. Foi grande amiga de Lúcio.
[106]Francisca Azevedo Leão (1874-1947). Pintora brasileira.

A verdade, pelo menos a verdade que se procura neste mundo, não existe. Mas devemos acreditar sempre que ela está nalgum canto, e que o melhor será continuar a procurá-la – pois, bem pensado, qualquer que seja, a verdade em si não tem nenhuma importância, e sim o fato de andar continuamente em sua busca.

26 – Numa das notas finais do *Destino do socialismo*, Octávio de Faria comentando o livro de Tristão de Athayde, *Política*, observa que "Na sua parte geral parece visar todo o tempo um 'inimigo invisível' que, à primeira vista, se diria ser o fascismo, mas que logo se percebe que não é outro do que 'exagero do fascismo' – como se a doutrina não pudesse ser concebida senão desvirtuada, exagerada. ...Por toda parte parece ver mais as possibilidades de erro por ampliação do que a própria doutrina."

Depois dos campos de concentração, é impossível deixar de pressentir algo profético nessas palavras. Não há dúvida, o melhor será ler essa *Política* que ainda não conheço.

28 – Rompendo ontem com X., atingi o final de um movimento que vem caminhando há muito tempo. Pensando hoje nos detalhes, imagino que talvez tenha sido injusto – mas ainda assim, não é mais tempo para recuar, já que no futuro a única coisa que me espera é o longo trabalho que tenho a fazer. Pensando em certos detalhes da vida de X., sua pobreza, suas dificuldades, o escuro porão em que mora, sua timidez mista de orgulho e em geral suas dificuldades na vida prática, sinto uma enorme pena. É uma coisa triste não poder auxiliar as pessoas como seria necessário; mas também não posso me sacrificar mais e, tudo o que foi vivido, vai para este poço fundo onde guardamos as lembranças, algumas delas, como esta, das melhores de nossa vida.

* * *

Sábato, com quem estive ontem à noite, conversando sobre estes cadernos, testemunha contra a fraqueza de meus argumentos "políticos" e ressalta o lugar-comum de minhas ideias religiosas. Mas Deus, inicialmente, não tive a menor intenção de escrever um tratado de teorias políticas quando iniciei este *Diário*. E quanto às ideias religiosas, é que a minha fé talvez não seja suficientemente forte para encarar o fato sob pontos de vista mais ousados e interessantes. Num assunto como no outro, anotei simples sentimentos – e não ideias. Que estes sentimentos não sejam muito profundos, é possível. Mas nem por isto são menos autênticos.

* * *

DIÁRIOS

Luto estes dias no dentista, sofrendo fisicamente de um modo terrível: minha pobre alma parece se concentrar inteira na mão que maneja a agulha de injeção. Lembro-me de Rilke e dos sofrimentos que passou em dentistas, segundo afirmativa sua. Se hoje, com todos os recursos, sofremos assim, que seria então naquela época?

MARÇO

2 – Agora somente, e depois de um amigo[107] me ter chamado a atenção sobre a franqueza de minhas anotações religiosas, procuro entender os motivos que me levaram a escrevê-las, ou melhor, os sentimentos que me conduziram naqueles determinados momentos. Sobretudo os de invectiva contra certa espécie de católicos, cujo comportamento muito me irrita, e que em geral me faz ficar de sobreaviso quando ouço alguém afirmar "sou católico". Ora, refiro-me a uma casta religiosa muito em voga ultimamente, a dos "coléricos" ou de "espada desembainhada", segundo o exemplo já clássico de Léon Bloy ou mesmo de Bernanos. São católicos que criam um clima de intolerância, de detenção especial da verdade, que rugem, gritam e ameaçam pelas coisas mais simples, como se de repente, este velho mundo que é um quintal de sujeiras e de misérias que nos ofendem, mas que é nosso e a que devemos prestar o nosso amparo – como amparamos a nós mesmos – no caminho da remissão, como se este velho mundo, de repente, devesse se empertigar, redimir-se e tornar-se um vasto campo de paz e de almas apaziguadas. Ah, que o mundo bem precisa dos Bloy e dos Bernanos – mas a verdade é que nada tem a fazer com os seus imitadores, pois se um relâmpago de cólera é sempre belo, nada existe de mais triste do que um relâmpago simulado, uma caricatura de cólera. E o direito de esbravejar, queiram ou não os sabidos deste mundo, não é um direito de justiça, mas um direito de amor. Não estou fazendo uma concessão, ou pactuando com a fraqueza deste mundo – é apenas temor de que estejamos banindo a caridade, que é o amor absoluto, desses terrenos marcados pelo pecado. Dos nossos terrenos, aliás.

Lembro-me de ter dito, não sei mais onde, que não condizia comigo uma religião que não me permitisse sentar ao lado do último dos homens. Lugar-comum, talvez, já romanticamente explorado por muita gente, mas no momento a mais natural das reações. Pode quem quiser vislumbrar aí resquícios de literatura ou não sei que mais, afloramento de ideias e atitudes

---

[107]No datiloscrito: Sábato [Magaldi].

"decadentes" – não está hoje tão em moda o gosto pelo *noir,* pela manifestação das últimas e mais secretas podridões da nossa natureza? Mas não, não há uma ESCOLHA na minha atitude, uma preferência especial pelo "último dos homens". E é isto que torna as minhas palavras isentas de suspeita.

Acredito sim, que a graça de Deus não foi feita para um número restrito de "eleitos", que todos podem recebê-la, como Ele próprio diz que o sol e a chuva foram criados para todos. Oh, é verdade, e ninguém me afasta deste ponto de vista: o ensinamento de Jesus Cristo, na sua totalidade, é quase impossível de ser praticado. Mas aí é que está o mistério da infinita paciência de Deus, pois foi Ele próprio quem afirmou que viera para "salvar o que estava perdido", viera para pregar entre os "publicanos e pecadores". E se os seus ensinamentos são impossíveis na íntegra – por motivos cujo exame me levaria muito longe e portanto muito afastado das intenções destas simples notas – basta o movimento de tentar aceitar tais ensinamentos, nem mesmo isto, basta considerá-los, para já se ter posto a caminho e começar a jornada inversa à da Queda. As coisas não se dividem assim – Deus num extremo, o mal na outra. Se estou num extremo (como se julgam tantos católicos), estou portanto com Deus e posso acusar o mal – o que é um pensamento nitidamente farisaico. Deus está presente desde a primeira fissura que sofre o mal ou a natureza queimada do pecador, está desde o menor início, desde o balbucio que pôs a Graça em movimento, e que fez deste homem aparentemente empedernido, o último talvez de seus semelhantes, um caminhante progressivo no caminho do bem.

Não, não podemos supor como os puritanos, como os protestantes, que a palavra de Deus deve ser vivida imediata e *in totum,* com toda a energia e severidade, para que haja "salvação". A palavra de Deus não é uma ordem esclerosada, é um voto fluido de amor. Desde que se crê na palavra de Deus, não é possível fazer do pecado um habitat natural, mas também não devemos julgar irremissivelmente perdidos os que, louvando a palavra de Deus, ainda fraquejam diante do pecado, sem forças para preferir o bem ao mal. Imaginar que todos pudéssemos escolher de pronto, sem titubear, é criar apenas uma casta fria de presunção e de orgulho. O catolicismo, vangloriemo-nos ou não disto, prevê quedas, desfalecimentos, redenções. Se há alguém que possa viver de outro modo, muito bem, que desde o berço recebeu predisposições à santidade. Mas o resto dos homens, o resto que sobra, que sobrará eternamente, e que tanto como aqueles privilegiados motivou o mistério da Encarnação – mais até – será

DIÁRIOS

possível desdenhá-los e considerá-los perdidos, se o próprio São Paulo disse que "todo pecador é escravo do pecado"?
Seria duvidar da misericórdia de Deus.

* * *

(Penso... e hesito se tudo o que disse acima não é um elogio, a favor da lentidão, da pouca pressa em se ir ao encontro de Jesus Cristo. Não, não é – unicamente tenho medo de abandonar no caminho aqueles que não podem nos seguir muito depressa. E que adianta salvar uns, se não nos salvamos todos? Vamos depressa ao martírio, como queria Léon Bloy, mas não desesperemos se o mundo nos retiver alguns instantes no seu caminho. Pois segundo a sua frase famosa, "só há uma tristeza: a de não se ser santos".)

* * *

Penso em particular no romance de Octávio de Faria, onde Branco denuncia o "pacto" (não sei se estou me exprimindo corretamente, pois só o faço de memória) ou melhor, a "contemporização" da Igreja com a fraqueza humana. É belo, é forte, é tudo o que quiserem, mas quem mais "pactuou" com a fraqueza humana foi Jesus Cristo, que para nos redimir, aceitou a injustiça dos homens, o martírio da carne e a ignomínia da morte.
(Sim, aquele amigo meu tinha razão – sei que não devo falar assim sobre o Cristo, que é pretensão minha, que talvez não esteja suficientemente identificado com Ele para dizer as coisas que digo... Sei que outros falam melhor do que eu, e com direitos bem mais evidentes. Mas que não se veja nestas linhas senão um esforço para discernir meu próprio pensamento e encontrar também o meu caminho, que é tão cheio de quedas e de recuos como o de qualquer homem... Eu procuro, eu me procuro, agarrando-me a essas fissuras de luz com todas as forças da minha alma, sabendo que se Deus me concede isto, é que talvez possa romper definitivamente as velhas paredes desta alma empedernida e deixar – ai de mim! – que eu seja apenas um espaço vazio, onde flutue livremente, sua gloriosa e ambicionada Presença..)

* * *

Inquieto, achando talvez que meu pensamento não seja justo, procuro *Os renegados* para reler suas últimas páginas, aquelas que a meu ver sintetizam não só o pensamento do autor, mas mais ou menos todo o chão metafísico da *Tragédia burguesa* – uma espécie de síntese geral, de motivo sinfônico, que dá relevo e significação aos diversos movimentos de seus personagens. É verdade que, por culpa minha, hoje vejo pouco Octávio de Faria e, muitas vezes, comigo mesmo, tenho indagado em que ponto se acha ele no desenvolvimento de suas ideias. E quem sabe realmente o que se passa no fundo do seu coração?

Mas quando escreveu aquelas linhas, se bem que reconhecesse a "loucura" de Branco, não renegava o seu destino. Ao contrário. Decerto, é "no meio do caminho que surge o super-homem". Como certa é a pompa de toda essa filosofia que embriaga, e que na sua aparente "aristocracia", no seu verbo abjurgatório, promete tanto, confia tanto, supõe tanto dessa miserável coisa que somos nós...

Mas apesar de tudo, há aqui nestas páginas, algo que soa arbitrário, que não nos convence, apesar da visível emoção do autor – é que nos lembramos que a Cruz foi plantada entre dois ladrões, que Jesus Cristo viveu entre "publicanos e pecadores", que relevou a mulher adúltera, Maria Madalena e toda uma corte de "possessos" daquilo a que o nosso romancista chama "o demônio da carne". Ah! Como ele tem razão: carne degradada, sim, rebaixada, atingida até o âmago pelo estigma da Queda – mas carne redimida, carne salva e apertada entre os braços de Deus, desde que se pôs dolorosa, sofredoramente a caminho, e que sem trocar o rosto iluminado da Santidade pelo da máscara blasfema da Pureza cheia de orgulho, sabe que a renúncia humilde e sofredora de cada dia, está mais próxima da complacência de Deus, do que o grande grito que nos impele de um só jato, não para a redenção do estigma trazido pela Queda, mas para a desolada região do inumano – onde é inútil a piedade do Criador.

É curioso, até reler essas linhas finais de *Os renegados,* ainda não tinha podido discernir com tanta nitidez os traços mais fundos de Octávio de Faria, do que constitui propriamente o vinco essencial de sua personalidade. Aliás, não é fácil surpreendê-lo intimamente no seu movimento de rebeldia – porque de rebeldia é a sua atitude, e de rebeldia são as palavras que ele entende melhor, quer elas prometam uma subversão a favor da ordem neste mundo, quer prometam elas o outro mundo, em troca de uma subversão neste. Talvez não consiga me expressar perfeitamente, mas esta natureza de combate não tem capacidade para aceitar o "pecado", a Queda, como elementos "componentes", "imanentes" da nossa natureza – ai de nós, elementos que nos fazem vulneráveis, rebaixados, simples "homens", "escravos do pecado", segundo a palavra de São Paulo. Não quer aceitar ele a contingência dessa "baixeza" que só a morte resgata – "eu pago a baixeza da minha natureza", disse Léon Bloy no instante de morrer – não a reconhece Octávio de Faria como um miserável fardo que é preciso relevar ao longo do caminho, obstruindo aqui e ali as chagas por onde escorre o sangue de nossas fraquezas, na medida de nossas forças ou ao influxo da Graça de Deus – o que ele vê é a nossa natureza cruelmente ofendida, mutilada em sua essência pelo drama da Queda, manchada por uma nódoa que devemos extirpar a todo custo, rebelando-nos, jamais nos sujeitando à desprezível condição que nos foi imposta de "escravos do pecado" ... Isto, porque fomos feitos à imagem e semelhança de Deus, e devemos nos salvar de "igual para igual", como se a horrenda marca que nos diminuísse, também nos alterasse a condição semelhante de "deuses". Ora, o que quer que tenha dito este ou aquele filósofo (e penso em Nietzsche. Na verdade, é terrível, é uma dura prova para a vaidade do homem, acumular as qualidades de santo sem ser santo.) – quer se interprete desta ou daquela maneira determinada palavra de um santo, "deuses" não seremos nunca. É o próprio Octávio de Paria quem diz: "não somos deuses" – sem no entanto parecer acreditar muito na afirmativa... Deuses nunca, heróis talvez. Criaturas humanas, sempre, e só como criaturas humanas, pelo esforço e pela virtude, podemos nos aproximar do Deus único.

Não digo Octávio de Faria – mas, no fundo, na sua rebelião, é o contrário do que está dito acima que pensa Branco. Poderei citar: "... ser decaído, a esse herdeiro da Queda que, de cabeça baixa, resignado à sua miséria, vai aceitando todas as migalhas que alguém lhe atira do alto da sua piedade e, quem sabe, do seu desprezo."

Assim pensa Branco Barros, conduzindo seu pensamento às fronteiras da mais absoluta descrença na Misericórdia. Ou melhor, desconhecendo-a, no que ela tem de mais justo e de mais inclinado sobre o nosso drama: o seu infinito amor.

Mas é bom salientar que o autor de *Os renegados* nos confessa: "só o corpo e o espírito permanecem – o coração já não está mais na aventura..."

3 – Apesar de tudo, é trágico pensar que uma pessoa não existe mais assim para nós – que fomos juntos a tantos lugares, discutimos tantas coisas e sofremos em comum a impaciência oriunda de tantas incompreensões! Meu Deus, como é difícil resignar-se a essa decomposição fatal das coisas. Como é difícil fechar os olhos a este mundo, para abrir no íntimo as invisíveis pupilas que contemplam atônitas a verdade, a única verdade...

Podemos de novo voltar aos mesmos lugares, diante do mesmo mar, nas mesmas ruas amolentadas de sono: já não ouviremos sua voz e nem comentaremos as mesmas emoções.

A ausência é como se nos despojassem de uma parte das nossas possibilidades; qualquer coisa nos falta, que nos impede de traduzir as fórmulas exatas do mundo. Somos um pouco cegos, um pouco surdos – e é assim, voluntariamente, que a vida se distancia de nós.

Alguém me fala sobre a "injustiça" dos meus conceitos. Respondo que, se houvesse justiça, só os santos entrariam no céu.

4 – Quanto às minhas "ideias políticas" (impossível afastar o aspecto ligeiramente ridículo da expressão...) confesso que por mais que me examine, não vejo modo algum de chegar a um "acordo" definitivo, a uma maneira exata de exprimir tudo o que sinto e penso. (Quem aliás pensará sobre qualquer coisa uma única ideia morta e imóvel? Tudo o que é fruto de uma experiência está em constante movimento, ora adquire esta, ora aquela tonalidade. Se são águas correndo no mesmo veio profundo, se há nelas – as ideias – um chão imutável que traduz a força de uma convicção adquirida com esforço e sofrimento, passam no entanto sob todas as ramagens e ora são claras de solou escuras de todas as sombras... Não foi à toa que Dostoievski encarnou sua concepção do "homem" no pecador que ora seria um ateu, ora um indivíduo profundamente crente...)

Terminado este longo parênteses, voltemos ao ponto de partida. Quando falo aqui contra a "democracia", quero dizer simplesmente, sem nenhuma possibilidade de segunda interpretação – a democracia – ou determinada forma de governo, com suas características populares, seu direito de voto, constituição das câmaras, etc. Mas não apenas exclusivamente isto, mas também tudo o que adere espontaneamente às teorias políticas postas em prática (cada teoria política engendra suas formas especiais de aderências, seus venenos particulares, seus terrenos fecundos à corrupção) às adaptações, manejos e "aperfeiçoamentos" do sistema – porque, a meu ver, essas "reformas" de conteúdo democrático sobrevêm de um mal sem remédio, são consertos feitos num todo cuja base de apoio é que merecia reforma – e a reforma mais ampla possível. Porque, como sistema de governo, a democracia oferece um flanco vulnerável ao ímpeto das ambições de todos os aventureiros, é a instituição do reino da inferioridade, do espírito comum de tolerância e apaziguamento, do abastardamento das qualidades mais ardentes do homem. Estamos numa época em que temos necessidade dos nossos sentimentos extremos; precisamos de nossas qualidades viris e de nosso fascínio pela tormenta. A democracia é a forma de poder que nega os heróis, de que este mundo tanto carece, para exaltar os patriarcas, que é o começo de um gênero pastoril e decadente.

Seria fácil ir por este caminho e demonstrar tudo o que afirmo, mas repito, não estou escrevendo um tratado de ideias políticas, e sim vulgares anotações de um Diário. Dirão agora que eu talvez sonhe com uma espécie romântica de nacionalismo. Sei que, para muitos, o que eu tento vislumbrar é apenas uma manifestação retardada de "fascismo". Ou uma deturpação de "comunismo". Confesso no entanto que, encarado assim como partido político, definido e organizado, pronto para as lides práticas, não sinto e não vejo pactuante o meu entusiasmo. Um Estado forte jamais poderia deixar de ser um Estado prepotente – e um Estado prepotente não demoraria muito em se tornar um Estado arbitrário. Não, mil vezes não. O que eu imagino – e é claro que sei muito bem como é fácil tachá-lo de "ideal romântico", de "política de artista", de "sonho sem consequência" e outras baboseiras com que se costuma esmagar o que não segue pela bitola comum das ideias postas em moda – o que imagino, repito, é uma forma de governo nacional e conservadora, isenta talvez de arroubos conquistadores e imperialistas. Também não sei – um Estado forte, talvez, mas voltado para o seu destino interior e à conquista de uma verdade própria como meio de expressão universal. No fundo, o que apenas importa: a autenticidade.

* * *

O nosso inferno, o inferno particular de cada um, é a obrigação de suportar aquilo que mais profundamente nos fere e do qual procuramos fugir com insistência. O meu inferno, por exemplo, seria uma câmara gelada, onde perdesse de vista o resto da humanidade, porque o que mais me oprime, o que mais me desespera e me dá noção do que seja o ser amaldiçoado, é a ausência do contato humano. Não digo solidão, porque há uma espécie de solidão que não só eu suporto, como até mesmo me é imprescindível em certos momentos – mas falo da total ausência de calor humano, desta espécie de frêmito onde o espanto se mistura à ternura, e que nos vêm ante a contemplação da face do homem (os olhos, a boca, as rugas, as mãos inquietas, o calor que emana do corpo inteiro, e que exprimem sentimentos e ambições variadas, a luz que se desprende do todo, de cores tão surpreendentes e de sortilégios dotados de capacidades tão diferentes, tudo enfim o que pertence à criatura, e que tanto me inspirou e me inspira sempre, com uma espécie de aterrorizado êxtase...) ah! e cuja ausência me atira num abismo de contradições e de falta de sentido, como se eu sozinho, com as minhas constantes tristezas, fosse insuficiente para povoar o vasto mundo que me rodeia e que, afinal, tão pouco me interessa.

* * *

Não compreendo que diante do Cristo de Holbein – o Cristo morto, estendido, com a barba em ponta e a boca estranhamente aberta – Dostoievski pudesse se perturbar tanto e gritar mais tarde, pela boca de um dos seus personagens, que a contemplação "daquilo" podia extinguir toda fé que um homem possuísse. .

Não, não compreendo. Sobretudo, porque o ar "corruptível", "humano", "perecível" do pobre corpo massacrado, é feito para nos obter uma emoção funda e um movimento autêntico de contrição. O que consegue. Mas o que observamos neste fato, é a verdade de que um dos mistérios mais vivos do Cristianismo é o "corpo de Cristo" – ou melhor, não é um dos mistérios mais vivos, mas o seu próprio centro, aquele que atinge em cheio o mistério da Encarnação. Há uma grande quantidade de cristãos que veneram o Cristo como uma entidade abstrata, uma força ou uma chama viva – e quando deparam com a nua realidade desse Deus feito carne, assustam-se, porque até agora, apenas imaginaram que Jesus Cristo houvesse, sob forma humana, "representado" o drama da Paixão, e não o vivido em toda a sua angustiosa magnitude de sacrifício humano. Não é fácil imaginar que cada golpe, cada chibatada daquelas, tivesse sido sentida como nós as sentiríamos. E que o pobre corpo humano que Holbein pintou, é de alguém que realmente passou pelos transes da morte, que esfriou e cujos tecidos começaram a se desagregar ao esforço da decomposição. Sem este valor humano, no entanto, Jesus Cristo seria apenas uma entidade "espiritual", que "viajou" entre nós, sem ter vivido a nossa vida. E, ao contrário, de tal maneira ele se integrou na fraqueza do homem, que sua morte é duplamente uma morte, como salienta Romano Guardini, pois sendo Ele "a própria vida", teve de sofrer muito mais essa coisa absurda e humana que é a morte.

Além do mais, no fundo, Dostoievski era um irmão de Nietzsche, e acreditava que, um dia, talvez, o homem pudesse ser um Deus. Quase todos os seus personagens principais sofrem dessa obsessão. E é realmente para causar choque, deparar de repente com o corpo magro e devorado pelo silêncio que a tela imortal de Holbein nos desvenda – e queiramos ou não, é terrível pensar: este é o "corpo" do Deus que veio para nos redimir, "isto" é a imagem de nossa redenção, "isto" é a reprodução exata do que somos, dos deuses que imaginamos ser, quando o "super-homem nasce a meio do caminho..."

5 – Lembro-me de ter visto no Convento do Carmo, na Bahia, e cuja entrada é interdita às senhoras, um enorme Cristo em tamanho natural deitado sob um dos altares. É uma imagem aterrorizante, quase negra de tão massacrada, com os joelhos esfacelados e em sangue, o rosto violáceo.

DIÁRIOS

Informaram-me que essa imagem, com os braços deslocados e seu aspecto realmente assustador, era a que saía antigamente durante as procissões. Tal coisa, no entanto, havia sido proibida, devido ao escândalo popular que levantava: grande número de mulheres desmaiavam, homens eram tomados de crises de choro, toda uma celeuma era provocada à passagem do Crucificado. Hoje, descansa essa imagem entre lençóis brancos e rendados, numa inviolável urna de vidro. O Cristo que acompanha as procissões, é outro bem mais ameno, e não provoca mais tais distúrbios na multidão.

* * *

Se passo a vista nalgumas folhas deste caderno, sinto que deslizei sem atingir coisa alguma – que nada foi tocado em sua profundidade. Melhor fora então que em vez de anotar sentimentos que me ocorrem, apenas arrolasse fatos, como tantos o fazem. Pelo menos não teria, como o tenho neste minuto, a sensação de uma coisa frustrada, pois o puro vazio das páginas escritas, corresponderia perfeitamente ao puro vazio das minhas intenções.

Neste instante em que escrevo, por exemplo, em vão procuro algo que traduza o coração opresso que me bate no peito – todas as fórmulas me parecem diluídas e leves, traduzindo apenas uma mostra sem consequência de meus desânimos e perturbações. E não é isto, meu Deus, não é isto! O mal é mais profundo, é uma sombra ancorada no fundo extremo do meu ser, uma palpitação de doente; talvez nada consiga traduzir este mal-estar profundo (penso no "espinho cravado na carne" de Kierkegaard), esse desconforto sem remédio, essa severa inaptidão para o jogo diário – tão sem perspectiva! – que se chama a obrigação de viver. Eu me sinto velho de todas as decepções que ainda me sobram, de todas as derrotas que ainda não vivi – apesar do sentimento que tenho de já ter concluído há muito o aprendizado e só me restasse agora repetir a lição enfadonha e decorada há muito, diante de um público distraído, cioso talvez de palavras que para mim já não oferecem nenhum sentido.

6 – O que é difícil no teatro não é propriamente suportar a vaidade dos artistas, que é imensa – é suportar a arrogância dos autores – ou melhor, dos autores chamados "vitoriosos". O teatro, para subsistir, necessita do sucesso – é lógico, é óbvio. E o sucesso, que significa o agrado indistinto de determinada massa chamada público, é uma palma obtida somente por autores fáceis, acessíveis, ou para dizer mais claramente, de "voo baixo". Em última análise, esta afirmativa quer dizer apenas que os autores vitoriosos são tolos, grosseiros e medíocres. (Não me venham falar de Shakespeare ou de qualquer outro grande poeta do teatro – o público não os suporta.)

Mais ainda: o teatro é um gênero bastardo, porque é o que mais permite o vicejamento à sua sombra de espíritos dessa espécie. A famosa "carpintaria teatral", com que tantos autores procuram encobrir o vazio de suas criações, é uma receita para idiotas que desejam elaborar peças em três atos e, no fundo, fartamente desdenhável por quem quer que tenha um átomo de ideia na cabeça. Se uma peça apresenta uma ideia ou esboça por mais longínquo que seja o traço de um pensamento, é logo tachada de "intelectual", como já observou Giraudoux. Para se situar fora desta nefanda categoria, é preciso que a peça nada conte, nada sinta, nada preveja – e assim teremos as obras dos pequenos deuses do nosso teatro moderno. Aliás, no Brasil, onde tudo se torna ainda mais mesquinho e as medidas de medíocres passam a ignóbeis e miseráveis, o teatro tem produzido os maiores aleijões, as mais tristes deformações que é possível a um público citar como exemplo. E essas peças produzem dinheiro, divertem um público anestesiado e estúpido, iluminam as pequenas gloríolas que enchem de rumor os corredores mal frequentados da nossa arte dramática. Até que o silêncio para sempre se apodere delas.

8 – Andando ontem sob a chuva, apareceu-me de repente o caráter de *Baltazar,* a novela que encerra o pequeno ciclo de "O mundo sem Deus".[108] Ou melhor, surgiu em meu pensamento, com nitidez perfeita, o significado deste mundo destituído de Graça. O pecado de Baltazar é a perda do sentido da realidade, a tentativa de projeção de um mundo vedado, neste mundo em que vivemos, assim como a dilatação ou a deformação insuportável das formas habituais que tocamos e sentimos, uma alteração da verdade pelo crescimento do pecado e do erro. Se quiséssemos tentar tornar "visível" o mundo onde só a maldição governa, teríamos por exemplo um Universo visto sob a luz caótica e sinistra do dia em que Jesus foi crucificado, com suas nuvens de tormenta, seus mortos fora dos túmulos, seus gritos, terrores e imprecações – o mal como um tumor crescido no campo indefeso da realidade. *Baltazar* é a história do esforço para subverter a ordem natural das coisas e criar, não um mundo perfeito, mas a máquina terrível cuja sombra é apenas pressentimento para nós.

9 – Estive ontem à tarde com Octávio de Faria, que deve partir dentro de breves dias para a Europa. Como sempre quando nos encontramos – e um pouco instigado por mim – falou sobre a *Tragédia burguesa* e de suas remodelações no plano geral da obra. Enquanto ele falava, eu o examinava,

---

[108]A trilogia "O Mundo sem Deus" (*Inácio, O enfeitiçado* e *Baltazar* – póstuma inacabada), idealizada por Lúcio, só foi completada em 2002, quando André Seffrin juntou as três novelas para a editora Civilização Brasileira. As duas primeiras em terceira edição e *Baltazar* em primeira.

lembrando-me de tudo o que tenho escrito aqui ultimamente, e se na verdade as ideias que me vieram ao pensamento condiziam com a pessoa que se achava diante de mim. Perguntei-lhe depois o que os católicos (e lembrei-me particularmente de Tristão de Athayde) haviam achado de *Os renegados* – ele sorriu, confessando que fora acusado de heresia, etc. Mas acrescentou que encara novos caminhos para o prosseguimento da obra, o que sem dúvida virá alterar qualquer colocação que neste momento se fizer a esse respeito.

10 – Sim, não há dúvida, estão com a razão todos aqueles que afirmam que estamos perdendo o Cristo de vista. É que forças estranhas ao ideal cristão estão nos acenando com a imagem de um Cristo diferente. Ah, como parece fácil dizer isto, de tal modo a verdade se repete nos lábios dos que ainda têm coragem para clamar, de tal modo a vimos repetida nestes últimos anos em claves tão diversas entre si – e no entanto, como é complexa essa afirmativa em suas raízes, como nelas se acumulam todos os erros e venenos diferentes do nosso tempo, como se aprofunda no escuro chão das épocas que vieram vindo desde há muito, arrastando no alto de suas vagas as ideias mais sujas, os movimentos e agitações de classe, as rebeldias isoladas...

Há um principal culpado a meu ver, e é a própria Igreja. Temerosa do seu isolamento – e era ele que devia prevalecer como um ponto de referência a que pudesse retornar a cristandade cansada – ofereceu aos homens um Cristo mais luminoso – e também mais distante em sua essência. E nós necessitávamos de um Cristo mais próximo, com o mistério do seu corpo presente, mais nosso e mais sombrio. Se nos falta cada vez mais o sopro da Idade Média, é que foi banida da sagrada imagem do Salvador, o terror e o sangue do pecado. Diminuído o sentimento do pecado, foi fácil negá-lo – e assim trilhamos os largos caminhos do ateísmo moderno. Servem-nos ainda, é verdade, um Cristo social e sem cicatrizes – mas este é o Salvador das paróquias e das associações de classe, dos clubes caritativos, quando o que necessitamos é o Deus flagelado e nu, o corpo exânime presente, a carne divina que torturamos e perdemos, o Cristo de ânsia e de paroxismo que os mestres antigos nos legaram.

* * *

Povos divinizados, povos brutalizados. De dois modos afastamos o Cristo do nosso mundo: assassinando-o ou desconhecendo-o. Essas duas grandes raízes do ateísmo moderno, e que implicam uma profunda e diabólica alteração da fisionomia do Filho de Deus, exprimem-se através do processo divinizador dos homens, ou desse outro, mais direto, que é o esforço coletivo das nações sem fé. Assassinato e desconhecimento – ambas as formas representam o repúdio do pecado, sua negação e seu afastamento.

* * *

Ou melhor: arrancar o Cristo da Terra, das suas raízes miseráveis e humanas, separá-lo da nossa compreensão de agonia e de sacrifício, furtá-lo finalmente ao terror – e projetá-lo no fundo do céu, seu ponto de origem, como um protetor luminoso e fictício. Arrancar o homem do seu ponto de origem – pois ambos os movimentos são simultâneos, ligados, como dependentes entre si – e projetá-lo à cúpula de um céu inexistente – estes são os dois movimentos que vêm devorando a fé humana.

* * *

Ora, a este movimento de fuga, a Igreja correspondeu e corresponde de um modo que apenas auxilia o imenso desprestígio da ideia do sobrenatural no mundo de hoje; em vez de acentuar a noção da miséria do pecado, acentuou a noção da miséria do homem, não da sua miséria pelo conceito da natureza decaída, mas substituindo esta noção pela da miséria devido à sua condição terrena. Assim, adaptou-se às lutas do nosso tempo, tornou-se uma Igreja sindicalizada e socializada, se assim podemos dizer, banindo o sobrenatural de seus altares e deformando de modo terrível a imagem de Jesus Cristo, em troca da imagem dessa pobreza remediada, que, no entanto, sempre existirá, segundo a palavra divina.

[10] – Sem a noção do pecado, não há fé possível.

A Igreja, em vez de acentuar esta verdade, transportando assim o homem ao seu seio, ajudando-o a se fortalecer na sua noção de culpa e de remorso, auxiliou-o apenas a acreditar que Deus foi quem nos abandonou. Movimento inverso e de terríveis consequências, pois à força de se acreditar abandonado, o homem passou a acreditar que o céu estivesse vazio. Mas como é impossível ao homem viver sem a ideia de um Paraíso futuro, passou a querer construí-lo neste mundo mesmo. E a Igreja, cuja posição seria a de reação, de isolamento, pactuou, tentando realizar neste mundo o imenso sonho de uma felicidade imediata. De há muito colabora ela nesse pacto criminoso. Foi assim que chegamos ao limiar da dura época que vamos viver, toda ela feita do mais negro e impiedoso materialismo. A este momento de fuga e de vertigem, a Igreja, diminuída nos seus elementos sobrenaturais, só tem para oferecer um Cristo sem pena, sem luto e sem grandeza, uma

DIÁRIOS

espécie de Comissário acumpliciado com todas as desgraçadas reivindicações sociais dos homens murchos do nosso tempo.

* * *

O corpo de Cristo, sua presença, seu sangue e suas chagas – Ele é o próprio centro do mistério e da razão da fé, o que nos demonstra insofismavelmente a unidade existente entre Deus e o homem, pois sendo Deus, é na forma de homem que se apresenta aos nossos olhos.

* * *

Ao mesmo tempo, perdendo de vista a imagem de Cristo, perdemos de vista a imagem do homem. Esquecendo a imagem de Cristo, esquecemos a imagem de Jó – e o templo já não é mais o recinto onde vamos chorar o nosso terror e a nossa miséria – sem as quais, é inútil, não há fé – e procuramos outros templos, e nesses templos sucedâneos erigimos ídolos sem consistência e que possuem todos, não a semelhança de Deus, mas a nossa própria e perecível semelhança. Aí está a nossa heresia e o princípio terrível que fragmenta nossa unidade com Deus. Sem crença em nossa culpa, no fundo é a nós mesmos que adoramos.

16 – Todos esses dias andando de um lado para outro, cuidando do meu novo emprego no IAPC.[109] Enquanto isto, leio uma entrevista de Schmidt, em que ele afirma: "... o desinteresse pelo autor chega aqui a um ponto jamais conhecido antes." E termina fazendo um apelo para que se protejam as vocações.

Todo mundo hoje em dia protege as "vocações", e creio mesmo que se elas todas reunidas não apresentam um caldo muito suculento, é por excesso de trato, como acontece a certos legumes de luxo. Não são mais as vocações que têm necessidade de amparo, mas as "confirmações", como outrora falava o próprio Schmidt. (É claro, penso em mim, mas com certo ceticismo e uma forte dose de ironia.) É verdade que a maioria dos escritores organicamente constituídos como tal – há, é claro, os que "vencem", mas isto é uma raça à parte, inacessível para mim – agonizam hoje sob o clima do mais absoluto desinteresse. Mas a quem culpar, aos míseros leitores brasileiros? Não, o problema é mais profundo, está ligado à degenerescência do tempo em que

---

[109]Instituto de Aposentadorias e Pensões dos Comerciários, criado durante o Estado Novo e, após 1945, expandiu suas áreas de atuação, passando principalmente a financiar projetos de habitação popular nas grandes cidades. Em 1951, Lúcio torna-se redator desse instituto, obtendo dele, um empréstimo. O dinheiro usou para realizar um velho sonho: comprar uma fazenda próxima a Rio Bonito, no município fluminense de Silva Jardim, interior do Estado do Rio de Janeiro.

vivemos, e é um dos mais vivos sinais da consciente degradação do mundo, do seu afastamento de tudo o que pode testemunhar a favor da grandeza espiritual do homem.

E para isto, não há nenhum remédio momentâneo. Temos de viver até o âmago a crassa época de egoísmo e barbárie que nos foi destinada. Talvez desapareçam todos os sinais da inteligência sadia, talvez sejam tragados todos os valores com que fomos criados, e que prezamos desde a infância.

Talvez. E acho que diante de tantos casos dolorosos de desconhecimento e indiferença, que o gênero Diário valerá para o futuro – nesse futuro que teimamos em acreditar que servirá de berço para o renascimento do homem – não mais como um índice de confissões pessoais gênero Amiel, mas pela descrição do itinerário pelo qual conseguiram subsistir alguns espíritos. Porque subsistir, mau grado os sinais de desinteresse e de hostilidade de que somos vítimas, é o autêntico problema do homem que escreve nos dias de hoje. O homem que escreve, ou melhor, o indivíduo para quem as forças espirituais ainda contam, e que é o deserdado, a grande vítima das furiosas correntes contraditórias que agitam os tempos apocalípticos que nos são servidos.

* * *

(Tudo o que está escrito acima me desgosta e me enerva, lembra-me palavras de qualquer ensaísta francês, soa-me artificial e vão – no entanto, para produzi-lo, tive a morte diante dos olhos e sei o que é viver "presente" a cada minuto de nossa terrível época, com as humilhações e as agonias que cada minuto desses encerra... Não, decididamente, o silêncio ainda é a melhor coisa para exprimir o que se passa conosco; o silêncio pelo menos não nos trai e nem altera o nosso sofrimento, como as palavras...)

* * *

Eu vivo, ando, ausculto o que se passa no fundo do meu coração. Tantos anos, e aqui estou, atravessando as mesmas formas primitivas de vida, e que se adaptam, se restringem ou se deformam ao contato do mundo sensível. Depois de tantos anos, e trilhando os mesmos caminhos de subserviência, não é difícil constatar que me falta, e de modo alarmante, aquela ferocidade que Poe achava característica do homem destinado a "amealhar" – a enriquecer, finalmente.

* * *

Estrelas em combustão, riscando o céu vencido da existência, vi muito talento cair, que eu julgava apto a sobreviver no tempo. Por quê? Que lhes faltou? Uma única coisa, que verifico com espanto que falta a quase toda gente: coração. Coração para defender a mocidade e os elementos necessários à vitalidade da alma. E se é possível atropelarmo-nos com essa maioria estagnada – já que desde cedo nos acostumamos a transitar entre fantasmas – não é espantoso verificar a face muda de um artista que vive sem coração?

* * *

Há os que são assassinados, e talvez sejam exatamente os que padecem de excesso de coração. São os que trazem o "espinho na carne", os loucos e os repudiados. Nossa época, aliás, é fértil nesses crimes: possui a mais exemplar coleção de instrumentos de tortura de que se tem notícia.

* * *

Todos estes pensamentos me vêm enquanto atravesso gelados corredores, deparo faces estandardizadas na indiferença e no mecanismo das salas de trabalho, escuto diálogos que nada significam, gracejos sem esperança e risadas sem caridade. São as três forças banidas do mundo burocrático: a fé, a esperança e a caridade. Ah, como tinha razão Kafka em representar o seu mundo angustiado e sem solução, nessa rede de burocratas e empregados de escritório que enchem suas páginas...

* * *

Ordem aparente – tudo domesticado e guindado ao esforço de boletins, ordens de serviço e papeletas. Mas no íntimo, que desordem tremenda, que grande conspiração a favor do vazio e do crime, que trágica manifestação de poder diabólico!

* * *

Este é pois o terreno da "salvação". Não é tão difícil atingi-lo, e nem nos repugna muito no primeiro instante. A constância, eis tudo. E mais do que a constância, o coração ligeiro para suportar o morno sopro do deserto. Pois é no deserto, em pleno e irremovível deserto, que se situa a zona ambicionada da salvação.

17 – Jamais pude viver toda a minha vida sensatamente; sempre senti forças poderosas se digladiarem no meu íntimo, e acredito que, se Deus me deu a possibilidade de encontrar o caminho da salvação, é também porque me permitiu que costeasse livremente os caminhos do abismo. O mal, para

mim, não foi uma entidade literária, ou uma sombra apenas entrevista no horizonte humano. Soube com pungente intensidade o que ele significa em nossas vidas, e muitas vezes, toquei seu corpo ardente com meus dedos queimados. Não inventei e nem idealizei a minha salvação; eu a vivi humildemente como homem, no recesso mais fechado da minha alma. E se falo de "salvação", não quero dizer que tenha de chofre conquistado a beatitude eterna, mas simplesmente declarar ter alcançado a graça de poder repelir o mal, e assim pedir a Deus que me afaste dele, já que a dura contingência humana me fez tão propício ao seu fascínio e tantas vezes confundiu a nitidez do meu olhar, fazendo com que eu preferisse ao que me elevava, aquilo que me devorava, e lançando-me nas trevas. Com o terror, a impaciência e a brutalidade de um animal ferido. Mas hoje, sei o que devo escolher e onde estou; e poder pronunciar o nome da escolha, já é um bem que me dilata o coração e me faz crer que em melhores dias, para o futuro, eu seja, não uma alma eternamente dividida, mas um coração finalmente apaziguado.

* * *

Termina aqui o primeiro volume do meu *Diário*. Repasso as páginas, que tanto tédio já me causam. Não tentei me ocultar, nem me fazer melhor do que realmente sou. Nem melhor, nem pior. Se de nem tudo falei, se sobre aquilo que provavelmente constituiria o interesse do público mais numeroso calei-me ou apenas sugeri o que devia ser a verdade, é que um arrolamento constante de fatos sempre me pareceu monótono e sem interesse para ninguém. A questão sexual, por exemplo, que alguns leitores provavelmente reclamariam, que adiantaria estampá-la, destituída de força, apenas para catalogar pequenas misérias sem calor e sem necessidade? Mas por outro lado, procurei, para com as minhas ideias e os meus sentimentos, ser tão exato quanto possível.

A maior maldade, a única incomensurável, é a maldade imaginada. Durante muito tempo, sem conhecer meus próprios limites (quem poderá jamais se vangloriar de ter viajado impunemente até os bordos extremos que nos circundam?) julguei que de dentro da minha casa, das minhas afeições e dos meus compromissos poderia sondar todos os horizontes da culpa e do pecado. Ora, não há angústia e nem sentimento do mal que não pressuponha uma capacidade inata para o mesmo. Se não fui muito longe, se tudo o que me rodeia me deteve na estranha jornada, pelo menos entrevi em raros instantes o que é o fruto luminoso e solitário do desastre. Não acredito no homem senão através da convulsão.

No entanto, este livro é um puro fruto do medo. Não ousei tudo o que imaginei, não imaginei tanto quanto o poderia ser. (Sempre tive medo. Tudo o que fiz, tudo o que faço, este livro mesmo, é em reação ao medo que tenho. E do medo de chegar a um Universo branco e sem terrores, leva-me ao medo supremo, que é o de afrontar todos os medos, e saber que existo, ainda que isto me faça tremer, e de corpo e de alma...)

Este *Diário* é uma súmula de remorso e de consciência culpada. Tenho agora outro remorso, é o de não ter ido até o fim, de não ter perseguido até à fronteira, as sombras que sempre me acenaram de lá. Renuncio, mas sem fé no bem que pratico.

Se um dia puder atingir a serenidade que procuro, não a terei alcançado com o coração tranquilo e pisando a estrada macia dos outros, de quase todos. Terá sido acaso o meu único mérito. Quando Pilatos fez a revelação terrível – *Ecce Homo* – que aspecto tinha a face conturbada e silenciosa que apresentou à multidão?

Jamais poderei dizer do meu amor, da curiosa paixão que a face humana sempre me despertou E foi esse amor que me fez atravessar todas as veredas, onde tantas vezes vi fulgurar a luz crua da destruição. Ao terminar este caderno, e ao despedir-me deste que fui eu – e que já vejo ao longe, misturado à bruma que devorou tantos seres caros, tantos nomes, tantas almas que eu próprio criei e alimentei com meu sangue e minha fantasia – repito, não creio que um escritor, um ser humano, se encontre jamais senão na vibração contínua de seus sentimentos extremos. Através de tantos gestos equívocos, os pensados e os realizados, nada tenho a acrescentar, senão que tentei reencontrar apenas uma unidade perdida. Em torno de mim, tudo via adormecido como sob efeito do éter – é que para mim estávamos rodeados de venenos soporíferos e tranquilizadores. Através de todas as convulsões, o que tentei erguer foi a imagem primitiva do Homem. E ele, como a divindade de Cristo naquele supremo instante de silêncio em que Pilatos o designou, sempre foi mais nítido, sempre foi mais puro, sob a marca candente do Ultraje.

DIÁRIO II

Dedicado a Octávio de Faria

1951

19 – Janto com Roberto Burle-Marx, na casa do alto onde há uma grande varanda cheia de plantas e parasitas pendentes. Copacabana aos nossos pés, com um rumor distante e pastoso; percebe-se a vida das plantas através da brisa cheia de eflúvios vegetais que percorre a atmosfera.

O *atelier* me parece em muito maior desordem. Não tarda muito em surgir Cavalcanti. Parece-me um homem vencido e cansado; converso um instante à parte com Eros Gonçalves, que me transmite idêntica impressão, confirmando: "Desde que morreu a mãe dele que Cavalcanti submerge aos poucos." Não, não – continuando a examiná-lo, quase chego à certeza de que jamais fará cinema no Brasil – seria preciso uma outra fibra, a força de uma nova mocidade.

Mais tarde, mostrando-me as garrafas amontoadas, Roberto Burle-Marx me diz: "Que decadência." E há uma espécie de terror na sua voz.

MAIO

13 – Regresso hoje a este *Diário*, depois de um longo período de ausência. Cansaço? Não: a desconfiança de que esteja repetindo sempre as mesmas coisas... a necessidade de amadurecer outras... e a consciência muito íntima de estar atingindo a um ponto de fixamento em minha vida, onde cessam as flutuações e onde afinal me vejo estruturado nas linhas fixas e ideais que me compõem, depois de uma tremenda luta com os fatores mais diversos e as mais perigosas solicitações que podem ocorrer a uma imaginação inflamada. Decerto eu hoje posso falar com muito maior calma; posso defender-me com muito maior segurança; posso dizer que não deparei com uma "verdade feita" em meu caminho. E nisto que sou hoje, essencial por tantos lados, e por tantos adaptados às minhas incertezas e insuficiências, posso vislumbrar perfeitamente o que trouxe do berço e o que adquiri ao longo do caminho, [permitindo]-me dizer como Shakespeare – *I am what I am* –, consciente de que muita coisa em mim é insolúvel, destinada a não ter solução, possivelmente, e formando essa parte de sombra, de areia movediça e de sentimentos caóticos que sedimentam todo o meu ser e floresce num grande lírio negro – tangível dentro da pouca luz que consegui acumular pela minha diminuta vontade.

JUNHO

3 – Com uma noite fria e seca, saímos eu, V. Pentagna[1] e João Augusto caminhando até o Largo do Boticário. As árvores quietas no seio da sombra, pareciam escutar o rumor de um regato invisível. O mesmo encanto de sempre, um pouco envenenado pela lembrança dos *snobs* que dão gritos ao falar no pequeno largo.

* * *

V. Pentagna lê alguns de seus poemas, que me parecem excelentes. Todos eles misteriosamente entrelaçados, com certa pompa de expressão ligeiramente fora da moda, e que traduzem tão bem sua curiosa personalidade, aliás das mais autênticas, das mais "vivas" que tenho encontrado ultimamente. Tudo que o cerca, móveis, cortinas, livros e objetos de adorno, lembram esse gosto um pouco rebuscado e fora de uso que exprime o mundo secreto de um homem realmente sensível – e revelam o artista, até seus menores detalhes. Não creio que seja estritamente um poeta, mas um romancista também. A qualidade de sua inteligência, seu dom de analisar e compreender, fazem suspeitar a presença de um criador de tipos, amadurecido e grave, que ainda não ousou encetar a grande tarefa que provavelmente o espera.

21 – Recomeço, recomeço sempre. Não há nenhum cansaço nisto, mas uma espécie de desespero, um desejo único e misterioso de sobreviver, de existir ainda, de atingir o cerne que só eu conheço. Recomeçar é apenas tatear, os olhos úmidos, as mãos secas de tanto desperdício.

Leitura: Jean Genet. Como compreendo esse dom de insuflar poesia a um mundo árido, de embelezá-lo, de torná-lo único e grandioso, apenas pela força do amor... Tudo o que se desprende desse livro é um longo, um patético grito de nostalgia, de alguém que soube compreender uma atmosfera até sua mais recuada projeção; e esse grito parte de alguém que já atingiu um outro estado e contempla o mundo com uma dose superior de inteligência.

AGOSTO

17 – Ontem, numa mesa de café, conversa com Lígia de Morais,[2] que se queixa do seu próprio irmão. "Creio que o Vinicius não tem mais, disseme ela, nem mesmo o instinto de preservação, ele se destrói calmamente."

---

[1]Vito Pentagna. Poeta brasileiro, grande amigo de Lúcio, um dos inspiradores de *Crônica da casa assassinada*.
[2]Lígia Marina Pires de Moraes (*n.* 1947). Ex-mulher do escritor Fernando Sabino e musa inspiradora da música: "Lygia" (com "y" em vez de com "í"), de Antônio Carlos Brasileiro de Almeida Jobim, mais conhecido como Tom Jobim (1927–1994), de 1968.

DIÁRIOS

Como não reconhecer, em tudo o que nos conta, já em plena eclosão, o que já era possível vislumbrar naquela época em que se produziu a grande mudança da vida dele? Algumas vezes deixamos as coisas a arrastarem ao sabor da corda livre, mas é preciso saber recolhê-la.

* * *

A consternante peça de Nelson Rodrigues: durante uma hora uma pobre mocinha deblatera inutilmente para chegar ao ápice de uma inacreditável filosofia: a de que os mortos esfriam depressa.

* * *

Paquetá: durante o almoço em casa de Vito Pentagna, o vento faz vibrar uma harpa eólica. Na varanda cheia de sombra é como se de repente o mar e o sol irrompessem pelas pedras com toda a nostalgia da distância. Embaixo, as charretes passam e o trote dos cavalos nos chega através dos bambuais.

* * *

Retomo a vida depois de um estágio de férias: os acontecimentos se tornam mais lentos ao longo das horas vazias. Recomeço a escrever *O viajante*.

18 – O que me afasta deste caderno é a minha impossibilidade de concentrar o pensamento, tal o acúmulo de coisas dispersas e sem interesse em que venho consumindo o meu tempo. Ora, já disse não sei onde, o que para mim faz o interesse de um Diário não são os fatos, mas a ausência deles, pois só o sossego pode nos trazer a emoção necessária e a lucidez para escrever. Que dizer então dessas famigeradas horas que passo à procura de dinheiro, preso à engrenagem de mil pequenos compromissos que me surgiram nesses dois últimos anos (poderia dizer que eram consequências de minhas relações com X, mas seria fácil demais lançar assim a culpa sobre os outros; sou eu, apenas eu mesmo, e o meu instinto perdulário, que me levam a essas complicações em que me debato...) e em que me meto ainda, movido por uma intranquilidade, esse desespero das coisas, cujo nome ignoro, e é como uma febre antiga e sem remédio que me exaurisse. (Ah, sei no entanto, e com que certeza, até onde me levará isto... É tempo, é mais do que tempo de deter-me neste caminho.) Confesso no entanto que o dinheiro é um dos mistérios da minha vida – não o dinheiro que guardo, não o que reconheço como valor essencial de economia e de equilíbrio, mas o que desprezo loucamente, atirando fora aos punhados, certo de que irei reconquistá-lo depois da maneira mais fácil possível...

Ainda aqui tenho de bater humildemente no peito e pedir a Deus que me dê serenidade e discrição para o futuro; que depois de tantos desastres causados por essas inadvertências na mocidade, seria horrível ter de repeti-los na velhice. Os velhos pródigos têm alguma coisa de insanável demência; são como essas flores monstruosas que irrompem nas estações proibidas, grandes e sinistras, com as bordas aleijadas e as pétalas mutiladas de uma aberração.

* * *

Mais do que tudo aquilo que dói em meu espírito, o abandono do trabalho e a distância do que me é mais caro se evidencia pela mão que pesa e se arrasta sonolenta pelo papel; vê-se bem que o esforço não a tem feito um dócil animal familiar – é antes um instrumento livre que luto para atrelar a um carro mais leve – ai de mim, bem mais leve – da imaginação.

* * *

Seria inútil enumerar aqui minhas últimas leituras: leio de tudo, sem interesse e sem cuidado, num desses períodos de dispersão que nem mesmo uma crise, um problema grave, um drama justificam. Apenas preguiça, ou melhor, esse terror do papel branco que me faz rodar horas inteiras pelas ruas, antes que venha para casa e encontre à minha espera o bloco aberto e sem inspiração...

Releio em volume, o artigo que Álvaro Lins dedicou às minhas duas últimas novelas publicadas (*O anfiteatro* e *A professora Hilda*) e, se acho razoáveis muitas das suas restrições, uma me parece perfeitamente injusta: a de que não obedeço na elaboração da trama a nenhum plano preliminar. Creio que na *Professora* a linha desse plano é bem visível – e em *O anfiteatro* como em *Inácio*, a desordem é apenas aparente, um efeito procurado com esforço e depois de um plano cuidadosamente elaborado. *Hélas*, em ambas, o que me desagrada é justamente esse excesso de ordem em obter a desordem; de tão conscientes, concordo em que se tornaram obras frias. É o defeito capital do virtuosismo de que essas novelas sofrem com relativa exuberância.

* * *

Charles du Bos, numa das suas intermináveis *bavardages* sobre estudos e planos de edições, diz que "... estas questões de dinheiro, são talvez a chave melhor que abre as últimas profundezas humanas" – o que não é bem novo, mas de qualquer modo é confortador. Pois a verdade é que sob o jugo desses constantes atropelos, alguma coisa se abre, rompe-se definitivamente em nossa alma, uma espécie de chão inteiriçado pelo cotidiano, e de onde escapam negros e sulfurosos vapores de uma vida mais real do que a própria realidade.

19 – Hoje, domingo, sentimento de vergonha por não ir à missa como todo mundo. Indago a mim mesmo se me falta essa fé mínima que alimenta tanta gente que lá se acha de joelhos – e, forçoso é confessar, o que me impede é simplesmente preguiça, ou melhor, falta-me esse *élan* de força de vontade sem o qual toda fé é impossível.

* * *

Ontem à noite, visita de Vito Pentagna que traz alguns discos de *cantejondo* gravados pela Niña de los peines. Alguns de grande beleza, profundos e tristes, como o gemido de uma raça secreta que se redescobrisse no exílio e no cativeiro. Lembro-me particularmente de um da autoria de García Lorca, que me pareceu superior aos outros.

* * *

Leio *Mardi* de Herman Melville, que abandono sem conseguir dominar o tédio. Não é o gênero de leitura que me retém mais, e se volto a ele, é com certa impaciência, sem nenhum entusiasmo pelos seus reis bárbaros e filosofantes.

* * *

Continuo a escrever *O viajante,* mas sem encontrar a forma adequada à história. Além do mais o estilo é arrastado, não vive e nem explode como eu desejaria. Mas tenho a impressão de que conseguirei melhores resultados quando a história avançar, e é isto que me anima a trabalhar matéria que me parece tão fria e sem ressonância.

20 – Não se pode escrever sob o domínio de maior desassossego e nem de maior nervosismo. Só mesmo por um esforço de vontade, uma tensa ambição de progredir e ir adiante, é o que me leva a prosseguir *O viajante.* Todas essas páginas são formas sensíveis. Não sei se sou eu que me torno mais exigente ou se realmente são minhas possibilidades de escritor que diminuem – o certo é que este trabalho me custa, terrivelmente.

Durante todo o tempo, o que me preocupa é a possibilidade de que possam aproximar o retrato d'*O viajante* com *Inácio* – o que seria errado, pois não há na natureza do primeiro nenhum lado ostensivamente sombrio, e o mal, nele, caracteriza-se por uma espécie de inocência. Inácio, ao contrário, era o ser perfeitamente consciente de tudo.

21 – Ontem, num bar com Vito Pentagna, conversamos longamente sobre X. Talvez eu tenha exagerado os meus sentimentos, mas hoje, procurando examinar com atenção o que se passa comigo, sinto que não tenho muito o que discordar do que disse: mais ou menos os meus sentimentos permanecem os mesmos. Não sei o que mais lamentar – mas nesta fidelidade, apesar de tudo, encontro uma garantia contra as minhas tendências à desordem e à dispersão. É pelo menos o que recolho de melhor nesta pesada prova que já tem a duração de dois anos.

* * *

Esforço-me para romper O *viajante* dos quadros de simples novela; sua trama me parece bastante complexa e não conseguirei em poucas páginas obter o resultado que pretendo. Em todo o caso o trabalho avança, e isto é o essencial.

22 – A pobre coisa que somos... Tudo isto me desgosta, esses recuos, esta duplicidade, estas meias-mentiras que provavelmente não existiriam, caso tivéssemos coragem de ser cruéis. Cruéis como todos os homens inteiramente puros. Mas, ah! que estranha fraqueza nos devora, que massa desalentada e eivada de mil pequenos relâmpagos de piedade, em que ser monstruoso nos constituímos, com os nossos desentendimentos e os nossos recuos! Talvez seja isto o dom de ser humano, mas confesso que em determinados instantes, e não raros, gostaria de ser duro e transparente como o diamante, tão gelado e tão onipotente como o mais egoísta, o mais intratável dos seres!

* * *

Sensação ontem, num desses pequenos teatros de Copacabana, de que já não existíamos e éramos apenas reminiscência de um passado caduco e tão vulgar como quase todos os passados; pessoas que riam de graças chulas, a casa, o palco, os artistas, tudo, como que se diluía numa poeira antiga de mediocridade. De coisa alguma do que ali se achava outros seres se lembrariam: ríamos como outros haviam rido, em lugares diferentes, sem também deixar o mais leve traço de sua existência. E havia uma grande melancolia em constatar a pobreza daquelas faces mansas e uma certa angústia – por que não dizer um certo espanto – ante uma tão numerosa identidade de seres tristes, anônimos e totalmente isentos de qualquer ambição ou grandeza. Não há dúvida de que a força do mundo é feita dessa grama miúda que irrompe de todos os cantos. A coesão desse nada é um dos fatores que tornam a vida irrespirável.

* * *

Falei ontem com Rosário Fusco sobre o apartamento que ele vai abandonar. A necessidade de reorganizar minha vida – ou pela primeira vez organizá-la definitivamente.

23 – A impossibilidade de organizar de pronto a minha vida leva-me ao desespero de ontem; sob um dia cinzento e chuvoso, passei horas e horas inteiramente inúteis, distanciado de qualquer sentimento calmo e sensato. A mesma ronda de bares, o mesmo desperdício de energias, o mesmo sono pesado e sem horizontes para acordar hoje com o coração transido de remorso e um grande sentimento de culpa.

Não, a vida assim não é possível. Há muito compreendi isto, e querer continuar esta ilusão de fuga, é nadar em vão num charco de águas lamacentas. O remédio é a paciência, mas de todas as qualidades que me faltam, esta é sem dúvida a de mais alto coeficiente. Tenho de aprender primeiro a saber o que é a paciência e depois a empregá-la com resultados positivos – este é o único meio de levar a cabo o plano que tracei e do qual dependem as únicas coisas que para mim contam nesta vida.

* * *

Nenhuma leitura; vivo apressado e com uma espécie de febre. Nenhum livro me retém, nenhum jornal – as horas são cheias de uma angústia cuja origem não consigo explicar.

* * *

É com surpresa que recebo, vindo da Alemanha, um cartão assinado por Orlando Guy... E o mais curioso é que representa uma das paisagens de Van Gogh que mais me agradam, o "Campo de trigo com corvos".

* * *

Acredito que muitas vezes costumo inventar para mim um segundo "eu" mais legendário do que outra coisa – e é estranho que surpreenda este outro vivendo quase sempre com mais intensidade do que eu mesmo...

Eis um dos dias em que me parece difícil domesticar todas as sombras que se erguem aos meus lados. Junto a mim, respirando comigo, todo este mal que modela a minha mais viva identidade-e neste céu turvado onde procuro em vão subsistir, é a perfeita demência que reconheço em tudo o que faço, o outro "eu" que vaga um instante livre de sua prisão...

31 – José Lins do Rêgo, que encontro por acaso em Livros de Portugal, indaga-me dos meus livros e promete levar *Reaparição* a José Olympio.

* * *

Acredito que o problema agora não é propriamente mudar de vida – mas encontrar um equilíbrio que ainda não tinha tido, coordenando os elementos que me são necessários. Pois é inútil tentar experiências radicais: volto sempre ao ponto antigo e, assim, é melhor equilibrar o antigo, do que viver um novo desequilíbrio.

* * *

Nem a vida e nem a morte se unem, nem uma é prolongamento da outra, nem são partes dependentes; enquanto seres materiais realizamos o que se chama viver, e que é um todo completo, fechado. Mortos, quer dizer invisíveis, ausentes, realizamos outro todo, também independente, fechado em si – e que talvez seja matéria, verdade concreta, num espaço que não conhecemos. E que começa no instante exato da nossa morte.

SETEMBRO

4 – De novo me sinto penetrar no mesmo ciclo de preocupações: dinheiro, dívidas, falta de repouso para escrever o que pretendo. As horas se sucedem mornas e difíceis. E como tantas vezes, acordo com a sensação do tempo passando e de estar desperdiçando momentos essenciais. Em dez anos, conseguirei levantar todos os romances com que sonho? Mas onde, com que elementos materiais de tranquilidade, como resolver o meu problema?

6 – Ontem, dia depressivo e quente, fui a um cinema de segunda classe para ver de novo *Ivan, o terrível* de Eisenstein. Desta vez não me impressionou tanto quanto da primeira, e, a par de seus verdadeiros valores plásticos, pude distinguir, sem grande entusiasmo, todos os elementos eminentemente teatrais que constituem este filme e que, confesso, foi o que há alguns anos atrás me levou a imaginá-lo tão maior do que realmente é...

Por que sempre escrever neste mesmo estado de espírito? Um Diário assim com o risco de se tornar um simples anotado de sensações mesquinhas e melancólicas? Mas eu próprio serei muito diferente disto? Cansado de tudo.

* * *

Paquetá se distancia dentro do alegre sol da manhã. Entre as pedras e os verdes onde palpita uma e outra flor vermelha guarda um pequeno ar de festa e de aconchego.

A lancha *ronca* sem descanso – e em breve, desaparecida a ilha, só o mar existe cheio de miúdas vagas cariciosas.

8 – Revi mais uma vez *Ivan, o terrível* e nada tenho a acrescentar à minha opinião acima.

* * *

Almocei ontem com Rosário Fusco em casa de uma pintora casada com um violinista aposentado. No quarto pequeno e atulhado de [seu] apartamento. Nos velhos cartazes de Viena e Londres anunciando *"The brazilian violinist"*. O artista mostra-me antigos retratos seus quando possuía ainda vasta cabeleira – e num violino ensurdecido por causa da vizinhança, toca uma *romanza* de Beethoven. Tudo isto é horrivelmente melancólico.

* * *

O tempo passa, os dias passam. E que faço eu à espera de que momento excepcional para escrever o meu romance? *O viajante*, abandonado, cobre-se de poeira na minha gaveta. E eu passeio pelos bares, pelos cafés, desperdiço o tempo em conversas e empreendimentos inúteis, sem a menor responsabilidade. Que espécie de vida é esta que escolhi, qual a força que me leva a essa dissipação constante, a essa impossibilidade de sentar-me para escrever e meditar numa obra séria? Oh, Deus, a idade não trará para mim nenhum repouso?

* * *

É curioso, em dois artigos sucessivos, Augusto Frederico Schmidt fala da decadência do "patriotismo". Que entende o nosso poeta por "patriotismo"? Qualquer coisa no espírito de Maurice Barres, misturado ao amor pelos hinos, pelas datas cívicas e pelas paradas militares. Qualquer coisa enfim de extremamente decorativo, e que nos lembra um arroubo romântico do século passado. No fundo, porém, o que derrota Schmidt é a nostalgia do Estado forte, do ideal político nacionalizado e erguido em dogma indestrutível.

9 – Domingo. Missa por alma de meu pai. Numa igreja cheia, com os joelhos doloridos, leio o Evangelho no livro que meu irmão ao lado, me empresta. Tudo me distrai, tudo serve para desviar minha atenção e reprimir

meus melhores impulsos; no entanto qualquer coisa muito antiga vinda da infância ainda fala dentro de mim.

* * *

Ontem, de novo, em casa de Rosário Fusco.

À noite com Sábato Magaldi que me pergunta "honestamente" o que achei da peça de Nelson Rodrigues. É claro, execrável.

* * *

Mas como tarda, como demora este domingo, idêntico a todos os domingos, a romper suas amarras, esgotar-se, transformar-se em passado! Quem me salvará das horas brancas e sem consolo que ainda me restam?

* * *

Sete horas da noite: aos domingos, atualmente, é a hora em que me sinto mais sozinho. Inútil disfarçar: escorreguei fora das engrenagens. Devo ter envelhecido bastante, as pessoas já não se interessam mais por mim. Ou são elas que tomaram o partido de viver diferente, enquanto é tempo? Olho os amigos que se despedem com o coração transido.

Marcos fala-me de São Paulo. Alguém diz ao lado que não suporta Goethe. Mais tarde, no carro de Sabino, rodamos pelas estradas até a Barra da Tijuca – e toda a paisagem quieta dentro da tarde enevoada guarda uma expressão estranha de recolhimento.

Regresso, estou de novo em meu quarto, remexo velhos recortes – vagarosa, inútil, a noite avança.

* * *

Leitura: as comédias de Shakespeare.

10 – Escrevi hoje várias páginas de *O viajante* com bastante facilidade. Não fosse o contratempo que surgiu logo pela manhã, e que me obrigou a vagar horas à procura de X. (que encontrei à uma hora, perto das Barcas), teria avançado ainda mais. Mesmo assim regressei cedo para casa e escrevi ainda várias páginas, que considero até agora das melhores do livro.

12 – Toda a tarde de ontem com Vito Pentagna, que regressa de Valença. Ele me falou sobre *A luz no subsolo* e me fez rememorar os meus vinte e poucos anos, quando aquele livro foi escrito – e durante algum tempo eu me esforcei para reviver as coisas que viveram comigo durante a elaboração do romance e lembrei-me de Octávio de Faria e seus amigos, que na época eu frequentava diariamente. Não sei bem o que eu era como pessoa, mas

tenho nítida consciência de que não constituía mais do que um ser selvagem e completamente irreal. *Hélas,* continuo sendo irreal, mas a minha selvageria, tão pura e tão saudável, há muito que não existe mais...

* * *

Ainda com Vito Pentagna assisto mais uma vez à exibição de *takes* de *A mulher de longe,* que deve seguir para São Paulo. É curioso como tudo isto está morto para mim – pântano, praias, ondas que justamente naquele instante...

No entanto, quanto de mim mesmo estava encerrado naquelas latas – que lutas e que tristes combates para fazer sobreviver aquele sonho! Hoje já não me diz mais nada, é como se fosse a obra de um estranho.

13 – Discurso de Octávio Mangabeira[3] ao se empossar na direção da UDN.[4] As mesmas coisas de sempre, a respeito de Rui, a democracia, etc. Um programa político à base de sabedoria, compreensão e liberdade.

Lembro-me de duas vezes que estive com o Sr. Mangabeira, na Bahia, quando ele era então governador do Estado. Falou-me exatamente sobre essa "densa massa humana que morre no sertão de miséria e doença". Continuará acreditando, depois de cinquenta anos de vida pública, que o remédio esteja nesta política amena de tolerância e liberdade?

Neste caso, que espere, pois esperará em vão o milagre idêntico ao dos Estados Unidos, isto é, que de uma hora para outra nós sejamos capazes de prover a todas nossas necessidades, inclusive as de defesa continental. Com ópios dessa natureza é que a UDN tem perdido todas as suas partidas.

* * *

Começo finalmente a vislumbrar a saída do longo túnel em que me meti; os horizontes se aclaram; os projetos parecem mais viáveis. Assim, não adianta nada correr na frente do tempo: as piores feridas se curam e as questões mais penosas se tornam menos pesadas, ao impulso de um único fator: a paciência.

14 – Almoço, ontem, com Vito Pentagna, em casa de Rosário Fusco, que oferece uísque e fala sobre Faulkner. Passo o dia todo num doce vapor de embriaguez e afinal, ao escurecer, vou tombar no Café Vermelhinho, onde

---

[3]Otávio Mangabeira, nascido Octavio Mangabeira (1886–1960). Engenheiro, professor e político brasileiro. Foi governador da Bahia e membro da Academia Brasileira de Letras. Um dos fundadores e primeiro presidente da UDN.

[4]União Democrática Nacional (UDN), partido político brasileiro fundado em 7 de abril de 1945, frontalmente oposto às políticas e à figura de Getúlio Vargas e de orientação conservadora.

376 LÚCIO CARDOSO

se reúne hoje a fauna "artística", isto é, todo o rebotalho plástico, teatral e literário da cidade. É curioso, vi seguidamente o Campos, o Amarelinho nos seus grandes dias de glória – e fora a natural impiedade do escritor, a tolice mais ou menos generalizada dos artistas plásticos e a incurável imbecilidade dos artistas de teatro e cinema, posso afirmar tranquilamente que o que é tão desagradável nesses ambientes, o que me causa sempre uma impressão de desassossego e a sensação de estar cometendo um crime, quando penetro nesses lugares, é que tais assembleias se formam unicamente de *ratés, ratés* de qualquer ramo que vejo e de idiotas que sempre imaginam os *ratés* grandes e luminosas figuras do mundo artístico. A verdade é que de toda essa gente se desprende uma horrível sensação de apodrecimento, de mesquinharia e de vileza nas atitudes mais simples.

* * *

Leio *Le sabbat* de Maurice Sachs,[5] de que já ouvi falar tanto e que não conhecia ainda. O livro é curioso pelos detalhes que nos dá de tanta gente ilustre – e terrível pela sua veracidade. É um gênero de confissões que se lê com o coração um pouco transido.

15 – Aqui estou no Café Cinelândia que outrora tanto frequentamos, Octávio, Cornélio, Rachel de Queiroz, Adonias e eu. Acredito que para mais ninguém isto tenha importância, mas como são duas horas e quarenta, quase a hora antiga, compenetro-me quão pouco mudei, e que, após tantos anos, eles poderiam entrar agora, e eu seria o mesmo. É este o privilégio dos corações secos, como diria Cornélio Penna.

O que eu espero, espero com a mesma ansiedade daquele tempo. Mudei, mudamos todos, mais ai de mim, continuo desesperadamente igual. Decerto, de um momento para outro, tudo vai se resolver – mas até lá (quando? em que céu? em que distância?) e nestas cadeiras que de repente me parecem eternas, pergunto que castigo espero, quem sou eu.

18 – Sábado e domingo em Valença, onde sob um céu frio e cor de cinza (bem diferente do azul intenso que vi de outras vezes) reencontro as mesmas flores que tanto lembram a minha infância: violetas, malvas, camélias, e onde de repente essa *féerie* ingênua e meio agreste dos jardins, desvenda pequenos paraísos que há muito eu julgava extintos. Doçura de passear meu olhar e minhas mãos por toda essa ourivesaria de seda e sombra – e ainda no trem, de regresso, aspiro de vez em quando um pequeno buquê de

---

[5] Maurice Ettinghausen, mais conhecido como Maurice Sachs (1906–1945). Escritor francês.

violetas que trago comigo e onde rememoro – cada vez menos, cada vez mais extintas – essas vozes que entoaram comigo, nos jardins de Belo Horizonte – o de Tidoce onde pela primeira vez aprendi a distinguir as papoulas, os heliotrópios e as rosas – o da Escola Normal, com suas variadas petúnias, suas glicínias, seus girassóis – o do vizinho da esquina, onde existiam crisântemos e miosótis – essas vozes que entoavam, repito, os primeiros cantos do alvorecer, com suas promessas de morte e de esponsais, diluídas com o correr do tempo em formas frias de vida, sem lei e sem significado...

* * *

Não há dúvida, é o período novo, onde não mais existe a sombra de X. – e sem temor, sem ânsias, o horizonte clássico da minha reforma e da minha maturidade.

* * *

Num carro, a caminho do Alto da Boa Vista, sigo com alguns jovens – alguns extremamente jovens – que se embriagam e rompem ampolas de Kelene,[6] em cujo rótulo leio anestesiante. Sim, é fértil em recursos essa mocidade, mas do que precisamente procura ela se anestesiar? Nenhum deles sofre de algum mal profundo – e no entanto, esse mal pior de não sofrer de mal nenhum... – e são hábeis e versados nessas coisas de éter e entorpecentes, pronunciando esse nome – Kelene – com familiaridade, nome sem dúvida mais que usual nos hospitais, mas que ouço pela primeira vez e onde julgo distinguir inquietas ressonâncias, sombrias previsões e não sei que tom amputado e doloroso, que reflete salas de hospitais, asilos de alienados e antros escuros de vícios – todos os lugares enfim onde a alma impaciente pode passear sem arroubos finais seus gritos destruidores. Kelene, mesmo inocente, tem no frio do seu jato efêmero e cristalino, toda uma melodia secreta de delírios fúnebres, alvorecer em êxtase e desabrochamento de deliquescências reprimidas. E o que me espanta é que esses jovens moderados, de atitudes e costumes mais que burgueses, a isto se atirem com gritos de prazer e estremecimentos animais: como que da sombra alguma coisa mais primitiva e mais antiga do que o próprio homem, acorda em suas faces necrosadas o gosto do imundo.

---

[6]Lúcio fazia uso de vários tipos de entorpecentes, Kelene (Cloreto de Etila) era um deles. O Kelene era um anestésico fornecido aos médicos em ampolas fechadas a fogo, às quais se adaptava uma tampinha móvel, dispositivo patenteado pela SCUR (Société Chimique des Usines du Rhône, matriz da Rhodia brasileira), em 1890, em La Plaine, na França.

20 – Escuto meu irmão[7] conversar com Hamilton Nogueira e salientar a série de crimes que se tem cometido à sombra da apregoada ideia de "unidade militar". Ora, não há ideia que corresponda a qualquer ideal superior do homem, que não tenha arrastado à sua sombra os mais torvos crimes, pergunto agora – e sem a conservação da ideia de "unidade militar", contra ela, que piores e mais nefandos crimes não seria possível cometer?

* * *

Octávio de Faria me envia, a pedido meu, mais um livro de Jean Genet. Curiosa, a ideia de preservação de valores fundamentais do homem através do mal. Com que acentos novos, com que resplandecente inspiração o poeta nos fala do crime e dos criminosos: através dessa aparente decomposição, velhas noções de heroísmo, lealdade e integridade última da natureza humana reerguem seus dilacerados espectros. E Jean Genet, como outros desta época, é um sintoma vivo, um grito de repulsa, de violência e de audácia, contra esse sistema uniformizador e constante que vem reduzindo, cortando e planificando os alicerces fundamentais da existência humana, como a fé, a moral, a política, etc. A um homem despido de objeção e mecanizado no seu mundo de virtudes burguesas e sem viço, opõe com toda a sua pujança seus sombrios e fascinantes criminosos – Harcamone, Stilitano, Notre-Dame des Fleurs. Num certo sentido, corresponde Jean Genet ao que poderíamos esperar de uma revolta contra todos os que nesta época de nivelamento e de ausência de mistério pretendem nos impor um Cristo limpo e distante, um Cristo adomingado e sem abjeção. Seus heróis no compulsivo caos de seu reduto prenhe de valores primitivos e especiais, são testemunhas da sombra, da existência do pecado, do mal entranhado na natureza do homem – e compondo-o apesar de tudo.

23 – Creio que esta já é a sétima vez que venho a Valença. A tarde esmorece sob um sol muito quente e um céu intensamente azul. Há no ar um perfume de limoeiro – e o silêncio seria absoluto se não fosse lá fora o ruflar das asas de alguns pombos.

Foi bem próximo daqui, em Taboas, que nasceu meu pai. Não sei se estas ruas, se estas casas que vêm de um passado longínquo tiveram alguma influência em sua mocidade. Lembro-me que nos seus últimos dias de vida ele falava muito em Taboas e no sítio em que nasceu. Mas que lembranças propriamente teria ele deste lugar e das ruas em que hoje caminho?

* * *

---

[7]Provavelmente, Adauto Lúcio Cardoso.

DIÁRIOS

(Valença) – Uma das coisas que eu mais gosto aqui é, na curva poeirenta de uma estrada, o cemitério dos pobres que se ergue no sopé de um barranco – terra vermelha, cor de sangue, com algumas cruzes e poucos túmulos de tijolos. No fundo, contra o céu azul, um renque escuro de ciprestes. Através das grades do portão, há uma certa grandeza no longo muro branco que o circunda – e calma, uma calma ingênua e pobre de bom quintal da província.

Não é aqui, no entanto, que vou encontrar o túmulo de meu avô – Lúcio José Cardoso – mas no outro, no cemitério grande, onde um pequeno anjo barroco vela sonolento o mar calado e anônimo dos mármores.

* * *

(Valença) – Compreendo agora porque, fugindo desta cidade meu pai foi parar no interior de Minas; há aqui um constante influxo mineiro e é este – dos Mineiros – o nome da rua principal de Valença. Outrora, aqui vinham eles vender suas mercadorias e era aí que amarravam seus cavalos. Ainda hoje, na praça onde se erguem grandes e sombrias árvores, é possível encontrar caboclos que vêm do sertão e que amontoam na calçada sua mercadoria de couros e arreios.

* * *

(Valença) – Uma flor de maracujá, exótica, misteriosa e com uma vaga reminiscência de animal – uma aranha talvez. E as pétalas em torno, de um vermelho cor de ferida.

Ah! Esse doce e enjoativo perfume... Fecho os olhos um pouco, a flor colada às narinas. E lembro-me – tanto, tão vivamente! – do tempo em que eu era menino e vinha do grupo escolar, descendo uma rua de Belo Horizonte. Havia um rio que hoje está canalizado e, muitas vezes escorregava eu pela sua ribanceira, a fim de sondar lá embaixo os seus mistérios. Em certo trecho a água era acumulada e profunda. Junto, uma pedra, e um pouco acima, uma árvore por onde subia[m] tumultuosamente as folhas de um maracujazeiro. Era aí que meus olhos se detinham, nas belas e trágicas flores que embebiam o ar de perfume – desse mesmo perfume que agora aspiro e me faz voltar de repente, com dolorosa intensidade, ao tom dessa água, ao silêncio do lugar, ao meu coração de criança que batia de medo, de êxtase, de amor.

* * *

(Valença) – Anoitece – os pássaros piam no côncavo das árvores. O ar se torna mais frio, enquanto ao longe estouram os fogos da procissão de São Cristóvão.

24 – Depois de sete horas de viagem (os nomes das estações soam aos meus ouvidos, familiares: Chacrinha, Bacia de Pedra, Palmeira da Serra, Japeri, etc.), aqui estou de novo no Rio, pronto para recomeçar a vida. Recomeçar sempre, o que quer que seja – eis o lema. Toda a casa tem um odor familiar e antigo.

27 – Estive ontem com Fregolente e combinamos uma série de programas para a televisão. Diz ele que aí é que está o futuro do escritor. Concordo, com uma mágoa que ele não percebe. Proponho escrever os *sketches* sem assinar meu nome, mas ele insiste, convicto de que aí se encontram minhas verdadeiras possibilidades.

* * *

Meu irmão[8] fala-me ainda sobre filosofia e política. Tento discernir qual é o fundo de seu pensamento e creio que ele pretende impor a uma estrutura vazia (democracia) um corpo de ideias, uma projeção espiritual e idealista que na realidade se desajusta ao seu plano de ação, é excessiva para o trabalho que empreende, dadas as bases de que parte. Queixa-se da incompreensão de elementos udenistas – e no íntimo, pergunto a mim mesmo se não será ele o único a querer impor uma chama onde ela não existe? Os outros, os de que se queixa, são perfeitos espécimes democratas.

* * *

Rearmamento da Alemanha. – Acredito que seja um dos fatos de maior importância no domínio internacional. Os Estados Unidos, com todas as bombas atômicas não poderiam ganhar uma guerra contra a Rússia, pois não possuem um ideal convicto, arraigado em seu espírito nacional – quer dizer, jamais poderiam com o surto, certo ou errado, mas existente, do espírito russo. Para uma nova guerra eles têm necessidade da Alemanha, dos seus ideais, do seu espírito nacional e europeu, do seu martírio.

28 – Recopio o primeiro volume do meu *Diário* com grande morosidade, sentindo que envelheci, que minhas ideias mudaram. É difícil resistir à tentação de intervir, de reformar tudo – mas então já não seria um Diário e sim uma obra composta, um livro de ensaios.

* * *

---

[8]Provavelmente, Adauto Lúcio Cardoso.

DIÁRIOS

Aí está: "... o instante perigoso que vive a nossa mocidade." Perigoso por quê? Todos vivemos um instante perigoso. E nada nos salvará de nada. Somos o preço da geração talvez pacificada de amanhã. Se houver um amanhã de paz para o mundo.

29 – Releio algumas páginas do último *Journal* de Green – e o tom é tão certinho, tão límpido nas suas intenções como intencional nas suas obscuridades, que não posso esconder a impressão de que o autor é exatamente o que se chama "um menino bonzinho". O primeiro da classe, naturalmente. Pode ser que reunido ao que ele diz ter guardado para publicação após a sua morte, esta opinião desapareça. Mas tanta tranquilidade afinal exaspera um pouco.

* * *

Conversando hoje pela manhã com Lourdes,[9] disse-lhe que o meu ideal seria o de ser fazendeiro. Isto há muitos anos que me preocupa – e creio que essa nostalgia de terra e de solidão, do cheiro bom de mato e das largas manhãs do interior, foi de meu pai que eu herdei. Leio que Faulkner é fazendeiro, e Huxley também. Já não estou sozinho e portanto a ideia não é tão extravagante assim. A verdade é que me sinto saturado da cidade, da vida da cidade, do seu tédio rumoroso e cor de asfalto. Tudo o que imagino como pureza e tranquilidade, vem da paisagem boa de uma fazenda, de um quintal, de uma horta grande cheirando a funcho e malva – como as que sempre estiveram presentes na minha infância.

* * *

Não tenho nem mais vontade de falar e de discutir com as pessoas; e mesmo pensar sobre elas me cansa, já que tão continuamente sou obrigado a pensar mal. Se volto a elas, se torno a procurá-las, só vejo uma explicação para isto: um grande amor. Um grande e doloroso amor por essa coisa triste e castigada que é a face humana.

* * *

No *Journal* de Green, em qualquer parte, ele fala da estupidez das guerras. Não. Não, sinceramente, não creio que as guerras sejam estúpidas. Se Deus intervém no destino do homem como outrora destruía e flagelava cidades pecadoras, é pelas guerras que ele hoje se manifesta; a única di-

---

[9]Trata-se da irmã de Lúcio, Maria de Lourdes Cardoso de Barros.

ferença é que o castigo foi deixado ao nosso cuidado, e como soubemos adorná-lo de requintes sinistros!

Não, as guerras são necessárias. Caminhando na Cinelândia ou defronte do Café Vermelhinho, sinto que não é possível que tudo prossiga assim, nessa eterna espera, nessa angústia do nada e da mediocridade. No fundo do coração é a catástrofe que chamamos. Ninguém suporta a horrível monotonia da vida – e para quem quiser sentir, não sei que trágico acontecimento, que revolução já ergue no horizonte seu estandarte de sangue.

OUTUBRO

1 – Recomeço de novo, num plano completamente diferente, O viajante.

O difícil é vencer a minha indolência – tudo estaria perfeito se pudesse apenas imaginar os romances sem escrevê-los. Não há descoberta quando me lanço ao trabalho material – a visão já é completa – e vem daí, certamente, a monotonia do empreendimento e minha dificuldade em levá-lo a termo. Ah, como invejo um escritor como Octávio de Faria, por exemplo, em que os caminhos se delineiam à medida que escreve, e tudo é frêmito e novidade no seu trabalho! Quanto a mim, componho como quem copia um quadro; o original foi visto, mas não sei onde.

8 – Contam-me ontem o suicídio de Carlito. A notícia é tão inesperada que não me desperta nenhum sentimento, fora a surpresa. Não me é fácil imaginá-lo morto-eu que sempre o vi tão vivo, tão febril, andando sempre sem tocar o chão...

Lembro-me de fatos, encontros, bares em que nos vimos, tudo o que sucedeu naquela época. Eu mesmo era bastante desnorteado e deixei-me levar embriagado com tudo que via e ouvia; depois deixei de ver Carlito e a seu respeito, vagamente, contavam-me histórias. E não sei por que, para mim é como se ele tivesse morrido há muito, desde que nos afastamos, e que só agora me contassem a história de sua morte.

9 – Encontro nos jornais o retrato de Carlito. Há quanto tempo não o via? Apesar de tudo não posso deixar de sentir uma grande pena, uma grande tristeza. Leio e releio o seu nome impresso, esforçando-me para me acostumar à ideia de que esteja morto. Quer me acostume ou não, a verdade é que ele não existe mais – e talvez tenha sido muito melhor assim.

* * *

O horrendo jornal em que agora trabalho absorve-me quase todo o tempo. Não resta dúvida de que ganhar dinheiro é uma coisa muito penosa. Como nunca assino os artigos que escrevo, tenho a nítida impressão de ser uma coisa alugada, servindo a uma horrível voz, rouca e cheia de nuances canalhas, que é a do diretor e que se situa do outro lado do tabique, mesmo ao meu lado.

12 – A ordem, também, não é tao simples quanto parece à primeira vista. Embrenho-me nela como numa floresta desconhecida, cheia de obstáculos e de precipícios que me parecem brancos de toda pureza e de todo sacrifício.

Durante o dia as horas passam rápidas, mas ao cair da noite fazem-se longas e cheias de difíceis encontros. Uma nostalgia pesada envolve meu coração e começo então a andar de um café para outro, escutando pessoas que eu desprezo, conversas que me provocam a mais violenta repulsa, enquanto, no íntimo, acuso-me pela minha fraqueza. Ah, que é pior do que desunir um hábito assim da carne? Pela manhã, espero, nem eu mesmo sei o que... que o telefone toque, talvez, e recomece a vida antiga, a vida que eu sei morta, completamente morta.

Recado de Frei Gastão – mas que dizer, que fazer neste momento?

13 – Humberto de Alencar fala na praia de Pituba. De repente, este nome que tinha completamente esquecido, opera qualquer coisa mágica, a Bahia como que surge inteira dentro do ambiente acanhado da boate em que nos achamos. Pituba. Praia em que uma noite em que eu já não sei mais – igual em si a tantas noites de febre e inquietação deitei-me na areia, com o vasto céu do Brasil por cima de mim – um céu tão calmo, tão indiferente das ânsias que me dominavam...

Pituba. Repito o nome baixinho, uma, duas vezes, esperando que o encanto se renove. E pergunto a mim mesmo: o que sinto agora é diferente daquela época? É a mesma coisa, sinto-me continuamente fiel aos meus fantasmas. Vi outras praias, algumas mais belas, outras mais sujas, mas todas com essa respiração cheirando a sangue que vem do mar. Mas lembro-me que nunca, nunca fui tão só nem tão desgraçado como na praia de Pituba.

15 – Segunda-feira, e a vida ancorada numa pequena pausa de sono recomeça. Quem sabe a velhice não é esta pouca vontade de continuar, esta ausência de curiosidade. Neste caso sinto-me velho de uma infinita idade, pois nada me interessa. (Quando menino, costumava dormir à tarde; acordava já noitinha, e ouvia lá fora, através da brisa morna da Tijuca, as vozes e os risos dos outros que brincavam. Sentia-me enfermo sem o estar, tudo me parecia turvo como se uma vidraça me separasse do resto do mundo. Hoje, tantos anos depois, é ainda assim que me sinto. E a verdade é que não tenho nenhuma vontade de me levantar do lugar onde me acho.) Bem pensado, acredito que a ordem é uma espécie de doença para certas almas. Sem ela não posso viver – mas somente ela aniquila e torna exaustos os

meus menores gestos. Sinto-me uma cópia de mim mesmo e não eu mesmo. Olhar-me em tal repouso e isto me causa um terrível sofrimento.

* * *

Voltará ele um dia? Até há bem pouco tempo sobrava-me a certeza, e eu sentia crescer nestas ausências uma árvore nova e secretamente carregada de cristalinas flores de boas – vinda!!. O que hoje há dentro de mim é uma árvore seca de espanto; não que eu sofra intensamente, mas poder contemplar a vastidão do vazio em que caminho – até onde? quando? – causa-me uma amargura pequena e constante, um sofrimento prolongado mas em tom menor. Decerto não é mais a grande paixão, mas o rompimento de hábitos tão renitentemente estabelecidos, soa com todas as aparências de um sentimento forte. Ou sou eu que cada vez sou mais fraco e envelheço. Já não sei me desprender das coisas com o coração sem fadiga de outros tempos.

* * *

Faz, ó Senhor, com que nos suceda uma catástrofe imensa e coletiva. A inundação ou destruição das cidades condenadas. Queremos uma guerra forte e sem piedade. Queremos uma morte egoísta e adornada de cruéis heroísmos. Queremos o nada como uma grande convulsão. Que venham os tempos musicais do castigo, que a peste penetre com seus andrajos no coração das cidades, e que sinos violentos toquem a hora nova da ressurreição.

17 – Noite estranhamente sensível em que, meio adormecido, senti a vida marulhar e escorrer no fundo do meu ser. Acordei muitas vezes, num estado que me pareceu uma sobrevivência de coisas antigas. Adormecido, inúmeros sonhos me sucederam, entre eles um, mais forte, mais nítido, singularmente parecido com outros do mesmo gênero. Estava eu na Fazenda dos Javalis (de onde me vem este nome? quando sucedeu?) e montava a cavalo, com botas, chapéu de couro e uma espingarda a tiracolo. Era noite, ventava e eu percorria quase a galope uma estreita vereda. Alguém me disse: "É a hora em que ele se transforma em animal." Engatilhei a espingarda, esperando que as folhas se movessem. Era um homem que eu procurava e eu dizia comigo mesmo que não poderia voltar à fazenda sem tê-lo morto.

O ambiente em que decorria tudo isto era de enorme angústia. Ao mesmo tempo eu já me achava na fazenda, e tudo nela me era familiar, inclusive a presença de X. Quando acordei, compreendi que não era apenas um sonho, mas a memória de alguma coisa real que eu tinha visto há muito tempo.

DIÁRIOS

18 – Uma única nota de piano – insistente, prolongada, como um longo suspiro dentro de uma manhã meio nublada. Tudo em mim se confrange e durante um minuto a nota única parece vibrar dentro de mim, crescer, latejar, assenhorear-se dolorosamente do coração – e de repente a nota se converte em escala, irrompe no espaço vazio, enquanto dentro de mim como que as veias intumescem e o sangue se precipita através das veias, ardente e musical.

29 – Desci hoje de Valença de ônibus e, como estivesse passando pessimamente, desci em Barra do Piraí. O primeiro trem que passa para o Rio está marcado para as quatro e trinta da tarde... por isto vago, num dia de chuva peneirada e triste, pela mais triste e desalentada das cidades do mundo.

Enquanto passeio, vendo caminhar uma gente apagada e feia, penso que seria numa cidade assim, num dia assim, que regressaria o meu personagem sem nome de *Crônica da cidade assassinada*.[10] De repente, do alto de um velho paredão, descubro o Paraíba enlameado e vagaroso que vai contornando as casas da Barra.

Em primeiro lugar eu queria dizer – não ter medo da morte.

Não traduzir em segredo os seus signos, não parodiá-la, não inventar-lhe veste de bruma ou de falso luxo – pois só ela existe, e tudo o que tocamos é uma representação da morte. Mocidade, alegria, desejo – não conheço nada que nos seja de um modo mais definitivo uma tradução da morte. Eu espero morrer, não da morte que me foi dada, pois esta conheci longa e intimamente ao longo dos meus dias, mas da minha vida, que me foi dada como uma máscara contra tudo o que me revelava a nupcial presença da morte.

Morrer da minha vida, como quem esculpe um destino.

31 – Tantos dias passados já, e tão pouca coisa escrita neste caderno! Agora eu me assisto viver, mas sem nenhuma paixão. Sei o que é ser sozinho e não me animo mais aos meus grandes espetáculos. Os dias passam, mornos e iguais; às vezes, tomado de uma súbita e furiosa nostalgia, caminho pelas ruas, vou até à Cinelândia, investigo os cafés, volto. Nada existe, nada houve. Regresso mudo e com o coração tomado por um certo espanto. Não há dúvida que é esta a vida, mas apesar de tudo, considerando bem, não deixa de ser uma coisa extraordinária.

* * *

---

[10]Primeiro provável título de *Crônica da casa assassinada*.

LÚCIO CARDOSO

Leitura: *Judas*, de Lanza Del Vasto.[11]
Diário de um escritor de Dostoievski. É a segunda vez que leio este.

NOVEMBRO

1 – Trabalho todo o dia, até dez horas da noite, e se bem que o jornal seja horrível, há um certo prazer neste modo de vida. Ainda não tinha me experimentado tão arduamente no trabalho; e, sem dúvida, quando regresso cansado e "sozinho" – nisto tudo, a impressão de "solidão" é o mais importante – não estou longe de pensar que isto é a "paz", e a paz finalmente que chegou para mim como para outro qualquer, numa profissão modesta e triste.

* * *

Muitas vezes pensei nestes últimos tempos que o dom de "criar" estava morto em mim, e que eu conseguira "secar" os terrenos mais úmidos da minha imaginação, não sei por que espécie de detestável ciência. Para esta convicção concorria a opinião de toda gente, sempre tão apressada em julgar o pior a respeito dos outros e a ajudá-los a submergir, o que é ainda mais fácil. Mas agora, quando regresso à noite para casa, compenetro-me de que me é inteiramente possível escrever; o que se passara comigo é que eu me desabituara de ser sozinho, não sabia mais sondar meus pensamentos, nem pesar minhas tendências. Despertei-me até onde pude, mas em vez de perder-me, um maravilhoso instinto criou para mim não sei que espécie de defesas e me reencontro íntegro, com todas as capacidades de trabalhar e de conversar ainda com o velho "eu" que há tanto me acompanha...

DEZEMBRO

3 – Depois de uma longa pausa recomeço a escrever neste caderno. As condições de minha vida são atualmente completamente diferentes. Para trás, bem para trás, ficou tudo o que tanto me absorveu, desde Itaipu. X. é um nome completamente esquecido e eu trabalho sem descanso procurando recuperar tudo o que perdi nestes últimos tempos. Escrevo novamente *O viajante,* uma versão que me agrada bem mais do que a primeira. E quando do posso viajo, renovando a minha sede de paisagens; as cidades desfilam através de uma bruma. Às vezes vou com um amigo, às vezes sozinho. A

---

[11]Giuseppe Giovanni Luigi Enrico Lanza di Trabia, mais conhecido como Lanza del Vasto (1901–1981). Filósofo, poeta e católico italiano e ativista contra a violência.

DIÁRIOS 387

minha impressão é de ter estado longamente doente e ter agora regressado à saúde. Assim seja.

6 – Como tivesse ido ao hospital de meu irmão,[12] e lá devesse esperar algum tempo, informaram-me que Manuel Bandeira se achava recolhido a um dos quartos. Resolvi fazer-lhe uma visita rápida. O poeta se achava deitado e não me pareceu muito satisfeito com a visita. O que pode ter sido um engano, pois ele é sempre amável. Trocamos algumas rápidas palavras e eu me despedi, convencido de que a visita em vez de agradá-lo apenas o incomodara.

1952

MARÇO

17 – Depois deste longo hiato, aqui estou de novo. Ah, um *Diário* não é jamais um relato constante, um rio contínuo e sem desfalecimento que fosse delineando a nossa vida... Um *Diário* é apenas uma crônica de gemidos.

De novembro para cá ainda não realizei as grandes coisas que sonhei... Mas elas serão realizadas, tenho certeza.

* * *

Leio *Lições de abismo* do Sr. Gustavo Corção. O que é insuportável em livros como este (há várias coisas insuportáveis no livro do Sr. Corção) é o esforço para se provar o processo de fé. A fé um absurdo, um estado de loucura, um movimento sem provas. Tudo poderia caminhar certo, até o instante em que, oscilando, todo o edifício vem abaixo, porque a partir do momento onde a fé é verdadeira, não há mais romance possível.

18 – Sonhei esta noite que alguém havia anunciado a minha morte. Houve depois uma espécie de reconsideração da sentença e pude me ver, estendido, que regressava à vida meio cambaleante. Vi-me depois caminhando como se estivesse bêbado, um saco na cabeça enterrado até à cintura. Talvez fosse por isto que eu cambaleasse. Acordei com uma voz que me dizia: "É a sua alma".

30 – Em casa de Hildon Rocha, caio, sem querer, sobre um trecho de Tristão de Athayde que faz a diferença entre o "Cristo Agônico" e o "Cristo Irradiante". O primeiro seria o Cristo de Unamuno, o segundo... o de Ro-

---

[12]Trata-se de Fausto Cardoso, fundador do Hospital Samaritano do Rio de Janeiro.

mano Guardini. Leio com ceticismo, imaginando o tremendo esforço para se acreditar perpetuamente num Cristo de alegria. Evidentemente estamos aqui muito longe do "Cristo em agonia até a consumação dos séculos..." Mas não há dúvida de que isto me leva a outras leituras e, em particular, a Unamuno, que conheço mal.

MAIO

12 – Aniversário de minha mãe.

18 – Resposta não enviada a um inquérito do *Diário da Noite*:

Por mais que indague de mim mesmo, não consigo saber de que modo poderia o Governo auxiliar eficazmente um escritor. Por meio de um grande prêmio? Talvez isso ajudasse a *um* escritor, de ano em ano, caso ajudasse... Por meio de leis sobre direitos autorais, sindicatos, etc.? Mas isso já deveria existir há muito, e se não existe ainda, que fizeram até agora os escritores, que não reclamaram coisas tão primárias para suas atividades profissionais?

No mais, em que poderia o Governo ajudar os escritores? Criando um ministério de sinecuras? Instituindo o título de "poeta do rei", como na Inglaterra, e nomeando um vate profissional, como Tennyson o foi, ou um protegido do tzar, como o foi Puchkine? Talvez fosse melhor assim – poeta oficial do Sr. Getúlio Vargas – se entre tantos, escolhesse o mais vil de todos.

Mas não, inútil zombar. Nenhum escritor que se preze viveu à sombra do Estado; muitos, ao contrário, morreram contra ele. Que significa proteger oficialmente um Dickens, um Balzac, um Proust? Trucidá-los sob que glória mesquinha e humana? Esta história de escritor sob proteção do Estado é uma reminiscência de aspecto puramente totalitário – e somente por isto é que veio encontrar eco na velha mente viciada do Sr. Getúlio Vargas.

21 – Depois de muito tempo reencontro Almir Castro, e rememoramos, por um instante, enquanto a tarde fatigada se estende ao longo da Cine-lândia, coisas do velho tempo. Ouvindo sua voz, lembro-me, não sei por que, do *Grand Meaulnes* que li naquela época e, especialmente, de certo verso de Schmidt, que muito recitávamos então: "Sinto que o tempo é bom porque não para nunca." Não para, e aqui estamos nós, bem diferentes do que fomos, sem nenhuma alegria, antes, apenas unidos agora pela certeza de que marchamos implacavelmente num tempo que não mais nos permite vagares para as grandes amizades.

22 – Nilton Cardoso de Morais, que fiquei conhecendo através de Almir Castro, adverte-me com muita simpatia que falam bastante mal a meu respeito no Norte. Acredito – mas como lhe fazer ver que isto em nada me

interessa, que esse Norte é uma coisa vaga, acumulado numa distância incerta, uma espécie de rumor que me dizem existir sem que eu escute coisa alguma? Também aceito, os olhos quase cerrados – sinto que é inútil conversar mais tempo e que ambos falamos, cada qual do lado oposto do muro.

O sol que arde e a incrível, a incoerente cidade em que vivem os homens. Terrível reconstruí-la em pensamento: o asfalto, as pontes, as janelas fechadas, os becos onde constante a cachaça escorre e fumega, as vitrinas que se acendem com olhos cativos, as pessoas que caminham entre a luz e o luto.

Espanta-me de que tudo prossiga sem uma catástrofe. O sol gira, (gira, perpétua rosa!) entre milhões de faúlhas inocentes e azuis.

Um soldado, no bar, lava as mãos junto a mim, enquanto a boca do esgoto suga a água com avidez. Vejo o revólver que traz à cintura, ao alcance apenas de um gesto. (Ah, quantas vezes sonhei a morte, escura e derramada, nesses antros criados pela noite humana...)

O soldado lava as mãos e as sacode como Pilatos. Cessa a ânsia do esgoto. E há uma tão espantosa, tão definitiva coerência no seu movimento, que sente-se o ar gravitar em torno dele como sob uma espécie de fascínio.

* * *

Todo o meu ser é uma aventura impossível de sonho e de: extermínio.

23 – A grande novidade: José Lins do Rego ressuscita a velha querela Norte-Sul que há anos atrás fez a carreira de tantos plumitivos. Distraído como sempre, o autor de Menino do engenho ainda não percebeu que os tempos são outros e que essas ideias são moinhos de vento que ninguém mais combate.

JUNHO

(Estão cessados os grandes motivos; nenhuma tormenta me sacode. Olho os dias escorrerem num clima branco e cheio de atrozes indiferenças. Tudo esmaece em mim como um instrumento que silenciasse sua música de desespero. Não destruo e nem sou destruído. Torno-me igual e sem identidade. Assim as minhas palavras se pacificam, e a morte, que tanta vez caminhou comigo passo a passo, abandona-me, deixando-me intacto no meu posto de poeta sem voz e sem inspiração.)

* * *

Vargas penetrou realmente na História, mas na que se fechou com ele. Sua grande culpa é não ter tido forças para inaugurar a História nova – e de abandoná-la pelo seu suicídio, à "sanha daqueles cuja ambição, e cuja razão", por assim dizer metafísica, só era maior do que a dele, porque era uma força, uma razão da mocidade. Vargas amadureceu durante vinte e cinco anos uma geração oprimida e que não conheceu liberdade de escolher. E que portanto se revelaria com muito mais ímpeto. E convenhamos que ele morreu porque não soube transformar-se nesta hora no supremo tirano, no homem acima das conveniências, no homem que ele próprio se acreditava ser.

AGOSTO

(És tu, Anticristo. Da tua mão que pende entre as franjas da liteira, nasce o limite do mundo novo, e o sol novo do último dia, e o último dia.)

14 – Há três anos atrás recomeçava eu o meu *Diário*, interrompido há tanto tempo. Não sei que força esquisita me empurrava a recomeçá-lo, numa situação tão diferente, mas com o coração tão seco, e tão opresso quanto antigamente. Ai de mim, hoje é fácil traçar o caminho da minha vida, fazer a soma de meus haveres – que ainda são pobres, como sempre o serão. Mas a vida que desertou de mim, que fluiu e se esgotou no tempo, essa não sei mais onde está, e é sua ausência, sem dúvida, que compõe este eu de hoje, com suas certezas e suas renúncias.

Não há mais tempo para hesitações; a estrada que devo palmilhar é certa e definitiva; qualquer desfalecimento agora é a minha perda.

E é isso que me faz contemplar meio cético o retrato de V. que Giudicelli hoje me deu como presente de aniversário, e onde reencontro a única pessoa neste momento que poderia me interessar apaixonadamente. É inútil esconder, tenho medo. Miro e remiro o retrato, e o faço como quem escuta a nota de uma música conhecida, vibrada no vento; o som é autêntico, e é novo, mas desperta em mim a sensação de ter tocado num lugar já ferido em outros tempos. E ao mesmo tempo...

O que eu leio, o que eu faço. A certeza de que farei alguma coisa, apesar de todos os empecilhos que descubro. Tudo o que eu leio, tudo o que eu vivo, possui uma única direção. Nesta noite de 14 de agosto, sozinho, escrevendo no meu quarto, encontro-me maravilhosamente intacto. Obrigado, meu Deus.

17 – Domingo, Lelena, Vito e Sabino escutam música de Bach, Maria apronta-se para ir ao encontro de alguns cadetes do *América Vespúcio*. Dito assim, nada parece mais banal, um dia como os outros, mas eu imagino, por exemplo, o quanto será estranho descobrir estas coisas aqui escritas

DIÁRIOS

depois de vinte anos. Daqui a vinte anos, se viver, serei um homem velho, e é assombroso o quanto posso lembrar-me do que aconteceu há vinte anos atrás comigo mesmo (a casa da Rua Visconde de Pirajá, minha amizade com Clístenes, um romance que escrevi com o título esquisito de *Ilha*) e o quanto tudo isto parece recente e próximo de mim. Às vezes, em instantes como este, sou mesmo capaz de imaginar a minha vida toda já passada, extinta, um fato consumado. É talvez que as linhas que me compõem são demasiado simples, e é fácil prever o que acontecerá – de onde uma certa melancolia e também, porque não dizer, uma certa paz.

* * *

Leitura: um livro de Jean Genet, que ainda leio com grande admiração, mas sem os transportes da descoberta.

Um autor novo: Truman Capote.

* * *

É tarde, dia ainda, mas já se pressente a chegada da noite. Vozes distantes, pios de pássaros. Em silêncio, sinto revolver-se em mim um domingo informe de sonho e de evasão: qualquer coisa não falada ainda, mas que reponta para ser descoberta como uma ilha desconhecida.

SETEMBRO

5 – Mamãe acaba de partir para o hospital. Desde ontem que se acha de cama, com dores do lado, provavelmente uma cólica renal. É esquisita a casa assim vazia, com os objetos, as coisas, testemunhos de uma vida tão prodigiosamente intensa. É mesmo difícil crer que essa energia possa ter os seus momentos de desfalecimento; e ela própria, saindo, é quem comenta o acontecimento, lamentando que sua vivacidade possa ter desaparecido.

* * *

Todos esses dias em companhia de X.,[13] a quem tento adaptar-me quase num gesto de autodefesa. Dentro de mim já não restam grandes energias para o amor, e vejo a paixão de longe, como um esforço imenso a que é preciso a maior dose de imaginação possível. Ah, os sonhos são caros e difíceis – e eu me acho precisamente na época em que se pagam maiores preços pelos enganos que são comuns na mocidade. Talvez me ache no período definitivo

---

[13]No manuscrito: V.

de minha vida, não sei, não ouso afirmar, tantas vezes tenho me enganado a esse respeito. Mas uma certa distância, uma calma maior, são sintomas de que enfim me afasto do longo *sturm und drang* em que tenho vivido.

X.,[14] certamente eu poderia amar – mas em outra época. Hoje, através de sua imagem, apenas relembro o que fui.

* * *

Leitura penosa sobre Gide e Proust. Que estranha época a nossa, em que esmiúçam sobre sepulturas quentes ou ainda quase quentes, mazelas de grandes homens, inventário doloroso e triste de roupas conspurcadas, num afã, num delírio quase de rebaixá-los, que evidentemente é um sintoma de uma mediocridade, de nossa incapacidade de suportar os que se acham acima da bitola comum...

Ah! Mas como se abrigam eles, permanecendo indiferentes e altos – permanentes, insolúveis ante toda a grosseria da multidão ignara...

* * *

É indubitável que haja certas pessoas que trazem em si uma força criminosa; seriam assassinos se os impulsos não fossem domados e transfigurados em gestos superiores. Mas esse esforço contido, essa promessa tão longamente postergada, não criará uma nova e estranha arma, um dom de matar sem violência, de destruir sem terror? Clara sentia que dentro dela havia uma profunda predisposição para o mal, se podia perceber com tão grande clareza o que era bom e nobre nesta vida, é que sabia também avaliar o outro lado. Algumas vezes ela tinha medo de si própria e olhava suas próprias mãos, ágeis, vibrantes, prontas a atenderem ao negro apelo dessa voz que comandava das regiões mais recusadas da sua natureza, essa, a que nem todos descem, mas que existe, como o mais recuado limite em que o homem se liga a Deus.

6 – De novo a caminho de Valença. O tempo amanheceu chuvoso e escuro. Lembrei-me da manhã em que desci em Barra do Piraí, e da desoladora impressão que tive. Vou hoje, deixando mamãe no hospital, se bem que bastante melhor.

Sentimentos calmos, pensamento lúcido.

* * *

Ontem à noite, encontro na rua com Vera Mogilka,[15] uma pequena gaúcha que se acha aqui, e colabora numa revista de novos chamada

---

[14]*Idem.*
[15]Vera Margot Mogilka, escritora brasileira.

DIÁRIOS

Crucial. Pareceu-me desamparada e aflita. Levei-a ao teatro – um espetáculo ultrabanal de revista – e admirei-me o modo excessivo, ingênuo, pelo qual se divertia; no fundo, pensando bem, deve ser bastante triste, se bem que me garanta, com essa empáfia da gente moça, que "nada tem de mórbida". Ai de mim, confesso eu, só tenho morbidezas.

7 – Chove e faz frio em Valença. Através do vento, pela janela aberta, o mesmo cheiro de rosas e de glicínias que já conhecia de outras vezes. Às vezes espio, e nada vejo na escuridão – só a chuva, cujo ruído monótono escuto.

* * *

Passeio ao cemitério: um anjo ajoelhado, o rosto escurecido pelo tempo. Dois homens, de joelhos, tentam acender uma vela sobre um túmulo recente.

* * *

Almoço na chácara com D. Maria Clara, na grande sala de jantar onde ainda resplandecem restos de um passado recente. Sinto-me cercado de flores, de conforto e de calma – ao longe, pássaros piam incessantes contra o céu cor de chumbo. A conversa rola macia e antiga, enquanto os pratos desfilam, e Valença toda se faz presente, pelas suas mil vozes de conforto e de sedução.

8 – Partida. Viagem num trem de segunda, repleto e enfumaçado. Tristes paisagens se sucedem (lembro-me do passeio a cavalo que fizemos ontem à tarde, pela estrada cercada de campos secos onde pasce um gado triste. Uma cruz de repente, assinalando o local onde tombou um assassinado. Vito conta histórias dos sítios e das terras que vejo. Uma capela humilde. Depois, de novo incansável, a pobreza e o silêncio.). Em torno de mim, crianças e embrulhos – e este cheiro peculiar à pobreza, à mofo e à doença. Um cansaço animal sobre todas as coisas. O trem rola aos arrancos, e eu tento dormir, fugindo ao mundo que me cerca.

9 – Hoje pela manhã, em companhia de Almeida Filho, ligeira estadia no consultório de Jorge de Lima. Fala-me ele que Murilo Mendes parte esta noite para a Europa e eu lhe envio um bilhete de despedida.

Apesar da *Invenção de Orfeu* (cujo elogio sobe tanto nestes últimos dias através dos nossos pseudocríticos...) apesar de tudo o que sinto Jorge de Lima capaz de realizar (lembro-me, em particular, d'*A mulher obscura* que na época tanto me agradou) há nele, em tudo o que o cerca, na sua própria obra, uma parte indisfarçável de farsa. O que espanta a todo mundo, e lembra os processos de um feiticeiro, não é propriamente a sua fecundidade, nem a "qualidade" de suas obras, mas isto que é essencial a toda obra de arte que se admira: o sofrimento. Jorge de Lima compõe e cria num terreno tão fácil, tão gratuito, que quase chega a assustar. E nesses longos poemas isentos do pecado original, há beleza sim, mas uma beleza factícia, inerme, feita da espuma e da moleza vã da fantasia que cria como a roda que agita automaticamente a água – e não com a força, o ímpeto, a grandeza cataclísmica que suspende as marés e põe a nu a profundeza lacerada dos mares. Sente-se que ele poderia escrever sucessivas *Invenções de Orfeu*, mas Dante não poderia escrever novamente sua *A divina comédia*.

* * *

Além de tudo, além de todos os inimigos que temos a vencer – o mundo, a sociedade, os amigos, as facilidades, os bares, o dinheiro, o conforto e as palestras fáceis – o que mais duramente temos a combater somos nós mesmos. O talento é uma conquista como outra qualquer. E toda a marcha para o talento é uma conquista solitária. Somos nós mesmos, autênticos, quando formos, integralmente a nossa solidão.

11 – Reaparece Schmidt, e no mesmo velho tom, e com os mesmos termos que deve ter aprendido, quem sabe, na adolescência. Desta vez é sobre os "tempos agônicos" que o Sr. Negrão de Lima[16] preconiza numa entrevista ou num discurso feito há dias. Extraordinário! Os "tempos agônicos" (do "*agon*" grego, que significa luta, combate contra a morte, segundo o poeta nos explica) serão constituídos desses próximos dez anos, período em que o país entrará numa fase de desagregação e entrega total às forças da demagogia. Concordamos com o termo "agônico", se bem que não o empregamos do mesmo modo que Schmidt – "agônico", mas de vigília, de transe, de atenção, como a chama no interior do corpo já meio enriquecido pela morte. Porque dez anos é um suspiro, é uma brincadeira junto ao estado putrefato do gigante. Os povos não se medem pelos anos mas pela força de seus abalos sísmicos. Que a nossa longa agonia preceda uma morte rápida e vitoriosa; que desapareça de vez o "espírito agônico" que não há dez, mas há vários anos nos mantém à superfície da mediocridade (mediocridade real, profética e demagógica) e venha de vez o estado puro de catástrofe, de morte e de espanto, que nos permitirá inventar de novo o Brasil futuro, a salvo desses detestáveis corvos que a democracia sem autenticidade ergueu melancolicamente nos pórticos nus da nossa história.

* * *

---

[16]Francisco Negrão de Lima (1901–1981). Político brasileiro; governador do estado da Guanabara (atualmente, Rio de Janeiro) de 1965 até 1970.

DIÁRIOS 395

Prazer em se descobrir de novo: o romance ressurge e é como uma fonte que no escuro da noite recomeçasse a jorrar...

* * *

Leitura a escuro e sem interesse. Nada definitivo. Sonho os grandes planos de leitura e solidão. A vida recomeça em mim com calma e solenidade – e no fundo, um pouco angustiado, pergunto: até quando?

17 – Comecei ontem as notas de um pequeno livrinho a que dei o nome de "Esboços para uma teoria da danação". Não sei ao certo o que sairá daí, mas não posso negar que iniciei o trabalho com entusiasmo, amontoando tudo como se atirasse as palavras num escoadouro...

* * *

Sairá certo o sonho de Ibicuí? Longos minutos deitado, imagino a casa, as salas, as horas de trabalho. O tempo urge, e é necessário que eu resolva todos os meus problemas.

* * *

Escutei esta manhã, um pouco distraído, a "Missa", opus 86 de Beethoven.[17] Todo o tempo no meu pensamento projetaram-se imagens de cinema, talvez porque ontem eu tenha me encontrado com Décio Vieira Ottoni que transmitiu as impressões que Cavalcanti teria tido de *A mulher de longe* e que não podem ser mais lisonjeiras para mim. Segundo ele, nada havia visto aqui que exprimisse tanto gosto. Isto reacendeu minha chama cinematográfica e passei todo o dia imaginando possibilidades de recomeçar o trabalho abandonado. Hoje, a mesma inquietação me trabalha. Se viesse o Instituto de Cinema, quem sabe Cavalcanti não poderia me ajudar?

18 – É curioso que durante toda a minha vida eu tenha lido tanto sobre Gide, que chegue a perder um pouco de vista sua figura real. Não há um só de seus livros – salvo talvez os dedicados exclusivamente à crítica, e portanto grande parte do *Journal* – não há um só dos seus livros que me agrade de modo absoluto. Gosto de parte, ou por citações, ou por intenções. E no entanto, o homem me interessa profundamente, pois tudo o que se refere a ele desperta logo a minha curiosidade. Mas não é o escritor que me interessa, e sim a atitude moral por assim dizer, o comportamento diante da vida de alguém que sempre pretendeu inaugurar uma palavra nova e que, ao

---

[17] A "Missa em Dó Maior", Opus 86, foi composta por Ludwig van Beethoven (1770–1827) em 1807 por encomenda do Príncipe Nikolaus Esterházy II (1714–1790), da Hungria.

contrário de um revolucionário, sempre foi apesar dos seus compromissos e dos seus desvios, um homem que soube como ninguém a difícil arte de se conduzir através da vitória.

* * *

Provavelmente o que faço agora é o que sempre deveria ter feito, mas confesso que há nisto uma grande dose de tédio. Desconfio da minha idade, eis tudo. Não há aqui uma conquista, mas um arrefecimento. Não há o termo de uma escalada, mas a consequência de uma queda brusca. Qual a sabedoria que há nisto? Sinto-me como um homem inesperadamente paralítico, que não soubesse o que fazer com as suas muletas. Não há dúvida, procurarei ser sábio, mas sem esconder a minha pungente, a minha horrível nostalgia de outros tempos, quando era livre e podia correr com as pernas desembaraçadas...

* * *

Leitura dispersa, Péguy, Huxley, Proust. Um livro sobre Dostoievski que ainda não conhecia. Um romance brasileiro: *Tempo de amar*. Poemas de Marcos Konder Reis, que Octávio de Faria já havia me elogiado bastante e que não me agradam particularmente. Belos, perfeitos, realizados – mas que ausência de sofrimento, que valsa imoderada e contínua, que contínuo fogo de artifício! Não é o dom que nego, é a profundidade.

19 – Releio *Monsieur Ouine*, que há alguns anos atrás não me causou grande impressão, e apesar do prazer que encontro, admiro-me que conheça tão bem o estilo, a "marca" de Bernanos. Certas palavras violentas, certas imagens cruéis e fortes, não o caracterizam somente, mas aos romancistas católicos em geral. Diante de certas "estradas desenlaçando-se com víboras", certos "corações devorados por ignominioso câncer", lembram irremediavelmente Mauriac. Eu o prefiro, independente dos seus grandes temas ("... uma mocidade autêntica é tão rara quanto o gênio...") quando nos levanta um dos seus magistrais retratos ou quando, baixando subitamente o tom, lembra nostalgicamente qualquer burgo perdido ou um ramo de flores ao vento...

* * *

Mesmo dia à noite:

É tolo dizer que nada devemos fazer porque tudo se acha feito. Cada grande homem inaugura para nós possibilidades novas – e dificuldades que serão nossos atributos. Por exemplo, depois de Proust, é difícil a um

DIÁRIOS 397

romancista imaginar uma vasta obra cíclica. É preciso imaginá-la "além" e mais do que isto, visioná-la "diferente". É este o motivo por que cada dia os grandes homens são mais difíceis.

20 – Intolerável sábado cinzento e cheio de monotonia. Um desses dias em que eu me sinto inundado de alguma coisa escura e amarga que me parece arrebatar a minha realidade e transformar-me num fantasma. Lembro-me de Bernanos, que diz em qualquer parte (creio que no *Journal d'un curé de campagne*) que o tédio é uma poesia invisível que nos devora a alma. Lembro-me de Romano Guardini, que afirma que o tédio é uma nostalgia do amor, ou coisa parecida. Estendido na minha cama, sonho em vão com devoradoras, catastróficas paixões. Mas ai de mim, são paixões frias, paixões a serem utilizadas num romance. Minha época está terminada e se hoje guardo a nostalgia do grande amor que nunca vi realizado (talvez não haja) é como quem rememora o som de uma música ouvida não sei onde, e que nos persegue, sem que saibamos mais completar a sua melodia.

* * *

Atravesso páginas e páginas de *Monsieur Ouine* distraído e sem compreender direito o que leio. Não é nem mesmo porque o livro seja obscuro – Bernanos faz questão, é a sua técnica, de subtrair-nos o[s] fato[s], para deles só nos fornecer os comentários... – mas porque a minha atenção não se prende à extensa dialogação do autor. O que Bernanos mais estima é o monólogo – todos aqui não dialogam, mas monologam uns com os outros, misturando frases e injúrias, num tom encachoeirado, abundante, que é o tom do autor...

* * *

Sonho, sonho incansavelmente a minha casa de Ibicuí. Vejo-a plantada de eucaliptos, à beira-mar; vejo-a não muito distante da linha férrea, clara ao sol de um domingo. Vejo-a de tantas formas diferentes, que ela se mistura ao meu pensamento a todas as casas que vi e ambicionei nesta vida. Que casa é esta, onde será a "minha" casa? Existirá, eu a verei um dia? Não será um sonho disperso entre tantos nomes que desejei – Paquetá, Coroa Grande, Valença, Itaipu, Teresópolis, Resende, Mangaratiba... – e que se esfumam uns após outros, sem que eu tenha possibilidades de atingi-los? Oh o destino através de todas essas esperanças truncadas, a figura do judeu-errante que cobiça todas as paisagens através das janelas aflitas de um trem...

22 – Levanto-me com a impressão de que esta semana coisas muito importantes se decidirão na minha vida. Não sei de onde me vem este

sentimento de que atravesso dias decisivos, mas a verdade é que não posso mais adiar a minha obra e sinto aproximá-la com a força de uma lei escura que se aproximasse e dominasse a minha vontade. Que lei, diferente desta solidão que sinto com tanto ímpeto em torno de mim e cava esses infinitos desertos onde vivemos, desde que não tenhamos vontade de ser como os outros, e nem a eles podemos nos igualar em sua mediocridade? Não há nisto nenhum orgulho, mas uma grande tristeza. O preço que pagamos pelas obras que tentamos, é uma grande, uma infinita solidão, mas num país como o nosso, esta solidão é acompanhada de vergonha e de achincalhe. Não é mérito pequeno chegar-se até o fim, e é forças para isto o que peço a Deus neste princípio de semana, convicto também de que não poderei viver caso não faça alguns livros que redimam aos meus próprios olhos, meus erros, meus enganos e minhas fraquezas.

* * *

Ontem, falando em casa de Raul Giudicelli com uma senhora, qualquer coisa em suas palavras embaraçou-me de repente, e verifiquei logo depois que foi o encontro com uma palavra que não ouvia há muito tempo: personalidade. Curioso, como as coisas tendem a desaparecer, independente quase de nossa vontade. Personalidade, tal como aprendemos distinguir desde a infância, como sinônimo de caracteres singulares, inalienáveis a um temperamento, é uma forma vazia de considerar as coisas; indivíduo, ou pessoa, eis o valor que substituiu o termo antigo, não mais para designar o excepcional de cada natureza, pois o mundo técnico em que vamos viver admite mais tais singularidades, mas a unidade constante e produtiva que cada um representa, neste grande todo acordado e em movimento que é a massa. Houve tempo em que esta massa adormecida servia de fundo à projeção da personalidade – hoje em dia, consciente e cheia de fatalidade, devora a personalidade, coloca-se no lugar dela, e o grande problema futuro é saber se a personalidade encontrará meios de sobreviver sob a maré, ou se desaparecerá para sempre com ela.

23 – Sombrio, entro numa igreja que me acolhe como uma ilha de paz e de conforto. Sombras ternas ao longo das pilastras, um silêncio que não pertence mais ao nosso tempo. Ah, como é bem a igreja que sempre vi arrefecer os sentimentos mais exaltados e mais puros, que imagem de satisfação e de conforto, que tanto me irrita nesses dias que correm! Onde encontraremos uma igreja tonitruante e áspera, uma igreja que nos fustigue a miséria, cujo[s] ladrilhos pisemos como brasas vivas e cujas paredes, sem descanso, se ofereçam nuas à nossa dor e ao nosso pranto? Ah, como compreendo o

muro das lamentações! Uma igreja não devia jamais ter uma imagem do céu, pois não é possível ao céu ter uma imagem neste mundo. Uma igreja deveria ser o local convulsionado onde fôssemos clamar a nossa nostalgia e a nossa necessidade do céu. No mundo, tentemos encontrar a paz, a serenidade e o silêncio, que é este o melhor meio de nos aproximarmos de Deus – mas na igreja, choremos em altas vozes, clamemos o nosso desespero de não poder aceitar a paz, a serenidade e o silêncio do mundo. Uma igreja é a visão mais funda da nossa alma, e para o cristão em transe neste mundo, nossa alma não é uma mansão de delícias, mas um reino conturbado de remorsos e de secretas ânsias. Não é o silêncio que nos indicará que Deus se acha presente – não há silêncio mais definitivo do que o da ausência. É a força dos nossos rogos, os clamores com que iremos pedir ao Pai que volva para nós os seus olhos cheios de misericórdia. A oração não é só um movimento secreto da alma, mas um rugido contínuo e dilacerado que é a expressão mais viv[a] do espírito encerrado neste triste envelope humano.

Exagero, dirão os cautelosos. Mas a penitência é um sentimento dramático, uma confluência de contingências em ebulição. A igreja é um adro de Paixão, uma grande cena mística de remorso, de constrição e de noção da miséria humana. Só assim poderá estar incorporada à nossa essência, e será comparsa definitiva e letal desse permanente tumulto que é a nossa paixão.

24 – Ontem, jantando com Vito Pentagna, falei durante todo o tempo sobre o meu romance, sentindo que muitas coisas esparsas se cristalizam no momento. Depois, não me é fácil falar noutro assunto, já que nada mais me interessa ao ponto que o romance me interessa neste momento.

Dormi cedo e acordei pela madrugada com a mesma sensação de angústia e de remorso de antigamente; várias coisas aparentemente fáceis pareceramme insolúveis, e rolei sobre a cama, durante muito tempo, sentindo através da vidraça aumentar a luz da manhã. Assim que me levantei fui ao espelho e deparei com um rosto pálido, de olheiras fundas, como se me lavrassem no íntimo fundas inquietações. Pergunto então a mim mesmo se acaso realizar um dia isto que imagino essa inquietação desaparecerá, ou se serei sempre assim, consumido por essa chama que eu não sei de onde vem e que reponta às vezes, como um sinal de alerta ante um misterioso perigo...

* * *

Nada ainda sobre a casa de Ibicuí. Talvez não se resolva, sob a força dessa secreta lei que comanda a minha vida. Mas é com o coração pequeno que vejo o fim da semana se aproximar e pressinto os dias claros, cheios de sol, que virão decerto e que me encontrarão emurado como sempre...

25 – Como é difícil encontrar a si mesmo: tanto tempo perdido, tantas amizades destruídas, tanta palavra esquiva e abandonada que mais tarde se transforma em veneno, tanto rumor, tanta vaidade inútil, para finalmente encontrar um pouco de mim mesmo – esta leveza, esta ausência de paixões, este coração de criança – ouvindo três sonatas de Schubert. Andamos a esmo, até que o minuto, o milagre exato se produza (quem sabe a perfeição existia menos nessas três obras (Opus 137) do que no meu coração farto de andar pelas estradas do mundo [)]. Afinal, corromper-se também é um dom; e se tanto sofremos em nossas inumeráveis fugas, não será porque talvez exista um fundo intocado, um terreno vedado à nossa fúria de destruição, e capaz de mostrar-se vivo e autêntico às primeiras notas de uma sonata romântica?

* * *

O meu esforço agora é para nunca deixar o dia passar completamente inútil. Quero chegar à noite, sozinho na minha cama, e indagar à minha consciência, sem grande remorso, de que modo aproveitei o tempo que me foi dado. Pode ser, como dizia Baudelaire, que o ócio seja a mãe de todas as artes, mas não há dúvida de que é o pai dos maiores vícios. Não resiste à inutilidade quando se tem um pouco de imaginação. E eu, que já desperdicei o meu tempo tão lamentavelmente, quero agora contar os minutos com avareza e tentar fazer alguma coisa que mais tarde não me faça envergonhar da minha existência.

* * *

Acabei *Monsieur Ouine*. Não há dúvida de que o livro atinge instantes de verdadeira grandeza, dos melhores de Bernanos (penso em particular no sermão do cura à paróquia morta e todas as páginas que se seguem. Bernanos não sabia fazer nada melhor que fazer falar um cura de aldeia tocado pela raiva...) mas não há dúvida também que a intriga, o romance propriamente dito esmaece quase sempre para ceder a uma espécie de discurso arbitrário, muito à moda do autor, como por exemplo, a arenga final de M. Ouine, tão estranha e inoportuna nos lábios de um agonizante. *"Quand même..."*

* * *

Manhã de sol. A alegria das folhas, imóveis em plena luz, rompendo a massa escura dos caules, contra o branco cintilante das paredes...

Lembro a esta hora o mar azul de Ibicuí.

Citam-me uma palavra do Sr. Gustavo Corção, segundo o qual "Graham Greene é um romancista que pactua excessivamente com a parte degradada

DIÁRIOS

da natureza humana". Certo, talvez, mas a falta de pacto com essa degradação tem produzido sempre católicos como o Sr. Gustavo, mas nunca romancistas que mereçam realmente este título.

27 – Conversando hoje com meu irmão, que me contava por alto alguns casos de desquite que lhe vem às mãos como advogado, e como indagasse ele minha opinião, e eu a manifestasse, disse-me ele que eu era um "niilista". Pensei em tudo o que eu calo, e que no entanto alimenta o fundo das minhas ideias. Que nome não daria ele a esse total desgosto por quase tudo o que sinto e que vejo, por quase tudo o que me ensinaram como justo e como certo? Certo, como ele diz, a liberdade que eu pretendo só conduz à destruição – mas não é à liberdade que eu pretendo, pelo menos no sentido que ele encara e que tudo, minhas inclinações e meus defeitos, levam a crer que seja a minha intenção – mas no restabelecimento de uma justiça, que talvez já não seja mais humana, e que à força de apelar para as forças principais do homem, transformam-no, quem sabe, num ser solitário, carrasco de si mesmo e dos outros. Porque, a bem dizer, conservar *de certo modo*, não constrói coisa alguma, apenas faz durar, com aparência de saúde, um velho corpo carcomido, e já empestado por todos os miasmas da morte.

* * *

Atirei-me, desde cedo, à leitura do *Pecador justificado* de Hogg.[18] É um pouco mais do que bem feito: é cruelmente desenhado e tem um sabor absolutamente particular, que denuncia o temperamento de um visionário e de um artista consciente que vibra certas notas com especial carinho e natural grandeza.

* * *

Outro livro que trouxe ontem da rua: *Justine* de Sade.[19]

29 – Ontem, domingo, o dia todo em Ibicuí para ver a casa que imagino comprar. (Coloco a palavra "imagino" em lugar de "pretendo", o que me parece mais honesto, pois as condições são realmente tão difíceis...)

---

[18]Título completo: *Memórias e confissões íntimas de um pecador justificado* (*The private memoirs and confessions of a justified sinner*), publicado em 1824 pelo poeta e romancista escocês, James Hogg (1770–1835).

[19]Donatien Alphonse François de Sade, mais conhecido como Marquês de Sade (1740–1814), aristocrata francês e escritor libertino. Foi preso diversas vezes, inclusive por Napoleão Bonaparte, e muitas das suas obras foram escritas enquanto estava na Prisão da Bastilha. De seu nome surgiu o termo médico sadismo, que define a perversão sexual de ter prazer na dor física ou moral do parceiro ou parceiros. Foi perseguido tanto pela monarquia (Antigo Regime) como pelos revolucionários vitoriosos de 1789 e depois por Napoleão. *Justine ou os infortúnios da virtude* (*Justine ou les malheurs de la vertu*) é um clássico das histórias eróticas escrito por ele em 1791.

Mesma paisagem que desde Junqueira eu conheço tanto: pedras, mar e o verde das montanhas, desta vez sob um manto cinza de neblina. Durante longos momentos vaguei pela praia belíssima, devorado por um sentimento de angústia que coisa alguma podia aplacar. A própria beleza da paisagem não me trazia nenhuma impressão de serenidade; antes o vazio de tudo, o enorme silêncio, como que tornavam mais nítida a inquietação existente dentro de mim.

Regresso hoje pela manhã, depois de ter passado uma noite mais ou menos em branco, cheia de curtos períodos de sono, cortados por um despertar brusco e ansioso.

* * *

Não sei que encanto misterioso encontro nas linhas da estrada de ferro; o coque queimado, os dormentes, o capim em touceiras à margem. Seria capaz de caminhar horas e horas seguindo os trilhos, sem destino certo. Montanhas próximas, com veios abertos por onde escorre ainda a água de chuvas recentes.

30 – De que eu me sinto particularmente cansado é de encontrar sempre as mesmas faces; o que me agrada em Ibicuí são os grandes passeios solitários, as praias e o tempo que assim parece maior. Lembro-me do tempo que já desperdicei em bares, em conversas que não sobraram nada, senão uma impressão penosa de desgaste – e sinto que cada dia me é mais difícil falar, e que as conversas em geral não querem dizer coisa alguma, e perdemos tempo trocando banalidades. Não, este é o gênero de vida que não suporto mais: prefiro a isto, qualquer coisa, o trabalho bruto, a cadeia, seja o que for. Não há nisto nenhum puritanismo, mas uma certa vergonha de que tudo se processe com tal superficialidade.

OUTUBRO

1 – Manhã inteiramente inútil, nada fiz, nem li, nem escrevi, nem escutei música. Evidentemente, assim a vida não pode continuar, mas também que adianta pensar em trabalhar a sério ou fazer qualquer coisa no ambiente em que vivo atualmente?

2 – Lentidão das coisas. Há momentos em que os meus esforços parecem inteiramente inúteis, nada se resolverá. Estendido na minha cama, lembro-me de todas as manhãs iguais a esta, com o mesmo futuro incerto diante de mim, a mesma hostilidade. Estamos no entanto no fim deste ano que jurei ser decisivo para mim; não posso dizer que não tenha lutado, mas é

extraordinário como todas as coisas me fugiram das mãos. Sei que nem mesmo estes lamentos adiantam coisa alguma, mas nada mais há a fazer, num momento como este, em que tudo me parece tão triste e tão incerto...

* * *

Por falar em tristeza, que prazer a redescoberta da Sonata Opus 69 de Beethoven,[20] exatamente aquela que ele dedicou ao Barão Gleichenstein *"inter lachyma et lutum"*. Depois de tanto tempo, é extraordinário como o mundo de Beethoven é novo: senti o mesmo prazer e a mesma emoção de uma descoberta. Talvez o meu estado de espírito me predispusesse a isto, mas confesso que há muito tempo nenhuma música me causou um prazer tão completo, com seus motivos profundos, tão bem acentuados pela voz grave do violoncelo.

* * *

Nunca deixar um dia passar completamente inútil...

Ah, que vã esperança!

6 – Ainda procurando a famosa casa que não aparece nunca, estive ontem em Paquetá. Opressiva, gordurosa atmosfera: o próprio mar tinha alguma coisa de lasso, de sujo, de conspurcado – e era visível que esta impressão vinha dos seres humanos que enchiam a paisagem, tão pobres e feios que chegava a ser humilhante. Não é possível nenhum rasgo de grande orgulho, diante desse rebotalho que se exibe despudoradamente ao sol – ah, e que melancólica coisa é a fertilidade dessa carne, que floresce em tantas enxúndias e equimoses, e que por todos os lados, num esforço sobrenatural, grita a sua fraqueza, como um imenso monturo pronto para ser despejado em não sei que monstruosa e invisível boca de um bueiro...

* * *

Tudo posso pensar e decidir durante o dia, mas assim que acordo, entre o meio sono e o despertar, o que me vem do fundo da natureza, num jato quase inconsciente, é o cansaço e o desejo da solidão. Uma solidão total, completa. Aos poucos vou regressando à realidade, e chegam então os de-

---

[20]A "Sonata para violoncelo e piano n. 3 em Lá Maior", Opus 69", foi escrita em 1808 e dedicada ao Barão Ignaz von Gleichenstein (1778–1828), amigo bem próximo de Beethoven e violoncelista amador que o ajudava nas negociações com seus editores e mecenas. Além disso, Beethoven quis adulá-lo, pois via nele um aliado para pavimentar a conquista da irmã da esposa do nobre, Therese Malfatti, com quem pretendia casar-se.

sejos e as ambições. Mas é impossível esquecer o ser transido e nu que por um instante adquiriu voz – talvez a certa, a autêntica – em meu espírito cansado e sem subterfúgios.

* * *

Em Paquetá, revi lugares que nestes últimos tempos...

É espantoso como somos continuamente idênticos ao que somos. Mudaram-se as circunstâncias, mas naqueles caminhos tão meus conhecidos, diante daquelas pedras e atravessando precisamente aquela hora do dia, sofri das mesmas coisas do passado – e não era o que eu vivia, mas eu mesmo, que assim se manifestava, com uma precisão carregada de espanto e de monotonia.

* * *

Começo a passar a limpo o volume II deste *Diário*[.]

26 – Rememoro coisas que tenho perdido. Meu Deus, haveria outro que igual a mim houvesse largado tanta coisa ao longo do mundo? Assusto-me: vejo objetos, livros, quadros, pessoas, desfilando numa implacável marcha de destruição. Onde foram? Não sei. Mas deverei culpar-me, encher-me de tardios, de inúteis remorsos? Não. Porque a vida é um perpétuo fluxo. Se muitas coisas se vão, muitas outras vêm vindo ao longo do tempo. Não quero morrer debaixo de um *bric-à-brac,* sufocado sob as riquezas. O melhor destas é inventá-las: isto eu o faço a todos os momentos, graças a Deus..

NOVEMBRO

1 – A espantosa tristeza humana. Já se terá dito o bastante sobre isto? Todos os desgastes, todos os excessos, todas as loucuras lúcidas vêm dessa soterrada essência. A mim, ela me persegue como se fosse o ar que eu respirasse.

22 – Os *Papéis de Boswell* com o sugestivo título de *Amores em Londres.* Páginas e páginas sem nenhum interesse. Que se viva isto, vá lá, para quem tem o gosto, mas que se anote...

Não conheço a famosa biografia do Dr. Johnson, mas desconfio que se trata de um grande *bluff.*

* * *

Marcel Guersant – *Jean Paul.* Prefiro deixar minhas impressões para quando terminar o livro. Como me acho no fim...

DIÁRIOS 405

23 – *Jean Paul*. Contra poucos livros debati-me tanto quanto contra este – com poucos fui devagar reconhecendo a implacável lógica. A verdade é que Deus nos fez assim – e nem exige que sejamos de outra maneira – mas deu-nos oportunidades e compensações, que compensem nossas inclinações más. Ainda tão tosco quanto seja o raciocínio, não há como fugir daí. Tudo o mais são invenções e fugas.

Se o livro não é propriamente um romance, é mais do que isto. E a única coisa a perguntar, depois do exaustivo calhamaço, é porque escolheu Guersant a forma de romance, quando não parece especialmente dotado para isto. Talvez a história... (Por que não, a pura e simples autobiografia? O livro vai longe demais para não imaginar-se às vezes...) Mas não. Tal como está, tantas vezes literariamente deficiente, acha-se perfeitamente realizado. E eu meço sua importância pelo eco prolongado e doloroso que acorda em mim.

* * *

Terminei *Jean Paul* e, finalmente, com admiração, se bem que me pergunte se o autor não é um pseudônimo de sacerdote. Não pelo acerto das anotações religiosas, mas por um tom qualquer forçado na narrativa do pecado. Isto só me ocorreu no fim, após ter verificado a superioridade do detalhe nas últimas partes – e de ter lembrado, longinquamente, que tudo o que se acha discriminado como a primeira vida de Jean Paul, se bem que muito próximo da realidade, tem uma nota qualquer de fatos ouvidos em confissão.

DIÁRIO DE RECIFE

DEZEMBRO

7 – Canso-me de espiar as nuvens, e o ruído do avião me adormece. Acordo sobre maravilhosas paisagens de dunas de areia, inteiramente brancas, e que o vento bordou de curvas caprichosas. Alguém ao meu lado me informa que se trata de Alagoas. Vejo matas de um verde intenso, abertas em súbitos e vastos lagos. Não pode haver paisagem mais bela...

* * *

Do alto do avião, a grandeza da foz do São Francisco. Que lentidão, que solenidade, que mistério! Não creio ter visto nada mais belo em minha vida...

8 – Recife. Nomes ouvidos desde há muito se incorporam à realidade que vivo neste instante: Capibaribe, Beberibe, Rua da Aurora, Rua do Imperador. A cidade me agrada imensamente, com sua confusão, seu mercado, seu trânsito congestionado, sua mistura de cidade moderna e cidade antiga... Ah, Recife tem de tudo. Nada das linhas severas e calmas de Belo Horizonte. Aqui tudo é colorido e áspero. Aqui tudo é confuso e arbitrário. Passeio com este sentimento de curiosidade que o Norte me desperta, olhando as águas do rio, as inumeráveis pontes, o sol dilacerante que...

* * *

Admira-me a quantidade de frutas: há mangas pelos passeios, pelas vitrinas, em todos os quintais. Há mangas no cemitério – e dizem-me que são as melhores. Exprimo em voz alta a minha estranheza, e alguém perto me informa que melhor do que as mangas é o aipim que dá no cemitério.

* * *

Como ouço dizer que Cavalcanti se acha filmando no Recife, meto-me num táxi e, depois de procurá-lo inutilmente pela cidade, vou encontrá-lo onde se aloja aqui, na Escola de Aprendizes-Marinheiros [de Pernambuco]. Já se achava deitado, mas levanta-se e proponho que ele venha comigo, provar uma salada de lagosta que me oferecem no Pina.[21]

O jantar é numa pequena casa tosca e miserável da praia, mas ainda não tinha provado nada que fosse tão delicioso. Cavalcanti fala-me com entusiasmo das sequências de *A mulher de longe* que viu. Eu o indago sobre o seu trabalho e ele, depois de enumerar dificuldades que encontra, afirma que o sertão pernambucano é a coisa mais plástica que existe para cinema. Ainda agora, acaba de vir de São José do Egito,[22] onde filmou muitos *takes* dessa nova versão de *En rade*[23] em que trabalha...

9 – Depois de um banquete em homenagem a La Roque, voamos de teco-teco para uma cidade próxima que se chama Limoeiro. A viagem não me assusta, ao contrário, sinto-me perfeitamente seguro no pequeno avião que parece vi inteiramente ao sabor do vento.

14 – Durante a noite, insone, levantei-me e escrevi mais um capítulo da *Crônica*. Voltei a dormir, um sono extremamente agitado. Sonhei com mortes e cadáveres. Havia um belo rapaz morto e seu corpo era conduzido

---

[21]Bairro do Recife.
[22]Município do Estado de Pernambuco.
[23]A primeira versão do filme *En rade* é de 1927.

DIÁRIOS

por um desses antigos carros de defunto que tanto vi em minha infância, num caixão aberto. Vi a cabeça, de belos cabelos cacheados, oscilando ao passo dos cavalos. Eu estava no adro de uma igreja e, antes de parar, o carro girou em torno de mim por duas vezes. Na segunda, como passasse mais perto, vi o morto, distintamente, mover um dedo. "Está vivo" – pensei comigo mesmo. Cheio de angústia andei em torno, mas não havia ninguém para comunicar o fato. Como de quase todas as outras vezes, a luz densa, sufocante, particular, dessa espécie de sonhos.

26 – Acho que Deus não se interessa em definitivo senão por aqueles que, uma vez pelo menos, têm coragem para perder o céu.

Envelhecer é talvez abandonar o geral para um particular que se faz cada vez mais eminente; quando moços, participamos de tudo, à medida que envelhecemos nos cingimos a um terreno cada vez mais solitário, até o ápice, a definitiva solidão, que é a morte.

1953

JANEIRO

Ontem disse a Vito Pentagna: "Não sei o que me impede de trabalhar, de concluir o meu romance. Nunca tive tanta ordem na vida." E ele: "É isto, precisamente, o que lhe falta: desordem." Como se engana! Todo o fundo da minha natureza é feito de paz e de harmonia. Uma paz de elementos desencadeados – mas ainda assim uma paz.

* * *

Encontro o pintor Santa Rosa[24] na rua. Um pouco falo de situações e pessoas. Ele responde, mas eu sinto que há uma neblina entre nós dois. Falamos do centro de mundos diferentes.

* * *

Não ir à fazenda equivale para mim a uma catástrofe. O que vago, o que sofro por essas ruas de Deus. Que foi que se acabou em mim que não se reconstitui mais, que poder perdi de me interessar pelo enredo dos outros? Já vi tudo, e esta certeza é o que me envenena. Não há pureza, não

---

[24][Tomás] Santa Rosa (1909–1956). Cenógrafo, artista gráfico, ilustrador, pintor, gravador, professor, decorador, figurinista e crítico de arte brasileiro. Foi amigo de Lúcio, fundaram juntos, em 1932, *Sua Revista*.

há confiança em mim – sou um homem que representou o seu papel mais depressa do que os outros, e estou no meio da cena, sem saber o que fazer. Sonho com o meu romance como se tivesse morrido.

19 – Leio e releio interminavelmente Balzac, imaginando o plano de meu caudaloso romance. Ah, sair agora, ser livre, poder escrever... Um dia quem sabe...

20 – Pergunto a mim mesmo como se pode construir um sistema de ideias, um programa para o pensamento, que não se suspeite falso e passível de falência. Se houvesse isto, então uma certeza, uma verdade humana seria possível. Não viveríamos este caos atormentado e sem sentido que é o nosso território de cada dia, seríamos uma espécie de santos ou de heróis. Talvez isto fosse uma certeza, uma verdade a ser alcançada, mas não por meio de uma filosofia ou mecânica de arrazoados.

* * *

Ah, eu luto e como, para formar uma atmosfera que seja propícia à elaboração do meu romance. Jamais o senti tão vivo, tão completo em sua extensão e profundidade – e vago entre os objetos cotidianos, obrigado a uma tarefa servil, com o pensamento cheio de imagens, e as ideias tumultuando no pensamento. Dizem que Balzac[25] exclamava: "Uma noite de amor é um livro a menos." E quantos livros a menos são estes horríveis dias arrastados em redações de jornais, quantas obras, quantos empreendimentos, quanta glória sufocada. Nada existe de mais atroz para o escritor do que a necessidade de ganhar o seu sustento com as próprias mãos. É uma dupla condenação ao cativeiro.

21 – Não sei por que eu próprio invento as minhas tristezas e as minhas impossibilidades. Depois de muito tempo é o primeiro sábado que passo no Rio, longe da fazenda, mas com o pensamento inteiramente [...][26]

* * *

Desespero desses caminhos tão distantes a que me entrego – mas "caráter" não significa permanecer neles até o fim?

---

[25]Honoré de Balzac (1799–1850). Escritor francês, notável por suas agudas observações psicológicas. É considerado o fundador do Realismo na literatura moderna.
[26]A página da continuação deste trecho foi, muito provavelmente, perdida.

DIÁRIOS 409

27 – Escrevo, escrevo sem parar a *Crônica da casa assassinada*. Há muito não conhecia uma tão boa disposição, nem escrever me parecia uma tarefa mais agradável. Ao mesmo tempo, surge nítido em meu pensamento o plano de outro romance.: *As chaves do abismo*. Estaria assim composta a trilogia (o primeiro: *Retrato do viajante*) com que sonho há muito, e na qual o tempo, como uma música em surdina, tem tão decisiva importância.

* * *

Continuo os planos para a fazenda. O dia tarda em que lá me veja instalado, e chego a sonhar à noite com situações angustiosas (o que é comum) mas tudo relativo aos meus planos de campo. Biblioteca acumulada, cadernos, condução – quando chegará a hora da liberdade?

s/d – Todos os meus livros eu os fiz à margem de minhas paixões, quando minhas paixões é que deveriam viver à margem dos meus livros.

Felicidade de poder constatar isto a tempo.

s/d – Levamos a existência a nos diminuir, para que nos contenha o sistema de vida que serve aos outros, já que não é possível estabelecer regras que sirvam a um único ser, mas aceitar as que foram feitas para todos. Assim caminhamos, amputados do que em nós é mais caro e mais profundo, até o dia em que a morte nos restitua a verdadeira expressão, e descansamos altos e inatingíveis, na forma extrema que é a nossa verdade, e que em vida, massacrada, foi o elemento mais cruel de nossa constante mentira.

28 – Na fazenda, onde tudo me parece na mais absoluta desordem. Indago a mim mesmo, se depois de tantos sonhos é para aqui mesmo que virei. Evidentemente a terra me parece bonita e boa, e o silêncio é dos mais agradáveis, mas assusta-me o estado primitivo em que se acham as coisas.

Pios de pássaros distantes e intermitentes; cigarras próximas. Todo um mundo que recomeça diariamente a sua faina, e que é misterioso e cheio de uma força selvagem e orgânica. Há qualquer coisa em mim que vibra uníssono a esta paisagem...

[O]lhos cegos que nos fitam – e de repente saber que os muros não existem mais e estamos dentro da cidade, já somos senhores dela, que a tranquilidade nos visita enfim como a sombra acolhe o viajante exausto no caminho. Cornélio Penna, outrora, chamava a isto, se não me engano, "atingir o patamar".

* * *

Através de picadas, de pântanos e de selvas fechadas, numa rápida ronda às terras da fazenda, até a parte denominada Mônica, onde floresce a tabua e o açafrão. Enquanto caminhava, dizia comigo mesmo: esta terra é minha, é minha esta propriedade. E não havia nenhuma novidade, nenhum alvoroço no meu ser. Acontecia o mundo como sempre e, eterno estrangeiro, eu me reencontrava o senhor de outrora que nunca se afastava de seus domínios, e só conhecera outras regiões por meio do exílio e da desgraça. Grande, perfeito, denso mistério da permanência e do destino!

* * *

Os nomes, os nomes das cidades! Venda das Pedras, Rio dos Índios, Rio Bonito, Capivari, Aldeia Velha! Todo um jato de força e de fascínio me percorre e sinto que toquei alguma coisa, que a carne palpita, que o horizonte já não é tão nublado e tão distante. Aqui, até mesmo o ouro barroco das igrejas, a pompa mística e azul das cidades coloniais é um luxo e uma lembrança: o Brasil só existe através de velhas fazendas que àgonizam. São Joaquim, Vista Alegre, que ainda se mostram aos passantes com suas paredes de taipa, seus engenhos mortos, suas moendas de cana e de mandioca que são os únicos testemunhos de uma opulência esquecida há muito.

O poeta da região é Casimiro de Abreu e, pelo que eu me lembro – leitura de infância, quase – neste obstinado cantor da Terra há muita juriti, muito sabiá, muita mata europeia, mas pouco, muito pouco do sentimento intenso e vivo do lugar.

1954

JANEIRO

s/d – Curiosa sensação de vazio, de inutilidade e desconhecimento, no jornal onde trabalho. Na varanda há um busto de Rui Barbosa, discutem-se ideias eminentemente democráticas e pontos de vista católicos. Sinto-me mal, cheio de meus pensamentos como de um conteúdo inútil: para que servem, quem me ouviria, quem me daria crédito? E para mim a vida que se processa ali dentro é uma vida morta, sem nenhuma repercussão nos centros nervosos onde a vida verdadeira, o futuro, a esperança se agitam.

FEVEREIRO

s/d – Mais firme do que nunca no meu lema de ordem: já está passada a época dos grandes desatinos.

OUTUBRO

18 – Esta consciência agônica, de escritor, que vem apesar de tudo, como um espasmo. A tristeza de não poder [ser] senão essa doença, essa atmosfera carregada, e sem consolo, esse mar que me habita – ah, tantas horas de ausência, mas que posso eu contra as forças que me impedem de ser eu mesmo? Violência, brutalidade da vida. Como sorrio desses que condenam, como "burguês", o prazer como recompensa do trabalho. É que não conhecem a monotonia das portas, a tristeza dos chãos batidos cotidianamente, a crueldade das faces que não podemos evitar. Só há uma cruz para o escritor: é a de ganhar o pão de cada dia com outros meios que não o da sua pena. Não digo o prazer, que é uma recompensa, um direito ao alcance de qualquer um – e é o único lado por onde [se] é "burguês" – mas a saída violenta de si mesmo, a embriaguez, o delírio – tudo isto nos é devido, é sagrado mesmo, para que possamos recompor o nosso ser autêntico, esmagado no fundo do ser pelas imposições do hábito.

* * *

Um rio nunca deixa de ser misterioso; ele passa, há qualquer coisa de um adeus no seu movimento e segue, soturno, cegamente, em demanda de algo que ignoramos o que seja.

s/d – Às vezes, quando as noites avançam para o seu ponto extremo, e a madrugada começa a envolver as árvores em seu frio sudário certos cães penetram nos cemitérios através das grades, e se misturam às apodrecidas intimidades dos mortos.

Reluz o orvalho sobre restos de veludo que compuseram flores votivas e enquanto aqueles cães se refocilam no fundo negro dos buracos, um outro cão enorme e duro, vigia de longe o pestilento trabalho.

Há uma hora em que a lua desce solitária à fímbria fria do horizonte: uma estrela ainda brilha.

À entrada do cemitério o coveiro acende a sua lâmpada.

Então os cães, unidos, esgueiram-se de novo por entre as grades, a caminho de outra noite que ainda está por suceder.

Sobre a terra, rastreiam pedaços humanos que já de há muito não significam nem sangue e nem voz.

Um sopro passa: e do sono, lentas, as rosas erguem suas corolas à luz inocente da manhã.

s/d – Os amores que tive foram secreções da minha inapetência.

Ó minha alma, quero-te transida e morta de saudade – de onde, de quem, como saber ao certo? Alguma coisa me esfacela e me faz cínico. Terei coragem de ir até o fim cobrindo-me de rosas?

Sobre esta face pálida, sobre este ser oculto e fremente, sobre este destino excrementicial. Nada renego da minha natureza, porque daquilo que me faz, de merda e sangue, construir-me-ei definitivo e avaro. A mim os lobos e os falcões, a mim os corvos e as bestas rastejantes. A mim tudo aquilo que consigo transformar em voz. A mim o ser que fui, o que sou, o que não serei mais. A mim os incontinuados traidores. A mim o grande doge que me habita, o carrasco e o vassalo. A mim gemidos e distâncias; reúno as partes dispersas como um grande intruso.

* * *

Comparei-me com alguém que arrastasse após si um imenso manto de seda escarlate; comparo-me agora a um monstro rugoso e estranho, com cem antenas e um casco imemorial de cor verde; qualquer coisa monumental e exótica que reinaugurasse o medo como um elemento de enxofre e de depuração. Com olhos secos e lúcidos contemplo a imensidão da eternidade; o solo fumega em torno de mim e sinto tristeza. A noite mais bela é a inventada. As grandes revoltas são transes de momento. Restam as minhas paisagens, e as ruínas do mundo que não consigo construir. No entanto, as visões são tão fortes, tão onipotentes, que se confundem em mim ao próprio instinto da vida – vejo, com uma intensidade e uma dor que se aproxima, que já é sangue, suor e esperma.

1955

OUTUBRO

7 – Há em mim uma fascinação pelos lugares, sinto que poderia viver em todos eles, que há uma vida condensada e secreta que anima as ruas dos povoados mais pobres e mais sem interesse. Miguel Pereira, onde venho esbarrar depois de uma viagem metade em trem e metade em caminhão, não é diferente de qualquer cidade do interior brasileiro: possui a sua igreja, sua rua principal e a via férrea que a decepa pelo meio. Não possui nenhum interesse especial sua paisagem, morros pelados, e, neste domingo, um céu cinzento e triste, que, no entanto, é bastante do meu gosto. Mas subindo ao

hotel, entre pinheiros e eucaliptos que rumorejam vagarosamente ao vento, percebo toda a beleza do lugar, suas flores, sua alegria latente e promissora. Ah, ainda aqui eu poderia viver, não há dúvida, passear nessas belas alamedas, dedicar-me à vida que sonho. Mas tudo deve passar rapidamente, e amanhã, quando outro sol se abrir sobre esta paisagem, decerto estarei longe, e a existência recomeçará igual, angustiada, sem nenhuma clareira, como um mar fechado em seus limites de sono.

* * *

G. e R. sentam-se comigo à borda da piscina vazia. O gim brilha fracamente nos copos, uma rodela de limão descansa no fundo. Há um começo de sol, as folhas molhadas cintilam – e não é demais sonhar a perfeição de tudo isto, enquanto conversamos, olhando incansavelmente a cena que nos rodeia.

30 – Cidade agitada com movimento de estudantes e bondes quebrados. Misturo-me um instante à multidão, procurando ouvir, sentir, pactuar. Não desejaria nunca que a vida fosse um ato distante de mim – nunca.

À toa, caminho pelas ruas cheias de gente.

Na volta, no lotação, encontro Aníbal Machado[27] que me fala de Kafka. E de William Joyen, que também li com admiração.

31 – É verdade que muito raramente a oração vem aos meus lábios, mas não me lembro de haver me deitado uma só vez sem haver antes feito o sinal da cruz. Valerá como uma oração? Não sei, mas todas as vezes que o supus feito automaticamente, repeti o gesto uma ou duas vezes, até que sentisse o espírito concentrado sobre o que fazia.

* * *

Aproveito todas as aquisições da idade: afasto-me da carne pura e simples, sentindo que nela não há prazer e nem enriquecimento, mas somente melancolia e pobreza. Ah, existe um momento em que ser casto não é difícil – e a ele eu me atiro com todas as forças do ser. Não, não se pode imaginar a necessidade que eu tenho de pureza e de tranquilidade – minha impressão é a de que recomeço a viver.

* * *

---

[27]Aníbal Monteiro Machado (1894–1964). Contista, ensaísta e professor.

Leitura das três partes de *Ilusões perdidas:* admirável ascensão e queda de Lucien Rubempré. Quando moço Dostoievski me apaixonava, agora é Balzac que me importa. Leio-o cada dia com maior interesse.

NOVEMBRO

1 – Ah, meu Deus, esta frase de Chaplin: "Só me resta a verdade... Nestes poucos anos de vida... E que me importa além disto?"

A verdade é a mesma de todo o tempo: o pequeno pedaço que resta e o pedaço grande que se foi.

13 – Hoje, domingo, retorno a este *Diário* diante da mesma janela do quarto que ocupei antigamente, em Niterói. Era em 1949, o mar era o mesmo, mas havia muita gente em torno de mim: hoje estou sozinho. Ganhei, sem dúvida, que a solidão de agora é melhor do que a companhia de outro tempo. Qualquer solidão, aliás, é melhor do que a melhor das companhias, desde que se tenha força e talento para suportá-la. Eu me aproximo da época em que a solidão não é mais uma virtude – é uma fatalidade. Que vá, pois, me acostumando desde já. Se o inevitável nem sempre é alegre, pode pelo menos ser aceito de bom coração.

(A pequena ilha ao longe, junto da qual as ondas explodem: mar! que mais extensa e duradoura companhia do que a sua?)

Envergonho-me: não ando longe de ser feliz.

* * *

Não dar excessiva importância a fatores de ordem secundária: isto é o que se chama um vício da imaginação. Depois de tantas experiências, é evidente, por exemplo, que o amor é um fator de ordem secundária (quanto caminho andado, e dramaticamente, para se chegar a essa triste verdade!) e se nos ajuda um pouco a dourar o tempo, nem por isto deve ocupar o lugar de coisas mais sérias, definitivas, como o trabalho. Isto é um preceito que eu gostaria de não esquecer.

* * *

Leitura: *A família Golovlev* – apenas para recordar um autor russo.[28] No entanto, sem nenhum interesse.

* * *

---

[28]O autor deste livro é o russo Mikhail Saltykov Ievgrafovitch, mais conhecido pelo pseudônimo Saltykov-Chtchedrin (1826–1889). Famoso escritor e satirista de tendência revolucionária.

O *Diário* de Kafka, em edição integral.

* * *

(Mesmo dia, 12 da noite) – Rolo na cama, sem sono, levanto-me, abro a janela – o mar no escuro. Persegue-me o sentimento de uma obra que não foi feita. Quando enfim serei inteiramente eu mesmo, a ponto de preferir meu trabalho às minhas inclinações? Meu delírio não me impede de viver, mas o que eu vivo me sufoca.. E me perco sonhando um ser de equilíbrio e de sabedoria.

1956

JANEIRO

Nossa vida, como açucenas, é um feixe de prenúncios: o que fazemos, nossos atos, o que ousamos... Mas por trás de nós, a luz de tudo o que nos cobre, e é a projeção do que apenas pressentimos. Durante o dia, vivo – mas acordo sempre todo dourado deste sol que não vejo.

FEVEREIRO

2 – Noite de sonhos agitados e a mesma constante e inexplicável angústia. Acordei em determinado momento, respondendo a alguém que eu não sabia quem fosse. Faces de velhos conhecidos se misturavam no sonho a outras que eu via pela primeira vez: Paula Lima, Sábato, Vanessa. Ruas desconhecidas, mas em ladeira, como as de Belo Horizonte. Um "eu" esparso e vago, flutuando sobre as coisas. E um sentimento de – há quanto, há quanto tempo.

Imagino todos esses mortos recentes que foram meus amigos – Valério, Augusto de Almeida Filho, S. Castelo Branco. Não vi este último – não tenho, como Léautaud, a volúpia dos mortos. Mas algumas vezes eles vivem em mim com intensidade. Augusto, por exemplo, sinto que vou encontrá-lo em certo instante, em determinada volta de rua. Mas é um instante apenas, e tudo passa.

13 – Acordo em meio da noite e penso em Winckelmann[29] – seu destino e sua horrível morte. Poucas vidas consigo visualizar com tanta intensidade.

---

[29]Johann Joachim Winckelmann (1717–1768). Historiador da arte e arqueólogo alemão.

Dualidade Winckelmann – Schielemann – um realizando integralmente tudo o que o outro apenas sonhou. Em ambos, o mesmo magma obscuro e cintilante do aventureiro.

* * *

Levado por referências de Gilberto Amado num dos seus volumes de memórias, leio O abolicionismo de Nabuco.

* * *

Porque o ideal de César é permanente. Porque existirá todas as vezes que o homem desejar ultrapassar a si mesmo, suas possibilidades de justiça e de tranquilidade. Há Césares e Césares – um mau César ou um César catastrófico é um César que poderá adiar ou sufocar temporariamente a ânsia de conquista e ultrapassamento. Mas nunca destruí-la completamente.

* * *

Sartre diz que os regimes fortes são emanações do homossexualismo. Talvez. Nunca saberemos ao certo o que houve por trás das guerras que cindiram ou fizeram crescer os povos antigos.

MAIO

24 – Se me perguntassem o que mais me dá neste mundo a impressão da existência de Deus, diria: o silêncio. O que nos cerca não é um silêncio comum, abstrato e desinteressado, há nele uma funda atenção, como uma enorme sombra que se curvasse sobre o homem.

26 – (domingo) – Encontro-me no meu pequeno quarto, cheio de livros e de quadros – e espanto-me de que isto aconteça, como quem pisa terra firme depois de uma penosa travessia. Ah, é bom que seja assim. A idade deve ser isto: uma certa paz, uma falta de desejos, uma esperança no futuro. Começo a ver tudo mais claro, e isto me faz feliz.

* * *

Anoitecer. – Quero anotar aqui uma descoberta que acabo de fazer e que, se não é nova, pois há muito que vem trabalhando meu íntimo, é pelo menos de grande importância para mim, pois coloca um ponto final num período de minha vida. É que o prazer não me interessa. Sempre o que me interessou foi o amor, e agora que vejo perder-se a possibilidade dele (ai de mim) sinto que não me interesso por outra coisa, e que o prazer sozinho não vale nada e não tem atrativos para mim.

* * *

E no entanto... A única coisa humana aqui são os sinos. Lentos, estrangulados, badalam na manhã fria, escorregando como o apelo de um prisioneiro de dentro do cerco tremendo dos arranha-céus.

* * *

Despeço-me do meu pequeno quarto de hotel, com um sentimento quase de terror. Meu Deus, como seria horrível morrer assim neste abandono, num quarto hostil como este. Que eu me lembre bem desta sensação, para que possa reproduzi-la no *Retrato de um suicida*.

* * *

(No avião) – Finalmente distanciando-me de São Paulo. Outra vez o branco implacável que me acompanha. Tento fechar os olhos mas não consigo dormir. Quilômetros de branco, ondulante e cheio de fulgor me acompanham – embaixo a cidade desaparece. Altura, distância, o Rio que se aproxima. Nada existe atualmente de pior para mim – será a idade? – do que romper meus hábitos. Imagino, com egoística satisfação, me reinstalar no pequeno mundo que me pertence.

29 – (No Rio) – De novo, sentado à mesa da redação, penso recomeçar este caderno – e levá-lo até onde? Não ouso mais prometer e nem fazer prognósticos. A vida irá como for possível. Quando durante a noite penso como tenho de lutar, de que recursos sou obrigado a lançar mão para sobreviver, desculpo meu cansaço e minha desistência literária. O ato de subsistir já é um heroísmo cotidiano.

SETEMBRO

11 – A finalidade de um retrato não deve ser a de esclarecer, mas de contornar, sugerindo o enigma. De esforço em esforço, atingir a fisionomia plena, mas com o seu segredo, que é o que importa.

18 – A dificuldade de manter uma atitude definitiva em relação a este *Diário*, não pela minha vontade, que existe e, em relação ao meu trabalho até me faz perder o sono, deixando-me acordado à noite – mas pelas circunstâncias que me cercam. É difícil dizer, mas ainda é mais difícil acreditar: trata-se puramente de uma questão material, de conforto. Não tenho neste

momento, no meu quarto, uma mesa onde possa trabalhar. Isto, somente isto – porque, quanto à disposição, penso jamais ter tido melhores durante toda a minha vida.

* * *

Leitura: terminei *Magdeleine et André Gide* de Schlumberger.[30] Interessado, mas um pouco fatigado de todos esses problemas. Tenho minha teoria sobre Gide, que tentarei explicar um dia desses. (Enquanto termino o *Jeunesse de André Gide* de Jean Delay.)

Henry James: *Carnets*.

19 – Hoje, aproveitando a gripe que parece disposta a não me abandonar, fico em casa a fim de recopiar os capítulos finais de meu romance. Ainda e sempre, os mesmos defeitos: necessidade de manter a mão firme e não deixar a narração escorregar numa poesia de efeito fácil. Não sei se obterei, nos quatro ou cinco capítulos que ainda me faltam, a grande abertura que imagino para servir de desaguadouro à história – de qualquer modo não posso mais reter esta conclusão, mesmo porque um enxame de histórias novas me assalta de todos os lados.

* * *

Voz de A. ao telefone: como sou mais sensível do que pareço, aos velhos hábitos adquiridos. Em mim, longínqua, uma coisa estremece e vibra – recordação talvez de antigos sofrimentos.

* * *

Henry James, como leitura ainda: como este homem é difícil de se dar a volta em torno dele, como se armou, e ocultou-se por trás de uma série de barreiras quase intransponíveis. De um certo modo, é o mais convencional dos seres – no bom sentido da palavra.

* * *

Acredito que aquilo que mais se paga no outro mundo, não são os crimes, nem as traições, nem as bruscas deslealdades – mas os amores, as amizades, os entusiasmos deliberadamente recebidos com desdém.

Paga-se o coração frio – e não o coração que deixou de ser quente.

* * *

---

[30]Jean Schlumberger (1877–1968). Escritor e jornalista francês, cofundador do jornal literário *Nouvelle Revue Française*.

É curioso como eu me aproximo de uma visão mais intensa e mais pacífica de mim mesmo. Como que, à medida que eu avanço no meu próprio conhecimento, e rememoro detalhes antigos ou recentes que me explicam e me acalmam, um ajustamento maior se faz daquilo que antes era apenas inadaptação e angústia em minha personalidade.

Não posso dizer que eu seja feliz, já que esta palavra me parece sem sentido e até mesmo destituída de importância – mas devagar vou sendo reconduzido ao centro de mim mesmo, recompondo-me, como quem entra em casa depois de extensa viagem pelo lado de fora.

Há uma simplificação nos meus desejos e nos meus propósitos – e enfim, eu, que tão desesperadamente desejei e jamais obtive, posso afirmar que não perdi ainda o apetite, que é sempre sinal de vida, mas que sonho com formas mais elevadas e menos traiçoeiras. Amadureço.

* * *

As viagens, sim – mas feitas no próprio quarto. São as únicas que, em absoluto, não nos decepcionam.

* * *

Minha mãe: extraordinariamente doloroso assistir a esse progresso lento da desagregação de uma pessoa. Outrora tão viva e tão atenta às menores circunstâncias da vida, hoje não existe senão por uma espécie de angústia incessante, que se cristaliza na contínua busca de um objeto perdido Queixa-se, e ela própria não sabe de que se queixa, achando a vida aborrecida e difícil. No fundo, sente-se o desajuste de um ser que continua vivo apesar de partes que envelheceram e não se adaptam mais ao mundo. Muitas vezes, sem poder remediar o seu mal, escondo-me para não senti-la tão desesperada entre as coisas que já lhe foram familiares e que hoje não compreende mais.

* * *

A celeridade do tempo: sinto minha época, ou melhor, meu quinhão de vida precipitar-se a caminho de uma fixação e de um esgotamento – e o mais extraordinário é que desta consciência me vem um sentimento de regresso e de mocidade.

* * *

Em conclusão é fácil: esperar menos dos outros, mais de si próprio. Poder ser sozinho sem terror. É extraordinário o número de recursos que possuímos para viver – e tanto tempo perdemos, debruçados sobre possibilidades que nada nos trouxeram, que até mesmo desconheceram ou amesquinharam nossas possibilidades de existência.

Hoje, sei bem como interpretar a revolta do primeiro volume deste *Diário* – uma tomada de consciência, um ato de fé em plena tempestade.

21 – Creio que ainda me faltam elementos para adquirir a tranquilidade que desejo (a palavra "paz" repugna-me – há nela elementos mortos de renúncia que não me parecem traduzir exatamente o que penso...) que ainda não consegui estabelecer em mim a harmonia completa que me é necessária para uma existência absolutamente voltada para o trabalho, mas ainda assim, e comparando com alguns anos atrás, quanto caminhei, e quanto consegui, depois de quase haver me desesperado! Sem dúvida não é só o fator vontade que pesa aqui, mas o tempo também, o sábio tempo, e é pensando nele que hoje rendo graças a Deus. Afinal de contas, é certo que a idade tem suas compensações – se perdemos de um lado por assim dizer material, ganhamos de outro entusiasmos e predisposições que muito se assemelham aos nossos primeiros arrebatamentos da mocidade. Disponho-me a todos os trabalhos – e agora, que posso medir e avaliar com a segurança da experiência, sei o que posso realmente conseguir. O querer não se mistura às deficiências do poder – vai tudo de par a par, e o que penso realizar, como num espelho fixo, parece-me de caráter bem mais seguro e mais definitivo.

OUTUBRO

20 – Domingo. Inefável felicidade de estar sozinho num apartamento *meu*. Revejo velhos papéis e encontro antigas notas sobre romance que me dão a ideia de umas *Páginas de um romancista*.

Cartas de Tidoce do meu tempo de menino e que quase me fazem chorar. Descrevem-me entrando na igreja de cabeça baixa e indo para a mesa da comunhão.

21 – É terrível imaginar que homens tenham sofrido tanto, padecido miséria e afrontado a loucura (Van Gogh, Verlaine, Cézanne, tantos outros...) para que mais tarde homens sem escrúpulos, bem instalados na vida, egoístas e sem alma, gozem todas essas primícias da Civilização, sem remorso e sem pejo. Não há dúvida, há uma falência na história do Homem. Há uma chaga indelével e uma eterna impossibilidade de se elevar acima do imediato, do gozo sem sombra e do conforto ordinário.

DIÁRIOS

30 – Um pouco, apenas mais um pouco.

Já encontro em mim este sinal heroico – o querer. O ter vontade, e no meu caso é quase tudo. Quero tranquilidade e distância de certas angústias que tenho vivido até agora – quero poder realizar-me sozinho e sem terror. Quero.

E por isto digo: um pouco, só um pouco mais.

NOVEMBRO

Novembro começa, e o meu livro (*Crônica*) sem terminar. No entanto, lanço no papel, descuidadamente, as primeiras linhas de *Glael*.

E acho, fora o *Diário não íntimo* que vou compondo aos poucos, anotações, frases, variações sobre romances já escritos ou não, que me dão a ideia de um novo livro, cujo título provavelmente seria *Papéis de um romancista*.

* * *

Amor[.]

1957

O LEOPARDO ACESO

(Diário)

ABRIL

2 – Depois de muitos anos, releio *Os irmãos Karamazov*. Lembro-me de ter lido várias vezes que Alioscha representa para Dostoievski a imagem do homem total, e agora, nesta nova leitura, observo o quanto isto não deve ser exato. O homem total – ou o homem simplesmente – devia ser representado para ele pelos três tipos simultâneos, Ivan, Dmitri e Alioscha. Os três são dissociações de um mesmo temperamento e suas gradativas metamorfoses. Somados, completam uma imagem ideal do homem que se aproxima muito mais da verdade do que a figura isolada de Alioscha – uma idealização romântica do Bem.

27 – A tristeza da carne. Possuir, é como um crepúsculo que nos escurece aos poucos. Só o coração brilha como um pequeno sol.

MAIO

25 – Veio-me ao pensamento que o Cristo é tão pouco presente à nossa época, pelo fato de que vivemos uma época eminentemente *popular* – ou melhor, uma época essencialmente coletiva, e o sentimento do Cristo, antes de mais nada, é evidentemente *impopular,* essencialmente solitário e individual. Num tempo em que o indivíduo desaparece, incorporado ao número, e tornando-se uma generalidade mecânica, não é possível fazer subsistir uma realidade pessoal e intransferível. A própria Igreja colabora nisto e é através de seus sindicatos que vai perdendo seu espírito secreto e cristão.

* * *

A força com que me sinto eu mesmo, dono de mim mesmo: para construir-me como quero, e é singular a força com que me vejo exterior a mim mesmo, como uma criação no espaço.

Separação e elaboração.

28 – Ninguém poderá saber jamais o que é esta espécie de tédio – um saciamento, um esgotamento, um esvaziamento mortal dos atributos da vida. Penso em tudo o que me fez viver até agora, e sinto que são formas falidas de esperança – e indago de mim mesmo o que farei ao longo do tempo, se não sustentar já não digo a fé em alguma coisa, mas a Fé pura e simples. Não sou desses que se constrangem a viver sem acreditar em coisa alguma – tenho necessidade de acreditar. Mas quando vejo dia a dia o despojamento em que as coisas vão caminhando, penso com certa angústia que já era tempo, e que de há muito eu devia estar a caminho daquilo que sempre julguei poder contar como o abrigo de minha maturidade. Mas a Fé não se inventa apenas porque não se pode viver sem ela...

* * *

Dois livros: *Opium* de Cocteau e *Les enfants humiliés* de Bernanos. Ambos, a seu modo, excessivamente preocupados com as coisas deste mundo: Bernanos com a ordem terrestre, e Cocteau com a desordem pessoal.

* * *

Depois de meia-noite: Anoto hoje, para simples fins de curiosidade, as alianças políticas que profetizei:

– Janio Quadros – só.

– Lacerda – (só)

Lott, aliando-se a Jango (Supremo erro: um erro contra o exército.)

Juscelino – aliando-se a Adhemar – (os restos de uma leviandade.)

DIÁRIOS

JUNHO

13 – Getúlio Vargas. Sua famosa política consistia em saber que os homens são fracos, e pactuar com essa fraqueza, para melhor dominar. Este método valeu sua permanência, mas viciou-o no arranjo de sua "política" – no fim da vida, à força de usá-la, cercou-se não de homens fracos, mas de miseráveis e contraventores. Quanto mais apalpava seus defeitos, melhor pensava estar governando. Sua surpresa não foi descobrir que espécie de gente o cercava, mas descobrir que este método político, como todo método que se leva ao exagero, acabara voltando-se contra ele, e confundindo-o à sua obra.

* * *

Depois de tantos dias inativo, e durante os quais sonhei violentamente com o romance, volto a um período mais calmo, a um encontro comigo mesmo. Aproveito o silêncio, a manhã, a paz do meu coração, vislumbrando todas as minhas possibilidades de ser, com fé e entusiasmo. Se ainda me comovo à lembrança do que passei, é um sentimento calmo, de maturidade. Começo a não ser eu mesmo, nem os meus defeitos, e os meus apetites: sou apenas o vaso onde vão se afundando as raízes da obra que imagino realizar – se Deus me der forças para isto.

* * *

Leitura: um livro de Bernanos. O som de sua voz, os lugares-comuns de gênio. Batalhar foi a sua paixão, mas suspeito que para o futuro ficará somente o homem de paz, o homem que inventou alguns romances extraordinários.

* * *

Meu Deus, é difícil não se acreditar num grande autor, mesmo porque é com esta ideia que nos defendemos da fúria e da aspereza da vida. Mas dá-nos o supremo conforto de imaginar isto à sombra de uma obra construída, porque nada existe de mais triste do que a vaidade de um homem erguida sobre o nada.

18 – Noite de chuva e de vento. Durante algum tempo li *Esplendores e misérias das cortesãs*,[31] depois apaguei a luz e procurei conciliar o sono.

---

[31] *Esplendores e misérias das cortesãs* (1869) faz parte da obra-prima de Honoré de Balzac, *A comédia humana*.

Em vão: durante todo o tempo rolei de um lado para outro, imaginando as mesmas angustiosas coisas de sempre, minha vida perdida, sacrificada por algum monstruoso erro, etc. Já quase ao amanhecer escutei passos, vozes, levantei-me, abri a janela, mas não vi ninguém – na rua molhada só um leiteiro arrastava sua carroça.

Pela manhã comecei a escrever *O campo da cruz vazia.*[32]

* * *

Lêdo Ivo: eu me assusto ao vê-lo tentar colar-se com tanta insistência à imagem de Rimbaud. Efetivamente, é uma admiração da sua juventude, mas a fidelidade não garante a vocação. Tudo nele respira o contrário do que foi Rimbaud: a certeza, o sucesso, o amor ao dinheiro, etc. Em Rimbaud, a própria fuga é um movimento de poeta – e destinada ao fracasso desde sua origem. É curioso que tão tempestuoso destino inspire sempre carreiras literárias tão bem-sucedidas – em Claudel já havíamos visto coisa semelhante. É tão grande a vastidão do gênio, que se permite desses equívocos, mas como dizia um amigo, não é possível seguir Rimbaud com um livro de cheques no bolso.

24 – Amar, a cada momento me parece mais difícil. Sondo a mim mesmo com inquietação, perguntando se não é a possibilidade do amor que morreu em minha natureza. Sinto-me seco e sem raízes na vida. Por dentro de mim, como uma árvore única, estende-se a ramaria desta obra que tenho de escrever. Mas é uma coisa exterior a mim, uma fatalidade que não me absorve. Longos momentos vago a esmo, revendo a face dos seres que amei, países que habitei com tanta insistência, e que ficaram longe, separados de mim. Sinto-me como um exilado, e as terras que se aproximam, longe de me causar alegria, aparecem-me turvas, e não há mais segredo para mim neste contato, mas desconfiança e medo.

* * *

Se eu pudesse manter-me sempre assim...

* * *

Balzac: *Esplendores e misérias das cortesãs.* Que ligações, que aprisionamentos à realidade: nomes, lugares, postos, hierarquia de família, de

---

[32]Este deve ter sido mais um projeto de Lúcio que não vingou. "Diário de André (III)", em *Crônica da casa assassinada*, traz menção a um lugar chamado: "Campo da Cruz Vazia". Ver edição crítica da *Crônica da casa assassinada*, 1996, p. 253.

ofício, de sociedade, que minúcia, que acúmulo de detalhes práticos, para servirem a uma intriga tão tênue e tão simplória...

Mas é verdade que não me acho senão no princípio.

* * *

Repito: a tristeza da carne. A saciedade de corpo. Que melancólico crepúsculo o que se acende acima dos desejos satisfeitos. Ou daquilo que pelo menos assim chamam, porque para mim não há desejos satisfeitos. O que procuramos é impossível. E é diante de tanta inapetência – digo mais, de tão viva repugnância – que me ponho a imaginar o que seria de nós se um dia não houvesse possibilidade da oração.

JULHO

26 – A horrível tristeza de assistir, sem nada se poder fazer, à decadência dos seres que amamos. Minha mãe, que desaprende coisas essenciais, como andar ou comer, de olhar apagado e uma atitude tão humilde...

Repito, poucos suplícios são comparáveis a este.

* * *

Atmosfera de morte em torno de mim. Vito se decompõe aos poucos, levado pela mesma moléstia que levou o irmão.

* * *

Notícia de que José Lins do Rego agoniza.

27 – Entreguei ao editor os originais de *Crônica da casa assassinada*.

AGOSTO

3 – Sonhei esta noite, de um modo lancinante, com a casa de Belo Horizonte onde decorreu parte de minha infância. A mim mesmo, e sem saber por que, eu apresentava as razões de minha permanência, a constância e a força que aquela atitude me transmitia, enquanto Maria de Lourdes, uma velha criada, cortava-me galhos de uva numa velha parreira de que eu muito gostava. De repente houve a mutação, e a permanência na casa tornou-se impossível. Comecei a soluçar, e soluçava de tal modo em meu sonho, era tanta a minha dor por ter perdido a casa, e a parreira de minha infância, que o pranto extravasava o sonho, e eu *sabia* que realmente chorava.

Acordei, lamentando ainda a paisagem que já era a minha. Ah, feliz foi Proust, que pôde a vida inteira viver, e ainda morrer no mesmo quarto.

18 – O adjetivo, para a prosa. O substantivo, para a poesia.

21 – Leitura: Aníbal Machado, *Cadernos de João*. Que quantidade diz, para quem nada tem a dizer.

* * *

Balzac: *Pierrette*.[33] A complicada minúcia dos parentescos de Balzac não torna seus personagens mais reais, mas empresta-lhes um ar de gente que tem ficha na polícia, e se esconde na província, por medo de ser reconhecida. Balzac cansa, não há dúvida, mas é impossível não se admirar o seu esforço: mais do que um repórter, existe nele uma alma fremente de notário ou tabelião.

* * *

Nós nos conhecemos tanto, sabemos tanto onde não nos admitimos, onde não nos perdoamos, que o silêncio que nos acompanha assim que nos encontramos é feito disto, de certeza e de lucidez. No entanto, ele insiste, eu insisto, e a minha inútil delicadeza torna-me igual à sua triste fraqueza.

SETEMBRO

8 – Sinto-me de uma tristeza tal, como se me cercasse uma capa de chumbo. Praticamente não encontro interesse em coisa alguma e, em instantes assim, viver ou morrer me parecem perfeitamente iguais. Há uma tendência geral para se imaginar o suicídio um ato de desespero – é um ato de calma. Os suicidas que não são movidos por fatores imediatos – dívida, saúde, amores – matam-se por um excesso de soberana calma. No fundo de suas naturezas, essa tristeza irremovível, como um leite pastoso.

* * *

Trabalho: um poema "As cores", a ser refeito. Continuo as três novelas de *O menino e o mal*.[34]

Leitura: O segundo volume de *Journal* de Jünger.

10 – Começo bem o dia, atirando-me à redação de uma das histórias de *O menino e o mal*. Ah, o que me transtorna são as grandes voltas que

---

[33] *Pierrette* é um romance de Honoré de Balzac, surgido em 1840. Faz parte de *A comédia humana*.

[34] Os títulos seriam: "A mulher e a arara", "Casa de fazenda" e "O irmão leigo". Das três, apenas a primeira teve uma segunda versão. Nunca foram terminadas, os manuscritos encontram-se no ALC.

dou em torno de mim mesmo, e até onde me afasto, para regressar depois, apaziguado, a este centro permanente que me compõe, e que eu nunca deveria ter abandonado.

12 – Dia penumbroso e feio. Nada fiz, andando a esmo, com pessoas que não me dizem nada e a quem eu nada posso dizer. Impressão de naufrágio – ah, como sou igual a mim mesmo, como me repito, febril e insaciável!

* * *

Morte de José Lins do Rêgo. Lembrei-me do tempo em que andávamos quase constantemente juntos – eu, ele e Santa Rosa. Podemos não sentir a idade, mas ela se faz presente, através dos mortos que vai semeando em torno de nós.

* * *

Dia de chuva e vento: queria ver José Lins do Rêgo morto, mas não ouso afrontar a multidão que aflui à Academia.

15 – Entro no quarto de minha mãe e a vejo estendida, dormindo, pálida, tão semelhante a uma pessoa morta. Meu Deus, como é horrível ter de assistir isto – e estes esforços para reincorporá-la à vida, os pequenos passeios que dia a dia vão se restringindo. As palavras, que não têm mais um significado claro – e ainda são restos de entendimentos, de força e de inteligência. Minha vida inteira repassa neste instante – minha crueldade, minha displicência, minha injustiça – e não poder fazer nada senão assistir, enquanto a vida se esgota, e é uma luz trêmula, um clarãozinho a se desfazer...

Seremos um dia outra vez nós mesmos, teremos oportunidade para nos redimir e sermos tudo o que não fomos, e nos compormos, perfeitos, aos olhos dos que assim nos sonharam?

* * *

Eu próprio me ausculto e me sinto doente: se adormeço, meus sonhos são pesados de coisas melancólicas: acordo, tudo retine como uma atmosfera de pesadelo e de fuga.

Não se abandona a morte, porque ela não nos abandona: sua intromissão é sutil e terrível – e por mais que façamos, e imaginemos a beleza do vento, das nuvens e da tranquilidade, jamais poderemos sorrir, porque tudo que existe como forma, palpita e se aquece com todo um lado crestado em sombra.

* * *

Meu Deus, dai-me amanhã a coragem de ser eu mesmo. Instituí-me, não perfeito, que não o serei jamais, mas digno do meu repouso. Faça-me de simplicidade, de desistência – faça-me de força e de água pura. Porque não há outra existência que eu consiga suportar, nem outra atmosfera onde possa viver sem remorsos.

* * *

Inútil negar: tudo o que é alto, e que em nós sobreleva a matéria bruta e corrupta, encaminha-se para a forma de oração – é súplica e gemido, é coisa atroz que vem aos lábios como uma golfada de sangue.

Acho que Deus entende esta linguagem.

* * *

Eu me sinto cheio de vida, mas o fogo que lavra em mim é com tal fúria, que todo o meu interior se acha como que calcinado. Não sou senão, em última instância, senão uma paisagem de desolação e de morte.

* * *

Sonho: minha casa de Belo Horizonte. A rua já não era a mesma, havia um intenso tráfego, e eu quase fui esmagado pelos carros em disparada. Um guarda mulato mostrou-me: "214? É ali". A casa havia sido destruída, em seu lugar estavam levantando outra. Prometi a mim mesmo apanhar, como lembrança, uma pedra antiga entre os escombros.

Essa obsessão da casa de Belo Horizonte significará apenas uma fixação na infância? Não creio.

* * *

Quem é este eu que, aos latidos de um cachorro na distância, recorda sempre uma casa, grades, um ambiente que não sei localizar, escuro e fechado, que insiste sempre em reaparecer ao mesmo sinal, e que me é tão familiar, sem que eu consiga fixar o que seja, do que se trata, onde, quando, como?

Há dentro de mim uma memória, um fragmento soterrado de alguém que devo ter sido, mas de que me esqueci há muito.

16 – Quando se é moço, é mais fácil julgar do que compreender, e no entanto é muito mais fácil destruir do que admirar. A razão é simples: moços, julgamos que criando o vazio em torno, sobressaímos melhor. O que é um erro, pois se existimos realmente, é junto do que está feito que fazemos destacar mais fortemente a qualidade de que somos formados.

* * *

Resplandecer só, é condição de estrela solitária – mas brilhar em conjunto, é dar vida à constelação. Shakespeare sim – mas Shakespeare, Marlowe, Ben Johnson, Dekker, fazem o esplendor da era elisabetana.

* * *

Condição de durar: desconfiança de si, confiança nos outros.

* * *

(Pesquisas, buscas arqueológicas, cidades desenterradas da areia – por que é que isto tanto me fascina? Se somos a exata imagem do mundo, por que não supor em nosso íntimo, no grau de nossa inteligência e nossa sensibilidade, uma superposição de datas, de memórias idas e esvaídas, de seres que já fomos, e de que só temos consciência pelos restos que vêm à tona, ou que surgem trazidos pelas escavadeiras da nossa curiosidade?)

* * *

Trabalho: continuo *O menino e o mal*.
23 – Acaso algum dia o que aqui está escrito terá eco? Um programa de vida, o anúncio de uma verdade – gostaria de escrevê-los – mas como? Tudo em mim é instável, e eu navego sem destino certo. Constituirá isto um legado? Chegar, imagino, será como morrer – e que eco imaginar senão este, passar e acontecer, sem remédio e sem brilho?

* * *

Impossibilidade de conciliar o sono. Tenho sempre presente, diante dos olhos, a imagem de minha mãe, ainda tão forte há um ano atrás. Ah, as pessoas que falam na serenidade, na dignidade da velhice. Como é horrível o acabar assim, sem nem ao menos se ter consciência de que ainda se está vivo. Rememoro sua vida, suas qualidades, atos e palavras antigas – e sinto que assistir morrer um ser desses, torna nossa própria morte mais leve. Aceitamos desaparecer com menos pena, e o sofrimento que nos é destinado parece bem mais leve e bem mais fácil de suportar.

* * *

Em Jünger, uma referência a Léon Bloy. Diz ele, a respeito de um amigo, que ele foi tocado *(frappé)* pelo que há de "inumano" em Bloy. E reprova ele, "como a muitos Latinos", esse "endurecimento estranho, que confina à crueldade". Latinos, não sei – mas bem comum a certa classe de católicos.

Não é com o coração, mas com o insulto, que eles pretendem arregimentar os fiéis de Deus.

24 – A caminho da fazenda, existia determinado trecho da estrada, com grandes pastos cercados de arame farpado. Os bois estavam sempre descansando por onde devíamos passar, e era preciso então descer e enxotá-los com gestos e gritos, a fim de que dessem passagem ao carro. É desse lugar que sinto novamente o cheiro – um cheiro puro de campo e de estrume. Sei que muitos não compreenderão, mas para mim, rememorando-o, significa o mais delicioso dos perfumes.

Um nome, um lugar: Santa Maria Madalena. Que laços ainda ocultos o prendem ao meu destino? Sinto aproximar-se, com força, essa paisagem que ainda não conheço.

27 – A vastidão dos dias iguais, a monotonia das faces que se encontra[m], perenemente as mesmas... Existe acaso pior coisa do que este sentimento de repetição, de permanência no ido e vivido? O inferno deve ser uma paisagem circular que exibe sempre os mesmos acidentes e as mesmas faces.

* * *

Novo cartão de Octávio, desta vez de Paris[35] – e com o mesmo insistente convite para que eu vá à Europa – o convite que me dirige há anos, afirmando desta vez: "Sei que você não acredita muito nesta experiência, que duvida do *seu* entusiasmo." Não, não é isto. O motivo é bem mais simples. A Europa me parece longe, e como deixar aqui, por um espaço de tempo grande, minha pobre mãe no estado em que se encontra? A Europa acontecerá um dia em minha vida, mas não é agora.

29 – A falta de responsabilidade para as pequenas coisas da vida, os acontecimentos cotidianos – o sentimento de responsabilidade para os grandes, os decisivos acontecimentos que nos governam – quantos o terão? E no entanto, é ao primeiro, superficial, que se dá importância e por ele que se julga o indivíduo – é ao segundo, vital, que se desdenha, nessa confusão tão comum dos valores humanos e do apreço que eles nos merecem.

Assusto-me ao ver como tantos vivem como se só importasse a consequência deste mundo, e o valor de nossas transações terrenas – quando o que importa é aquilo que fazemos e tem sua projeção não aqui, mas na eternidade. Não há brincadeira: estamos jogando algo que é muito sério,

---

[35]Dos amigos, Octávio de Faria foi o que mais se correspondeu com Lúcio. Estão guardadas no ALC 28 cartas de Octávio para Lúcio, totalizando 71 folhas.

DIÁRIOS

e levando a efeito marcações que se fazem e se desfazem a cada minuto, à medida que mais se aproxima o fim dessa formidável partida que jogamos com o invisível.

* * *

A total ausência em que mergulha minha mãe: seus olhos, tão impressionantes, que não refletem nada senão uma profunda distância. E quando supomos a comunicação definitivamente rompida, uma palavra, um gesto que nos leva a supor, pela sua coerência, que ela não se afastou propriamente, mas que espia de outro plano, bem superior, o que se desenvolve em torno dela.

* * *

Tentei começar hoje o *Mistério de Edwin Drood* de Dickens. Não passei das primeiras páginas. Mas pretendo voltar mais tarde a ele.

Terminando o *Journal* de Jünger – segundo volume.

30 – Sinto avolumar-se em mim a necessidade de repouso – não do descanso por fadiga, mas do rompimento com as tarefas materiais que sempre compuseram meu modo de existir, e que sempre prejudicaram tanto o meu trabalho, pelo menos ao único que importa. No momento, nada mais desejo senão escrever, e é curioso que um dos característicos da idade são as exigências quanto às condições em que escrever se processa: não posso mais fazê-lo como o tenho feito até aqui, aos empurrões, em qualquer lugar – necessito calma e um certo repouso de espírito que, penso eu, melhora a qualidade do que componho. O próprio estilo se ressente, e percebo que elaboro de um fluxo mais contínuo, mais ritmado e mais constante.

* * *

Escrever: com as portas e janelas fechadas, e uma pequena luz de abajur acesa, mesmo seja manhã, e o sol brilhe lá fora.

* * *

Trabalho: *O menino e o mal*.

* * *

Hoje à tarde fui à agência de publicidade (americana), a fim de ver se obtinha uma colocação que me livrasse da prisão ao jornalismo. Fui submetido a um longo interrogatório, e depois fizeram-me ver que eu nada entendia de publicidade. Convenci-me disto bem depressa, e eles passaram a me traçar um plano grandioso do que é publicidade – a tal ponto que, assoberbado pela complexidade do assunto, ousei declarar que em breve atingiríamos a metafísica. A observação muito naturalmente não foi levada em conta. Passaram-me depois um questionário que devia ser preenchido, tão cheio de detalhes que me fez lembrar Ernst von Salomon[36] e sua resposta magistral em O questionário.[37]

Mas tudo irá pelo melhor se eu obtiver o emprego.

* * *

A dureza das faces no período da mocidade – o que os olhos ganham, a luz parda e humana das fisionomias já trabalhadas pela experiência, a música em surdina que se eleva nos homens já maduros – ah, cruel luz da gente moça, como se aprende a desamá-la, como o seu esplendor não nos toca mais, assim que a fascinação da matéria nos abandona e somos mais puros e mais sós no caminho da vida.

s/d – O só humano. Esta coisa brava e quente que um dia, sem sabermos como, amanhece identificada e em transe. Não sei em que espécie de espelho te reconheceste, e saudaste através da face fria que te contemplava, a forma exangue que desde então ostentaria o teu nome e a tua consciência. Ah, que ela vinha de longe, e atravessou inumeráveis madrugadas, pisando uma seara inerte onde tudo se fazia reflexo e sentimento impreciso – até que, até que de repente tudo se fundiu, o caos formou o homem, e pela primeira vez a voz decepou clara a invasão do silêncio. A saudação foi breve, um olhar, um gesto de mão – ainda úmida dos contatos de infância, a mãe, a irmã, a janela grande sobre a paisagem de todo o dia. Aos poucos te vieste juntando, um adeus esboçado no canto, quando as primeiras flores coroavam as mangueiras do quintal. Nem sei onde, nem soube quando. Que importa? Uma pele de lontra, carinhosa e dourada, sobre o sofá grande da sala. Duas cegonhas de barro, o odor quente e nupcial das magnólias. De repente estavas completo: o ser parecia flutuar no mundo como à procura de um porto, e nesta brusca revelação da composição, adivinhaste a música chegada e o concerto impossível. Ainda tenho presente na memória a noite em que acordaste e pressentiste o mundo autônomo, girando à parte do teu acontecimento. Sim, acontecias fora dos limites, em zonas inquietas e de

---

[36] Ernst von Salomon (1902–1972). Escritor alemão.
[37] O título original é Der Fragebogen (The Questionnaire or Answers to the 131 Questions of the Allied Military Government "Fragebogen") (1951).

acesso defendido. Não houve espanto, mas uma certeza crua, um relâmpago fulgurando brusco: estava desfeita a infância.

Ah! de novo poderias correr, atingir o gramado da amizade, o sol claro, o sino tangendo na pequena igreja a cuja sombra te abrigavas. De novo poderias cumprir o rito do ser adormecido. Mas jamais poderias voltar a ser feliz como antigamente, pois tua alma refratária havia se apossado da condenação que fora lavrada contra ti. (Os juízes, alguns naquela época, mais tarde tão inumeráveis, os juízes erguidos em sua sala verde, as togas negras se arrastando pelo chão mais tarde, todos, a mão alçada, o gesto previsor do futuro, o cárcere aberto – e além o voo dos pássaros, e além o além, o além do além, tão espectral no seu desterro, tão puro e ambicionado!)

O só humano. O além tão mais ambicionado quanto mais próximo o gesto dos juízes. Não poder limitar a tua ânsia a estes quatro limites de treva – os pés, as pontas dos dedos, a cabeça erguida, território sério e de segredos domados, cerca de um mundo aberto sobre a cantiga e o conhecimento, estrada sem mistério. Ah! não poder impedi-lo o hausto, a fuga para caóticas regiões, para o país do trânsito ilícito.

O só humano. Esta coisa brava e sem aliciamentos que um dia, sem sabermos como, ergue-se a manhã e já identificada às pautas ardentes do transe. Não sei em que espécie de espelho te reconheceste – há sempre um – erguido e atento, à espera do rosto entre certeza e esperança que sobre ele se inclina – e não sei de que modo saudaste a outra face enfim que te contemplava, enorme e eterna, e que desde então, imperial, ostenta o teu nome e a tua consciência. Que ela vinha de longe, lua bêbada, e atravessou pátios abertos ao lance da aventura e do amor, searas de febre onde tudo se fazia reflexo, e tudo era inconsciente como uma orquestração da madrugada. Sei que a saudação foi breve, um olhar, um gesto de mão – por isto coloca. Adeus, Amigo.

OUTUBRO

1 – Ah, que este mês começa cheio de esperanças e de bons prognósticos. Quando todo mundo se esforça para entrar no jornalismo, eu me esforço para sair, pois em nenhuma outra época da vida, em nenhuma outra condição, eu me senti menos jornalista e mais escritor do que agora. Não acredito que as profissões se correspondam – são incompatíveis, e mais do que isto, antagônicas. Ao jornalista é o fato que interessa, ao escritor a repercussão do fato – ao jornalista, o que importa é a dilatação do acontecido, até sua exaustão, até sua caricatura (por onde se verifica que no jornal a

verdade tangencia a mentira) – ao escritor é a contenção do que se passa, sua conversão num amálgama restrito e fechado, sua estrita verdade, pois os caminhos da especulação não se dirigem ao acontecido propriamente, mas à aura que projeta, suas consequências e suas repercussões no absoluto.

4 – Não obtive o emprego que desejava. Depois de feitos os testes, a resposta foi negativa. Não acredito que tenha sido erro ou má qualidade dos mesmos, pois constavam de provas excessivamente banais. Deve haver um outro motivo que eu não me sinto nem [com] coragem e nem com paciência para investigar.

Apesar de tudo, sentimento de decepção. Mas precaver-se contra a mania de perseguição.

* * *

A dor é a única coisa neste mundo que importa. Curioso mundo desfigurado, o que nos garantisse uma felicidade total. Assim, com os seus lados lacerados, é que ele é autêntico. Assim é que conquista a sua máxima dignidade. Porque a dor humana, fulgor moral, é só o que nos distingue dos animais, e dá à nossa expressão um toque de força interior e de entendimento – de alma, por assim dizer.

* * *

Vi numa revista um retrato de Ezra Pound, e achei-o muito mais velho do que supunha. (Ideia ligada à noção de poeta – por que supô-los sempre moços? Velho, Shakespeare não era menos Shakespeare.) Segundo a notícia que acompanhava o retrato, Pound "aconselha abertamente a resistência à integração racial". Não compreendo bem Pound – será ele um aristocrata, imbuído de sentimentos supremistas e dominadores ou simplesmente um anarquista, como Jean Genet?

5 – Ânsia de paisagens: acordo como se tivesse sede. Por isto é que recolho anúncios de sítios e fazendas – é que todo o meu ser, febrilmente, anseia por espaços e regiões que não sei onde estão. Vibro pela memória de velhos espaços que conheci, e toda esta música confusa é que elabora o ser angustiado e saudoso que sou. Vejo-me a cavalo, por estradas intermináveis, ou em varandas cheias de sol e de calma – e por uma intrincada ciência, sei que existo, mas não aqui.

* * *

Minha irmã me dá notícias de Vito Pentagna, que não vai bem. Estamos já atingindo a área dos gestos definitivos, aquela em que nos esculpimos sem remissão para a vitória ou a morte.

* * *

Leitura: histórias de Cesare Pavese. Releio também os contos de James Joyce.

Quanto ao trabalho, terminei a terceira história de *O menino e o mal* que se chamará provavelmente *Os ciganos.*[38] Devo iniciar hoje a segunda, *Aventura,*[39] cuja trama há tanto tempo me preocupa.

6 – Escrevo *Aventura* de um só jato – e isto me alegra infinitamente. A história, já amadurecida em meu espírito, sai toda num clima único, o que não tenho obtido com meus últimos escritos. Creio que na repassagem, conseguirei dar às três histórias uma unidade de estilo.

* * *

Reli *Os mortos* de James Joyce, sem grande entusiasmo. Outrora, esta história me arrancava gritos de entusiasmo.

10 – Sonhei de novo, e intensamente, com Belo Horizonte. Desta vez era a Matriz do Sagrado Coração, junto da qual tanto brinquei quando menino. No sonho a igreja surgia com extraordinária nitidez.

Abrindo os olhos faço uma descoberta que me parece espantosa: sou um possesso. No sentido literal, imbuído de uma outra personalidade que não a sua. Ou melhor, com duas personalidades coexistindo. Uma, a que se prende à minha infância em Belo Horizonte, e cuja melancolia de se saber escrava, produz todo o escuro painel da minha natureza. A outra, a que domina, e elabora na vida todos os meus atos e meus gestos. Esta é a usurpadora, a que existe sem direito.

E o mais estranho é que não falo de um ponto de vista de personalidades múltiplas, pirandelianas, não – falo de duas únicas personalidades, uma superposta sobre a outra.

Tudo o que é meu, não se explica melhor à luz desta possibilidade?

* * *

---

[38]Conforme os manuscritos guardados no ALC, o título foi alterado para "O irmão leigo".
[39]*Idem.* O título foi alterado para "Casa de fazenda".

Terminei o livro de Joyce, e é inútil acrescentar que com a mais viva admiração.

Comecei um outro volume de novelas curtas, desta vez de Faulkner.

* * *

Mudança do título de *Aventura*. Chama-se agora *Casa de fazenda*. Assim teríamos o livro completo do seguinte modo: *O menino e o mal* – três ensaios de composição – *O irmão leigo* – *Casa de fazenda* – *Os ciganos*.[40] E depois disto, tratar de pôr de pé os velhos esteios de *O viajante*.

13 – O que mais me agrada nas litografias é o silêncio. Silêncio do preto, silêncio do branco. Silêncio do preto e do branco, unindo-se para compor essa pausa imensa – o cinza.

Uma boa litografia canta por todos os lados.

* * *

Há em mim, sem nenhuma dúvida, um artista plástico fracassado. Em certos momentos, tenho a impressão de que escrevo como se desenhasse.

14 – Mais uma vez, insistentes, as imagens se repetem: Belo Horizonte. Autran Dourado, que almoça comigo, diz que Belo Horizonte deve ter para mim o mesmo significado que para ele a cidadezinha do interior de onde veio. Não acredito. Para mim, e à medida que o tempo passa, a imagem flui com uma força e uma clareza de obsessão. É um ponto de ruptura, um marco abandonado que teima em repetir sua mensagem – e que à força de insistir, eu sei, acabará por ser entendida.

* * *

As *9 histórias em grupo de três*, de Waldomiro Autran Dourado.[41] O autor escreve, e usa um *humour* particular, não para especificar a personagem, mas para dar tonalidade à história, o que em geral não consegue obter. Sente-se o factício, e esse canhestro na graça que denuncia o esforço da vontade e não o da inspiração. Seus melhores momentos são os sentimentais – a viagem do menino para o internato, por exemplo.

---

[40]Não há no arquivo do autor nenhum manuscrito com este título. E, conforme mencionei anteriormente, a sequência das novelas foi alterada por Lúcio.

[41][Waldomiro Freitas] Autran Dourado (1926-2012). Escritor brasileiro. Nos primeiro livros ele usou o nome Waldomiro Autran Dourado. Lúcio dedica a ele o poema "Epitáfio", publicado postumamente na edição crítica de sua *Poesia completa* (Edusp, 2011). Ver Bibliografia.

DIÁRIOS

15 – Um pouco ao acaso começo um romance de Thomas Hardy que ainda não conheço: *Le trompette mayor* – e imediatamente reencontro todas as qualidades do velho mestre, essa poesia melancólica, esse sentimento dos destinos frustrados e essa impossibilidade ante a fuga do tempo, que sempre fizeram para mim o encanto maior dos seus livros. Às vezes, como no caso do tio e do sobrinho neste romance, há uma nota a Dickens – mas, bem pensado, não é Dickens, e sim o romance inglês que aqui faz sua erupção, apresentando uma espécie de *humour* grotesco, em que são eles mestres, desde Fielding até Chesterton.

* * *

Vivo um pouco ao sabor do acaso, sem ousar fazer planos. Creio que isto é que se poderia chamar de construção para si próprio de uma paciência suplementar – pois aquela de que tenho necessidade para viver e esperar, é maior do que a paciência comum, pois enquadra todas as tentativas de uma época – provavelmente a última – em que é possível se lutar com autêntica vontade de vencer. E ao mesmo tempo pergunto: [O] quê? Para quê? São perguntas como esta[s], não há dúvida, que representam o insondável sem resposta.

* * *

Vida onde os acontecimentos sejam de ordem puramente espiritual – de certeza e de apaziguamento. Que outra desejar, além desta? De suas únicas ressonâncias é que se compõe o esforço de todas as maturidades.

17 – Sonhei ainda uma outra vez com a casa de Belo Horizonte. Os quartos, a atmosfera. Começo a me espantar – que Deus me livre dessa obsessão, se ela tem um sentido clínico – que viceje, Deus meu, sendo uma verdade.

21 – Terão existido muitos artistas que tenham se matado em pleno poder criador? Não sei. Lembro-me de Van Gogh, que é mais um caso de loucura do que de desespero lúcido. E depois, por ocasião do seu suicídio já não estava completo o teor de sua mensagem plástica?

* * *

Só uma coisa importa: sermos totalmente aquele que nos imaginamos.

* * *

De Simone Weil: "A vida humana é *impossível*. Mas só a desgraça faz sentir isto." A meu ver não é só a desgraça – a felicidade também. E principalmente.

* * *

Uma peça: *O segredo*. Mas se a levassem a efeito não falariam em Samuel Beckett? Possível.

* * *

Plano. Um livro de poesias com o título de *Cantos*. Títulos das partes: *As invenções do luxo, Vinho cego* e, provavelmente, *Cavernas*. Na parte das *Invenções* os poemas sobre as cores, pedras preciosas e tecidos. A série de cantos sobre os homens luxuosos: Marlowe, Blake, Verlaine, Poe (um pouco batido, talvez) Winkelmann e Pound. Sobretudo Marlowe, Winckelmann e Pound.[42]

* * *

Minha mãe: que grande, que impressionante silêncio. A vida continua a palpitar no seu corpo, mas é como se toda chama houvesse se retirado. De onde nos olha, com esse olhar que não nos reconhece mais? Um dia, também o corpo cessará de viver – mas a ruptura, a verdade é esta, já se processou há muito.

22 – Viver para ganhar dinheiro, viver para ganhar a vida – acaso existe nada de mais repugnante? As únicas ocupações humanas decentes são as de ordem espiritual – as únicas que dão à face um cunho superior, de sacrifício e grandeza.

* * *

Gide: "Não se inventa suas paixões." Ao contrário, as paixões são, geralmente, uma pura doença da imaginação. E quando não, são puramente uma doença.

* * *

Os dias são idênticos, nós é que não o somos mais. Como não reconhecer neste sol, desde cedo, o antigo verão? Mas tudo mudou, e é constatando isto que imaginamos o quanto teremos de mudar ainda. Há uma crueldade

---

[42]Sobre esta questão, ver nota introdutória da edição crítica da *Poesia completa* de Lúcio, *op. cit.*

DIÁRIOS 439

nessa fixidez, mas também há uma alegria de nossa parte: a de imaginar que o enganamos, ao verão, e quando ele voltar de outras vezes, a nos espiar insistente pela janela, não nos encontrará mais – ou tão diferentes que suporá até que somos outros, e não o conhecemos ainda, e nos maravilhamos tanto que ele exista, desconhecendo sua fixidez, sua indiferença.

23 – Sonhei com Tidoce. O ambiente, a casa, eram os mesmos daqueles "nossos tempos" a que ela se referiu da última vez em que conversamos. Havia também Dina, o que me foi mais fácil para identificar a cena – e era tudo tão perfeito, tão vivo, que acordando, imaginei detalhe por detalhe o jardim que tanta ação exerceu sobre mim, com seus canteiros de papoulas, suas rosas, suas hortênsias. É desta pobreza, de não poder abandonar nunca a minha infância, que me vem a única riqueza que possuo.

* * *

Terminada a primeira fase dos *Homens luxuosos*. Apenas três: Marlowe, Winckelmann, Ezra Pound.[43]

24 – Qual seria o significado do mal que barra o caminho desses três meninos? Não há uma resposta definitiva; são apenas três reações ante a descoberta de uma existência que eles desconheciam até agora. São reações diferentes? Completamente. A outros compete, depois disto, estabelecer a expressão ontológica e a repercussão interior desse mal – configurar-lhe a essência e desvendar-lhe as raízes. A mim não me compete senão mostrar sua ação – e se o fiz bem ou mal, é coisa que compete aos críticos dizerem.

* * *

À medida que avanço o fim de *O menino e o mal*, começa[m] a se delinear em meu espírito as linhas mestras de *O viajante*. O mal, aqui, não deve ser triste e nem sombrio: deve ser alegre e pastoral. É de uma festa – não se esquecer disto – que se trata.

* * *

Neste pequeno intervalo, escrevi um conto: *Colchão velho*[44] – que muito me satisfez. Preparo um outro: *Atriz no bar*. Ambos para um jornal de São Paulo, e que marcarão o início de um novo livro de contos, bem diferente

---

[43]Sobre esta questão, ver nota introdutória da edição crítica da *Poesia completa* de Lúcio, *op. cit.*
[44]Foi publicado no Suplemento Literário de *O Estado de S.Paulo*, em 23 de agosto de 1958, com uma ilustração de Darcy Penteado.

de *Contos da ilha*. Título? Não sei. Qualquer coisa como *Contos do continente*. Mas, evidentemente, com o tempo acharei melhor.

25 – Trabalhei até a exaustão os poemas sobre Marlowe, Winckelmann e Pound. Incluí Thomas Lowell Beddoes, cuja vida me parece particularmente interessante.[45]

Não conheço nada mais cansativo e esgotante do que corrigir poemas – à força de se ler e reler o que se fez, perde-se o senso do conteúdo e da forma, e o poema se nos torna estrangeiro, como uma matéria sem vida.

* * *

À noite, li com grande interesse alguns dos *Souvenirs* de Thomas de Quincey sobre os *lakistes*.

26 – Necessidade de uma viagem. Uma terra distante e calma. Como a vida passa a se desejar aquilo que nunca se possui!

NOVEMBRO

3 – Não se ama os poetas. O que se ama é a obra deixada para especulação literária. Os poetas – grande engano – são seres solitários e destinados à morte. Morte sem perdão – porque não há perdão para os poetas.

10 – Morte de Dazinha. Dia que oscila entre o sol e a chuva. Como Tidoce, sou eu que vou conduzindo o corpo para a capela, e seguro à alça do caixão, enquanto o carro roda, vou imaginando essa vida que se finda, e aspectos antigos da minha infância me sobem à memória. Sempre. Dazinha morreu diante de mim e de Lelena, e tão custosa foi a sua vida quanto relativamente fácil me pareceu a sua morte. Na capela, de tão gelada e acentuada feiura, fico só com o cadáver, e ainda como no caso de Tidoce, sou o primeiro a depositar-lhe entre as mãos algumas flores. Do lado de fora, sobre a mesa, um papel: "Funeral de Alzira Netto", que ninguém assina. A mim mesmo, e como homenagem a essa criatura que me pareceu ser a encarnação da falta de capacidade de se fazer amar – e no entanto, foi tudo o que ela mais desejou na vida... – prometo fazer um poema que conserve aquele título. Ao regressar, a chuva tomba francamente – e visão horrível – do lado de fora, já no lixo, vejo exposto o colchão e o travesseiro que lhe pertenceram. Ensopados, dizem bem da tristeza dessa morte humilde.[46]

* * *

---

[45]Sobre esta questão, ver nota introdutória da edição crítica da *Poesia completa* de Lúcio, *op. cit.*
[46]Ver o poema e comentários sobre ele na edição crítica da *Poesia completa* de Lúcio, *op. cit.*

DIÁRIOS   441

Na capela durante todo o tempo esteve Baggi, que me ajudou a levar o corpo.

12 – Esses dois dias, ainda sob a impressão da morte de Dazinha. Há nela muito de conteúdo humano, de tristeza e de incompreensão, para que repetidas vezes não me venha ao pensamento, insistente, como um sinal de acusação que viesse não dela, mas de mim mesmo. Meu Deus, como é difícil amar aos nossos semelhantes como a nós mesmos – como é impossível. No máximo, conseguimos tolerá-los. Amá-los, é privilégio dos santos, e como estamos longe disto. Não há dúvida de que o cristianismo, na sua aplicação mais extensa, é absurdo: usado pela gente comum, é uma deturpação mesquinha. Por todos, impossível. Por alguns, um privilégio que não se justifica, se bem que seja o único aceitável. Não é o Cristo de São Tomás de Aquino que me interessa, mas o de Jacob Boehme.

* * *

Leitura: Terminei *O monge de Cister*, impressiona-me o que há de moderno – e não o que há de clássico – na linguagem de Herculano.[47]

Um volume de Fialho[48] – que me deixa completamente frio.

Início de *O bobo*.[49]

* * *

Trabalho: nenhum. No momento, falta-me coragem para escrever.

* * *

Cingir-se ao mínimo mundano possível. Ao máximo, sua possibilidade interior. Seguir sem destino, sem orgulho e sem festa – como quem prepara, toscamente, os canteiros de um jardim cujas flores não veremos nunca.

21 – Toda a baixeza que o "fato" dinheiro acumula em torno das pessoas... – não, não acredito que o amor ou o sexo sejam responsáveis pelos maiores conflitos humanos, o dinheiro vem antes de tudo. Esse ar suado, essa coisa viciada e turva que circula em redor de certas personalidades e de certos gestos... – como não ver, como não sentir a presença do dinheiro, como um elemento escuro que os acionasse?

---

[47]*O monge de Cister* (1848), romance histórico de Alexandre Herculano [de Carvalho e Araújo] (1810–1877). Escritor, historiador, jornalista e poeta português da era do romantismo.

[48][José Valentim] Fialho de Almeida (1857–1911). Jornalista e escritor pós-romântico português.

[49]*O bobo* é um romance histórico de Alexandre Herculano, publicado inicialmente em "Panorama", em 1843, e editado postumamente, em 1878.

DEZEMBRO

1 – Deus, meu Deus, não ouso senão o que meu coração pressente. Estarei enganado? Sofro de piedade, de um excesso de piedade. Sofro de pena dos outros, das causas e dos males que imagino. Por que ir tão longe? Por que supor-me essa força capaz de arrastar-me a esses abismos?

Meu Deus, eu sou um ser de egoísmo e de esterilidade, sou um coração fechado e sem misericórdia. Assim devo ser. Por que a minha destruição? Não tenho medo de gritar e nem de ser patético. Quero, exijo a minha salvação.

(Como posso ser absurdo em meu silêncio. Como eu amo o que amo.)

3 – Este amor antigo que lembro, tão abafado que se assemelham à descoberta de mim mesmo. Anos e anos penei com meu segredo juvenil, e era no porão daquela casa da Tijuca que ia esconder as minhas mágoas, e chorar, e beijar as fotografias daquele que me tomara o coração e o pensamento: uma vedete de cinema.[50]

* * *

Houve um tempo em que acreditei, e perdidamente, na importância daquilo que se tinha a dizer – o autor, a mensagem, a palavra "importante" – mas hoje não acredito mais que seja importante senão aquilo que atinge o coração.

* * *

Recordar: o padre insultado no saguão do hotel.

4 – Começo a reunir o material esparso de O *viajante*.

Deliberação de publicar o primeiro volume deste *Diário*.

5 – Tudo se pode dizer, ah, como tudo se pode dizer. As palavras foram feitas para serem ditas e pronunciadas e para traduzir o que o pensamento incessantemente gera. Só um gênero de coisas é que não pode ser dito: o que atenta contra a nossa própria pessoa. É pelos outros que somos sagrados.

* * *

Recordar: aquela madrugada no cemitério.

O velório, com Almeida Filho.

---

[50]Lúcio rasura o nome e escreve, em vez dele: "uma vedete de cinema". Trata-se do ator estadunidense, Richard Semler Barthelmess (1895–1963), um dos maiores atores do cinema mudo. Nomeado ao Oscar em 1929, como melhor ator, pelos filmes *The noose* (*Segredo da morte*) e *The patent leather kid*.

DIÁRIOS

6 – Clássico – moderno.

Se num clássico descobrimos o que há de moderno, não será isto o sinal mais certo de sua validade? (A propósito de Herculano.)

14 – Neste sábado luto eu para não sair – por que cometer os mesmos excessos, viver as mesmas coisas, dizer o que já foi dito? Devia criar minha força de vontade como se cria tudo o mais que não existe. Tenho uma tão urgente necessidade de converter-me em mim mesmo, que nada mais deve me distrair – porque, se não for assim, conheço-me o suficiente, perco-me no vazio e no inútil.

* * *

Eu estava na rede, em minha pequena varanda, quando uma cigarra, rápida, fugindo da noite, abateu-se perto de mim, no beiral – e o som de sua voz, se bem que rouco e cansado, tinha ainda um pouco do estremecimento da tarde, do seu ouro e do seu calor.

15 – Não é verdade, Carlo Coccioli,[51] ninguém virá nos pedir conta da energia e do amor que desperdiçamos. O nome de nosso amor, futuro ou não, não é o do destino realizado. Não se assuste, que nada se passará, e tudo será igual ao que tem sido até agora. E nem sequer isto é assustador, porque ao sabermos disto, não é a esperança o que nos devora ainda, mas um desejo de paz e de esquecimento. Limpos, é certo, é isto o que devemos ser, mas não para o amor que vai chegar e que pedirá contas do nosso passado, não – mas por causa desse outro senhor também tão exigente, e que sem a limpeza nos compõe uma face indigna e repugnante – a idade.

* * *

Revendo o primeiro volume do *Diário* para publicação – quanta coisa me parece inútil, que eu poderia ter deixado de dizer.

O Brasil é essa pobreza mesma. O Brasil é o interior, com sua lentidão, seus vastos descampados, sua gente sofredora e obscura. Eles é que nos forjam, o país permanente, e não essa escória da cidade, fútil e mal-educada. Quanto mais penso no sertão duro e incerto, mais vejo nele o esforço do que seremos; lá, o sofrimento tem oportunidade para criar uma face nacional, e não aqui, onde tudo é estrangeiro e sem caráter.

16 – Recordar: *gang* – *os* jovens do *bas-fond*. (Aliar à lembrança do crime da Praça da República – primeiro volume do *Diário*.)

---

[51]Carlo Coccioli (1920–2003). Escritor italiano.

1958

JANEIRO

6 – Nesta data, precisamente, tenho a impressão de, num certo sentido, já haver pago todo o meu preço. Sofrimentos ainda me esperam, mas não da natureza dos sofrimentos que passei até agora. Eu me despeço daquele que fui, com a certeza de o ter sido sem nenhuma poupança, sem nenhuma trapaça – integralmente, com febre, suor e sangue.

Assim, nesta idade, começa o meu processo de renovação. Sinto-me a cada instante tornar-me mais moço. Sinto desesperadamente ressurgir-me totalmente moço – e totalmente outro.

E tudo isto por uma única graça: a de me achar na posse de mim mesmo, de um modo absoluto, sem excesso e sem temores.

* * *

Escrevi hoje vinte páginas de O *viajante* – e com todo o *élan,* com todo o entusiasmo do meu corpo e do meu espírito. Meu Deus, assim suporto tudo: os empregos que não tive, os insucessos, os amigos que perdi, a grosseria dos outros, a vaidade, e a perfídia do mundo. Tudo. Contanto que possa criar e ser livre como agora o sou.

* * *

Encontrando minha mãe sozinha, levo ao seu quarto algumas rosas vermelhas que encontro sobre a mesa de Lelena, procurando reavivar-lhe o gosto antigo, e ver, se assim, um pouco de sua expressão vem à tona dos olhos mansos e ausentes. Ela reconhece as flores, toca uma com os dedos, exclama – que bonito – mas tudo tão distante, tão frio, como se referisse a coisas proibidas.

19 – "Dizem, sabe, que não somos nós que engendramos o mal, ele é que nos engendra. O mal existe como ar que se respira, e é existente no mundo, como uma poeira tênue, uma poeira de ouro que nos apressa as batidas do coração e nos faz arder as faces. Absorvemos o mal como acontece o crepúsculo."

20 – "Há uma grande tristeza em não ver o bem no bem", Gogol.

* * *

Melancolia desse dia, e do vento. Não sei por que vêm ao meu pensamento imagens angustiosas de paredões e de cinza. Revolvo velhos papéis, leio, escrevo. Em torno de mim tudo é silêncio.

* * *

(Uma lembrança: longe, no fim da imensa estrada reta que a noite cobre completamente, as luzes de Silva Jardim, as pequenas luzes de Silva Jardim. Os trilhos da estrada de ferro desfilam junto a nós, e de repente, as luzes, bem próximas. Do lado esquerdo, no escuro, a estrada de areia branca que vai para Casimiro de Abreu. Do lado direito, Silva Jardim – tão pobre que as luzes, perto, parecem vacilar mais do que vistas à distância...

Esse cheiro de mato e de estrume – existe alguma coisa de que eu me lembre com maior saudade?)

* * *

Em certas coisas, às vezes, posso parecer um fanático – mas não é raro é que me sacudam vagas de um tal esplendor, que eu me sinto como se fosse um grande girassol, nu e sozinho, brilhando na escuridão da noite.

* * *

A anunciada "conversa" de Octávio sobre meus livros. É ele quem deve fazer o prefácio das *Obras* editadas por M. Aguilar.[52] Hesitante a princípio, temendo sem dúvida vexar-me, ele deixa patente a pergunta, sem formulá-la, esperando que minha impaciência o alcance primeiro – o que, naturalmente, sucede. Tudo gira em torno de Deus – acredito ou não em sua existência? Por que deixei em suspenso a pergunta formulada em *A luz no subsolo?* Calo-me. Ele próprio me afirma que não é necessário que eu responda. Pergunto: e se disser que eu não sei? "Melhor para mim, diz ele, pois assim me facilita concluir."

Concluir – não a meu respeito – mas a respeito de meus personagens, evidentemente. Porque Deus, para mim, seria exatamente isto: um meio de não se concluir nunca.

* * *

---

[52]Há alguns documentos no ALC que comprovam o interesse da Editora Aguilar vir a publicar os livros de Lúcio com o título: *Obras*, ou como se verá mais à frente, *Obra seleta*. O volume seria organizado por Octávio de Faria e o prefácio escrito por Lúcio. O projeto não vingou.

446   LÚCIO CARDOSO

Trabalho: *O viajante*. Nunca, em minha vida, escrevi com maior regularidade. A narrativa flui como água que corresse de um veio natural. À noite, angustiado, sonho com soluções e situações que ainda não tinha deparado – tudo de uma terrível, de uma sufocante beleza. Meu Deus, se eu consigo atingir a tragédia fúnebre dos meus sonhos...

* * *

Sempre, sempre esses cães na distância... Só este eco noturno basta para me desvendar trechos, paisagens que sei terem existido, atrozes na sua escuridão e no seu silêncio. Mas onde, quando?

* * *

Weininger, antes de suicidar-se declarou que haviam sido os latidos de um cão, à noite, nos arredores de uma hospedaria de Hamburgo, que lhe haviam dado a noção do espírito do mal.

21 – Vendo o *Ricardo III* de Laurence Olivier, lembrei-me com a cena de sua morte (colocam-no morto e ensanguentado, como um javali, no dorso de um cavalo), de alguma coisa que me aconteceu na fazenda, e que muito me impressionou. Como houvessem chegado algumas visitas, e eu nada tivesse em casa para lhes oferecer, alguém aconselhou-me a ir a uma fazenda próxima, onde podia adquirir um cabrito novo. Saí, a cavalo, sem prestar atenção no que esta ideia significava. Atrav[essei] pastos e pastos (jamais me esquecerei destes pastos ao escurecer...) e cheguei finalmente à fazenda indicada. Da varanda mesma encomendei o cabrito, e qual não foi a minha surpresa ao ver o menino da casa correr no descampado defronte, a fim de aprisionar um dos inocentes animais que ali pastavam. Quis impedir, mas era tarde, a encomenda estava feita e senti-me tímido para voltar atrás com a palavra dada. Vejo, ainda, transida, a pobre cabra mãe do cabritinho correr da beira do córrego onde se achava, a atender, aflita, ao grito lancinante do filho. Houve depois uma espera, um silêncio – e, súbito, o animal sacrificado deixou escapar um grito, um único, mas tão quente, tão humano como o de uma criança. Perguntei o que era aquilo, e informaram-me que cabritos daquela idade eram mortos com uma pancada na cabeça. A esta altura meu coração já doía de todos os remorsos. Tangi o cavalo, a esmo, enquanto esperava a encomenda. Esta não tardou em surgir na forma de um saco branco, onde existia dentro um objeto tenro como o corpo de uma criança. Deram-me aquilo, dizendo-me que o animal já tinha sido esfolado. E eu voltei pelos mesmos pastos que iam anoitecendo, com

aquela forma quente, de uma contextura de carne viva, amarrada ao meu selim, e batendo-me nas pernas, como a lembrar-me algo. Desci no pátio da fazenda e alguém veio ao meu encontro com uma lamparina – só aí vi que o sangue havia atravessado o pano, molhando-me as pernas e pingando pelo caminho todo. Entreguei ao empreg[ado] o despojo sangrento, e data daí o meu invencível horror à carne de cabrito.

23 – Por que é que Julien Green se ocupa tanto em saber se o seu *Journal* está dizendo a verdade inteira ou não? A verdade inteira jamais poderá ser dita. O importante é escrever aquilo que nos ocorre – sua "verdade", seu "peso", virá depois, se houver necessidade disto.

* * *

Revolvendo papéis antigos, a fim de concate[nar] anotações sobre romances, que deverão completar a edição Aguilar, reencontro velhas cartas de Cornélio Penna. Como entendo hoje, e facilmente, o que ele então queria me dizer... Mas é sempre assim, naquela época eu me achava muito cheio do meu próprio rumor, para entender o que se passava do lado de fora.

* * *

Artigos sobre livros meus, que tanto me irritaram na época, e que hoje me parecem tão justos. Não tenho senão um desejo: acabar o mais depressa possível com esse trabalho de recomposição do passado, a fim de atirar-me àquele que imagino ser hoje – e que só tem valor pela satisfação que pretende dar daquele que não fui, que não pude ser, por displicência ou incompetência, quem sabe?

31 – Visita a Máximo e Antonieta. No belo apartamento, um pouquinho *encombré* para o meu gosto, conversa sobre tudo – e do mar, de vez em quando, sopra um vento bom que bafeja os velhos santos que nos olham.

Na volta, uma bela lua afogada entre nuvens. Eu me pergunto se jamais terei ordem na vida – nostálgico, porque no fundo, a ordem é a única coisa que me interessa.

FEVEREIRO

2 – Luto, em vão, com o terceiro capítulo de O *viajante*. Parece-me, não sei, que não tinha seu desenvolvimento suficientemente amadurecido. Escrevo, mas o que escrevo parece-me feio e sem graça, e apesar de Vito me dizer que estou no caminho certo, sei que não é verdade, que o desenho psicológico está me saindo inconsistente e primário. Tenho de refazê-lo

448   LÚCIO CARDOSO

todo, e fico imaginando o tempo que me sobra, até julho, data que marquei para concluir este romance. (Segunda fase, pois *O viajante* já teve uma primeira versão...)

Trechos, dispersos, do *Journal* de Kafka.

6 – Procurei hoje o editor Ênio Silveira,[53] a fim de falar sobre a publicação do primeiro volume deste *Diário*. Não o conhecia ainda, ele me recebeu um tanto formal, e pediu o livro para exame. Disse-me que tem um grupo de leitores, o que me causou mal-estar – quem serão eles? Mas, afinal, é razoável que ele queira conhecer aquilo que vai editar, e eu prometi levar o original dentro de alguns dias.

Recordar: a [F]ortaleza de Santa Cruz de perto.

9 – Dilatado domingo de tédio. De um lado da rua, o cântico de uma procissão – do outro, rumando para a lagoa, tamborins do carnaval. (O esforço do sobrenatural.) Os urubus deslizam sobre o azul da água.

12 – Ofélia: ela passava, mas em torno havia sempre um rumor de águas escorrendo.

14 – Morte, ontem, de Cornélio Penna. Esta notícia me causou uma profunda consternação, e durante algum tempo, sem saber o que fazer, andei pelas ruas. Depois telefonei a alguns amigos (Schmidt) procurando lembrar o morto – e senti que era inútil, que Cornélio de há muito pertencia a esta ausência e a este silêncio e que, no fundo, era isto o que ele amava. Não sei o que acontecerá com o romance que ele deixou inacabado – verá ele um dia a luz da publicidade? Mais tarde, reli velhas cartas de Cornélio, e velhas de mais de dez anos. Eram tão recentes, tão vivas, que o seu autor parecia ainda estar ao meu lado, conversando.

Com Cornélio Penna se foi um dos homens que pessoalmente eu mais admirei, um dos poucos cuja presença me fez surpreender o que é o mistério de uma personalidade forte e dominante – e também se foi com ele alguém com quem muito aprendi, não só literariamente, como também do ponto de vista profundo e humano. Através dele, as coisas adquiriam um sentido diferente, nunca eram literárias ou artificiais, mas terrivelmente simples, tocadas de grandeza e de paixão. Era um homem ardente, lúcido e combativo – e acho que eram estas [as] suas qualidades primaciais como homem e como artista. Nada posso fazer senão procurar reviver os grandes

---

[53]Ênio Silveira (1925–1996). Editor e sociólogo paulista. Responsável por lançar no mercado clássicos da literatura e das ciências políticas. Tem papel destacado na luta contra o regime militar. Ele não publicou o *Diário I*, nem qualquer outro escrito por Lúcio, enquanto comandou a Editora Civilização Brasileira. A partir de 1998 esta Casa editora, agora pertencente ao Grupo Editorial Record, passou a publicar os livros de Lúcio.

DIÁRIOS

momentos de nossa convivência, e é o que faço, compreendendo que esta coisa tão simples que é viver de lembranças, que antes tanto me aterrorizava, agora parece fácil e razoável, sobretudo quando já temos, mergulhada na sombra, a memória de tantos amigos queridos.

MARÇO

18 – Paisagens. Paisagens. Elas se levantam de mim, impetuosas, quer eu esteja dormindo, quer acordado – e são paisagens reais, ou paisagens de sonho, mas todas tocadas de pungente nostalgia – paisagens de uma vida que eu perdi.

* * *

A morte – como um sonho da morte. Um estado gelatinoso, como uma náusea. Sem desejos, sem lembranças, apenas como alguém que estivesse sonhando – isto existe, mas não é o que eu pensei – enfim, um segundo estado de vigília, sem dor, sem remorso, sem nada. Uma morte vegetal.

* * *

O *viajante* encaminhando-se[,] célere[,] para o fim.

* * *

Lembrar: *Fantômas*.[54]
"Paramount" – o ventilador[.]

* * *

Tristeza de não ter visto Cornélio Penna morto. O amigo, decerto, estava longe – mas esta última visita, conhecendo Cornélio, como não imaginá-la, patética, como um último recado, entre tantos que ele nos transmitiu?

* * *

Brasil, para mim, não é amor político. A cada dia que se passa, entendo menos de política. Política, a meu ver, é um modo de organizar e dirigir os homens – a mim, eles só interessam livres e desorganizados. Não é a política, é a psicologia o que me interessa.

* * *

---

[54]Fantômas é um personagem francês, criado em 1911 por Marcel Allain (1885–1969) e Pierre Souvestre (1874–1914). Foi um dos mais populares personagens em seu país no gênero "Policial" e foi transposto, com grande sucesso, para as telas de cinema e televisão.

Ó meu Deus, dá-me a diversidade, dá-me não acreditar em nada, dá-me poder ser muitos, e vários, e todos tão desconhecidos entre si como se fossem países diferentes. Dá-me a multiplicidade, como um prêmio. E que a cada obra, em vez de reforçar a anterior, eu seja um novo autor – pois é esta mutabilidade a única coisa que eu compreendo como estar vivo.

ABRIL

2 – Acho que a morte é, antes de tudo, uma libertação do corpo de sua vida sob a ameaça da doença e do desaparecimento – uma espécie de saúde, definitiva, que nos iluminasse, sempre jovens, como uma primavera do sangue.

Recordar: a viagem, à noite, na torre do *destroyer*. (Mariz e Barros)[55]

3 – Alguém se refere à "fluência" do meu modo de escrever, como se considerasse isto "fácil". Faço aqui esta anotação por considerar tal coisa injusta, pois se é verdade que escrever para mim não depende de inspiração, podendo eu escrever a qualquer momento e durante horas e horas, sem que se detenha o fluxo de minhas ideias, nem por isto o que alimenta este fluxo é "fácil" ou gratuito; ao contrário, pois provém, em mim, do que é mais obscuro e chagado, da zona exata que em mim produz tudo o que é sofrimento e sensibilidade. O esforço de escrever, se se pode chamar a isto de esforço, é fácil, mas o que produz o escrito é triste e difícil. Sobre esta dualidade é que repousa minha natureza de escritor.

* * *

Penso, hoje, que adquiri certa paz – não toda, como tanto a tenho reclamado de Deus ao longo da minha vida – o quanto viver assim é simples e cheio de nobreza. Lembro-me do conselho de Cornélio Penna – "viver o sofrimento dos outros, mas à margem deles" – e isto que naquela época (1940-41) pareceu-me tão difícil, tão incompreensível, tanto eu me misturava ao enredo e ao sofrimento dos outros, hoje se me afigura o único modo possível de existir. Jamais fui escritor, com uma tão grande consciência disto, e uma tão justa consciência de minhas possibilidades – e jamais pareceu-me tão possível e tão perfeito o viver sozinho e afastado de tudo. A solidão não me dói – e nem o desconhecimento, o insucesso e a má-fé dos outros – porque vivo de um modo pleno e absoluto com o meu trabalho – os

---

[55]Antônio Carlos de Mariz e Barros (1835–1866). Militar brasileiro que combateu e morreu na Guerra da Tríplice Aliança.

DIÁRIOS

meus fantasmas. Para se tratar com fantasmas só há uma receita possível: tornar-se fantasma também.

* * *

Vulgaridade: este ser antigo, violento, que aflora à superfície das pessoas – o único autêntico. Ontem, em casa de Máximo e Antonieta, constatava diante de O. o que nela se fixara como dureza e superficialidade – e imaginava que apesar de tudo os erros se pagam, o gosto pelo fútil e pelo inautêntico. Não foi só o tempo o que nos separou, mas este ser que sempre existiu nela, farfalhante e vazio, que agora, impiedoso, transforma-se, nesta face já sem a luz da mocidade, numa demonstração grosseira de apetite pelas coisas materiais da vida.

* * *

Outro título para as minhas três histórias: *O menino abandonado.*[56]

5 – (Sexta-feira da Paixão) – Teremos sempre, à nossa disposição, as possibilidades de criarmos um conflito, de estabelecermos entre nossa pessoa e o mundo, um vácuo onde só ressoem os ecos da injúria – e é este, decerto, o meio mais certo e positivo de nos aproximarmos de Jesus Cristo, vivendo um conflito que em suas linhas essenciais guarde a semelhança do seu grande conflito.

Cristianismo – ação, conflito. Não há um cristianismo estático. É ele um movimento de incompreensão e de laceramento.

A incompreensão é a própria essência humana do Cristo.

Não há Cristo para as multidões – há Cristos particulares. As multidões são sempre os juízes e os acusadores.

Engendrar, sem descanso, o terror – até o terror coletivo. As revoluções, as guerras, são rajadas de intuições que antecedem a visão de Cristo.

No tempo, Cristo caminha pelos pés da catástrofe. Todos os rompimentos da realidade, são golpes contra este mundo, a favor de Jesus Cristo. Inventa-se o martírio, como um meio de se aproximar da Paixão de Cristo.

8 – A ilusão da amizade, como a ilusão de tudo mais. No entanto, há um momento em que a solidão não dói, que é mesmo a única dignidade possível. Não perdemos os amigos, readquirimos a nós mesmos.

Houve um tempo (1950-51) em que me era extremamente insuportável imaginar que eu havia perdido os amigos e que devia trilhar só o meu

---

[56]Com este título há um manuscrito (incompleto) no ALC.

caminho. Cheguei mesmo, em relação a isto, a criar uma consciência de culpa. Hoje, nesta velha questão, sei que não há responsabilidade total de ninguém – a culpa é meio a meio. Mas viver sozinho não me parece mais terrível, e conto minhas horas, pesando o trabalho que me resta a fazer.

* * *

Leitura: um romance de Thomas Wolfe.

* * *

Visita agora à noite, de um jovem inglês (Francis?) que veio ao Brasil estudar literatura... Extremamente simpático, fala com certa ingenuidade de coisas e aspectos nossos.

– O que eu mais aprecio neste país, diz ele, é que a pobreza é sem ressentimento. (Ele fala "malícia") Na Europa, os pobres são terrivelmente ressentidos.

* * *

Se me perguntassem hoje qual é o fim extremo da minha obra, diria que é o Homem, ou melhor, reintegração na sua forma decisiva e total, sem amputações, com seus lados de sombra, de conflito e de pecado – de tal modo TOTAL que, mesmo se Deus permanecesse não nele, mas [à parte] dele, ainda assim lhe sobrasse uma parte de grandeza e só ou abandonado, ele ainda fosse no universo como uma obra inteira e sem dilaceramentos. Deus, sem dúvida, seria uma questão de dialética, mas o homem não seria uma forma sem conteúdo, uma sombra sem consistência, e sim uma Criação perfeita e segura, respondendo ao seu Criador.

* * *

Toda inocência é monstruosa. Os anjos não existem. Em última análise, os anjos, seres perfeitos, seriam a distância que separa o homem de Deus.

A inocência é o desconhecimento de Jesus Cristo – ou vice-versa.

Não há cristianismo na ignorância.

* * *

A pureza é uma virtude, mas a inocência é uma doença.

Não há santos inocentes. Todos os santos são a reintegração do homem na sua consciência máxima.

DIÁRIOS 453

9 – Dia do batizado de minha afilhada Regina Maria. Levanto-me depois de uma noite mal dormida, com estranhos sonhos onde o aparecimento da morte é frequente. Há uma coisa que me impede totalmente de não acreditar numa vida futura: a ideia, horrível e injusta, de que com a morte não mais tornaríamos a ver aqueles que nos foram caros nesta terra. Não, isto eu não poderia suportar.

* * *

A liberdade, a única liberdade autêntica, é a de se ser homem, mas totalmente, com as nossas faces conjuntas do bem e do mal. Todo ser autêntico é um ser implantado na sua forma total – e para entendermos o Cristo, e a essência mesmo do cristianismo, nós temos necessidade do mal. Cristo, sem o mal, sem a presença do mal, é um desenho sem sombra.

Onde reside o mal, e se conhece a projeção sombria da vida, existe uma furiosa nostalgia do Cristo. Mas onde só existe um esboço paroquial, pacificado e em ordem com os problemas da Igreja, não existe o Cristo. Não existe o Cristo onde o homem mistura seus anseios aos anseios comuns de todos os homens; não existe o Cristo nas assembleias e nos governos populares; não existe o Cristo na democratização do homem, como não existe o Cristo no nivelamento mecânico e inteiriço das multidões. Porque onde não há esforço, há silêncio, onde não há diferença[,] há igualdade. Cristo é um esforço pessoal e uma voz íntima, um combate de cada um. Não há, no entanto, um isolamento neste cristianismo, uma ilha social – há um modo de ser melhor e autêntico, baseado num conhecimento certo e num amor que ultrapassa a possibilidade de todas as quedas.

* * *

Batismo de hoje. A pressa, a forma mecânica e sem expressão com que tudo foi feito. Ausência de qualquer espécie de dramaticidade mais profunda. Sente-se perfeitamente que é uma tarefa que está sendo levada a efeito, nunca um sacramento. Desse modo é que a Igreja vem perdendo sua autoridade...

* * *

O que eu digo é tão simples: amesquinhando o mal, amesquinharam o homem e, amesquinhando o homem, amesquinharam a imagem de Cristo que cada homem traz em si. À medida que estes dois poderes – o bem e o mal – coexistem em maior choque no íntimo do homem, maior será a projeção da imagem de Cristo que resultará desta luta.

Porque aplacando o mal (que digo? o terror, o medo, o pânico) não se ampliou o bem, apenas nivelou-se o homem, tornando-o sem identidade dentro da multidão domingueira que enche as igrejas.

* * *

Se cada homem não refizer dentro de si o percurso da Paixão, e não desencadear seus elementos de luta, não poderá dizer que realmente conhece o Cristo. Apenas simula, acompanhando o rebanho comum.

* * *

Em última instância, o cristianismo é uma composição dos nossos elementos em luta – dos nossos elementos mais secretos e mais antagônicos. O Cristo é uma verdade que alcançaremos segundo o conhecimento desses elementos, da sua superposição e da sua coexistência.

* * *

O que eu quero da Igreja: uma ação opressiva.
Nos templos nus, um juiz de cólera e de sangue.

* * *

A ressurreição de Cristo, o Cristo triunfante, é um fato extraterreno, um dado sobrenatural; o Cristo deste mundo é o agônico, o da nossa culpa. Se Ele agoniza até o fim dos séculos, é o que primeiro devemos perceber, para depois sentir o outro. Ou a concomitância dos dois – o terrível e o sereno – o do mal e o do bem – e nunca um Cristo único, de um bem mentiroso que ignora o mal, o medo e o suplício. Um Cristo de morte e de violência, para concebermos a paz de termos encontrado o Cristo.

10 – No batizado de ontem, uma pomba simbolizando o Espírito Santo se ilumina quando o padre derrama água sobre a cabeça da criança, ao mesmo tempo que se ouve um sino invisível soando algumas notas musicais. Ah, esse esforço para criar o sobrenatural, visível e palpável, sobre o que eu falei outro dia. Essa luta ingente para criar o mistério, imediato, ao alcance dos olhos e das mãos... Pobre Igreja, quando um pouco mais de convicção, uma certa alma no ato realizado, produziria um efeito mil vezes superior...

Igrejas de pomba de cristal, de ar-condicionado, de microfones e imagens iluminadas a gás néon – não sois as Igrejas de Cristo.

* * *

O que falta essencialmente à Igreja dos nossos dias é o sentido dramático – no seu sentido amplo possível. Nossos templos atuais são confortáveis e sem lembranças como uma sala de teatro. E ouço mesmo dizer que este nivelamento é necessário ao católico, para atraí-lo à casa do Senhor. Então o erro é de base, pois que católico é este que para frequentar uma igreja tem necessidade de fazê-lo como se fosse à casa onde se exibe uma vedete? Urge modificar o conceito católico (ou cristão) de Jesus Cristo. A verdade é que todo progresso exterior, ou o que isto se intitula, é um atentado contra o sentimento de Cristo, pois é ele a única coisa sem tempo, o progresso máximo, eternamente no apogeu do seu desenvolvimento. Se o Cristianismo não deve ser estático, não é o seu espírito que move, mas nós que nos movemos em relação a ele. Todo paramento moderno é uma forma de ocultar o Cristo. Nessas igrejas modernas, dulcificadas e tranquilizadoras, não é o espírito de Deus que encontramos, mas o seu túmulo.

JUNHO

6 – Imobilidade da minha mãe. Visito-a no quarto, como faço todas as manhãs, e vejo-a tão imóvel que me assusto. Seus olhos ausentes, no entanto, acompanham-me – e não consigo imaginar que em seu pensamento tudo esteja destruído, e que o seu silêncio não esconda a imagem de tudo o que viveu. Enquanto seus olhos me acompanham, percebo uma lágrima que desliza comprida ao longo de sua face.

* * *

À noite, com Walmir Ayala,[57] em casa de Vito. O pobre vai se consumindo aos poucos – e como é horrível não se poder mentir a quem sempre se disse a verdade, e que lúcido ela espia em nós, exatamente, essa verdade que não ousamos dizer...

Léa tem os olhos marejados de lágrimas ao me dizer que ele começa a ter noção do fim, e me diz que é horrível porque ela também não tem nenhuma confiança na vida.

Assim assistimos à despedida de todos – e é impossível, é totalmente monstruoso imaginar que não nos tornaremos a ver, que tudo tenha de terminar aqui mesmo.

---

[57]Walmir [Félix Solano] Ayala (1933–1991). Escritor brasileiro, dramaturgo, crítico de artes plásticas, literatura e teatro. Um dos maiores amigos de Lúcio, cuja convivência só escrevendo a história da amizade dos dois para dar conta. O *Diário I*, inclusive, é dedicado a Walmir.

456 LÚCIO CARDOSO

7 – Começo mal o dia, tentando sem sucesso escrever um capítulo de romance. Marquei uma data certa para terminá-lo, o que faço pela primeira vez na vida, mas não acho possível empurrar assim o assunto, antes de senti-lo completamente amadurecido. De qualquer modo faço o esforço, acabando por levantar-me impaciente e com a sensação de um fracasso visível.

* * *

Leitura: *Memórias do cárcere* de Graciliano Ramos. Não posso, não tenho forças para gostar de livros assim – a modéstia do autor é falsa e o que ele viu e aprendeu durante o período de sua prisão, restrito e superficial. Não há uma visão inteira do homem, mas de seu lado mais imediato – é uma projeção física e não interna. Espanta-me que se possa comparar este livro à [*Recordações da*] *casa dos mortos* de Dostoievski. A diferença é fundamental: um é o ponto de partida em que um escritor acha o Cristo e descobre o homem em sua profundidade – o outro é o ponto de chegada de um autor visceralmente materialista.

Esta carta escrita por Cornélio Penna, publicada numa revista e que se refere a mim... A verdade é que Cornélio sempre foi modesto demais, não julgando seus romances à altura que os mesmos merecem. Quanto a ser caudaloso... e daí? *A menina morta*, sozinha, vale bem uma meia dúzia de novelas apressadas.

8 – Andando, vivendo, sofrendo de um lado para outro. Meus romances me aparecem em blocos, violentos e definitivos. Sinto o que tenho de fazer e, melhor do que isto, o que tenho de dizer. E no entanto, curiosa sensação: minha vida deve ser definitivamente regularizada. D'agora em diante eu me devo ao trabalho, dia e noite sem descanso, minuto por minuto da minha vida. Para se levar a termo o que pretendo, e justificar o pecado de modo tão desabusado, só há um meio – o de afastar-me dele o mais possível. Devo evitar as reuniões e os lugares onde comumente tenho aparecido; devo evitar as conversas fúteis e a ocasião de pecar pelo brilho e pelo paradoxo; devo evitar o que fascina a vista e o que enlouquece os sentidos. Devo ser duro, impiedoso para comigo mesmo. Devo lembrar-me de que já começo a ser um velho. Devo ter presente a todo instante o fato da morte – e que Deus de repente pode retirar-me o dom da vida. Devo resignar-me mesmo a perder a obra que imagino realizar. Devo enfim ser de tal modo eu mesmo, que apenas me sinta uma confluência – do passado, do meu passado, dos mortos que se foram – e do futuro, do meu futuro, dos mortos que seremos um dia.

Para contrabalançar a leitura de *Beata Maria do Egito*, uma brincadeira inventada por Rachel de Queiroz, e que nada mais me causou senão um imenso tédio, lanço-me vorazmente à releitura de O *adolescente* de Dostoievski, que já havia lido há muitos anos. Prazer de reencontrar o melhor Dostoievski.

21 – Essa furiosa corrente que, ao mesmo tempo, nos leva para o futuro e impulsiona-nos para trás...

Explico: ontem, terminando o texto para um documentário cinematográfico para Belo Horizonte, ao mesmo tempo que me sentia velho de cem anos, ante aquelas coisas que tão nitidamente marcam o meu passado, fui ter a uma casa da Tijuca, exatamente nos arredores de uma das primeiras onde morei quando cheguei ao Rio. Dona Blandina, a dona da casa, era um estranho ser que havia se detido no tempo – quando? – exatamente há trinta anos atrás. Exatamente no instante em que eu morei naqueles arredores. Lá estava[m] a pequena vitrola de mão, os discos de Caruso,[58] a mobília de 25 – e os retratos, sobretudo os retratos, que evocavam uma gente antiga, tão liberta de determinados sentimentos, tão pura ainda na simplicidade de sua vida, e tão autêntica que chegou a me dar um nó na garganta...

Saí: o vento da Tijuca tocava-me o rosto. Procurei os pontos onde havia sido menino. Lá estavam, com o Trapicheiro rolando à sombra, e alguns prédios que sobravam, entre horríveis edifícios de apartamentos e letreiros luminosos. Mas a casa, porém, a casa onde eu morava e que vira há um mês atrás, não existia mais, era um montão de ruínas, pronto a ceder lugar a um novo arranha-céu. Através do tabique olhei, aflito, a desordem que ia lá dentro e surpreendi de pé, ainda, um resto do porão onde outrora tantas vezes me escondera com meus sonhos e meus brinquedos impossíveis.

* * *

Minha mãe: assisti-la morrer assim aos poucos é uma coisa que me obsessiona. Que inútil crueldade, que maldade ou que indiferença em se deixar assim um ser enrijecer-se devagar...

* * *

Recordar: a única vez em que vi o diabo.

* * *

Eu acredito em Deus, eu não posso deixar de acreditar em Deus – é Deus para mim uma necessidade mais forte do que a minha existência. Mas

---

[58]Enrico Caruso (1873–1921). Tenor italiano, considerado o maior intérprete da música erudita de todos os tempos. Nas casas de Lúcio e Lelena sempre se ouviu e se discutiu a boa música clássica.

como supor que possa lhe agradar o absurdo deste Universo dissociado e sem finalidade?

Todas as igrejas unificam, é missão delas explicar e emprestar coesão a este mundo disperso – mas como colocar a mim, que nada unifico e cuja única paixão é dissociar para entender, é separar para ver melhor, e isolar para dar sentido?

* * *

Perguntaram-me: mas afinal, qual é o seu sistema filosófico? Respondi: não tenho sistema filosófico. o resultado de todas as minhas contradições, e das indagações e dúvidas que me perturbam. Como posso unificar aquilo onde não vejo unidade alguma, e sistematizar o que me parece espedaçado e sem sentido? Assim, é a existência[,] é o que me apaixona, e o que eu viso é a sobrevivência. Nas duas, convenhamos, não há sentido algum.

* * *

Acredito em Deus, acredito em Jesus Cristo – mas não como uma lição servida a meninos obedientes, Deus, Jesus Cristo, como sopros terríveis e imanentes a este mundo de inconsequências – e não como um véu sobre a verdade, arrebatando à sua sombra conciliadora os restos flutuantes de um mundo sem causa e sem governo.

23 – Inútil, desesperada angústia, não mais como um elemento espiritual ou de origem religiosa – angústia como uma náusea, pura e simples, percorrendo-me o corpo, atirando-me, inquieto, contra as coisas e as pessoas. Angústia de felino, como uma ânsia do espaço aberto, do vento e das extensas planícies. Uma impossibilidade de estar quieto, uma ânsia de matéria que me agita e me inunda, como um óleo preto que em vez de sangue corresse em minhas veias. Ah, leopardo – como eu entendo o apelido, eu, velho leopardo, velho de cem planícies vistas quando? onde? – não sei... – mas sempre com a impaciência de quem espera a cada passo o aparecer de um novo horizonte...

* * *

Ter escrito pouco antes palavras tão duras, dá-me uma grande tristeza, porque não é bom nem alegre sentir que um pensamento desses se impõe à gente – e que com ele se dissolve, não a Fé, que seria o fim de tudo, mas a fé no possível e no imediato da ordem – não a ordem em Jesus Cristo, mas a ordem de uma religião estabelecida e certa. Mas estabelecida, certa, que

DIÁRIOS

significam estas palavras diante do incerto que é Jesus Cristo? Jesus Cristo só é o incerto. Mas ao confessar a minha tristeza, sei ao mesmo tempo que não é a Igreja que pretendo salvar em mim, mas Jesus Cristo.

Não sei bem em que me tornaria, se em determinados momentos não pudesse pronunciar o Seu nome.

* * *

Lembro-me de leituras antigas, e de certo trecho do *Journal* de Gide, onde ele afirma que o que Charles du Bos ama em Jesus Cristo (cada dia cresce em mim a incapacidade de dizer o "Cristo", essa forma literária... – o "Cristo" é o dos intelectuais católicos, Jesus é o da minha infância. Agora, só sei dizer: Jesus Cristo, e a fórmula parece-me mais justa.) é o fato de que "Ele agoniza". Tudo que Gide diz de du Bos é justo – menos isto. De Jesus Cristo o que resplandece mais é a sua agonia. Jesus Cristo vitorioso, é certo, existe – mas é o mais usado pelos burgueses satisfeitos.

24 – Sonhos de infância – começo a detestá-los. Sei de onde vêm, e o que significam. Mas adianta? Eu caminho sentindo que me aproximo do começo. No final, tudo é assim: a morte nos atira, limpos, ao ponto de partida.

* * *

Releio, com pasmo, a anotação anterior de um sonho, no qual procuro apanhar uma pedra, uma lembrança qualquer, nos escombros da casa que havia sido minha em B[elo] Horizonte. Terrível: outro dia na Tijuca, aflito ante os escombros de minha casa posta abaixo, era uma pedra que eu procurava, um ladrilho, e até recomendei a um amigo meu, que morava nas redondezas, que fosse lá no dia seguinte, e apanhasse qualquer coisa, um fragmento que me servisse de lembrança.

Médicos, professores do futuro: exponho-me nu aos vossos olhos de certeza.

* * *

Eu não queria, eu não podia neste momento cogitar dessas coisas, mas a verdade é que começo a enlaçar-me neste sentimento por B. e tudo se assemelha extraordinariamente ao passado – a tantos passados...

26 – Nova noite de sonhos estranhos e agitados. Tidoce surgiu-me mais uma vez e em torno de sua pobre figura travou-se no desenrolar do sonho mais um desses obscuros combates contra a morte. Mas diante de mim, impotente, seu rosto ia enegrecendo – e era o negror severo e corrompido

da morte. Havia na angústia deste sonho um tal esplendor fúnebre, que esse rosto se assemelhava extraordinariamente a uma máscara de Goya, traçada com o lampejo da improvisação, mas toda cheia desse profundo horror que marca certas faces secundárias de seus afrescos.

* * *

Unificar, desunificar: eis todo o problema. Até agora muito se falou no valor da unidade, e na necessidade de calcar todo esforço interior numa tentativa de união – mas eu, que não sou forte em coisas filosóficas, talvez represente uma ideia contrária – uma apologia da dispersão. Não é sem temor que avanço estas afirmativas, mas elas representam o que eu sou, e eu não acredito em verdade alguma que inicialmente não seja calcada na verdade de si próprio. Egoísmo? Morbidez? – quem sabe. Mas há certas coisas que eu vivi que me dão direito de pensar assim, e de imaginar que a consciência que hoje tenho de certas coisas, é oriunda do jeito intuitivo com que me lancei ao centro mesmo dessas experiências...

* * *

Leio em Unamuno que Cervantes disse "ser o idioma português o castelhano, mas sem ossos".

JULHO

3 – Em nenhuma outra época de minha vida tive mais nitidamente um sentimento da minha "contradição" – da minha contradição fundamental, que me absorve e me dilacera diante das questões fundamentais que me preocupam. Sinto-me literalmente dividido, e não sei como conciliar estes lados, e nem os vejo separados e inimigos...

Uma frase me obseda: "Deus de Abrahão, Deus de Isaac, Deus de Jacob." Crucificar-se, na sua própria contradição.

5 – A necessidade total do drama: em arte, como em política, ou em religião, a manifestação do verdadeiro deve ser um impulso interior e profundo, conduzindo a um clima de choque e de violência. O homem não pode ser uma criatura apaziguada e é sob um impulso profundo, dinâmico e trágico que ele saberá reconhecer a face de seu ideal ou de sua fé. Não acredito num universo em repouso, mas na transformação latente e por assim dizer interior e chamejante, de tudo o que existe.

* * *

O poder, a implacabilidade com que nesta manhã de sol se apresenta a mim a visão de "As fúrias" – como se entrosam, como se condensam as cenas, os capítulos, os personagens – e tudo isto numa "visão" tão perfeita que até me faz um pouco paralisado, com o sangue correndo mais forte nas veias... ah! conseguirei um dia transmitir todos esses relâmpagos que me atravessam? Ideias, sentimentos, visões, personagens, situações, tudo misturado, aos pedaços, como o ígneo fragmento de um mundo cuja face ainda se achasse velada no nada...

6 – Morte, ontem, de Vito Pentagna.

* * *

Há coisas que quero escrever aqui para que elas nunca mais me saiam da memória. O corpo do morto, no quarto de janelas fechadas, tendo sobre a cabeça uma única vela acesa: tão pálido, tão calmo, com o lenço amarrado sob o queixo. As mãos, tão belas, cruzadas sobre o peito. A viagem do carro fúnebre, à noite, em demanda da capela da Santa Casa.

O velório de apenas dois amigos (houve um momento, bastante longo, em que só eu fiquei ao lado dele...) durante a noite inteira. Ao amanhecer, minha ida, pelas ruas vazias, até o Mercado das Flores – e as violetas, úmidas, que depositei entre seus dedos...

Depois, a viagem. Horas e horas pelas estradas cheias de bruma, até Valença – e lá, aquele céu azul, aquela paz, aquela serenidade que eu já conhecia de momentos mais felizes... Durante a encomendação do corpo, não pude conter as lágrimas – e afinal, carregando o caixão até o cemitério onde ficou para sempre, tive a impressão que era um pouco de mim mesmo que lá ficava, encerrado naquele jazigo de ferro e de mármore.

* * *

Recordar: a abertura do caixão. Estado do cadáver.

* * *

Essa atmosfera de morte... esse sufocamento, esse mal-estar: de tudo isto é preciso que eu me liberte. Não pode ser, não deve ser assim a vida: esse jogo fúnebre é às vezes de uma irrealidade atroz.

* * *

No escuro da noite, o cadáver é luminoso: pela manhã ele escurece.

* * *

O que Perez Rubio disse da vida: uma trama que se desfaz, uma cor que se desmancha. Mas não é, não pode ser apenas isto: que obscuro poder recompõe a existência dessa cor perdida? Há vermelhos, azuis, amarelos que nossos olhos não percebem – só que, lá, desse outro lado, as cores são outras, e respondem a nomes diferentes.

12 – Missa de sétimo dia por alma de Vito Pentagna.

* * *

Devolvo hoje a Octávio o prefácio à *Obra seleta* da Aguilar. Ele vai direto ao âmago da questão, desdenhando todos os problemas laterais – e nem poderia ser de outro modo, com o tamanho reduzido a que é obrigado a se limitar. Mas, mesmo considerando apenas o que se poderia chamar de "espinha dorsal" da obra, teria ele visto como o problema se desenvolve, até atingir o ponto em que hoje me acho? Há uma ligação entre tudo, e no modo como hoje a questão explode, há uma coerência que não é procurada. Se falei sobre minha obra "definitiva", não foi por causa de meios técnicos ou literários – mas é que sob certo ponto de vista não posso ir mais longe do que me acho.

Procurar conhecer a obra de Hamann,[59] que Octávio cita.

16 – Cada dia mais se acentua em mim o cansaço de certa forma de vida. Dizer, e fazer coisas sem sentido, onde uma aparência de espírito – tão leve! – apenas reveste o vazio e o desinteresse. Pessoas – essas de sempre, que acompanhamos sem vontade, apenas porque são as únicas que nos acompanham... Urge modificar tudo isto – mas de que modo? Ausculto-me sentindo a doença, mas sem encontrar o remédio que a cure.

18 – A bebida não embriaga sempre, de onde vem a monotonia que lhe é peculiar. A bebida, como fuga, não é um recurso, é um mergulho sempre no mesmo poço.

Diz Montherlant que os outros recursos são o amor e o trabalho. Talvez. Prefiro o trabalho, sem acreditar no entanto que coisa alguma nos distraia da mecânica da vida.

* * *

Objetos de Vito Pentagna: livros, roupas, retratos, um alfinete de gravata. É este último, afinal, que melhor o forma na minha lembrança, tal a vivacidade com que reproduz determinado lado do seu espírito. Vito, como

---

[59]Johann Georg Hamann (1730–1788). Filósofo alemão, um dos principais proponentes do *Sturm und Drang*, movimento literário romântico alemão, que ocorreu no período entre 1760 a 1780.

DIÁRIOS

um verdadeiro poeta, era um ser de luxo e de gratuidade: nada era mais seu do que essa pedra de coral cercada de pequeninas pérolas.

20 – Octávio de Faria, terminando o prefácio à minha *Obra Seleta* que a Aguilar vai editar, afirma que "a janela continua aberta", e espera, evidentemente, que esta janela aberta conduza a alguma coisa. Não creio que seja necessário – a janela, apenas continuará sempre aberta. O que quer que através dela se introduza, achará meu coração sempre disponível. Por que mudar, e transformar em regra endurecida o que pode ser acessível e maleável? É da minha natureza, com a janela aberta, imaginar de outro lado o esplendor de todas as paisagens.

* * *

Desejo passar com as coisas e as pessoas que eu amo. Não teria gosto, para mim, sobreviver numa época de formas e de faces desconhecidas. A cada esquina que se transforma, a cada casa que vejo demolir, a cada amigo que desaparece, sinto que também eu me extingo um pouco. O que eu faço não tem importância: é sendo eu mesmo, e com dureza, no instante que sou, que mais tarde, quando já não for, ainda poderei resplandecer aos olhos dos outros.

* * *

A mutação da paisagem não é progresso – é contingência. Não há progresso que não seja interior.

* * *

Montherlant diz – e não pode haver testemunho mais insuspeito – que o homossexualismo é "a própria natureza". No que tem razão, pois no ato de duas pessoas do mesmo sexo se unirem, há um esforço da natureza para se realizar até mesmo sem os meios adequados.

21 – Preocupado com uma carta – do padre Trevisan,[60] do Rio G[rande] do Sul – bastante comovente, onde afirma que "já rezou e continuará a rezar por minha alma"... Recebi essa carta há dias, e não tive coragem para respondê-la até agora. Como responder às questões que coloca? Como dizer: "Não é no Cristo, é na Igreja que não acredito" – ou coisa parecida, sem que isto engendre novas respostas e me obrigue a outras missivas que não posso e não desejo escrever?

* * *

---

[60]Armindo Trevisan (*n.* 1933). Teólogo, poeta, crítico de arte e ensaísta brasileiro.

Casamento na Igreja N. S. de Copacabana. Essa igreja, que tanto frequentei durante a minha mocidade, é das mais feias que conheço. Havia me esquecido o quanto é particularmente desagradável. Sacristia transformada em mercado de livros e medalhas. E do lado de fora, na própria residência do vigário, outro mercado clandestino e ignóbil – o dos fogos de S. João.

* * *

Deixar cair no esmorecimento o excesso de relações que um oprime. As obrigações que viam são tolas e inúteis, e eu cada vez tenho mais necessidade de tempo, de todo o meu tempo.

Saber distanciar-se é uma arte tão grande quanto a de saber aproximar-se.

22 – Nunca temos qualidade suficiente para a quantidade de amor que exigimos. Amar, sim – mas sempre que exigimos retribuição há, no fundo, uma espécie de chantagem. É como querer exigir de alguém que pague como de primeira, mercadoria de segunda classe. (Mas, quem sabe, é que talvez a mercadoria de primeira classe não exist[a].)

* * *

Do poema de Vito Pentagna feito pouco antes de morrer: "As despedidas só importam ao moribundo."

* * *

Começo a compreender claramente, eu não sou triste, não o posso ser com meu temperamento, minha variabilidade, meu interesse, pelo menos momentâneo, por todas as coisas. Em essência, sou um pessimista – mas isto nada tem a ver com tristeza e alegria, e é a confusão desses elementos que leva tanta gente a me acreditar paradoxal e sem nitidez nos meus propósitos e nas minhas intenções literárias.

23 – *Diário de Anne Frank* – aí está um modelo de como deve ser a existência de um escritor: como um prisioneiro.

24 – Pureza – amadurecer é só isto. Ir ao encontro, através da idade, desse fundo sereno e simples a que se reduzem todas as coisas, e que não é senão uma pureza latente, essencial.

25 – Decisão de renunciar à propriedade – historicamente de há muito é fato decadente, e individualmente é do mesmo modo fato ultrapassado. Lembrar-me de Vito Pentagna, que possuía tantas casas e me dizia sempre: gastei em tê-las e gasto em conservá-las muito mais tempo do que o prazer que elas me fornecem. Uma casa única, que sirva de porto, de ancoradouro – e quanto ao resto, o mundo todo é nosso.

DIÁRIOS

28 – Imagem inesquecível: entrando esta manhã no quarto de minha mãe, vou encontrá-la só, a cabeça pendida. Tento erguê-la, e o olhar que então ela me dirige, é decisivo: vê-se que já flutua nessas brumas da morte e que sua apatia, aparentemente igual à de outros dias, já é feita de todo o obscuro trabalho da agonia. Aterrorizado, corro a chamar os outros, mas ninguém pressente no que eu vejo a presença imediata da morte.

29 – Domingo – Chega Regina,[61] minha irmã mais velha, que ao deparar com minha mãe, diz: "Ela está muito mal" – "Não, digo eu, não está mal, está morrendo."

* * *

Quase às dez horas da noite achava-me em casa de Walmir Ayala, quando fui chamado: minha mãe estava à morte. A notícia não me surpreende, e saio de lá correndo, esquecendo o paletó. A casa já se acha cheia de gente, todos os meus irmãos estão presentes. Há um rumor de festa pelas ruas, fogos estalam de todos os lados, o Brasil acaba de ganhar a Copa do Mundo. No quarto, estendida em sua cama, a cabeça pendida de lado, minha mãe vive seus últimos instantes. Um frade franciscano (Frei Romano) acaba de fazer uma encomendação especial, já que é válida a extrema-unção que recebeu há tempos. Saio por minutos, a fim de atender pessoas que chegam – e afinal, quando regresso, ajoelhando-me ao chão, em companhia de outros irmãos, vejo-a pender a cabeça e exalar o último suspiro.

Seu rosto agora é extraordinariamente calmo. Lembro-me de coisas antigas, instantes e passagens suas... e sozinho, escondo-me no jardim junto a um vão de parede, a fim de poder chorar livremente. Então é isto, é apenas isto, acabamos aqui, eu, ela, a[s] nossa[s] dificuldades e alegrias passadas? Onde vamos nos encontrar de novo, quando, essa palavra que não foi dita, e ainda no ar, tão quente, tão viva, que parece *suspensa,* como um recado... Ah, assim é a morte: essa súbita parada, essa ponte no escuro. Que adianta, a filosofia e a inteligência – neste mês, meu caminho foi povoado de presenças assim frias. E o que digo me horroriza: morrer, morrer, esse acontecimento sem filosofia. Essa pobre coisa suada e humilde. Permaneço a noite inteira junto ao cadáver, depois viajo levando-o à Capela... Desta vez Adauto vem comigo. Mas é igual: no silêncio da madrugada carrego esse despojo sem voz – e lá, assim que amanhece, sou o primeiro a fechar entre esses dedos duros, as primeiras rosas – três rosas brancas – até que o

---

[61]Regina Cardoso de Paula Xavier, a Zizina.

dia se amplie, e eu veja, entre as minhas, uma rosa cor-de-rosa, que Lelena ali coloca, e é tudo o que essas mãos seguram, essas mãos que outrora empunharam tantas flores, tantas rosas, e que dentro em pouco não verei mais – exatamente nunca mais.

* * *

Exumação dos ossos de meu pai, a que assistimos, eu, meus dois irmãos, Lelena e Augusto Rocha. Depois de escavar a terra, o caixão, no fundo – e dentro dele, os ossos na posição em que o corpo foi colocado, conservando ainda intactos o paletó e os sapatos. Ao contrário de meus irmãos, que parecem fundamente abalados, esta visão não me dá nenhum choque, até encontro nela uma certa serenidade, como se dissesse, apenas isto, e nada mais. Adauto me diz: "é uma lição para nos lembrarmos de que nada somos" – e eu rio um pouco, acrescentando – "sem que prove que além disto exista outra coisa". E é mesmo difícil, ao sol forte, e naquele horrível cemitério burguês, imaginar que exista mesmo outra coisa, tanto é difícil acreditar na representação daqueles feios anjos de pedra e naqueles Cristos de ar falsamente compungido.

* * *

A estranha frase de Vito Pentagna, encontrada num de seus cadernos: "B... te amo. Léa, me perdoa. Lúcio, obrigado". A que se referia ele? Tem algo de um bilhete póstumo.[62]

s/d – Após a missa de sétimo dia por alma de minha mãe, uma senhora toda de preto aproxima-se de mim e depois de estender-me a mão diz que é a viúva de Cornélio Penna, e que em nome dele veio me trazer um abraço. Estremeço, tantas são as recordações que estas simples palavras me trazem. Então, após uma pausa, ela me diz que tem documentos de Cornélio a me entregar, e eu prometo ir visitá-la um dia desses, a fim de conversarmos.

AGOSTO

1 – Teresópolis – Sonhei esta noite com Vito Pentagna, um sonho absolutamente nítido, se bem que envolvido numa espécie de neblina amarela e bege. Perguntei-lhe se "a outra vida existia". Ele respondeu-me: "Certamente." E ia acrescentar qualquer coisa, quando por detrás dele surgiu

---

[62]Aparece, no manuscrito, à frente desta frase, a data: "16", mas como a data anterior é "29 de julho", trata-se de provável lapso de Lúcio.

um personagem alto, de barbas, com uma espécie de *caftan* oriental na cabeça. Avisei: "Cuidado, você está sendo vigiado." E imediatamente o sonho se desfez.

* * *

Amanhecer em Teresópolis, com bruma e árvores pingando. Ah, como me lembro de há dezoito anos atrás, quando aqui estive pela primeira vez... Os sentimentos que então me agitavam, a paixão desnorteada, a falta de caminho – ah, coisas da idade! – enquanto escrevia uma novela (*O desconhecido*) onde tentei lançar, encoberto, um pouco de tudo o que então me perturbava... e não era aquilo uma simples manifestação de vida, infrene e ceg[a], do meu sangue, tumultuado e forte, manifestando por todos os modos sua vontade de existir e de criar?

Teresópolis: é a um mundo de azul e de flores que retorno – nele me reencontro, primeiro e perfeito, com o mesmo entusiasmo e a mesma emoção diante de suas cores.

Acabo de descobrir uma coisa que fará talvez sucesso entre os psicanalistas: o medo, a perturbação que sinto diante de uma moça. As mulheres casadas não me dão tal impressão. (Talvez venha daí o esboço das moças inconsistentes e fluidas que existem em meus romances?...)

* * *

Farto-me de paisagens: eu as contemplo como se saciassem a minha sede.

2 – Manhã de sol. Voz de mulher que canta uma canção religiosa, enquanto lava roupa numa fonte, enquanto, além da cerca, o vento inclina o bambual. Docemente, como se em surdina, uma certa melodia envolvesse tudo...

* * *

Com Fausto,[63] missa numa igreja simples e aldeã (São Pedro das Vidigueiras) – e como me parece mais tocante do que as pomposas missas das igrejas da cidade!

* * *

Leitura: *L'Ombre,* de Julien Green e um livro de contos de William Goyen.

---

[63]Fausto Cardoso, *op. cit.*

468   LÚCIO CARDOSO

7 – Impossibilidade de jogar outro jogo que não seja o total. Desastres, súbitos abismos, decerto existem – mas que importa que tudo isto suceda, se o *élan* da alma é essencial, se palpita, desse desejo de se consumir inteiro e sem remissão?

12 – Visita ontem à noite à viúva de Cornélio Penna. Maria Odília recebe-me num salão cheio de objetos que me são velhos conhecidos – a caixa de música com seus grandes discos de metal, os dois quadros das perdizes, o trabalho da Baronesa do Paraná, a menina morta... todo o ambiente se acha profundamente impregnado de Cornélio Penna, e a viúva me diz: "sua ausência se faz sentir minuto por minuto" – e eu respondo – "é isto, a morte". Porque não há morte para aqueles que não são amados, mas há uma única e que dura sempre, para os que foram muito. Relembramos coisas do morto, suas implicâncias e seus entusiasmos – e ela afirma, comovida, que o morto a acompanha sempre, e que naquele momento mesmo ali se acha, ao lado dela, na sala. Eu não duvido, tão poderosa é a lembrança do amigo desaparecido – e continuamos a conversar num tom mais baixo, como se respeitássemos a presença de alguém que ali estivesse. Durante um momento em que a viúva se afasta a fim de fazer um café, levanto-me, toco com os dedos velhos e preciosos objetos: um álbum de retratos, imagens, o espaldar das cadeiras de jacarandá. Tudo aqui é arrumado como antigamente se arrumava uma casa no Brasil – e sente-se, mais vivo do que nunca, esse amor do autor pela sua terra, pela sua gente[,] "por essa alma que buscamos tanto", como se refere ele num trecho sobre Itabirismo, e que vislumbrava exatamente em Itabira, como um depósito rico e excepcional desse angustiado espírito de brasilidade.

20 – Angustiado pela falta de continuidade no meu trabalho. Ah, se eu pudesse, tranquilamente, fazer tudo o que eu desejava! Se eu pudesse ter paz suficiente, interior e exterior – para não abandonar nunca o romance... Há qualquer coisa que me devora, que arde sem cessar no meu íntimo, e que faz com que seja um milagre poder eu continuar todos os dias o fato de subsistir. Mas isto já não o disse eu outras vezes, e noutras circunstâncias? O heroísmo diário de que necessitamos para viver...

* * *

E no fundo, isto: saber ter paciência.

21 – Do livro de William Goyen *Ghost and flesh*:

Ele pensou: "Mergulhar até este lugar sem luz, sem limite, primordial e viscoso, começo das sementes, das raízes e dos germes... este lugar onde nossa vida encontra sua gênese, honesta, pura, sem nada que a polua, que

DIÁRIOS

a torne suspeita, onde ela se move entre os gestos eternos dos homens na grande e permanente exsudação: e aí encontrar relações entre esta vida e a vida de cima, reclamar para si mesmo os sentidos mais profundos, os mais imperecíveis da vida humana." "A vida, acima dessas profundezas, parecia-lhe uma conspiração para obscurecer este gesto. É embaixo, pensava ele, que se acha nossa pureza, nossa realidade e nossa verdade. É nessas profundezas que começa nossa ascensão."

25 – A extrema dificuldade com que eu avanço no *O viajante*: o romance parece permanentemente travado. Talvez o defeito não seja propriamente da técnica, mas dos largos períodos em que o deixo abandonado. Necessidade de um impulso mais continuado. Não seria agora o momento, quando tudo parece tão tranquilo em torno de mim? Ah, como me tarda, como me tarda atirar-me à fatura de *Angélica* (sobretudo) e de *Carta póstuma*.

* * *

Os diários de viagem de Melville. Passeio na paisagem de Londres da época (1756) com um sentimento de "já visto" que me vem sem dúvida alguma de leituras anteriores – Boswell, o Dr. Johnson, que sei eu? – e sem que isto me estrague o prazer que o livro me causa.

* * *

Dia de uma paz longa e cintilante. Era de dias assim que eu queria feita toda a minha vida.

* * *

Às vezes eu me pergunto qual a vantagem de se manter um Diário destes. Para salvar o quê? Sensações? Pensamentos? E a que futuro chegarão um dia essas notas, sob que olhos tombarão, frios e desinteressados, que não arrancarão da minha frase acima, por exemplo, nada, nem um pouco dessa experiência que vivi, deste sol, desta paz, deste dia, precisamente deste a que me refiro, e que ainda aqui está, com sua calma, com sua luz, que só reviverão para mim, numa outra época, num outro instante em que abrir este caderno... Sim, jamais o verão, jamais terão dele a ciência exata que eu tenho: mas se um dia alguém achar em seu caminho um outro momento assim, saberá a que me refiro e o que quero – e entenderá a calma e o sol deste momento, porque para isto são feitos os diário[s], e o entendimento de suas sensações furtivas e precárias.

29 – Não, não é verdade, como pretende esse jovem poeta, que o fim da arte (de escrever) é nos tornar melhores... Não é por isso que escrevemos. O motivo justo é que devemos nos desvendar, pois só conhecendo totalmente o homem, é possível a ele ser melhor.

SETEMBRO

4 – Paulo Hecker Filho[64] escreve uma carta a Walmir Ayala afirmando que eu sou mesquinho. Ora, tenho muitos defeitos, cada dia vejo melhor a extensão dos meus defeitos, e como alguns deles são difíceis de sanar e outros inextirpáveis... – mas não me sinto mesquinho e tenho certeza de que não o sou. Quando Paulo Hecker escreve duramente a respeito dos outros, está apenas, segundo seu modo de ver, "servindo à verdade". Mas quando essas duras verdades são ditas por alguém a respeito dele, então estão "impregnadas de ódio". Não tenho ódio a ninguém, e não conheço Paulo Hecker para odiá-lo, o que disse parece-me justo e sincero. Se é dito com paixão – *hélas* – é que nada sei fazer sem paixão. Arrastado a esta correspondência contra a minha vontade, é possível que realmente tenha ido muito longe, mas daí o se afirmar que fui levado pelo ódio... A frieza da obra de Paulo Hecker Filho só me desperta um sentimento: o desejo de me incendiar.

* * *

Todo o dia terminando de passar à máquina o livro de poemas de Vito Pentagna: é como se ouvisse sua própria voz e revivesse o seu gosto barroco pela declamação.[65]

* * *

Certos dias, como o de hoje, não é o futuro que se deve olhar, mas o passado, para que não se desanime inteiramente. Há dez anos passados, por exemplo, minha situação era pior do que a de hoje – e se caminhei tanto, que não esperar do futuro, exatamente daqui a dez anos? A esperança é uma linha que o tempo vai encurtando sem nada a nos oferecer na ponta.[66]

* * *

---

[64]Paulo Hecker Filho(1926-2005). Advogado, escritor e crítico literário brasileiro.
[65]No *Diário completo* (p. 261) aparece anotado ao início: "s/d –", mas no manuscrito não consta esta informação.
[66]*Idem.*

Leio Tchecov – as quatro últimas novelas que escreveu. Horrível melancolia dessa gente devorada pelo pessimismo. As qualidades são sempre as mesmas que me encantaram, mas como o autor se debate contra as paredes de um problema insolúvel. São comparsas do nada, e sabem que o são: a linha psicológica em que se desenvolvem é sempre a da descoberta de um fracasso. Ao entardecer essa gente sempre se reúne, e comenta, sem vibração, uma derrota interior que acaba de subir à superfície.[67]

6 – Procuro, neste sábado, ficar em casa. Ponho-me em dia com o silêncio, procurando reagir contra o espírito de agitação que se apodera de tantos dos meus amigos ao simples aproximar-se do entardecer de um sábado. Cada vez menos compreendo esta dispersão estéril, essa dispersão de que eu mesmo tanto usei e abusei noutros tempos, e que hoje, no entanto, me parece tão insuportável: uma reunião de amigos, aos sábados, em casa de A., tem um aspecto de sessão fúnebre: são gemidos e imprecações, soma de coisas frustradas e de desejos sem solução. Tudo isto me enerva e me horroriza, precipitando-me num excesso: torno-me cínico, esbanjo-me, sou capaz das maiores loucuras – tudo, menos a permanência naquele estado brumoso, de sofrimento. Será talvez injusto falar assim de amigos a que[m] eu quero bem, a quem respeito e até mesmo admiro, mas mais injusto ainda será calar o meu desarvoramento nestes sábados vazios de sentido...

8 – Cidades que me agradam, de que eu me lembro, e com que sonho às vezes, nelas imaginando a vida possível. O sol de Salvador, certas praias de Recife... – respira-se aí o vento dos bons quintais brasileiros. Mas São Paulo, por exemplo, como imaginá-lo sem tédio? Não há infância em suas ruas cheias de gente.

* * *

Tédio, insuportável tédio – aquele pó cinzento a que se refere Bernanos num dos seus livros. É o que eu sinto subir cada vez mais insistente em torno de mim, anulando-me a vontade e o desejo de trabalhar. Em que obscura fé repouso para não liquidar tudo de vez e assim abandonar tudo isto que não amo, e nem sequer me interessa?

* * *

---

[67] *Idem*, p. 262.

LÚCIO CARDOSO

Leitura: Montherlant – Gide. Deste último releio *Les jeux sont faits,* porque pouca coisa me interessa tanto neste momento como a velhice e é neste mesmo livro que Gide fala abundantemente sobre a sua.

* * *

Macedo – *As mulheres de Mantilha.*[68]
Simões Lopes – *Contos Gauchescos.*[69]
12 – Assim é a solidão, mas não devo temê-la, nem fugir dela. Há dois dias sozinho e fechado em casa, acostumo-me a esses gestos que parecem esboçados na sombra. Escuto-me melhor, e reajusto no meu íntimo coisas dispersas, que não são novas, mas que não me eram familiares. Não há uma descoberta, há uma reintegração – e é curioso que neste novo ajuste de coisas, ao decidir-me velho, é o moço que em mim vou reencontrar – tanto esses anos todos de desperdício me acrescentaram coisas inúteis e tanto é verdade que ninguém se transforma em coisa alguma, mas que se é tudo, e de modo definitivo, desde o princípio, desde o berço.

* * *

Por que o horror da castidade? Há uma, admissível: a que adotamos depois de um inútil conhecimento da carne.

* * *

Só há um meio de fazer sobreviver a mocidade: é envelhecer sem remorso.

* * *

Leio em Montherlant que um escritor, para saber descrever, tem necessidade de "ver" – que Balzac, Tolstoi, "viam" bem. Não sei a que quer ele se referir com isto, mas investigando o que para mim significa "ver", chego à conclusão de que "não vejo bem", no sentido de que ver é olhar intensamente para uma coisa ou uma paisagem. Olhar, olho muitas, mas tenho certeza de que não consigo vê-las. As coisas, para serem *vistas* por mim, têm necessidade de preexistirem, latentes, no meu íntimo – que tal árvore ou tal lago relembrem coisas já vistas ou sentidas – ou que despertem outras não

---

[68]Joaquim Manuel de Macedo (1820–1882). Médico e escritor brasileiro. O romance histórico, *As mulheres de mantilha,* foi publicado em 1870.
[69]João Simões Lopes Neto, mais conhecido como Simões Lopes (1865–1916). Escritor e empresário brasileiro. Foi, segundo alguns críticos, o maior autor regionalista do Rio Grande do Sul. *Contos gauchescos* é de 1912.

DIÁRIOS

vistas nem sentidas ainda, mas que estendam suas secretas raízes no meu espírito – que pactuem um pouco, enfim, desse mundo inorgânico que me forma, e onde se mistura às sensações e aos sentimentos, a ponta de uma verdade que do lado de fora vem encontrar o seu eco – próximo ou remoto, que importa – mas ainda assim eco de uma verdade existente ou existida.

23 – Eu sei exatamente o que me falta – paciência. Essa paciência miúda, pequena, de todos os dias. O gosto de viver é feito de pausas e descansos. No dia em que eu aprender a conter-me, a descansar e a "sentir" antes de escrever, talvez faça o livro que eu sonho. (Sentir aqui, no sentido de "aprofundar", pois é de sentir apenas, e muito, que vem a impaciência que me consome...)

25 – A vida deve ser uma perpétua criação, quando se extingue em nós o desejo de "fazer" é que o fato de "criar" já é um instinto morto. E sem ele, de muito pouco vale a existência...

Criar, até o instante de nossa morte.

OUTUBRO

9 – É curioso como dia a dia a solidão me interessa mais, como me sinto desenvolver, ramificar-me, através das horas de silêncio que furto aos amigos e às pessoas em geral. Tenho a impressão de já ter vivido muito, e de necessitar de um pouco de recolhimento para coordenar tudo o que vim recolhendo no caminho. A calma, que tanto venho preconizando há tempos, é feita de trabalho e de contato comigo mesmo – e assim, nesse recolhimento a que me obrigo, vou construindo meu romance.

* * *

No momento, passo à máquina *O viajante*. O romance cresce e se adensa nesta nova versão. Ainda não atingi cinquenta páginas, mas o ritmo do trabalho vai em ascendência: começo a pegar fogo e a sentir que o volume de trabalho aumenta em minhas mãos. Isto me enche de uma orgulhosa felicidade.

* * *

Leitura: *Diário* de Virgínia Woolf. Muito complexo para ser analisado rapidamente. Quando tiver terminado, voltarei ao assunto.

15 – Do *Diário* de Virgínia Woolf: "Todos os escritores são desgraçados. A pintura do universo refletida nos livros é, por isto mesmo, sombria demais. As pessoas sem palavras é que são felizes."

16 – Telefonando hoje para a José Olympio, soube pelo Daniel que meu livro talvez não saia este ano... – e durante o resto do dia passei na maior tristeza, tanto era importante para mim que a *Crônica* saísse este ano, e que *O viajante* tivesse chance de entrar para o prelo no outro. Mas que fazer, consolo-me imaginando o que ainda devo escrever, e traço um plano até 1962, quando devo comemorar meus 50 anos.

17 – Visita do padre Trevisan. Acho-o muito moço, muito apressado em "salvar" – mas apesar disto há simpatia no ardor com que se lança contra problemas que mal conhece ainda, e até mesmo no modo *tranchant* com que procura solucioná-los... – um tanto ingenuamente ao meu ver, um tanto cego – mas não é assim que age sempre a gente moça, até mesmo os que vestem batina?

23 – Sonhos – as paisagens e as coisas de antigamente. Na casa do Dr. Olavo, as violetas e os miosótis. E aquele ar de grande casa fechada, com escadas e passagens misteriosas, por onde se deita às vezes um galho indiscreto de mangueira. Ah, quem sou eu, que assim não perco nunca de vista o que foi – o que é essa infância, sempre presente – o que é essa fixidez de imagens que só se afastam para regressar mais vivas? Tudo isto, de um modo simples e natural deve se incorporar à narrativa de *O menino abandonado*.

28 – Todos esses dias vivendo sob a impressão, não de irrealidade, que sempre foi minha impressão costumeira – mas de que essa irrealidade é uma atroz, é uma obsedante realidade. Imagino que estamos no inferno e não o sabemos, ou pagamos nossas culpas sem consciência disto. Não, não imagino que esta vida seja a morte, e que a morte é a vida – como diz Eurípides. Imagino de modo absoluto e simples que estamos no inferno. Isto dá uma espécie de explicação à minha constante obsessão da morte, e faz da vida, essa coisa banal e sem finalidade, um acontecimento que leva em si o seu significado próprio.

* * *

Leio, sem conseguir retornar ao trabalho. Em linhas gerais, sei tudo o que quero dizer, mas faltam-me precisamente as nuances, o rendilhado por baixo da linha grossa que borda o pano. Não se tem o direito de escrever, quando sabemos que ainda não nos achamos prontos, e perfeitos, para a aventura. Que um livro fracasse, é possível – mas é desonesto que fracasse por nossa culpa reconhecida e consciente. Mas em nada perde *O viajante* com esse atraso: a ideia central se amplia, as outras se agrupam em torno dela, e a difícil orquestração faz soar seus metais, não na pauta estreita que tracei, mas numa outra, mais ampla, que só agora começo a imaginar.

* * *

Dificuldade quase física de escrever: dedos emperrados, estômago contraído. Digo "quase", porque sei que estas são máscaras da minha enorme preguiça.

* * *

Sonhos alucinantes: perseguem-me, incessantes, as velhas visões de crime. Acordo suando, no imenso silêncio que me cerca.

1959

JANEIRO

1 – Alguém me pergunta por que me detive esses dez anos – por que deixei de escrever. Emudeço, como sempre, desde que toquem neste assunto. É que, validamente, não sei – e o que sei é obscuro e difícil. Ou melhor, sei, mas não é fácil dizer, como toda verdade não é fácil de se enunciar. Sei, mas por uma ciência secreta e intuitiva. Sei que para se escrever, para se escrever romances – os romances que eu escrevo – é necessário não uma simples imaginação, mas uma imaginação em profundidade, uma imaginação plantada nas raízes do existido. Não invento as paixões que invento – elas existem latentes no meu modo de existir. Dez anos – ou mais – me são necessários para, como diz Augusto Rocha, cortejar o desastre. O perigo seria o de me destruir nessas viagens – mas escrevo – e o que escrevo liberta-me da morte. Mas haverá um instante em que eu serei destruído pelo meu furor de inventar – será a hora exata em que minhas paixões não conseguirão se transformar em obras.

* * *

Sonhos – avisos. Todas as pessoas com que[m] sonhamos nos transmitem recados – que são verdades, enquanto estamos vivos, dormindo. Mas que são mentiras, ou coisas esquecidas, quando estamos mortos – acordados.

* * *

Rios. Lembro-me de paisagens de rios: pequenas praias, grandes árvores copadas, estuários de calma e de sombra. O rio de Aldeia Velha – o meu rio. Um rio fluminense – Leopoldina, Ubá – e um rio, tão mais rio que todos os outros, em Sergipe. O Vaza-Barris visto do avião. O imenso estuário do São Francisco. Ah, nessas longas caminhadas tranquilas não existe uma imagem de tudo o que sonho e que não sou? Não há nada que eu mais ame do que os rios. Através deles, é a minha alma de sertanejo que acorda; sempre que durmo, ouço rios passando, como se estivesse numa tenda de campanha.

16 – Faço as contas, imagino: no máximo, quantos anos viverei ainda? Se tiver sorte, se escapar ao câncer, ao enfarte, à cirrose, à angina, à diabetes e outros males menores – vinte anos. Nem creio ser necessário viver muito além dos sessenta. Mas nesses vinte anos que possivelmente me restam a viver, posso condensar mais esforço, mais trabalho, mais realização do que o já condensado em todo o tempo decorrido... É que a vida é uma série de signos que não compreendemos direito, mas que regularmente nos assaltam ao longo da jornada. Vinte anos é o tempo suficiente para decifrá-los – e para transformá-los de signos em manifestações positivas de assentimento ou negativa, que importa – mas que valham para outros como novos signos que, desta vez, só a eles compete decifrá-los.

17 – A surpresa do pássaro ao se lançar pela primeira vez ao voo.

20 – Não, a carne não é importante – pelo menos não o é senão em determinada idade. Eu me pergunto se tantas pessoas que eu vejo, exclusivamente dominadas pela carne, pela ânsia do prazer, se não serão assim exclusivamente por uma questão de vício, de hábito, de covardia ante a necessidade de mudar a forma de vida, de procurar o divertimento em formas mais elevadas e menos deprimentes.

* * *

Esses que afetam me temer tanto, por me considerarem imoral, não é a mim que temem, nem ao que eles imaginam que eu sou – mas ao que apresento deles próprios, à possível tradução dessas faltas – as mesmas que eu sei que não são minhas, mas que sendo deles compreendo tanto, como tudo mais que é humano. No fundo, é a minha compreensão que os aterroriza. Calando-me, sei exatamente que elas são faltas – e eles, é falando e protestando que delas se esquecem como de um acontecimento sem importância.

* * *

O segredo, como causa de vida. Nunca se é nada aos pedaços, espalhado pelas mãos dos outros. Que nos espalhem depois, que este é o privilégio da morte – mas enquanto vivermos sejamos coesos e obscuros, que estas, sim, são qualidades primaciais dos fortes.

* * *

Guerra do Paraguai: a personalidade mágica e incrivelmente audaciosa e política de Solano Lopez. Sua formidável atividade durante a campanha torna-o um inimigo à altura do Brasil e justifica plenamente a longa duração da guerra, que parece tão desprovida de senso aos olhos dos incautos. Lopez, agressor e desencadeador da guerra, possuía essa chama de atração que galvaniza os povos e denuncia invencivelmente a existência do herói – nele, tudo é malícia e movimento, e nesse caudilho sonhador, que pensou arrastar após si as repúblicas do Prata, temos a primeira noção de um sul-americano imbuído do desejo de conquista e daquilo que Nietzsche chamou de "vontade de poder".

FEVEREIRO

6 – Sonhos são elementos anárquicos que, incompletos para se constituírem ações – ou até mesmo sentimentos ou sensações – vagam no fundo do ser à procura de uma unidade, que muitas vezes se faz arbitrária ou errada, a fim de se exteriorizar e impor sua existência ao homem.

18 – Em determinado momento da vida, as ideias nos precipitam tão longe, somos tão violentamente arrancados da órbita comum, que não interessamos mais a ninguém, nem aos costumes nem às pessoas que nos cercam. Antes que alguma coisa – uma vitória literária, a morte – garanta a autenticidade da moeda que tentamos pôr em circulação, nada nos poderá ajudar no terreno social: somos desgraçados e estranhos animais solitários.

19 – Um carro que mói pedras e cozinha o asfalto a ser espalhado na rua – o cheiro do piche fervendo, o ruído das pedras movidas pelas pás, e mais do que tudo isto, o intenso, o brutal sol de verão, trazem-me à memória, bruscamente, um outro dia igual, com o mesmo cheiro de piche, o mesmo sol – quando? Há muito mais de trinta anos. Repito, debruçado à varanda: há trinta, há trinta e cinco anos. Ah, então era eu um menino ainda, e dizer esta enormidade – trinta anos – não pareceria o mesmo que agora. Então, seria como designar o peso de uma existência inteira, um espaço tão grande a viver que aos meus olhos seria quase imensurável... Um mar, cheio de achados e perigos. Mas hoje, trinta anos não me parecem

nada. São pobres os achados, e banais os perigos. É que o tempo não é um acontecimento exterior a nós, como um pergaminho que se desenrola – o tempo somos nós, a nossa experiência. Antes, trinta anos era muito porque nos sobrava muito mais do que isto a viver – mas hoje, que a cota vai diminuindo, parece-nos um nada, e atravessamos de um salto esta distância toda através do calor do sol, do cheiro de asfalto, que de novo sentimos, reinstalando sem dificuldade no homem que somos, o menino que um dia sentiu também tudo isto, numa rua da Tijuca.

21 – Um jornal publica hoje a capa do meu livro a sair no mês próximo. Dois anos, e mesmo assim, menos tempo do que levei para publicar *O enfeitiçado,* que durante tanto tempo rolou em minhas gavetas. Mas apesar disto, é o suficiente para que eu perceba os defeitos da *Crônica* e avalie os lados por onde envelheceu. Isto me consola, imaginando que posso fazer melhor. Mas assalta-me uma grande melancolia, imaginando que também este tombará no silêncio e no desinteresse e que, independente de seus defeitos, que talvez só eu conheça, poderia ser uma obra-prima que encontraria a mesma *repulsa* e a mesma prevenção que vêm encontrando todos os meus outros livros...

Mas é de cabeça erguida que eu me preparo para suportar este desdém.

ABRIL

21 – Apertar os elos, procurar atingir o fim do mais próximo possível. Nunca esquecer o objetivo a que viso – ir sozinho, que é a melhor maneira de chegar depressa. Isto, sobretudo isto, é que não devo esquecer nunca.

1960

JANEIRO

28 – Como no primeiro dia, do ponto de partida. Há um tempo de calar, como há um tempo de dizer. Se hoje digo tão pouco, não é porque esteja vazio, não – é porque minha obra me enche de todos os lados. Ela, ou o silêncio. E como às vezes ela se cala por longos espaços de tempo, eis-me distante, surdo a tudo o que não seja seu fortuito apelo, à espera de que a graça se renove.

* * *

DIÁRIOS

Leio, olho, vivo: repito, não é tão difícil envelhecer. Com o tempo, Deus nos dá meios de olhar sem mágoa a mocidade que não é mais nossa, que passa sem nos tocar, com a leveza e a pressa do voo de um pássaro. Por cima do ar que freme, o que existe e existirá sempre é o céu azul.

31 – Almoço ontem no apartamento de Augusto Rocha. Um sol morno sobre o mato defronte – e cigarras, tão mais nítidas, tão mais positivas do que as que ouço cantar da minha varanda. Ah, como me escuto e me vejo, a dizer sempre as mesmas impiedades, mas tão afastado delas como se assistisse à passagem de um morto. Para se ser só, não há necessidade de se estar só – a solidão é um estado natural que a idade nos traz e do qual não podemos nos afastar – e onde mergulhamos sempre e sempre, e cada vez mais, até que o rumor em torno de nós também cessa, e somos então a matéria última e definitiva do silêncio – a morte.

FEVEREIRO

1 – Nós, brasileiros, que não temos nenhum grande livro nacional em que nos apoiar, nenhuma dessas obras básicas por onde se sente escorrer o húmus da gravidade, da certeza, do espírito nacional (temos esboços, tentativas, mas não a obra...) sentimos essa carência a cada minuto que pensamos em nosso próprio trabalho. Guimarães Rosa, que em determinado momento poderia parecer o indicado, visto de longe surge-nos perdido pelo maneirismo. É como alguém a quem fosse incumbido tocar um hino, e que o complicasse tentando tocá-lo com mais instrumentos do que os necessários.

* * *

Relendo Virgínia Woolf, *Ms. Dalloway.* Jamais poderia supor que Clarice Lispector viesse tão completamente desse livro, a ponto que é difícil imaginar sua obra sem a existência daquela.

* * *

Anotações em torno do *Journal* de Julien Green *("Le bel aujourd'hui").* Green é desses espíritos que veem o diabo em todos os lugares, inclusive nas coisas mais simples. Lembro-me do pintor Marcier que, certa vez, não sei mais quando, declarou-me peremptoriamente entrever a presença do demônio numa chuva de papéis coloridos que caía de um edifício. A meu ver, uma presença tão constante só consegue um resultado: sublinhar a ausência de Deus.

* * *

Tanta sensibilidade, nuançada de melancolia e de ingenuidade faz ressaltar, como uma espécie de remorso, a força, o ímpeto, o grau enorme de nossos apetites, de nossas mentiras, de nossas pompas. Não que eu deixe de admirar essa simplicidade de Julien Green – mas esse *Journal* me faz lembrar sempre o de uma solteirona, culta e beata. Mas não o *Journal* de uma solteirona católica – oh, isto, jamais... e sim o de uma protestante. Ele remove céus e terras para espanar o demônio sempre por detrás dos móveis, se bem que ele próprio saiba, e de há muito, que a casa está perfeitamente arrumada.

* * *

A propósito da dor alheia, num enterro, diz que alguma coisa lhe grita: "abraça-o!", mas que ele não o faz, pois "só o Cristo o teria feito". E acrescenta: "nós não fazemos quase nunca o que Cristo teria feito". Discordo, pois nunca vejo o Cristo como um consolador. Quem distribui a verdade não consola. Sua maneira de confortar o homem é fria, reflexiva, distante como alguém que ama o todo e não o detalhe, a causa e não o efeito, como se soubesse que toda espécie de consolo, precisamente, é inútil, desde que se refira a este mundo. O Cristo nunca abraçou ninguém.

* * *

Nós falamos sempre, falamos demais sobre a morte, mas a verdade é que dela sabemos muito pouco. Vito Pentagna, que a esse respeito discorria com grande intimidade nos tempos em que tinha saúde, assim que a sentiu aproximar-se, e viu que sua vida estava realmente condenada, lançou-me um grito pungente: "Ah, o valor da saúde... Nós só sabemos quanto isto vale, no momento exato em que para sempre nos achamos do outro lado."

* * *

(Alguém, que acaba de folhear estas páginas, indaga-me: por que você nunca cita fatos, nem se refere ao que realmente lhe acontece? Quem me faz esta pergunta tem dezessete anos, e só a mocidade, evidentemente, justifica a pergunta. Pois o que narro aqui, acontece, mas com uma diferença – só acontece a mim mesmo. Quase sempre o que interessa para fixar, não é o que é vivido em comum, mas o particular. Uns são fatos apenas, os outros são experiências de fatos. Fatos são fatos, e experiências são as almas desses fatos.)

* * *

DIÁRIOS   481

O inferno em vida. Conheço poucas pessoas que tenham conseguido estabelecer desde já o inferno definitivo em suas vidas, tanto o inferno é uma realização difícil como que para qualquer obra que para ser levada a efeito necessita as forças do absoluto. Mas de uma sei que conseguiu plenamente viver uma condenação antecipada. Só que, por mais estranho que pareça, ela o ignora. Por uma espécie de obliteração que acontece a certos doentes, perdendo de vista a saúde e julgando que o mundo inteiro é feito apenas de doença.

2 – Há, é certo, esses momentos difíceis em que perguntamos se Deus, a ideia da morte e outras coisas não serão apenas um mecanismo que funciona de acordo com certos temperamentos... Se outros, constituídos de modo diferente, não viverão isentos dessas lutas e desses terrores, e se afinal de contas, na hora de partir, tudo não será a mesma coisa, e irão do mesmo modo para a vala comum do esquecimento – para o nada – os calmos e os agitados, os eloquentes e os frios, os de fé e os sem fé...

* * *

Pode-se imaginar que só importa o amor que for caridade, o amor do seu semelhante, que é o único amor de Deus. Mas então, como não sentir uma tristeza imensa, uma sensação de vazio e de abandono ante lugares e paisagens deste mundo, que percebemos nascidos para serem transfigurados ao sopro da paixão, do amor puro e simples, do afeto e das juras de fidelidade?

* * *

Padre Trevisan.

6 – O sentimento de que às vezes tudo se obscurece, e a própria vida perde sua razão de ser. Agarro-me às coisas como um desesperado (este sonho de servir, de auxiliar em hospitais aos que podem precisar de mim, já não fora antes o de Walt Whitman?) e escorrego de intenção em intenção, frio, desamparado, sem encontrar mais o que antes me retivera como uma esperança...

* * *

Depois do *Journal* de Green, volto a Jouhandeau: *De l'abjection*.

17 – *O retrato da morte* de Octávio de Faria. Sim, mas da vida, "desta" vida é o único retrato que temos.

* * *

Geralda, Renata, Branco – esses nomes todos da paixão. Que importam, *somos* nós os nomes de homens de paixão. Por trás do que escreve, que outra coisa perseguimos senão Octávio? Para que ele nunca duvide porque sua luta é entre sua autenticidade e seu caráter: de paixão, e não da Paixão.

* * *

Este romance e o mais longo "travesti" que [(?)][70]
18 – Não sei, mas a naturalidade em romance não é obtida pelo acúmulo de fatos naturais. É exatamente isolando alguns, trabalhando-os, exaurindo-os em toda a sua densidade, que se obtém o efeito desejado, pois o contrário pesa, e num constante fluxo de coisas "possíveis" de terem sido vividas, temos no máximo um programa ou uma estatística da vida, mas não a vida.

* * *

O que falta a O[ctávio] como romancista, é o lado de sombra, que no romance compõe cada personagem. Ele não os esculpe, nem os desenha, deixando o "mistério", se assim posso dizer, não à poesia, mas ao fato mesmo, e ao mais difícil dos fatos para ser aceito como poesia: o milagre.

* * *

Essa insistência no sexo, esse "pecado" do sexo. Obliteração da vista do autor: se não o compreendemos, é porque não se trata de um problema de ordem geral, mas um problema do autor. A obsessão do sexo, em Octávio de Faria, é uma ressonância do passado, um eco infantil, do qual ele não conseguiu se libertar. O sexo a que parecem presos seus personagens, é um sexo "narrado", e não "vivido", porque não é uma equação resolvida pelo autor, e não o será nunca, ainda que ele "peque" o maior número de vezes possível. A verdade é que para se ser um pecador total é necessário se amar o pecado, e para Octávio de Faria, pecar é como ir à igreja salpicar-se de água benta, um ato "acontecido", e não "incorporado" à sua natureza.

Como Julien Green, de quem ouso aproximar o nosso romancista, o problema se choca com uma natureza mais de protestante do que católico.

* * *

O milagre não é poético, é violento. É uma violência, uma exacerbação, uma ruptura do natural, portanto chocante e traumático. Não acresce ne-

---

[70]O texto ficou inacabado, a folha seguinte do caderno, que seria sua continuação, fora arrancada. Provavelmente Lúcio tratasse da personagem Timóteo, de *Crônica da casa assassinada*.

DIÁRIOS

nhum material lírico ao cotidiano – transcende-o, inutiliza-o, pulveriza-o. Todo milagre poético é de origem diabólica. A poesia é absorvível, e é isto o que se faz seu caráter poético, o que nela é aquoso, assimilável além da razão, imediata, avassaladora – o milagre é estático, revulsivo, difícil de ser entendido e assimilado – e quando o é, paralisa e trucida.

* * *

A verdade, sim, é o que interessa – mas só para quem a descobre.

MARÇO

4 – Paula Lima acaba de partir para São Paulo. Da sua estadia aqui, uma coisa aprendi, já que ele soube ver tão nitidamente no meu caso: o perigo, que vem, não das circunstâncias, mas da minha própria natureza. Não, desta vez agirei de outro modo – desta vez serei forte – desta vez não usarei represálias contra fantasmas que só existem pelo meu medo de perder...

* * *

Assim e aqui – é de onde devo me lembrar. Sei que as cores se inventam, e que há estranhos azuis se compondo nos domínios do sonho. E rosas doentes aquecidas à fornalha de um erro ou de uma injustiça, feitas de rubores impacientes, de lamentos e voos agudos de pássaros imaturos. Sei que há amarelos, turquesas e invenções crepusculares. Aquele roxo, por exemplo – é de crepúsculo o seu odor. Não de violeta, esse odor colado, essa coisa vinda do íntimo da terra, essa clave de vermelho e azul profundo – não esse odor, mas um outro, vibrante, nítido, rasgado à sombra como o efeito de um intenso – alto e eloquente. Um roxo de paixão. Um roxo de sacristia, mas ainda vivo, ainda pleno em sua inteira mocidade, roxo de flor achada no sertão – no seco sertão do meu país. Roxo, eu te designo assim vivo – como te extrair deste meu sonho de infância? Cachos e perfumes. A memória acode à fome do poeta – e é te vendo, tão límpido e seguro, uma abelha esvoaçando em torno desse pólen de ouro que Deus desperdiça a sua passagem – e o nome eis: heliotrópio. Nu, o galho pende por amor da lembrança.

27 – Todas as paixões me pervertem, todas as paixões me convertem.

OUTUBRO

17 – Não é à alegria que nos candidatamos, como se usássemos de um direito ou não – é à tristeza. Porque, bem pensado, a alegria é um sentimento espontâneo e inocente, que existe em todos os lugares e em todas as

484   LÚCIO CARDOSO

situações como uma planta nativa – enquanto a tristeza, mais solene e mais digna, é como um veludo que somente adornasse aquele que fosse digno de sua sombreada púrpura.

DEZEMBRO

2 – Recebo de Paris jornais que me envia Rosário Fusco. Num deles, uma entrevista de Coccioli. Diz ele: "As fronteiras do homem é o inumano. É o monstro. É a abjeção. O vício. Assim, para investir o homem no que ele tem de mais luminoso e de mais puro, tenho necessidade de monstros." Mas isto já não me parece tão novo...

1961

JANEIRO

1 – Fazer o silêncio em torno de nós, quando se desencadeou o rumor e a falta de paz... como é difícil! Mas eu o conseguirei, que este é o meu verdadeiro elemento. Vivo apalpando os minutos, à espera de encontrar neles esse resíduo que me forma e cuja existência me é tão necessária, ao mesmo tempo que, vendo-os tão inúteis, tão pobres, avalio comigo mesmo o quanto fui longe, o quanto caminhei no sentido de me adaptar e de vencer a minha nativa rebelião...

Ah, mas com que força, com que claridade, com que certeza serei de novo eu mesmo, assim que encontrar de novo, entre meus dedos, esse musgo denso e rico que sempre me formou e me distinguiu...

FEVEREIRO

16 – Logo ao amanhecer, notícia da morte de Goeldi.[71] Lembrei-me das primeiras vezes em que o vi, tão longe já, em casa de Beatrix Reynal,[72] em jantares com artistas e escritores. Lembro-me das vezes que me visitou, das últimas em que estivemos juntos, das conversas que a seu respeito mantive com Darel,[73] por exemplo. Pela sua natureza e pela sua obra, Goeldi sempre

---

[71]Oswaldo Goeldi (1895–1961). Gravador, desenhista e ilustrador brasileiro. O maior nome da gravura no Brasil.
[72]Beatrix Reynal, pseudônimo da poetisa uruguaia radicada no Brasil, Marcelle Jaulent dos Reis (1892–1990).
[73]Darel Valença Lins (*n.* 1924). Gravador, pintor, desenhista, ilustrador e professor brasileiro.

DIÁRIOS

me pareceu um homem misterioso. Havia nele, indubitavelmente, esse traço enigmático que em tantos artistas nem mesmo a morte dissolve. *"Tel q'en lui même enfin..."* – certo, mas não no sentido em que nossas sombras se esclarecem, mas naquele de que a sombra única, densa, finalmente intransponível, limita nossa essência além das injustiças e das crueldades humanas.

* * *

Vou depois a São João do Meriti, à procura de um amigo que deve resolver certo problema meu. Encontro-o no hospital, a debater-se com um tiro que ele próprio desfechou contra o coração, sem conseguir matar-se.

* * *

E da janela, enquanto penso, vejo chegar, embaixo, os restos de uma pobre moça que se atirou sob as rodas de um trem. Armam-na dentro de um lençol, que parece estreitar o corpo magro de uma criança. Nada deixou – só a bolsa, com um endereço de rapaz e o seu próprio nome – Norma.
Descansa sobre a mesa, entre quatro velas baratas. A desgarradora, a indizível tristeza dessa morte.

* * *

De todos os lados, incansavelmente, como um fumo que fosse impossível deter, a vida que se esvai...
É no campo, de uma alegria sem-par, árvores cobertas de flores que o vento brando agita. Pressente-se que as abelhas erram às tontas pelo ar.
17 – O que mais eu admiro atualmente na vida: o ardor. Refiro-me a esse calor particular que se emprega em coisas que nem sempre se deseja muito. A verdade é que não tenho mais ardor – vivo como posso. E nem sempre é pouco.

* * *

O que J. quer de mim: a alma. Mas eu, que a desperdicei tanto, não tenho coragem para servi-la assim friamente, aos pedaços: ou perco-a toda ou conservo-a toda.

* * *

Leitura: *Getúlio Vargas, meu pai.*
D. Alzira, que é tão simpática, não voltou a si ainda e não perdoa a ninguém este fato estranho: ter se mantido durante tanto tempo na cúpula

dos acontecimentos e de repente estar por baixo deles. Que falsa imagem deve ter gerado durante este período: não é lá, é do lado de cá que se encontra a vida. Essa História, que também ela escreve com um tão solene H maiúsculo, não se desenha ao gosto das nossas inclinações e daquilo que supomos a verdade – surge por uma fatalidade íntima e pelo esforço de uma verdade que nem sempre apreendemos no seu devido tempo.

Lampedusa: o *Leopardo*.

s/d – O nome de Faulkner não me traz imediatamente ao pensamento a lembrança do grande romancista que foi – e nem a desse escritor solertemente apontado por certos críticos que não conseguem alinhavar dez linhas seguidas de uma história – como "marco intransponível do romance". Não. Marco ele o foi, mas não "marco intransponível", pois o destino de todo marco, queiram ou não queiram os nossos inteligentes, é ser ultrapassado. Como todo grande escritor – não falo como certo exaltado que outro dia berrava num jornal: "Criador, mas no sentido absoluto do termo, isto é, que arranca alguma coisa do nada." Isto é burrice, apenas burrice. Do nada, só se tira mesmo é o nada, pois todo criador tira sua criação, qualquer que seja ela, do seu fermento interior, de suas contradições, de sua ânsia de entender e captar, impondo assim ao mundo um conjunto de valores que representem exatamente a estatura de sua força interior. Não há dúvida de que Faulkner brilha numa das esquinas da literatura – e das mais belas, das mais altas, das mais justas, mas brilha simplesmente porque na verdade era um "criador", não de conflitos literários insolúveis, mas de conflitos humanos – estes sim, insolúveis, porque feitos dessa tumultuada matéria com que besuntam as mãos todos os escritores dignos desse nome e que se chama injunção humana.

A lembrança que me ocorre imediata – acima daquele que trouxe até nós Temple Drake, Sutpen ou Sartoris – é a de um homem, um homem pequeno que vi aí pelos idos de 53. Repito, era um homem pequeno, para que sua figura se delineie claramente. Poderei acrescentar que era um pequeno homem intranquilo, desajustado, incerto, rodeado pelas luzes e curiosidade de todos os jornalistas de São Paulo que se comprimiam em torno dele. Isto me levou a pensar que era aquela quantidade de gente que o intranquilizava. Quanto ao local, era um dos salões do Esplanada Hotel, precisamente aquele que fica quase defronte ao bar. Especifico assim o local, porque durante alguns dias segui de lá, entre penalizado e divertido, aquele motim em torno do grande homem, apalpado, remexido, soletrado, indagado, por todos aqueles seres ávidos de notícias, quaisquer que fossem. E não só eles, mas essa outra espécie também, matreira e sombria, que "acontece" no apogeu das

DIÁRIOS

grandes glórias em perigo de colapso cardíaco, e que ainda recentemente entre nós se chamou Fundação Guignard. No entanto, não demoraria muito em verificar o meu engano. Um garçom me informou distraidamente que todas as manhãs Mr. Faulkner pedia o seu café, "café" este que consistia em meio copo de gim e alguns dedos de tônica. Que saibam desde logo os apressados e os de má-fé, que não estou tentando enegrecer com estes detalhes pífios a memória sagrada de Faulkner, não, e mesmo porque era lá também, junto ao mesmíssimo garçom que eu ia buscar também a minha dose diária do mesmíssimo "café".

E foi assim, rodeando Faulkner como o caçador rodeia sua presa, que permaneci alguns dias: haviam-me dito que o escritor não falava francês, e eu não me aguentava em inglês. Até que um dia, ajudado por alguns "cafés" a mais, atirei-me ao grande homem. Surpresa: respondeu-me ele em francês fluente, de muito melhor qualidade da que o meu. Os jornalistas haviam lhe afirmado que fora a língua nativa, que seria usada por meio de um intérprete (ah, esse intérprete!) só poderia se fazer entender através do castelhano, língua que ele ignorava tanto quanto o português.

Nessa única entrevista, de tom exclusivamente literário, Faulkner deixou-se surpreender por mim com extraordinária simplicidade. Para os que o filiam a Joyce, ou James, ou Flaubert – ou a quem quer que seja –, afirmo que ele se considerava apenas um herdeiro direto de Balzac. Queria criar tipos, homens e mulheres que se assemelhassem aos homens e mulheres que encontrava em seu caminho. O Sul era nele, antes de tudo, uma profunda necessidade de humanização de seus personagens. Quanto ao seu escritor predileto, citou Flaubert e, para escândalo meu, disse que seu livro de cabeceira era o *Tentação de Santo Antão*. Nem mais e nem menos.

Finalmente, perguntei-lhe se considerava sua visão do homem pessimista ou deprimente, como na época (creio que a do Prêmio Nobel) afirmavam jornais estrangeiros. Respondeu vivamente:

"Jamais. O que disse a essa gente foi que a História é uma roda que gira, e ora tem um dos seus lados mergulhados na sombra, ora na luz. No momento em que vivemos, acha-se ela mergulhada na sombra."

Por mim entendi, e não perguntei mais nada. Quieto, fiquei olhando em silêncio o extraordinário homem. Repito: um homem pequeno, de nariz vermelho, desses que ostentam certo gênero de bêbados. Um ser miúdo, malvestido e até mesmo com aparência de maltratado. Assim me pareceu a figura de Faulkner – mas desprendia-se dele, como um facho inquieto, essa aura de força e violência que é a característica de certos homens de poder excepcional.

E além disto, mais do que tudo, confirmava-se minha primeira impressão, da falta de paz: o grande escritor era inquieto, hesitante e pouco confiante em si mesmo. Fumava sem descanso, enrolando nos dedos um cigarro aflito. Assim eu o vi: exatamente um homem sem paz, ele, que para mim era o maior romancista vivo.

Viria encontrar a resposta mais tarde, nas páginas do *Diário* de Virgínia Woolf, outra grande intranquila do nosso tempo. Dizia: "Todos os escritores são desgraçados. A pintura do universo refletida nos livros é, por isto mesmo, sombria demais. As pessoas sem palavras é que são felizes."

A falta de paz de Faulkner vinha da permanente consciência de sua condição de escritor e de ser humano crucificado à febre agônica do seu tempo.

MARÇO

2 – Mais um filme sobre o tema da moda: o da juventude em revolta. No caso, trata-se de artistas, pintores e escritores, vivendo dessa vida que o existencialismo trouxe à tona. Diante desse angelicismo levado a tal ponto, não é difícil perceber porque o monstro revive no artista com tão furiosa nostalgia: é que o homem tem necessidade de equilíbrio, e é gritando pelo extremo que ele pode aceitar o extremo dessa gente marcada pelo desespero de perder o pecado. A culpa, aqui, é o fruto de uma ausência, e não o resultado do excesso: os verdadeiros pecadores não se ocultam e nem se aglomeram em bares e subterrâneos, mas andam soltos à luz do dia, se bem que de faces veladas.

* * *

Uma frase do filme citado acima: "Nada de realmente terrível pode acontecer à mocidade." É com lugares-comuns deste quilate que destruímos nos moços a crença no valor da experiência e da serenidade. Nós os deixamos sozinhos no terreno da autoconsagração. Pois a verdade é que tudo de terrível pode suceder a todo mundo, em qualquer idade, a partir do instante em que nascemos.

9 – Não sou eu que procuro o romance – em geral até o evito, Deus sabe lá por que razões. Mas ele é que se impõe a mim, e de tal modo, que é como a tessitura de um pano elaborado com linhas pretas e idênticas. O que me faz escrever é a espantosa melancolia da vida.

JULHO

9 – Esses homens, precisamente esses que vislumbro em meio à multidão; que parece não trazerem a alma nos olhos, mas ausência e frieza. É que, vagarosos, vão impelindo para frente a única identidade a que realmente dão importância, o sexo. É, como se carregassem um gigantesco sexo na alma.

* * *

Aprendo, aprendo a toda hora, de todos os modos. Aprendo uma infinidade de coisas da noite e do dia, voraz e desajeitado como um bicho. Aprendo com o suor da minha surpresa e a seda invisível que recobre a novidade. Ah, como vivo!

AGOSTO

1 – Escrevo estas linhas em Muriqui, onde já estive, neste ramal de Mangaratiba onde tanto já vim pelo passado. É um dia frio e com intermitências de bruma e de sol: passeio, e não encontro mais o encanto que sempre encontrei aqui, tudo me parece vazio e sem significado. Mas a paisagem não é a mesma, e a estação e os trilhos da estrada de ferro que eu tanto amo? Bato inutilmente o carvão que cobre a estrada – não, realmente essas coisas já não têm mais o mesmo gosto. E sou eu que mudei, não há nenhuma dúvida, e não tenho mais calor, nem paciência, nem mocidade para inventar dos lugares o luxo que sempre inventei para poder amá-los. Eles se esgotam ante os meus olhos impotentes: queira ou não queira, deles sou estrangeiro para sempre.

* * *

Num jornal, em destaque, um artigo sobre Machado de Assis. Está cheio de referências à "dignidade", à "austeridade" do escritor – e se refere até mesmo ao tom patriarcal de suas barbas. Meu Deus, que dignidade é esta, que se produz como um fato elaborado e penosamente conseguido? Dignidade é coisa inerente à natureza de quem a porta – do contrário, jamais passará de uma virtude burguesa, do corolário específico de uma vida ociosa e antinatural, porque destituído do elemento vivo, que se chama grandeza.

* * *

É isto o que me comove: esta pobre mulher curva, velha, com o seu saco às costas. Tão humilde, que nela o tom, a cor, essa densidade de ser ocupando o seu espaço, é da mesma tonalidade da terra, do seu mesmo odor escuro de fumaça. Ah, Brasil! Sigo-a com os olhos, o coração parado – aí está, não é isto, como disse certo escritor russo que me desespera de Deus? É exatamente o que me faz crer em Deus.

* * *

Há três modos tão evidentes de amar: o primeiro, quando se é muito moço, e tenta-se abstrair desse primeiro amor a participação do mundo. [O] segund[o], um amor já afeito às responsabilidades da condição social, da posição por assim dizer – e tenta-se o amor, tentando incorporar a ele o mundo. O terceiro, o mais grave de todos, é só o mundo que tentamos, desencarnando-o desses primeiros amores que são pessoais e egoístas. Inútil dar a esta última forma outro nome que amor – é o mais alto deles, o mais difícil, aquele pelo qual reconhecemos a presença rara do homem de alta envergadura.

* * *

O santo não repele o mundo como tantos pensam – pelo menos aqueles que mais entendemos e nos são mais próximos. Eles convertem o mundo à sua febre.

* * *

Jamais me canso de indagar a origem dos sonhos, pelo menos desses sonhos desgarrados e fulgurantes, que surgem com toda a força de fatos já vividos, e à sua mistura de pessoas e de situações, inserem esse clima profético que tanto nos abala assim que despertamos. A origem deles nem é tão clara como quer Freud, nem tão obscura quanto supomos – é uma criação híbrida de sentimentos que nos são constantes e de instintos de previsão que modelam espectros e cenas de alta tensão, com formas comuns e habituais que seriam ligeiras se não fossem impulsionadas por essa carga de alta voltagem.

* * *

A chuva no escuro: de longe, sentimos sua força escorrer nos vaus onde não passa ninguém. Uma luz passa vigilante no espesso do mato, como olhos vigilantes – é um cão molhado que se esgueira.

* * *

DIÁRIOS 491

Amor da monotonia: amor da construção e da certeza.

2 – A palavra que este autor brasileiro mais preza, pelo número de vezes que a usa em seu livro, é "sutil". Convenhamos que das graças literárias, a sutileza é a que caducou mais depressa. De poucas, também, tanto se abusou como adorno e expressão: chegou mesmo a ser característica de uma época, aquela precisamente cuja qualidade essencial era a falta de característica. Falo, é claro, da sutileza de Anatole e não da de Stendhal.

* * *

Agora sei: a luz dessas paisagens de sonho, tão específicas no seu tom fluorescente e fixo, é a luz com que verei as coisas depois da minha morte. Não a inventamos, nem ela se inventa do nada; nós a trazemos do íntimo, porque lá existe permanente, já que o futuro absoluto que levamos não é o que nos faz viver, mas o que nos leva a sobreviver.

* * *

Não creio ter amado nada mais neste mundo do que os trens – é um idêntico sentimento que me leva ao escorrer dos rios. Os trens que passam, fogem, precipitam-se, e esvaziam-se na escuridão da noite – esses trens que parecem máquinas cegas do destino, tão pesadas resfolegam ao longo dos trilhos – e que são imagens da nossa condição de prisioneiros – e cuja fúria assisto, imóvel junto às portas, sentindo no rosto as gotas frias da chuva que cai.

* * *

Cães, inumeráveis cães, magros, gordos, brancos, ossudos, ferozes, parados, aos bandos, atentos ou indiferentes – cães de todos os feitios e de todas as cores – não os cães amenos que dizem ser o[s] amigo[s] do homem, mas os cães participantes que arrastam os despojos já sem autoridade para as latitudes fechadas do cemitério.

* * *

Cristo expulsou o demônio de uma vara de porcos – há cães que não são inocentes e transitam entre os outros bloqueados em sombra. Mas de repente, e pelo espaço de um minuto, qualquer coisa azul crepita no vazio esbraseado de seus olhos.

* * *

O pelo, a lã quente de certos cães: não revestem a mecânica bruta do corpo, mas o gelo de máquinas que obedecem a um impulso ofensivo e sobrenatural. Pelo, disfarce do nada.

* * *

Especialmente, *aquele* cão.

* * *

Otto Weinninger narra, não sei mais onde, e nem com que palavras exatas, que foram os latidos dos cachorros, à noite, nos arredores de uma hospedaria de Hamburgo, que lhe revelaram a existência do espírito do mal.

* * *

Não me esquecer das matilhas de cães famintos que se postam à entrada das cidades. Os que vi (numerosos, às centenas) em certa madrugada quando entrava em Casimiro de Abreu. Eram como demônios perseguindo o cavalo que eu montava.

* * *

J. C. me pergunta por que não falo sobre literatura. É difícil explicar: literatura para mim não é fábula, mas uma condição de vida. Poderia conversar, e facilmente, sobre aquilo que me fosse exterior, mas jamais com naturalidade suficiente sobre aquilo que reveste meu íntimo, e é o tônus do sangue que me percorre sem descanso as veias.

3 – Admirável manhã, de sol e rumores leves. Acordo bem disposto, faço compras, olho o mar: como a vida me parece distante da noite – e no entanto, *aquilo* também é vida. Haverá possibilidade de um permanente programa de saúde? Condição primacial: combate à inatividade. Não à indolência – há indolência mesmo na atividade. Mas à inatividade, que não é a mãe de todos os vícios, mas o princípio de todas as frustrações.

* * *

Quanto a mim, miserável homem inculto e de mau-gosto, a solenidade das paisagens históricas me oprime. Que posso fazer? Não sou guardião de museus. Amo as estradas largas e sem compromisso. Amo o futuro e o que faz o homem do futuro. Gosto das cidades que ainda forjam a sua história, e dos homens que ainda somam a sua vida – não dos que a encerram. Será preciso repetir isto? Este nosso autor é um exemplo vivo de pedantismo.

DIÁRIOS 493

Vivo, e não morto – que mortos temos vários, e mais importantes do que ele. Vivo porque sublinha não o amor que devemos ter pelo que se foi – que ele não sabe amar, porque não sabe ver sem projetar sobre o objeto contemplado a sua sombra – que não sabe considerar porque não sabe se pôr à margem do trânsito fechado do que não existe mais – porque não sabe admitir, sem sua anterior cogitação, a marcha ilógica do que se oferece ao seu pensamento – mas porque acentua, e de modo terrivelmente revelador, o nosso impulso pelo que vai acontecer, pelo que está acontecendo, e que dá à paisagem marcada pela nossa presença, não o seu caráter de monumento fúnebre, mas sua brutal forma de escultura a caminho de ser feita e de ser perpetuada.

Este homem vive o presente mas não o entende – os valores com que lida são valores falidos de literatura, e não valores novos, captados na luta e no despojamento. Não voltarei a ele, mas é bom reafirmar, antes de deixá-lo, que ele representa o exemplo típico, infelizmente bastante comum em civilizações nascentes e tumultuadas como a nossa, de um ídolo de barro, feito com meios primitivos, mas que mãos ingênuas houvessem coberto de ouro e pedrarias – caindo ao chão, restam as joias que não lhe pertencem, e sobra à parte o pó natural de que foi feito.

Continuo o escritor brasileiro. "Em moço... era a visão de Roma antiga." "Posteriormente... foi a Roma papal." "Ultimamente... a arte cristã primitiva... a fase medieval..." Aí estão três formas de sentir Roma. Este homem que tanto viajou, tão cumulado pelos bens do acaso e da fortuna, viu através de Roma todos os laços que o prendiam à sedução do berço e da cultura. Mas só não viu Roma, a própria, a Roma de hoje, entre uma guerra e outra, depois de uma guerra, depois de outra, sua gente viva, seus problemas – viu apenas o que lhe transmitia a sombra da sua vaidade e do seu pretenso amor a Roma. Não viu Roma, eterna através do sangue vivo da gente italiana. Viu um monumento antigo, povoado de fantasmas descobertos e eleitos como vivos à luz capciosa das bibliotecas. Atou-se à roda paralisada do tempo, mas não se uniu ao movimento da roda que impulsiona o futuro.

* * *

Ainda o escritor brasileiro, que me ocupa por tantos lados de interesse. Como viajou, como se uniu (ele e sua família ilustre) a famílias ilustres do Brasil, como conheceu gente importante, como participou de fatos decisivos, como "anexou" o Brasil a si mesmo, e através do Brasil sua ciência da Europa e da civilização, como foi "melancólico" no tempo exato, viajante no tempo exato, escritor no tempo exato, noivo no tempo exato, político no tempo exato – como foi exato no exato... Chega a nos dar vergonha, a nós outros brasileiros, de sermos escritores tão feitos à base do improviso e da descoberta. Sinto-me vestido com aquela roupa de "tupi ignaro" a que ele se refere. Mas sei por quê: não sou daqueles que se erguem exatos à sombra de um nome de família – sou exato daqueles que geram os nomes de família que mais tarde legam aos seus descendentes. Não acabo – começo.

* * *

Os homens que acabam, fazem a soma de si mesmos e das coisas do tempo que viveram, e o que viram e o que fizeram, neles só encontram palavras de louvor. Os que começam, na soma geral têm a boca cheia de impropérios, porque é deles destruir para fazer de novo, e não embalar para ceder ao sono entre ruínas.

* * *

Solidão e abandono. Numa cidade pequena, conseguimos ser solitários – numa cidade grande, somos abandonados. Podemos ser sozinhos e haver uma participação em torno, silenciosa e latente; podemos ser acompanhados, e nada existir em torno senão um imenso abandono.

* * *

Fome de paisagens. Saio à tarde e vagueio pela praia onde não há nenhuma sombra humana. Na fímbria de um azul diluído, um tumulto de asas pretas – são urubus, às centenas, que disputam a cabeça de uma arraia morta. No silêncio, o voo tem um barulho de sedas pesadas que se rasgam. Não há ninguém na enorme extensão: só os urubus lutam, donos dessa areia branca que a tarde vai consumindo aos poucos.

4 – Ainda – e até quando? – o nosso escritor brasileiro. Continuo a leitura num sentimento misto de enternecimento e humilhação. Meu Deus, que fruição de lugares, pessoas e acontecimentos! Ei-lo que fala da sua "inadaptação" a lugares sem história, a Brasília, a Goiânia, por exemplo. Ah, sente-se que ele progride – para trás –, que anseia por Ouro Preto, e quer o Rio colonial, os tempos "primevos" como diz ele de Estácio de Sá... – que digo? Não, sua alma vai mais longe, aos saltos, aqui está o nosso herói suspirando pelos Papas do Renascimento, por Paulo III, por Leão X... e mais, mais longe, por César, por Carlos Magno, que sei eu! Ora, o homem mais antigo é Adão, a mais histórica das ruínas é a que fosse contemporânea do

DIÁRIOS

primeiro homem. Quem sabe Deus não é o testemunho mais antigo do passado? Portanto ei-lo, beneficiário de todos os bens da Terra, transformado em luz, no seio de Deus. Até lá vai sua imensa vaidade.

* * *

No entanto, como é pobre a visão humana desse farejador de túmulos. Diz ele, em determinado momento, que a morte, o problema da morte, já não o preocupa tanto – é claro! Há muito coabita ele os cemitérios. Depois, esse pseudopoeta não entende a morte como um problema humano ou até mesmo filosófico – é do ponto de vista pessoal, de sua saúde, que ele a entende. Quanto ao mais, não lhe restam dúvidas – todos os de sua família, no após-vida, aguardam-no solícitos em magníficas salas, palestrando com papas e escritores, à espera de que ele venha ocupar este outro posto da Embaixada que o Criador não pode deixar de reservar a tão magnífico exemplar do seu poder e da sua fantasia.

* * *

R. de H.[74] dorme e suas entranhas rangem como as de uma máquina não afeita ao seu trabalho. Sete instrumentos diferentes batalham no esforço de sua respiração, cada um ensaiando a sua melodia própria. E sente-se, enquanto ele dorme, que os teares do sono fabricam incessantes em seu peito, em sua garganta, em suas narinas, qualquer coisa estranha como uma plantação de cogumelos feitos de veludo, de carne, de sangue e de espuma.

12 – Parado, esses dias todos, no Rio. Regresso agora, e com o sentimento de ter regressado à minha verdadeira vida, que é o silêncio e a quietude – garantias daquilo que pretendo escrever.

* * *

É a primeira vez que desço em Ibicuí – não descidas ocasionais, em domingos ou passeios com amigos – mas para ficar algum tempo, dormir, e ver o trem passar, ir e vir, sem que seja necessário correr para tomá-lo.

Ibicuí, finalmente. Lembro-me do grito famoso do personagem de Balzac – "*A nous deux, maintenant*" – dirigindo-se a Paris. (Cito de memória, sem texto ao alcance.) Agora, entre nós dois, Ibicuí.

Este nome, na sua grafia antiga – Ibicuhy – é o mesmo que vi vibrar há mais de vinte anos passados, pela primeira vez, no alto de uma carta de

---

[74]Rodrigo de Haro, *op. cit.*

Mário Peixoto. (Procurarei a carta: creio que há nela, implícita, uma descrição desta pequena cidade onde me acho agora.) Depois conheci Ibicuí. Depois, passou a se fixar no meu itinerário íntimo, como um desses lugares dolorosos, estranhos, inadmissíveis, para onde vão sempre os que amo, mas onde, infelizmente, nunca sou admitido.

Agora um novo Ibicuí reponta: o de agora, é simples e sem turbação. É o que existe. Um pouco afeito, sondo-o, reflito, comparo suas pequenas luzes – e nem de longe se parece com o sonho distante e aparte que sempre trouxe comigo.

* * *

De uma coisa estou certo: o que eu amo, é terrivelmente idêntico ao que sempre amei. O que amo é esse ar de viagem, esse balanço do trem, essa chegada, essa partida. A minha paz é em movimento: quieto, é como se ardesse por dentro.

* * *

É a primeira vez em minha vida (não agora, nesses últimos dias) em que sinto a presença do coração. Não há nada efetivo, mas é como um engenho que viesse subindo aos poucos do fundo do mar – um engenho, de que forma, de que peso? – denso do seu mistério e de sua presença. É evidente, o engenho não emerge, não emergiu até agora – mas tal como existe, roça o meu peito, circunda-o de um leve mal-estar, às vezes se torna mais agudo, às vezes esmaece mas lá está, subindo, subindo, engenho que dormenta o meu braço esquerdo e faz sentir isto que nunca houve antes – o meu coração. Este relógio morto com o seu tempo marcado.

* * *

Que me fere? Alguma coisa me fere. Que me arrasta aonde vou? Alguma coisa me arrasta. Quem me chama? Alguma coisa sempre me chama – mas sempre onde não estou.

13 – Escrevo isto em Mangaratiba, à espera do meu aniversário. Se tivesse um conselho a dar, qual seria este conselho? É terrível, mas na minha idade, neste sentido, nada tenho a dizer, conselho nenhum a dar. Viver, não tenho medo de viver, como disse num programa de televisão. Mas a minha audácia é feita de medo de viver, já tenho medo, não tenho mais nada. Que dizer, que derramar no sentido clássico de "conselho a um jovem poeta"? Não sei nada. Não sei de nada. Sinto-me tão tumultuado e tão confuso como se

estivesse começando tudo. "Nada existe de mais belo do que a Terra", disse o cosmonauta. Mas a quem interessa a Terra? Interrogo-me, apalpo-me, vejo, pressinto: só amo o que me faz medo, só prezo o que me aterroriza. Assim serei até o fim, sou assim, será assim aquilo que eu prezo. Só amo a vida e a morte. Não há filosofia nisto. Há um enorme pasmo. Mangaratiba a esta hora resplandece. O cosmonauta entenderia. Mas o vento que passa estala em vão as bandeiras de luto que faço crepitar em mim nesta manhã.

Ao sol sou como um carro ataviado de seus luxos fúnebres. Passo, mas ninguém sabe quem sou.

14 – Dia do meu aniversário. A idade só importa em relação ao que se fez – hoje, sozinho aqui nesta cidade que não é a minha e nem é a dos meus, quero pesar o que tem sido a minha existência e o modo como a tenho levado. Decerto, não tenho muitos motivos para me vangloriar, mas sobra a certeza de que se fosse dado recomeçar, procederia do mesmo modo, sem nenhuma dúvida. Para que pesar, então, aquilo que em sua essência é imutável? Apenas para se medir a extensão do feito em relação àquilo que se propôs – mais nada.

* * *

O relógio, o relógio da casa de minha avó. Basta que soe sua pequena melodia, marcando os quartos de hora, para que imediatamente eu me precipite a quilômetros de distância – a minha distância. Era assim antigamente, uma casa de gente tão pobre, e a minha espera de que chegasse o último fascículo de *Sherlock Holmes*... Havia sol, havia sempre sol. Um cheiro de quintal andava pelo ar, e era salsa misturada a funcho e manjericão. O porão, mandado refazer por minha avó, só era transitável até certo ponto. E nas duas primeiras salas, abertas para a rua, minha tia costurava. Lá eu aprendi a lidar com tecidos, miçangas e bordados, foi a minha primeira e mais autêntica escola.

* * *

A ti revejo, Mangaratiba. A baía aberta, o recortado das montanhas, e o sol. Como me sinto aqui como sempre me senti: entendo os trens e os barcos. Trilhos, cheiro de graxa. Não me envileço e nem me diminuo: cresço, pelos lados de mim compostos de sombras e arestas. Nisto não há noite – por onde olho, o tumulto me enche e me acorda. O que olha por mim são sempre olhos de menino.

* * *

De súbito, desvendo: o mar existe. Este óleo, este cheiro errante, camarões, peixes, a fumaça de um barco. Por mim, sei – é o mar. Por dentro, por fora, um azul fosco e morno me envolve – incendiado, o dia fita.

15 – Foi ontem a mais estranha noite de aniversário da minha vida. Depois de esperar em vão pessoas que não vieram, jantei entre D. Blandina, que me hospeda, e duas senhoras que não conheço. Consegui arranjar um vaso de avencas para enfeitar a mesa – e efetuamos os brindes usuais, enquanto lá fora Mangaratiba ressoava cheia de gritos e de luzes.

24 – Há vários dias no Rio, de novo. Mesmos hábitos, mesmos sonhos de evasão. Essa mecânica acaba por não nos fornecer mais nada, não nos evadimos nunca, e torna-nos sonâmbulos, à força de sonhar acordados. E assim o tempo avança até o seu limite.

* * *

Há um momento em que se sabe que a morte não é propriamente certa, mas justa. Morremos porque assim deve ser. Os que se foram antes de nós, descansam – nós descansaremos também, e há nisto uma lei onde não falta certa doçura, certo desprendimento pelas coisas e – por que não? – certa piedade pelos que ainda têm muito tempo a contar.

s/d – Como tudo o que se forma, e nós nos formamos como podemos, ao deus – dará ao não dará de Deus (não é trocadilho), não temos ainda a ciência certa de admirar. Admiramos o admirável, e isto é extraordinário, mas não respeitamos o que não se parece com o admirável que admiramos na hora. Isto me vem à margem do capítulo de Clarice Lispector, *A maçã no escuro* – que é admirável como tudo o que Clarice constrói e incendeia. Em toda a obra dessa grande escritora alguma coisa íntima está sempre queimando: suas luzes nos chegam variadas e exatas, mas são luzes de um incêndio que está sendo continuamente elaborado por trás de sua contensão. Esse fogo é o segredo íntimo e derradeiro de Clarice: é o seu segredo de mulher e de escritora. Onde nos aproximamos mais de sua vigorosa personalidade, é no livro onde ela fala mais baixo e a luz arde com menos intensidade – é na *Cidade sitiada,* talvez a sua única obra onde ela tenta romper a clausura, já não digo da sua impotência, mas da sua inapetência – e procura essa solidão primacial e total que é a do fabricador de romances. Toda a obra de Clarice Lispector até o momento – digo "até o momento" porque ela própria já sabe disto e sua obra futura ruma por um caminho onde ela se destruirá ou se fará tão precisa quanto a sua extraordinária ambição – toda a obra, repito, é um longo, exaustivo e minucioso arrolamento de sensações. Seria ocioso discutir aqui o grau de sua sensibilidade: estou falando para alguns

DIÁRIOS   499

que me entendem. Clarice devora-se a si mesma, procurando incorporar ao
seu dom de descoberta, essa novidade na sensação. Não situa seres: arrola
máquinas de sentir. Não há personagens: há maneiras de Clarice inventar.
Suas sensações, todas de alto talento, repousam numa mecânica única – a
da surpresa. Ela nos atinge por esse novo, que faísca à base de seu engenho.
Clarice não delata, não conta, não narra e nem desenha – ela esburaca um
túnel onde de repente repõe o objeto perseguido em sua essência inesperada
"e passaram-se muitos anos", diz na A Galinha, e a história toda foi escrita
para nos envolver nesta sensação de projeção sobre o infinito, depois de
termos lutado durante o conto inteiro com os mais prosaicos dos animais.
O cotidiano de Clarice é cheio de formas assim prosaicas e humanas – mas
todas elas, conscientemente ou não, estão envoltas num cetim incandescen-
te. Disse no início que ainda não temos a ciência de admirar – admiramos
destruindo logo o que não é limite daquilo que elegemos no momento.
Não há uma inovação na linguagem de Clarice, e assim no seu modo de
sentir Clarice sente Clarice Lispector – e é muito. Não há, nunca houve
Joyce em Clarice, há Virgínia Woolf. O espectro do sentimento humano
é dissociado nela não em função de sua permanente mutabilidade – o que
faz o dia único de Ulisses – mas em relação ao tempo, tema preponderante
de Mrs. Dalloway e de As Vagas. Ao descobrir a mecânica dissociada do
tempo, ela não atingiu o dissociamento da mecânica de comunicação humana, que é a língua, como Joyce. Ela não se desespera, do modo terrível
como se desespera esse místico do nosso tempo que foi o autor de Dedalus.
Ela situa apenas a sua emoção. Não cria nem define: anota. Um Guimarães
Rosa, que tão erradamente admiramos, dissocia a língua, mas não inventa
a sua emoção – em sua essência ela é clássica. Sob a sua roupagem inédita e
barroca, Grande sertão: veredas é um romance válido porque levanta apenas
os velhos problemas do homem. Ora, não há o homem em Clarice Lispector.
Por isto é que ela arde. Suas fábulas, e mesmo as mais extensas, delatam a
presença única desse problema – a mulher sitiada. Depois de ter dedilhado
a mecânica de todas as sensações, e delas talentosamente ter extraído o seu
sumo de novidade, descobriu, por meio de inteligência, que a catalogação
de sentimentos, mesmo as mais inesperadas, são atributos femininos. O
que nela queima é nostalgia do que não é-o homem. Seus livros são muros
que circundam perpetuamente uma cidade indefesa – de fora, assistimos
ao resplendor da sua cólera. Mas nesse mundo, o romancista não penetra:
a cidade de Clarice, como essa maçã que brilha melhor se for no escuro,
arde sozinha: dentro dela não há ninguém.

s/d – Homens, estudantes, gentes, que sentais comigo no bar – no Bar Lagoa –, morreis de um apodrecimento prematuro e sem remédio. Morreis dessa consciência pequena de ser. Morreis dos pequenos nomes que conheceis, da lei e da honra que haveis estabelecido como o certo – morreis de ordem. Não de ordem, a indivisível, mas da ordem pequena que se constrói, contra o burguês imediato. Morreis do conhecimento, do burguês. Morreis do burguês que dialoga em vós a morte do burguês. Morreis do que se aprende rápido e inteligente – morreis de adivinhar. É preciso ser tardo, é preciso descobrir, alinhavar, coser, dourar e cuspir em cima. É preciso desdenhar a vitória. É preciso sujar o dourado. É preciso não ter sido gente, depois ser gente, e por fim voltar a não ser gente. É preciso ter coragem de si mesmo, ousar sua ferocidade, a inata. É preciso não ser bom nem amigo, nem companheiro. Morreis da ausência do tigre. O sublevado é uma invenção de antanho. Sois os mansos sublevados. Sois os sublevados sem coragem. Sem sangue. É preciso sangue. Morreis de inocência. Morreis de imaginar rebeldes. Morrei-vos de paz. Morreis.

1962

s/d – Acho-me diante deste ano que começa, diante de dois compromissos que considero graves: a publicação de O *viajante,* que sem ser uma continuação da *Crônica da casa assassinada,* é uma sequência diretamente ligada a este romance, e a do "Diário II", que aprofunda e amplia ideias expostas no primeiro.

Há mais de dez anos que temas e planos de O *viajante* vivem comigo. Leva ele, como epígrafe, uma citação de Byron. Numa época de joycianos e romancistas *nouvelle vague,* quero afrontar o preconceito desse pseudo-novo com o direito de ostentar esse velho arabesco da coroa romântica. No fundo, o viajante é a essência do mal, em permanente trânsito pelos povoados mortos do interior.

Não é à toa que à profissão de vendedor ambulante deu-se o título de "cometa"; como tudo o que passa sem pousar, deslumbra e cintila, arrastando à sua passagem essa aura de poesia que muitas vezes é mortal para quem fica.

Creio ser este, em linhas gerais, o significado desse romance que já tanto me cansa pela sua longa conexão à minha vida.

* * *

DIÁRIOS

Alguém disse que tudo é graça. Tudo é Jesus Cristo. Por que meandros, por que luas, por que nomes de amigo, chamei o nome do Amigo? Juiz meu, algoz, como não supô-la o grito esvaído no vento, a prece, o entusiasmo, não da infância, mas da tristeza e do desconsolo de ser homem e de passar? Estranho amigo! Presente é o amigo de todo mundo. Reclamo-o cheio de pompa e de justiça, reclamo-o fúnebre e mortal, reclamo-o sem altar e sem juros – reclama-o. Que me entenda quem for de entender. Quero assim como aprendi a discerni-lo quando nada mais pude ser senão eu mesmo, quero-o assim inovado e palpitante, quero-o sem glória e sem identidade. Chamo-o de todos os nomes, os de gente, os de coisas, os de animais e os de elementos – somos nós Jesus, quando temos voz para chamá-la e ainda não o perdemos no tumulto daquilo a que nos obrigam. Somos nós Jesus – e nos entende, nos ouve Ele? Que importa? Inventamos o imprescindível. Nosso Jesus é a necessidade de não morrer. Nosso Jesus não é o nosso – é o estranho que nos habita, e não nos larga nunca, até impor sua vontade à carcaça que nos compõe a identidade.

JULHO

29 – Assim começa. Estou na gare Pedro II onde espero o trem que deve sair às cinco e trinta. Trinta dias me esperam pela frente e os minutos, nessa faina de viagem, me parecem leves como se estivessem cheios de vento. Durmo, e não quero acordar. Só há em mim um propósito: viver, salvar-me. Como sempre disse, não há nada mais triste do que a salvação. Mas vá lá por conta de amigos e coisas que tenho a fazer: trato-me. Só desconfio muito que também se morre de saúde.

* * *

No mesmo local: reagir à hora; reagir ao assalto. Vamos ficando brancos dentro deste panorama de ausência. Sou quase um fantasma, mas em trânsito. O mundo altera sua órbita, eu apenas começo a me tornar um mundo de coisas inúteis e sem sentido. Um homem sem mundo.

* * *

Oito e trinta da noite – Barra do Piraí, à espera do trem que nos levará a Três Rios e, de lá, a Ubá. Pergunto a mim mesmo se tudo não está lamentavelmente errado.

30 – Amanheço em Três Rios depois de haver dormido num hotel infame, perfeitamente no gênero de *O desconhecido*.

Sentado agora na praça, enquanto espero Reinaldo, indago: de que fujo? A resposta é clara: de mim mesmo. Mas obstinado eu acompanho a mim mesmo, rufando por dentro meus sombrios tambores de batalha. Até um dia...

* * *

Tudo é assim visto ao sol da manhã, diante de um trem fumacento que faz manobras, parece absurdo. Que realidade pode ter um caso que em si mesmo é irreal, cuja essência é absurda? Choco-me, no ar parado e varrido de fumaça preta. A resposta também é absurda: é a realidade de que me componho que é incerta e sem elementos comuns. O que amo, parece uma invenção – e o meu grande esforço é tornar esta invenção uma constante, visível e reconhecida, feita de elementos que poderiam ser aceitos pelos outros. Mas é difícil, e vago ao longo de ruas que não me dizem nada, suando o sangue da minha aventura e a tristeza da minha fantasia.

* * *

Peixes do rio de uma prata escura e profunda.

Cantadores de feira: ferem o instrumento aflito, descarregam a cantiga monótona mas de olhos baixos. É como se rezassem uma reza para um deus mentiroso.

* * *

O que eu disse: "um navio me levará ao futuro". Resposta: eu sei, e mais depressa do que penso. Esta frase me obseda.

* * *

Outros estarão na Europa e, à ciência local, unirão o conhecimento clássico do Velho Mundo. Ah, mas que importa: sou feito da visão dessas cidades pequenas, de seu pequeno sol, de sua pequena vida. Não que elas se incorporem a mim através de sua paisagem pobre e o característico seja o que delas me vem à alma. Não disse *alma* e está certo. É este Brasil obscuro, feito de almas pobres e contrafeitas, o que me interessa. Apego-me a uma população de sombras – e o que vejo, é como um telão de teatro que circundasse a cena – sempre a mesma onde esta pobre gente me fala de seu esquecimento e do seu afã de perenidade. Existem, em meio ao pó e à contingência brasileira de assistir sem alegria à gestação de um velho burgo que nem sequer é novo – é neutro esperando em suas sepulturas brancas o sinal da ressurreição.

* * *

DIÁRIOS 503

Sobre Nelson Rodrigues: da consciência da decadência do estilo falsamente mineiro, "de cabeça baixa". É preciso fazer tornar a Minas o seu espírito claro e criador sem essas barreiras de subjetivismo estéril. Está morto o espírito saudoso e desagregado do poeta fechado em si mesmo, remoendo os seus rumores desligados da união humana – por menor que pareça isto – e começa a reviver a época em que a criação fez de Minas o grande Estado que é – que será, já que tudo se une numa cadeia ininterrupta de criação saltando por cima desse lago estagnado de aceitação burocrática.

* * *

Chegada a Ubá, depois de um dia de viagem horrivelmente cansativo. Plantações e plantações de fumo. Sentimento intenso de solidão.

Não há uma tristeza – há várias tristezas, e cada uma delas com seu específico diferente. A de Ubá, por exemplo, sendo uma tristeza brasileira, de boi manso e enorme no seu ruminar e na sua paciência, é uma tristeza mineira. Nela não há essa melancolia que vem das cidades feitas à borda do mar, onde a noite custa a descer, e se faz arrastar sobre o horizonte, manchada de tintas fortes, adelgaçando-se entre o céu e a água. Não há a brisa que nos traz uma lembrança de barcos salgados, de funda distância marinha, de promessa de volta – não há diálogo. A noite mineira vem caindo desde cedo, escurecendo de modo furtivo, roubando cantos, irrompendo dentro de matos sua identidade, escurecendo passe antes numa praça, ocupando muros. Os homens se aproximam, mas sem fala, *apenas porque há outra volta da cidade* – atrozes distâncias que não convém devassar. Paira um segredo com essa chegada da noite mas ninguém fala, ninguém toca no assunto – enquanto o mar reúne as gentes à borda das praias. A noite é mansa nas moradas da praia, aqui, escondida, ela vigia o prisioneiro: ativa, salta do seu esconderijo e nos cerca. Com cordas pretas nos fecha no seu retiro. Somos um gado manso que nos sabemos prisioneiros, mas ninguém toca no assunto, é assim mesmo, terá de ser assim, até que um outro sol venha dissipar essa tristeza atávica. Há melancolia, essa doce, heráldica melancolia em se anoitecer olhando o mar (não há mares diferentes, há um só mar enorme, que investe verde ou azul, em fímbrias ou golfos, mas pleno de fartura, de surpresas, de calor.) Há nisto – as terras amadas como direi – calor humano. Mas aqui há tristeza, e funda, e desgraçada, olhando essa noite que se abate sobre o interior do Brasil. Que me venham com as doçuras da solidão e da poesia – essa noite bruta, total, terrível, foi feita para ser suada como um vapor frio, e curtida depois na cama, com amor ou sem amor, pouco importa, mas curtida sobre travesseiros brancos, que nada falam, mas conspiram, a favor do abandono. Noite, que faremos? – indagamos cheios de silenciosa preocupação, e a noite não responde, porque essa noite das cidades do interior, das cidades de Minas, é muda e cega. Sua crueldade vem do sentimento terrível do seu poder: são léguas e léguas de brejos, carrascais, lama, poeira e desolação. Tento especificar a diferença: diante do mar, escurece o tempo, mas há luz por dentro de nós – olhamos e não escurecemos. Nessas cidades perdidas de Minas tudo se apaga em nós, rende-se ao poder da relva e do frio, reduz o tamanho da gente, ao de um objeto engolido às pressas, *seu deglutio*, como faz a jiboia. No manso do tempo, vamos nos desfazendo resignadamente, até que o tempo soe e, com o tempo, então, a manhã, o calor, estes sim, sempre belos. Minas, esse espinho que não consigo arrancar do meu coração – fui menino em Minas, cursei Minas e os seus córregos, vi nascer gente e nome em Minas, na época em que essas coisas contam. O que amo em Minas é a sua força bruta, seu poder de legenda, de terras lavradas pela aventura que, sem me destruir, incessantemente me alimenta. O que amo em Minas são os pedaços que me faltam, e que não podendo ser recuperados, ardem no seu vazio, à espera de que eu me faça inteiro – coisa que só a morte fará possível. Há uma certa doçura na tristeza – a gente se compraz nela, amando. Nesta tristeza – a gente de Ubá, há evidentemente um compromisso com o aniquilamento: passo e repasso pelas suas ruas iguais, pelos seus becos, pela sua praça. Uma única coisa me fere a atenção: o fundo dos açougues, escuros, escuros, oh! tão escuros, molhados de sangue, onde homens de faca em punho retalham enormes pedaços de porco – muitos pedaços, lascas enormes de porco banhadas em sangue, para serem vendidos amanhã a essa gente que come, come, finge que vive e vive ignorando a vastidão e o esplendor do mundo. Surdos como se andassem besuntados de sangue.

* * *

Manhã em Ubá. Reinaldo partiu, e sozinho, acho a cidade que me olha com desconfiança. Sinto uma desproporção, o local não se parece em absoluto com o local onde descortinei histórias minhas. Estarei enganado? Docemente, o espírito de Minas flutua – e como um gás interior, bem guardado, mas pronto à primeira explosão. Não são as explosões de meus personagens que parecem exorbitantes no local – é precisamente o contrário, o cotidiano é que é diferente. Nos romances, a causa já está em jogo desde o princípio, aqui não esperam o seu tempo de chegada.

* * *

DIÁRIOS

Procuro Ferdy[75] por todos os lados e ninguém o conhece. Assim é que se diz: ninguém é profeta em sua terra.

* * *

É tão estranho alterar-se assim de repente a vida. Por minutos, a cidade me interessa, pedaços claros colam-se a mim, acentuam minha sombra – ah, mas como seria impossível viver aqui a vida inteira. Sete cidades fúnebres e mortais, que eu não conheço – e nem sei onde ficam – acenam-me com suas bandeiras invisíveis. Uma, uma única vive perfeitamente em mim – mas esta não existe.

* * *

Numa cidade, sem ter ninguém com quem falar; deve ser esta a sensação dos doentes de um mal contagioso.

Casas de doentes, pedras de doentes, sol, conversas de doentes – são estas as coisas que meus olhos veem.

* * *

O trem que passa e apita mesmo junto ao bar onde estou – ah, que a vida bem parece uma brincadeira de criança. Sinto ouvindo esses ferros pesados, o fogo da caldeira que o maquinista vai enchendo de carvão, o apito – único, estridente, vitorioso no meio-dia ao sol – o mesmo prazer que sentiria um menino, um menino tal qual eu fui.

* * *

A hora difícil: essa passagem da tarde. A noite vem chegando como se isolasse a cidade do resto do mundo. Meu coração se aperta: a gente conhecida se comprime em grupos, defendem-se da noite, esta é a verdade, enquanto eu vou sentindo que sobro, que vago à tona como um detrito que viesse com a entrada do frio.

* * *

Não é tão feia assim a vista da janela de meu quarto (205). Alguns telhados, um eucalipto gigante e, longe, as torres da igreja. O morro sobe descalvado, corre para longe – mas não se eleva. Ainda não conheço nin-

---

[75]Ferdy Carneiro (1929–2003). Pintor, gravador, cenarista, figurinista e diretor de arte brasileiro. Trabalhou nos filmes *A casa assassinada* (1971) e O *viajante* (1998), ambos de Paulo César Saraceni (1933–2012).

guém, poupo-me, refaço-me. Sinto-me sozinho como se tivesse nascido agora. Ferdy, caçado em todos os lugares, não é conhecido de ninguém.

Que adianta querer viver se em nós uma presença contínua reclama a sua morte? Que podemos fazer quando em nós um outro lado quer deixar de existir? Da luta entre duas partes, arrancamos a possibilidade de fazer alguma coisa – mas é inútil quando a parte de sombra reclama o aniquilamento.

Eu vivo, mas tantos venenos ardem no meu sangue.

31 – Estranho dom: Deus deu-me todos os sexos.

[AGOSTO]

1 – (Trecho sobre Ubá).

2 – Agora, Viçosa. Vim de trem, indagando coisas a um velho, e ele me disse que atravessávamos o vale de São Geraldo, que a serra distante era a dos Milagres e aquela árvore vermelha, sem uma folha, era a "mucanrana".

Bela paisagem nua e selvagem.

Ah! como o Rio parece distante e seus problemas. Mas ainda assim, às vezes, uma saudade. Quando voltar, tenho certeza, tudo será diferente. Hoje, se Deus quiser, voltarei à história de Ló.

* * *

Viçosa, a pequena praça, alguns coqueiros – e sobretudo o sino elétrico da igreja que bate a todo instante – uma pancada firme, seca, que não cora – nem tem cambiâncias como teria as de um sino movido pela mão humana.

Não foi apenas todos os sexos que Deus me deu: também todas as formas de morrer. Atrás de mim, infindável, vejo rompida a teia do que fiz e do que amei – são as mortes sofridas sem que eu soubesse, e que ressurgem de repente, feitas de vestes idênticas a coisas que me foram caras.

* * *

Um dia, quem sabe? – eu poderia viver numa cidade assim. Nenhum desígnio, nenhuma fantasia – a hora exata, a paisagem exata, a paz exata: assim como se já houvesse me despedido do mundo.

* * *

Irei até onde puder. Irei conscientemente contra mim até onde puder. Irei até que confesse o meu fracasso e volte ao pequeno inferno que deixei. Mas não irei alimentá-lo com a passividade e nem me despedaçarei contra o muro senão depois de ter lutado contra ele.

DIÁRIOS   507

3 – Ontem, apenas, o tempo pareceu-me enorme. Contei os dias, e na minha tristeza, imaginei o quanto faltava para voltar. Foi o meu primeiro desfalecimento, mas reagi de cara dura, não deixando que o desespero me tomasse. Viver assim é viver, decerto, mas de que modo amargo e sutil. E dizer que convalesço de moléstia nenhuma, que apenas escapo – de mim mesmo. No entanto, é agora que minha vida atinge o seu zênite.

* * *

Nunca mais quero ser como fui – digo comigo mesmo. E cego, aos pedaços, insone e terrível, a massa do nosso eu, informulado, quente ainda de seu esforço, vai compondo aquilo que renegamos e do qual pensamos nos ter despedido para sempre.

* * *

Espero. Todos os dias e todos os momentos, espero, porque sei que hei de me transformar e outros serão os tempos: de calma, sem esta febre de amor inútil, a perder-me no vazio.

4 – Uma razão para viver. Uma banalidade, mas sem a qual a vida perde todo o seu sabor. Continuo escrevendo *O que vai descendo o rio*,[76] mas sem muito ânimo. Assim exatamente como vivo agora – sem saber para onde vou.

* * *

Nesta solidão, verifico as deficiências enormes que me compõem: trabalho de um modo fácil mas sem ritmo prolongado, não sei ler, leio mal, sem seguimento, e penso ainda pior, sem um raciocínio lógico, impondo o meu pensamento por clarões, fatos ou intuições, nunca por meio de uma ideia seguida e trabalhada. Mas serei culpado? Esta é a natureza que Deus me deu – e esta solidão que de longe tanto proclamo e reclamo, é sempre dura e pesada de suportar. Um terror do mundo, antigo e sempre sufocado, aflora-me à consciência. Neste sábado cintilante, vago como uma sombra. Nada me assiste e nem assisto a nada. Esta é, sem nenhuma dúvida, uma das formas lúcidas de morrer.

* * *

---

[76]Texto inédito, os manuscritos encontram-se no ALC.

Olho minha silhueta na sombra, gordo, disforme, um homem de idade – mas o que ferve dentro de mim, essa curiosidade, esse frêmito de viver. Acalmo-me à força, à custa de remédios, arrastando o dia como uma data que não me pertencesse.

* * *

Um clamor intenso nos segue, e aumenta à medida que o tempo passa: é o grito dos animais que sacrificamos, dos amigos mortos que deixamos de amar, dos seres insubstituíveis a que arrancamos do lugar por meio de morte violenta. Mas, a quem matamos? Àqueles a quem não perdoamos, àqueles a quem não ofendemos, e paradoxalmente, àqueles a quem fizemos derramar sangue. Este clamor está amalgamado ao silêncio e nos perseguirá até nosso instante final.

5 – Um sábado luminoso e frio. Escrevo num pequeno bar diante da praça de Viçosa e vejo as pessoas que vão e vêm com roupas coloridas. Mais do que sinto, pressinto esta paz – é como se soubesse que em torno de mim, de meu silêncio, houvesse uma claridade que, sem interceptar-me o mundo, jamais se misturaria no entanto ao meu clima. Mais uma vez indago: seria capaz de manter a existência assim neste decorrer fechado, esperando que o sol aumente o seu ardor, com a minha xícara de café e pastéis diante de mim, com tão poucas palavras? Talvez, não sei.

* * *

(Mesmo dia à noite) – Ah, como os meus problemas me vieram hoje à memória, enquanto sentado sozinho num bar olhava a praça defronte. Tão difícil pegar e num momento em que eu deveria estar apto para isto (não no sentido de condenar) mas de esclarecer e marcar o ponto exato onde me firme...

* * *

Neste mesmo bar, de repente, consciência da minha singularidade como escritor: estar ali era um instante, um momento, e era absurdo, e era belo o que me formava.

6 – Decisão de não publicar mais os meus "Diários" senão em conjunto, e sob outro título – provavelmente "Itinerário de um Escritor" ou qualquer coisa no gênero. Não creio que eu interesse a ninguém, e aos pedaços, esse constante ser que me forma e que eu com uma vivacidade tão à tona, esmi-úço incansavelmente para um possível leitor.

DIÁRIOS

7 – Aproxima-se a data em que eu me acharei exato no meio do caminho de minha vida. Tenho procurado pensar e a única coisa que posso garantir é que chego até com o sentimento de um milagre. Tanta coisa ida e esvaída, *dura ou não,* ou apenas esboçada, serve apenas para mostrar como o dedo de Deus me segue, intervindo nos instantes cruciais. Está frio o tempo, o céu azul com grandes nuvens brancas. Ao meu sentimento de plenitude mistura-se o de uma enorme gratidão. Creio que só a isto se pode dar o nome de paz-não tranquilidade, nem atonia, nem ausência – mas pacificação, no sentido de coexistência dos contrários.

8 – À noite, deitado, leio uma frase citada por Green que me faz pensar – a de um escritor qualquer, cujo nome não me lembro, afirmando que depois dos quarenta anos o homem entra em agonia. Se não é verdade, tem todas as semelhanças de verdade. Mas eu acrescento que se a parte física entra em agonia, a espiritual começa um itinerário de ressurreição – até a queda final, é verdade. Neste antagonismo está toda a beleza sem a qual seria impossível viver trazendo sempre presente ao pensamento uma frase seca como aquela.

9 – Aproxima-se a data de meu aniversário, e desta vez é diferente. Metade de minha vida está decorrida, e se não estou nada satisfeito com o passado, ainda espero alguma coisa do futuro. Deste modo, pensando assim, é que construo o meu presente. Ou melhor, que luto, que luto incansavelmente contra essas forças que sempre existiram dentro de mim, e que sempre foram mais fortes do que eu.

10 – Ronald Chevalier perguntou-me um dia porque eu temia a idade – acrescentando que só determinadas pessoas têm idade. Certo ou errado, a ideia agradou-me então, mas hoje quando vejo a vida cindir-se em mim tão nitidamente como se fossem duas metades – uma, não de sombra, a vivida, a outra mergulhada na bruma, não tenho mais esta certeza e me apavoro, olhando o desgaste de tudo o que me forma.

11 – Dois dias sem escrever neste caderno, perambulando, sem ler, sem fazer coisa alguma. A paisagem me absorve, ou melhor do que a paisagem, este comum que deveria ser o meu e que circunstancialmente é tão diferente. Há pontos onde não me encontro mais: modos de falar, de sentir e até de se conduzir – como se a Minas que existisse em mim fosse puramente ideal, mais feita de lastro do passado do que de uma fisionomia presente. A verdade é que já não sou daqui, já não sou mais de lugar algum. Não sei se é ao mundo que me torno estranho, mas sinto-me estranho, e filho de terras que não existem, mas que sacodem em mim sua perpétua nostalgia.

* * *

Noite de sonhos agitados, cheios de sombras e pessoas cujo fito meu é fazer desaparecer. De que porão ressurgem, por que o significado disto? Por que ainda vivem? Acordo irritado e sem gosto para fazer coisa alguma.

* * *

Atravessei o meu aniversário. Lembrei-me do ano passado, de Mangaratiba, do meu estranho jantar. Desta vez tudo se passou diferente. Minha irmã (Regina) preparou-me uma pequena festa e havia amigos que me olhavam de um modo estranho mas compreensivo.

* * *

Diário de um escritor. À medida que as páginas avançam, maior se torna o número de mortos em torno dele. É assim.

* * *

A eternidade é isto: este passar lento na superfície, mas terrivelmente profundo no seu íntimo.

* * *

Andando por uma rua de Viçosa, deparei de repente com uma árvore repleta de flores roxas. Nenhuma folha, apenas uma chuva de flores roxas. Tinha o ar de uma festa preparada com enfeites de luto. Tão estranha no meio das outras. Olhei-a durante muito tempo.

* * *

Sou consciente da enorme tristeza dos meus livros. Neste que eu termino agora por exemplo *(Introdução à música do sangue*[77] e *O que vai descendo o rio)* custo a me adaptar a uma atmosfera que sei prenhe de sangue e de lágrimas. Faulkner sempre afirmou que não era um escritor, e sim um homem que se divertia extraordinariamente escrevendo suas histórias. Como podia?

* * *

Leio num jornal que um amigo (Lúcio Rangel) está doente. De que adoecemos nós, todos que estamos doentes? De impaciência de viver.

---

[77]*Introdução à música do sangue*, história inédita, escrita por Lúcio para Luiz Carlos Lacerda, que neste ano de 2012 escreveu o roteiro para uma futura filmagem. Os manuscritos da história encontram-se no ALC.

DIÁRIOS

19 – Voltando de uma cidade, Coimbra, pouco adiante de Viçosa. Velha fazenda meio desabada, no sistema que deveria funcionar há cinquenta anos atrás: carro de bois, gado com aftosa, milharal queimado pela seca, galinhas no chão da cozinha, completa promiscuidade. Senti plenamente que há necessidade de se mudar, de se estabelecer uma nova ordem de coisas – mas qual?

Uma coisa era bela: da janela do meu quarto, vi à noite o trem passar – e como era consolador aquele ranger de ferros, aquela fumaça e aquelas fagulhas espalhadas por todos os lados.

* * *

Há um modo de se falar sobre Jesus Cristo – eu falo, mas não a linguagem adequada. As palavras como que dançam no vazio, são desgarradas, sem força, dentro do grande vazio que comporta o assunto enorme.

* * *

Novos títulos: *Estrela queimada, Cavalos na sombra.* Ou do modo que me agrada mais: *Cavalos queimados.*

* * *

Todas essas ideias me vêm, andando na *charrette* que me transporta da cidade de Coimbra à F. X. E parece estranho, mas foi deste fundo de fazenda mineira, que escutei. O artista não viaja, como se pensa, num bonde – é numa carroça que leva ao patíbulo que ele vai. Uns pensam que o passeio vale a pena, e vão até o fim, enganados – outros, mais espertos, saltam antes do fim. Apenas alguns, muito raros, vão conscientes até o fim. E vão, uns de cabeça baixa, outros rezando, outros permanentemente ajustando a consciência à hora, como esses doentes maníacos que vivem procurando um objeto que não se acha. Quanto a mim, por exemplo, vou cantando e pisando em brasas, que este é o preço do que não tem preço.

* * *

Outra coisa: não sei se José Carlos Oliveira percebeu exatamente o tenebroso sentido da sua prosa sobre Otto Lara. Se percebeu, e é bastante inteligente para perceber isto, deve saber que empunhou o martelo contra essa coisa indigna e ultrajante para o artista, que é o "artista" espremido na forma de vida conquistada e vista do alto de casamentos importantes e dinheiro. Dinheiro, sobretudo dinheiro. Que o papel não trema diante de mim ao escrever a insólita palavra. Nelson Rodrigues sabe disto, e é por isto que escolheu o Otto como sua vítima predileta. É que ele também ouviu soar o *nada* dentro do búzio, e admirou-se da conquista feita através do nada. Sou contra o espírito mineiro de cabeça baixa, noctívago e inteligente – e é do fundo de uma velha fazenda mineira que o digo, porque não é possível que este chão fique sem o seu intérprete, e seus nós, e seus matos semimortos, suas águas e sua gente – não é possível substituir isto pelo delírio autárquico e funcional de alguns homens inteligentes que exatamente por serem inteligentes bandeiam os olhos da terra com uma faixa de esparadrapo onde escreveram NADA. Sinto-me tão cheio de mim mesmo que largo o caderno, corro ao pátio, desço ao curral, e sapateio sobre aquele esterco ainda quente, sacudido pelo meu furor de ser e de existir assim tão vivo e tão presente.

* * *

Uma fotografia não dói: dói é esta terra que apanho e espremo entre as mãos, terra milenária, mas ainda presente de vitalidade e de futuro.

* * *

Viçosa. Visitei a Escola de Agronomia. Ordem. Limpeza. Técnica. Ah, mas eu já disse tanto que é a avante-ordem ou a *post-ordem* que me interessa. Só existo no tumulto, no calmo rendo-me a um esforço de vida que não me interessa viver.

Assim como esta noite é turva, assim existo e cintilo com todos os fogos de minha natureza sertaneja.

SETEMBRO

3 – De novo no Rio. Distantes estão o sol, a poeira e a paisagem de Minas – distantes e presentes. É só fechar os olhos e o quadro se eleva inteiro aos meus olhos: suas flores, seus frutos, seus pássaros. Mais do que isto: seu espírito. Disto sou formado, e desta saudade do mar, de sua festa, de olhar longo e terno, olhar de amigo. Com que o saúdo, assim que o encontro de novo. Velhas coisas amigas e másculas, pobres e delirantes, como eu, na posse do seu segredo e de sua secreta seiva. Assim nos entendemos e nos bastamos. Oh, tão assim.

* * *

DIÁRIOS 513

Entrevista de Rossellini. Há uma verdade: a arte moderna perdeu o coração, substituindo-o pela inteligência. Este é o instante crucial onde se encontra. Porque a estas coisas podemos admirar, sem dúvida, mas como amá-las?

* * *

Vi a grande diferença entre querer o bem, e querer apenas o bem das pessoas em particular. Se querer o bem, em si, é moral em sua essência, querer o bem como particularmente o interpretam as pessoas é pôr em ação, afinal, o próprio espírito da caridade.

* * *

Reencontro o Rio com mais calor e mais interesse à minha volta: sinto-me mais seguro e mais profundo. Retendo os meus lampejos, substituo-me ao crescimento dos meus amigos. Há uma paz que adivinho com maior possibilidade de permanência. Diante de minhas janelas abertas, o verde renova com enorme doçura o tempo das amendoeiras. Há no ar um cheiro de brotos nascendo. Obrigado, meu Deus, por este instante de calma.

4 – A propósito do que escrevi ontem sobre "arte sem coração", quero acrescentar que neste domínio prevalecem alguns homossexuais mais sem coração que me foi dado encontrar. Não sei se pela necessidade constante de defesa, por excesso de massacre íntimo, por vingança, por pudor – ou seja lá pelo que for, há entre os pederastas sem minúcias de classificação, alguns dos homens mais frios, mais insensíveis, mais sem essa memória particular do afeto, que me foi dado encontrar. Reverso, é claro, de alguns verdadeiros mártires que vi também transitando pela vida, arrastando, ao longo de infindáveis dias, o seu sudário manchado de sangue.

8 – É um sábado, escrevo, sozinho em casa. Há uma grande paz no meu coração, assim como se de repente se tivessem aquietado as marés externas que me agitam – e assim eu pudesse ver o quanto de claro e simples é aquilo que em mim é o mais profundo. O mais profundo é este que aqui escreve, descalço, com o coração limpo de paixões, tão próximo do menino que fui e ao mesmo tempo tão distante dele, neste dom luminoso e coerente, que faz os extremos se unirem e traça da curva da vida, desigual em certos pontos, amargo e hostil em outros, este arco suspenso, onde as idades se confundem e o eu, recomposto, se torna harmonioso e completo. É sem surpresa que examino: os ferimentos resistiram à minha fidelidade. Sanados, integram-me neste silêncio que tanto amo: e assim me sinto mais

próximo, com serenidade, dos livros que tenho a fazer e da morte que ao meu encontro caminha em rota inversa à minha.

* * *

E a verdade é que não me domei: sentenciei-me à calma. A surpresa é que eu me adapte tão bem a esse sistema de galés. Mas, até quando? Ou de modo definitivo?

* * *

Leitura: Faulkner: *The town*.
Uma biografia de Brahms.
(Lembrar: o maravilhoso, sutil e inesperado octeto de Schubert. Descobertas dessa natureza nos remoçam: há nele o roçar de uma folha de veludo em constante fuga – e essa alegria infantil de Schubert que pela sua ingenuidade consegue se aprofundar sem o mínimo peso.)

* * *

Propósito: de acompanhar as coisas, com maior assiduidade, através deste caderno.

Propósitos! Oh, minha mocidade, não foi de propósitos idênticos que a enchi, de propósitos frustrados e esquecidos? Mas assim recomeço: sou de novo moço de mim mesmo e de minhas ambições.

14 – Título de um provável livro – *O outro, voracidade*.

18 – Pela primeira vez, depois de já ter estado com ele três vezes, J.P. anuncia, por telefone, que virá ao Rio. Marca um encontro às três horas nas Barcas. Irei, e com certo sobressalto – estarei diante de um novo problema sério? É possível, e como imagino, quase com certeza, que seja este o último da minha vida, apresto-me para dele tomar as notas que devia ter tomado em todos os outros.

19 – J.P. ao cinema. Não, não é o que penso. Verdor demais, inocência quase nos propósitos. De um certo modo, o mais corruptível dos seres. Falta-me tempo, tempo e paciência. E o apetite de corrupção, que é um dom da mocidade. (Na velhice, ao contrário, é um sinal do diabo.)

OUTUBRO

9 – Solidão. Tanto falei de solidão ao longo da solidão, e no entanto não a conhecia ainda como a conheço agora – ah, não essa solidão a que as coisas exteriores nos obrigam, essa que vem de fora para dentro, e que é

apenas uma forma de desamparo no espaço cheio do mundo. Falo e agora sei disto inteiramente, dessa solidão formada no interior, dessa imposição íntima do homem destinado a caminhar sozinho, não porque descreia dessa forma primária de convivência que é a fraternidade humana, mas porque a soma do seu conhecimento – esse conhecimento não lido, mas adivinhado, voraz, que nos reveste o espírito como um veludo cor de sangue, surdo e maduro – bloqueia-o no seu exílio. Não falo da solidão do pobre, mas da real solidão que foi a de alguns príncipes da terra. Falo de Adriano, erguendo templo vazio ao deus do afeto desaparecido para sempre, falo de Nietzsche, acendendo fogueiras no alto das montanhas, de Kierkegaard, percorrendo sem companhia as salas iluminadas e abertas de sua casa – falo desse poder de não sucumbir ao silêncio e à veracidade do conhecimento, que vão implicar em perda do amor, nem da amizade, nem da pátria, nem da obra de arte – falo dessa condição última de homem, tão erguido, tão monstruoso, tão esquemático no seu pedestal onde já se amontoam as primeiras sombras da noite. Falo do homem pronto para o seu diálogo com Deus.

* * *

Navio cego, é como avanço. A universalidade é uma forma de se encontrar na diversidade das coisas, mas é estranho que essas notícias se imponham a olhos esvaziados de luz, ausentes e presentes, presentes aqui nesta terra, mas ausentes noutra cujo teor apenas cava um dilacerante adeus a pupilas que fitam nada.

17 – Aquela mesma angústia fria, aquela dor sem doer que se espalha pelo corpo inteiro. Arrumo, desarrumo, faço, e refaço. Ah, como é difícil ser calmo. Encho-me de remédios, vou à janela: é a noite, a noite dos homens, a minha noite. Ruídos de carros que passam na escuridão. Rádios abertos. Vultos que transitam em apartamentos acesos. E eu, e eu? Onde vou, que faço?

Ouço a voz de Cornélio Penna – naquele tempo – "o seu sofrimento é um sofrimento bom, de permanecer à margem". Não há, Camélia, pior sofrimento do que permanecer à margem. Não tenho temperamento para isto. Quero amar, viajar, esquecer – quero terrivelmente a vida, porque não creio que exista nada de mais belo e nem de mais terrível do que a vida E aqui estou: tudo o que amo não me ouve mais, e eu passo com a minha lenda, forte sem o ser, príncipe, mas esfarrapado.

PARTE II

DIÁRIO DE TERROR

(Tudo)

Toda ideia que nos ultrapassa sem tomar sua medida no homem, nos aniquila. Para nos ultrapassarmos, temos primeiro de atingir o limite-homem. No mais extremo limite, começamos realmente a ser mais do que homens.

* * *

Nenhuma proposição para a estabilidade – não há estabilidade. O ser não é uma estrutura fixa num eixo, mas qualquer coisa indeterminada, fluídica que oscila de um polo para outro, como a noite para o dia.

Tudo é por vir – e esta é a fatalidade.

* * *

Num certo sentido, não há *futuro* para mim, porque não o *atual*; sinto-me arder como um facho de exceção, e o que me queima não é o meu possível, mas o meu definitivo, e este é permanente. Sinto-me voluntariamente sem perspectivas, porque as perspectivas de há muito deixaram de existir para mim (no sentido em que perspectiva designa concentração, redução do ser a um espaço definido) e eu caminho no terreno dilatado onde sou ao mesmo tempo minha vítima e meu algoz, meu ser reconhecido e meu ser sem fronteiras, portanto meu ser sem tempo. O futuro não existe porque de há muito eu me constituí o meu definitivo futuro. E o único modo de se inaugurar a época do terror.

* * *

Chamo de terror à época em que é possível o pleno conhecimento do ser, não de suas condições psicológicas, mas de suas prerrogativas abissais e estranhas. Terror é a época do conúbio com o abismo, não porque conquistemos uma fictícia liberdade, mas porque a liberdade nos conquista, somos ela própria, voltados para o segredo que é o nosso verdadeiro clima.

O terror é uma época de ultrapassamento. É um impulso único e violento de todo o ser para regiões de intempéries e de insegurança; é uma dilatação anormal para zonas inabitadas e desumanas, onde somos o único guia, o único farol, além de fronteiras que não nos seria permitido atravessar em épocas comuns, e onde encontramos finalmente a essência esquiva, ambiciosa e cheia de espanto que nos governa.

* * *

Não compreendo o romance como uma pintura, mas como um estado de paixão; não quero que o meu possível leitor encontre tal ou tal árvore, tal ou tal banco, semelhante ao banco, à árvore que ele conhece. Quero que através de aparências familiares, ele depare em meus escritos uma árvore e um banco recriados através de um movimento de paixão, e que assim designados, reconhecidos, ele possa situá-los em meu espírito como acessórios da minha atmosfera de paixão e tempestade.

* * *

Gostaria que meus leitores se transportassem a um estado de tão alta emoção passional, que isto lhes destruísse o equilíbrio e eles se sentissem fisicamente doentes. As grandes emoções interiores sacodem até o âmago a estrutura física do ser – e como não há maior ambição para um escritor do que a de causar a emoção mais violenta e mais perigosa, gostaria que aqueles que me acompanham se sentissem dominados, violentados até a saturação, e me rejeitassem com violência, o que seria uma demonstração da minha força, ou me aceitassem como um mal irremediável, o que seria um sinal da minha profundeza.

* * *

O homem de maior espírito, não é o de uma única resposta, nem o da resposta mais constante, mas o de várias respostas ao mesmo tempo, e o mais mutável quanto à certeza delas.

* * *

Durante muito tempo procurei obter uma visão pessoal do mundo, e não o consegui senão quando tive uma visão pessoal de mim mesmo; em vez de limitar o mundo por ideias falsas que seriam adotadas por mim, limitei-o a uma expansão do meu ser, a uma dilatação interior que me garantiu um conhecimento e uma avaliação mais ou menos autêntica do existente. Porque não se cria nada vindo do exterior, mas em permanente colaboração com suas forças mais obscuras e mais indeterminadas.

Se me perguntassem o valor essencial desse período de tensão que agora vivo, diria que é simplesmente a impossibilidade de mentir ou de aceitar a existência fora dos seus postulados reais. Esta é a minha liberdade, e tão difícil e perigosa quanto seja ela, é o que garante a autenticidade do que digo, e a certeza de que uma nova época nasceu para mim.

* * *

Não há no momento, nada que eu olhe sem desconfiança; nem a minha família, nem os meus amigos, nem as leis que me ensinaram, nem os autores que me foram prediletos, tudo isto foi sacudido por um vento de verdade e o que me faz fugir e preferir o isolamento, é a necessidade de investigar a mim mesmo e a extensão dos destroços que povoam a minha certeza.

* * *

O terror não é um movimento de abertura e de esclarecimento, mas ao contrário, uma ocasião de fuga, uma possibilidade de segredo e de renúncia à luz do dia.

* * *

Chamo a isto uma completa impossibilidade de viver nos termos comuns do cotidiano; é a vida comum que me expulsa, que me faz vagar, que me torna nômade e sem descanso, o olhar calado e ausente do campeiro. Porque, ao admitir a extraordinária invasão de elementos subterrâneos e excepcionais que invadem o meu procedimento comum, teria de viver como escolhi viver agora: só, como as onças da floresta, como esses animais que encontro sozinhos e patéticos – como são reais, como são verídicos no silêncio da paisagem! – e que também participam da consciência e do terror.

Porque o terror é sobretudo a mais espantosa solidão.

* * *

Seria fácil, para um curioso, destacar ao longo dessas páginas as atitudes de força e de violência que em todas as situações reclamo para o homem; não é ela no entanto uma atitude superficial, uma escolha feita segundo tendências da sensibilidade, mas uma crença firme, paradoxal e essencial, de que só através [d]as situações extremas o homem encontra a si próprio, na tensão completa do seu ser, no despojamento de sua essência cotidiana, no esmagamento de seus postulados comuns e sem vitalidade. Reclamo o ser de energia e de prontidão, destinado a renovar na angústia e no medo todos os vícios de sua criação moral. Reclamo a total solidão e a total liberdade; só dessas zonas extremas é possível reinaugurar alguma coisa nova, e se assim falo é porque já sinto no rosto o vento de novas paisagens, e prefiro inventar o mundo sobre os destroços do que foi meu, do que imaginá-lo como poderia ser, debaixo dos restos do que fui eu um dia.

* * *

DIÁRIOS

O terror é a época da criação no centro da catástrofe.

* * *

Para mim não têm valor as teorias estáticas, os ideais paralisados: o que me toca são os movimentos da dinâmica e da propulsão, ainda que a meta seja o infinito, e o horizonte por descobrir o nada.

* * *

Não aprendi propriamente coisa alguma, mas somente assimilei o que fez desenvolver em mim e o que desenvolve ainda o ser que sou. Não há fantasia e nem ornato nesta criação do vivo; apenas, por uma fatalidade, vim removendo de suas brumas e de numerosas sombras, a força que me habita e que me constitui real e independente.

A verdade foi a minha pedra de toque, pois a verdade, no seu sentido mais absoluto, sempre me apaixonou, até à náusea, até ao espasmo. Os seres ou não me interessam, por impossibilidade ou por excesso de conhecimento, ou me interessam até a paixão, até a afronta – os que eu amei, esgotei-os até a saciedade, porque a minha curiosidade era mortal e a minha paixão era maior do que a força deles, e adivinhando-os tanto, eu poderia assassiná-los.

Quando eu ainda não havia descoberto em mim essa ânsia da verdade, imaginava que era a morte violenta o que me interessava em suas almas; soube depois que era apenas a possibilidade de minha ressurreição. De todas essas águas de pântanos acumulados em tantos desertos diferentes, e que no entanto são apenas disfarces da mesma face do deserto, alimentei durante anos o meu ser, e muitas vezes pensei tê-lo destruído para sempre. Mas apenas educava o nômade que sou hoje, e se agora posso bater tantas areias solitárias, é que aprendi a beber água dos charcos, e a pesar na minha carne, o que se transforma em sangue que é vida, e o que se transforma em pus, que é morte.

* * *

Interrogo essas folhas para ver o caminho andado, e elas não me causam senão tédio e cansaço, de tal modo eu roço o real sem atingi-lo ainda no seu cerne. Ah, não sou ainda senão o profeta de mim mesmo. A revelação virá a seu tempo – e depois da revelação virá a morte. Em dias futuros, cuja chegada não posso prever, talvez venha a ressurreição. Mas até lá, acima de todo horizonte definido, devo ser ainda o terreno fremente onde se jogam as minhas contradições, a terra onde planto e onde destruo, a matriz onde se forma o humus que me aniquila e me faz viver continuamente, a minha seara de vida e de morte, pois todo nascimento é oculto e toda verdade solitária.

Mas ainda assim devo dar graças a Deus. Não há conhecimento que não seja pessoal, e tudo o que plantei em mim, as sementes do bem e do mal, a terra que revolvi e adubei, que cumpra o seu destino e produza, ainda que a flor azul aos meus olhos, não seja aos olhos alheios senão um fungo demente e monstruoso, uma rosa de fel e pestilência.

* * *

Posso dizer por onde caminho, mas não posso dizer o que me faz caminhar. Sei que esta estrada me conduz a um extremo onde o ar de tão puro é quase irrespirável; mas trago em mim; envolto no mais absoluto segredo, a máquina que me aciona. Posso dizer aos homens que vou por ali, mas não é da minha obrigação dizer o que me leva. No máximo, poderão ouvir o rumor do dínamo que me trabalha, mas tudo o mais pertence a mim e ao meu destino, e nem a minha morte revelará a razão desse esforço, porque de há muito há um pacto firmado entre a minha razão e a minha morte, e de há muito ambas se converteram à mesma identidade, e dentro de mim ostentam o mesmo nome.

Além do homem, o homem que somos além. Não o super-homem, que é um mito de despojamento, desumano e feito de cristal, um ser cuja irrealidade nos enlouquece mas o homem além, que é o homem com o acréscimo de sua conquista, o homem tal, com uma soma, um a mais, um além do que lhe foi dado como homem.

* * *

Sei que d'agora em diante todos os meus escritos, bons ou maus, devem traduzir o sentimento da mais desesperada esperança. Desesperada porque não acreditando mais no tempo em que vivo, nem em suas possibilidades e nem em sua sobrevivência, isto deve me causar pânico, como todas as transformações essenciais; esperança, porque é o homem novo que vislumbro além dessas ruínas. Do momento em que recomeço isto, é criminoso da minha parte não precipitar o caos – é retardar o começo e pactuar com a sobrevivência dos cadáveres. Minha mais constante vontade deve ser a de um arrasamento contínuo. Meu trabalho é o de desagregar e fazer empunhar armas. Porque aí vem o tempo em que não subsistirá pedra sobre pedra, como diz o Evangelho. E o homem novo que deve surgir me impregna de tal entusiasmo, sua intuição me faz vibrar numa tão impetuosa corrente de vida, que eu, muitas vezes hesitante ainda, não posso duvidar mais e caminho no mundo conhecido como entre as formas de um universo desvitalizado e sem arrimo.

* * *

O mundo novo não exige fé, nem confiança e nem entusiasmo, e nem nenhumas das celebrações que faziam e fazem os atributos do mundo condenado; o que ele exige é uma tal soma de ideias e sentimentos violentos, o que impõe é uma ressurreição de qualidades durante tanto tempo soterradas e tidas por secundárias ou aviltantes, que pode-se dizer que realmente um outro homem surge, e nele se confundem as noções clássicas do bem e do mal, não para situá-lo "além", o que pressupõe o "outro", mas para fazer do "mesmo", o ser exato que ele é, o homem das medidas equilibradas e não o das medidas alteradas para mais ou para menos.

* * *

Às vezes sinto como se tivesse sido lançado a grande velocidade num destino; ah, nada mais é meu e eu me despeço de tudo. Para onde vou, não sei. Mas que importa? Sei que estou em viagem e nem mesmo me adianta a bagagem de minhas lembranças passadas. Nada adianta senão o silêncio que me cerca. Nada vale senão a paisagem nova que começo a desvendar. E é tudo estranhamente inédito em torno de mim, que às vezes tenho a impressão de ter inaugurado um outro ser dentro do ser que me pertence. A única coisa que me garante a autenticidade, é sentir que este de agora é o mesmo que sempre viveu dentro de mim, no escuro, é claro, mas como um prisioneiro que palpita à espera da liberdade.

* * *

O homem mais profundo é o que tiver mais profunda consciência do seu equívoco.

* * *

Para se dizer certas coisas são necessários certos leitores; e como certos leitores são raros, é melhor calar do que dizer ao vento, pois certas coisas não podem ser ditas a toda gente.

* * *

As afirmações decisivas, para não se ter decisivamente a única afirmação que importa.

* * *

A medida do que me desgosta nos homens, é a própria medida do meu amor: todo este vazio onde circula o vento da repugnância, é o espaço que sobrou do meu amor ausente.

* * *

Meu elemento é a natureza; rochas, montanhas, nuvens altas, fráguas e descampados. Aqui me sinto eu mesmo e a minha alma se dilata. São as únicas coisas que sinto à minha altura, as únicas de acordo com minha paisagem interior.

* * *

Afastei-me por já não poder mentir mais, por não poder por mais tempo tornar-me tão mesquinho quanto o exigiam de mim, afim de que eu estivesse de acordo com suas estaturas. Pelo menos aqui sou eu mesmo, e ainda que ninguém me fale, a voz morta nos meus lábios, não é um sopro que me aniquila, nem palavra que me envergonha.

* * *

Todas as vezes que o homem pretender se ultrapassar como mito, está errado; como homem mesmo é que ele deve se ultrapassar.

* * *

Nada pude aprender (com exceção, é claro, do que é puramente compêndio) porque o que sei trouxe comigo com intuição e pressentimentos. Nunca analiso um homem, porque dele tenho uma visão instantânea, fulgurante, como se o iluminasse uma luz interior. Assim, muitas vezes, minha suposição pôde estar errada em detalhe, mas nos seus pontos básicos, no que é fundamental na natureza deste homem, ela é certa e definitiva.

* * *

Trabalhar-se, criar-se, certo eu o posso, mas somente no sentido de minhas próprias inclinações, pois o que são tendências nos outros, em mim são correntezas fortes. O que nos outros delineia traços, em mim esculpe e aprofunda; às vezes, de tão impetuosas, essas tendências convertem-se em defeitos – porque geralmente os defeitos são qualidades que o excesso tornou em caricaturas – e assim o que me compõe são sombras e erros que flutuam nas águas fundas de minha natureza.

* * *

Uma das coisas que mais lamento na minha vida, é não ter, aos vinte anos, conhecido Nietzsche ainda. Conhecia suas teorias e sabia aforismas de cor, mas Nietzsche é uma dosagem maciça, cujo poder só pode ser avaliado inteiro com pleno conhecimento de toda a região que ele domina. Eu sou um terreno planificado, oco por baixo e cheio de dinamite.

* * *

Não se edifica só com as águas, mas com tudo o que a correnteza traz, limos e detritos; isto é o que auxilia o líquido puro a se transformar em húmus e permite as grandes construções.

Porque não ver no instinto criador outra coisa senão o lado oposto de forças inquietantes e monstruosas que nos compõem? Dificilmente o trabalho artístico é uma face da santidade. Esses instintos bravios talvez até sejam a força propulsora do movimento criador, e devem, ao lado dela, marcharem como os cavalos negros que junto aos brancos arrastam a mesma parelha.

Só as pessoas realmente fortes podem viver na realidade definitiva das coisas; quase todo mundo vaga numa atmosfera morna de fantasia.

* * *

Nenhum escritor realmente grande produz antes de uma completa saturação de si mesmo, uma espécie de inflamento dos elementos básicos do seu destino e da sua personalidade. Sofrimentos, experiências, descobertas, aquisições e amputações, tudo enfim o que esculpe sua mais verídica e extrema imagem, é chamado a compor o seu perfil exato.

* * *

O verdadeiro existe apenas na tensão absoluta. É preciso imaginar um mundo, e criá-lo, onde as forças latentes sejam levadas a um tal paroxismo, que sua revelação esteja iminente, ou sua morte. É preciso imaginar um mundo com todas as suas personalidades voltadas para o sol.

* * *

Procuro o que existe de mais profundo em mim mesmo, e encontro o medo. O medo do terror. Devo caminhar pela vida como quem marcha sobre o gume de uma faca.

* * *

Há um sol que brilha de intensa luz negra, e é o sol do conhecimento.

* * *

A mim, cavalos brancos, forças do anoitecer...

* * *

(Ah, meu Deus, como somos objeto de desgosto e sofrimento para os outros... Só os santos escapam, e quão longe estou eu de ser um santo!)

* * *

A "solidão absoluta" a que me referi atrás, não se inventa – é um estado a que se chega gradativamente, por um impulso interior, como uma planta que avança através da obscuridade.

* * *

Léautaud é contra as imagens – e realmente a imagem não é um estilo, mas ajuda-nos muitas vezes a esclarecer um pensamento difícil. E do único modo que vale e toda imagem que realmente não servir como um esteio, é não só inútil como prejudicial.

[*Caravelle*, 1985.]
[*Letras & Artes*, jun. 1991.]
[*Crônica da casa assassinada*, Ed. crítica, 1991 e *SS*.]

DIÁRIO PROIBIDO
PÁGINAS SECRETAS DE UM LIVRO E DE UMA VIDA

Essas anotações, que José Carlos de Oliveira[1] chamou um dia de "prosa dramática", correspondem a um período da minha vida que já vai bem longe. Realmente são o produto de uma época dramática que vivi e foram excluídas da linha comum do "Diário" que estou publicando, por constituírem um todo, na forma e no fundo. Saem agora tumultuadas como nasceram, como provavelmente ficarão para sempre, e tal como são, inóspitas e incompletas, mas bastante representativas desse que fui, são dedicadas ao seu primeiro leitor, Ronald de Chevalier.[2]

Lúcio Cardoso

O sol que arde, e a incrível, a incoerente cidade dos homens. Terrível reconstruí-la em pensamento: asfalto negro, a ossatura das pontes, janelas de altura e de silêncio, becos onde escorrem fumegantes o éter e a cachaça, vitrinas que se acendem como grandes olhos cativos – e ah! Pessoas que caminham, entre a luz e o luto.

Espanto-me de que tudo prossiga sem uma catástrofe. O mundo aos meus olhos é um introito, enquanto o sol gira entre milhões de faúlhas que incendeiam a inocência do azul. Um soldado, no bar onde me sento, lava as mãos junto a mim, enquanto a boca do esgoto sorve a água com avidez. Vejo o revólver que traz à cintura, ao alcance de um gesto. Apenas. (Quantas e quantas vezes sonhei a morte, escura e derramada, nesses antros criados pela noite humana...)

O soldado lava as mãos e as sacode como Pilatos. Cessa a ânsia do esgoto, e o mistério se dissolve. E há uma tão espantosa, tão definitiva coerência no seu movimento que se sente o ar gravitar em torno dele como sob uma espécie de fascínio.

Todo o meu ser é uma aventura impossível de sonho e de extermínio.

* * *

Nenhuma proposição para a estabilidade. Não há estabilidade. O ser não é uma estrutura fixa num eixo, mas qualquer coisa indeterminada,

---

[1]José Carlos de Oliveira (1934–1986). Escritor celebrizado por suas colaborações diárias, por mais de duas décadas, no *Jornal do Brasil*, o que o tornou um dos grandes cronistas brasileiros do século XX. Também escreveu romances e livros de memórias.

[2]Ronald Russel Wallace de Chevalier (1936–1983). Economista e inventor da palavra aspone, conhecido nos bares cariocas como Roniquito. Viveu o auge da boemia ipanemense nos anos 1960 e 1970, é o patrono de uma estirpe tipicamente carioca: as celebridades de boteco.

DIÁRIOS

fluídica, que oscila de um polo para outro, como o dia para a noite. Tudo
é por vir, e esta é a lei fatal de todo ser que se sabe vivo.

* * *

Não seria absurdo chamar de danação a extrema consciência da solidão
no mundo. Consciência a um tal estado que o Universo adquire aos nossos
olhos uma figuração autônoma, destinada, erguida em seu próprio eixo
como um monstro em crescimento.

* * *

Iniciemos pois o jubileu do monstro. (Tudo o que nos ultrapassa sem
tomar sua medida no homem nos aniquila.) Para nos ultrapassarmos, temos
primeiro de atingir o limite-homem. Na mais recuada fronteira, entre o
mar e a noite (distância e escuridão) começamos realmente a ser mais do
que homens.

* * *

Duas horas da tarde: caminho entre os outros com uma tão nítida compreensão da minha singularidade que é como se arrastasse neste instante
de hipnose um longo e terrificante manto de púrpura. As pessoas fitam-me
e deixam-me passar – eu escorro, como a música triunfal de um rio.

* * *

Num certo sentido, não há *futuro* para mim, porque não há o *atual*;
sinto-me queimar como um facho de exceção, e o que me consome não
é o meu possível, mas o meu definitivo, e este é permanente. Sinto-me
voluntariamente sem perspectivas, porque as perspectivas de há muito se
converteram em poeira para mim (no sentido em que perspectiva designa
concentração, redução do ser a um espaço definido) e eu caminho no terreno dilatado onde sou ao mesmo tempo minha vítima e meu algoz, meu
ser reconhecido e meu ser sem fronteiras – portanto meu ser sem tempo. O
futuro não existe para mim, porque há largo tempo que eu já me constituí
em meu definitivo futuro. É o único modo com que se poderia inaugurar
a nova época – aquela que, sem temor de ferir o banal, poderia chamar de
estação do terror.

* * *

(Ai, uma tempestade branca se dilacera nas ruas, as nuvens se aproximam, enquanto o mar ferve até as amuradas sem piedade.)

* * *

A estação do terror é a época sazonada do pleno conhecimento do ser, não de suas condições psicológicas, que é antigo, mas de suas prerrogativas abissais e estranhas. Terror é a época de noivado com o abismo, não porque conquistemos uma fictícia liberdade, mas porque a liberdade nos conquista, somos ela própria, identificados ao segredo, que é o verdadeiro clima do homem.

O terror é uma estação de ultrapassamento. É um impulso único e violento para regiões de intempéries e insegurança – é uma dilatação anormal para zonas desabitadas e inumanas, onde somos o único guia, a única estrela, além de céus que não nos seria permitido atravessar em épocas comuns, e onde finalmente nos reintegramos na essência esquiva, ambiciosa e rutilante do espanto que nos governa.

* * *

(Algo nesta hora se desprende e torna as coisas oleosas: como que de toda a sujeira humana se evola um bafo de ranço e desafio. Flores pútridas e monstruosas rebentam dos monturos ao sol – e gatos de olhos rápidos como relâmpagos espiam dos porões maldosos.)

Do meu sangue, como de um húmus doente, as paisagens se sucedem incontroláveis.

* * *

Posso definir no entanto: o romance, por exemplo, não é para mim como uma pintura (abaixo os homens do pincel!) mas como um estado de paixão. Não quero que o meu possível leitor encontre tal ou tal árvore, tal ou tal banco, semelhante ao banco, à árvore que ele conhece. Quero – e com que violência – que ele depare em meus escritos com uma árvore e um banco recriados através de um movimento de paixão, e que assim designados, assim reconhecidos, possa situá-los em seu espírito como elementos da minha atmosfera de declive e de tempestade.

* * *

Sim, gostaria que meus leitores se transportassem a um estado de tão alta emoção passional que isto lhes destruísse o equilíbrio e eles se sentissem fisicamente doentes. As grandes emoções interiores sacodem até o âmago a estrutura física do ser – e como não há maior ambição para um escritor do que causar a emoção mais violenta – e a mais perigosa – gostaria que aqueles que porventura me acompanhassem se sentissem dominados, violentados até a saturação, e me rejeitassem com asco, o que seria uma demonstração da minha força – ou então me aceitassem como um mal irremediável, o que seria um sinal inequívoco da minha profundeza.

* * *

Eu sei, talvez um sonho: mas que sabemos nós dos olhos cegos que nos habitam? Além da distância, em terras ingeradas, já estua a noite, e no tumulto se fabricam coisas dilacerantes, impregnadas de sangue e violeta.

* * *

O homem de maior espírito não é o de uma única resposta, nem o da resposta mais constante, mas o de várias respostas ao mesmo tempo, e o mais mutável quanto à certeza delas.

* * *

Estes corpos humanos, como eu os amo, tão trabalhados em fraquezas e delíquios – ah, como eu os amo, carnal, voluptuosamente, até que descubro neles a presença do cadáver.

Ao sol exala um odor de tumbas abertas.

* * *

Durante muito tempo procurei obter uma visão pessoal do mundo, e não consegui senão quando obtive uma visão pessoal de mim mesmo. (Não sei bem a que possa interessar tais afirmativas, mas sou um homem eminentemente gratuito.) Reafirmo, em vez de limitar o mundo por ideias falsas que seriam simplesmente adotadas por mim, apenas o limitei a um expansão do meu ser, a uma dilatação interior que me garantiu um pleno conhecimento e uma avaliação mais ou menos autêntica do existente. Porque não se cria nada vindo do exterior – a velha verdade – mas em permanente colaboração com as forças mais obscuras e mais indeterminadas que nos percorrem. Se me perguntassem o valor essencial desse período de tensão que agora vivo, diria que é simplesmente a impossibilidade de mentir ou de aceitar a existência fora dos seus postulados reais. (Realidade, que blague espantosa e essencial!) Esta é a minha liberdade, e tão difícil e tão perigosa quanto me pareça, é a única coisa que garante a autenticidade do que afirmo, e a única que me dá certeza de que uma nova época nasceu para mim.

Pois não há verdade exclusiva, mas várias verdades, de acordo com cada indivíduo que existe. Mesmo a única verdade geral, que é Revelação (como não aceitá-La no seu *in-totum* de massacre e comiseração?) é um modo de se manifestar tão particular quanto o espírito de cada um.

* * *

Paisagem: grandes mãos trabalham no açougue, quartos que se balançam sanguinolentos no vazio. Ao fundo, há um pássaro engaiolado que canta, e há no seu canto, secreta e nostálgica, a presença da floresta que o viu nascer. Mas ai, esse canto só se produz quando a carne se amontoa sobre o balcão e, quente ainda, o sangue escorre pelo mármore.

* * *

Não há no momento nada que eu olhe sem desconfiança, em minha família, meus amigos, as leis que me ensinaram, os autores que me foram prediletos. Tudo isto foi sacudido por um vento de verdade, e o que me faz fugir e preferir o isolamento é a necessidade de me investigar a mim mesmo e a extensão dos destroços que povoam a minha certeza.

* * *

Não há dúvida, o mundo é um vasto parque enfeitiçado. Qualquer coisa espera atenta a hora do sinal para que tudo se transforme em combustão, e a combustão em formas elétricas e voláteis.

Fluidos agressivos circulam sobre nossas cabeças – e além da tarde, contra céus de bruma, repontam tridentes de desdenhosa crueldade.

* * *

A estação do terror (que outro nome melhor para designá-la?) não é uma fase de abertura e de esclarecimento, mas, ao contrário, uma ocasião de fuga, uma possibilidade de segredo e de renúncia à luz do dia. À noite é que se inventam os monstros.

* * *

Paisagem: é estranho como são feios os lugares onde o homem reside. Casas, faces enormes e vigilantes, com olhos cegos e bocas que engolem e vomitam a tristeza humana.

O monstro é a grande sugestão do homem.

* * *

Chamo a isto uma completa impossibilidade de viver nos termos comuns do todo dia. É a vida habitual que me expulsa, que me faz vagar, que me torna nômade e sem fé, andaluz de uma pátria espúria e sem melodia. Porque, a admitir a extraordinária invasão de elementos subterrâneos e excepcionais que invadem o meu procedimento comum, teria de escolher, como escolhi viver até agora, como as onças da floresta, sentindo florescer no íntimo uma Espanha de lanternas e noivados.

Mas o terror é sobretudo a consciência da mais espantosa solidão.

* * *

Às duas horas da tarde o mundo cessa: um sol cor de urina incendeia os tetos conquistados. Corre nos beirais um frêmito de morte. Os homens se imobilizam, prontos para os grandes desabamentos.

* * *

Ah, bem sei, seria fácil para um curioso destacar ao longo dessas páginas as atitudes de força e de violência que ouso reclamar para o homem. Não é ela, no entanto, uma atitude superficial, uma escolha feita segundo tendências da sensibilidade, mas uma crença firme, uma apologia paradoxal, uma certeza de que só através das situações extremas é que o homem defronta consigo próprio, com sua identidade intocada – na tensão completa do ser, no despojamento de sua essência cotidiana, no esmagamento total de seus postulados comuns e sem vitalidade. Reclamo o ser de energia e de prontidão, destinado a renovar Deus sabe em que zona de angústia, todos os vícios de sua criação moral. Reclamo o homem absoluto. Reclamo a total solidão e a total liberdade; só dessas regiões extremas é possível reinaugurar alguma coisa, e se assim falo, com voz rouca e canhestra, é porque já sinto no rosto o vento de novas paisagens, e prefiro inventar o mundo sobre os restos do que foi meu, do que imaginá-lo como poderia ser, sob a vaga de estilhaços do que fui eu um dia.

* * *

O terror é a época da criação no centro da catástrofe.

* * *

O diabólico é a minuciosa ordem das coisas, quando presente em tudo, monstruosa e pontifical, lavra a chama da desordem. A favor de uma ordem futura, que será por nós presenciada com olhos de aço e de manhã, instauremos desde já o caos. Para os que têm bons ouvidos, já falo do centro da tragédia inaugurada.

* * *

Para mim não têm valor as teorias estáticas, os ideais paralisados: o que me toca são os movimentos da dinâmica e da propulsão, ainda que a meta seja o infinito, e o horizonte por descobrir o nada.

* * *

Quando disse, ele não me acreditou. Perguntou um pouco cético como eu encarava a forma desse novo império. É fácil, respondi. Como qualquer coisa infernal que subisse da planta dos pés, rápida e longa como uma chama, e rodeasse todo o coração imóvel, tatuando nele, como uma chaga, o férreo emblema da onipotência.

(Pátria! Território de sombra, planície de lírios que se desenlaçam em gigantesca calma. Ai, não te reconheço senão pelo amor ao drama. Anoto a pulsação de tua imagem em meu coração e através de enigmáticas ogivas contemplo tua vindoura transfiguração – além, Pátria, nessa extensão que ouso saudar como o quartel estival da peste, e onde comando, pelos meus olhos sem limites, a elevação de ruínas e terremotos, sob a presença azul dos urubus. Rios circundam as tuas fronteiras e no céu intangível refulge a estrela apolínea do flagelo. É a hora do Exterminador.)

* * *

À crista das revoluções caminha o Exterminador. Por seu intermédio tudo voltará ao seu sentido primeiro e fiel, e as palavras designarão mais uma vez as coisas inocentes e terríveis. O poder, a glória e a riqueza serão reinstaurados na sua fórmula exata. E também a vida e a morte. Pois somente a presença do Exterminador agirá como balança e rubra assumirá o caráter da justiça. É ele que comanda o calendário do terror. É ele quem inaugurará a época solene das sevícias – pois o povo o engendrará com amor porque em sua carne fala mais alto a vontade de sofrer, e tudo o que no povo é instinto, clama soterrado pela necessidade do castigo.

O Exterminador é a presença da hecatombe e o augúrio da redenção. As feiticeiras já o fabricam e, rápidas, tecem o seu manto de orgulho e tirania: um dia amanhecerá domingo com estandartes pendentes das janelas. Todos saberão que é a hora e correrão para saudar o príncipe que surge aureolado em tarde e sangue.

DIÁRIOS

(Que trágico destino em mim se torna vaticínio, quem na minha boca colocou as palavras que imagino?)

* * *

Assumo a desordem como um complemento da minha paisagem: grandes tufões lavram o meu ser doente e o mar se debate vesperal sobre as ruínas do que fui.

* * *

Os três elementos componentes da idade nova: a desordem, o terror e a chacina.

* * *

A chacina é uma ânsia da minha alma. Dá-nos o sono, Senhor, mas com o íntimo atravessado pelo gume de uma espada.

* * *

Não aprendi propriamente coisa alguma, mas somente assimilei o que fez desenvolver em mim e desenvolve ainda o ser que sou. (Instalo-me altivo e bandoleiro na treva que me cerca.) Não há nenhuma fantasia nesta criação do ser vivo; apenas, por uma fatalidade, vim removendo de suas brumas e sombras traiçoeiras a força que me habita e me constitui real e independente.

A verdade foi minha pedra de toque, pois a verdade, no seu sentido mais absoluto, sempre me apaixonou, até à náusea, até o espasmo. Os seres ou não me interessam, por impossibilidade ou por excesso de conhecimento, ou me interessam até a paixão, até a afronta. Os que amei, esgotei-os até a saciedade, porque a minha curiosidade era mortal e a minha paixão era maior do que a força deles, e adivinhando-os tanto, eu poderia assassiná-los.

Quando eu ainda não havia descoberto em mim essa ânsia da verdade (houve um tempo em que eu era apenas sono) imaginava que seria a morte violenta o que me interessava em suas almas; soube depois que vislumbrava apenas a possibilidade de minha ressurreição. De todas essas águas de pântano, acumuladas em tantos desertos diferentes, e que no entanto são apenas disfarces da mesma face do deserto, alimentei durante anos e anos o meu ser – e muitas vezes pensei tê-lo destruído para sempre.

Mas apenas educava o nômade que sou hoje – paisagens, sóis fatais do meu destino! – e se agora posso bater tantas areias solitárias, é que aprendi a beber água dos charcos, e a pesar na minha carne o que se transforma em sangue, que é a vida, e o que se transforma em pus, que é a morte.

* * *

A alegria do asceta é sentir o novo crepitar nas amuradas do mundo. São manhãs, infernos, marés, cortejos e escaladas – está desvendada a época da solidão absoluta.

* * *

A grandeza do homem não se instaura no seu equilíbrio – o equilíbrio é a única lei da sepultura – mas no exagero das suas recusas, na força dos seus incêndios, na explosão de seus ideais desfeitos. Abaixo a época dos cadastros e das fichas – inauguremos com solenidade a época dos assassinos totais.

* * *

Toda grandeza gera a violência, toda violência gera a solidão. O monstro é a esperança do homem.

* * *

Posso dizer por onde caminho, mas não posso dizer o que me faz caminhar. Sei que essa estrada me conduz a um extremo onde o ar, de tão puro, é quase irrespirável. Mas trago em mim, envolta no mais absoluto segredo, a máquina que me aciona. Posso dizer que vou por ali, mas não é da minha obrigação dizer o que me leva. No máximo poderão ouvir o rumor do dínamo que me trabalha, mas tudo o mais pertence a mim, e nem a minha morte revelará a razão desse esforço, porque de há muito há um pacto firmado entre a minha razão e a minha morte, e de há muito ambas se converteram à mesma identidade – no meu íntimo as duas ostentam o mesmo nome.

* * *

Quem tiver o vício das rosas que o exprima com sangue. As flores fumegam no silêncio, e só a neve extasia e regela.

* * *

É com a fé da minha infância – e no entanto, o homem é um ser sem tempo, estrela de um único ocaso, palpitação do mesmo inverno – que recuso aceitar a fisionomia estática do mundo. É com a lembrança dos meus brinquedos, guerras, punhais, tambores abafados – com a ciência intata da revolta e da previsão do futuro que levanto a cidade onde hoje piso, com seus muros de cinza e suas casas de negro. De que estranha batalha sempre me senti guerreiro, se bem que também soubesse desde há muito que a vitória não me pertence...

* * *

Não ter medo da profecia. Dagora em diante, todas as vezes que traçar uma palavra deve ela conter o sentimento da mais desesperada esperança. Desesperada porque não acredito mais no tempo em que vivo – quase ninguém crê, mas todo mundo vive, e a diferença é que eu falo, enquanto os outros fingem que não vislumbram o fim – nem em suas possibilidades e nem em sua sobrevivência, isto forçosamente deve causar pânico, como o causam todas as transformações essenciais. Esperança, porque é o homem novo que percebo além dessas ruínas. (Homem novo, antigo mito, existirá acaso um outro homem para ser inaugurado depois da chacina?) Do momento em que reconheço tais prerrogativas, é criminoso da minha parte não precipitar o caos. É retardar o começo e pactuar com as férias dos cadáveres. Minha mais constante vontade deve ser a de um arrasamento contínuo. Meu trabalho deve ser o de desagregar e fazer empunhar armas. Porque – ó profetas! – aí vem o tempo em que não subsistirá pedra sobre pedra, como diz o Evangelho. E a nova criatura que deve aparecer já me impregna de tal entusiasmo, sua intuição me faz vibrar numa impetuosa correnteza de vida que, muitas vezes, hesitante ainda, não posso duvidar mais e caminho no mundo conhecido como entre as formas de um universo desvitalizado e sem arrimo.

* * *

Não sabe nada quem não pressentir a grande explosão que se aproxima. Haverá uma mudança radical, e tão definitiva, que os tempos já não poderão ser encarados como épocas da História, mas um fenômeno único de transição e violência.

* * *

(Tudo o que sabemos, tudo o que nos ensinaram é mentira. Não há verdade que não seja uma verdade pessoal, e as verdades pessoais são notícias de orgulho e despotismo.)

* * *

O mundo novo não exige fé, nem confiança e nem entusiasmo, e nem nenhuma das celebrações que faziam e fazem os atributos do mundo condenado. O que ele exige é uma tal soma de ideias e sentimentos violentos, o que impõe é uma tal ressurreição de qualidades durante tanto tempo soterradas e tidas por aviltantes – o que avilta o homem é o que o torna menor, e não o que amplia suas perspectivas – que se pode dizer realmente que um outro homem surge, e nele se confundem as noções clássicas do bem e do mal, não para situá-lo "além", o que pressupõe "outro", mas para fazer do "mesmo" o ser exato que ele é, o homem das medidas justapostas e não o das medidas alteradas para mais ou para menos.

* * *

Não são os erros que me irritam, mas os erros que se assemelham às verdades. As máscaras do bem e das justiça são as mentiras que servimos como verdades de todo dia. Temos então o direito de reclamar o erro desmedido e pânico – só ele nos salvará da triste balança com que o homem mede o mundo comum.

* * *

(Às vezes sinto como se tivesse sido lançado a grande velocidade nas trilhas de um destino; ah, nada mais é meu e despeço-me de tudo. Para onde vou, não sei. Mas que importa? Tenho consciência de que estou em viagem e nem mesmo me adianta agora a bagagem de minhas lembranças passadas. Nada adianta, senão o silêncio que me cerca. Jamais poderia imaginá-lo tão nítido e nem tão presente às circunstâncias catastróficas do mundo.)

* * *

Comparei-me com alguém que arrastasse após si um imenso manto de seda escarlate. Comparo-me agora a um monstro rugoso e estranho, com cem antenas e um casco imemorial de cor verde. Qualquer coisa monumental e exótica que reinaugurasse o medo e o enxofre como elementos de depuração. Com olhos secos e lúcidos contemplo a imensidão da eternidade. O solo fumega em torno de mim e sinto o mundo reestruturado em sua mais rútila permanência. Aos meus pés soçobram as invenções do nada. Só escuto a música que me deleita, e que é choro e ranger de dentes.

* * *

Nada vale senão a paisagem que começo a desvendar. E é tudo tão estranhamente inédito que às vezes tenho a impressão de ter inaugurado de um outro ser dentro do ser que me pertence. A única coisa que me garante a autenticidade é sentir que este de agora é o mesmo que sempre viveu dentro de mim, no escuro, com gritos e desejos inarticulados, até que o fizesse viver no total conhecimento e na total pureza.

* * *

(O direito de dizer é uma conquista da pureza.)

* * *

O homem mais profundo é o que tiver mais funda consciência do seu equívoco.

* * *

O vento sopra sobre a cidade. (São quatro horas da tarde e outros olhos espiam pelos meus olhos.) as árvores são densas e altas. Eu vejo, eu sei. Tudo o que se passa comigo talvez seja apenas um diabólico jogo dos sentidos, talvez o mundo, com seus homens tristes e suas horas de quintal e de sono, seja permanente e infindável – eterno na sua mediocridade. Talvez tudo o que eu fale seja apenas um eco desta solidão que dia a dia se faz mais minha. Não há árvores com febre, nem mortos transitando pelas ruas. O demônio é uma verdade sem efeito. Então não compreendo, calo-me, sufocado na desistência. A noite mais bela é a inventada. As grandes revoltas, quem sabe, talvez sejam transes de momento. Restam as minhas paisagens, e as ruínas deste mundo que em vão tento levantar. No entanto, as visões são tão fortes, tão onipresentes, e me reclamam com tal impaciência que se confundem em mim ao próprio instinto da vida. Não sei quem sou, apenas a dor se aproxima e, neste terreno de ânsia, apalpo o desconhecido que me habita e que cheio de sangue e de suor reponta inédito para o futuro.

* * *

As afirmações decisivas, para não se ter decisivamente a única afirmação que importa.

* * *

(E no entanto, a medida do que me desgosta nos homens é a própria medida do meu interesse. Todo este vazio, onde circula o vento da repugnância, é o espaço que sobrou do meu amor ausente.)

* * *

Os homens criaram o sono porque não suportavam o excesso da vigília. Mas ao lado do sono inventaram as casas, as pontes, os sinos que dobram ao longo dos vales, os instrumentos de tortura, os túneis e os abismos – todos os asseclas, enfim, do pesadelo.

* * *

O pesadelo é o esforço mais caro do homem.

* * *

Minuto: meu elemento é a natureza. Rochas, montanhas, fráguas e descampados. Aqui me sinto eu mesmo, e minha alma se dilata. São as únicas coisas que compreendo integralmente, as únicas de acordo com minha paisagem interior.

* * *

Não pressentimos mais tempos de amadurecimento e de colheita. O mundo é um vasto campo fechado em seu próprio círculo. Pressentimos, é verdade, a época de rompimento desses limites e da criação de um espaço novo para a vida.

* * *

As alianças que tive foram secreções da minha inapetência. Ó minha alma, quero-te transida e morta de saudade. De onde, de quem, como saber ao certo? Alguma coisa me esfacela e me faz único. Terei coragem de ir até o fim cobrindo-me de rosas.

Sobre esta face pálida, sobre este ser oculto e fremente, sobre este destino de guerra e de derrota. Nada renego da minha natureza, porque daquilo que me faz de excesso construir-me-ei absoluto e avaro.

A mim os lobos e os falcões, os animais do plaino e os que habitam os largos espaços. A mim os corvos e as bestas rastejantes. A mim o ser que fui, o que sou, o que não serei mais. A mim os fiéis e os traidores. A mim o Doge que me habita, o carrasco e o vassalo. A mim gemidos e distâncias...

DIÁRIOS

Reúno as partes dispersas como um grande entrudo. A noite se ramifica, a legenda se faz nua em praça pública. A mim, alma transida e morta de saudade...

* * *

Nem justiça, nem piedade. As revoluções, quando realizadas, visam a mais estreita das concepções: a da fraternidade e da paz universal. Almejamos uma convulsão que devolva ao homem a mais íntima e primitiva consciência de si mesmo – a do terror, da inquietação e da instabilidade.

* * *

O terror não se fabrica senão pelo desespero. Eis a chave do segredo, a explicação final desse mundo convulso. O que necessitamos é de uma reforma tão radical que em sua estrutura só possam existir ruínas. Queremos as ruínas tardas e fumegantes. Que a minha palavra, no entanto, seja uma prece ao homem futuro. Nós somos, homens do tempo, os venenos corrosivos, a lenha melhor para as combustões definitivas. Quanto a mim, sinto-me destinado a todas as catástrofes.

* * *

Não descubro horizontes – são eles que me devoram. Sinto-me presa inerte e fácil das contradições. Sou frugal e voluptuoso, ascético e profundo. Outrora, guerreiro, combati em campo de inimizades nuas. Hoje rompo-me contra vermes sem modéstia. Mudaram-se os tempos, a luta é a mesma.

* * *

Nada pude aprender (com exceção, é claro, do que poderia ser qualificado de puro compêndio) porque aquilo que sei trouxe comigo como intuição e pressentimento. Não o tilintar do dinheiro, Marta olhou para ele e sorriu. Era a primeira vez que a via sorrir.

Colocou o prato diante do rapaz e sentou-se de lado, perto do fogo. Quando ela se inclinou, ele sentiu o cheiro de trevo que havia em seus cabelos e viu a terra úmida do jardim sob suas unhas. Ela raramente saía de casa, e procurava o mundo exterior apenas para matar ou colher framboesas. "Já levou o jantar da velha?" – perguntou o rapaz. Marta não respondeu. Quando ele acabou de comer levantou-se e disse: "Quer que eu faça alguma coisa?" – como já dissera mil vezes. "Sim" – disse Marta.

Nunca dissera sim para ele. Era a primeira vez que o rapaz ouvia uma mulher falar desse modo. As sombras de seu busto pareciam ainda mais densas. Ele precipitou-se para Marta que levou as mãos aos ombros e disse: "Que faria você por mim?" – e soltou as alças do vestido que caiu deixando-lhe o busto nu. Pegou-lhe a mão e levou-a ao seio. O rapaz contemplava sua nudez como que idiotizado; depois, dizendo o nome, tomou-a nos braços. "Que faria você por mim?" – disse ela. Pensando no dinheiro sob o colchão, manteve-o de encontro ao corpo enquanto deixava cair o vestido e livrava-se da anágua. "Você fará o que eu desejo" – disse ela.

Após alguns instantes libertou-se dos braços que a apertavam e atravessou a peça sem fazer ruído. De costas para a porta que conduzia à escada, acenou para ele e disse-lhe o que devia fazer. "Seremos ricos" – exclamou Marta. O rapaz tentou agarrá-la novamente porém ela segurou-lhe os dedos. "Você vai me ajudar" – disse ela. O rapaz fez que sim com a cabeça. Marta abriu a porta e convidou-o a subir. "Você vai ficar quieto aqui" – disse ela. No quarto da velha ela viu o jarro quebrado, a janela meio aberta e o versículo da Bíblia na parede. "Já é uma hora" – disse Marta ao ouvido da velha, e os olhos cegos sorriram. Pôs-lhe os dedos em volta da garganta. "Já é uma hora" – disse, e bateu-lhe com a cabeça de encontro à parede. Bastaram três leves pancadas e a cabeça arrebentou-se como um ovo.

"Que fez você?" – gritou o rapaz. Marta disse-lhe que entrasse. Ele abriu a porta e vendo a mulher nua que limpava as mãos na cama, e a mancha de sangue redonda e vermelha na parede, fugiu dando um grito de horror. "Fique calado" – disse Marta; mas quando soou a voz calma ele gritou novamente e correu escadas abaixo.

"Marta precisa voar, – pensou ela – voar para fora do quarto da velha e mergulhar no vento." Abriu as janelas de par em par e saltou. "Estou voando" – pensou.

Mas Marta não estava voando.

[*Senhor*, nov. 1961.]

PONTUAÇÃO E PRECE

TERCEIRO DIA

I

Assim sei que nada existe. Somos um tráfego de fatos surpreendentes e sem sentido. As coisas que ouço, não traduzem os objetos, as cores inventam propostas que não se cumprem.

No entanto, existo. Meus pés delatam a distância onde caminho, os olhos vagam, e o coração bate sem descanso a sua absurda servência. Entendo o enredo de minhas vísceras: sou eu, esse monte de nervos que trabalha voraz pelo seu aniquilamento. Sou a história no meu sangue. Uno-me ao escuro engenho que me ergue, apalpo a mão, a carne, o quente sentimento desta matéria que diz de mim o ser presente.

E não é aí que existo.

Esse incêndio contínuo que me ateia, e faz no ar pender a sua chama branca, esse instinto de rir que me vem como se fosse um grito em plena rua, esse poder de me ferir com os punhais que trago escondidos no meu íntimo, essa música em marcha, com seu esplendor metálico e dissonante, essa festa – essa, precisamente, e não outra, com todas as suas flâmulas de morte.

Isto sou eu, no meu luto isto sou no meu triunfo, vagando com todo o inocentado furor de suas joias, mas cadáver.

II

Esse invento sabido em seu mal de safira. Ode vulgar e instinto armado como um poço no preto da floresta esse azul, essa doença que arde irresponsável como um gosto céu, sempre céu, ó céu meu céu!

Assim me ato à cilada, assim transponho a circunstância e me desenho.

Assim me ato. Esse limo agudo que sobe às bordas do meu ser, e reconstrói antigos crimes de família, violações e sexo sangrado esse limo que súbito acode à ordem de sorvidas primaveras lírio, enxofre, ansiedade satura a paisagem onde me esqueço: virgem.

Vinte diademas de prata e de feitiço, nove mantos brancos bordados com gemidos e perjúrios, oito luas redondas em seu engaste de loucura. Oito luas bem redondas em suas formas clássicas de nádegas.

Assim invento a origem.

Sei que no começo era o poço e havia nem verde olhando com seus olhos de fome. Fontes de milho nasciam prenhes de perfume e impiedade. Era, no recesso, a origem, o começo da magia. Mas de repente, como um grito correndo, abriu-se o mato: era o céu, o todo em mim doendo como um câncer de safira.

E doía, e doía, todo feito de sangue e de azul.

III

A causa, agora. A causa, essa pequena morte. Esse enterro miúdo de gente que chegou do subúrbio quem era? era quem? e ninguém sabia quem era esse específico ninguém.

Ninguém sabia o luxo voraz da morte, nem os seus estandartes, nem os seus frisos, nem os seus ocultos sentimentos de ouro. Ninguém sabia a festa inusitada e sábia da corrupção. Vários rolos de seda eram desatados à hora do verão: púbere, a tarde sangrava.

E havia vento. Uma coisa vinha correndo de longe, e era um assovio, e era uma flauta, e era um canto de mulher a que nos amou sem nunca ser amada e era uma orquestra cheia de instrumentos graves e cientes.

Amoras amadureceram de repente nos quintais. Sumos abertos explodiram à ronda impura das abelhas. Plantados de miçangas os canteiros ardiam ofertando frutos inválidos à inteligência. Era a hora, era precisamente a hora. A causa se impunha como uma deusa que cobrasse o sacrifício. E veio andando um carro, e veio andando, e dentro dele, nu, um exorcismo dizia, repleto de segredo e autoridade amém. Uns responsos vinham da serra e incorporavam-se à apoteose.

Não havia causa. Não havia ninguém. Só um rio vinha descendo, e era tão forte o seu ímpeto, e era tão preto o seu trovão, que o céu gemia era um rio, era um rio, e passando imenso em sua afronta, arrastava o tempo: em forma de flor uma esperança começava a se formar no fundo do horizonte.

Ai, somos tão pobres.

IV

Havia na tarde uma essência de adeus. Vi lenços encardidos soprando sua missão de voar. Vi casas se reduzindo ao esforço da memória que se formava. Vi cancelas, e estradas pontuadas de silêncio, e pássaros felizes, nascidos para festejar a morte. Vi, no instante, rupturas entre duas palavras de revelação.

Ora, esse outrora era hoje. Ainda havia um anoitecer chegando. Palmas iam abrindo seu furor de existir. Sanguinolento, o ar incorporava-se à tristeza humana. Esse era o hoje-outrora.

Nada havia que dissesse perdão. Não era mais a tranquilidade dos doidos, esse fiar do inútil, que na sombra se tece enquanto a hora se esvai – era um frio cheio de luz, pleno de autoridade e de crime. Sentia-se, visceralmente, que o minuto era propício ao amor assassinado. Velas erguidas assumiam no espaço o seu posto invisível ninguém sabia ainda onde morrera alguém.

Mansa, uma rua incorporou-se ao canto e trouxe essa visão de janelas fechadas, esses muros ruídos que defendem um mamoeiro infantil, uma cortina de chita. Ah, como o homem poderia ser se soubesse a brevidade do teu tempo.

Vinham hemisférios do vento. Direi a dor? Direi a sede? Direi a luz que provém de uma carne ferida? Direi o lamento? o outono, o espasmo, a contrição e a febre?

Muitas cidades se superpõem acima do meu reino. Meu, porém, e de todas elas, é o adeus e a morte. Afasto-me como quem se perde, e todas as arquiteturas do vazio me pertencem, porque a solidão sou eu, e o medo de não poder amar, e o medo de amar, e o medo.

E tudo, sendo tanto, não é ainda aquilo que me forma.

V

As impopulares flores do meu gênio, essas orquídeas marcadas pelo veloz do seu luxo e do obsceno esses trunfos fechados no infortúnio, à espera da data,
essas flores
que cera vil imita o antigo
e recobre a seda natural, e soa rubra na matina da estação,
quando flores se erguem, quando marcadas
formas de flores se alteiam, e formas
duram no espasmo, testemunho do segredo e da imensidão?
Duram estrelas neste vórtice do medo.
Sei como ser neste atávico instinto,
sei como
Há em mim um sentido que se altera
ao nítido da cor
há em mim uma cor que mesmo escura reverbera

DIÁRIOS

soo ao mim mesmo, e à caça proclamo o instrumento
onde me faço ensanguentado e ser perfeito.

No espúrio ocorre um tempo ameno, e assisto a essa festa do ingrato a
que me condeno,
esse portento de mim acaso
feito de luz, veludo, e adusto só
na glória inútil a que em vida me condeno.

[*Crônica da casa assassinada*, Ed. crítica, 1991 e *SS.*]

CONFISSÕES DE UM HOMEM FORA DO TEMPO

A esta altura, quando jornais e revistas se eriçam contra tudo que não seja uma participação imediata contra a guerra e outras manifestações do nosso tempo, quando um vil objetivismo se apodera de todas as vocações fracassadas, de todos os talentos sem meios, e de todas as celebridades sem rumo certo, ouso declarar humildemente, mas em voz alta, que acredito no romance.

Sim, meus senhores, acredito no romance. Sei muito bem que muitos virão puxar a manga do meu paletó: "Você está louco? Acredite na guerra!" Sim, eu sei que a guerra está aí e conheço todas as velhas teclas dos acusadores e dos incendiários. Diariamente passam por mim entrevistas, notas e conferências em que os figurões das nossas letras declaram em alto e bom som (como é fácil declarar coisas desta natureza num momento destes!) que "permanecer ao lado de fora é pactuar com o inimigo". Sei de tudo isto e conheço bem esta velha terminologia pseudo-heroica... Na realidade os nossos literatos só gritam muito forte quando se sabem acompanhados, quando estão em bando. Mas isto é outra história... Quero apenas dizer que nas horas de guerra, a menos que seja chamado para cooperar com um fuzil na mão, o lugar do sapateiro é fazendo sapatos, o do padeiro fazendo pão, e do ator no teatro. Ora, considero-me, para infelicidade minha e de algumas pessoas, tão romancista quanto um sapateiro é fabricante de sapatos. Não há nenhum desdouro nisto, pelo contrário. Por mais que procure, não me conheço nenhuma outra utilidade além desta. Não sou homem de sociedade, não sei jogar *poker*; os problemas sociais não me preocupam senão de maneira indireta. Sinto-me habitado exclusivamente por um mundo que desejo dar formas, uma multidão de seres que às vezes costumam me atrapalhar na vida prática, mas que vou conhecendo aos poucos e a quem pretendo emprestar algumas das minhas modestas opiniões sobre este insigne mistério que é a vida. Confesso que tive muito pouco tempo para aprender as coisas. Não sei direito como se faz uma ponte e nem qual é o assunto que os homens costumam discutir nas assembleias. Mas apesar de não ser um romântico (julgo-me um realista, na acepção mais absoluta de termo), sou perfeitamente capaz de imaginar como as flores nascem e qual é o rumor da chuva quando bate nas serras nuas, quais são as preocupações de tal ou tal pessoa que se sentou ao meu lado no bonde, as dores secretas de um homem que está parado na esquina. Mesquinhas preocupações, decerto, dirão os homens que sofrem de insônias internacionais. Mas que querem, continuo eu, sou muito limitado realmente, sinto-me até mesmo espesso para compreender o que não vem imediatamente carregado de certa dose, úmida e morna como ousarei repetir a palavra fatal? de realidade.

DIÁRIOS 553

Neste momento, os homens que puxam o paletó da gente estão em plena crise de furor. E levo então minha ousadia mais longe, declarando, pura e simplesmente, que acho esta guerra monótona, bem sem interesse como experiência e já bastante adivinhada nas suas consequências profundas. E depois, a morte em certos casos é tão banal! Já não há esse horror que os telegramas teimam em nos apresentar. Foram eles próprios, os telegramas, que ensinaram que se pode morrer aos montes, como um campo ceifado de repente, sem estremecimento e sem emoção. A meu ver é quase uma morte burocratizada, irmã próxima dessas carnes em conservas que certos países fabricam em série não sei por que, mas tenho para mim que a morte é uma coisa humilde e solitária, sobretudo solitária, um acontecimento intramuros. Talvez consiga reconhecê-la neste imenso palco fúnebre que é a guerra, se imaginar um por um os soldados agonizando com os olhos voltados para o céu aberto. Mas há tanto de irracional, de frio e indiferente nestas mortes sucessivas e anônimas, tanta embriaguez e uma indiferença tão grande para com o supremo acontecimento da vida!

Mas voltemos ao romance. Há muitos anos que ouço os nossos arrebatados jovens me chamarem de reacionário. Não sei bem que sentido emprestam a esta palavra, e confesso que não me interessa muito. Sou apenas um homem sincero e que não se contagia assim com entusiasmos efêmeros e fora do meu alcance. Decerto não acredito em muita coisa, mas também não julgo possível confundir os fatos a este ponto. É verdade que não creio no romance sociológico, mas também não creio em Virginia Woolf. Há muitas coisas que podem ser levadas em conta da minha aversão natural por certas coisas – os romances de Eça de Queiroz, por exemplo. Também não gosto de Lima Barreto, é verdade. Sei muito bem que isto fará a felicidade do Sr. Clovis Ramalhete, que no fundo se considera um gênio menosprezado. Perguntar-me-ão então de que modo acredito no romance. E confesso ainda que não sei bem. Minhas crenças estão tão confundidas comigo que muitas vezes não sei explicá-las, é como se tentasse dizer por que tenho mãos ou por que escrevo.

Mas tenho afirmado que acredito no romance, quero acrescentar que acredito apenas naquele que é feito com sangue, e não com o cérebro unicamente, ou o caderninho de notas, no que foi criado com as vísceras, os ossos, o corpo inteiro, o desespero e a alma doente do seu autor, do que foi feito como se escarra sangue, contra a vontade e como quem lança à face dos homens uma blasfêmia.

[*Crônica da casa assassinada*, Ed. crítica, 1991 e *SS*.]

LIVRO DE BORDO

A Rodrigo de Haro

Aqui estou a bordo, e viajo de novo. Que não reconheço desse mar que é tão profundamente meu, os seus quietos, e suas bruscas aberturas de cinza e tempestade? Viajo – e como sempre não sei onde estou e nem qual o navio em que viajo.

* * *

Falo de mim mesmo, a fúria é o meu porto. Que os maus e os hipócritas se afastem: minha lealdade é aquela que se assemelha ao crime.

* * *

Vago, nesse esplendor de mim, sem ter ciência nem sentido. Vago porque o calmo me dá náuseas e sou feito dessa inconstância com que se tece a sede de aventura e o poder de ficar. Nunca estou onde estou: vou passando, e o que é estranho em mim é que passando tento completar paisagens que agora vão com paisagens que já foram. Mas o que me faz itinerante – ai, eu sei – são as planícies que me chamam e [não] serão jamais.

* * *

Invento os nomes com que me invento: poeta, pintor, comediante. Todos me servem, desde que no escuro alterem a mão fechada em seu punhal.

* * *

De que gosto de sangue faço a manhã? Por trás de mim há sempre um céu infante, e as amoras que piso, e as pitangas que mordo, tem esse ácido porque culpam ao que é novo: ardem, desse vermelho que só o entendimento assiste.

* * *

O incauto fita à minha passagem sem rumor: entenebreço. Vou guiado por um instinto de vida e de decomposição. Arrojo-me a camas onde imaginei todo o valor do beijo e do perdão. Arrojo-me sem tédio e sem pudor: o que sobra de mim é ter sabido. Nu, contemplo a sede que de mim criou o meu poder e a minha explosão. Resisto-me.

* * *

Ah, léguas de morno! Como vomito a calma das chegadas. É por dentro que viajo, sem ter notícia de ninguém. Quem me vê por este mar aonde vou? Q[uem] me vê chegar sem ter sabido? O que me te[ste]munha arde em fundo céu, e o que me traduz é um cintilar de cinza e violeta. Perco-me, unindo.

* * *

No meu barco inventei um deus do meu tamanho. Tudo o que é meu, é meu – do meu tamanho. Havia uma ilha, e eu a consumi no seu naufrágio. Quedou-se o tempo e a invenção. Vi chegando o horizonte e saudei o meu deus: assim fortaleci-me de certeza e de crime.

* * *

Nada me vencerá em minha chegada. O atônito que me fez, desfez-se: é o mito que me guia sobre a vaga, a vaga é o meu mito. Nada impuro me toca, pois sou feito da essência livre do sal e do açúcar: nada impuro me faz, pois sou composto de sabedoria e de instinto. Não minto porque não sou feito de limo, e nem teço na suspeita que sou: reluz. Vênus reparte em mim a sua humaníssima metade.

Tendo partido, sou como chego: jovem, mas eternamente.

* * *

Portos de circunstância: até vós ondeia meu corpo mareado.

* * *

Um dia o segredo me deixou. Vi esculpir-se o mar e nenhuma finalidade havia nele. Sem o escuro, que é a sua luz, de que se faz o homem? De que potência armada a caminho do seu nada? Reinventei-me vivo – mas dentro de mim havia um morto. Não derramo lágrimas ao falido – mas ao novo, de que massacres não supor o seu poder?

* * *

Ondeiam flores, desmancham-se jasmins à minha passagem. Apalpo-me, e sinto o aço escandido que me torna – mas não levo por dentro um riso antigo, não ecoa nesse invulnerável, um apelo de criança? Ah, mar, à tua proa há um cadáver que duro se interpõe à branca luz do meio-dia... É nosso, o antigo capitão.

* * *

Precipita-se a luta: arde uma faca, e o meu sangue arde. Acode a mim esse vento menino que assovia a novidade. O que existe morto, oscila como uma enorme vaga cumprida e desejada. Não de mim, não de mim. Há uma outra vaga, e vem vindo, muito atrás do que ainda vem, e o seu sangue tem a violenta sede que o sangue tem, e incorpora à sua cor todos os venenos que violam sem identidade.

A tarde cai.

* * *

Morto de mim, quem é mais vivo do que eu? Vivo, que morto me entende mais? As duas faces me interrogam. Brutal, o mar assola o casco do navio. Uma face em mim é a do vivo, e olha o vento – outra face é a do morto, e olha. Incansavelmente a música circula sobre o composto que me decompõe.

* * *

Amo acima de tudo a violência. Amo o injusto, o atroz e o irremediável. Alimento-me de solidões levadas à sua fome. Que mais amo, e possa traduzir o homem no esplendor do seu destino? A faca, o veneno e o laço do estrangulador. É perto da violência que Deus situou a santidade.

* * *

São Francisco de Assis: os pássaros, sim. Mas a vida privativa que o formou, a luta contra a família, o beijo no leproso. O que oculto no coração nunca deve ser antigo; paz do santo é uma paz de renegado.

* * *

Mas que quero de mim que tanto quero sem poder? Quero não ter medo de mim. Quero de mim tudo o que civil é fraude, e culto, passional. Quero tudo o que for puro –
quero a pureza, a inatingível, não do anjo, que não entendo, mas a do homem, tal como sou, origem – besta, mas virgem.

* * *

O meio-dia me alucina.

* * *

Não sou homem do meio. No dia em que nasci uma noite total se fez sobre os campos: recônditas, nas choupanas, sucediam acesas violências.

Foi aí que o mundo me penetrou com o seu grito de ordem, e eu senti o luxo: azul, o arbitrário me ensinou o que total me faz agreste e de justiça.

* * *

Outras foram as datas: um maio, um abril, o nome desse amor. Que me disse amor? Quem me disse o quem não sou? O vento me fez dessa inconstância e desse riso. Passei, e amadureceram nas cercas os cajus. Sei que passo em breve – os cajus continuam. E do eco que os homens tanto amam, que não ouvir senão o desse riso de um amor que não existe? Todo futuro é mentira.

* * *

Agora me vou. Tenho esse poder de dominar o meio-dia. De repente anoiteço com estranha violência. Tanto não fui, e podendo tanto. Disse crime, punhal? Ah, como passo – vou passando nessa surpresa de passar. Ninguém me olha: vou indo, mas coberto de sangue.

* * *

De que ilha vem o nobre, qual a origem do marquês? Deus existe. Entendam-me os desautorados homens de ambição, meninos e banqueiros. O que inauguro, é um céu precipitado. Feito das formas do meu sabido, é céu? É inventado? Não há céu. Tudo o que somos, a faca, o crime e o céu – somos, mas inocentados.

[Inédito, s/d.]

PARTE III

DIÁRIO NÃO ÍNTIMO

(30 ago. 1956–14 fev. 1957)

DIÁRIO NÃO ÍNTIMO

1

De repente o navio no mar: tão simples, tão puro. Em seus costados a onda crispa um último obstáculo que se desfaz em espuma – e é na orla como um adeus chegando.

* * *

Amar os animais, como Léautaud[1] diz, como Eneida[2] quer – mas não tanto que a favor deles se esqueça [d]o pobre gênero humano. E num "Diário" qualquer, tudo pareça tão velho que até mesmo os nomes inventados se assemelhem a coisas sem data. No fundo, a velhice de um homem sem coração.

* * *

Desculpa, Cacilda,[3] se a resposta vai tarde. É que me refaço aos poucos dos gestos mal compreendidos. Quando falei de grande autor, de autor nacional, não pensei em mim, e nem em Nelson Rodrigues. Falava em Racine.[4]

* * *

Recado a Otto Lara Rezende: mais vale um garoto do "SAM" com identidade artística, do que um político de renome, sem autenticidade de romance.

* * *

Gênio sem modéstia, é como meu amigo Van Jafa[5] que se intitula: Eu, gênio.

* * *

---

[1]Paul Léautaud (1872–1956). Escritor francês.
[2]Eneida [Costa de Morais] (1904–1971). Jornalista e escritora brasileira.
[3]Cacilda Becker [Iaconis] (1921–1969). Atriz brasileira, um dos maiores mitos dos palcos nacionais.
[4][Jean-Baptiste] Racine (1639–1699). Dramaturgo francês.
[5]Van Jafa, escritor brasileiro.

O Brasil morre, não da política que faz, mas da que pensa que faz. Todo esse rumor, toda essa pressa, todo esse segredo – o que dá aos fatos um odor de coisa acontecida – aqui não – mas num lugar que se parecesse muito com aqui.

* * *

Como morrem depressa os nossos mortos. Lembrei-me que um dia Jorge de Lima[6] chamou isto de "vaga Sumatra". Que vago é tudo, Jorge, e em que Sumatra cor de vento andará você hoje?

* * *

Dizia Cocteau,[7] e de tão usada a frase já parece de folhinha, que Victor Hugo era um louco que se acreditava Victor Hugo. Pomona se acreditava Pomona. E sem loucura nenhuma.

* * *

Darel, sobre Ione Saldanha:[8] "É difícil mulher saber pintar, mas esta vale por sete". E por alguns sete homens também.

* * *

Aconteceu. ia indo, ia indo. Bruscamente, inaugurou-se a manhã. Parei, e chocaram-se contra mim vários anos de nostalgia sem remédio.

[*A Noite*, 30 ago. 1956.]

---

[6] Jorge [Mateus] de Lima (1893–1953). Poeta, romancista, artista plástico, ensaísta, médico e político brasileiro.
[7] Jean Cocteau (1889–1963). Escritor e cineasta francês.
[8] Ione Saldanha (1919–2001). Pintora e escultora brasileira. Grande amiga de Lúcio. Ele, inclusive, escreveu textos em catálogos de exposição dela e artigos sobre seu trabalho plástico.

DIÁRIO NÃO ÍNTIMO

2

Em que março foi, não sei – mas foi em março, e chovia. Lenta chuva sem cor – ela sentou-se ao meu lado.

– Está ouvindo?

Disse que sim, mas no meu íntimo uma outra chuva caía, e eu nada escutava, porque só escutava a outra chuva.

* * *

A cor já havia se despedido. Pobre, eu transitava pelas ruas. Mas no seu rastro, incansável, havia uma flor, e rescendia: perpétua.

* * *

Adivinho Kafka: corredores cheirando a hospital, caminhos dos seus domínios. Mas não, são apenas as residências da burocracia.

* * *

Ferreira Gullar[9] inventou a teoria da crase. Há várias teorias por inventar. Mas a da crase é realmente feita para dar atenção às coisas que merecem nenhuma – e que por isto nunca tiveram teoria.

* * *

Coquetel em casa do autor estreante. O glorioso comparece com uma pasta: presume-se que nela existam segredos. Temerosos, os discípulos cercam-no – e há neles a subserviência de vivos ante um morto.

* * *

No tempo em que Murilo Mendes cumprimentava as palmeiras – parabéns pela sua palmeira, minha senhora! – havia nele um riso sempre

---

[9]Ferreira Gullar, pseudônimo de José Ribamar Ferreira (*n.* 1930). Poeta, crítico de arte, jornalista, escritor, dramaturgo e tradutor brasileiro. Considerado por muitos como o mais importante poeta vivo do Brasil. Foi amigo de Lúcio.

pronto a chegar. Hoje ele não ri, mas em torno dele há uma lembrança calada de palmeiras.

* * *

Paris amanhece um pouco na cidade, para quem não conhece Paris. Foi lá para os lados dos Arcos, onde há umas árvores de galhos secos. Chega-me uma súbita vontade de cumprimentar pessoas que são habituais como a tolice – como vão?

Mas sinto que elas não me reconhecem.

* * *

Outrora Lígia[10] amava, hoje ela já não ama. Não faz muita diferença, porque sempre que se encontra com a gente, há nela um ar alvissareiro de quem ainda fosse fazer confidências.

* * *

Ó Guedes, quando aprenderemos a dizer não?

[*A Noite*, 31 ago. 1956.]

---

[10]Lígia Marina Pires de Moraes, *op. cit.*

DIÁRIO NÃO ÍNTIMO

3

A última vez em que me encontrei com Graciliano Ramos, disse-me ele: "Este negócio de romance está liquidado. Ninguém mais se interessa por literatura". Era exatamente o momento em que, doente, o público começava a descobrir suas obras.

* * *

Havia um pintor infantil chamado Luiz Soares – infantil pela pintura e pelo temperamento – e que era protegido pela poetisa Ione Stamato. Um dia, quando a poetisa se afastava, ele teve um desabafo:
– Ai, a beleza. Que seríamos nós se não fosse ela?
Menos do que uma presença, referia-se a uma coisa abstrata.

* * *

João Uchoa Cavalcanti Neto, que publicou *João*, confessa-me que há um defeito no seu livro que ele não consegue localizar. Leio o livro, não acho o defeito. Ele pergunta e eu respondo:
– Não sei. Quando não se gosta de um livro, só há um remédio – fazer outro.
Minhas gavetas são verdadeiros cemitérios de romances desse gênero.

* * *

Os viúvos do cinema mudo gostam de dar gritos quando falam em Greta Garbo[11] ou Gloria Swanson.[12] Eu, que também sou viúvo, lembro-me de Norma Talmadge[13] com muito maior entusiasmo. A primeira vez em que a vi – tão longe – foi num filme extraído de Balzac. Ela interpretava a Duquesa de Langeais[14] e a fita se chamava *A ferreteada*.[15]

---

[11]Greta Garbo, nome artístico de Greta Lovisa Gustafson (1905–1990). Atriz sueca.
[12]Gloria [Josephine Mae] Swanson (1899–1983). Atriz estadunidense.
[13]Norma Talmadge (1894–1957). Atriz e produtora estadunidense da era do cinema mudo.
[14]Personagem do livro *A duquesa de Langeais*, de Balzac, publicado em 1834. Trata-se do segundo episódio independente da trilogia *História dos Treze*, que se inicia com *Ferragus*, um dos mais célebres e deliciosos livros de *A comédia humana*.
[15]Título original: *The cheat* (1915), do diretor estadunidense, Cecil [Blount] DeMille (1881–1959).

Haverá quem ainda hoje se lembre disto?

* * *

Guido Piovene,[16] grande romancista italiano, encontra-se comigo em Copacabana.

Ah, diz ele suspirando, tanta civilização. O Rio ganharia mais se tivesse nas suas proximidades as cataratas do Iguaçu.

Sem dúvida, sobretudo no verão.

* * *

O mesmo Guido Piovene, falando sobre Faulkner:

– Já fui a dois congressos com este senhor, e ele sempre no mesmo estado. Sua resistência, depois dessas provas, não me preocupa. Mas quando é que ele encontra tempo para escrever?

* * *

O general Góis Monteiro,[17] em cuja casa fui inesperadamente aportar certa noite, fala-me longamente, e com inteligência, sobre literatura grega. Depois, coloca-me um volume nas mãos.

Abro-o em casa: é um relato do general Guderian[18] sobre sua campanha na Europa. Mas com um detalhe expressivo: na primeira página, uma amistosa dedicatória do senador Lourival Fontes.[19]

* * *

Mestre Goeldi anda metido em coisas de demanda. Um dia desses, seu desafeto, homem de maus bofes, mandou-lhe um recado ameaçador. O mestre não teve dúvidas: foi logo pedir auxílio ao seu colega de ofício, Poty.[20]

A demanda continua, mas acho que ele ainda se encontra por lá.

* * *

---

[16]Guido Piovene (1907–1974). Escritor e jornalista italiano.

[17]Pedro Aurélio de Góis Monteiro (1889–1956). General de divisão e político brasileiro.

[18]Heinz Wilhelm Guderian (1888–1954). Teórico militar e inovador general do exército alemão durante a Segunda Guerra Mundial.

[19]Lourival Fontes (1899-1967). Jornalista e político brasileiro; foi senador da República.

[20]Napoleon Potyguara Lazzarotto, mais conhecido como Poty (1924–1998). Gravador, desenhista, ilustrador, muralista e professor.

DIÁRIOS

Um jovem crítico de teatro, desses que a juventude supera as possibilidades, afirmou que padecíamos do mal dos "grandes temas". Fiquei imaginando *Dona Xepa*, *A pensão da dona Stela* e *Miloca recebe aos sábados*.[21] O que não faríamos, se não sofrêssemos desse mal...

* * *

A claridade veio chegando de distâncias. O sol se abria. Úmidas, as casas renasciam do terror.

[*A Noite*, 3 set. 1956.]

---

[21]*Dona Xepa* (1952), peça de Pedro Bloch (1914–2004); *A pensão da dona Stela* (1956), de Gastão Barroso; e *Miloca recebe aos sábados* (1955), de Clô Prado.

DIÁRIO NÃO ÍNTIMO

4

O escritor de quarenta tomos declarou a um repórter que viu glórias nascendo, glórias morrendo, entrando na Academia. Mas aí, ele é no entanto, o único que foi à Rússia como se fosse à Academia. Mais morrendo do que nascendo.

* * *

Corpo de baile.[22] Delícia de descobrir velhos mitos sem explicação: o lobo Afonso, por exemplo. Pergunto à minha mãe o que é "cavu", e na sua resposta, que é certa, vem também todo o prazer de um reencontro.

O que, em definitivo, deve ser uma recompensa para o autor.

* * *

Ainda Guimarães Rosa: como Mário de Andrade gostaria de encontrar este livro. *Macunaíma,*[23] com todos os exageros dos precursores, é um São João Batista do *Corpo de baile.*

* * *

O que mais me assusta é o envelhecimento dos endereços telefônicos. Uma semana, e a caderneta já não diz mais nada. Senhor, como desistimos depressa.

Opinião de um amigo sobre *A rosa tatuada:*[24]

---

[22] *Corpo de baile* é um livro de novelas de [João] Guimarães Rosa (1908–1967), publicado em 1956 e originalmente composto de dois volumes com sete novelas. Guimarães Rosa é considerado um dos mais importantes escritores brasileiros de todos os tempos. Foi também médico e diplomata.
[23] *Macunaíma* (1928) é considerado um dos grandes romances modernistas do Brasil. Foi escrito pelo poeta, cronista e romancista, crítico de literatura e de arte, musicólogo, pesquisador do folclore brasileiro e fotógrafo Mário Raul de Moraes Andrade, mais conhecido como Mário de Andrade (1893–1945). Lúcio trocou alguma correspondência com Mário, inclusive enviou para ele os manuscritos de *A luz no subsolo*, hoje pertencente à Coleção Mário de Andrade do IEB-USP. Mário publicou poemas de Lúcio na *Revista Acadêmica.*
[24] *The rose tattoo* (*A rosa tatuada*), filme estadunidense de 1955, dirigido por Daniel Mann, também conhecido como Daniel Chugerman (1912–1991), com roteiro adaptado da peça homônima do dramaturgo estadunidense Tennessee Williams, pseudônimo de Thomas Lanier Williams (1911–1983). Burt Lancaster fez a personagem Alvaro Mangiacavallo neste filme.

DIÁRIOS 573

Burt Lancaster – se não grito mais, esta mulher me abafa.
E era capaz.

* * *

Tônia Carrero,[25] um conselho de amigo: nunca escreva cartas. Dê somente entrevistas. As cartas traem, são terrivelmente cartas. Mas as entrevistas – que não supor do coração de um jornalista?

* * *

Que fujam, que fujam os densos mares que ouço passando. Mas fique a ilha. Por que aqui, e neste silêncio, que ilha não é de se imaginar?
Esta ilha seca. Esta ilha devorada. Esta ilha como um cáctus ao luar. Devagar, e ficando.

* * *

Conselho a um amigo que pretende fugir para o sul: o sul não basta. A casa é onde não há sul e nem norte. A casa é aonde chegamos. Importa onde?
A grande lição das paisagens: é o ar que muda, não elas.

[*A Noite*, 4 set. 1956.]

---

[25]Tônia Carrero, nome artístico de Maria Antonieta Portocarrero Thedim (*n.* 1922). Atriz brasileira.

DIÁRIO NÃO ÍNTIMO

5

Visão do aparecimento de Proust através do *Journal* de Léautaud, com toda a admiração, maledicência e consequente cortejo de anedotas que sempre provoca o nascimento de uma coisa nova.

* * *

José Olympio,[26] que encontro na rua em companhia de Otávio Tarquínio de Sousa,[27] apresenta-me uma moça bonita.
– Você não conhece minha filha?
Conheço, mas de há muitos anos, quando era uma menina ainda. É como se de repente houvessem estatelado diante de mim uma enorme folhinha com o tempo marcado.

* * *

Na casa de um amigo deparo um ramo de flores secas, pintadas a ouro. Autor indubitável: Burle-Marx. Lembro-me do caso, acontecido recentemente, em que no arranjo de um desses ramos plantado entre ametistas, nosso amigo pintor e jardinista recuou de repente com um grito de susto: entre as folhas secas estava aninhada uma serpente.
Pode ser perigoso, mas não há dúvida de que seria um belo e estranho complemento.

* * *

Cláudio de Barros,[28] cantor, veio para o Rio muito justamente decidido a vencer. O repórter Leal de Souza recomenda-o a uma emissora amiga. Telefonema duas horas depois do diretor artístico:
– Leal, pelo amor de Deus, há aqui um louco que não quer parar de cantar.

* * *

---

[26]José Olympio Pereira Filho (1902–1990) é considerado o maior editor brasileiro de todos os tempos, fundou, em 1931, a editora Livraria Editora José Olympio, hoje pertencente ao Grupo Editorial Record.
[27]Otávio Tarquínio de Sousa (1889–1959). Historiador e biógrafo brasileiro.
[28]Cláudio de Barros, cantor e compositor brasileiro.

DIÁRIOS   575

José Sanz,[29] que passa por mim em companhia de Adonias Filho[30] –
conspiração! – exclama:
– Que gordura indecente.
Eu, que levo a consciência culpada, sinto não ousar dizer:
– Que insistente magreza.
Mas fato é fato.

* * *

Estou disposto a fundar uma companhia para montar todas as minhas
peças (36, ao todo). Atriz única: Luiza Barreto Leite.[31]

* * *

Assim não causará escândalo a interrupção dos espetáculos, os textos
podem ser improvisados, e estaremos sempre de acordo um com o outro –
isto é, autor e estrela.

* * *

Perdi a viagem, mas adquiri a experiência. Enquanto isto, folheio o
jornal concorrente e encontro com a palavra "falésias". Logo um cheiro de
mar vem entrando pela janela e, mesmo sem querer, sinto-me vogando: há
inesperados pássaros voando a esmo pela redação.

* * *

Mostram-me uma fotografia de Hermes Fontes,[32] com a testa varada por
uma bala. Imagino o drama do poeta, revivendo o que li e ouvi na época
da tragédia. Pena que os versos, encerrados em seu sarcófago simbolista,
traduzam tão pouco a emoção de quem tão intensamente viveu. Hermes
Fontes, que se matou por amor, fala muito em mulheres – mas são mulheres
de convenção, das que andam pelas páginas de Gautier e Heredia.

* * *

---

[29]José Sanz, crítico de cinema brasileiro que, juntamente com Nássara e Lúcio, fundou o jornal
A Bruxa, em 1929.
[30]Adonias Filho (1915–1990), Escritor, jornalista, ensaísta, romancista e crítico literário brasileiro. Fez parte da terceira fase do Modernismo e foi membro da Academia Brasileira de Letras.
[31]Luiza Barreto Leite (1909–1996). Atriz, diretora, professora de arte dramática, ensaísta,
crítica de teatro brasileira. Atuou na peça *O escravo*, de Lúcio, em 1943, com o grupo "Os
Comediantes", do qual foi fundadora.
[32]Hermes Floro Bartolomeu Martins de Araújo Fontes, mais conhecido como Hermes Fontes
(1888–1930). Compositor e poeta brasileiro.

Não sei mais quem, talvez Antonio Botto,[33] contou-me entre as muitas coisas que me contou, que Fernando Pessoa trabalhava com uma enorme botija de vinh[o] debaixo da mesa. Li depois que ele podia não beber, mas queria sentir sempre o contato consolador da palha que envolve o garrafão. Para isto, por debaixo da mesa, alisava a botija com o pé.

* * *

Que importa recomeçar todo dia. Já temos uma dose de silêncio tão grande, que é só lançar mão do estoque. O mais difícil é criar um estoque de barulho.

[*A Noite*, 5 set. 1956.]

---

[33]António Botto (1897–1959). Poeta português. Morou no Brasil de 1947 até sua morte. Foi amigo de Fernando Pessoa, que traduziu em 1930 as suas *Canções* para o inglês, e com quem colaborou numa *Antologia de Poemas Portugueses Modernos*, e também de Lúcio.

DIÁRIO NÃO ÍNTIMO

6

Distraído, esbarro noutro distraído. Surpresa: o companheiro de esbarro é Jayme Adour da Câmara.[34] Anuncia-me, veemente, uma semana Coelho Netto[35] para setembro. Garanto minha presença, pensando que com tantos padrinhos ilustres, a volta do autor de *Rei negro* é um fato. E Jayme, como a garantir a força do empreendimento:

– E desta vez, meu caro, será no auditório do Ministério da Educação.

* * *

Moniz Viana[36] consulta-me se é costume agradecer a quem nos envia livros. Digo que sim. E ele, esclarecendo:

– Recebi um do general Juarez Távora.[37]

Então não sei mais. Gente importante assim nunca me mandou livros. Mas esqueço-me: uma vez o senhor Juscelino Kubitschek me enviou um livro e um cartão. Mas a obra não era dele – era de Alphonsus de Guimarães.[38]

* * *

Alguém fala em Bernanos, diante da fotografia de uma casa onde ele morou, em Itaipava. Uma vez tive grande vontade de ouvi-lo – o que não se dizia! Meu amigo Pedro Octávio Carneiro da Cunha[39] convidou-me a jantar com o escritor. Fui. Durante quatro horas Bernanos falou sobre Joana D'Arc. E confesso – não entendi nada.

* * *

---

[34]Jaime Adour da Câmara (1898–1964). Escritor brasileiro. Foi, com Raul Bopp (1898–1984), diretor da segunda fase da *Revista de Antropofagia*, quando passa a ser veiculada pelo *Diário de São Paulo*.

[35][Henrique Maximiano] Coelho Neto (1864–1934). Escritor, cronista, folclorista, romancista, crítico e teatrólogo, político e professor brasileiro, membro da Academia Brasileira de Letras. O romance, *Rei Negro*, é de 1914.

[36][Antonio] Moniz Vianna (1924–2009). Jornalista, médico e crítico cinematográfico brasileiro.

[37]Juarez [do Nascimento Fernandes] Távora (1898–1975). Militar e político brasileiro.

[38]Alphonsus de Guimaraens, pseudônimo de Afonso Henrique da Costa Guimarães (1870–1921). Escritor brasileiro.

[39]Pedro Octávio Carneiro da Cunha, historiador brasileiro. Lúcio foi seu amigo e lhe dedicou o poema "Estrela", a versão manuscrita.

Sérgio Andrade, que também é repórter, disse-me que está no segundo ano do curso de Marinha Mercante. Esse é o fio da conversa. Enquanto ele fala, chega de longe um apito de navio, sinto um cheiro forte de óleo – e tudo levita na sempre viagem que não se faz.

Ir, ir, ir de vez, como proclama Fernando Pessoa.

* * *

– Cantora?
– Cantora.
Surpreendo-me que não o tenha adivinhado antes: esses brincos, essas calças compridas, essas unhas cor de sangue.
Sem assunto, indago:
– Sua música predileta?
– Ninguém me quer, ninguém me ama.
(Diz isto com uma força de quem fosse golpear o mundo. Em torno o ar estremece – ah, é fácil, e mais do que fácil imaginá-la ao microfone).

* * *

Iberê Camargo,[40] consultado por mim a respeito do trabalho de um colega dele, ergueu as mãos para o céu:
– Gostar, não gosto. Mas se a gente for contra os colegas, que não será da gente?

* * *

Declaração de um homem que está sendo condenado em São Paulo por horríveis crimes sexuais:
– Às segundas-feiras eu não podia ver a tarde cair.

* * *

Inventar uma paisagem. Com cheiro, com cor, com naturalidade, e que sendo assim, seja mais natural do que a verdadeira. Certas portas de Dickens, certas ruas de Balzac – não dão a Londres ou a Paris uma realidade que só mais tarde vieram a adquirir?

[*A Noite*, 6 set. 1956.]

---

[40]Iberê [Bassani de] Camargo (1914–1994). Pintor, gravador, desenhista, escritor e professor brasileiro.

DIÁRIO NÃO ÍNTIMO

7

Sobre a terra de uma sepultura recente, acharam um coração humano. Características do objeto: grosso como um punho fechado, de cor indefinível, e cheio de filamentos secos que se entrecruzam como raízes. Duas ou três manchas denotando ainda certa umidade.
Perto, uma flor amarela – como uma pupila vigiando.

* * *

Ferreira Gullar, em companhia de quem percorro algumas livrarias, informa-me que tem em bom andamento seu novo livro, cuidadosamente trabalhado com tesoura e goma arábica. As páginas terão dois metros de altura e serão fotografadas.
Título: *O formigueiro*.[41]

* * *

Neste filme *Os amantes do Tejo*,[42] como as coisas são falsas, e escorrem numa atmosfera de conflito barato. Mas há uma coisa grande e feroz, cuja autenticidade atroa até fora da tela como um gemido – o mar de Nazaré.

* * *

Lêdo Ivo, a propósito da palavra "falésias", empregada outro dia nesta seção, reclama a paternidade da mesma. Disse que a descobriu do alto de um rochedo, na França.

* * *

Mas descubro que falar no mar não adianta – é preciso senti-lo aquecer as veias como um sangue que de repente estuasse em febre e espuma através do nosso corpo.

* * *

---

[41]"O Formigueiro", poema visual de Ferreira Gullar, foi escrito em 1955 e considerado o precursor do Livro Poema no Brasil. A obra só foi publicada em 1991 pela Editora Europa, em uma edição histórica com apenas 1.500 exemplares.
[42]Título original: *Les amants du Tage* (1955), filme de Henri Verneuil, nascido Ashod Malakian (1920–2002). Dramaturgo e diretor de cinema franco-armênio.

580   LÚCIO CARDOSO

Nem isto: aspirá-lo, vindo de longe, não com a fragrância real de praias
e rochedos – mas com o hálito de possessões que nos fossem sugeridas de
outro mundo.

* * *

Um repórter vem me perguntar qual, na minha opinião, é o maior romancista moderno. Sei muito bem o que ele espera que eu diga, e respondo
sem hesitar:
– Faulkner.

* * *

Na casa de Elvira Foeppel,[43] o editor Simões, de ininterrupta atividade,
anuncia-me que editará as *Obras completas* de Coelho Netto. Até já entrou em entendimentos com a família do escritor. Indaga-me quem poderia
apresentar esta edição.
– Mas não há dúvida, respondo – Octávio de Faria.

* * *

Ernest Jünger,[44] grande escritor alemão que esteve há algum tempo no
Brasil, conta que aqui desceu e foi direto ao Jardim Botânico. O que mais
o impressionou: uma manga.

* * *

A insistência do nada: sobe de todos os lados com tal ímpeto, que seremos
submersos, caso não nos agitarmos bem.

[*A Noite*, 7 set. 1956.]

---

[43]Elvira [Schaun] Foeppel (1923-1998). Atriz e poetisa brasileira. Amiga de Lúcio.
[44]Ernest Jünger (1895-1998). Romancista e ensaísta alemão.

DIÁRIO NÃO ÍNTIMO

8

Do "DIÁRIO DO TERROR":[45]
Duas horas da tarde: caminho entre os outros com uma tão nítida compreensão da minha singularidade que é como se arrastasse neste instante de hipnose um longo e terrificante manto de púrpura. As pessoas fitam-me e deixam-me passar – eu escorro, como a música triunfal de um rio.[46]

* * *

Algo nesta hora se desprende e torna as coisas oleosas: como que de toda a sujeira humana evola-se um bafo de ranço e desafio. Flores pútridas, monstruosas, rebentam dos monturos ao sol – e gatos de olhos rápidos como relâmpagos vigiam dos porões maldosos.[47]

* * *

Eu sei, talvez um sonho: mas que sabemos nós dos olhos cegos que nos habitam? Além da distância, em terras ingeradas, já estua a noite, e no tumulto se fabricam coisas dilacerantes, impregnadas em sangue e violeta.[48]

* * *

Estes corpos humanos, como eu os amo, tão trabalhados em fraquezas e delíquios – ah, como eu os amo, carnal, voluptuosamente, até que descubro neles a presença do cadáver.
Ao sol exalam um odor de tumbas abertas.[49]

* * *

---

[45]Na versão final: "Diário de terror".
[46]Trata-se, literalmente, do 8º parágrafo de "Diário proibido – páginas secretas de um livro e de uma vida".
[47]Trata-se, com algumas modificações, do 13º parágrafo de "Diário proibido – páginas secretas de um livro e de uma vida".
[48]Trata-se, literalmente, do 17º parágrafo de "Diário proibido – páginas secretas de um livro e de uma vida".
[49]Trata-se, literalmente, dos parágrafos 19º e 20º de "Diário proibido – páginas secretas de um livro e de uma vida".

O diabólico é a minuciosa ordem das coisas, quando presente em tudo, absoluta e pontificial, lavra a chama da desordem. A favor de uma ordem futura, que será por nós presenciada com olhos de aço e de manhã, instauremos desde já o caos. Para os que têm bons ouvidos, já falo do centro da tragédia inaugurada.[50]

* * *

Às duas horas da tarde o mundo cessa: um sol cor de urina incendeia os tetos conquistados. Corre nos beirais um frêmito de morte. Os homens se imobilizam, prontos para os grandes desabamentos.[51]

* * *

O terror é a época da criação no centro do desastre.

* * *

Chamo a isto uma completa impossibilidade de viver nos termos comuns de todo dia. É a vida habitual que me expulsa, que me faz vagar, que me torna nômada e sem fé, andaluz de uma pátria espúria e sem melodia. Porque, a admitir a extraordinária invasão de elementos subterrâneos e excepcionais que invadem meu procedimento comum, teria de escolher, como escolhi viver até agora, entre as onças da mata, sentindo florescer no íntimo uma Espanha de lanternas e noivados.

Mas o terror é sobretudo a consciência da mais espantosa solidão.[52]

* * *

Paisagem: é estranho como são feios os lugares onde o homem reside. Casas, faces enormes e vigilantes, como olhos sem vida e bocas que engolem e vomitam a tristeza humana.

O monstro é a grande sugestão do homem.[53]

* * *

E todo o meu ser é uma aventura impossível de sonho e de extermínio.

[*A Noite*, 10 set. 1956.]

---

[50]Trata-se, com pequenas modificações, do 35º parágrafo de "Diário proibido – páginas secretas de um livro e de uma vida".

[51]Trata-se, literalmente, do 32º parágrafo de "Diário proibido – páginas secretas de um livro e de uma vida".

[52]Trata-se, com algumas modificações, dos parágrafos 15º e 16º de "Diário de terror".

[53]Trata-se, com pequenas modificações, dos parágrafos 28º e 29º de "Diário proibido – páginas secretas de um livro e de uma vida".

DIÁRIO NÃO ÍNTIMO

9

Grande sertão: veredas[54] – obra conseguida e plena. Este homem inventa a terra com tal poder que, nós que a conhecemos, sentimos que o desenho ultrapassa a meta, é mais do que o sertão, é um país ideal. Ou melhor, é a terra mesma, visionada nesse plano supremo onde só os poetas conseguem dominar. É o tudo, de quem abraça alguma coisa com paixão. Com paixão e com fúria de poesia.

* * *

Aqui começamos a trilhar o verdadeiro Guimarães Rosa. Mas ainda são veredas: esperemos pelos grandes descampados.

* * *

Azulece Niterói de um excesso de sol – imagina-se ao calor, o segredo do nome: água escondida.

* * *

Através dos teus dias sonho coisas caras e febris – o luxo e o talento, por exemplo. Como uma brasa no coração. E longe, por ruas, por estradas onde nunca vou, este sol da tarde: deus acontecendo.

* * *

Kafka, que inventou o espanto na rotina, não conheceu uma cidade assim, de praias sem espanto, de horas de um acontecer tão antigo. Há no ar uma lembrança de redes e cajueiros.

* * *

---

[54] *Grande sertão: veredas* é a obra-prima de Guimarães Rosa, foi publicado em 1956 e é considerado um dos mais importantes livros da literatura brasileira e o único brasileiro a integrar a lista dos cem melhores de todos os tempos do Clube do Livro da Noruega (The top 100 books of all time: *The Devil to pay in the backlands* by João Guimarães Rosa, Brazil).

As usinas, as olarias, os engenhos abandonados – espectros de um sertão faustoso e antigo. Que sobrevive hoje?

Cana que amarelece ao vento.

* * *

Juntos, imaginemos a tarde – mas como se fosse uma coisa alheia.

* * *

Quando anoitece é que eu mais te compreendo. Não pelas tuas praias, nem pelo sol que continua ao longo das areias mornas. Mas vem vindo lá de dentro uma coisa tão surda, um lamento tão fechado, que ouso pensar – é o campo, é a tristeza, é a solidão dessa gente, sem nome e sem valia. E nós, aqui escutando, que somos?

* * *

No alto campo, bem no alto, pasta o boi. Pastos de bom pastar – capim roxo, amarelão. O trem avança na curva – e o vasto se desvenda de repente.

* * *

Alegro finale: na estação, a moça que Proust descobriu como se fosse a aurora. Mas não traz um jarro de leite – feliz, sorri com uma braçada de margaridas brancas.

[*A Noite*, 11 set. 1956.]

DIÁRIO NÃO ÍNTIMO

10

Infelizmente nada me acontece. Apesar dos esforços em contrário, levo uma existência terrivelmente comum. Começo a decifrar o alfabeto laranjada. O que é pena, pois terei de substituir nesta coluna a existência dos fatos pela possível poesia.

* * *

Dona Maura de Sen[n]a Pereira[55] insiste comigo para que publique nesta seção uma notícia sobre seu próximo livro. Infelizmente a seção não é noticiosa, e nem tão lida que possa garantir a publicidade de uma obra. Mas trata-se de uma gentileza, e aí vai o registro.

O livro chama-se *O parto sem dor*.

* * *

No elevador, João Duarte Filho[56] me olha com uma cara antiga.
Deixou os livros? – pergunta.
Não.
E nem sei como explicar: não se deixa os livros. Por bem ou por mal padece-se deles, de presença ou de ausência, a vida inteira.

* * *

O homem mais profundo é o que tiver mis funda consciência do seu equívoco.

* * *

Encontro no celebrado cronista expressões de uma sabedoria absolutamente vaga e enxundiosa. Deus, como é preciso, mais do que ao talento, policiar a poesia.

* * *

---

[55]Maura de Senna Pereira (1904–1991). Professora, jornalista e poeta brasileira. O livro, *O parto sem dor* foi publicado em 1957, pela Organização Simões Editora.
[56]João Duarte Filho, escritor brasileiro, autor de *O sertão e o centro* (José Olympio, 1938).

De repente o furacão chegou. Como chovia bem, com um barulho prolongado, escoando-se livre ao longo da praia. Devia ser um ciclone, só podia ser um ciclone. E não tinha nome, o que positivamente é um pecado, com tanta fúria e um jeito tão fotogênico para *cinemascope*.

* * *

Jorge de Lima, antigamente, tinha um telescópio em seu consultório. Hoje, que Marte anda em moda e há vários telescópios pelos quatro cantos da cidade, desconfia muito que o aparelho do poeta não tivesse grande valia. Mas impressionava.

* * *

Aliás, por falar em Marte, o Dr. Fanzeres, que é fundador da ABA, prometeu-me revelações de eletrônica. Ando entusiasmado para travar relações com essa tartaruga tão inteligente que, na sua mecânica, ultrapassa muito cérebro sem mecânica nenhuma.

* * *

Marte, de tão longe, desenlaçado no espaço. Que não imaginamos desta dança – estrelas, galáxias, mundos incandescentes indo e vindo – quem, de mais longe ainda espiará o espetáculo?
De longe demais.

* * *

(O verdadeiro só existe na tensão absoluta. É preciso imaginar um mundo e criá-lo, com suas forças latentes levadas a tal paroxismo que sua revelação se faça iminente – ou sua morte.
É preciso imaginar um mundo com todas as suas possibilidades voltadas para o sol).

[*A Noite*, 12 set. 1956.]

DIÁRIO NÃO ÍNTIMO

11

No saguão da ABI[57] encontro o repórter Edmar Morel[58] que me pergunta:
– É verdade que você seria capaz de gastar 400 contos[59] em dois ou três dias?
Rio:
– É verdade, sim.
Mas no elevador, vou pensando no caso: seria? Não sei. Mesmo porque nunca tive 400 contos nas mãos.

* * *

Fúnebre descrição da morte de Remy de Gourmont[60] por Léautaud. Que estranho prazer, o deste coveiro travestido em memorialista.
Mas o escritor não tarda a repontar: aí está o retrato de Max Jacob.[61]

* * *

Que leem, que fazem nossos amigos – determinados amigos que não vemos há muito? Imaginá-los é um modo de envelhecer sem surpresa.

* * *

Agostinho Olavo, sempre apressado, passa ao meu lado batendo-me no ombro:
– Preciso falar com você urgentemente.

---

[57]Associação Brasileira de Imprensa, idealizada pelo jornalista brasileiro Gustavo de Lacerda (1854–1909) e criada em 7 de abril de 1908.
[58]Edmar Morel (1912–1989). Jornalista e escritor brasileiro.
[59]Conto de réis é uma expressão adotada no Brasil e em Portugal para indicar um milhão de réis. Em Portugal, por ocasião da proclamação da República, esta moeda foi substituída pelo escudo na razão de 1 escudo por mil-réis. No Brasil, substituída da mesma forma, pelo cruzeiro em 1942, na razão de 1 cruzeiro por mil-réis. Mesmo após a substituição do real pelo cruzeiro, continuou a utilizar-se a expressão conto, agora para indicar mil cruzeiros. Os 400 contos mencionados por Lúcio equivaleriam ноje a mais ou menos: R$ 20.000.000,00.
[60]Remy de Gourmont (1858–1915). Escritor e crítico literário francês.
[61]Max Jacob (1876–1944). Escritor, pintor e crítico francês.

Agostinho de sempre: tão urgente que se esquece de me procurar. A pressa, nele, não é um motivo – é um modo de ser.

* * *

Evidentemente, em literatura, há assuntos proibidos. A gente toca neles com o espírito crispado, mas com o mesmo ímpeto e o mesmo prazer com que na infância entramos num quintal para roubar frutas que nos são vedadas.

* * *

Há uma epidemia mundial de Marilyns Monroes. Outro dia estive com a representante brasileira de Mrs. Miller.[62] Era uma pobre senhora cansada e de cabelos tintos. Quando o fotógrafo gritava – atenção! – ela endireitava-se e sorria – mas como um jasmim pisado.

* * *

Mais do que a coragem de ser, a coragem de continuar. O velho poeta traz à lapela um botão de rosa – um autêntico botão de rosa. Agora que já não faz sonetos, sente-se que todo o seu esforço concentra-se no ato de ir apanhar a flor ainda molhada de orvalho – ali ao mercado.

* * *

João Condé,[63] na passagem do primeiro aniversário da morte de Augusto de Almeida Filho, dedicará à poesia do mesmo uma página inteira do *Jornal de Letras*.

E até amanhã.

[*A Noite*, 13 set. 1956.]

---

[62]Arthur [Asher] Miller (1915–2005). Dramaturgo e ensaísta estadunidense. Casou-se com a estrela de Hollywood Marilyn Monroe, nome artístico de Norma Jeane Mortensen (1926–1962), em 1956, ano em que Lúcio escreve esta nota.

[63]João Condé (1912–1996). Arquivista e conservador da memória brasileira. Ficou conhecido pelos seus "Arquivos Implacáveis" publicados, a partir de maio de 1946, no caderno literário Letras e Artes, do jornal A Manhã. Manteve, também, durante 19 anos, uma coluna com o mesmo nome na extinta revista O Cruzeiro. Lúcio concedeu duas entrevistas a Condé e, ainda, participou de um livro que ele organizou (ver Bibliografia).

DIÁRIO NÃO ÍNTIMO

12

Almoço com Augusto Rodrigues,[64] que me fala sobre várias pessoas, desde Portinari[65] à dona Helena Antipoff.[66] Sobre artistas em geral, ele é mais extenso, e não esconde seu entusiasmo por Poty Lazarotto.[67]
– Extraordinário, definitivo – afirma.
Em lembrando a recente exposição do gravador sobre o tema dos Canudos:
– Em qualquer parte do mundo aquela exposição seria consagradora.

* * *

Em caminho surge Joel Silveira,[68] distraído como se ouvisse os pássaros que povoam as árvores defronte ao Foro. Digo, com a simpatia que me inspiram os perdulários:
– Joel, disseram-me que seu mal é gastar muito dinheiro.
E ele, abrindo os braços:
– Eu? Sou o mais pobrezinho do Rio de Janeiro!

* * *

Trecho de romance:
"...Não diria nada de pronto, um tanto ofuscada pelo sol. Quase junto ao seu peito, como um emblema, erguia-se uma flor de Maracujá – e, na distância, ao longo do quintal onde a hortelã cheira, corria um zumbido de abelhas, um esvoaçar de louva-deuses à procura de água".

* * *

---

[64]Augusto Rodrigues (1913–1993). Educador, pintor, desenhista, gravador, ilustrador, caricaturista, fotógrafo e poeta brasileiro.
[65]Candido Portinari (1903–1962). Pintor, gravador, ilustrador e professor brasileiro. Considerado um dos maiores pintores do Brasil.
[66]Helena Wladimirna Antipoff (1892–1974). Psicóloga e pedagoga de origem russa que depois de obter formação universitária na Rússia, Paris e Genebra, se fixou no Brasil a partir de 1929, a convite do governo do estado de Minas Gerais, no contexto da operacionalização da reforma de ensino conhecida como Reforma Francisco Campos-Mário Casassanta.
[67]Napoleon Potyguara Lazzarotto, *op. cit.*
[68]Joel Silveira (1918–2007). Jornalista e escritor brasileiro.

Nathália Timberg,[69] bonita como sempre, surge com um retrato na mão e um aviso [de] desaparecimento. Sou especialista em desaparecidos, encarrego-me do anúncio e dou dois dedos de prosa à atriz:

– Planos?

E ela:

– Uma comédia para o verão. Você sabe, com o calor ninguém suporta drama.

Concordo, mas sei que, no fundo, bem no fundo onde se calam os pequenos desejos da gente, ela gostaria de fazer uma peça séria, um drama e tanto, desses de fazer o espectador sair abafado da plateia. Com calor ou sem calor.

Outro tópico da conversa supra:

– Como vai Fregolente?

– Vai bem. Mas ao certo não sei – e depois de pensar um pouco, Nathália conclui – Com o temperamento dele, a gente nunca sabe se vai bem ou mal.

Verdade, Fregolente?

* * *

José Candido de Carvalho[70] dá uma nota de vinte cruzeiros ao trocador do ônibus e espera o troco.

– Que troco? – indaga o sujeito que tem má catadura.

– Troco de vinte, meu amigo – responde o Candinho. Mas se você teimar que foram cinco apenas, não faz mal, o resto é seu.

E explicando o caso mais tarde:

– Você sabe, a gente mora em Niterói, e lá é um lugar esquisito. Estão matando gente, por muito menos, com quatro tiros na boca.

(E no entanto, a medida do que me desgosta nas pessoas é a própria medida do meu interesse. Todo este vazio onde circula o vento da repugnância, é o espaço que sobrou do meu ausente.).

* * *

---

[69]Nathália Timberg (*n.* 1929). Atriz brasileira, considerada uma das melhores do país.
[70]José Cândido de Carvalho (1914–1989). Advogado, jornalista e escritor brasileiro, mais conhecido como o autor da obra *O coronel e o lobisomem*.

DIÁRIOS

Assisti ao grande produtor Al Ghiu[71] propor ao Sr. Harry Stone,[72] com o ar mais sério deste mundo, uma imediata aliança com a Hecht-Lancaster.[73] Como Mr. Stone um tanto perplexo perguntasse como se faria isto, Ghiu foi positivo, abriu as cartas na mesa:

Bem, a gente arranja um argumento de mocinho. Eu faria o papel principal, e o Burt Lancaster poderia fazer parte do elenco.

Mr. Stone sorriu discretamente.

* * *

Minuto: meu elemento é a natureza. Rochas, montanhas, fráguas e descampados. Aqui me sinto eu mesmo, e minha alma se dilata. São as únicas coisas que compreendo integralmente, as únicas, ai de mim, em acordo com minha paisagem interior.

[*A Noite*, 14 set. 1956.]

---

[71]Al Ghiu, nome artístico de Alcebíades Ghiu (1925–196?). Ator brasileiro, trabalhou em *Rio, 40 graus* de Nelson Pereira dos Santos (*n.* 1928).
[72]Harry Stone (1926–2000). Nasceu nos EUA, ex-vice presidente da Motion Pictures Association para a América Latina.
[73]Trata-se da companhia Norma Productions, produtora independente de cinema estadunidense criada pelo bailarino e produtor americano Harold Hecht (1907–1985) e pelo ator de Hollywood, Burt Lancaster, nome artístico de Burton Stephen Lancaster (1913–1994).

DIÁRIO NÃO ÍNTIMO

13

Antes de mais nada, e para que não desapareça seu aspecto de visão – Melí – na tarde em tons de cinza-escuro, com um vestido verde-malva, tão grave e tão tranquilo como um pedaço de mar achado de repente.

* * *

Gasparino Damata,[74] cheio de romances, ideias e coisas por fazer. Avisa que vai lançar uma seção, "Poeira do tempo". E eu previno aos interessados: trata-se apenas do lançamento do arquivo secreto fotográfico de Jorge de Castro.[75]

* * *

Hugo Tavares,[76] que além de poeta é um dos fundadores do novel clube de Eça em Niterói, devia saber como o mestre anda sendo recebido por terras de Itália e de Espanha. Com muita descompostura, inclusive sob a alegação primordial de "escritor sem coração e sem simpatia pelos seus personagens".

* * *

Depois de muitos anos, volto à amurada da Fortaleza de Santa Cruz, que tanto entusiasmo me causou antigamente. A mesma pedra, o mesmo talhe a pique sobre o mar, o mesmo mar – mas diferente, pois desta vez, de longe, do céu totalmente negro, vinham os primórdios de um ciclone em marcha. Soberba, desgarradora paisagem.

* * *

Não há nada que não se possa louvar nesta impressionante correspondência entre Léautaud e sua mãe. Finalmente, desvendado o mistério do monstro. E todo o tom surdo e patético que acompanham essas linhas sem nenhum artifício literário, devolvem à face de um escritor a dignidade que muitas vezes sua recusa cínica e persistente, fez tombar.

* * *

---

[74]Gasparino Damata (*n.* 1918). Jornalista e escritor brasileiro.
[75]Jorge de Castro (*n.* 1915). Compositor brasileiro.
[76]Hugo Tavares (*n.* ?). Crítico e poeta brasileiro.

DIÁRIOS 593

Impressão de escrever sozinho. Como o que traço é uma coisa sem época e sem imediata vibração. Não fosse minha total falta de vocação para outra coisa, e já teria desistido há muito.

Impossível escrever uma linha que não seja arrancada do fundo do coração.

* * *

A mão da velha senhora que conheceu Rilke, pousada sobre a minha:
– Aprendi, meu filho, que quatro paredes podem circunscrever toda a paisagem de um homem.
Lá fora, verde intenso das serras de Resende.

* * *

Henry James[77] conta nos seus *Diários* que ouviu do próprio George Du Maurier,[78] a versão ainda informe de sua famosa história *Trilby*. James admirou muito o assunto, declarando no entanto que o desfecho era "horrendamente sentimental".

* * *

Por falar em *Trilby*, assisti às suas duas versões cinematográficas – e apesar de não ser daqueles que sempre acham a antiga melhor, confesso, a primeira era realmente superior à segunda versão.
Para se criar um Svengali convincente, é necessário pelo menos o talento de um John Barrymore.[79]

* * *

E agora, preparar um outro dia, que este já se foi. Esgotam-se as comportas de luz, e vem chegando de longe um inesperado espírito de paz. Uma dália, roxa, anoitece sobre o muro – e na distância vão anoitecendo outras flores sem identidade.

[*A Noite*, 17 set. 1956.]

---

[77] Henry James (1843–1916). Escritor estadunidense, naturalizado britânico em 1915.
[78] George [Louis Palmella Busson] Du Maurier (1834–1896). Ilustrador e romancista francês, naturalizado britânico. Seu romance de maior sucesso foi *Trilby* (1894).
[79] Svengali é o nome da personagem principal do romance *Trilby* de George Du Maurier. Foi representado, no filme *Svengali*, versão de 1931, pelo ator estadunidense John [Sidney Blyth] Barrymore (1882–1942).

DIÁRIO NÃO ÍNTIMO

14

Rosário Fusco, portentoso como sempre, brada meu nome na rua. E sem mais preâmbulos comunica-me que seu novo romance se acha pronto. Foi elaborado cuidadosamente e é dedicado a três amigos: Santa Rosa, Adonias Filho e o autor dessas linhas.

* * *

Do livro *Madeleine et André Gide* de Jean Schlumberger:[80]
"Toma cuidado com os mil pequenos compromissos de consciência que exige este mundo artificial e mesquinho das vaidades de autores – lisonjas, elogios não pensados – hábitos de ver fazer tudo isto, e de fazê-lo, sem pensar que é empobrecimento de estima própria e diminuição de probidade moral".
Conselho dado pela então Madeleine Rondeaux, mais tarde madame André Gide, ao jovem autor de *André Walter*, na época com vinte e dois anos de idade...[81]

* * *

Adolfo Casais Monteiro,[82] a propósito do escritor Miguel Torga,[83] contou-me em São Paulo:
– Sabe? O nome dele também é Adolfo.
– Por que não o assina? – perguntei, distraído.
E ele:
– Não. Proibição minha. Em matéria de talento um Adolfo só basta em Portugal.

* * *

---

[80]Jean Schlumberger (1877–1968). Romancista francês, um dos fundadores da *Nouvelle Revue Française*. *Madeleine et André Gide* é de 1956.
[81]Madeleine Rondeaux (? –1938), prima e mulher de André Gide. *Les Cahiers d'André Walter* (1891) é o título do primeiro trabalho de Gide.
[82]Adolfo [Vítor] Casais Monteiro (1908–1972). Poeta, crítico e novelista português.
[83]Miguel Torga, pseudônimo de Adolfo Correia da Rocha (1907–1995). Romancista, ensaísta e dramaturgo, um dos mais importantes escritores portugueses do século XX.

DIÁRIOS

Na estrada que vai escurecendo, de longe, o amigo ainda faz um sinal de adeus. Respondemos com um aceno, enquanto no céu pisca a primeira estela – única no espaço onde ainda sobram restos de azul.

Foi assim, passando, que prometi a Ivan citá-lo nesta seção.

Não importa o sol, nem as águas, nem as flores. Há outro sol que brilha de intensa luz negra e é o sol do conhecimento. Que estranhas águas, que flores sulfúricas, que dias de exílio nos inventa!

* * *

Gosto que Joel Silveira tenha intitulado seu livro de novela. Apesar de ser composto com 48 capítulos – pequenos – a estrutura da obra é mesmo de novela. Como gosto também que Guimarães Rosa tenha intitulado seus contos de "poemas". O exemplo vem de Gogol,[84] que intitulou *Almas mortas* de poema.

* * *

Não se amassa o barro apenas com águas puras, mas com tudo o que a correnteza traz, limos e detritos. Isto é o que transforma o líquido comum em húmus, e garante no final a solidez das construções. Além do mais, palavras são palavras – só a paixão importa.

* * *

Nenhum escritor realmente grande produz antes de uma completa saturação de si mesmo, uma espécie de inflação dos elementos básicos do seu destino e da sua personalidade. Sofrimentos, experiências, descobertas, aquisições e amputações – que eu sei – tudo serve para completar sua mais verídica e extrema imagem, é chamado a compor sua efígie exata.

* * *

E até amanhã, se Deus quiser.

[*A Noite*, 18 set. 1956.]

---

[84]Nikolai [Vassilievitch] Gogol (1809–1852). Foi o maior escritor russo da primeira metade do século XIX. O romance inacabado *Almas mortas* (1842) é considerado o seu grande livro.

DIÁRIO NÃO ÍNTIMO

15

Uma noite dessas, conversando com Octávio de Faria sobre os defeitos facilmente apontáveis em Coelho Neto, de quem o romancista da *Tragédia burguesa* é ardoroso defensor, indagou-me ele:
– Está certo, esses defeitos existem. Mas também não existem esses defeitos nos maiores?

* * *

Ione Saldanha prepara-se para expor em São Paulo. Acredito que faça sucesso – mas que não deixe de mostrar, sobretudo, os pequenos trabalhos que aqui ficaram tão mal colocados na Petite Galerie, e que condensam o melhor de sua experiência no terreno em que caminha hoje.

* * *

O poeta Marcos Konder Reis vai reunir num grande volume toda a sua obra poética inédita. E explica:
– É uma Suma Poética de tudo quanto tenho feito ultimamente. Depois disto, pretendo entrar num silêncio definitivo.
Não acreditamos. (No silêncio, é claro).

* * *

Essa vontade de viver, que constrói o indivíduo da manhã – e o refaz de uma noite mal dormida sobre um banco de praça, antepondo-o, trêmulo e faminto, ante o esplendor do mar que amanhece lá para os lados da Barra da Tijuca.

* * *

O *Diário* de Henry James ainda não é nem o segredo, nem a fresta entreaberta deste homem eminentemente secreto. Antes, é a ilustração do seu modo pessoal e intenso de se esquivar – o seu processo de escamoteação, se assim se pode dizer, ante o esforço que produziu obras densas e alimentadas de misteriosos sucos internos como *A taça de ouro* e *As asas da pomba*.

* * *

DIÁRIOS

Mar: é a época da praia cinza, com neblina e ventos soprando em bruscas rajadas. Encontra-se de tudo pela areia: carvão, madeira, sapatos velhos e até mesmo um ou outro pedaço de fita, de um cor-de-rosa que veio esmaecendo na longa viagem sobre o dorso das ondas.

* * *

Uma gaivota prisioneira: triste, apoia-se numa única perna, encolhendo a outra onde há um traço de sangue. Nos seus olhos que nada fixam há um sentimento de irremediável incompreensão.

* * *

Tomás Seixas[85] além de escrever, decora os artigos que escreve, e que versam sempre sobre autores de sua preferência: Rilke,[86] Katherine Mansfield.[87]

E enquanto os declama com justo entusiasmo, ao mesmo tempo brande o punho ameaçando a cidade:

– Os filisteus!

* * *

Roman à clef – sinal de impotência do autor. Todas as vezes que o romance é autêntico abandona os modelos que são zonas de superfície para situar-se além, onde o retrato é um fator profundo e a obra se ergue, a poder de força e de adivinhação.

* * *

Sinal do dia, pássaro pequeno. Sobre o muro, o primeiro trilo, com a timidez das descobertas. E o voo, um rastilho de sangue em direção às nuvens.

[*A Noite*, 20 set. 1956.]

---

[85]Tomás Seixas (1916-1993). Poeta brasileiro.

[86]Rainer Maria Rilke, (1875–1926). Poeta checo, um dos mais importantes poetas de língua alemã do século XX. Escreveu também poemas em francês.

[87]Katherine Mansfield, pseudônimo de Kathleen Mansfield Beauchamp (1888–1923). Escritora neozelandesa.

DIÁRIO NÃO ÍNTIMO

16

Imagino uma história de fantasma: um cavalheiro, cientificado de que deverá receber uma herança, volta à casa que foi de seus avós. Lá, entre objetos que lhe são legados, encontra um velho livro de missa. Entre suas páginas, ressequida, uma papoula. Interessado, leva o livro consigo. E desde então, todas as noites, escuta alguém que folheia as páginas com dedos sutis e apressados – a procura de que?

* * *

O crime da Tijuca, dona Juraci escuta barulho vindo do quarto.
– Espera mamãe, diz ela, que já vou levando o chá.
Um minuto de silêncio: à porta da cozinha assoma alguém – preto ou branco? – que traz nas mãos um pesado caibro.

* * *

No avião, Amando Fontes aponta lá para baixo:
– Está vendo? É o Vaza-Barris.
Vejo na terra escura um largo estuário lamacento e morto – e custa-me a crer que seja o velho rio que aprendi a conhecer através de Euclides – o Vaza-Barris – que sempre imaginei como uma artéria viva do sertão.

* * *

Reencontro em Gilberto Amado[88] o mesmo Vaza-Barris. Mas não tem mais o aspecto morto que entrevi a bordo do avião, em companhia do romancista de *Os corumbas*. É um rio vivo e cantante – a artéria que supus atravessando o corpo causticado do sertão. Pergunto agora: ambos vistos de longe por mim – qual deles reproduzirá a imagem exata da realidade?

* * *

---

[88]Gilberto Amado (1887–1969). Escritor, jornalista, ensaísta, professor, diplomata e advogado brasileiro.

DIÁRIOS

Burle-Marx é contra a fúria destrutiva das árvores e matas do Brasil. Afirma que já temos jardins, e nem ninguém mais se interessa por plantas. E o homem que inventou as helicônias, conclui com um gesto significativo:
– Ninguém mais conhece um brinco de princesa, um buquê de noiva, uma rosa chá.

* * *

Depois de muitos anos, Marcier volta a expor no Rio de Janeiro. São quarenta quadros que sintetizam toda a sua evolução nestes últimos anos. Aviso aos interessados: não se trata de pintura abstrata.

* * *

Carmen Santos,[89] no fim da vida, já andava um tanto cansada de sua luta com o cinema. No estúdio cheio de painéis e construções erguidas para sua famosa *Inconfidência mineira*, disse-me um dia:
– Sabe? Este negócio de cinema não serve não. Identifiquei-me de tal modo com o papel que represento na *Inconfidência* que cheguei a visualizar a figura de Tiradentes. E é ótimo: todas as noites, antes de dormir, bato com ele um bom papo de amiga.

* * *

Descobri a essência do charlatão no dia em que resolvi prever desastres. Viajava em companhia de mineiros, e um deles, o poeta Hélio Pelegrino,[90] perguntou-me:
– É agora que vai acontecer o que você disse?
– Não, respondi, é daqui a meia-hora.
Aconteceu: o trem espatifou-se e ficamos várias horas debaixo de um vagão.
Soube depois que a senhora Benedito Valadares,[91] que também viajava num carro adiante, queria conhecer o "profeta".

* * *

---

[89]Maria do Carmo Santos Gonçalves, mais conhecida como Carmen Santos (1904–1952). Atriz, roteirista, produtora e diretora brasileira. Foi uma das primeiras mulheres a produzir e dirigir filmes no país. Atuou, produziu, roteirizou e dirigiu o filme *Inconfidência mineira*, de 1948.
[90]Hélio Pelegrino (1924–1988). Poeta, ensaísta, jornalista, médico e psicanalista brasileiro. Foi amigo de Lúcio.
[91]Benedito Valadares Ribeiro (1892–1973). Advogado, professor, Jornalista e político brasileiro. A sua mulher era Odette Pinto Valadares Ribeiro.

Ele estava meio escondido na obscuridade, e conservava a mão no bolso. O navio apitava.

– Você não se despede de mim? – perguntou o companheiro.

Teve um triste sorriso, e como o outro insistisse, retirou devagar a mão do bolso, estendeu-a: estava coberta de sangue.

[*A Noite*, 21 set. 1956.]

DIÁRIO NÃO ÍNTIMO

17

Provavelmente o nome era Djanira,[92] mas todos conheciam-na por Dê. Diziam-me:

– Hoje vamos à casa de Dê.

Lembro-me de grandes descampados abertos ao sol, com lama esturricada, dividida em veios fundos pelo trânsito das carroças. A casa, não sei mais como era, mas para mim tinha sempre uma alegria em reserva: brincar no quintal. À sombra das mangueiras, desalinhavam-se canteiros cobertos de uma vegetação escura.

– São murangos – diziam.

À medida que o sol ia queimando mais, eu procurava, procurava – nunca achei nenhum morango, mas que me importava, o encanto da procura me bastava.

* * *

Por esse tempo eu era oficial de gabinete do hoje senador Alencastro Guimarães.[93] Desocupado, vagava pelas imensas salas da Central do Brasil. Olhavam-me com certa cautela – um turista! Até que, tomado de vergonha, fui bater à porta do diretor.

– Que é que você quer? – indagou-me ele.

– Trabalho.

Alencastro Guimarães olhou-me com espanto:

– Trabalho? Mas você já ganha dinheiro. E olha, dinheiro e trabalho é coisa que muito pouca gente tem nesta terra.

* * *

---

[92]Djanira [da Motta e Silva] (1914–1979). Pintora, desenhista, ilustradora, cenógrafa e gravadora brasileira.

[93]Napoleão de Alencastro Guimarães (1899–1964). Político brasileiro. Foi ministro do Trabalho, Indústria e Comércio nos governos de Café Filho e Carlos Luz, de 24 de agosto de 1954 a 11 de novembro de 1955.

No terceiro volume do seu *Diário*, Kierkegaard[94] afirma que não pode haver cristianismo onde existe imprensa. Provavelmente referia-se ao fato de que o jornal é um endeusamento do fato, do imediato – e nada menos imediato, é claro, do que Jesus Cristo. Alguém me objeta que Jesus Cristo também pode ser imediato.

– Sim, concordo, mas em forma de milagre.

* * *

Recebo uma carta na qual um leitor me pergunta o motivo por que afirmei que Faulkner é o maior romancista vivo.

Não sei direito por que, mas não é pelo que nele é qualidade imediata – mas exatamente pelo que não é logo apreensível, pelas suas anfractuosidades, seu jeito áspero e agressivo.

Porque, bem pensado, são estes os motivos que delineiam os rochedos – dominadores da paisagem.

* * *

André Romero me prometeu uma viagem, e eu sonho com ela todos os dias. Às vezes ele me diz:

– Rio Grande do Sul?

Tenho coragem para dizer – não – e nem sabe ele que ando sonhando europas, coisas perdidas, escavações no polo.

* * *

Toda a minha infância está povoada de flores – rosas, petúnias, miosótis e papoulas. Foi daí que arranquei minha noção das cores. Mas a um canto do jardim existia um vaso que me apontavam:

– Esta é a flor do baile. Só abre à noite.

Esperei noites em vão, nunca vi a flor aparecer – mas posso garantir que sem ser vista, para mim sempre foi a rainha de todos os bailes.

* * *

Morte e ameixas – associação singular. O pé de ameixas era ao fundo do quintal, copado, com as ramas carregadas de frutos amarelos. No dia em que morreu Margarida, não tive com quem brincar no fundo do quintal. E

---

[94]Søren [Aabye] Kierkegaard (1813–1855). Filósofo e teólogo dinamarquês.

como não me deixassem entrar no quarto – a mãe aos gritos – subi à velha ameixeira e vi, junto ao friso da janela, o rosto pequeno e imóvel.

* * *

Augusto Frederico Schmidt fechou-me numa sala forrada com um escandaloso tapete vermelho.

– Pró ou contra o Cristo?

Não sabia o que dizer, atônito, o tapete doendo na vista. Disse qualquer coisa, e ele estendeu a mão protetora sobre minha cabeça:

– Você está salvo.

Foi aí que comecei a me perder definitivamente.

* * *

Uma voz de menina – quando? Onde? O resto é a caminhada na planície. Mas ao longe, persistente, o eco ressoa.

[*A Noite*, 24 set. 1956.]

DIÁRIO NÃO ÍNTIMO

18

Homens, artistas a quem a noção do tempo torturou – Proust, Joyce, Virginia Woolf – é inútil a causa. O tempo é um cavalo sem cor que emerge do mar. Não discutamos a razão, pois o que nos consome é sua verdade sem razão.

O tempo é uma besta feita de apreensão e de distância.

* * *

Naquele tempo ainda não havia a praia. Diziam somente:
– Há pitangas por trás daquele morro.
Era a Boa Viagem. Um dia, ousei subir a encosta – e antes que levasse à boca a primeira fruta vermelha, descobri o mar, enorme, chegando de longe com suas faixas e espumas.

* * *

A casa tinha paredes cheias de tapetes, pratos e faianças. Jamais conseguiria identificar com ela o autor de tantos livros ingênuos e cheirando à pobreza. Morto, porém, senti o quanto lhe era estranho aquele ambiente: sua face, barroca e dura, assemelhava-se extraordinariamente à linha de sua obra.

* * *

Murilo Mendes passava telegramas. Um dia recebi um escrito assim: "Venha urgente imprescindível conhecer Júpiter". Assinado.
Tratava-se de Mozart. Jamais agradeci suficientemente tudo o que comecei a aprender a partir desta data.

* * *

Tempo de memória – estação de silêncio. Nunca consegui ter a ilha ou a quinta que imaginei – mas não importa. Pelo caminho mesmo vou deixando o sangue do que em mim ressuma o já ido e vivido.
Anu-branco, como um grito desferido em direção ao céu azul. Mas logo o canavial se abre, o escuro se atropela e o pássaro risca o espaço como um traço de tinta – anu-preto.

* * *

No caminho, como uma casa de brinquedo posada no fundo do vale, a velha fazenda São Joaquim. Os romances que imaginei, os cavalheiros, as tempestades. Todo um trecho do sertão fluminense se ilumina luz de suas candeias, que não mais se acendem.

E São Joaquim tomba aos pedaços.

* * *

Certa vez Cornélio Penna me contou uma história de Kirme. Era alto e vinha descendo a escada com muita majestade. Perguntei:

– Quem é?

E o romancista:

– Não sei. Mas alguém me disse que é sempre o outro.

* * *

Era menino ainda e brincava na calçada, quando vi o velho *tilbury* estacar à porta do vizinho. Corri para ver do que se tratava: o desembargador, todo de preto, muito pálido, a barbicha espichada, dormia com a cabeça tombada para trás.

Depois é que me explicaram.

–Teve um ataque na rua. Morreu, coitado.

* * *

O tempo é reversível – um cavalo que emerge, é certo, mas que para felicidade nossa jamais abandona o mar.

[*A Noite*, 25 set. 1956.]

DIÁRIO NÃO ÍNTIMO

19

Um dia me perguntou por que eu não gostava de encará-la – medo, afirmei. Decerto não entendeu, mas eu sabia que era por causa dos seus olhos. Tão verdes, e eu mergulhava neles com uma certeza que me desvendava tudo.

* * *

Naquela época, para mim a aurora do mundo, o que mais me agradava era partir de manhã bem cedo com uma missão especificada: trazer argila. O regato escorra à sombra de velos eucaliptos e, descalços, entrávamos n'água à procura de local onde o barro fosse propício. Cavávamos, turvando o líquido – e de repente, nossos dedos tocavam a lama escura e dócil do contato.

Feriado: durante o dia inteiro esculpíamos boizinhos, cerejas e panelas de barro.

* * *

Conheci Joseph Breitbach[95] por intermédio de um amigo. Depois, fui encontrar o nome dele no *Journal* de Gide. Era um alemão moço e gordo, transpirando a água de colônia. Dizia-me:

– Vim para ver a paisagem, as serras, Teresópolis. Mas nunca conseguiu sair da cidade e passava as tardes na Colombo, comendo doces – ah, dizia com um suspiro de vergonha, os daqui são bem melhores do que os da Europa.

* * *

No *O malfeitor* de Julien Green, talvez por ser um livro antigo, os motivos especificamente greenianos afloram com maior frequência – o manequim, por exemplo, e a história da moça que pretendia dar um baile por despeito.

Mas é na elaboração dos retratos, feitos com meticuloso vagar, e com pinceladas que se ajuntam umas sobre as outras, que é possível verificar a semelhança entre Green e Balzac – sua filiação aos maiores, por assim dizer.

* * *

---

[95]Joseph Breitbach (1903–1980). Escritor e jornalista alemão. Imigrou para a França em 1930.

DIÁRIOS

Depois de longa ausência, Marcier volta a expor no Rio. Dele afirmou Ruben Navarra:[96] "Marcier nos deu o exemplo estimulante e a admirável lição da sua presença, escolheu o nosso céu e a nossa luz para escapar à perseguição dos hunos, trouxe para nós o melhor de si mesmo, a sua mocidade em pleno fervor de criação".
O *vernissage* será a primeiro de outubro, às 18 horas, na Maison de France.

* * *

A primeira viagem que fiz para ver o mar, foi em companhia de minha mãe. Ela falava em Botafogo, íamos de bonde, mas dois ou três quarteirões adiante, senti que havia uma transformação no ar – como um cristal a atmosfera parecia tremer.
– Já se pode ver alguma coisa – avisou minha mãe.
E eu, mineiro, esforcei-me por enxergar as distâncias da Glória – nada vi, mas de lá, como um hausto de alguém enorme e em constante luta contra o paredão, vinha aquela brisa onde era possível se distinguir vários odores novos – e até mesmo um perturbador cheiro de sangue.

* * *

D. Benvinda, que me ensinou a ler, era severa e triste. Assim que publiquei meu primeiro livro, um antigo colega encarregou-se de informá-la.
– Sabe? Ele hoje é um escritor.
Ela foi decisiva:
– Depressa demais para ser bom escritor.

* * *

No poleiro de ferro, amarrado por um dos pés, a arara executa uma espécie de acrobacia. Luxuosa, faz fremir as cores quentes de suas penas – e sente-se em torno dela flutuar essa ausência, como faltam as altas sombras em torno às orquídeas decepadas.

* * *

De malas prontas, ele dorme o dia inteiro. Quando acorda, pergunta:
– Onde estou?
– Dorme de novo – e depois diz-se em viagem.

[*A Noite*, 1 out. 1956.]

---

[96]Rubem de Agra Saldanha, mais conhecido como Ruben Navarra (1917–1955). Crítico de arte brasileiro.

DIÁRIO NÃO ÍNTIMO
20

A moça vestia um vermelho fulgurante. Quieta, viajava encolhida como se tivesse medo de irritar a paisagem. Mas quando desceu o bonde, e foi seguindo ladeira abaixo, era como uma flor de romã, e iluminava tudo de uma graça antiga e cheia de calor.

* * *

Do livro *O senhor do mundo*, de Octávio de Faria, ainda inédito:
"A memória é um mundo de que, desgraçadamente, não possuímos a chave e que muitas vezes nos envolve a ponto de perdermos contato conosco mesmo e mergulhamos no vazio – o sonho é outro mundo onde morremos cada noite e de onde emergimos angustiados e foragidos, tendo "vivido" intensamente, tendo nos transformado no mais íntimo de nós mesmos, diferentes enfim, quem sabe lá irreconhecíveis para um olhar mais penetrante".

* * *

Acordo pela madrugada e ouço uma chuva inesperada escorrer pelas folhas. As bananeiras se movem pesadamente e, vindo de não sei onde, sobe um gorgolejar cadenciado e triste, como se alguém, humildemente, chorasse na escuridão.
O pintor Marcier comenta:
– Todo mundo hoje em dia é abstracionista ou comunista. Quando não se é nem uma coisa e nem outra, a posição é um pouco como a da mãe de São Pedro: no ar.

* * *

Nomes de portos mais ou menos sem mar no Estado do Rio: Porto das Caixas,[97] Porto das Velhas, Porto da Luz. Outro nome onde o mar em de-

---

[97]Cidade que inspirou Lúcio a escrever o argumento de *Porto das caixas*, filme brasileiro de 1961, dirigido por Paulo Cesar Saraceni. O filme marca a estreia do diretor em longa-metragem, iniciando, com ele, a sua "Trilogia da Paixão", baseada em histórias originais de Lucio Cardoso, que se concluiu com: *A casa assassinada* (1971) e *O viajante* (1998). A trilha sonora é de Tom Jobim.

finitivo não aparece: *Porto da angústia*, que é o título do próximo romance de José Cândido de Carvalho.

* * *

Alguém que assistiu *Orfeu da Conceição* e que muito admira a obra poética de Vinicius de Moraes, assim se expressou:

– Trata-se de um processo contra o samba. Quando ele entra, sua "natureza" é tão visivelmente inferior à altura do texto poético, que a opinião é irrefreável: julgado e condenado.

Note-se que é uma opinião sobre o samba em geral, e não sobre a música do Tom, que tem talento e muita bossa para a coisa.

* * *

Outro informante, cujo nome evidentemente não posso revelar, leu os originais da nova peça de Nelson Rodrigues e teve a seguinte opinião:

– É a história de um homem traído que, quanto mais traído mais se interessa pela mulher. Isto, numa linguagem muito especial, a Nelson Rodrigues.

* * *

Era um cavalo velho, desancado, cego de um olho e com a crina mal tratada. Vivia numa estrebaria do exército, sem ar e sem luz. Uma alma caridosa lançou-o num campo, para que pelo menos morresse em paz. E era de se ver a súbita transformação do animal, assim que se apanhou no espaço livre: endireitou a cabeça, relinchou, correu de um lado para outro – e até mesmo sua pobre crina embaraçada, voava, e emprestava-lhe momentaneamente uma graça que ele não tinha mais.

[*A Noite*, 2 out. 1956.]

DIÁRIO NÃO ÍNTIMO

21

Com licença de Van Jaffa,[98] e sem pretender entrar nos domínios da crítica cinematográfica, quero louvar as inúmeras qualidades do filme *O sobrado,*[99] que em muitas sequên[cias] [(?)][100] [...]mos mais ou menos vivido, e penetrar, com segurança, a consciência, em zona de verdadeira criação. Pequenos defeitos, ainda existem, mas o passo a frente é grande, e *O sobrado* pode concorrer sem favor ao lado do que temos produzido de melhor.

* * *

Palavra esquisita e perigosa anhanhonhacanhuva. Está no segundo volume do *Corpo de baile* de Guimarães Rosa.

* * *

Rios concentrados – com largas bacias de água escura e sem movimento, onde se debruçam folhas de gameleiras – rios claros e cantantes, de águas rasas sobre pedras redondas e lavadas. Ambos, com seu poder de líquido e sombra, rios da minha infância.

* * *

Quando o vento soprava, na rua comprida e larga havia um estremecimento matinal: as magnólias se desfaziam, e o chão se enchia de pétalas amarelas, enquanto errava no ar um perfume salutar de mel e maresia.

* * *

Há muita gente que critica a ideia de que a literatura é o sorriso da sociedade – mas pratica esse verbete de tal modo à risca, que é como se

---

[98] Van Jaffa (*n.* 1924). Poeta, crítico, diretor teatral e roteirista de cinema brasileiro.

[99] *O sobrado* é um filme brasileiro, de 1955, dirigido por Walter George Durst e Cassiano Gabus Mendes e roteiro de Durst, baseado na trilogia *O tempo e o vento*, de Erico Verissimo.

[100] O jornal comete um equívoco e repete, no lugar da frase que Lúcio pretendia para este momento, outra que está na terceira linha da terceira nota aqui constante: "– rios claros e cantantes, de águas rasas sobre pedras re-".

DIÁRIOS

estivesse certa de que uma obra, ou a glória dela advinda, decorre de uma frequência constante e indiscriminada de saraus e almoços literários.

* * *

O crítico Oliveira Bastos[101] deixou em mãos de um colega distraído, preciosas traduções de Ezra Pound. Como pede meu auxílio, aqui fica ele, em forma de recado endereçado a todos os que possuírem traduções daquele poeta em casa.

* * *

Aníbal Machado escreve um livro que tem o título de *O iniciado do vento*.[102] As colunas especializadas já se ocuparam do assunto, mas como Aníbal é um escritor raro, sempre é bom repisar a novidade.

* * *

Sentado na calçada (há quantos anos já?) eu via o cortejo aproximar-se vagarosamente. Eram quatro belos cavalos, cobertos com uma rede até o chão, e trazendo à cabeça penachos de pluma. Tudo negro, como convém a um pesadelo vivido em pleno dia.

O morto vinha atrás, num caixão carregado por mãos amigas: eram tantos os fraques em torno dele, que eu não conseguia distinguir-lhe o rosto.

Mas tinha certeza, se bem que ninguém me dissesse, que se tratava de um homem importante. A procissão avançava solene, e num ritmo de dança.

[*A Noite*, 3 out. 1956.]

---

[101]Evandro de Oliveira Bastos (1933–2006). Crítico literário brasileiro, considerado um dos melhores do país. Descobriu, por exemplo, o incrível poeta maranhense da virada do século, Sousândrade, e o revelou aos irmãos Augusto e Haroldo de Campos. Foi secretário de Oswald de Andrade, Augusto Frederico Schmidt, Anísio Teixeira e Roberto Campos.

[102]O conto "O iniciado do vento", de Aníbal Machado, foi escrito em 1956 e inserido no livro *A morte da porta estandarte e Tati, a garota*, de 1964.

DIÁRIO NÃO ÍNTIMO

22

Homero Homem[103] cuida de um programa radiofônico:
– Coisas de literatura, diz ele para valorizar o assunto. Mas avisa:
– Continuo a novela que estava fazendo. Pena que ninguém mais acredite em folhetim.
E eu, se não creio na dita valorização, acredito no novelista sempre compactuativo.

* * *

O cemitério de Rio Bonito (não há rio no local) é uma encosta íngreme, que vai até o alto num único e penoso lance. Embaixo, a estrada onde passam automóveis. Foi lá que parei num dia de sol: uma única árvore, plantada a meio caminho, esplendia mil flores sem cor e sem ajuste.
No chão, escavado pelas enxurradas, branquejam ossos e caveiras. Quis apanhar uma, e o coveiro me disse:
– Não pode. Só com licença da Prefeitura.
Concordo, mas apesar de tudo, voltei remoendo a ocasião perdida de declamar o monólogo do *Hamlet*.

* * *

O que conspira contra nós é a fixidez das coisas: ardemos num mundo sem imaginação. Penso num cor-de-rosa subitamente em fúria, acertar-me velhas searas privilegiadas – uma sombra que passa, um vestido tocado pela brisa, a fachada de uma casa – e subisse, luma, até o céu como uma coluna de vento e de nada.

* * *

O poeta lembrando Keats: um pouco de beleza...
Em torno, o quarto, os móveis, as imutáveis lembranças.

---

[103]Homero Homem [de Siqueira Cavalcanti] (1921–1991). Escritor brasileiro.

DIÁRIOS 613

– Ah, Deus, suspirou, sou um homem dos epitáfios. Aqui jaz alguém esmagado pelo todo-dia.

Azul, um pássaro pousou de repente na janela.

* * *

Fernando Ramos confessa que há cinco anos trabalha no teatro.

– É a minha vida, minha paixão – afirma, apertando contra o peito uma pasta cheia de propostas comerciais.

E enquanto passam possíveis fregueses, declama com um tom raivoso a "Balada da neve", de Augusto Gil.[104]

* * *

Fumo na tarde, as olarias acesas. Declives esbarrondados nos caminhos onde só as carroças ousam passar – e por todos os lados, essas pequenas flores cor de ouro – milhares – que imagino idênticas às que arderam ao primeiro sol do Curral D'El Rey.

O escore ao salto – sempre imprevisível. Essas sombras que nos cercam e lembram as tardes que nos acompanham. Ah, o ser fica – mas que não invejamos para não durarmos?

O jogo, perdido.

* * *

Eu o conheci menino. Mais tarde fui encontrá-lo na prisão. Cumprimentou-me com humildade – e eu fiquei pensando no tempo em que, príncipe, fazia vibrar o furor e a inocência dos seus olhos claros.

* * *

Em Rosa, o que é belo é a sua constância na pobreza, na vulgaridade, na paixão.

– Como vai? – digo.

Ela suspira.

(No ar, suspensa, há uma melodia que não sei se vem de mim ou dela – mas que é todo pacífica.)

[*A Noite*, 4 out. 1956.]

---

[104]Augusto [César Ferreira] Gil (1873–1929). Advogado e poeta português.

DIÁRIO NÃO ÍNTIMO

23

As formas, como as estalactites, são obras da Natureza. Impossível imaginá-las mais belas, quando humanas caminham pelas ruas. E são inconscientes, meu Deus.

* * *

Darel anda entusiasmado com a retrospectiva de Goeldi. Enquanto colabora na arrumação dos quadros, afirma:
– É talvez a maior demonstração de um artista brasileiro.

* * *

A poesia que inventei era pobre – fui esquecendo-a pelo caminho. Hoje, não sei mais o que é meu, mas o passo é firme, e vou onde quero. Sabedoria dos despojamentos – um acontecer sem susto.

* * *

Tudo era verde e um tanto febril. Quando chovia, sobrevinha a calma. Nos brejos, entre canafístulas, uma flor, dessas que chamávamos de "coroa imperial". Grande, rendada, de mil pistilos vermelhos – e que a noite tivesse inaugurado seu acabamento, um tanto despenteada.

* * *

O sucesso que Marcier obtém no momento, é justo. Sua pintura, na fase em que se encontra, é a mais sincera de quantas apresentou até agora.

* * *

Foi com uma tia[105] que aprendi o valor dos tecidos – veludo, cetim, *astrakan*, etc. Construí formas para vesti-las com todo esse luxo. Mas lembro-me de que já amava o desastre. Feito, incendiava tudo. Inventava, mas só para destruir.

* * *

---

[105]Eudóxia, a Tidoce, irmã da mãe de Lúcio.

Essa mesma tia, quando morreu, custou-me talvez as únicas lágrimas sinceras que já derramei. Sozinho, através da noite quieta, transportei o corpo para a casa do velório. No carro abafado, o caixão tombava sobre mim. Tanta coisa, tão pouco tempo. Ah, gritava uma voz no meu íntimo, porque saber o erro, tão cedo, e tão cedo perder as coisas deste modo?

Velei o corpo até o amanhecer. Exausto, depositei nas mãos geladas as únicas flores que encontrei: umas rosas vermelhas.

Como era severo o rosto, quando me despedi.

* * *

X. garante que foi atriz de teatro. É velha, hoje, e veste-se de um modo extravagante. Nela, compreendo tudo: os cabelos pintados, o despeito, os olhos sem calma.

Mas uma coisa me assusta: sua fome.

Como, como se descontasse velhas *matinées* precipitadas e sem tempo.

[*A Noite*, 5 out. 1956.]

DIÁRIO NÃO ÍNTIMO

24

Gosto como estão amanhecendo as amendoeiras da minha rua – como se acabassem de ser inventadas. Tão sérias e vestidas de folhas novas que já anunciam o verão. Ao fundo, o azul da lagoa.

* * *

Goeldi inaugurou sua exposição retrospectiva. A despeito dos planificadores, que gostariam de reduzir o gravador a um homem comum e sem magia, este fabricante de pesadelos apresenta-se em toda a pujança de sua magnífica carreira: senhor e cúmplice dos calados mistérios da noite.

* * *

Salão dos Surdos-Mudos: estranha coisa é a arte, ou pelo menos o impulso que a produz. Sem dúvida, o que procuramos é uma unidade total, com insistência, com paixão. Arte é a tentativa de completar com alguma coisa a metade de um mundo que perdemos.

* * *

Lobos do campo, lobos selvagens, simples lobos – como algumas vezes tenho deparado em livros que tratam de Minas Gerais. Apesar disto, apenas cachorros do mato. Encontrei com um, certa noite, quando vinha sozinho numa estrada de fazenda. N[ã]o merecia que se fechassem as portas por sua causa – pareceu-me um vira-latas mais graúdo, esfomeado e sujo. No fundo, quem sabe, como tantas outras coisas, uma quest[ã]o de recuperação.

* * *

Ayres de Andrade, que é forte em matéria de música, conversa comigo entre dois copos de vinho. Caminhamos pela noite a dentro e chegamos a uma importante conclusão – determinado Concerto de Schumann para piano e orquestra, resume em si todo o movimento romântico.

* * *

DIÁRIOS

Quando entardecia, o quintal cheirava a canela. Havia um respeito nas outras árvores, um calado, como se estivessem escutando alguma coisa. A árvore pequena, de folhas escuras, recendendo criava o que não existia antes – um canto errante, uma música das folhas.

* * *

Augusto Aguiar descobriu o japonês. Leva-me a almoçar num restaurante da Praça 15, onde nos servem uns camarões com asas. Depois, chá sem açúcar. As coisas não têm gosto, mas é fácil imaginar que estamos num mundo de votivas insinuações poéticas.

[*A Noite*, 8 out. 1956.]

DIÁRIO NÃO ÍNTIMO
25

No filme de James Dean,[106] há um momento em que ele exclama: – "A vida é realmente uma coisa maravilhosa" – e não deixa de ser extraordinário, ouvir isto de alguém que já morreu há muito tempo.

* * *

Na despreocupada manhã encontro-me com Antonio Carlos Jobim,[107] mais conhecido como Tom, autor da música de *Orfeu da Conceição*. Tom mostra-se satisfeito com o sucesso que sua partitura vem obtendo. E informa:
– Depois desta, vou sair direto para *A moreninha*.
Esperemos, portanto.

* * *

Mas não ficou nisto a conversa que tive com Tom. Entre uma e outra cerveja, falamos de coisas diferentes de música e teatro. E rememoramos alguns amigos pseudamente-vivos. Como são amigos que ganham muito dinheiro, concordamos em que este é principal responsável pela morte de muita gente. O maestro discorda um pouco:
– Mas falta de dinheiro também mata.
– Exato. Mas mata de modo violento, o que é bom. Dinheiro demais mata de modo macio, e aí está o grande perigo – a gente morrer sem saber o que está acontecendo.

* * *

Não há dúvida: o verão instalou seus afogueados estandartes. As pessoas assumem ar despreocupado, o céu vibra de um azul mais insolente, e o mar – ah, o mar! – vem comboiando ao longo das praias um excesso de luz que faz arder os jovens corpos.

* * *

---

[106]James [Byron] Dean (1931–1955). Ator, fotógrafo e piloto de corridas estadunidense, um dos maiores símbolos da rebeldia juvenil da década de 1950.
[107]Antônio Carlos Brasileiro de Almeida Jobim, mais conhecido como Tom Jobim (1927–1994). Compositor, maestro, pianista, cantor, arranjador e violonista brasileiro, considerado o maior expoente de todos os tempos da música brasileira. Foi um dos criadores da Bossa Nova.

Eis, na areia, a moça sentada, inaugurando seu *short* vermelho. Não ri, não se movimenta, acumulando no íntimo essa alegria sempre nova de ser jovem e de ser livre.

Devagar, como mão espalmada que a afaga, o óleo escorre – é o tom moreno que vem vindo.

* * *

O jornal de Sardo Filho está aniversariando. Ambos merecem parabéns – pelo esforço, pela continuidade com que um tem levado avante o outro.

E depois, são dedicados amigos.

* * *

Agora a noite vem mais depressa, mas não há mais nela nenhum terror. É uma coisa azul, entornada, que apenas circunda o mundo, e carinhosamente nos abraça. Noite boa, com as primeiras estrelas.

* * *

Orlando Britto pinta e tirou um prêmio. Mas o melhor dele é uma fotografia, solitária, numa praia qualquer, diante de barcos que não tardarão a se converterem em aquarela. A isto, chama ele "o outro lado do meu ser".

* * *

E terminemos, confiando. Não custa acreditar num tempo que se renova com tão misteriosa naturalidade – é uma graça de Deus, essa saúde de espaço e das cores.

[*A Noite*, 11 out. 1956.]

DIÁRIO NÃO ÍNTIMO

26

Por iniciativa da Sociedade Teatro de Arte, os "Pequenos cantores de São Domingos"[108] realizarão um recital, logo mais, às 21 horas, na Maison de France.

* * *

Encontro Fernando Sabino[109] que se dirige à Livraria José Olympio. E logo ao primeiro abraço, vai ele avisando:
– Vou buscar provas do meu livro.
O que equivale a dizer que, em breve, teremos nas vitrinas seu esperado romance.

* * *

Forrou a casa de tapetes pretos. As paredes, segundo os ditames mais modernos, pintou de cores variadas e berrantes. Pendurou coisas estranhas na sala, máscaras e folhas secas. No corredor, armou um enorme jarro de flores de cera. E como no caso da Criação, parou afinal para descansar. Teve febre. No dia seguinte, sentiu horríveis dores de cabeça. Como eu passasse em sua casa para saber, notícias suas, a criada, com ar fúnebre, indagou entre aquelas coisas fúnebres:
– Não sabe? Enlouqueceu ontem de repente.
(Escusado avisar que se trata de uma história verdadeira.)

* * *

---

[108]O coral dos "Pequenos cantores de São Domingos" foi criado em 1952. Era formado por 60 figurantes e nasceu de um sonho do Frei Sebastião Tauzin, na época Vigário Provincial dos dominicanos no Brasil. Em Juiz de Fora na encosta do Morro do Cristo Redentor, foi fundada a Escola Apostólica São Domingos, carinhosamente denominada pelos amigos, "A Casa da Colina". Fundador do Coral, Frei Tauzin foi o seu regente do início até cinco de maio de 1956, quando apresentou o conjunto no palco exigente do Teatro Cultura Artística de São Paulo. Foram ao todo 41 recitais nestes quatro anos iniciais. Tendo que retornar à França, país de origem, entregou a direção do conjunto ao Frei Eliseu Lopes, jovem sacerdote dominicano. Com Frei Eliseu o Coral fez 138 apresentações até a data de 18 de novembro de 1962, quando encerrou suas atividades. Com nível artístico alto o Coral se apresentou, além de no Teatro Cultura Artística, também na Maison de France no Rio de Janeiro, no Presépio ao Vivo, apresentado no Largo da Carioca, no Maracanãzinho, no Teatro Francisco Nunes em Belo Horizonte, no Teatro Municipal do Rio de Janeiro e na Câmara dos Deputados em Brasília (21.07.1960).
[109]Fernando [Tavares] Sabino (1923–2004). Jornalista, escritor, ensaísta e editor brasileiro.

DIÁRIOS

Marcier anuncia novas exposições – em São Paulo, onde repetirá o sucesso que vem obtendo no Rio e, mais tarde, em Paris e Roma.

* * *

Já falei em algum lugar, não sei mais onde, sobre aquele velho milharal. Duas horas da tarde, e o sol refulgia sobre as folhas secas. Com os livros debaixo do braço eu fugia das aulas, e ia estender-me entre os pés de milho, à margem de um regato. Oh, naquela extensão queimada, era apenas um fiapo d'água lamacenta – mas como me bastava!

* * *

– Clarice Lispector já enviou de Washington os originais de seu novo romance. Tem quatrocentas páginas e, segundo depoimento de alguém que já o leu, trata-se de uma história estranhíssima. Título provável: – *A veia no pulso*.[110]

* * *

História de fantasma: era uma casa fechada há muitos anos, e diziam ninguém morava mais nela. Uma ou outra pessoa, no entanto, afirmava que lá dentro morava uma velhinha. Ninguém, apesar disso, havia jamais visto a estranha moradora.

Um dia, com sol quente, viram com surpresa deter-se à porta um carro mortuário. E sem alarde, o enterro saiu para o cemitério.

Desde então, ao cair da tarde, não há quem deixe de ver à janela, uma velhinha que acena vagarosamente com um lenço branco.

* * *

Uma personagem de Camilo Castelo Branco,[111] surge "trazendo nos braços um ramalhete de suspiros, queluzes e martírios."

Nessas flores, há toda a evocação de uma época.

[*A Noite*, 12 out. 1956.]

---

[110]Teve o título modificado para *A maçã no escuro* e foi publicado, em 1961, pela Livraria Francisco Alves Editora.

[111]Camilo [Ferreira Botelho] Castelo Branco (1825–1890). Escritor, cronista, crítico, dramaturgo, historiador e tradutor português. Um dos autores mais importantes de seu país no século XIX.

DIÁRIO NÃO ÍNTIMO
27

Essas rivalidades – de céu para céu, de mar para mar – como sentir outro destino? Descubro, se penso, o segredo de coisas naufragadas – nem céu e nem mar – um pedaço da terra, boiando no fundo de um horizonte sem ninguém.

* * *

Willy Lewin,[112] com embrulhos debaixo do braço: pastas, e livros em francês. Início de uma conversa sem pé nem cabeça. Ele, continua no seu velho trabalho – eu, no meu. E acabamos, como saída, louvando Marcier:
– Um sujeito formidável!

* * *

Uma boneca de pano na janela – sempre abandonada. A casa, como me lembro! – tinha mangueiras defronte, com flores que nunca se resolviam em mangas. A rua era escura e acolhedora – e como esquecê-la, nessa penumbra onde se fazem as descobertas, e onde nos decidimos – gente – com ou sem paisagens que vão ficando para trás?

* * *

Imagino de repente a minha morte. Como um vazio que brusco se fizesse, não entre os que me amam (possível), ou entre os que me conhecem... – mas apenas, e com incontida amargura, entre os que foram obrigados a me acompanhar, e que eu tanto fiz sofrer.

* * *

Antonieta Bagdocimo de vermelho – com os mesmos projetos, a mesma porosidade à vida, a mesma inteligência – qualidades essenciais.
Chamou-me de "fugitivo". Nem sabe quanto acertou. O dia amanhece sempre sobre ideias de fuga que nunca ousei levar ao fim...

* * *

---

[112]Willy Lewin (1908–1971). Intelectual e crítico brasileiro, especialista em literatura anglo-americana.

DIÁRIOS

Artista, por exemplo, é Victor Menchise. Sua casa é franca e variada. E ele diz sempre, como quem anuncia o mar à sua porta:

– Volte amanhã.

Mora no Leme, e a silhueta do "Vogue", não muito longe, exibe sua carcaça requeimada.

* * *

Deus meu, como a vulgaridade grassa nesta terra. Certos jornais, certas colunas – que de mais aflitivo do que vê, repetidas e sem graça, piadas que há dez anos tiveram seu giro e seu aplauso?

* * *

Partir, chegar – as estações são sempre as mesmas. A mesmas faces, porque os homens não mudam. Chuva ou tempo claro, que importa – a cidade é sempre o lugar que fica.

Desatinados campos – como me reencontro, nessas paisagens que não se juntam e que, apesar de tudo, brilham um minuto contra o vidro da janela...

* * *

E o tempo muda. Aguardemos estações de maior calma. Suceder não é importante – o importante é suceder com força.

[*A Noite*, 16 out. 1956.]

DIÁRIO NÃO ÍNTIMO

28

Fala-se muito em "recuperação". No rol dos escritores que perdemos voluntariamente, existe um que está merecendo uma "recuperação" mais do que imediata: Afrânio Peixoto.[113] *Fruta do mato*, *Bugrinho* e *Maria Bonita* merecem maior divulgação entre as novas gerações.

* * *

Goeldi anda muito satisfeito com sua exposição. Explica ele que está expondo trabalhos realizados desde 1919, e que agora está realizando uma síntese de sua vida. "Mesmo porque, disse-nos ele, estou na idade do recolhimento e do silêncio".

* * *

No fundo de um bar quieto, numa quieta tarde de Ipanema, deparo com Antonio Carlos Jobim e Vinicius de Moraes tomando chopes e compondo sambas. Vê-se que o poeta está entusiasmado, e cantarola marcando o compasso sobre a mesa. Tom o acompanha em surdina.

* * *

No livro *9 histórias reiúnas*, encontro um conto de M. Cavalcanti Proença[114] que me parece cheio de qualidades. Seu sargento Luciano é uma figura humana e retratada com mão segura. Já havia lido *Uniforme de gala* e, naquela época, como agora, a mesma pergunta me ocorre: porque não tenta ele o romance?

* * *

---

[113][Júlio] Afrânio Peixoto (1876–1947). Médico legista, político, professor, crítico, ensaísta, romancista, historiador literário brasileiro, membro da Academia Brasileira de Letras e da Academia Brasileira de Filologia.
[114]Manuel Cavalcanti Proença, mais conhecido como M. Cavalcanti Proença (1905–1966). Romancista brasileiro e crítico de literatura brasileira. A antologia de contos *Uniforme de gala* é de 1953 e *9 histórias reiúnas*, de 1956.

DIÁRIOS

Viver sem poesia – deve ser assim, como esse homem vive, uma pala verde sobre os olhos, a fim de proteger-se contra a violência da luz que encima o guichê onde trabalha. Um guichê estreito, de arame cruzado, e onde ele, de cabeça curva, o dia inteiro conta dinheiro, dinheiro e mais dinheiro.

* * *

Murilo Mendes surge sob as arcadas da Maison de France. Mesma fisionomia, mesmos gestos. Afirma que vai para o seu "escritório" – e trocamos um olhar, nós, seus amigos, imaginando esse poeta grudado a uma mesa de trabalho.

* * *

Vontade de avisar: há sol lá fora. Este homem, que sabe ele das paisagens, do mar e do segredo dos grandes ventos migratórios? Sente-se, na sua presença, o mesmo desconforto, a mesma pena que nos causaria a visão de um enterrado vivo.

[*A Noite*, 17 out. 1956.]

DIÁRIO NÃO ÍNTIMO

29

Pascoal Carlos Magno,[115] festivo e recém-chegado, abraça-me na Cinelândia. E vai logo comentando:

– Um horror, meu caro, a minha chegada. Você nem pode imaginar o que me aconteceu: beijaram-me, abraçaram-me e levaram-me a carteira com duzentos e cinquenta dólares.

E enquanto outros amigos chegam, afirma que se acha totalmente pobre.

* * *

Nolasco, pintor, conversa sobre as monotipias que vem fazendo. Acha o gênero difícil, mas julga que está realizando o melhor trabalho de sua vida. Para o próximo salão, portanto, em vez de desenhos, monotipias. Contamos com o progresso.

* * *

A tarde pertence aos pintores. Antes que escureça totalmente, surge à minha mesa Iberê Camargo. Também fala sobre seu trabalho – é claro – e diz que chegou a um momento da vida em que não tem mais pressa e nem vontade de aparecer.

– Há dentro de mim, diz ele, uma segurança que eu não tinha antes.

Devagar, sugiro que este sentimento se chama maturidade.

* * *

A Cinelândia não para. As árvores se enchem de sombras e, por cima dos altos edifícios rompe-se uma nuvem vermelha. O vento sopra mais frio, singularmente inoportuno neste verão que começa. Vagarosas, mulheres de largos decotes espiam as vitrinas. No ar, há um cheiro bom de perfume francês.

* * *

---

[115]Pascoal Carlos Magno (1906–1980). Ator, poeta, teatrólogo e diplomata brasileiro. Foi também vereador pelo antigo Distrito Federal e, no governo Juscelino Kubitschek, ocupou a função de Chefe de Gabinete. É considerado um dos renovadores do teatro brasileiro, sendo responsável, por exemplo, pela criação no país da função de diretor teatral.

DIÁRIOS

Uma Susan Hayward[116] usada e vestida com exagero. Vem trôpega, e de vez em quando, cambaleando mais forte, apoia-se num transeunte. Um menino destaca-se de um grupo e toma a mão da mulher. Ela hesita, mas depois, como um cego que confiasse, lá se vai levada pelo guia, em direção a uma das esquinas.

* * *

Um caminhão com um potente microfone, tocando um maxixe. Trás um enorme letreiro: Fred Williams apresenta seu último sucesso: o maxixe do mexe-mexe.[117] Ninguém para, e o carro continua atroando os ares, com o famoso maxixe, que não mexe com ninguém.

* * *

Um maestro senta-se na mesa ao meu lado: Assis Valente.[118] Dirige-me duas palavras e mergulha na companhia que o espera. Ah, mocidade, vê-se bem que o músico popular arranca dela todo o calor e todo o incentivo de que tem precisão.

Uma mulher subitamente bonita: Iracema Vitória. Vem sozinha, e sua passagem provoca exclamações do elemento masculino que se alinha à calçada. Ela não liga, muito morena, os olhos engrandecidos pela pintura.

Ao seu lado, com calças de homem e muito loura, passa outra figura conhecida: Dercy Gonçalves.[119]

E de súbito a Cinelândia anoitece de vez: as faces se tornam diferentes, não há mais ninguém conhecido.

Dos lados da Glória vem um sopro mais insistente e mais gelado: percebe-se que, na escuridão, o mar vem readquirindo sua força.

[*A Noite*, 18 out. 1956.]

---

[116]Susan Hayward (1917–1975). Atriz estadunidense.

[117]Fred Williams, pseudônimo de Manoel Xisto (n. 1926). Gaitista e compositor brasileiro. O nome do maxixe é: "Mexe bem", composição sua gravada em 1956.

[118][José de] Assis Valente (1911–1958). Compositor brasileiro. É conhecido por compor diversos sucessos para Carmem Miranda. Sua canção, "Brasil Pandeiro", recusada por Carmem, tornou-se um enorme sucesso com o grupo Novos Baianos.

[119]Dolores Gonçalves Costa, mais conhecida como Dercy Gonçalves (1907–2008). Atriz, humorista e cantora brasileira, oriunda do teatro de revista, notória por suas participações na produção cinematográfica brasileira das décadas de 1950 e 1960. Foi reconhecida pelo Guinness Book como a atriz com maior tempo de carreira na história mundial (86 anos). Celebrada por suas entrevistas irreverentes, bom humor e emprego constante de palavras de baixo calão, foi uma das maiores expoentes e precursoras do teatro de improviso no Brasil.

DIÁRIO NÃO ÍNTIMO

30

Chegou, sem anúncio, um pequeno inverno. Sem frio, as pessoas transitam agasalhadas. E em seus jazigos de matéria plástica, as orquídeas conhecem uma súbita ressurreição – esplendem, num último tom de roxo e amarelo, que é como o sol que se esvai.

* * *

Camila achada numa loja de cristais: alô Camila. É o mesmo riso, mas sente-se que mudou interiormente. Segura um copo nas mãos cobiçosas – o azul cintila. Ah, poderá ter mudado em tudo, menos naquele jeito de se apaixonar de repente pelas coisas fúteis

* * *

O vereador sentou-se não muito longe de mim e começou a falar. Sua voz, sem que ele perceba, já adquiriu um tom de discurso. Não fala mais, representa.

* * *

Jean Paulhan[120] disse que fazer cinema é sinal certo de [que] um escritor chegou ao fim da carreira – não dá mais nada. Acredito, duvidando de que seja só cinema que assinale a meta final. O rádio também. A televisão. E o jornal, por que não?

Jornal é um modo de dizer obrigado coisas para com as quais não se tem obrigação nenhuma.

* * *

Filha das horas, a mansão se apaga. É apenas um ponto na escuridão, como um gigante acocorado. Mas é então que a vida real principia lá dentro. Retine a música, e os velhos salões como que se inclinam na encosta que desce para o mar, como o casco de um navio entregue ao furor dos ventos.

* * *

---

[120]Jean Paulhan (1884–1968). Escritor, crítico literário e editor francês. Foi diretor da *Nouvelle Revue Française* e membro da Academia Francesa.

Que eterno é este, que se desfaz tão depressa? Tempos de surpresa são inaugurados sem nenhum aviso. Andando, é abril que reencontro. Uma rosa, uma pobre rosa sobre o muro despetala-se calada.

E o vento passa.

Pouco importa se a pequena plateia o escuta ou não: embalado, todo ele arde de triste compunção civil.

* * *

Everaldo de Barros, repórter e músico de mérito presenteia-me com uma flâmula. É de feltro, macia, e de candente vermelho. Faço-a girar entre os dedos e ela fulgura – "Elcano" – como um pendão luxuosamente tombado de uma viagem que não cometi.

* * *

Aos vinte anos de idade, as coisas começam realmente a ficar difíceis. De uma dificuldade sistemática e agressiva. Aos quarenta, elas se aplacam. As arestas diminuem. Sucedemos, tão docemente quanto é possível. A verdade é que em vez de querer quase tudo, abdicamos de quase tudo.

[*A Noite*, 19 out. 1956.]

DIÁRIO NÃO ÍNTIMO

31

Encontrar assim velhas cartas, adormecidas, ainda cheias de tantos assuntos que foram essenciais para nós. Deus, o que é a fúria do tempo: de nós, que sobra senão essas conversas feitas há muito, e que ainda retinem, não mais pela voz da necessidade, mas unicamente pela recordação e da saudade?

* * *

O menino entrava na capela de cabeça baixa. É ela quem diz: "Nunca mais pude assistir à missa, sem vê-lo na fila, um pouco afastado, tão diferente dos outros". Desse momento, uma lembrança ficou: os largos vitrais abertos por onde entrava, dominando o cheiro do incenso, um odor de quintais e laranjas não amadurecidas.

* * *

E essa outra: "Um dia, se Deus quiser, você será alguém". Alguém? Sim um dia, mas tão recuado no tempo que não chegamos mais a divisá-lo – é apenas um ponto sem referência na personalidade em combustão.

* * *

Os livros que então se lia... "Já terminou a segunda parte de *Os miseráveis*? Para mim, o *Visconde de Brageolonne* é superior a toda a obra de Dumas". E ainda: "Paul Bourget é um psicológico, mas muito cacete. Salvam-se *Un divorce, André Cornelis*"...

São nomes que revivem instantaneamente férias de antigamente, férias vividas até o máximo do inesquecível.

* * *

Mas não foram só essas as vozes reencontradas. Vozes mais recentes, como por exemplo do moço que se matou. "Aqui na fazenda, gosto de subir a encosta e ir até ao cemitério. Não é um passeio muito agradável, mas é o melhor para se fazer sozinho". Ou então: "Que saudade do Rio. Quando voltar, estará tudo como deixei? Não sei, mas quando parti senti que havia se acabado um pouco de mim mesmo".

* * *

Essa aqui evoca em largos traços a cidade de Ouro Preto. Minas Gerais, os amigos da montanha – cidades descendo em bruscos solavancos. Não sei onde mais havia um lago sujo e milhares de roseiras plantadas por Burle Marx. Mais tarde, o pintor me contou a lenda das rosas. Desde então, e sem que eu nada pudesse fazer contra isto, a imagem da santa misturou-se para mim a essas paisagens de águas poluídas.

* * *

Que pode o peso do tempo, contra a memória e a fidelidade? Temei, abismos, essa outra eternidade – a do coração.

[*A Noite*, 23 out. 1956.]

DIÁRIO NÃO ÍNTIMO
32

Revive na Europa, e intensamente, o famoso processo de Oscar Wilde. É que pela primeira vez são publicados autos completos do processo, vindo a lume inúmeros detalhes desconhecidos. Este fato coincide mais ou menos com a publicação do livro de defesa de Wilde, escrito pelo seu filho, Vyvyan Holland.

* * *

Recebi alguns telefonemas de adesão à ideia de se "recuperar" também Afrânio Peixoto. Isto prova que o romancista de *Bugrinha* não estava de todo esquecido, e para os nossos suplementos, eis aí um motivo para uma *enquête* que sob todos os pontos de vista seria palpitante.

* * *

Pergunta-se pelo livro de contos de Clarice Lispector, que há muito tempo estaria entregue a Simeão Leal. Não é responsabilidade pequena, demorar assim um livro que a opinião insuspeita de Fernando Sabino classifica de absolutamente genial.

* * *

Meu desaparecido amigo Otto Lara Rezende, pelo que ouço dizer, pretende radicar-se numa cidade do interior. A confissão teria sido feita ao pintor Marcier que patrocina a ideia com veemência.

* * *

Parece que os resultados financeiros de *Orfeu da Conceição* são dos mais compensadores. Isto animaria o poeta-produtor a lançar-se com maior energia no levantamento de sua prometida *A moreninha*.

* * *

Se bem que não pretenda imiscuir-se em detalhes na produção do filme *O lodo das ruas*, extraído de um romance seu com o mesmo título, Octávio de Faria preparou cuidadosamente o cenário, que apresenta o aspecto de

DIÁRIOS

um respeitável volume. A intenção partiu de um grupo de amadores do qual faz parte o jovem Paulo Cesar Sarra, provavelmente um dos intérpretes do aludido filme.

* * *

Finalmente, e depois do incontestável sucesso obtido por Adriano Reys[121] na peça *Cheri*, os "Artistas Unidos" cogitam de montar *Sul* de Julien Green, que tanta celeuma causou em Paris quando de sua apresentação.

* * *

Leonora Amar,[122] a atriz brasileira que se casou com o ex-presidente do México, Miguel Alemán,[123] pretende filmar no Brasil. Depois do seu fracasso em *Veneno*, ao lado de Anselmo Duarte,[124] irá ela porém mais devagar, e examinará com cuidado os assuntos que previamente os produtores farão chegar às suas mãos

* * *

De onde foi que veio esta chuva? Nem todo o céu conseguiu escurecer, há no ar batido uns farrapos de azul, que teimam em permanecer sobre as árvores, enquanto uma ou outra andorinha, em voo cego, corta o espaço. Amanhece.

[*A Noite*, 24 out. 1956.]

---

[121]Adriano Antônio de Almeida, mais conhecido como Adriano Reys (1934–2011). Ator brasileiro.
[122]Leonora Amar (1926–2008). Atriz brasileira. Fez sucesso no cinema dos EUA e do México, atuando e cantando.
[123]Miguel Alemán Valdés (1900–1983). Político mexicano. Foi presidente de seu país entre 1946 e 1952, pelo Partido Revolucionário Institucional.
[124]Anselmo Duarte [Bento] (1920–2009). Ator, roteirista e cineasta brasileiro. Ganhou a Palma de Ouro e o Prêmio Especial do Júri no Festival de Cannes em 1962 com *O pagador de promessas*, filme que também concorreu ao Oscar de melhor filme estrangeiro.

DIÁRIO NÃO ÍNTIMO

33

Uma retificação: o nome do jovem produtor de O lodo das ruas, não é Sarra, como ontem escrevi, mas Paulo Cesar Sarraceni. Também não figurará ele no elenco, mas tem intenção de ser o diretor da película.

* * *

E por falar em cinema: Contrabando, de Al Ghiu vai em marcha acelerada para sua apresentação, estando com os trabalhos de laboratório praticamente terminados. Anuncia-se também que o filme agradou imensamente ao diretor de A estrada,[125] já exibido na Europa.

* * *

Luiza Barreto Leite, que desde O anjo de Agostinho Olavo andava retirada das atividades teatrais, dirigirá uma peça para Jayme Costa.[126] Será ela, também, a intérprete principal da mesma.

* * *

As praias voltam a se recompor: dourados, os corpos se embebem de sol. Mas ainda não há aquela saturação, aquele ocre suado e forte que conhecemos de tantas tardes de dezembro.

* * *

Nas janelas dos edifícios, manhã ainda, as toalhas voam: azul, vermelho. Numa casa baixa, de um amarelo antigo, uma escala dedilhada por mãos sem vontade. E do lado do mar o azul avança, célere, como se fosse desaguar inteiro sobre a cidade.

* * *

---

[125]A estrada é um filme brasileiro de 1956, escrito e dirigido por Oswaldo Sampaio.
[126]Jaime Rodrigues Costa, mais conhecido como Jayme Costa (1897–1967). Foi um dos mais importantes atores da história do teatro brasileiro.

Um novo romance de Gertrud von Le Fort,[127] a grande romancista alemã, brilha nas vitrinas – Os círios apagados.

* * *

Harry Laus,[128] o capitão do exército que também é escritor, e que faz parte da seleção de 9 histórias reiúnas, tem uma casa de antiguidades em Copacabana. Chama-se Vila Rica, e possui algumas coisas que, apesar de excessivamente caras, são de muito bom gosto. Faço votos para que obtenha sucesso.

* * *

Algumas pessoas desejam sugerir a Máximo Bagdocimo, que possui o forte do espólio artístico de S. Castelo Branco, que se reúna a dois ou três proprietários de obras desse mesmo artista e decorador, para que se possa fazer uma exposição integral, e que dê do valor do mesmo uma visão que a obra dispersa não permite.

[A Noite, 25 out. 1956.]

---

[127]Gertrud Auguste Lina Elsbeth Mathilde Petrea von Le Fort, mais conhecida como Gertrud von Le Fort (1876–1971). Escritora e ensaísta alemã.
[128]Harry Laus (1922–1992). Crítico de arte e escritor brasileiro.

DIÁRIO NÃO ÍNTIMO

34

Escura, bem escura, de uma carnação dura e lisa própria a certos mulatos. E dois olhos singularmente azuis, intensos mas cheios de inocência, que nos faz pensar que marinheiro bêbado, desgarrado do bando, inventou-a num canto de madrugada antes de partir...

* * *

Octávio de Faria dirigiu a José Condé uma carta ainda inédita, na qual emite a seguinte opinião pessoal sobre *Bugrinha*: "um belo romance que, um pouco acima de *Maria Bonita* e bem acima de *Fruta do mato*, pode formar o elo central de uma cadeia de três romances que têm existência real em nossa literatura".

* * *

O barco era pequeno e pintado de branco. Chamava-se "Meia noite" e trazia uma lanterna pendurada à proa. Nas noites de verão, lá estava ela, brilhando em plena lagoa Rodrigo de Freitas, com o obstinado pescador sondando o fundo das águas. A luz piscava sem descanso, mas ao que eu soubesse, ele nunca conseguiu trazer dessas rondas noturnas nenhum peixe – só essa funda sensação de poesia a quem via o barquinho oscilar na escuridão da noite.

* * *

Zolten Gluck, mineiro recém-chegado ao Rio de Janeiro, anuncia-me que vai gravar a voz de Margarida Lopes de Almeida.[129] Parece que é esta a moda. De qualquer modo, teremos imortal a voz da celebrada declamadora.

* * *

Pouco se tem falado no livro de Elvira Foeppel, *Chão e poesia*. No entanto, revela ele qualidades bem apreciáveis. Além do mais, seguindo

---

[129]Margarida Lopes de Almeida (1896– ?) atriz e declamadora brasileira. Gravou, em 1955, pelo selo Festa, o disco "Recital", em que lê poemas de vários poetas brasileiros.

DIÁRIOS   637

as pegadas de Miguel Torga, inaugura entre nós uma literatura de espécie
íntima, da qual somos bem pobres, é preciso confessar.

* * *

Gilberto Amado, enquanto no Brasil, multiplica suas atividades. Depois
de ser laureado como o melhor escritor de 1955, pronunciou ontem, na sede
da UNE uma conferência que causou a mais viva repercussão.

* * *

O pintor Nolasco, que reside em Icaraí, vai apresentar uma exposição
constando apenas de três trabalhos – evidentemente uma demonstração de
seu avanço nestes últimos tempos.

* * *

Levanta-se a hipótese de que o misterioso título de Guimarães Rosa
Grande sertão: veredas, tenha o seu significado exato ao se saber que prepara ele outros tomos de *Grande Sertão* – estrada real, campo à parte ou
simples campina, não sei.

* * *

Outra notícia de Zolten Gluck: balé por cima das águas da lagoa Rodrigo
de Freitas. Assim, a 15 de novembro, teremos esse espetáculo inédito: "Síl-
fides" dançando em plena noite de Ipanema, com orquestra e tudo boiando
nas pacatas águas da lagoa.

[*A Noite*, 26 out. 1956.]

DIÁRIO NÃO ÍNTIMO

35

O carro avançava devagar, e a luz dos faróis, implacável, ia devassando a escuridão acumulada ao longo do caminho. E foi um desses jactos, destituído de intenção, que iluminou a figura do animal saído do mato, bamboleante, a cauda erguida em penacho. Freada brusca, enquanto o *chauffeur* avisava:

É apenas um tamanduá.

A noite engoliu de novo.

* * *

Uma luz na varanda – fumarenta luz de candeia, balançando a esse vento da noite, que daqueles lados sopra trazendo do mato um cheiro selvagem e verde. Cheiro de lírio agreste, de jasmim do brejo.

A moça, debruçada à grade, sonda a escuridão que tudo afoga. A luz do carro, ergue-se, pressente-se um lampejo no seu corpo amolentado pelo tédio.

Passamos – e com o escuro que retorna, ainda se vê o vulto que regressa à mesma atitude melancólica e sem expectativa.

* * *

Um burro com cangalhas pejadas de lenha trota humildemente – às vezes mais depressa, quando a vara tange – e a voz do comboieiro, perdido dos seus, vibra num grito de incentivo. Para trás, é apenas um som que se distancia.

* * *

Fazenda Avenca. A porteira de velhas tábuas meio depregadas ainda anuncia o nome com orgulho. Na placa, enrosca-se uma erva do mato. Mas sobressaindo de tudo, com um testemunho do que já havia sido, uma rosa – uma rosa de cinco pétalas, modesta e temporã.

* * *

O rio São João. Engrossado pela cheia, escorre lento quase junto às tábuas da ponte. Ao longe, touceiras, escuro maior em plena escuridão. Ouve-se um baque surdo na água. E alguém avisa:

– Anta fugindo.

Caminho de Casimiro. De tão densa, a terra parece preta. Barrancos pretos. Céu tão escuro que parece preto também. À entrada da cidade, somos assaltados por um bando de cachorros vadios. Os prédios avançam indecisos, mal clareados pela luz de querosene. De súbito, o som de uma orquestra. Baile no clube local. Na sombra, bravamente, ondula uma flâmula vermelha.

* * *

Viagens, prêmios de Deus. Estradas, caminhos e descampados – quantos, para mim, são testemunhos de mim mesmo e do meu sangue. Ouço a mata como quem escuta uma música.

Aqui o tempo fica – e se abre em flor.

[*A Noite*, 1 nov. 1956.]

DIÁRIO NÃO ÍNTIMO
36

Sim, as obras de arte podem subsistir independente da história de seus autores – por exemplo, a *Odisseia* sobrevive sem que saibamos ao certo quem foi seu criador. Mas como seria melhor se pudéssemos pensar que aqui ou ali sofreu Homero, que lutou e agonizou em tais e tais circunstâncias. Como que se tem um calor mais humano, um entendimento maior do fruto oriundo dessa triste coisa que é a vida humana. Sim, a obra de arte pode existir sozinha, como existem certos painéis ou certos vitrais da Idade Média. Mas são como certos quadros que admiramos na exposição – frios, belos e anônimos.

* * *

Ela falava, e eu admirava o espetáculo que a produzia. Dizia que podemos, que devemos morrer pela verdade – e eu já sentindo que também podemos morrer da verdade, simplesmente, como um impacto.

Sua beleza como que me estilhaçava.

A andorinha não canta, mas seu som é como uma nota musical aguda – uma nota desferida como a mão que tomba riscando o azul sem ter vontade.

* * *

Uma nota única, renitente: depois, limpo, o céu vai escurecendo, o vento sopra, encrespam-se as ondas, e sabe-se que lá para os portos do Sul, onde os pescadores secam suas redes, a tempestade já começou. E já vem correndo o mar com seus pés de paina preta.

* * *

Alice à janela, pergunta:

– Mãe, quando é que vou ficar boa? – e gira entre os dedos a xícara de tisana.

A mãe não responde. Vergada, à janela, inclina-se à força do vento uma zínia cor de fogo.

* * *

DIÁRIOS 641

A arte de escrever é uma arte de esquecer. Primeiro as regras aprendidas na escola. Depois os livros lidos, as conversas ouvidas. Mais tarde, quando vamos ficando maduros, os livros que teimam em não nos abandonar. Os sentimentos, as promessas e as amizades.

No começo da primeira frase decisiva é preciso que sem piedade tenhamos começado a ser apenas o que somos.

* * *

Esquecer também essa e outras paisagens. Como se esquece simplesmente as paisagens. E de cabeça baixa apanhamos um punhado de terra – esta terra – neste canto separado, neste ermo da estrada, sem ninguém para nos olhar. Como se estivéssemos rezando.

Aí, então: parados, sentimos olhando que finalmente o céu é nosso - e o céu e outro céu que ainda não tínhamos sabido.

* * *

Também as paisagens da manhã. Que farei, no meu [...] este acesso de coisas que [não tenho] compreendido?

[*A Noite*, 5 nov. 1956.]

DIÁRIO NÃO ÍNTIMO

37

Naqueles idos fui a um baile, e vagava sozinho pela extensa varanda, quando vi caminhar em minha direção uma estranha figura. Estava vestida com uma camisola preta, trazia fitas roxas nos braços, usava uma máscara de caveira e brandia, ininterruptamente, um pequeno sino dourado. Ora, nunca tive simpatia pelos mascarados, e aquele, com sua roupagem extravagante, causou-me maior irritação ainda. Mesmo porque, brandia o sino junto aos meus ouvidos.

– Que é isto? – indaguei.

– Estou anunciando a morte, disse-me com voz cava.

Não pude deixar de estremecer. Mas rindo, o extravagante suspendeu a máscara.

Era S. Castelo Branco com mais uma de suas fabulosas fantasias.

S. Castelo Branco [...] que já encontro, [...]. Mascarava assim, apenas a [...] que o devorava a alma. Uma voz, [...] deu uma [...] violentamente.

– É [minha].

E olhando-me nos olhos [...] como se me [...].

* * *

O episódio dos artistas é uma simples melodia de infância e ouro. Não saberia repetir as palavras que ouvi nem as cenas, nem os desafios presenciados. Lembro-me de tudo, apenas como se fosse uma música de criança.

Mas isto era nele a fulguração do eterno.

– Porque, ainda um dia [...]. [...] à mãe do poeta [...].

* * *

Seus quadros, seus cartões de boas-festas, suas almofadas, seus almoços cheiravam a essa intraduzível coisa que não [pode] chegar a se concretizar, e que jamais será obra realizada, mas que passeia sobre esta como um hálito de Deus: o sentimento da poesia.

DIÁRIOS

Uma poesia de inocente, é verdade, mas a melhor de todas.

* * *

Soube [...] na televisão uma imagem de S. Castelo Branco. Não a que vi, mas a que [...] de agonia [...] a mão para [...] de Deus, em que não [...] tal qual somos sozinhos e [...] abandonados.

[*A Noite*, 6 nov. 1956.]

DIÁRIO NÃO ÍNTIMO

38

Léo Vítor,[130] que há pouco publicou *Círculo de giz*, recebe em casa alguns amigos. E anuncia que suas experiências literárias não terminaram com aquele primeiro livro. Já tem quase concluída uma novela a que deu o nome de *Os olhos do santo*.

* * *

O primeiro a chegar é Álvaro Moreyra.[131] Fala de Valença e de suas jabuticabas. Revivemos coisas de teatro. E ele confessa: "Sou um sujeito otimista, mas aquele tempo foi o único em que vivi completamente amargurado".

* * *

Um amigo, ao lado, comenta os dois grandes sucessos atuais de Paris – sucessos de escândalo, pelos temas abordados: *O balcão*, de Jean Genet,[132] e *A sombra* de Julien Green.

* * *

Apresentam-me um senhor simpático e que me cumprimenta com certa efusão: Adelmar Tavares.[133] Quando ele se afasta, ia fazer um pequeno comentário, quando Osório Borba[134] me adverte: trata-se de um amigo seu de quarenta anos.

* * *

---

[130]Léo Vítor Oliveira e Silva] (1926– ?). Teatrólogo, escritor e jornalista brasileiro. A antologia de contos *Círculo de giz* foi publicada em 1956, a novela *Os olhos do santo* provavelmente não.
[131]Álvaro Maria da Soledade Pinto da Fonseca Velhinho Rodrigues Moreira da Silva, mais conhecido como Álvaro Moreyra (1888–1964). Poeta, letrista, cronista e jornalista brasileiro.
[132]Jean Genet (1910–1986). Escritor e dramaturgo francês.
[133]Adelmar Tavares da Silva Cavalcanti (1888–1963). Advogado, jurista, magistrado, catedrático, jornalista e poeta brasileiro, membro da Academia Brasileira de Letras.
[134]José Osório de Morais Borba, mais conhecido como Osório Borba (1900–1960). Jornalista e político brasileiro.

DIÁRIOS

Osório Borba caminha na sala um pouco de lado, a mão apoiada ao quadril. Uma alma compassiva observa: "Pobre Osório, está com lumbago". O escritor, vagamente, não bebe.

* * *

Uma visita rápida como um meteoro – como deve ser de praxe entre gente "bem" – o Sr. Pascoal Carlos Magno. Vem acompanhado pelos seus secretários, e protesta contra o diálogo transcrito há dias nesta seção. O protesto está lavrado.

* * *

Um outro senhor ilustre, com bela cabeleira branca e que conversa animadamente: Povina Cavalcanti.[135] Um pouco envergonhado, relembro um artigo de sua autoria em que me desancou valentemente. Mas são águas passadas.

* * *

Darel e senhora. O jovem gravador não bebe e escuta tudo o que se diz na sala. Mesmo nos cantos mais afastados. (No dia seguinte, é certo, irá reproduzindo tudo com sua fala mansa e nem sempre destituída de veneno).

* * *

Um argentino, que se diz secretário de embaixada (afirmaram-me que era apenas perito contador) declama em voz baixa. Como ninguém o escuta, passa a contar anedotas. E à medida que o silêncio o vai envolvendo, os casos vão se tornando mais obscenos. Acaba ameaçando cantar em francês – e a citada alma compassiva o encaminha docemente para o fundo da varanda.

* * *

Álvaro Moreyra vai declamar *Pregões do Rio*.[136] Aos poucos, numa voz que vai crescendo de tom, lembra ecos de uma cidade que já desapareceu há muito.

* * *

E finalmente todo mundo comenta admirado: não há Eneida.

[*A Noite*, 8 nov. 1956.]

---

[135]Carlos Povina Cavalcanti (1898–1974). Advogado, jornalista e político brasileiro.
[136]O disco *Pregões do Rio antigo na voz de Álvaro Moreyra* foi lançado em 1958, recebendo o prêmio do melhor disco de poesia daquele ano.

DIÁRIO NÃO ÍNTIMO

39

Falei ontem sobre uma cidade perdida que parecia remontar dos ecos evocados por Álvaro Moreyra – a esses pregões cariocas vibraram tão persistentemente em mim, que vi, com singular nitidez, alguns detalhes desse 22 ou 25, não sei bem, submerso há muito na memória.

* * *

A rua, a casa. Defronte, um largo casarão usado como cortiço. Todas as tardes, descendo a rua, lá vinha aquele homem de aspecto manso – um funcionário público, talvez – arrastando os pés, as faces balofas. Corríamos ao seu encontro, com a pergunta invariável:

– Vovô, que é que eu sou?

Ele hesitava, fingia pensar, depois largava:

– Tatu.

E ia desfilando a esmo nomes de bichos nomes que nos encantavam.

* * *

Laranja seleta; angu à baiana, roupa usada, todos esses pregões ainda soam em minha memória. Não existem mais, que a cidade hoje é diferente e apressada. Mas como substituí-los, nessa memória de mim mesmo esparsa pelo tempo?

* * *

Essa outra casa ficava a poucos passos adiante. Era alta, tinha um porão e muitos cachorros. E moças também, que colecionavam artistas de cinema e à tarde passeavam pela calçada de braço dado. O porão era puro 1925, com jarrões, caras de pierrô e muitas almofadas no chão.

Nela, o que mais me interessava, no entanto, era uma menina morena, de olhos verdes, acho que filha da empregada, e que se chamava Jandira. Jandira, certo dia, caiu de um pé de carambola e rasgou o queixo numa forquilha. Nunca mais a esqueci. E nem da casa.

DIÁRIOS 647

Mais tarde, soube que a mansão pertencia a um homem importante: o Dr. Herbert Moses.[137]

* * *

Anos mais tarde, mocinho, e já esquecida a casa da Tijuca, topei num baile dois impossíveis olhos verdes. Eram de Jandira, e sua condição de mulher fácil era evidente em todas as suas atitudes. Ao vê-la, precipitei-me. Aflita, ela se esquivou:

– Não, não fale comigo. Há alguém que me segue sempre.

E poucas vezes, em minha vida, deparei com um ser de expressão mais atormentada.

* * *

Quase defronte a Herbert Moses morava Almachio Diniz.[138] Foi lá que pela primeira vez vi moças e meninas dançarem o *charleston* e o *shimmy*. Sue Carol[139] e Clara Bow[140] faziam tremendo sucesso. As moças mais ousadas, ajoelhando-se, requebravam-se com uma cartola na cabeça e uma bengala nas mãos.

A Tijuca, por esta época, recendia a aglaias e jasmins.

* * *

Um jovem exaltado e de temperamento romântico frequentava assiduamente minha casa. Havia perpetrado um tenebroso romance chamado *Drama da alma e do sangue*, que eu lia às escondidas de minha irmã. E falava também em teatro, sonhando com uma peça a que daria o título de *Pierrot*.

Parece que a ideia da peça se concretizou, e o rapaz também – era Paschoal Carlos Magno.

* * *

Aproximava-se a época em que eu deveria partir para o colégio interno, e eu morria de tristeza. Iam inaugurar o cinema no velho Teatro Cassino,

---

[137]Herbert Moses (1884–1972). Advogado e jornalista brasileiro, baluarte na defesa da liberdade de imprensa.

[138]Almachio Diniz Gonçalves (1880–1937). Jurista, professor, escritor e poeta brasileiro.

[139]Sue Carol (1906–1982). Atriz estadunidense e agente talentosa da Sue Carol Agency.

[140]Clara [Gordon] Bow (1905–1965). Atriz de cinema estadunidense, que fez muito sucesso na era do cinema mudo.

e anunciavam-se grandes produções: *Kiki*, com Norma Talmadge, *The big parade*, etc.

* * *

Não muito longe, mal terminando, um outro tempo: e no entanto, já parecia tão distante que quase se poderia dizer que fora numa outra cidade.

[*A Noite*, 9 nov. 1956.]

DIÁRIO NÃO ÍNTIMO

40

Outro tempo, e, no entanto tão próximo. Era ali na Aldeia Campista, para onde fomos assim que pisamos o Rio de Janeiro. Aldeia Campista. O nome era bonito, o lugar era sujo e triste. Cães vagavam pelas ruas. Defronte de nossa casa, um pequeno córrego imundo, que mais tarde vi cantando com ternura em muitas das mais belas páginas do Marques Rebelo:[141] o Trapicheiro.

* * *

D[...]. [Pouco escuro] era o riacho, qualquer [...] [cor,] [...] assim que a tarde chegava.

* * *

Pouco saía, o lugar ainda me assustava, e alguns meninos, vendo-me sempre à janela, apelidaram-me de "Cristo na gaiola". Não me esqueço. Até que resolvi também ganhar o mundo. Disseram-me, esses mesmos meninos, que não muito longe um homem havia se matado. Fui vê-lo. Era uma casa estreita, paupérrima, em cuja porta se aglomerava uma porção de gente. Não cheguei a ver o morto, pois não entrei na casa, mas vi as pernas balançando no ar – ele se enforcara – e os pés, tão tristes, um calçado, o outro não.

* * *

Em casa não havia outros exilados. Uns tantos, não sei, que haviam chegado há pouco [...] falavam português. Um [...] inteira à porta, [...] o Trapicheiro. Meu [...] por isto não tardes a [...] passeavam pela [...].

Na casa [...] tetos de folhas de zinco [...] era a dos irmãos Bloch. Se bem que pareça inviável, o mais magro era Adolfo Bloch, em suas [...] andanças pela Rua de Jardins!

* * *

---

[141]Marques Rebelo, nome literário de Edi Dias da Cruz (1907–1973). Jornalista, cronista e escritor brasileiro.

Um detalhe: meu irmão namorava certa moça da vizinhança. E ela vendo-o sempre em companhia daquele estrangeiro, e falando só em francês, apelidou-o sem hesitação:
– Ô polaco!

* * *

Casas escuras, [...], ar de mofo e de tristeza que nunca mais pude esquecer. À noite, o largo [...] do vigia noturno. E eu sonhava com Minas – tão longe – suas serras [...].

* * *

Foi por esta época que minha tia, chegando de Minas, inaugurou certo célebre chapéu encimado por vistosa pluma cor de fogo. Inaugurou-o num espetáculo lírico – o primeiro e possivelmente o único de sua vida – em que apresentaram *A danação de Fausto* – de Berlioz.

Durante anos e anos não falou noutra coisa.

* * *

E o terror da chegada, pensa nos sacolejos no trem. As [...] me pareceram [...] de iluminação [...]. A [...] aura roxa.

Quando desci, [...] enormes, pareceram-me [...] de condenação e exílio.

[*A Noite*, 12 nov. 1956.]

DIÁRIO NÃO ÍNTIMO

41

No salão ferroviário, ora em exposição no saguão do Ministério da Viação, há uma gravura de Darel extremamente sugestiva – e a visão de um trem, em plena escuridão da noite, chispando, com andaimes e caibros cortando a paisagem.

Dia a dia, Darel mostra-se um artista mais consciente e mais seguro de seus meios de expressão.

* * *

Trem de ferro, de poucas coisas sei que me toquem mais do que sua imensa poesia forte e humana. Lembro-me, por exemplo, do começo do filme de Jean Renoir, *A besta humana*, com quase dez minutos de projeção exclusivamente de trilhos. De repente, marginal, o letreiro sugestivo: Le Havre.

* * *

Do lado de fora, com a cabeça enrolada numa toalha, descansava um homem – um agonizante quase – com uma perna enorme, enrolada em trapos sujos e coberta de moscas.

Jamais pude esquecer aquela desoladora imagem do sertão.

* * *

Em Sabará, certa vez, vi imobilizar-se um trem longo e de janelas baixadas. Contra o vidro, em silêncio, espremiam-se faces angustiosas e macilentas. Os vagões traziam um único e dramático letreiro: "doenças contagiosas".

* * *

Foi num desses noturnos que visitei as terras queimadas e de vegetação baixa que aparecem em *Sagarana* e *Corpo de baile*. Trem poeirento e desconjuntado, com caipiras jogando cartas em malas postas sobre os joelhos. Em Sete Lagoas embarcou um time de futebol – e durante o percurso iam soltando foguetes pela janela. Às vezes erravam e a vara silvava dentro mesmo do vagão, indo explodir contra a porta.

* * *

Outras imagens, não mais para a pena de um Proust, mas para as de um Dostoievski ou de um Tolstoi: essa colheita crepuscular pelas terras do interior, os doentes em fila e, mais tarde, os adeuses mudos nas plataformas.

* * *

Trem do interior da Bahia, que vai da capital ao interior de Sergipe – sem bancos, sem luz, os passageiros amontoados como gado sem destino. As estações também não possuem luzes – e é com um longo suspiro de cansaço que o trem estaca, enquanto, lentas, as figuras se movem na escuridão.

* * *

A primeira imagem de trem que se gravou na minha memória: a chegada da composição, no dia em que foi inaugurada a bitola larga para Belo Horizonte. Assisti à cerimônia do alto de um barranco, e o dia era iluminado e festivo. Embaixo, na estação improvisada, tocava freneticamente uma banda de música.

* * *

E outros trens, inúmeros outros, pelos caminhos e estradas que tenho percorrido – com o seu calor, seu cheiro peculiar, seu carvão, sua poeira. Tudo isto, como de um sonho, remontou de repente das imagens acumuladas neste Salão Ferroviário.

* * *

Às vezes fico imaginando como Proust descreveria um desses trens, sonolento e antigo, subindo a encosta de uma serra, tal como vi tantas vezes. O abandono, a melancolia que se desprende dessa imagem.

* * *

Rubem Braga,[142] numa das suas crônicas, rememorou um pequeno trem que parte de Belo Horizonte para as terras hoje célebres de Guimarães Rosa. Tem o nome sugestivo e poético de "Noturno do sertão".

[*A Noite*, 13 nov. 1956.]

---

[142]Rubem Braga (1913–1990). Escritor e jornalista, considerado por muitos o maior cronista brasileiro desde Machado de Assis.

DIÁRIO NÃO ÍNTIMO

42

Acordo em plena noite e olho o relógio: duas horas da madrugada. Pela janela aberta sobem da rua estranhos rumores: buzinas, carros velozes, sirenas, apitos, vozes diversas. Levanto-me para ver o que está acontecendo – e o que primeiro me fere, é a lua, navegando em alto céu com seu velho estilo solitário.

* * *

Súbito, em grande velocidade, surge um carro. São notívagos, que cantam, evidentemente, embriagados. Na esquina o automóvel se detém com uma freada brusca. Alguém salta sobraçando embrulhos, mas sem forças deixa cair tudo, e garrafas se estilhaçam no chão.

Ao amanhecer lá estão os cacos, e ninguém poderá imaginar ao certo como aquilo veio parar ali.

* * *

Cosme e Damião[143] passam conversando:
– Dizem que morreu muita gente.
– Já saíram três ambulâncias...
Sob a copa das amendoeiras, as vozes vão se perdendo indistintas.

* * *

Dois pretinhos, vindos de não sei onde, passam a galope, montados em cavalos magros. Passam a galope, como se fugissem de alguma coisa ou fossem chamar alguém, pedir socorro – e os cascos ferem duramente o asfalto, enquanto no silêncio uma outra janela se abre, e uma cabeça curiosa se inclina sobre a rua.

* * *

---

[143] O policiamento em duplas, denominado Cosme e Damião, é a modalidade mais elementar de policiamento; o qual é realizado a pé. A designação desse policiamento surgiu na década de cinquenta no Rio de Janeiro, e é mantida por tradição até os dias atuais.

É um incêndio, e lavra lá para os lados do morro, onde a favela vai subindo íngreme, defronte à calma soberana da lagoa. Um incêndio às duas horas da madrugada. No céu clareado pelas chamas, sobe um rolo de fumaça negra.

Vozes gritam na distância.

* * *

E lá está o incêndio solitário. Através do vento gritos soam longamente: – "Mariaaaa..." – e as sirenas, abafadas, bifurcam-se em ruas completamente adormecidas.

* * *

É a hora em que a lagoa parece emergir finalmente do seu profundo sono. Um frêmito como que a percorrer, ela se estira, ainda toda envolta em sombras – e o grande corpo, como se movesse dentro da escuridão ainda maior da noite, soergue-se – o reflexo do incêndio avança até quase o centro da água – e é de repente, como se uma mulher acordasse e exibisse no seio a tatuagem de uma enorme rosa cor de sangue.

* * *

Espreguiço-me, sentindo o ar frio bater-me em pleno rosto. Há um cheiro de limoeiro chegando através do vento. Lembro-me de quintais antigos – entrevistos onde?

Distante, o incêndio parece alastrar-se, há um rumor crescente de galhos em combustão.

Qualquer coisa anuncia a manhã: um galo desorientado risca a hora com seu canto, outros galos respondem em timbres diferentes.

[*A Noite*, 16 nov. 1956.]

DIÁRIO NÃO ÍNTIMO

43

A próxima exposição do gravador Darel, que será patrocinada pelo jornal *Para-Todos*, será realizada simultaneamente aqui e em São Paulo. Isto prova o interesse que se vem criando em torno das obras de Darel.

* * *

Outro artista em grande atividade – Marcier, que viaja incansavelmente pelas cidades de Minas, achando-se no momento em São João Del Rei, depois de ter visitado Diamantina.

* * *

Balzac continua despertando um interesse generalizado. Na França, o belo livro de Felicien Marceau[144] sobre o repertório da *Comédia humana* – aqui, o livro de H. Pereira da Silva, com o título *Retrato psíquico de Balzac*.

* * *

Outra artista que prepara sua exposição: Amélia Bauerfeldt, que pela primeira vez irá expor trabalhos seus, cerca de trinta desenhos.

* * *

Anuncia-se que será adiado indefinidamente o espetáculo de *ballet* que seria realizado em plena Lagoa Rodrigo de Freitas. Motivo: falta de auxílio financeiro por parte das autoridades. O que é uma pena, pois seria uma esplêndida realização.

* * *

José Candido de Carvalho, de quem dentro de muito breve aparecerá a segunda edição de *Olha para o céu, Frederico*, declarou a respeito da "recuperação" de Afrânio Peixoto que guarda muito boa lembrança dos romances do mesmo, mas que necessitava reler tudo de novo.

* * *

---

[144]Félicien Marceau, pseudónimo de Louis Carette (1913–2012). Escritor francês, membro da Academia Francesa.

Alma branca,[145] o novo romance de Cornélio Penna, que anteriormente se chamou *O escorpião*, estará nas vitrinas dentro de pouco tempo. Nele, o autor de *Fronteira* continua com a mesma força sua empolgante aventura de romancista.

* * *

Parece que é a Civilização Editora que lança *Sangue nas veias*,[146] o novo livro de Clarice Lispector. E seus famosos contos, a serem editados por Simeão Leal, onde andarão?

* * *

Lêdo Ivo, poeta de renome, faz uma confissão: "No momento, o que mais me interessaria era ter minha assinatura encimando uma peça de teatro".

* * *

E por falar em teatro: Fregolente, que tem tão destacado papel na peça ora em cena no Ginástico, será o ator principal da que se acha em ensaios. Garante ele que será o ápice de sua carreira artística. Esperemos, pois.

[*A Noite*, 21 nov. 1956.]

---

[145]O livro ficou inacabado e só foi publicado postumamente, em 1958, pela José Aguilar, no volume *Romances completos* de Cornélio Penna: *Fronteira* (1936), *Dois romances de Nico Horta* (1939), *Repouso* (1948), *A menina morta* (1954) e fragmentos de *Alma branca* (inconcluso).
[146]Creio tratar-se do mesmo *A veia no pulso*, publicado com o título de *A maçã no escuro*, mencionado anteriormente.

DIÁRIO NÃO ÍNTIMO

44

Não há dúvida, é o verão. As folhas esmorecem, o amarelo se alonga em pardo e cor de ouro – árvores em fila, envelhecidas, como cansadas de suportar o próprio peso. Até o próximo vento, quando ressurgirão nuas, esgalhadas e sem pudor.

* * *

Arranjos de verão. Nas janelas altas, como num acordo, esquentam ao sol as roupas de inverno. É o último estágio, antes do sono nas gavetas. Golas arrepiadas repontam em plena luz – capotes, fichas, uma manga de arminho, como uma rosa toda branca.

* * *

A moça estreou o biquíni: ainda sem cor, mas já garantida com uma bateria de óleos último tipo. Voltará para o almoço, ou talvez lá pelas duas da tarde. O telefone poderá tocar em vão – é a época de se inaugurar novos amores.

Outra moça de biquíni: usa óculos escuros e sob o braço leva um romance francês. É longa, muito pálida. Vê-se, pelos preparativos, que ela quer beber o sol todo de uma vez. Os cabelos, cor de cobre, têm ambiciosos reflexos esverdeados.

* * *

Pensamento de uma tarde: sol amolecido para rede, com um canto de canário no fundo da cozinha. No ar, há um resto de maresia. Pressente-se a tarde caminhando.

* * *

Cintila a vidraça, o sol vai baixando. O copo de laranjada descansa no cimento da varanda. Sopra a brisa, e de repente, descobre-se que está acontecendo o primeiro escuro da noite. Mas tanto azul...

* * *

Da terra queimada, ascende em silêncio uma flor, sem nome. Na construção ao lado o serviço já cessou – os operários passam, refeitos de canseiras. A brisa chega mais forte, e cheira a limoeiros anoitecendo – perdidos quintais. Uma lua nova, enorme e branca, reponta à testa do morro.
Desfraldada, a noite enfim avança rápida do mar.

* * *

À sombra de um ingazeiro, o pintor arma seu cavalete. Mais uma vez vai tentar a marinha – seu velho sonho. Embaixo, lambendo as rochas, um mar pomposamente verde. Mais verde do que o próprio verde.

* * *

A flâmula, pendurada no alto do mastro, sobrou do domingueiro jogo. Desbotou-se com a última chuva, mas agora, ao sol da manhã, ensaia um resto de vermelho, palpita, e é toda uma alegria no campo sem ninguém.

[*A Noite*, 26 nov. 1956.]

DIÁRIO NÃO ÍNTIMO

45

A cidade não chegou ainda, mas contra o céu já repontam os primeiros cata-ventos. Na manhã recentemente inaugurada, as cores se misturam, têm uma simplicidade de azulejo – azul e branco, o sal e o céu.

* * *

Encosta brusca, as casas se alinham em torno à praça, ao fundo a igreja pequena: São Pedro da Aldeia. Lá embaixo, o lago cheio de reflexos metálicos. Moças e rapazes tomam banho, há um frêmito na tranquilidade que abrasa.

* * *

Quatro portas antigas espiam para o mar. É o que a cidade tem de mais bonito. Foram talvez majestosos edifícios, hoje são apenas ruínas. Um deles traz uma data: 1834. Assim, em plena claridade, lembram qualquer coisa grega. Tão simples, e no entanto, o grandioso se acha indelevelmente presente.

* * *

Para trás, esbarrancados no morro que sustenta a cidade, velhos edifícios cor de pedra. Assemelham-se a restos de fortalezas. Dentre as pedras, cactos gigantescos vão subindo, e no meio deles, aqui ou ali, uma flor vermelha.

* * *

O sal está presente em todas as manifestações de vida. Pede-se um copo d'água: água salgada. Olha-se a paisagem: montes de sal, alguns tão antigos que já assumiram uma cor amarelada, de ferrugem. Nas próprias nuvens, que passam trouxessem o bojo carregado baixas, são pesadas, como se de sal.

* * *

Churrasco junto ao bambual. Venta tanto, e de um modo tão grandioso, que não resisto: proponho ao dono do sítio tornar-me seu sócio na exploração do vento.

* * *

Junto ao bambual, a água é forte, cor de folha. Não atrai para um banho, apesar do calor, mas é extremamente decorativa. Porcos bebem à margem, e fazem um glu-glu cavo, sujando a água de barro.

* * *

Na volta, às escondidas, percorro um edifício totalmente forrado de belíssimos azulejos portugueses. Parece-me que é a atual sede do clube. Pelas suas quatro janelas abertas, entra todo o mar que existe lá fora. O mar, é o céu.

* * *

Como em toda cidade de interior, à tarde os jovens passeiam fazendo o *footing*. Jovens de todas idades, e em suas faces também, como um sinal de vida, adivinha-se a presença do sal e do mar.

* * *

Entre esses jovens, a mais bela de todas. Senta-se no chão, descalça, e posa para uma fotografia. Em torno dela as laranjas se amontoam. Ela sorri – e é como se resumisse toda a luz de São Pedro da Aldeia.

[*A Noite*, 27 nov. 1956.]

DIÁRIO NÃO ÍNTIMO

46

Lendo o último romance de Graham Green,[147] não posso furtar à impressão de já ter visto tudo aquilo e ter experimentado o mesmo diante de outros romances de sua autoria. É fácil saber por quê: certos escritores, por melhor que sejam, não conseguem fugir ao automatismo, criam uma máquina de fabricar determinado estilo, moem constantemente a mesma música já feita e que não custa mais nenhum esforço.

O ideal seria de vez em quando recomeçar tudo de novo, estrear outra vez. Mas renunciar ao cartaz é um grande ato de coragem.

* * *

João Condé continua perguntando aos que escrevem o que eles mais gostam, o que mais detestam. E, no entanto, é tão fácil saber: a emoção de quase todo grande autor gira entre a glória e a obscuridade.

* * *

Quando Pablo Neruda[148] diz que sua nova poesia está cheia de alcachofras, tomates, pão, vinho e outras coisas que se comem, sua lição é possivelmente tão importante quanto a de Cézanne[149] mandando a um jovem pintor reproduzir maçãs – bem pintadas, é claro.

* * *

Dizem-me que determinado autor, bastante medíocre, é "muito orgulhoso". Indago porque – o autor em questão é feio, pobre e sem nenhuma espécie de brilho pessoal. Respondem-me: "Desse orgulho que ofende a

---

[147][Henry] Graham Greene (1904–1991). Escritor e dramaturgo inglês e crítico literário e de cinema.

[148]Pablo Neruda, pseudônimo de Ricardo Eliécer Neftalí Reyes Basoalto (1904–1973). Poeta chileno, um dos mais importantes poetas da língua castelhana do século XX e cônsul do Chile na Espanha (1934–1938) e no México. Prêmio Nobel de Literatura de 1971.

[149]Paul Cézanne (1839–1906). Pintor pós-impressionista francês, cujo trabalho forneceu as bases da transição das concepções do fazer artístico do século XIX para a arte radicalmente inovadora do século XX. Cézanne pode ser considerado como a ponte entre o impressionismo do final do século XIX e o cubismo do início do século XX. A frase atribuída a Matisse e a Picasso, de que Cézanne *"é o pai de todos nós"*, deve ser levada em conta.

Deus." Sorrio: esse orgulho é diferente, é uma força fundamental, um movimento único que flameja em todo o ser. O resto é apenas como na anedota: muita tolice.

* * *

Uma vez na vida, Deus tenta aos homens que sempre viveram retirados, e cuja obra cresceu como uma flor da solidão: é quando lhes oferece uma possibilidade de sucesso. Mas a ilusão é passageira, serve apenas para fazê-los voltar mais longe, mais fundo.

Deus brincando com os meios do diabo.

* * *

Um vespertino abriu uma "enquete" para saber "qual o verso que o persegue". Nem sempre o verso que nos persegue é o mais bonito, ou o mais genial. Por exemplo, abrindo uma entrevistazinha por minha conta, ouço do primeiro que me responde: O verso que mais me persegue é "Ser mãe é padecer num paraíso".

* * *

Outro jornal, em seção a começar, anuncia que o público vive "ávido de saber os pequenos detalhes da vida íntima de seus autores prediletos". Inventemos, pois. Se não somos autores prediletos, pelo menos teremos esse prazer de expor detalhes íntimos – que ajuda ao colunista e nos dá ao mesmo tempo a consoladora impressão de que somos escritores da moda.

[*A Noite*, 28 nov. 1956.]

DIÁRIO NÃO ÍNTIMO

47

Em São Paulo, o crítico Sábato Magaldi proclama que Pedro Bloch e Paulo de Magalhães[150] são nocivos ao teatro brasileiro. Menos do que nomes, acredito que um determinado gênero é nocivo ao nosso bom gosto teatral. Mas isto não é questão de autores, e sim de público. Se alguém prefere marmelada, que adianta querer lhe impingir charlote russe?

* * *

Por exemplo, a famosa "Casa de chá do luar de agosto" está batendo todos os recordes de bilheteria. E no entanto, já Manuel Bandeira havia chamado a atenção para essas japonezices sem honestidade. Feitas unicamente com o fito de agradar ao gosto do público vulgar.

* * *

Ao que ouço, Sérgio Cardoso[151] prepara-se para representar em São Paulo o *Cyrano de Bergerac* de Rostand.[152] Muito bem, Sérgio é grande ator e o papel requer a fibra de um autêntico talento para ser posto de pé. Mas em que ouvidos doerão a afirmativa de que é uma peça cacete e fraca que nenhum escritor responsável terá coragem de citar sem as devidas cautelas.

* * *

É notório que toda atriz que se preza, chegada a determinado ponto de sua evolução artística, ambiciona representar *A dama das camélias,*[153] "clímax" da carreira de nomes hoje históricos do teatro. Mas quem terá

---

[150]Paulo de Magalhães (1900–1972). Jornalista e teatrólogo carioca.
[151]Sérgio [Fonseca de Mattos] Cardoso (1925–1972). Ator brasileiro.
[152]Edmond [Eugène Alexis] Rostand (1868–1918). Poeta e dramaturgo francês, cuja fama se deve, principalmente, à sua peça *Cyrano de Bergerac* (1897).
[153]O romance passional de Alexandre Dumas Filho (1824–1895), *A dama das camélias* (1848), é considerado um clássico da dramaturgia mundial. A história caiu nas graças da plateia, ora mais elitista, ora mais popular, desde a sua estreia na metade do século XIX. Muitas linguagens apropriaram-se do texto para representações. O romance original migrou para o teatro, para a ópera e para o cinema e, daí, uma sucessão de refilmagens.

coragem para negar que *A dama das camélias* é uma história absurda e de interesse literário mais do que secundário. De onde vem pois, esta ânsia de transportá-la aos palcos.

* * *

Repasso na memória grandes sucessos do momento: – *A rosa tatuada* de Tenesse Williams e *A morte do caixeiro-viajante* de Arthur Miller. Isto a que chamam de carpintaria teatral, sim, é possível encontrar nelas. Alguma coisa mais expressiva, não. Ambas, impressas, não chegam a interessar por mais de vinte minutos. E vinte minutos depois já estão completamente esquecidas.

* * *

Carpintaria teatral é a arte de manter sempre viva a atenção do público. E a atenção do chamado grande público só se mantém pela exibição do que literariamente é mais grosseiro e mais repugnante.

* * *

Ah, a voga dos grandes autores teatrais. Pirandello,[154] por exemplo, menos do que pelo seu teatro, hoje tão visivelmente marcado pela data, sobreviverá pela época em que foi criado. Os *Seis personagens* cheiram terrivelmente a 1925. É absorvida sua teoria da confusão das personalidades, que nos resta? A carpintaria, dirão. Mas as bibliotecas são vastos cemitérios de obras com imponente arquitetura teatral.

* * *

Eugene O'Neill,[155] que tantos entre nós ainda têm a ingenuidade de supor o suprassumo da qualidade teatral, é um autor que caminha assustadoramente para a obscuridade. Há uma ligeira volta criada pela sua última peça, que dizem de tom autobiográfico. Mas isto passara também, porque O'Neill é um autor de categoria subalterna. Sua carpintaria teatral é pesada e anacrônica.

* * *

---

[154]Luigi Pirandello (1867–1936). Dramaturgo, poeta e romancista italiano.
[155]Eugene [Gladstone] O'Neill (1888–1953). Dramaturgo anarquista e socialista estadunidense. Recebeu o Prêmio Nobel de Literatura de 1936 e o Prêmio Pulitzer por várias vezes.

DIÁRIOS

Resta perguntar: como situar o fenômeno? Naquilo que, antes de mim, tantos espíritos ilustres constataram –Nietszche, Bossuet, Pascal, teatral é como arte um gênero entre outros – que o gênero inferior, o que se destina à mais imediata e mais efêmera das coisas: a emoção das plateias.

Objetarão com Shakespeare. Está certo. Mas Shakespeare não é só um acontecimento do palco, como todo teatro que se preza – é um fenômeno poético.

[*A Noite*, 29 nov. 1956.]

DIÁRIO NÃO ÍNTIMO
48

Em certos dias do mês, muitas pessoas que eu conheço são atacadas pela "doença do antiquário". Caracteriza-se ela por uma súbita e irrefreável necessidade de ver e tocar coisas antigas: prata, madeira ou jaspe.

Conheço de longe esses angustiados: suas mãos tremem, seus olhos brilham,. Em tudo e por tudo apresentam aspecto idêntico ao de assaltantes à mão armada.

* * *

X. telefonou-me, e sua voz é ultrassintomática:
– Descobri um antiquário maravilhoso.
Silêncio da minha parte.
– Você não vem?
– Não posso, o dinheiro anda curto.
– Não é preciso dinheiro, brada do outro lado a voz impaciente. O homem facilita tudo...
É inútil resistir: estamos no dia propício às compras disparatadas.

* * *

O antiquário recém-descoberto é na Tijuca, num beco escuso, e a casa ainda não tem figuração nenhuma de casa comercial. O homem que nos recebe, um judeu avermelhado e moço, mostra tudo com um largo gesto:
– Peças autênticas, meus senhores – exclama.
Em meu amigo, entre gritos abafados, vai desde logo experimentando o peso de uma fruteira opalina.

* * *

A um canto, soturno como um profeta que medita sua pregação, um santo nos olha – um legítimo santo português, de botas e olhos de vidro.
– Ah, precipita-se o imprudente. Esta maravilha, quanto custa?
O judeu avalia o calor do entusiasmo, e antes de responder, espera que o mesmo suba alguns graus. Depois:
– Vinte mil cruzeiros.

DIÁRIOS

– Vinte mil cruzeiros? – e o santo treme nas mãos do meu amigo.

Sente-se, sabe-se que ele não possui esta soma. Delicadamente, com um suspiro, repõe a imagem no lugar.

– É caro, é caro demais. Mas a verdade é que é uma peça de museu.

O judeu encolhe os ombros, tranquilo, seguro: tem certeza de que mais tarde, de qualquer modo, o louco virá buscar o santo

Aqui estão três vasos romanos, em opalina cor-de-rosa, com asas douradas a fogo – uma maravilha, segundo meu amigo, cuja febre vai crescendo rapidamente, Muito bem, as jarras custam dez mil cruzeiros. Ele acha que são baratas – e manda separá-las. Um prato antigo, um lampião de pé elegante, duas maçanetas com flores de prata, um copo de chifre, lavrado a ouro.

Ah, é preciso não perder o santo. Tudo isto, somado, sobe à bagatela de noventa contos. Mas o judeu a esta altura, já se amaciou: que não, deixa tudo por oitenta mesmo.

O amigo assina o cheque – economias de quase um ano.

* * *

Em casa, esfalfado, ele tomba num sofá, estudando o local onde colocar as peças. E indaga, num transporte, cego:

– Que tal ali? Ou ali, junto à janela?

E quando o telefone toca – um outro amigo, também atacado pela doença dos antiquários. Ouço, do lugar onde estou, um esbravejar confuso, pragas, exclamações. Ele ressurge afinal, pálido, desfeito.

– Que foi? – indago.

E ele:

– Um horror. Meu amigo X. que conhece todos os antiquários do Rio, avisa-me de que caí num logro: tudo que aquele judeu vende, é falso, falsíssimo, coisa fabricada aí mesmo na rua da Alfândega.

E olha com ódio as coisas que minutos antes valiam uma fortuna inestimável.

[*A Noite*, 30 nov. 1956.]

DIÁRIO NÃO ÍNTIMO

49

Eu ainda não havia publicado coisa alguma quando encontrei Santa Rosa pela primeira vez. Foi ele quem veio me procurar, mal chegado da Paraíba, com uma cara larga e limpa, que me assustou um pouco. Com ele vinha outro, não me lembro mais quem, creio que Simeão Leal. Eu trabalhava então na A Equitativa,[156] e Santa Rosa vinha me propor um empreendimento que me fascinava: fundar uma revista.

Era o ano de 1933.

* * *

A revista teve um número apenas com o título de *Sua Revista*. Mas apenas um número porque o gerente desapareceu com o dinheiro da mesma. Mas com Santa Rosa, vinha todo um grupo desconhecido para mim. Valdemar Cavalcanti,[157] Aloísio Branco, Carlos Paurílio.[158] Foi aí que ouvi falar em Graciliano Ramos pela primeira vez: Santa Rosa desenhava a capa de *Caetés*. Com a revista, outro nome surgia, assinando sonetos perfeitamente acadêmicos: Guilherme Figueiredo.[159]

O resto eram traduções: Dostoievski, Ibsen, Pirandello. Creio que mesmo sem a catástrofe do gerente a revista não iria muito longe.

* * *

Daí em diante, firmou-se muito a minha amizade com Santa Rosa. Saíamos juntos quase que diariamente, percorríamos as livrarias, devorávamos tudo o que se referia a teatro.

A primeira peça brasileira encenada pelo "Os Comediantes" foi de minha autoria,[160] e devo isto aos esforços de Santa Rosa. Depois um sério atrito com Ziembinski, que também dava no Brasil seus primeiros passos, este

---

[156]Lúcio entrou na Companhia Equitativa de Seguros em 1930, trabalhando com Augusto Frederico Schmidt.

[157]Valdemar Cavalcanti (1912–1982). Jornalista e crítico literário brasileiro.

[158]Carlos Malheiros da Silva, mais conhecido como Carlos Paurílio (1904–1941). Escritor e jornalista brasileiro.

[159]Guilherme de Oliveira Figueiredo (1915–1997). Escritor e dramaturgo brasileiro, irmão do último presidente militar João Baptista de Oliveira Figueiredo (1919–1999).

[160]Trata-se da peça *O escravo*.

DIÁRIOS

abandonou o original que tanto o entusiasmara, e voltou-se completamente para o *Vestido de noiva*.

Vendo-me sozinho, e a braços com um diretor que não compreendia muito bem o texto, Santa Rosa dedicou-se completamente à minha causa. No dia do ensaio geral, quando o pano subiu sobre o cenário, não pude deixar de exclamar:

– Parece uma cena preparada para um acontecimento de Ibsen.

Na verdade, o ambiente conseguido era magnífico.

* * *

Certa manhã [...], na minha casa em Ipanema, surgiu Santa Rosa sobraçando alguns discos. Estávamos possuídos de uma fúria musical. Stravinsky, Debussy, Wagner, tudo servia. Numa destas vezes, lembro-me nitidamente que Simeão Leal o acompanhava. E outro moço: Aderbal Jurema.

* * *

Creio que foi nessa mesma tarde que ele me convidou para ir à casa de um mineiro, sujeito simpático e inteligente. Fui. Fiquei conhecendo Rosário Fusco, que desde então se tornou meu amigo. Mas o conhecimento que aí fiz e que mais me impressionou foi o de Mário de Andrade. Parecia dedicar a Fusco um paternal afeto.

* * *

Outras [...] teatrais [...] com Santa Rosa, [...]. Minha [...] peça [...], Angélica, não o foi por Santa Rosa e creio que foi este um dos motivos do seu [...] constantemente sobre [...]. [...] várias vezes, no seu [...]. Mas não posso [...].

* * *

É difícil rememorar tudo o que andei metido com Santa Rosa porque Santa Rosa andou metido em tudo o que nestes últimos vinte anos se fez neste país. Lendo agora os artigos a seu respeito, não o reconheço. Aníbal Machado tem razão, é difícil imaginá-lo morto.

Mas se o consigo fazer, não acho mal que o faça neste cenário de Nova Délhi. Conserva qualquer coisa de poético e de fabuloso, que calha muito bem com o temperamento deste artista culto e suntuoso, autor de um livro de poesia para jamais inédito: *Rosa dos ventos*.[161]

[*A Noite*, 4 dez. 1956.]

---

[161]O livro permanece inédito.

DIÁRIO NÃO ÍNTIMO

50

Entrevistas passam, ficam observações à margem. Recostado, José Lins do Rego fala, e olhando-o sinto que ele não envelheceu propriamente, apenas murchou em certos pontos. Os olhos, sempre vivos, sobrenadam uma matéria já demudando em tons poentes, e que é como uma pátina peculiar à coisa humana.

Melancolia e saciedade são irmãs gêmeas que se misturam ao seu cansaço.

* * *

O canavial defronte é minguado e triste, mas basta ao fotógrafo para reconstruir a cabeça do autor no seu mundo original.

* * *

Literatura, decerto, que é a única realidade. Os nomes desfilam como terrenos palmilhados vezes e vezes. Goethe, Verlaine, Claudel. Uns passaram, e são como porões vazios que um dia enfeitamos com móveis que não existem mais.

* * *

Procure descobrir onde o romancista imprimiu, na casa que habita, seu toque pessoal, seu sinal de magia e de desordem. Tudo é branco e sem ânsias. O que o recorda, mais do que os próprios livros, são os quadros de amigos. Há neles recados que nunca acabaram de ser ditos.

* * *

Sim, a glória. Mas punge um pouco vê-la chegando se violência e sem patético. Não imaginemos mortes, nem procissões tatuadas de bronze. A cena é de janelas abertas – e as ruas soam vozes de crianças.

* * *

Que terá mudado, que terá anoitecido que nossas palavras não conseguem mais iluminar? Falamos, mas é como se passeássemos em vão num jardim onde todas as flores se vestissem de preto.

DIÁRIOS 671

Sinto, sem saber por que, que na minha testa escorre uma mancha de sangue.

* * *

José Lins do Rego ainda inventa os gestos de comunicação – um retrato da Duse,[162] a máscara de Beethoven. Quem somos nós, que assim erramos através do cotidiano estilhaçado?
Insistente, uma rosa de ouro fulgura.

* * *

O gênio é um navio antigo que espera a noite para partir. Tombadilhos de chuva, a viagem na tem partida e nem chegada. Porque não há viagem: sendo, o navio apodreceu.

* * *

Criar atmosfera, diz ele, é uma identidade entre mim e Cornélio Penna. Ai, não me sinto, jamais me senti à altura do conceito. Não tenho do autor de *A menina morta* esse ódio ao cotidiano, a ponto de argamassá-lo à face do dever. Essa é a ferocidade dos santos, e o que me dilacera dia e noite, sem descanso, é um temor e um desejo do interno – qualquer que seja.

* * *

Chegar, é um silêncio de cera. O que fica para trás, na bela casa ensolarada, é certeza. Levo a certeza de que fiquei. Em torno a mim, tudo avançou. Esquecido do tempo, estou sempre amanhecendo.
Mas sou o meu silêncio.

[*A Noite*, 7 dez. 1956.]

---

[162]Eleonora Duse (1858–1924). Atriz italiana, uma das maiores de todos os tempos. Apresentou-se no Brasil entre 15 de junho e 16 de setembro de 1885, no Imperial Teatro São Pedro de Alcantara. Retornou em 1907, ocupando o Teatro Lírico do Rio de Janeiro e o Teatro Santana de São Paulo entre 19 de junho e 16 de julho. Lúcio menciona, ainda que de forma cifrada, o episódio ocorrido com a atriz em sua apresentação de 4 de dezembro de 1899, em Viena, quando, depois de descer o pano no último ato da peça *Claude's wife*, de Alexandre Dumas Filho, que ela encenava, o público não parou de ovacionar e de chamar por Duse. Então, as cortinas sobem, ela volta ao palco, e do alto dele, uma chuva de flores cai sobre a atriz. Comovida pela inusual homenagem, ela fica sem palavras e apenas agradece sorrindo para a plateia. A ovação continua. As flores caindo sobre ela... Rápida e improvisadamente Duse se curva, colhe uma braçada delas e as coloca, delicadamente, sobre um busto de Beethoven que estava num dos cantos escuros do palco, terminando sua *performance* inspiradamente com este ato de humildade, dividindo suas honras com o mais admirável gênio da nação que a aclamava. Depois do seu ato, os aplausos continuaram e por mais vinte vezes a cortina subiu e baixou. Sua homenagem a Beethoven inspirou um poeta vienense a escrever um forte e comovente poema, publicado no dia seguinte no *Wiener Abenpost*.

DIÁRIO NÃO ÍNTIMO

51

O coquetel é num dos últimos andares de um edifício muito alto, e se bem que nenhuma de suas janelas esteja aberta, pressente-se pelo vidro turbado que o mar anda por perto. É possível que não se veja dele uma só fímbria, mas há sempre uma presença de azul que se choca contra a vidraça como um grande pássaro obstinado.

* * *

No borborinho das conversas percebe-se a voz de muitas celebridades – nascentes e desfalecentes. Gloriazinhas da arte nacional, sem grandes papéis, sem oportunidades no cinema, sem palcos, mas audaciosas, onipotentes como a de uma *star* da Broadway.

* * *

Há também, e por que não, autores conhecidos e críticos ilustres. Os primeiros mais conhecidos de que autores, os segundos, pouco ilustres mas muito críticos.

* * *

Autores e críticos arrastam o peso de uma glória universalmente reconhecida – mas tão sensível que se arrepela à menor brisa, potente e cheia de zelo.

* * *

Geraldo Gamboa,[163] que exerce com simpatia a função de introdutor social, senta-se a meu lado, e inesperadamente para mim, relembra velhos tempos, amizades que me esqueceram, mas que por mim não foram esquecidas.
Ah, aquele tempo...

* * *

---

[163]Geraldo Gamboa, Ator de chanchada brasileiro.

Havia uma varanda pequena e duas encantadoras figuras femininas que conversavam comigo. Que conversavam livremente e com o maior encanto. Havíamos descoberto o *peppermint*, e o bebíamos pela noite a dentro, em copos brancos, com gelo picado e folhinhas de hortelã.

* * *

Às vezes, incidentemente, falávamos sobre o Egito. Mas o Egito estava longe e não era simpático. Também não fazia falta. Se bem que o pitoresco fosse fornecido exatamente pelo que estivesse ausente, a poesia era grande, e à noite escorria discreta e mansa.

* * *

Depois as vozes se calaram, sem que eu soubesse por quê. Fiquei, aos poucos, apenas com esse sentimento de uma coisa boa que passou, e que resta no fundo do coração, misturada a algumas gotas verdes de licor.

* * *

Bons tempos, Gamboa, e obrigado pela memória.

[*A Noite*, 8 dez. 1956.]

DIÁRIO NÃO ÍNTIMO

52

Como no oceano, ao bar aportam, entre o óleo e o sal todos os detritos. Aquilo de que eu mais gosto é esta luz de cais: nunca é dia. É o que se lê nos olhos dos outros.

* * *

Imaginei uma carta: meu amor. Depois, pensei que era tarde demais. Mas ter errado, não foi por ter sempre imaginado essas coisas?

O apetite pressupõe uma vontade que, ai de mim, não existiu nem agora e nem nunca.

O entendimento me aniquila.

* * *

Não poderei dizer que passei a vida em branca nuvem. Tudo me veio às mãos. Mas com que impaciência destruí tudo. O inventado me pareceu muito melhor.

* * *

Não há vivido, há esgotado. Não vivi, esgotei-me. Nascido doente, sou um convalescente de mim mesmo. Que Deus não me permita a cura.

* * *

Às vezes imagino que sou um suicida em potencial. Às vezes, não. O que eu vi, dos desesperados, é material tão simples: papel branco como este, e não uísque, mas cerveja. Deus, não sou suficientemente humilde para me destruir.

* * *

"Adeus, Júlia. Este é o meu último gesto de caridade. Ao me afastar dos vivos, quero sentir que ainda posso sentir um gesto comum aos outros homens. Não acredito que tenha me matado: tornei-me eu mesmo".

* * *

DIÁRIOS

O gim é irremediavelmente preto. O uísque é cor de vento claro. Mas o vinho tem cor de terra, e dos caminhos da terra, que são inumeráveis.

* * *

Deus me salve do ruído. É o bar, quando começa.

* * *

E no fim, por que não dizer – Deus te salve? Este é um diário de amor. Com o fugir das horas, regrido ao estado de ternura
É o instante de inventar a austeridade.

[*A Noite*, 11 dez. 1956.]

DIÁRIO NÃO ÍNTIMO

53

Uma rua comprida, onde pouca gente passava cheirando estranhamente a magnólia quando chovia. Aquela casa, no centro de um terreno baldio, pintada de amarelo antigo, com janelas azuis. Nunca me diziam quem lá morava. Apenas, apontavam-na como se tivesse algo extraordinário:
– É a casa do alfaiate.

* * *

Imaginava-o muitas vezes, alto, pálido, os dedos afilados no *métier* perfeito. E de tanto imaginá-lo, muitas vezes me detive à grade da velha casa, espiando, para ver se descobria sinal de vida.

* * *

Nada, mas em certa época, na extensão maltratada do jardim, as mangueiras pejavam-se de frutas. Uma nova vida errava, abelhas zumbiam e, não sei por que, tinha a impressão de que alguém olhava lá de dentro.

* * *

Lembro-me ainda da surpresa com que em certa manhã, descobri alguém transitando na alameda. Era uma senhora, não muito idosa, apoiada a uma bengala de homem. Caminhava devagar, parava diante de uma ou outra flor, tocava-a com os dedos.
Fiquei olhando-a, pareceu-me tão bonita.

* * *

Vendo-me, ela fez um sinal de longe, não soube se era um adeus ou um apelo. Ergui a mão também e respondi desajeitadamente. Ela sorriu ainda, concertando os cabelos que já branqueavam. Depois, desapareceu dentro de casa.

* * *

– É a viúva do alfaiate, disse-me alguém, quando falei da aparição.
– Então o alfaiate já morreu? – indaguei.

DIÁRIOS

– Já, há muitos anos. Morreu na epidemia de gripe.
– E como foi?
– Oh, história antiga.
Essas reticências só faziam crescer mais a minha curiosidade.

* * *

Um dia disse a mim mesmo: se a vir de novo, entro no jardim. Esperei, esperei manhãs em vão, sob a neblina, a chuva e o sol. Não apareceu mais. Até que o jardim todo recendeu e nos canteiros maltratados as rosas acordaram com inesperado furor.

* * *

De longe, vi o portão abeto, e duas ou três pessoas que subiam pela alameda. Meu coração bateu forte: estaria lá a viúva do alfaiate? Corri à grade e acompanhei com os olhos os homens que entravam.

* * *

Soube mais tarde que ela havia morrido. A casa ia ser vendida, apregoada em leilão. Não vi o enterro, que eram horas da minha aula. Mas assim que a sineta tocou, saí correndo a fim de ver se ainda podia me despedir daquela que só vira uma única vez, de longe, e com quem trocara um fugitivo sinal.

* * *

Muitas vezes mais me detive ante a grade: as rosas se despetalavam, havia uma tristeza maior e a casa vazia, que sempre fora vazia, agora o parecia ainda mais. Dela, desertara um espírito benfazejo que era o da própria poesia infantil.

[*A Noite*, 12 dez. 1956.]

DIÁRIO NÃO ÍNTIMO
54

Não se sabe ao certo o que é o sonho, se bem que muita gente tenha tentado defini-lo. Explicação erudita, ou pura demonstração de poesia, a verdade é que ele escapa a todas as definições.

E convenhamos, sua qualidade específica é exatamente a de ser indefinível.

* * *

O sonho, diria um místico, é a tentativa de Deus para corrigir a imagem do mundo, impondo-a transitoriamente aos nossos sentidos. Sim, está certo, mas muitas vezes esta imagem é a de um mundo que bem pode ser o de Deus, mas é sinistro e até mesmo da cabeça para baixo.

* * *

Já o louco ousaria pensar: o sonho é a verdade expulsa pelos homens. É a ordem, impondo sua lei nesse instante máximo de desordem, que é o sono.

* * *

O poeta diria simplesmente – o sonho é a ordem.

* * *

Tenho para mim que muita coisa que aparece nos sonhos, é apenas memória que se perdeu. Aquele animal, por exemplo, que através do sonho veio latir aos meus pés, é apenas um cachorro antigo, cuja lembrança já se apagou.

Coisas, seres, situações de que não nos lembramos mais, o sonho é um quintal cheio de detritos que nos povoam, irremovíveis, e cuja utilidade já não nos ocorre.

* * *

DIÁRIOS

Holderlin, Novalis, Nerval – mais do que poetas do sonho, vítimas do sonho.

É verdade que os fundamentos do movimento romântico estão cravados no sonho – mais um sonho de desespero e de morte.

* * *

De um poeta moço, que conheci outrora, e que hoje provavelmente já não faz mais versos, é este grito que sempre ressoou dentro de mim:
– "Eu dei ao sonho o que de melhor havia em minha vida..."

* * *

Jacobsen,[164] que Rilke tanto prezava, intitulou seu livro máximo de *Entre a vida e o sonho*.
Entre a vida e o sonho é o romance de todo mundo.

* * *

Sonhos premonitórios, sonhos reveladores, sonhos simbólicos – os sonhos sempre mantiveram, ao contrário do que se diz, suas raízes dentro da realidade.

Realidade fragmentada, mas ainda assim realidade. Porque, como Clarice Lispector me disse um dia, não há sonhos engraçados. A catástrofe é a atmosfera peculiar aos sonhos, mesmo os mais inocentes.

* * *

O sonho... É o que Fanny Brawne[165] jamais pode perdoar a Keats, é o que une ao mesmo tempo essas três vidas marcadas – Schumann, Clara e Brahms. Que une e separa, em suas ilhas de sombra e de segredo.

* * *

---

[164]Jens Peter Jacobsen (1847–1885). Escritor dinamarquês. A primeira edição de *Niels Lyhne* é de 1880, no Brasil foi publicado, em 1945, com o título *Entre a vida e o sonho*.
[165]Frances Brawne Lindon, mais conhecida como Fanny Brawne (1800–1865), inglesa que viveu no século XIX, conhecida por causa do seu romance com o poeta romântico John Keats, um fato desconhecido até 1878, ano em que as cartas que Keats lhe tinha enviado foram publicadas. O seu noivado com o poeta, que durou desde dezembro de 1818 até à morte dele em fevereiro de 1821, aconteceu durante o período mais produtivo em termos poéticos de Keats.

680 LÚCIO CARDOSO

Flor da noite, como o chamou Novalis,[166] ópio lactescente de Brentano,[167] de Ludwig Tiek,[168] de La Motte Fouqué[169] aquele lugar que fazia Baudelaire exclamar – e de Melville[170] – na verdade única porta aberta para que aquele lugar que fazia Baudelaire exclamar – a fuga, para qualquer parte, contanto que seja fora deste mundo.

[*A Noite*, 18 dez. 1956.]

---

[166]Novalis, pseudônimo de Georg Philipp Friedrich von Hardenberg (1772–1801), *Freiherr* (barão) von Hardenberg, foi um dos mais importantes representantes do primeiro romantismo alemão de finais do século XVIII e o criador da *flor azul*, um dos símbolos mais duráveis do movimento romântico.

[167]Franz [Clemens] Brentano, (1838-1917). Ex-sacerdote católico e filósofo alemão, geralmente considerado o fundador do intencionalismo, que se ocupa dos processos mentais mais que com o conteúdo da mente, e da psicologia que hoje é chamada psicologia existencial.

[168]Ludwig Tieck (1773–1853). Escritor, crítico, tradutor e editor alemão, fez parte do movimento romântico do final do século XVIII e início do XIX.

[169]Friedrich Heinrich Karl de La Motte, Baron Fouqué (1777–1843). Escritor romântico alemão.

[170]Herman Melville (1819–1891). Escritor e ensaísta estadunidense.

DIÁRIO NÃO ÍNTIMO

55

Fim de ano é época de balanço, e como esta seção não é especializada, não tentarei propriamente levar a efeito um balanço, mas apenas rememorar alguns livros que me parecem marcantes neste ano que já vai expirando.

* * *

Antes de mais nada, e para não adormecer o entusiasmo de uma leitura recente, quero assinalar, desde logo o romance de Fernando Sabino, *O encontro marcado*. Trata-se de um livro admirável; se a princípio hesitamos um pouco na evolução dessa parte tão difícil para quase todos os escritores que é a infância – a infância é domínio da poesia – ainda assim navegamos sem sobressalto através da narrativa, para atingirmos finalmente sua parte mais densa, aquela em que o herói caminha sozinho, e em que o autor atinge momentos excepcionais (lembro ao acaso: a descoberta de Maria Lúcia) para nos dar um diagrama completo e perturbador de sua grande aventura. Aventura interior, podemos dizer desde logo, porque *O encontro marcado* é a violenta história de uma náusea. E não tenhamos dúvida de quem nos traçou páginas tão seguras e eloquentes, mais do que nunca se acha comprometido conosco, não sendo mais possível duvidar de seu talento. Aguardemos, que o Brasil tem grande romancista à vista.

* * *

Os livros de Gilberto Amado, decerto. Traçam eles, com perícia e sutileza, o retrato de um homem cujo verdadeiro perfil só agora começa a se revelar inteiramente. Podado de todas as exuberâncias e de todos os defeitos oriundos de fatos e circunstâncias, tão próprios à mecânica da vida, o que nos surge é realmente um escritor poderoso e firme, que sabe o que quer, de onde veio e para onde vai. O que quer dizer que é coisa que muito pouca gente sabe.

* * *

De passagem, porque é assunto a que pretendo voltar em minhas próximas anotações, quero assinalar o reaparecimento de Guimarães Rosa, que não considero apenas um acontecimento do ano, mas um acontecimento capital da literatura brasileira. De súbito, e como um astro de primeira grandeza, surge ele com um romance que o coloca lado a lado com as figuras mais indiscutíveis de nosso movimento literário, um Manuel Bandeira, um Carlos Drummond de Andrade, um Octávio de Faria, um Cornélio Penna, um Gilberto Freyre. Um dos raros a que a discussão nada diminui, mas ao contrário, só aumenta e torna mais denso o fenômeno extraordinário de sua presença.

* * *

Montanha, de Cyro dos Anjos,[171] um dos sucessos de livraria do ano, e que nos traz de volta o escritor seguro de si, inteligente e de bom gosto que já nos dera aquela pequena obra-prima, que são suas evocações de infância.

* * *

Outros livros, é certo, e que ainda não tive tempo para folhear totalmente – as histórias infantis de Clemente Luz,[172] por exemplo, tão banhadas dessa ternura e desse encanto de quem jamais se afastou completamente das claras zonas da infância; o romance de Mário Palmério,[173] que desde as primeiras páginas já nos leva às veredas genialmente palmilhadas por Guimarães Rosa; as reedições de Bandeira, de Drummond, inúmeros outros enfim, a que voltarei mais detalhadamente, e que em 56, tão feliz para a nossa literatura, merecem sem dúvida um lugar de destaque e de apreço.

[*A Noite*, 20 dez. 1956.]

---

[171]Cyro [Versiani dos] Anjos (1906–1994). Jornalista, professor, advogado, cronista, romancista, ensaísta e memorialista brasileiro. *Montanha* é de 1956.

[172]Clemente [Ribeiro da] Luz (1920–1999). Poeta, cronista e jornalista brasileiro.

[173]Mário [de Ascenção] Palmério (1916–1996). Romancista, educador e político brasileiro, membro da Academia Brasileira de Letras.

DIÁRIO NÃO ÍNTIMO

56

Prometi, ontem, falar sobre minhas impressões de *Grande sertão: veredas*, o romance de Guimarães Rosa, que me parece marcar de modo espetacular não só o ano de 56, mas a própria literatura brasileira.

* * *

Difícil dizer alguma coisa pela qual se tem uma paixão tão grande. *Grande sertão* é a minha neblina. Desse romance portentoso, realizado de ponta a ponta com a maestria e grandiosidade de um grande poeta, pode-se dizer tudo, menos que não seja uma obra perturbadora e profunda.

* * *

Grande sertão: veredas é um enigma. Imagino tudo o que gosto, e tudo o que gostei até agora em nossa literatura. Nada me agrada mais do que o ˙ livro de Guimarães Rosa. Seu impulso, seu movimento coordenado e profundo, tão absoluto, tão sedutor, tão cheio de "charme" como não existe nenhum outro livro brasileiro...

* * *

Seus grandes enigmas, são enigmas de obra de arte. Não há tradução para eles. Crescem, existem, explodem, e são acontecimentos verdadeiros e definitivos, numa linguagem única e isolada como uma ilha de poesia e de segredo em nossa literatura.

Seus enigmas não são enigmas: são circunstâncias excepcionais de criação. Saudemos seu autor como figura ímpar em nossa literatura – grande poeta, grande rapsodo, grande romancista, grande homem a quem de há muito desejávamos como mediador de águas para sempre separadas.

* * *

Rapsodo, disse, e todo o romance é uma portentosa rapsódia. Pela primeira vez, e integralmente, com consciência e desafio, temos um poema total, onde a raça – para glória nossa, a das Gerais – pela primeira vez adquire voz.

Grande, imortal poema – que seu mistério ainda que muito estudado, subsiste, pois é mistério do tempo, e cuja resolução, nem a Deus nem a nós pertence.

* * *

Poderia relembrar páginas que me calam – os catrumanos, o julgamento de Zé Bebelo, a madrugada no poço com Diadorim – estarei lembrando certo? É uma pálida ideia de tudo quanto este grande livro me causou.

* * *

Sua linguagem, terror dos professores. Coisa assim, só vazada nessa linguagem. Uma força toda, um esplendor acontecendo.

Não haveria nenhuma possibilidade deste livro, se não fosse o modo com que é feito. Sua alma está entranhada às suas palavras, e que importa que sejam fabricadas – maior glória para quem teve capacidade de inventá-la.

* * *

Não acredito que seja um livro regional. É um grande, o primeiro livro totalmente brasileiro. Suas raízes se fundam na paixão e na morte. Deus haja, que tenhamos sempre à nossa altura poemas de tanta grandeza.

* * *

E louvemos, que este é um homem das Gerais.

[*A Noite*, 21 dez. 1956.]

DIÁRIO NÃO ÍNTIMO

57

Pompeu, moço e magro, quer saber como vai o meu teatro. Digo que não sei. E ao mesmo tempo vou pensando que o re- [(?)] [Ro]berto Brandão. As luzes da política não do Roberto Brandão. As luzes da política não são tão sedutoras quanto a das gambiarras.

* * *

Natal em casa, como deve ser, com muita chuva lá fora e pouca cá dentro. A vela amarela vai queimando devagar, enquanto na rua o vento desfolha as folhas das amendoeiras.

* * *

Quando: não sei. A pequena cama de grades, um cheiro bom de maçã. Outra noite de Natal. O medo é que de manhã fosse diferente: nunca foi.

A um canto, com sua estrela de prata, reluzia o pequeno presépio mineiro.

* * *

Aprende-se coisas difíceis, "boas festas", "*réveillon*". Ri-se mais, bebe-se mais. Apenas, já não existe aquela ingenuidade tão calada, que nos fazia escutar a noite como se de fato alguém estivesse caminhando lá fora.

* * *

Natal, sim. As festas iam embora e a gente sentia um apertozinho no coração. Mas tudo voltava aos seus lugares quando se imaginava que o Carnaval já andava perto. Até que misturaram tudo, e de tanta confusão já não se tem mais aquele apertozinho saudoso, mas um sentimento de fastio, como se fossem festas demais para nossas pobres forças humanas.

* * *

Amelinha[174] me traz um cartão bonito: o martírio de São Cosme e de São Damião. As cabeças caem aureoladas.

Obrigado, Amelinha.

* * *

Nessa época de balanço, muita gente anda dizendo o que quer. Este, precisamente, afirma que não lhe importa nem o ouro e nem o poder.

Mas durante os trezentos e sessenta e cinco dias de todos os anos não andou atrás de outra coisa.

José Lins do Rego escuta minhas queixas contra o jornalismo. Mas volto a mim:

– Ainda é bom quando se lembra que um Machado também...

Ele atalha vivamente:

– E no *Jornal das Moças*[175] da época, meu caro, no *Jornal das Moças*!

* * *

Guardei para o final esta pequena estrelinha. Caiu de uma árvore que durou acesa a noite inteira, e lá ficou, sem mistério, luzindo na doce claridade da manhã.

Guardei-a para isto – é sua.

[*A Noite*, 28 dez. 1956.]

---

[174]Amélia Bauerfeldt, artista plástica brasileira.

[175]*Jornal das Moças* foi um periódico publicado na cidade do Rio de Janeiro e distribuído nas capitais de todo o país, e nas principais cidades do interior, entre os anos de 1914 e 1965. Circulava às quartas-feiras. O seu conteúdo era inspirado nos magazines ilustrados ou revistas de variedades do século XIX, abordando assuntos, à época, de interesse da esfera feminina.

DIÁRIO NÃO ÍNTIMO

58

Não é sem emoção que piso Paquetá, desde que ali aportei, já lá se vão muitos anos, quando a ilha, inédita, sorri ao meu primeiro deslumbramento de menino.

Se mudou daí para cá, não sei: tenho certeza de que pelo menos eu mudei muito. Mas nunca desço da barca sem o vago sentimento de que me vão acontecer coisas extraordinárias

E acontecem.

* * *

O mar, que bate junto às pedras, é sempre novo. Esta lancha sem serventia, cognominada "Mercia", que descansa à sombra de um *flamboyant* – pintura que ninguém pintou.

* * *

A casa de Vivaldo Coaracy,[176] onde fui uma vez, e que a meu ver é a mais bela da ilha. Imagino que lá dentro está o homem que escreveu este livro encantador, as *Memórias da cidade do Rio de Janeiro*. Casa, como o livro, sem idade.

* * *

Uma autêntica novidade: os balcões de lembranças. Meu Deus, como são feios os objetos destinados a fazer perdurar uma imagem tão bonita quanto a da ilha. Vendessem um pedaço de céu azul, uma flor de *flamboyant*, um pouco de areia da praia da Moreninha.

* * *

Ah, os casais, imaginemo-los líricos, como são todos os casais do mundo, e como comparecem no colorido destes cartões-postais.

---

[176]Vivaldo Coaracy (1882–1967). Engenheiro, jornalista e escritor brasileiro.

688 LÚCIO CARDOSO

Mas não há dúvida, os casais também mudaram. Sentados na areia, esquecidos de si mesmos e dos outros, não trocam beijos, mas devoram curiosamente pastéis e sanduíches.

Solidão e fome.

* * *

Mas se o amor não está presente, o álcool está. Paquetá, em certos dias, é um vasto reduto de bêbados. Há os que passeiam em bandos, os que vomitam junto aos postes, os que dirigem "chorinhos", os que dançam sozinhos, os que passeiam de charretes, de roupa de banho e chapéu à cabeça.

Não, positivamente não há gente mais feia no mundo do que aquela que se diverte aos domingos. Indago ansiosamente de meus sentimentos humanitários, mas a única coisa que sinto é uma grande, uma enorme repulsa. Esta gente nem sequer sabe se divertir.

É preciso inventar domingos mais alegres.

* * *

A casa de Pedro Bruno[177] com um papel pendurado: aluga-se. Outras residências, bonitas e clássicas, com o mesmo papel que o vento bate: aluga-se.

A ilha vai se tornando deserta, ou melhor, cheia de gente que não é mais da ilha.

* * *

Grandes, bonitas coisas: os robalos que acabam de chegar, e que escorrem ainda, sobre caixotes, uma água fria do fundo do mar.

* * *

Anoitece. E anoitecendo, Paquetá é bonita de qualquer modo. Há estrelas nascendo na barra distante, e o vento que sopra trás esse bom cheiro de velhas quintas, onde à salmoura característica, mistura-se o cheiro familiar de murta e da hortelã, e qualquer coisa agreste, fechada, que dá à ilha poente não sei que vago tom de mistério primitivo e vegetal.

[*A Noite*, 4 jan. 1957.]

---

[177]Pedro [Paulo] Bruno (1888–1949). Pintor, cantor, poeta e paisagista brasileiro.

DIÁRIO NÃO ÍNTIMO

59

Júlia de anil, tua cor é grande acontecimento. Onde vi raiar essa alegria, e comprovei a doce luz do teu olhar, ao regressar da antiga fazenda? Sonhos meus, Júlia, se eu fosse poeta traria às tuas mãos um soneto, como uma rosa, mas que fosse azul, tão azul quanto teus olhos, não meus, Júlia.

* * *

Latem, os cães, e há uma súbita solidão na rua conhecida[.] [N]o som que o vento traz, inaugura-se a noite, veloz, em pleno dia.

* * *

Envelhecer amizades. No encontro recente, criar hiatos, mal-entendidos, adeuses prematuros, possibilidades de uma derrota total.
Amanhecer aos poucos, como quem adivinha.

* * *

Antologia das sensações. Por exemplo, a ascendência do amarelo, um dourado que abdicasse sua aristocracia.

* * *

História de fantasmas: a valsa fúnebre dançada pela moça de rosto encoberto.
– Quem é você?
A pressão da mão, os dedos frios:
– Depois.
A revelação no jardim, entre girassóis: no alto, uma lua enorme.

* * *

Não virá ninguém, porque nunca vem ninguém. Somos nós que inventamos as chegadas. Importa? Somos festas acontecendo.

* * *

Os jogos que invento, para não me saber sozinho. Mas a verdade empurra. Há anos que carrego este edifício nas costas. Confesso: nunca vi o mar.

* * *

Sucedam-se esmeraldas: eu fico com este só ficar. Sei de terras, sei de coisas que outros são: Deus, dá-me o não progredir.

* * *

Abraço a árvore, abraço o vento, abraço ontem – de tanto abraçar me sinto eu mesmo as coisas. Neste entardecer, que posso desejar mais, senão esquecer-me assim sobre o que não sou? Vislumbrar é alta dignidade. A vida é um poço por descobrir. Alarga-se, pelo que sabemos.

O céu é saber o poço todo.

* * *

Quando a palavra começa a voar, é tempo de não prosseguir. Pés amarrados nunca fizeram mal a ninguém. O voo total acontece, mas [nos pássaros] do cativo.

[*A Noite*, 7 jan. 1957.]

DIÁRIO NÃO ÍNTIMO

60

Ao contrário do que disse o romancista, ser homem é que é perigoso. Viver, é um simples acontecimento.

* * *

Nunca somos totalmente. É preciso nos inventarmos a cada instante. Ontem, inaugurei minha voz. Hoje, começo a inventar meu pé. Antes da próxima noite, terei prontas três quartas partes da minha metamorfose. Serei eu todo exatamente quando puder morrer.

* * *

Sim, viver acontece. Mas não é importante. O certo é crescer: feito de galhos, de quinas, de erosões. Sobretudo, o clássico conselho: crescer para o lado de lá.
É no quintal vizinho que se morre bem – sem ter raízes.

* * *

Agora vou anoitecendo. Sinto azul descer em minhas veias. Vou por aqui e por ali cingindo escuros – mas de qualquer lado, como nesga liberta, sinto que em mim uma estrela cintila.
Não é reminiscência do dia: é uma alvorada que começa.

* * *

Faço o deserto como quem respira. Mas se a estrela brilha, o chão pouco importa. Pode ser de areia quente e perene.
Estrela, meu guia.

* * *

Imagino uma floresta de açúcar, um poente adoecido. Lá, entre folhas de mel, vagam tigres solitários, luzindo densos olhos de bruma e de hortelã.

* * *

História de fantasmas: encontrei-me com ela na varanda e trajava um velho vestido cor-de-rosa.

– O mal, disse-me, é induzir um segredo, mesmo que ele não exista. Morrer vem depois.

E respirava, quente como um pássaro de veludo. Tão liberta!

* * *

Para quem ergo a taça, não sei – o gesto é tudo.

Passado eu, amor passado – aqui te trago esta primeira gota de champanha. Não me reclames a visão, que já não existimos. Só taça refulja, e quem somos é apenas sombra – um tardar da memória.

* * *

E no mais, vamos ficando, que o tempo é belo. Há mar e verão – e aproveitamos a areia, que a areia é doce, com corpos que o sol vai tornando morenos e conhecidos.

Se Deus quiser, cada vez mais conhecidos.

[*A Noite*, 8 jan. 1957.]

DIÁRIO NÃO ÍNTIMO

61

É o verão, finalmente. Anunciou-se isto uma vizinha ao lado, esfregando pelo corpo, ao espelho, um bom óleo cor de iodo. No fundo da casa, um canário cantava: e de fora, o que vinha, já era conhecido bafo de asfalto, tão quente, e que mais do que qualquer outra coisa, era a própria voz do verão.

* * *

Vila dos Confins de Mário Palmério, que leio como todo mundo, parece concretizar ainda mais este curioso fenômeno: a literatura regional está definitivamente se fixando em Minas Gerais.

Esperemos que o Norte corresponda, fazendo surgir romancistas introspectivos.

* * *

Por falar em romance, Aníbal Machado, com quem me encontrei, declarou-me que considera ultrapassada a época do "romance de angústia". Fiquei pensando, e não compreendi bem. De angústia? Mas ao que sei, angústia é um sentimento inerente à natureza humana. Quereria ele dizer simplesmente que considerava ultrapassada a época do romance?

Neste caso, estamos de acordo.

* * *

E apesar disto, o fenômeno estaria atrasado no Brasil, como sempre. Tantos romances, e de qualidade, nestes últimos tempos... para só citar alguns: *Grande sertão: veredas, O encontro marcado, Montanha, Vila dos Confins.*

O que estaria errado em tudo isto?

* * *

No seu porão da Escola de Belas Artes, Darel prepara-se ativamente para sua exposição simultânea no Rio e em São Paulo. O gravador, pelos trabalhos que vi, dia a dia está melhor.

* * *

Não está inteiramente fora das cogitações dos Artistas Unidos, a peça *Sul* de Julien Green, que teria o jovem ator Adriano Reys como ator principal.

* * *

Outra notícia de teatro que circula com certa insistência, é a de que 1957 não terminaria sem que aplaudíssemos Cacilda Becker na interpretação de Lady Macbeth, de *Macbeth* de Shakespeare. O que esperamos seja verdade.

* * *

E continuemos com o verão, que é bom e muito presente. Está na hora exata de reinaugurar as velhas águas do Arpoador, tomando parte na turma dos Inocentes do Leblon.

Areias cavadas significam dormência e momentâneo abandono, há canais recentes e ilhas que, com o devido respeito, poderemos inaugurar na base da arrebentação.

[*A Noite*, 9 jan. 1957.]

DIÁRIO NÃO ÍNTIMO

62

O mal é este, suspira-se pelo verão, e quando este chega, não há coragem para utilizá-lo. Banho de mar é ótimo, mas é preciso antes um treino preparativo, para se acostumar ao rigor da areia – e atravessar o asfalto não é prova a que todo mundo resista. Resta que, depois, tudo vai às mil maravilhas: do fundo da gente, como um hino, sobe um louvor irrestrito ao poder e à benevolência de Deus, que inventou o verão e o mar.

* * *

No rio que sobe, sonolento e largo, há uma ilhota verde, de ramaria baixa – cajus. E são cajus também que enfeitam as margens, amarelos e vermelhos, sumarentos cajus que os porcos vêm fuçar à sombra dos galhos.

* * *

Paisagens do Norte, em janeiro, uma saudade me queima – tanta lembrança colorida, como num filme tapete mágico. Mangas de Pernambuco, cajus de Sergipe, melancias da Bahia, – uma festa completa, para quem chega, como eu, com os olhos povoados pelo verde mon[ó]tono do Sul.

* * *

A estrada alta de pó, um pó que sobe com a persistência de uma neblina. Caminho do sertão, disseram-me em Recife, e eu vou olhando os casebres tão idênticos aos que conheço por todo o Brasil, com uma diferença: essas perpétuas cercas de avelozes, que são, dizem-me, a única coisa viva nesta paisagem queimada – e que mais parecem a cercadura seca de terrenos sem vida.

* * *

Depois das casas que ainda ostentam antigos azulejos, a estrada de novo – e mais adiante, num súbito remanso de que ninguém suspeitaria a existência, um poço. Dez tostões pelo banho, mas a água é funda e boa. E há na beira uma cuia, que serve para ajudar a molhar o corpo.

696   LÚCIO CARDOSO

Por cima, as árvores, inesperadamente reverdecidas, formam uma abóboda. Aqui, é difícil imaginar a volta.

* * *

E a medida que o carro avança, vão aparecendo as dunas – tão altas, como igrejas de branco. Dunas e mais dunas, e através do calor, esse sopro contínuo e bom que vem do mar.

* * *

Assim são as praias do Norte, as praias que eu vi. Assim é o verão. Custa menos o calor, e o tempo passa sem querer – com um cheiro de caju que lembra o aroma de certos vinhos, a memória de certas campanhas.

* * *

De novo cajus, e umas mulatas bonitas, de barriga empinada, que carregam biblicamente jarros de barro e moringas nos ombros. Conheço-as, são as "extras" que Cavalcanti utilizou no seu filme *O canto do mar*.[178]

* * *

E novamente as dunas. Mas os coqueiros vão chegando, as areias vão baixando, é a praia. A luz reverbera com tal intensidade que chega a arrancar lágrimas.

Há no ar um cheiro doce de caldo de cana.

* * *

Contam-me uma história: um peixe-boi, ferido nos baixios do Espírito Santo, veio dar a esta praia. Grande assim, e da altura de um homem. Apontam-me alguém que passa: aquele ali tirou um retrato ao lado do monstro. E olha, até hoje ainda tem o retrato em casa...

[*A Noite*, 11 jan. 1957.]

---

[178]*O canto do mar* é um filme brasileiro, preto & branco, realizado em 1953, dirigido por Alberto Cavalcanti.

DIÁRIO NÃO ÍNTIMO

63

De repente, e sem nenhum aviso prévio, comunicam-me que a Rodésia existe. Cato aflitivamente os pedaços de mapa que vagam pela minha memória, e recomponho afinal uma terra estranha: não sei o que é, mas assim mesmo, mal colada, assemelha-se à Rodésia de que necessito, e que compõe em mim a imagem do que anunciam.

* * *

Consulto aflito um amigo, e ele me informa que trata-se de uma região da África do Sul, cujo nome vem de um homenagem a Sir Cecil Rhodes,[179] seu desbravador, assim como Lyautey[180] o é da África do Norte... Começo a sentir-me sábio.

* * *

Nota explicativa: a Rodésia, nada tem a ver com a Ilha de Rhodes, onde se achava localizado o famoso colosso, nem com as galinhas do mesmo nome, cuja fama provém de sua tradicional cor de fogo e sua carne [com] gosto de peru.

* * *

Lançados os fundamentos da Rodésia autêntica, recomeço a fabricar a minha paisagem, e o cinema me ajuda particularmente neste trabalho. Palmeiras – palmeiras e *lamourianas cubatas*. As pretas são feias, todo mundo sabe, mas reluzentes e decorativas. (Aviso a um possível portador: pode mandar algumas, para faltas existentes na coleção de Roberto Burle-Marx, colecionador de coisas africanas).

* * *

---

[179]Cecil John Rhodes (1853–1902). Colonizador e homem de negócios britânico. Foi também uma personagem essencial no projeto britânico de construção do caminho de ferro que ligaria o Cairo, no Egito, ao Cabo, na África do Sul, nunca realizado. É também um dos principais fundadores da companhia De Beers, que na atualidade detém aproximadamente 40% de todo o mercado mundial de diamantes, mas que um dia foi responsável por 90% dele.
[180]Louis Hubert Gonzalve Lyautey (1854–1934). General do exército francês, o primeiro General-Residente no Marrocos francês, de 28 de abril de 1912 a 25 de agosto de 1925.

Na Rodésia existem estradas de automóvel, que a África é terra que se preza. Mas corre-se o risco de topar serpentes verdadeiras, maiores do que as possíveis jiboias dos campos fluminenses.

E outros animais: leões, hienas e rinocerontes. Concluindo: a Rodésia é região de grandes perigos.

* * *

Inaugurada por mim à noite, a Rodésia tem sua atmosfera particularmente azul-escuro. Com laivos de cinza e verde, que ficam muito bem numa paisagem selvagem. Mas garanto que bonecas dançarinas da França lá não ficam bem, são recordações que um engenheiro sênior deve deixar em Copacabana.

* * *

Mosquitos. São grandes, pretos e dourados. Cantam de modo muito especial e perfuram os ouvidos do paciente mesmo de longe. Fogem de qualquer classificação, apesar dos esforços do reverendo Jonathan Smith, que em 1873 pereceu atravessando de balsa um dos misteriosos rios da Rodésia.

* * *

Mas antes de morrer, o reverendo Smith teve tempo para fundar três escolas, nos povoados de Tunkafene, Papalua e Maiormika. Essas três escolas hoje são cidades importantes e, naturalmente, com a ingratidão dos lugares para com seus desbravadores, usam nomes diferentes.

* * *

Muitas guerras sacudiram o território sulista da Rodésia, mas a guerra nacional de maior memória, é a promovida pelo chefe cafuzo Baluta, em prol dos direitos de seus concidadãos. Foram mortos 470 brancos, e no local, hoje, se ergue a próspera cidade comercial de Kalua.

* * *

No mais, a história da Rodésia é uma história de brancos. Brancos chegando, batendo o pé e dizendo: daqui não saio.

E não saíram. E nós, que não somos nem pretos e nem brancos, vamos chegando: sempre há jeito de se acostumar depressa com o calor. Viva pois a Rodésia, Cecil Rhodes, e todos nós, que não vamos nem ficamos: sonhamos, que é melhor e mais barato.

[*A Noite*, 14 jan. 1957.]

DIÁRIO NÃO ÍNTIMO

64

A tradução que Barreto Borges fez do ensaio de Henry James sobre o romance, e recentemente publicado no suplemento literário do *Jornal do Brasil*, merece os mais amplos elogios, não só pela oportunidade da ideia, como pelo apuro com que foi feita.

* * *

Depois da leitura de uma poesia concretista, estou imaginando o que poderia ser o romance concreto – não haverá por aí algum autor iluminado que se candidate ao importante lugar?

* * *

Wilson de Figueiredo,[181] poeta autor da *Mecânica do azul* é o último mineiro aportado ao Rio. Mas veio quieto, sozinho e sem alarde. Diz, com muito bom senso, que pretende começar de baixo – e convenhamos, é o melhor meio de chegar mais depressa ao alto.

* * *

Amélia Bauerfeldt continua sua primeira exposição a ser realizada no Ministério da Educação. São trinta quadros, entre desenhos, guaches e pastéis. A data da mostra é que ainda não está marcada.

* * *

Luiza Barreto Leite, depois de sua violenta entrevista contra a crítica teatral num vespertino, anuncia que está definitivamente disposta a abandonar o teatro. Motivo: saudades muito sérias do jornalismo.

* * *

Já se acham com o editor José Olympio, os originais do novo romance de Octávio de Faria – *O senhor do mundo*.

* * *

---

[181]Wilson [Augusto] de Figueiredo (*n.* 1924). Poeta e jornalista brasileiro.

700 LÚCIO CARDOSO

Processou-se qualquer coisa no íntimo daquela árvore: de súbito, em meio às outras, perdeu as folhas, secou, e lá está, triste, sozinha, como uma menina que não tivesse roupa para ir ao baile.

* * *

Grandes jardins parados – existe aqui um ar antigo que trafega por cima dos canteiros e dos lagos. Begônias, folhas de outros tempos – e até mesmo esse casal de namorados, tão unidos, como um acontecimento que ali tivesse cessado à existência.

* * *

João Condé anuncia a edição em livro dos seus Arquivos. Haverá um volume especial para escritores que ao mesmo tempo sejam desenhistas.

* * *

Surpresa: ali, no pequeno jardim que se ergueu da noite para o dia no Largo da Carioca, uma retreta. Gente endomingada, de ar burguês e feliz, ouvindo os acordes da Cavalaria ligeira de Suppé.[182] Também isto pareceu-me de outro tempo...

[*A Noite*, 15 jan. 1957.]

---

[182]A "Cavalaria Ligeira" é uma opereta em três atos do compositor e maestro croata Franz von Suppé (1819–1895), com libreto de Karl Costa. Estreou no Carltheather, em Viena, no dia 21 de março de 1866.

DIÁRIO NÃO ÍNTIMO

65

Não acredito, como Moniz Viana,[183] que Humphrey Bogart[184] tenha sido um grande ator. Mas não há dúvida de que na sua filmografia, tão impressionantemente apresentada pelo dito Moniz Viana, arrolam-se alguns filmes de primeira qualidade. São esses, em geral, os que pertencem exatamente aos grandes diretores.

* * *

Parece que os "Artistas Unidos" não montarão mesmo a peça de Julien Green, o que é uma pena. Mas quanto à seleção nacional, teremos a peça de Léo Victor *Herança barroca*, de apreciáveis qualidades
Onde andam as tentativas de Martins de Almeida?

* * *

Um sucesso francês: a adaptação de Faulkner feita por Camus. É curioso de se notar que, os enredos de Faulkner, nem sempre bem-sucedidos no cinema, no teatro, ganham em intensidade.

* * *

Mais uma vez Agostinho Olavo deixará seus planos teatrais para viajar. E é uma pena, porque apesar do fracasso de *O anjo*, possui ele uma *Medeia* muito bem estruturada e, ao que me lembro, mereceu incondicionais elogios de Santa Rosa.

* * *

O citado Agostinho Olavo, em rápida conversa comigo, trouxe à baila o nome de João Maria dos Santos. Creio que foi por encomenda minha que ele fez aqui no Brasil seu primeiro cenário. É verdade que já vinha aureolado pela amizade e pela admiração de Louis Jouvert – mas hoje, que seu nome

---

[183][Antonio] Moniz Viana (1924–2009). Jornalista e crítico de cinema brasileiro.
[184]Humphrey [DeForest] Bogart (1899–1957). Ator de cinema e teatro estadunidense, considerado um dos grandes mitos do cinema. Ganhou o Oscar de melhor ator de 1951 por seu papel em *Uma aventura na África*. Quando Lúcio publicou esta coluna, fazia dois dias que Bogart havia morrido.

sempre aparece em primeiro plano nos empreendimentos de São Paulo, é bom lembrar esses começos que argamassaram tantas boas intenções...

* * *

Por falar em boas intenções, Paulo Fleming garante que não é propriamente de boas intenções que o inferno está cheio – presumo que a terra e até o céu também – mas que o inferno, ou melhor o chão do inferno, segundo Santo Ambrosio, está inteiramente pavimentado de cabeças de seminaristas. De maus seminaristas, está-se vendo.

* * *

Em últimas provas o romance de José Cândido de Carvalho *Olha para o céu, Frederico*, que na época tanto lembrava um José Lins do Rego nascido em Campos.

* * *

Um problema tipicamente de Cornélio Penna: alguém que sem o conseguir, procura inserir-se no cotidiano. Segundo ele é o tema de seu novo romance *Alma branca*, do qual já se acham escritas cem páginas.

* * *

O músico Antonio Carlos Jobim, o Tom da música de *Orfeu da Conceição*, comunica-me que tem várias músicas prontas para o Carnaval. E acrescenta:

– Na vida do artista, meu caro, o *métier* é tudo. A este respeito, muito tenho conversado com Vinicius de Moraes.

* * *

E esqueçamos hoje, que amanhã será um hoje muito melhor. A temperatura baixa, e segundo soube no Serviço de Meteorologia, há nuvens inesperadas e frias caminhando do Rio Grande do Sul para cá.

[*A Noite*, 16 jan. 1957.]

DIÁRIO NÃO ÍNTIMO

66

Não sei exatamente quais as consequências de um filme como *Ao balanço das horas*,[185] na realidade uma coisa mediocríssima. Mas há uma verdade a revelar: não é o filme que entusiasma, é a música. E convenhamos: esta é formidável.

* * *

Cornélio Penna, em recente entrevista, afirma que não possui as características de um escritor mineiro. Ao certo, que é um escritor mineiro? Se o autor de *A menina morta*, não possui característica mineira, então não há linha, nem escola, nem corrente mineira – porque foi um pouco a propósito dele que se inventou tudo isto.

* * *

Cinquenta anos de Marques Rebelo. Evidentemente motivo para grandes festas, se bem que o criador de *Oscarina* já tenha se despedido da literatura várias vezes. E aproveitemos para anunciar que o lendário *Espelho partido* está para sair, acrescido de mais um volume – o quinto.

* * *

Joel Silveira, com o talento que Deus lhe deu, emerge sem pressa nas águas da literatura. Agora está escrevendo um romance, *A mão estendida*.

* * *

Um ar de festas pelas ruas. Contentes, as árvores ainda sacodem gotas de chuva. E estas zinias, tão inesperadas, vermelhas sobre os canteiros que ainda suam o calor de um sol recente...

* * *

---

[185]Título original: *Rock around the clock*, filme de Fred F. Sears (1913-1957) produzido no ano de 1956.

704 LÚCIO CARDOSO

O homenzinho fala sobre sondagens atmosféricas, e descreve aparelhos com a minúcia de quem pinta uma flor. Escuto-o, e acima do calor do Nordeste que ele apregoa, ouço ventos que passam, e ciclones em formação, que não choverão nunca sobre as raízes mortas da região...

* * *

Não há dúvida de que Toscanini[186] era um grande regente. E relembre-se seu começo, agora que acaba de morrer. Foi no velho Teatro Lírico, num espetáculo do *Turandot*. O maestro adoeceu, não havia quem o substituísse. Recurso: um jovem modesto que tocava bem um dos instrumentos. Subiu, regeu bem – e desde então havia sido inaugurado Toscanini.

* * *

Recurso contra o *Rock 'n' roll*. Em alguns cinemas, assim que termina o filme, tocam imediatamente o *Rêve d'amour* de Liszt.

* * *

A casa não tinha mais cancela – era apenas uma ruína em meio da estrada. Mas quando o vento soprava, e o velho sabugueiro se inclinava cheio de flores, tinha-se a impressão de que alguém acabava de passar.

* * *

Decadência dos romancistas franceses. A própria crítica parisiense considera detestáveis os detentores dos últimos prêmios. E lembrar que foi o Goncourt que consagrou Proust...

[*A Noite*, 18 jan. 1957.]

---

[186]Arturo Toscanini (1867–1957), maestro italiano. Foi um dos mais aclamados músicos dos séculos XIX e XX, renomado por sua brilhante intensidade, por seu inquieto perfeccionimo, por seu fenomenal ouvido para detalhes e sonoridade da orquestra e por sua memória fotográfica. É especialmente considerado pelas interpretações das obras de Giuseppe Verdi, Ludwig van Beethoven, Johannes Brahms e Richard Wagner.

DIÁRIO NÃO ÍNTIMO

67

Era um balcão, comum, numa casa comum, numa volta de rua mais do que comum. Mas nele, um pouco inclinada para fora, uma mulher vestida de azul, provavelmente à espera de um táxi. Sua visão é que era extraordinária: num minuto conseguia transfigurar o balcão, a casa, e até mesmo um pouco da rua – como uma melodia, sua lembrança deslizava até longe, no asfalto.

* * *

Velório comum, em sala alugada. O morto, anônimo, não tinha ninguém que o chorasse com verdadeiro sentimento. A madrugada ia nascendo. E ao vento frio, de uma das coroas, pendia um papel que voava   apenas o nome da casa em que fora comprada.

* * *

O garoto e as garrafas. Havia improvisado um instrumento com várias garrafas dependuradas, umas vazias, outras com diferentes quantidades de líquidos. A música ia indo, ia indo, e de repente vibrava com um som partido e dissonante: tinha-se então certeza de que eram apenas garrafas, garrafas dependuradas.

* * *

Flores de Barbacena, de Petrópolis, dos arredores, corolas conhecidas e iluminadas de uma chama quente que lembrava o verão. Mas no meio destas, isolada e fria, uma corola pouco familiar – uma flor rebuscada, em rosa pálido, entre as outras como se reclamasse o seu exílio. Um cartão por baixo: chegada de avião da Holanda.

* * *

A noiva discutia os buquês: todos tão bonitos. A mãe sugeria lírios minha filha que é o mais usado. Ela teimava aquele outro moderno de antúrios. A mãe paciente rebuscava a bolsa. Não podia ser dois mil cruzeiros. A menina suspirava também mamãe...

E a gente quase tinha certeza de que ela queria dizer – assim também não vale a pena casar.

* * *

O cachorro na praia de pelo aparado, esquisito, tosquiado em forma de leão. Devia imaginar, a diferença de sorte. De vez em quando, a dona do animal, arrogante, puxava a correia. Ele latia, um latido manso de animal ferido. Depois, abaixando o focinho, estendia olhos longos para o passeio, onde outros cães, parecendo cães mesmo, vadiavam.

* * *

Meninos no cinema dizem coisas no escuro. A menina, na frente, voltou-se – psiu! – e um dos meninos, mais afoito, exclamou: só se você me der um beijo...

* * *

No bonde, a lavadeira ia contando a vida, um despropósito. O marido doente, e as contas aumentando sempre. Os filhos precisavam ir para o colégio, não havia dinheiro em casa. E dizia com um suspiro: nem gostava de entrar lá.

Adivinhava-se a casa, a balbúrdia – e para além da casa, descendo da encosta, o pequeno rio espumoso onde lavava a roupa.

* * *

E outras histórias sem tempo. Todas vão passando, e basta olhar: como dizia Katherine Mansfield, cada face é um romance. A gente é que esquece muitas vezes de que sabe ler...

[*A Noite*, 22 jan. 1957.]

DIÁRIO NÃO ÍNTIMO

68

O célebre autor acha-se diante de mim, e eu vejo perfeitamente que ele exibe todos os atestados de um imenso, de um definitivo cansaço.
– Ser autor no princípio, disse-me ele, é difícil. No meio da vida é cruel. Mas no fim, posso garantir-lhe que é uma profissão absolutamente impossível: só um louco ou um santo obstinar-se-á a continuar a fazer aquilo que custa tanto esforço, e em que ele não acredita mais.

* * *

Lembrei-me de Bernanos que, apoiado à sua bengala de inválido dizia:
– Quando o diabo já esgotou contra nós todos os recursos de sua sedução, aproxima-se para nos dizer ao ouvido: tudo o que fez até agora não vale nada...

* * *

Um dos livros capitais de Bernanos chama-se *A impostura* e trata da história de um padre que, tendo perdido a fé, continua a dizer a missa. Pode ser que se trate de uma impostura no terreno religioso, mas na vida prática, quando perdemos a fé em vários dos valores que antes nos alimentavam, continuar é um ato de heroísmo. Mais até: uma demonstração de caráter, prosseguir atuando como se existissem as imagens que ao correr do tempo foram apeadas...

* * *

Diz Rachel de Queiroz: "O grande assunto da maioria dos romances nacionais – e eu entre eles, mea-culpa, eu entre eles! – é a coisa nenhum[a]. Nós [nos] orgulhamos de dizer que no nosso livrinho não acontece nada; é só um retalho de vida..." Um retalho, porque não, para quem aprecia retalhos. Mas para quem gosta de puxar o pano todo, que tapeçaria, que padronagem bizarra e complicada, à espera somente de que saibamos olhar...

* * *

Descubro num manifesto de poetas-concretistas: *Ulysses* e mais ainda *Finnegans Wake*, o implacável romance-poema de Joyce...

Pronto: está descoberto o romancista-concreto que eu procurava. Pena que Joyce, apesar dos imitadores, seja cada dia tão mais difícil de imitar. Senão, era começar logo, antes que um aventureiro se aposse da coroa.

* * *

"Marques Rebelo, Poeta Morto", é o estranho título de um ensaio. E que ótima oportunidade para uma piada do citado Marques Rebelo!

* * *

Nada existe de mais cansativo do que uma paisagem. Esgotado seu conteúdo de surpresa, quedam como coisas sorvidas e sem utilidade. Ah, a velocidade dos trens, o voo dos aviões... São eles, em última análise, que traçam o ideal das paisagens.

[*A Noite*, 23 jan. 1957.]

DIÁRIO NÃO ÍNTIMO

69

A noite já vai bem adiantada, e não há no ar nenhum estremecimento: imóveis, as árvores aguardam que a escuridão amadureça. Já há uma ameaça para os lados do nascente, e de onde o mar se oculta, sobe um atropelo, como se uma força oculta desejasse acelerar os dínamos do tempo. Sob uma amendoeira, conversam indiferentes dois policiais.

* * *

A mulher trouxe um embrulho debaixo do braço, e em silêncio depositou tudo na beira da calçada. De cócoras, começou o trabalho: uma cuia de barro, um frango morto, uma garrafa de cachaça, charutos.

Não sei para quem era a reza – mas depois que ela se afastou, ainda olhei durante muito tempo o despacho. Havia uma vela acesa, cuja chama se inclinava à passagem da brisa. De longe, era como uma mensagem cujas palavras não tivessem tido tempo de ser traduzidas.

* * *

Com o oscilar da água o barco desprendeu-se, e ficou boiando, ao léu, um pedaço de corda pendente da proa. Barco, lembrança de faina diurna. E o nome escrito sobre a tábua – Esperança – ora surgia, ora desapareceria, enquanto, diminuindo, ia ele se afastando da margem, e se afastando de nós.

* * *

Época das amêndoas caírem, e o som, duplicado pelo silêncio, é como se alguém caminhasse, e pisasse as folhas que juncam o passeio. Devagar, as folhas tombam, tombam sempre. E um casal de namorados, que ninguém sabe de onde veio, troca um último beijo, demorado, à sombra da amendoeira que já vai ficando nua...

* * *

Aquela luz que brilha na distância, perdida na encosta que circunda a lagoa, é a de uma casa onde se realiza uma festa. Ainda chegam sons de orquestra, e a luz, como cansada, dança sozinha no reflexo das águas.

* * *

Um apito, longe, relembra tempos esquecidos – a guarda noturna. Um barulho de automóvel cresce na rua silenciosa. Os faróis inquietantes perfuram a escuridão. Uma voz conhecida – a do vizinho – despede-se de alguém que não se vê. A chave no portão. O latido do cachorro. Depois o silêncio de novo. E em cima, no quarto de dormir, uma luz que se acende de repente e alguém, exausto, que abre a janela procurando sondar a chegada da manhã.

* * *

Apagou-se a vela do "Despacho". Um cão vadio vem cheirar os objetos dispostos no passeio. Longe, apagou-se também a luz da casa onde há festa. É a noite absoluta.

* * *

Grande Deusa escura de Poe e de Novalis, de Fernando Pessoa e de Keats – noite, "deusa antiga", que presença portentosa a tua[,] contínua e transcendente.

Dos lados onde o mar respira, como uma bandeira que fosse desfraldada, a luz vem chegando – vem chegando – e desvenda aos poucos a cidade onde suamos e sofremos, e inaugura, para todos, o dia comum e sem relevo.

[*A Noite*, 24 jan. 1957.]

DIÁRIO NÃO ÍNTIMO

70

Encontrei-o há algum tempo, era professor de ginástica e recomendava – nada como a vida frugal e um bom exercício para manter a alma e o corpo. Tempos depois, surpresa: ainda é professor, mas de *rock 'n' roll* – e vejo seu retrato numa reportagem recomendando: afinal de contas, uma bebidinha não faz mal a ninguém...

* * *

A moça diz que sim, ele diz que não. E indaga furioso:
– Afinal, você é ou não é minha noiva?
Ela não diz nem sim e nem não. Mas aos sábados, dizendo que vai [visitar] uma tia que está muito mal no Encantado, ruma direto para o clube do *rock* – de *blue jeans* e tudo mais...

* * *

– Alô, Elvis...
O menino, zangado, exclama:
– Ué, meu nome é Elvio, não Elvis não...
E ela, aliciadora:
– Meu bem, Elvis fica muito melhor. Você nunca ouviu falar em Elvis Presley?
Ele diz que sim, mas com seus botões, promete: depois eu pergunto a mamãe.

* * *

A mocinha dança o *rock 'n' roll* como todo mundo, mas usa óculos e tem ares de doutora. Espia por cima do ombro do namorado.
– Que é que você está lendo?
– Este Ibrahim aqui está dizendo que somos geração "coca-cola".
A "doutora" sentencia:
– É verdade, mas com cachaça ou rum...

* * *

Os dois conversam na varanda:

– Você já "leu" este filme? – e mostra um livro ao amigo.

– Que é?

– *A vida de John Barrymore.*

– Ih... este tal de Barrymore é uma velharia de que papai gosta. Eu queria é saber se o Elvis Presley já tem namorada...

* * *

Ela chegou em casa com os olhos vermelhos, cabelos despenteados:

– Mamãe, vou dançar na televisão!

A mãe inclina-se um pouco:

– Pode dançar, minha filha, que é gosto seu. Mas não precisa de ir cheirando tanto a bebida...

* * *

Isto tudo no verão. Como dizia o poeta, o tempo é bom porque não para nunca. A gente sente que são outros nascendo hoje. Mas o que neles é novo, como parece velho, como se sabe que não existirá dentro de mais algum tempo...

Fênix, o tempo é uma rosa que sucede a si mesma.

* * *

– Estou pensando um nome para me lançar no rádio.

– Não precisa pensar muito, todo mundo que se lança no rádio, chamase Marlene. Marlene qualquer coisa, por exemplo.

– Pois sim, já se foi este tempo. Acho que vou mesmo batizar de Marilyn Presley. Que tal?

[*A Noite*, 25 jan. 1957.]

DIÁRIO NÃO ÍNTIMO

71

Nicette Bruno anda procurando peças para o seu repertório. Antes de percorrer o Brasil, fará uma curta temporada no Municipal. Não há dúvida de que Nicette, esplêndida atriz, merece todo o sucesso.

* * *

Todo mundo anda dizendo que os meninos do livro de Otto Lara Resende são estranhíssimos. E perguntam, por que, se o Otto é tão bonzinho? Eu, que ainda não li o livro, vou adiantando é, bonzinho, mas eu sempre desconfiei – você já viu como ele olha de lado?

* * *

Dulcina de Morais, que atualmente não participa de nenhum elenco, será provavelmente a diretora da peça de estreia de Nicette Bruno.

* * *

Hugo Tavares, poeta também, anuncia para breve sua monumental história de Eça de Queiroz em cinco volumes. Ao que consta, o livro virá enriquecido de vários documentos inéditos sobre a vida do autor de *Os Maias*.

* * *

Teremos duas reedições de Paulo Barreto: uma, criada por Maria Sampaio, e a outra, por Beatriz Veiga. O original escolhido para "recuperar" (segundo a expressão da moda) o velho João do Rio, foi a comédia *A bela madame Vargas*.

* * *

Opinião de Lêdo Ivo sobre a poesia concretista: "Veja a falta que faz um bom curso primário"...

* * *

Está causando sensação a enquete promovida por um vespertino, em torno das declarações prestadas por Afonso Arinos de Melo Franco sobre o *Grande sertão: veredas* de Guimarães Rosa.

* * *

O poeta José Paulo Moreira da Fonseca, segundo informações de Celso Kelly, está com uma peça anunciada para representações no TBC de São Paulo.

* * *

João Cabral de Melo Neto me mandou uma espanhola muito bonita, de Barcelona. O poeta João, de primeira linha desde *O cão sem plumas*, segundo informações diretas está produzindo belíssimas coisas.

* * *

Em franca carreira ascensional o belo romance de Fernando Sabino *O encontro marcado*. A única pessoa que faz restrições até agora, é o poeta Lêdo Ivo.

[*A Noite*, 28 jan. 1957.]

DIÁRIO NÃO ÍNTIMO

72

Obscuros são os caminhos da tempestade: ela vêm de longe, de frias zonas do Sul, filha do território, onde os frutos não amaduravam. Ela canta, lúcido galo de inverno.

* * *

A pressa é o seu destino. Como corre, ondulando sua túnica de sombrias ametistas e em seu encalço, acordados ao longo dos povoados, latem os grandes cães que vigiam as hortas e as quintas.

* * *

Não há muros em seu caminho. Ela passa, e as laranjas se despencam, acendem-se os olhos do girassol, a poeira dança. Como passa, em demanda do norte. Como passa. E como não há muros em seu caminho, ela se enovela e se desenlaça, e de cada vez que assim faz, estreita em seus braços, rezes mortas e crianças sacrificadas pelo espanto.

* * *

Deram-lhe nomes: chamou-se Dulce, Amélia, Ofir. Mas seu nome é escuro e contagioso. É um ácido nome de mulher, que ainda não foi feito, porque é sua essência que ilumina a resina das flores e dá o ácido às uvas que estão sendo inventadas.

* * *

Disseram que sua pátria era o Egito. Mas foi em fundas caldeiras que se modelou seu ventre, cor de neblina, e suas tetas amarelas, de grande vaca pastando em campos sem fim. Em fundas caldeiras de pedra é que se formou seu primeiro vagido, e foi de lá que se elevou seu grito branco e cativo, em demanda do espaço.

* * *

Tempestade, filha da música! Como te deténs, ofegante, por cima das altas serranias, espiando a cidade que dorme. E depois, quando te lanças em correrias pelos desfiladeiros, empunhas teu esfarrapado estandarte, e cobres subitamente de noite, as casas esquecidas de teu nome.

* * *

Um dia, passarás pela última vez. É que a distância não tem meio nem fim – é o correndo para todo o sempre.

Caladas igrejas sobrarão em tua memória – e os quartéis desmoronados, e as ruas atravancadas, e os bancos virados onde os namorados não se sentam mais.

Acorda o cimo, e ninguém espia por entre as palmas que ondulam em sua crista. Não se sabe se é tarde ou se é manhã – inaugura-se tudo de novo, como se a vida apenas começasse.

* * *

Dos rios cheios vem uma incessante melodia. É o tempo que se faz de novo em horas, em parcelas, em legendas.

Soltos, os cães bebem vorazmente a água morna acumulada nos charcos.

[*A Noite*, 30 jan. 1957.]

DIÁRIO NÃO ÍNTIMO

73

Os meninos que o Sr. Otto Lara Resende exibe sob o título *Boca do inferno* possuem na verdade características muito particulares: falam como autênticos meninos mineiros, passeiam numa paisagem que me muitos detalhes se parece mesmo com a de Minas, mas de repente, sem aviso nenhum, começam a agir como heróis de Kafka. Ou melhor, de Kafka não, mas parentes muito próximos desse homem absurdo de Camus, que encontra no "ato gratuito" uma das suas mais autênticas justificativas...

Depois de considerar que o romance de Guimarães Rosa realmente empalidece muito a obra dos romancistas do Norte, penso um pouco melhor e acho apressada a opinião que emiti: sem nada retirar da grandeza do livro do autor de *Sagarana* que me parece conter toda a importância que declarei desde o primeiro minuto, não vejo como misturar as coisas, nem retirar ao Norte o que pertence ao Norte. Com ou sem Guimarães Rosa, a verdade é que o romance do Norte subsiste, e não foi inventado agora, se bem que agora tenha ele recebido seu impulso mais forte, com a presença de um Amando Fontes, de um José Lins do Rego, de um Graciliano Ramos, de uma Rachel de Queiroz. Temos um pouco esse gosto de ir anulando as coisas em favor de outras, como se para existir necessitassem elas de ir secando a paisagem em torno. Não, Guimarães Rosa não necessita estiolar ninguém para viver – e é bom que assim seja, pois é o modo mais forte de denunciar a vivacidade e a altura do extraordinário romance que nos ofertou. Mas deixemos a Lins do Rego sua também grande e insofismável importância – ele já pertence a um capítulo de nossa história literária, que é sem dúvida dos mais brilhantes e dos mais definitivos.

Depois de Guimarães Rosa, e na esteira desse livro estritamente regional que é *Vila dos Confins*, de Mário Palmério, começo a indagar um pouco o que é precisamente o romance mineiro. Creio que assistimos a um surto regional em Minas, tão violento e tão sério, que ameaça pôr em terra aquilo que tradicionalmente reconhecemos como as características do estilo mineiro. Aquela tristeza que Tristão de Athayde vislumbrou por exemplo num Cornélio Penna, e cuja extensão e interioridade alcança seu ponto mais alto na poesia de Carlos Drummond de Andrade, não tem mais onde se lhe pegue na produção de Minas desses últimos tempos. Nem o romance de Fernando Sabino, nem os contos de Otto Lara Resende resistem suficientemente a uma análise neste sentido. Não correspondem eles à introspecção clássica que orienta toda a trama de um livro como *A menina morta* – antes, excedendo-se para o lado de fora, menos num Fernando Sabino, mais num Otto Lara Resende, é no exterior que vamos reencontrar a paisagem mineira, e é pelo exterior que eles se unem ao livro de Mário Palmério.

E creio poder afirmar sem exagero: ou Minas produz em definitivo um livro altamente condensado em experiência psicológica, ou terá desaparecido, não o romance do Norte, que é inatacável, mas o livro mineiro, de tradição penumbrosa e intimista.

Terá desaparecido, e tenhamos a capacidade de reconhecer, atrelado precisamente àquilo que sempre combatemos no romance do Norte às suas claridades exteriores.

[*A Noite*, 31 jan. 1957.]

DIÁRIO NÃO ÍNTIMO

74

Quando o céu escureceu, e o vento começou a soprar, pequeno ainda, o homem sentou-se ao meu lado, depois de puxar sua mesa, cautelosamente, um pouco para o fundo. E disse:

– Está vendo? É um furacão que vem aí...

* * *

Não estranhei o que dizia, mas achei estranha sua maneira de sentar e de pedir ao garçom uma dose de uísque – o jeito era de quem fazia aquilo pela última vez. Reparei que se vestia convenientemente de escuro, que tinha as mãos bem tratadas e um sorriso cansado, meio de lado.

* * *

– O senhor não acredita, não é? Pois olha, o furacão é um fato. Nunca ouviu falar nele?

Confessei um tanto encabulado que nunca ouvira – andava afastado do noticiário dos jornais.

Ele fez um movimento com a mão:

– Não, este furacão não é d'agora não. Há muito tempo que é célebre.

* * *

Enquanto ele experimenta a bebida, com essa careta que sempre traz a primeira dose de uísque, fiquei imaginando alguém do qual se pudesse dizer: célebre como um furacão. E o homem, olhando o céu, continuou:

– Não tarda muito. Veja só como as nuvens já estão se acumulando baixas... O negócio vai ser sério, não tenha dúvida.

* * *

E contou:

– Este furacão veio dando a volta pelo Pacífico. Não ouviu falar numas massas frias que se acumulam sobre Buenos Aires, e que sucediam logo após um acúmulo de massas quentes? Pois é, este furacão é que anda empurrando tudo isto. Veio de lá, deu a volta e agora está chegando.

* * *

Informou-me ainda que não tinha nome e que nos Estados Unidos é que os grandes pés de vento se chamam Adelaide, Rosa ou Hilda. Os por baixo, não. Isto era mesmo um ventinho bravo vindo dos Andes. Mas se fosse lá, teria nome. Nós não ligamos a essas coisas, mas podia eu estar certo de uma coisa: os furacões gostam de ser bem tratados.

* * *

A um determinado momento vi que ele olhava o horizonte somo se tivesse frio. Consultou depois o relógio:

– Está atrasado, disse. Não estou ouvindo soprar direito. O senhor escuta alguma coisa?

Disse que não – nunca tive um ouvido muito apurado para essas coisas de furacão.

* * *

Daí em diante, olhou-me com certo desprezo. Mais do que isto: com visível desconfiança. Adquirira a certeza de que eu não acreditava em nenhum pé de vento. E para provar que eu me esquivava e dando-me [...] de mundo a minha [...] se ergueu e disse:

– Já vou...

Pagou apressadamente e saiu, mais escondido ainda sob o capote do que quando entrara.

* * *

Não o vi mais nem sei quem era. Mas no dia seguinte lendo que um furacão [...], arrebentara árvores [...] com incontrolável violência, não pude deixar de relembrar com [...] daquele homem – afinal um esquisitão de bar, como tantos esquisitões que frequentam todos os bares do mundo.

[*A Noite*, 6 fev. 1957.]

DIÁRIO NÃO ÍNTIMO

75

Dos lados da igreja, muito antes que as primeiras sombras caíssem, percebia-se a noite chegando. Nos grandes vitrais laterais, a luz tomava um tom forte, afogueado, que fazia do vermelho quase um roxo, e do verde, do amarelo, do rosa, diferentes tonalidades de brasa que luziam com força antes de esmorecer.

* * *

Havia a rampa, com a grama verde que descia até a rua. Flores, poucas – mas quando soprava o vento, vinha do parque que lhe ficava próximo, um cheiro adocicado e forte de jambo, de eucaliptos, de rosas em decomposição.

* * *

Dentro, a igreja era simples. Foi nela que tentaram me ensinar a ajudar a missa – nunca consegui aprender nada. Lembro-me do turíbulo indo e vindo no preparo da bênção, e uma ou outra andorinha estontecida que daquela hora solene, cortava o espaço sem encontrar lugar de saída.

* * *

Naturalmente, quando o fim do ano chegava, havia presépio. Mas enquanto ainda estava longe o período das festas, as imagens, de tamanho médio, descansavam no porão de uma casa vizinha àquela em que eu morava. Arrumadas nos cantos, dormiam cobertas cuidadosamente com um pano roxo. Muitas vezes esgueirei no porão escuro, a fim de levantar o pano e olhar as imagens: havia neste prazer uma ligeira ponta de perversidade.

* * *

Na abóbada, uma grande Nossa Senhora, ladeada de anjinhos. Olhando de baixo, como parecia descomunal, com o seu longo manto azul, as mãos postas, e uma legenda em latim desatada aos pés, cujo texto não me recordo mais...

* * *

Às vezes, quando nos reuníamos quatro ou cinco mais dispostos, subíamos a íngreme escada que conduzia ao coro, escada cheia de degraus que rangiam, alguns com madeira podre, e que nos dava, pequenos aventureiros, o gosto de uma autêntica aventura.

* * *

O velho harmônio, mal fechado, colocado bem no centro do coro. Levantávamos a tampa, corríamos as teclas, mas nenhum som brotava, porque não sabíamos usar os pedais. Mas nos domingos, durante a missa, que prazer ouvir o som grave e fundo ecoando lá de cima, e afugentando as andorinhas, numerosas, que desciam a pousar até mesmo no altar-mor.

* * *

Do coro, subíamos à torre, mais íngreme ainda, onde repousava, enorme, o velho sino de bronze. A corda pendia no vácuo, e víamos o esforço para atingi-la, e se o conseguíamos, com um risco que supúnhamos da própria vida, apenas um ligeiro sonido, um suspiro de adormecido, vinha daquele corpo suspenso, parado, e que no entanto possuía uma alma capaz de vibrar tão festivamente quanto o fazia em certos dias...

* * *

Voltei lá, muitos anos mais tarde. Tudo pareceu-me acanhado, diferente do tempo em que eu era menino: a Nossa Senhora, o sino, o perigo da torre. Do mato que enchia o jardim, sobressaía uma rosa meio selvagem – uma rosa que, sem dúvida, havia sobrado intata daqueles velhos tempos.

[*A Noite*, 7 fev. 1957.]

DIÁRIO NÃO ÍNTIMO

76

Os concretistas estão realizando no Ministério da Educação sua primeira exposição, composta de duas seções: pintura e poesia. Não é a primeira vez que poesia e pintura se reúnem numa exposição, mas as que se conhecem anteriormente pertencem ao período do surrealismo – e isto não é dizer pouco.

* * *

Porque sempre que uma arte se desagrega, ela tende a se juntar com outra, como se lhe faltasse forças. O surrealismo, assim que pressentiu sua debilidade, uniu-se imediatamente à música, à plástica, ao balé e até mesmo ao simples *fait divers* extraído dos jornais.

O concretismo não chega a ter a mesma significação do surrealismo – longe disto – mas convenhamos que como todos os movimentos de quebra de padrão e de insubmissão tem o mesmo charme.

* * *

Não acho sensato aqueles que pretendem nada ver no concretismo. Há muito e para um observador menos superficial, há mais do que muito – há todo um processo que aí vem eclodir, e que já se arranja, penosamente, através de várias etapas mal ou bem-sucedidas.

* * *

É ele, se não me engano muito, o resultado final desse longo processo contra o espírito e o sentimento que a poesia vem ostentando desde alguns anos. A poesia e a pintura, a música e todas as artes acompanhando a evolução materialista do homem, procuram subjugar o que nelas existe de simples inspiração para converter-se em mecânica. Os endeusadores da palavra – a palavra poema, a palavra, artesanato, e que tanto influíram nestes últimos anos com sua teoria da construção pura – esses verão com certo espanto que envelheceram, pois a revolta já não é mais contra o espírito. É contra a palavra.

* * *

Que pretendem pois estes concretistas, que como Ferreira Gullar, dotado de tão vibrante e singular talento, exibe um livro de dois metros de altura, uma ou duas palavras destorcidas de todos os modos possíveis?

Apenas isso, que é a última expressão de um poema e sua tentativa máxima, converte-se em visão, em [palavra].

* * *

Não imaginem os ingênuos, que o poema chamado "O formigueiro" é uma coisa gratuita. Não. Pretende ele, e é uma pretensão máxima, impor aos olhos e brutalmente, a solução de um poema em forma de um impacto: a palavra formigueiro, desmanchando-se até criar aos olhos do espectador, um tanto aturdido, a ideia central de formigas em movimento.

* * *

Formigas, bicho [...] de etapas [...].

E nós [...] a poesia converter-se-á em suma: em cor, ou som, ou movimento. E então, como essas coisas [...] de novo a palavra remontá-la.

* * *

Em última análise, o concretismo é a tentativa de levar uma arte à sua expressão, não direi mais simples, mas pela mais totalmente pura ou brutal Que me perdoe meu amigo Oliveira Bastos, a simplicidade da exposição.

[*A Noite*, 8 fev. 195?.]

DIÁRIO NÃO ÍNTIMO

77

Na grande rampa escura, a moça dizia adeus. Estava sozinha. Não trazia malas, nem coisa alguma, nem nada que denunciasse qualquer espécie de origem – era apenas uma viajante, dessas que se confundem aos outros no cais cheio de gente. Quando me viu, esboçou um gesto – que não chegou a ser um sinal de adeus. Mas senti que toda ela se despedia, e que me olhava, como se olha distante para as pessoas de um porto estrangeiro.

* * *

Ecos dos concretistas: um crítico, aliás bastante inteligente, comentou: – Para que esta grita toda? Acabaram recebendo Manuel Bandeira...

* * *

Às vezes, as pessoas passando. E esse cheiro morno de máquinas cuja pressão está subindo: a paisagem, como tomada de susto, parecendo se aproximar – e as gaivotas sobem e baixam, e deixam escapar um grito rouco, e retornam ao oceano... e as pessoas sobem, felizes e desatentas.

* * *

O livro *Vila dos confins* não é propriamente excessivamente elogiado, como o disse um crítico apressado, mas interpretado às pressas. Na realidade, a que outro conceder o lugar do livro de Mário Palmério?

* * *

As viagens, na sua pureza, são a felicidade absoluta. É um ir de encontro a uma noite que não existe ainda: há nisto, toda uma possibilidade de esquecer quem somos.

* * *

Fala-se em escândalo. Existem muitos, e por contar. No dia em que me resolver, nenhum cronista social me pega – vou longe. Começaria contando como certa moça bonita, que só eu conheço, inaugurou seu novo apartamento todo pintado a quatro cores.

* * *

Acho injusto que se escolha *Meus verdes anos*, de José Lins do Rêgo, para representar o Brasil como o livro nacional típico. Do mesmo Lins do Rêgo, porque não *Banguê*, ou *Fogo morto*.

* * *

Vi o navio saindo. A esteira aberta no dorso das águas, o fumo escuro, dilacerado pelo vento. Ah, partir assim, sem problemas e sem vontade. Do cais, quantos navios viu Fernando Pessoa atingindo a máxima densidade do oceano? De quantos contou à quilha dura, lastreada de sal grosso?

Ir, ir de vez, como queria o poeta.

* * *

Nada existe de mais enfadonho do que a política, dizia-me um amigo político. Não se ganha nunca, perde-se às vezes. No mais, é sempre assim – fica-se no mesmo lugar.

* * *

Vamos ficando, e é o mar que se vai embora aos poucos...

[*A Noite*, 14 fev. 1957.]

PARTE IV

LÚCIO CARDOSO (PATÉTICO): "ERGO MEU LIVRO COMO UM PUNHAL CONTRA MINAS"

O livro está sobre a mesa, negro como as paredes do inferno, com letras de fogo como as chamas do inferno. Ainda não o abrimos. Não se pode ler Lúcio Cardoso desprevenido. Na verdade, é difícil lê-lo imparcialmente. Ou somos contra, ou somos a favor. Não haverá, talvez, autor brasileiro mais afirmado e mais negado do que o romancista de *A luz no subsolo*. Há quem o compare a Julien Green. Mas a que Julien Green? Também este é cambiante, é versicolor. No entanto, o *Diário* aí está e é preciso conversar com Lúcio Cardoso antes de mergulhar no seu mundo.

"A VERDADE TODA"

INT [Fausto Cunha[1]] – O que é o *Diário*, Lúcio, o que significa na sua vida literária, na sua vida?

LC – Perguntar-me o que significa o *Diário* é perguntar o que significa sua publicação e, portanto, minha obra atual; começada com a *Crônica da casa assassinada*. Que me perdoe[m] o tom pessoal, mas chega o momento em que a afirmação da verdade, da verdade TODA, é a única coisa possível, pelo menos se nos consideramos escritores.

MOVIMENTO DE INSUBMISSÃO

INT [FC] – O *Diário*...

LC – O *Diário*, como a *Crônica*, como *O viajante*, que será publicado dentro em breve pela Livraria José Olympio, t[ê]m para mim, pessoa humana e não escritor, o significado de um formidável movimento de luta e de insubmissão, contra esse elemento discordante, atroz e mesmo atentatório à grandeza de Deus que se chama a minha infância, sua permanência, pelo menos no que ela tem de mais ilegítimo e de mais poético.

"COMO UM PUNHAL"

Pretendíamos entrevistar o memorialista, mas vemos que, em vez disso, estamos recebendo um documento humano, que precisamos registrar *verbatim ac literatim*. E não o interrompemos.

LC – Meu movimento de luta, aquilo que busco destruir e incendiar pela visão de uma paisagem apocalíptica e sem remissão, é Minas Gerais. Meu inimigo é Minas Gerais. O punhal que levanto, com a aprovação ou não de quem quer que seja, é contra Minas Gerais. Que me entendam bem: contra a família mineira. Contra a literatura mineira. Contra a concepção de vida mineira. Contra a fábula mineira. Contra o espírito bancário que

---

[1]Fausto Cunha (1923–2004). Escritor e crítico literário brasileiro.

DIÁRIOS   731

assola Minas Gerais. Enfim, contra Minas, na sua carne e no seu espírito. Ah, mas eu a terei escrava do que surpreendi na sua miséria, no seu imenso orgulho, na sua imensa hipocrisia. Mas ela me terá, se for mais forte do que eu, e dirá que eu não sou um artista, nem tenho o direito de flagelá-la, e que nunca soube entendê-la como todos esses outros – artistas! – que afagam não o seu antagonismo, mas um dolente cantochão elaborado por homens acostumados a seguir a trilha do rebanho e do conformismo, do pudor literário e da vida parasitária. Ela me terá – se puder. Um de nós, pela graça de Deus, terá de subsistir. Mas acordado.

Levantamo-nos. E de repente nos vem à memória um verso de Housman:[2] *"I, [a] strange[r] and afraid / In a world I never made"*. Mas o verso é esse mesmo? E de Housman?[3]

[*Jornal do Brasil*, 25 nov. 1960.]

[*Ficção*, fev. 1976.]

[*Crônica da casa assassinada*, Ed. crítica, 1991 e *SS*.]

---

[2]Alfred Edward Housman (1859–1936). Poeta inglês. O verso é mesmo de Housman, mas foi transcrito incorretamente, o correto seria: *"I, a stranger and afraid / In a world I never made"*.
[3]Esta é a versão integral da entrevista publicada no *Jornal do Brasil*, inédita em livro. Eis a versão da revista *Ficção*:

DEPOIMENTO

Perguntar-me o que significa o *Diário*, é perguntar o que significa sua publicação, e portanto minha obra atual, começada com a *Crônica da casa assassinada*. Que me perdoem o tom pessoal da afirmação, mas há momento em que [a] afirmação da verdade, da verdade TODA, é a única coisa possível, pelo menos se não nos consideramos escritores.

O *Diário*, como a *Crônica*, como O *Viajante* que será lançado dentro em breve pela Livraria José Olympio, têm para mim, pessoa humana e não escritor, o significado de um formidável movimento de luta e de insubmissão, contra esse elemento discordante, atroz e até mesmo atentatório à grandeza de Deus que se chama a minha infância, sua permanência, pelo menos no que ela tem de mais ilegítimo e de mais poético.

Meu movimento de luta, aquilo que viso destruir e incendiar pela visão de uma paisagem apocalíptica e sem remissão é Minas Gerais.

Meu inimigo é Minas Gerais.

O punhal que levanto, com a aprovação ou não de quem quer que seja é contra Minas Gerais.

Que me entendam bem: contra a família mineira. Contra a literatura mineira. Contra o jesuitismo mineiro. Contra a religião mineira. Contra a concepção de vida mineira. Contra a fábula mineira. Contra o espírito judaico e bancário que assola Minas Gerais. Enfim, contra Minas, na sua carne e no seu espírito.

Ah, mas eu a terei, escrava do que surpreendi na sua imensa miséria, no seu imenso orgulho, na sua imensa hipocrisia. Mas ela me terá, se for mais forte do que eu, e dirá que eu não sou um artista, nem tenho o direito de flagelá-la, e que nunca soube entendê-la, como todos esses outros – artistas! – que afagam não o seu antagonismo, mas um dolente cantochão elaborado por homens acostumados a seguir a trilha do rebanho e do conformismo, do pudor literário e da vida parasitária.

Ela me terá – se puder.

Um de nós, pela graça de Deus, terá de subsistir. Mas acordado.

Bibliografia

DIÁRIOS DE LÚCIO CARDOSO

Diário. Rio de Janeiro, 1957, 660 fls. + 241 fls. ("Diário" parte não publicada (1942-1947)) – cópia. Anexo: Cadernos-diários e notas esparsas.

"Diário de terror" (fragmento anotado em caderneta). S.I., s/d., 27 fls.

"Livro de bordo". S.I., s/d., 4 fls.

"Minas Gerais". S.I., s/d., 1 fl.

"Diário não íntimo". *A Noite*, Rio de Janeiro, 30 ago. 1956. 2º Caderno, Ano XLV, n. 15.405, p. 1.

"Diário não íntimo". *A Noite*, Rio de Janeiro, 31 ago. 1956. 2º Caderno, Ano XLV, n. 15.406, p. 1.

"Diário não íntimo". *A Noite*, Rio de Janeiro, 3 set. 1956. 2º Caderno, Ano XLV, n. 15.408, p. 1.

"Diário não íntimo". *A Noite*, Rio de Janeiro, 4 set. 1956. 2º Caderno, Ano XLV, n. 15.409, p. 1.

"Diário não íntimo". *A Noite*, Rio de Janeiro, 5 set. 1956. 2º Caderno, Ano XLV, n. 15.410, p. 1.

"Diário não íntimo". *A Noite*, Rio de Janeiro, 6 set. 1956. 2º Caderno, Ano XLV, n. 15.411, p. 1.

"Diário não íntimo". *A Noite*, Rio de Janeiro, 7 set. 1956. 2º Caderno, Ano XLV, n. 15.412, p. 1.

"Diário não íntimo". *A Noite*, Rio de Janeiro, 10 set. 1956. 2º Caderno, Ano XLV, n. 15.414, p. 1.

"Diário não íntimo". *A Noite*, Rio de Janeiro, 11 set. 1956. 2º Caderno, Ano XLV, n. 15.415, p. 1.

"Diário não íntimo". *A Noite*, Rio de Janeiro, 12 set. 1956. 2º Caderno, Ano XLV, n. 15.416, p. 1.

"Diário não íntimo". *A Noite*, Rio de Janeiro, 13 set. 1956. 2º Caderno, Ano XLV, n. 15.417, p. 1.

"Diário não íntimo". *A Noite*, Rio de Janeiro, 14 set. 1956. 2º Caderno, Ano XLV, n. 15.418, p. 1.

"Diário não íntimo". *A Noite*, Rio de Janeiro, 17 set. 1956. 2º Caderno, Ano XLV, n. 15.420, p. 1.

"Diário não íntimo". *A Noite*, Rio de Janeiro, 18 set. 1956. 2° Caderno, Ano XLV, n. 15.421, p. 1.

"Diário não íntimo". *A Noite*, Rio de Janeiro, 20 set. 1956 2° Caderno, Ano XLV, n. 15.423, p. 1.

"Diário não íntimo". *A Noite*, Rio de Janeiro, 21 set. 1956. 2° Caderno, Ano XLV, n. 15.424, p. 1.

"Diário não íntimo". *A Noite*, Rio de Janeiro, 24 set. 1956. 2° Caderno, Ano XLV, n. 15.426, p. 1.

"Diário não íntimo". *A Noite*, Rio de Janeiro, 25 set. 1956. 2° Caderno, Ano XLV, n. 15.427, p. 3.

"Diário não íntimo". *A Noite*, Rio de Janeiro, 1 out. 1956. 2° Caderno, Ano XLV, n. 15.432, p. 1.

"Diário não íntimo". *A Noite*, Rio de Janeiro, 2 out. 1956. 2° Caderno, Ano XLV, n. 15.433, p. 1

"Diário não íntimo". *A Noite*, Rio de Janeiro, 3 out. 1956. 2° Caderno, Ano XLV, n. 15.434, p. 1.

"Diário não íntimo". *A Noite*, Rio de Janeiro, 4 out. 1956. 2° Caderno, Ano XLV, n. 15.435, p. 1.

"Diário não íntimo". *A Noite*, Rio de Janeiro, 5 out. 1956. 2° Caderno, Ano XLV, n 15.436, p. 1.

"Diário não íntimo". *A Noite*, Rio de Janeiro, 8 out. 1956. 2° Caderno, Ano XLV, n. 15.438, p. 1.

"Diário não íntimo". *A Noite*, Rio de Janeiro, 11 out. 1956. 2° Caderno, Ano XLV, n. 15.441, p. 1.

"Diário não íntimo". *A Noite*, Rio de Janeiro, 12 out. 1956. 2° Caderno, Ano XLV, n. 15.442, p. 1.

"Diário não íntimo". *A Noite*, Rio de Janeiro, 16 out. 1956. 2° Caderno, Ano XLV, n. 15.445, p. 1.

"Diário não íntimo". *A Noite*, Rio de Janeiro, 17 out. 1956. 2° Caderno, Ano XLV, n. 15.446, p. 1.

"Diário não íntimo". *A Noite*, Rio de Janeiro, 18 out. 1956. 2° Caderno, Ano XLV, n. 15.447, p. 1.

"Diário não íntimo". *A Noite*, Rio de Janeiro, 19 out. 1956. 2° Caderno, Ano XLV, n. 15.448, p. 1.

"Diário não íntimo". *A Noite*, Rio de Janeiro, 23 out. 1956. 2° Caderno, Ano XLV, n. 15.451, p. 1.

"Diário não íntimo". *A Noite*, Rio de Janeiro, 24 out. 1956. 2° Caderno, Ano XLV, n. 15.452, p. 1.

"Diário não íntimo". *A Noite*, Rio de Janeiro, 25 out. 1956. 2° Caderno, Ano XLV, n. 15.453, p. 1.

"Diário não íntimo". *A Noite*, Rio de Janeiro, 26 out. 1956. 2° Caderno, Ano XLV, n. 15.454, p. 1.

DIÁRIOS

"Diário não íntimo". *A Noite*, Rio de Janeiro, 1 nov. 1956. 2º Caderno, Ano XLV, n. 15.459, p. 1.

"Diário não íntimo". *A Noite*, Rio de Janeiro, 5 nov. 1956. 2º Caderno, Ano XLV, n. 15.461, p. 2.

"Diário não íntimo". *A Noite*, Rio de Janeiro, 6 nov. 1956. 2º Caderno, Ano XLV, n. 15.462, p. 1.

"Diário não íntimo". *A Noite*, Rio de Janeiro, 8 nov. 1956. 2º Caderno, Ano XLV, n. 15.464, p. 1.

"Diário não íntimo". *A Noite*, Rio de Janeiro, 9 nov. 1956. 2º Caderno, Ano XLV, n. 15.465, p. 1.

"Diário não íntimo". *A Noite*, Rio de Janeiro, 12 nov. 1956. 2º Caderno, Ano XLV, n. 15.467, p. 1.

"Diário não íntimo". *A Noite*, Rio de Janeiro, 13 nov. 1956. 2º Caderno, Ano XLV, n. 15.468, p. 1.

"Diário não íntimo". *A Noite*, Rio de Janeiro, 16 nov. 1956. 2º Caderno, Ano XLV, n. 15.470, p. 1.

"Diário não íntimo". *A Noite*, Rio de Janeiro, 21 nov. 1956. 2º Caderno, Ano XLV, n. 15.474, p. 1.

"Diário não íntimo". *A Noite*, Rio de Janeiro, 26 nov. 1956. 2º Caderno, Ano XLV, n. 15.478, p. 1.

"Diário não íntimo". *A Noite*, Rio de Janeiro, 27 nov. 1956. 2º Caderno, Ano XLV, n. 15.479, p. 1.

"Diário não íntimo". *A Noite*, Rio de Janeiro, 28 nov. 1956. 2º Caderno, Ano XLV, n. 15.480, p. 1.

"Diário não íntimo". *A Noite*, Rio de Janeiro, 29 nov. 1956. 2º Caderno, Ano XLV, n. 15.481, p. 1.

"Diário não íntimo". *A Noite*, Rio de Janeiro, 30 nov. 1956. 2º Caderno, Ano XLV, n. 15.482, p. 1.

"Diário não íntimo". *A Noite*, Rio de Janeiro, 4 dez. 1956. 2º Caderno, Ano XLV, n. 15.485, p. 1.

"Diário não íntimo". *A Noite*, Rio de Janeiro, 7 dez. 1956. 2º Caderno, Ano XLV, n. 15.488, p. 1.

"Diário não íntimo". *A Noite*, Rio de Janeiro, 8 dez. 1956. 2º Caderno, Ano XLV, n. 15.489, p. 1.

"Diário não íntimo". *A Noite*, Rio de Janeiro, 11 dez. 1956. 2º Caderno, Ano XLV, n. 15.491, p. 1.

"Diário não íntimo". *A Noite*, Rio de Janeiro, 12 dez. 1956. 2º Caderno, Ano XLV, n. 15.492, p. 1.

"Diário não íntimo". *A Noite*, Rio de Janeiro, 18 dez. 1956. 2º Caderno, Ano XLV, n. 15.497, p. 1.

"Diário não íntimo". *A Noite*, Rio de Janeiro, 20 dez. 1956. 2º Caderno, Ano XLV, n. 15.499, p. 1.

"Diário não íntimo". *A Noite*, Rio de Janeiro, 21 dez. 1956. 2º Caderno, Ano XLV, n. 15.500, p. 1.

"Diário não íntimo". *A Noite*, Rio de Janeiro, 28 dez. 1956. 2º Caderno, Ano XLV, n. 15.505, p. 1.

"Diário não íntimo". *A Noite*, Rio de Janeiro, 4 jan. 1957. 2º Caderno, Ano XLV, n. 15.510, p. 1.

"Diário não íntimo". *A Noite*, Rio de Janeiro, 7 jan. 1957. 2º Caderno, Ano XLV, n. 15.512, p. 1.

"Diário não íntimo". *A Noite*, Rio de Janeiro, 8 jan. 1957. 2º Caderno, Ano XLV, n. 15.513, p. 1.

"Diário não íntimo". *A Noite*, Rio de Janeiro, 9 jan. 1957. 2º Caderno, Ano XLV, n. 15.514, p. 1.

"Diário não íntimo". *A Noite*, Rio de Janeiro, 11 jan. 1957. 2º Caderno, Ano XLV, n. 15.516, p. 1.

"Diário não íntimo". *A Noite*, Rio de Janeiro, 14 jan. 1957. 2º Caderno, Ano XLV, n. 15.518, p. 1.

"Diário não íntimo". *A Noite*, Rio de Janeiro, 15 jan. 1957. 2º Caderno, Ano XLV, n. 15.519, p. 1.

"Diário não íntimo". *A Noite*, Rio de Janeiro, 16 jan. 1957. 2º Caderno, Ano XLV, n. 15.520, p. 1.

"Diário não íntimo". *A Noite*, Rio de Janeiro, 18 jan. 1957. 2º Caderno, Ano XLV, n. 15.522, p. 1.

"Diário não íntimo". *A Noite*, Rio de Janeiro, 22 jan. 1957. 2º Caderno, Ano XLV, n. 15.525, p. 1.

"Diário não íntimo". *A Noite*, Rio de Janeiro, 23 jan. 1957. 2º Caderno, Ano XLV, n. 15.526, p. 1.

"Diário não íntimo". *A Noite*, Rio de Janeiro, 24 jan. 1957. 2º Caderno, Ano XLV, n. 15.527, p. 1.

"Diário não íntimo". *A Noite*, Rio de Janeiro, 25 jan. 1957. 2º Caderno, Ano XLV, n. 15.528, p. 1.

"Diário não íntimo". *A Noite*, Rio de Janeiro, 28 jan. 1957. 2º Caderno, Ano XLV, n. 15.530, p. 1.

"Diário não íntimo". *A Noite*, Rio de Janeiro, 30 jan. 1957. 2º Caderno, Ano XLV, n. 15.532, p. 1.

"Diário não íntimo". *A Noite*, Rio de Janeiro, 31 jan. 1957. 2º Caderno, Ano XLV, n. 15.533, p. 1.

"Diário não íntimo". *A Noite*, Rio de Janeiro, 6 fev. 1957. 2º Caderno, Ano XLV, n. 15.538, p. 1.

"Diário não íntimo". *A Noite*, Rio de Janeiro, 7 fev. 1957. 2º Caderno, Ano XLV, n. 15.539, p. 1.

"Diário não íntimo". *A Noite*, Rio de Janeiro, 8 fev. 1957. 2º Caderno, Ano XLV, n. 15.540, p. 1.

DIÁRIOS   737

"Diário não íntimo". *A Noite*, Rio de Janeiro, 14 fev. 1957. 2º Caderno, Ano XLV,
   n. 15.544, p. 1.
Diário I. Apres. de Walmir Ayala. Rio de Janeiro, Elos, s/d. [1960].
"Lúcio Cardoso (Patético): 'Ergo meu Livro como um Punhal Contra Minas'". *Jornal
   do Brasil*, Rio de Janeiro, 25 nov. 1960. Caderno B, "Vida Literária". [Entrevista
   a Fausto Cunha].
"Morador Lúcio Cardoso, de Ipanema". *Chuvisco*, Rio de Janeiro, n. 36, fev. 1961.
   [Entrevista concedida a Tatí Bueno].
"Diário proibido – páginas secretas de um livro e de uma vida". *Senhor*, Rio de Janeiro,
   Ano 3, n. 11, pp. 68-74, nov. 1961. [A revista traz na lombada o n. 33.]
"[Trechos do Diário]". *O Cruzeiro*. Rio de Janeiro, ano XL, n. 40, p. 120, 5 out. 1968.
Diário completo. Rio de Janeiro, José Olympio/INL, 1970.
"Diário completo – (1949 a 1962) – trechos". *Tribuna da Imprensa*, Rio de Janeiro,
   21 out. 1973. Tribuna Literária, Ano I, p. 13.
"Depoimento". *Ficção*, Rio de Janeiro, Editora Ficção; Vol. II, n. 2, pp.71-72, fev.
   1976. [Entrevista a Fausto Cunha].
"Diário do terror". In: CARELLI, Mario. "ÉCRITS intimes de Lúcio Cardoso".
   Caravelle; Cahiers du monde hispanique et luso-brésilien, Toulouse, n. 45, pp.
   63-78, 1985.
"Diário do terror (um texto inédito)". *Letras & Artes*, Rio de Janeiro, jun. 1991. N.
   13, pp. 25-26.
"Diário completo", "Diário de terror", "Pontuação e prece", "Confissões de um homem
   fora do tempo" e "Depoimento de Lúcio Cardoso a Fausto Cunha". In: CARDOSO,
   Lúcio. *Crônica da casa assassinada*. Ed. crítica coord. por Mario Carelli. 2. ed. rev.
   Madrid; Paris; México; Buenos Aires; São Paulo; Rio de Janeiro; Lima: ALLCA
   XX, 1996, pp. 739-741, 743-749, 751-753, 762-763 e 764, respectivamente. (Col.
   Archivos, 18).
"Diário completo" (trecho). *O Globo*, Rio de Janeiro, 22 jan. 2000. Prosa & Verso, p. 2.

OBRAS DIVERSAS DE LÚCIO CARDOSO

Maleita (romance). Capa de Santa Rosa. Rio de Janeiro, Schmidt, 1934.
"O filho pródigo" (peça teatral). *Colégio – Revista de Cultura e Arte*, São Paulo, Ano
   II, n. 5, pp. 41-86, 1949.
"Colchão velho" (conto). *O Estado de S. Paulo*, São Paulo, 23 ago. 1958. Suplemento
   Literário, Ano Segundo, n. 95, p. 3. (Ilus. de Darcy Penteado).
Crônica da casa assassinada (romance). Desenho da capa de Darel. Rio de Janeiro,
   José Olympio, 1959.
O filho pródigo" (peça teatral). In: NASCIMENTO, Abdias do. *Dramas para negros e
   prólogo para brancos – antologia do teatro negro brasileiro*. Ilus. da capa de Mário
   Cravo. Rio de Janeiro, Teatro Experimental do Negro, 1961, pp. 29-72.
Crônica da casa assassinada (romance). Ed. crítica coord. por Mario Carelli. España,
   Archivos/CSIC, 1991. (Col. Archivos, 18).

738 LÚCIO CARDOSO

"A voz de um profeta". In: *Três poetas brasileiros apaixonados por Fernando Pessoa: Cecília Meireles, Murilo Mendes e Lúcio Cardoso*. Reunião e apres. de Edson Nery da Fonseca. Recife, Fundação Joaquim Nabuco/Massangana, 1985, pp. 31 44. (Documentos, 24).

Inácio, O enfeitiçado e Baltazar. Pref. e org. de André Seffrin, apres. de Nelson de Oliveira. Rio de Janeiro, Civilização Brasileira, 2002.

Poesia completa. Ed. crítica de Ésio Macedo Ribeiro. São Paulo, Edusp, 2011.

"Inácio". In: CONDÉ, João, (Org.). *Dez romancistas falam de seus personagens*. Pref. de Tristão de Athayde. Rio de Janeiro, Edições Condé, 1946, pp. 55-57.

"Arquivos Implacáveis: o romancista responde a 10 perguntas indiscretas". *O Cruzeiro*, Rio de Janeiro, 08 fev. 1958. S.I. [Entrevista a João Condé].

"Arquivos Implacáveis: flash". *O Cruzeiro*, Rio de Janeiro, 19 abr. 1958. S.I. [Entrevista a João Condé].

OBRAS SOBRE OS DIÁRIOS DE LÚCIO CARDOSO

ALBERGARIA, [Maria] Consuelo [de Pádua]. "Diário de Lúcio: o itinerário de um escritor". In: *Anais do 2º congresso Abralic* [Literatura e memória cultural]. Belo Horizonte, 1991, vol. III, pp. 207-212.

AMADO, Jorge. "Página de diário sobre um diário". *Leitura*, Rio de Janeiro, n. 42, p. 10 dez. 1960.

AYALA, Walmir. "Sobre Lúcio Cardoso – notas de um diário". *Correio do Povo* [ou *Diário de Notícias*], Porto Alegre, 31 ago. 1958.

_____. "Diário: Lúcio Cardoso – a véspera do livro". *Jornal do Brasil*, Rio de Janeiro, 10 e 11 set. 1960. Suplemento Dominical, p. 1.

_____. "Servir a Deus e ao diabo". *Jornal do Brasil*, Rio de Janeiro, 24 dez. 1960. Suplemento Dominical.

BANDEIRA, Manuel. "Lúcio Cardoso". *Folha de S. Paulo*, São Paulo, 3 dez. 1960.

_____. "Diário de romancista". In: BANDEIRA, Manuel. *Andorinha Andorinha*. Sel. e coord. de textos de Carlos Drummond de Andrade. Rio de Janeiro, José Olympio, 1966, pp. 231-232.

BESANÇON, Guy. "Le journal intime de Lúcio Cardoso". *Cahiers du monde ibérique et luso-brésilien – Caravelle*, Toulouse, France, n. 52, pp. 73-90, 1989.

BESSA, Marcelo Secron. "Os diários de Lúcio Cardoso". *Sui Generis*, Rio de Janeiro, Ano IV, n. 40, pp. 21-22, 1998.

CARDOS, Lucios (Arnoldo Mondadori Editore). "Carta a Lúcio Cardoso". Datada: "Milano, 30 de abril de 1962", 1 fl. In: ALC, AMLB, FCRB, Rio de Janeiro, RJ. Pasta LC18cp.

_____. "Carta a Lúcio Cardoso". Datada: "Milano, 18 de junio 1962", 1 fl. In: ALC, AMLB, FCRB, Rio de Janeiro, RJ. Pasta LC18cp.

CONTRATO entre a Livraria José Olympio Editora S.A. e Maria Helena Cardoso para a publicação do *Diário Completo* de Lúcio Cardoso. Rio de Janeiro, s/d., 3 fls. In: ALC, AMLB, FCRB, Rio de Janeiro, RJ. Pasta LC01dc.

DIÁRIOS   739

COUTINHO, Luiz Edmundo Bouças. *O depoimento da errância: a experiência da palavra entre o provisório e o permanente*. Rio de Janeiro, 1978. 96 fls. Dissertação (Mestrado em Poética) – Faculdade de Letras, Universidade Federal do Rio de Janeiro.

_____. *O desastre da imortalidade e a crônica do sujeito na poética do Diário*. Rio de Janeiro, 1985. 174 fls. Tese (Doutorado em Poética) – Faculdade de Letras, Universidade Federal do Rio de Janeiro.

_____. "O *Diário completo* de Lúcio Cardoso: um travesti da ficção?". *Revista Carmina*, Rio de Janeiro, n. 1, pp. 3-9, 1989.

_____. "Ideias e provocações no *Diário completo* de Lúcio Cardoso". *Revista Confraria Arte e Literatura*, n. 6. Disponível em: *http://www.confrariadovento.com/revista/numero6/ensaio03.htm*. Acesso em: jan./fev. 2006.

DAMASCENO, Beatriz dos Santos. *Lúcio Cardoso e a experiência-limite com o corpo e a escrita*. Rio de Janeiro, 2010, 135 fls. Tese (Doutorado em Letras) – Departamento de Letras, Pontifícia Universidade Católica do Rio de Janeiro.

DINIZ, Domingos. "Um diário de Lúcio Cardoso". *Tribuna Literária*, Pirapora, dez. 1970. S.I.

DUARTE, José Afrânio Moreira. "Breves Notas sobre Lúcio Cardoso". *Estado de Minas*, Belo Horizonte, 1968. Caderno 3ª Seção, S.I.

_____. "Breves Notas sobre Lúcio Cardoso". *Suplemento Literário de Minas Gerais*, Belo Horizonte, 16 set. 1978. Ano XIII, n. 624, p. 10.

FARIA, Octávio de. "Lúcio Cardoso: diário". *Jornal do Commercio*, Rio de Janeiro 5 nov. 1960. S.I.

_____. "Lúcio Cardoso: primeiras aproximações do diário". *Jornal do Commercio*, Rio de Janeiro, 9 dez. 1960. S.I.

_____. "Lúcio Cardoso: novas aproximações do diário". *Jornal do Commercio*, Rio de Janeiro, 15 dez. 1960. S.I.

_____. "Lúcio Cardoso: novas aproximações do diário". *Diário de S. Paulo*, São Paulo, 17 dez. 1960. S.I.

_____. "Lúcio Cardoso: aproximações finais do diário". *Jornal do Commercio*, Rio de Janeiro, 22 dez. 1960. S.I.

_____. "Carta a Lúcio Cardoso". Datada: "Teresópolis, 13 abr. 1967", 4 fls. In: ALC, AMLB, FCRB, Rio de Janeiro, RJ. Pasta LC90cp.

_____. "Memória de Lúcio Cardoso (I)". *Jornal do Commercio*, Rio de Janeiro, 27 out. 1968. S.I.

_____. "Memória de Lúcio Cardoso (II)". *Jornal do Commercio*, Rio de Janeiro, 2 nov. 1968. S.I.

FIGUEIREDO, Guilherme de. "Carta a Lúcio Cardoso". Datada: "Rio, 8 de março de 1961.", 1 fl. In: ALC, AMLB, FCRB, Rio de Janeiro, RJ. Pasta LC95cp.

GUIMARÃES, Adriana Saldanha. "Obra de Lúcio Cardoso precisa ser redescoberta". *Jornal do Brasil*, Rio de Janeiro, 10 out. 1998. Ideias/Livros, p. 2.

740 LÚCIO CARDOSO

———. "A caixa de joias: os papéis de Lúcio Cardoso". *Revista do Centro de Estudos Portugueses* ("Dossiê Lúcio Cardoso"), Faculdade de Letras da UFMG, Belo Horizonte, vol. 28, n. 39, pp. 11-23, jan.-jun. 2008.

LEITE, Luiza Barreto. "Lúcio Cardoso". *Jornal do Commercio*, Rio de Janeiro, 29 set. 1968, p. 5.

———. "Diário de Lúcio, em busca de sua alma". *Jornal do Commercio*, Rio de Janeiro, 31 out. 1970. Caderno Folhetim.

MEIRA, Mauritônio. "'Diários íntimos' de Lúcio Cardoso serão publicados finalmente: pela Simões". *Jornal do Brasil*, Rio de Janeiro, 31 maio 1960. 1º Caderno, p. 6.

MELLO, Dante de. "Diário de Lúcio Cardoso". *Correio do Povo*, 25 fev. 1961. S.I.

MENDES, Murilo. "Carta a Lúcio Cardoso". Datada: "Roma, 18 abril 1961", 1 fl. In: ALC, AMLB, FCRB, Rio de Janeiro, RJ. Pasta LC146cp.

MONTENEGRO, Olívio. "Um romance imoral". *Diário de Pernambuco*, Recife, 26 abr. 1959. S.I.

———. "Um romance imoral". *Diário Carioca*, Rio de Janeiro, 17 maio 1959. Letras e Artes, p. 3.

MOREIRA [SIMÕES], Maria de Lourdes Utsch. "O diário de Lúcio Cardoso". *Suplemento Literário de Minas Gerais*, Belo Horizonte, 20 fev. 1971. Ano VI, n. 234, p. 7.

MOUTINHO, José Geraldo Nogueira. "Diário (1º) de Lúcio Cardoso". *Jornal da Tarde*, São Paulo, 5 nov. 1961 [ou 5 maio 1961].

"NOTA da Editora". In: CARDOSO, Lúcio. *Diário completo*. Rio de Janeiro, José Olympio, 1970, pp. vi-ix.

PEIXOTO, Mariana. "Sem medo das profundezas". *Estado de Minas*, Belo Horizonte, 24 set. 1998. Espetáculo/Memória, p. 5.

———. "Retratos da alma humana". *Estado de Minas*, Belo Horizonte, 24 set. 1998. Espetáculo, p. 1.

———. "Todas as artes de Lúcio". *Estado de Minas*, Belo Horizonte, 24 set. 1998. Espetáculo, p. 5.

———. "Literatura superlativa". *Estado de Minas*, Belo Horizonte, 3 fev. 2000. Espetáculos, p. 7.

OLINTO, Antonio. "Perigos do ócio". *O Globo*, Rio de Janeiro, [1952]. Coluna Porta de Livraria, S.I.

PIRES, Antonia Cristina de Alencar. "A voragem da escrita: considerações sobre o diário de Lúcio Cardoso". In: BRANDÃO, Ruth Silviano (Org.). *Lúcio Cardoso: a travessia da escrita*. Belo Horizonte, Ed. UFMG, 1998, pp. 94-105.

RANGEL, Egon de Oliveira. *Sexualidade e discurso: o verbo feito carne*. Campinas, 1994. 281 fls. Dissertação (Mestrado em Linguística) – Instituto de Estudos da Linguagem, Universidade Estadual de Campinas.

———. "Em torno do discurso e da perversão". *Cadernos de Estudos Linguísticos – O Discurso e Suas Análises*, Campinas, Unicamp, n. 19, pp. 159-172, jul. dez. 1990.

REIS, Marcos Konder. "Carta a Lúcio Cardoso". *Suplemento Literário de Minas Gerais*, Belo Horizonte, 30 nov. 1968. Ano III, n. 118, pp. 10-11.

DIÁRIOS

_____. "Um diário de fogo". *Revista do Livro*, Rio de Janeiro, MEC/INL; Ano 13, n. 41, pp. 76-84, abr.-jun. 1970.

_____. "Lembrança de um caderno". *Tribuna Literária*, Rio de Janeiro, 20 out. 1973. Ano I, Tribuna Literária, pp. 14-15.

RIBEIRO, Ésio Macedo; OLIVEIRA, Silvana Pessôa de; e CUNHA, Viviane, orgs. *Revista do Centro de Estudos Portugueses*, Faculdade de Letras da UFMG, Belo Horizonte, vol. 28, n. 39, pp. 9-174 ("Dossiê Lúcio Cardoso"), jan.-jun. 2008.

ROCHA, Hildon. "Diário e solidão de um romancista". *Anuário da Literatura Brasileira*, Rio de Janeiro, Ano 2, n. 2, pp. 71-73, 1961.

_____. "Diário e solidão de um romancista – Lúcio Cardoso – sua história e sua obra". In: *Entre lógicos e místicos*. Rio de Janeiro, São José, 1969, pp. 109-122.

_____. "Lúcio Cardoso – confissões sem omissões...". In: *Memória indiscreta: de Getúlio, Juscelino, Prestes, etc. a Drummond, Vinicius, Bethânia, etc.* Rio de Janeiro, Francisco Alves, 1981, pp. 216-228.

SANTOS, Cássia dos. *Uma Paisagem Apocalíptica e sem Remissão: A Criação de Vila Velha e da Crônica da Casa Assassinada*. Campinas, 2005. 282 fls. Tese (Doutorado em Teoria e História Literária) – Instituto de Estudos da Linguagem, Universidade Estadual de Campinas.

_____. "Vicissitudes de uma obra: o caso do *Diário* de Lúcio Cardoso". *Revista do Centro de Estudos Portugueses* ("Dossiê Lúcio Cardoso"), Faculdade de Letras da UFMG, Belo Horizonte, vol. 28, n. 39, pp. 51-78, jan.-jun. 2008.

SANTOS, Odirlei Costa dos. *Retratos do mal(-)estar no Diário completo, de Lúcio Cardoso*. Juiz de Fora, 2005. 97 fls. Dissertação (Mestrado em Letras – Teoria da Literatura) – Universidade Federal de Juiz de Fora.

_____. "Imagens do amante/amador em *Diário completo*, de Lúcio Cardoso". *Ipotesi – Revista de Estudos Literários – 15*, Universidade Federal de Juiz de Fora, Juiz de Fora, MG, vol. 9, n. 1 e n. 2, pp. 113-122, jan./jun e jul./dez. 2005.

SILVA, Alvaro Costa e & WERNECK, Paulo. "Cardos de luz – Lúcio Cardoso e a tradição literária do diário íntimo". *Folha de S. Paulo*, São Paulo, 20 mar. 2011. Ilustríssima, pp. 4, 5 e 10 ("Estranho dom").

SILVEIRA, Alcântara. "O diário de Lúcio Cardoso". *O Estado de S. Paulo*, São Paulo, 2 set. 1961. Suplemento Literário, p. 1.

_____. "O diário de Lúcio Cardoso". *Suplemento Literário de Minas Gerais*, Belo Horizonte, 30 nov. 1968. Ano III, n. 118, p. 12.

_____. "Diário íntimo, uma forma de auto-conhecimento". *O Estado de S. Paulo*, São Paulo, 18 ago. 1974. Suplemento Literário, p. 6.

SOLEDADE, Juliana. "Lúcio Cardoso: um ser para a morte ou a leitura de um diário filosófico". Disponível em: *http://www.verbo21.com.br*. Acesso em: set. 1999.

STAROSTA, Isaac. "A morte que nos acompanha". *Correio do Povo*, Porto Alegre, 6 mar. 1971. Vol. VII, Ano IV, n. 168, Caderno de Sábado, p. 5.

VIANNA, Lúcia Helena. "Lúcio Cardoso, o sujeito ex-cêntrico". *Gragoatá – revista do programa de Pós-Graduação em Letras*, Universidade Federal Fluminense, Niterói, RJ, n. 17, pp. 151-169, 2º semestre 2004.

OBRAS SOBRE LÚCIO CARDOSO

CARDOSO, Maria Helena. *Por onde andou meu coração*. Pref. de Octávio de Faria, notas da editora e de Walmir Ayala. Rio de Janeiro, José Olympio, 1966.

[5. ed.]. Pref. de Andréa Vilela, Octávio de Faria e nota de Walmir Ayala. Rio de Janeiro, Civilização Brasileira, 2007.

———. *Vida-vida* (memória). Nota de Clarice Lispector. Rio de Janeiro, José Olympio/MEC, 1973.

CARELLI, Mario. *Corcel de fogo – vida e obra de Lúcio Cardoso (1912-1968)*. Trad. de Júlio Castañon Guimarães. Rio de Janeiro, Guanabara, 1988.

RIBEIRO, Ésio Macedo. *O riso escuro ou o pavão de luto: um percurso pela poesia de Lúcio Cardoso*. Pref. de Ruth Silviano Brandão; apres. de Valentim Facioli. São Paulo, Nankin/Edusp, 2006.

SANTOS, Cássia dos. *Polêmica e controvérsia em Lúcio Cardoso*. Campinas, SP, Mercado de Letras; São Paulo, Fapesp, 2001.

SANTOS, Hamilton dos. *Lúcio Cardoso, nem leviano, nem grave*. São Paulo, Brasiliense, 1987. (Col. Encanto Radical, 79).

OBRAS DE CRÍTICA TEXTUAL

CAMBRAIA, César Nardelli. *Introdução à crítica textual*. São Paulo, Martins Fontes, 2005. (Col. Leitura e Crítica).

CARVALHO E SILVA, Maximiano de. "Crítica textual – conceito – objeto – finalidade". *Confluência – Revista do Instituto de Língua Portuguesa*, Rio de Janeiro, n. 7, pp. 57-63, 1. Semestre de 1994.

———. "Notas e comentários". *Confluência – Revista do Instituto de Língua Portuguesa*, Rio de Janeiro, n. 19, pp. 118-132, 1. Semestre de 2000.

———. "Bibliografia e crítica textual – notas e comentários II". *Confluência – Revista do Instituto de Língua Portuguesa*, Rio de Janeiro, n. 20, pp. 103-115, 2. Semestre de 2000.

———. "Bibliografia e crítica textual – notas e comentários III". *Confluência – Revista do Instituto de Língua Portuguesa*, Rio de Janeiro, n. 21, pp. 46-69, 1. Semestre de 2001.

CASTRO, Ivo. *Editar Pessoa*. Ed. crítica de Fernando Pessoa. Lisboa, Imprensa Nacional – Casa da Moeda, 1990. (Coleção Estudos; 1).

CUNHA, Celso. "Ligeiras observações sobre a tipologia dos erros ou variantes em crítica textual". Separata de: *In Memoriam – Vandick L. de Nóbrega*. Rio de Janeiro, SEPE, 1985, pp. 47-58.

ELIA, Sílvio. "A crítica textual em seu contexto sócio-histórico". In: *Anais do III Encontro de Ecdótica e Crítica Genética*. João Pessoa, Universidade Federal da Paraíba/APML/Fundação Espaço Cultural da Paraíba/Fundação Casa de José Américo/CNPq, 1993, pp. 57-64.

DIÁRIOS   743

GRÉSILLON, Almuth. *Elementos de crítica genética – ler os manuscritos modernos*. Trad. de Cristina de Campos Velho Birck *et al.*; supervisão da trad. de Patrícia Chittoni Ramos Reuillard; pref. à ed. brasileira de Philippe Willemart. Porto Alegre, Ed. da UFRGS, 2007.

GUIMARÃES, Júlio Castañon. "Nota filológica: procedimentos de edição"; "Estabelecimento de texto"; e "Alguns procedimentos na produção do texto". In: CARDOSO, Lúcio. *Crônica da Casa Assassinada*. Ed. crítica coord. Por Mario Carelli. Espana, Archivos/CSIC, 1991, pp. XXVI XXXVII, 1-618 e 645-655.

LEONEL, Maria Célia de Moraes. "Procedimentos adotados para a edição". In: *GÊNESE e Memória: [anais] do IV Encontro Internacional de Pesquisadores do Manuscrito e de Edições*. Philippe Willemart (org.). São Paulo, Annablume: APLM, 1995, pp. 167-173.

LOPEZ, Telê Porto Ancona. "Textos, etapas, variantes: o itinerário da escritura". *Revista do Instituto de Estudos Brasileiros*, São Paulo, IEB-USP, n. 31, pp. 147-159, 1990.

_____. "Nos caminhos do texto". In: ANDRADE, Mário de. *Macunaíma o herói sem nenhum caráter*. Ed. crítica coord. por Telê Porto Ancona Lopez. 2. ed. rev. Madrid; Paris; México; Buenos Aires; São Paulo; Rio de Janeiro; Lima, ALLCA XX, 1996, pp. XXV-LXIII. (Coleção Archivos; 6).

PEREIRA FILHO, Emmanuel. *Estudos de crítica textual*. Rio de Janeiro, Ediçõeş Gernasa, 1972. (Col. Estudos Universitários; 5).

SPAGGIARI, Barbara & PERUGI, Maurizio. *Fundamentos da crítica textual – história – metodologia – exercícios*. Rio de Janeiro, Lucerna, 2004

SPINA, Segismundo. *Introdução à edótica: crítica textual*. São Paulo, Cultrix/USP, 1977.

OBRAS DE REFERÊNCIA

A BOOK of days for the brazilian literary Year. Rio de Janeiro, Fundação Biblioteca Nacional, 1993.

AIRA, César. *Diccionario de autores latinoamericanos*. Buenos Aires, Emecê, 2001. (Obras Notables).

AUTORES brasileiros – biobibliografias (1ª Parte). Coord. de Ângela Barros Montez. Rio de Janeiro, Fundação Biblioteca Nacional, Dep. Nacional do Livro, 1998.

AYALA, Walmir. *Dicionário de pintores brasileiros*. 2. ed. rev. e ampl. por André Seffrin. Curitiba, Ed. UFPR, 1997.

ᴄARPEAUX, Otto Maria. *Pequena bibliografia crítica da literatura brasileira* (1951). 3. ed. Rio de Janeiro, Letras e Artes, 1964.

CARELLI, Mario. "Lúcio Cardoso". In: LAFFONT-BOMPIANI. *LE noveau dictionaire des auteurs: de tous les temps et de tous les pays*. Nouvelle edition actualisée. France, Robert Laffont/Centre National des Lettres, 1994, vol. 1, pp. 560-561.

DICIONÁRIO Cravo Albin da música popular brasileira. In: http://www.dicionariompb.com.br.

744 LÚCIO CARDOSO

DICIONÁRIO de literatura. 3 vols. 3. ed. Dir. de Jacinto do Prado Coelho. Porto, Figueirinhas, 1976.

DICIONÁRIO brasileiro de artes plásticas. Vol. 1. CAVALCANTI, Carlos (Org.). Rio de Janeiro, MEC/INL, 1973.

DICIONÁRIO enciclopédico Koogan Larousse Seleções. Vol. 2. S.I.

ENCYCLOPAEDIA britannica. In: http://www.britannica.com.

ENCYCLOPEDIE Larousse. In: http://www.larousse.fr.

ENCICLOPÉDIA de literatura brasileira. 2 vols. Dir. Afrânio Coutinho e J. Galante de Sousa. 2. ed. rev., ampl., atual. e ilus. sob a coord. de Graça Coutinho e Rita Moutinho. São Paulo, Global Editora; Rio de Janeiro, Fundação Biblioteca Nacional/DNL; Academia Brasileira de Letras, 2001.

ENCICLOPÉDIA Itaú Cultural – literatura brasileira. In: http://www.itaucultural. org.br/aplicexternas/enciclopedia_lit/.

ENCICLOPÉDIA delta universal. Rio de Janeiro, Delta, 1980.

ENCICLOPÉDIA mirador internacional. São Paulo; Rio de Janeiro, Encyclopaedia Britannica do Brasil, 1975.

"ESCRITORES brasileiros: filmografia". *Filme Cultura*, Instituto Nacional de Cinema, Rio de Janeiro, Ano VI, n. 20, pp. 42-44, maio-jun. 1972.

ESTANTE Virtual. In: www.estantevirtual.com.br.

EWALD FILHO, Rubens. *Dicionário de cineastas*. São Paulo, Global, s/d.

GUIA conciso de autores brasileiros – brazilian authors concise guide. PUCHEU, Alberto e MEIRA, Caio (Orgs.). Rio de Janeiro: Fundação Biblioteca Nacional, Departamento Nacional do Livro, São Paulo, Imprensa Oficial do Estado, 2002.

GUIA quatro rodas – ruas – Rio de Janeiro. Rio de Janeiro, Ed. Abril, 2000, p. 164. (Mapa 108A6).

ÍNDICE de autores e peças da dramaturgia brasileira. Coord. por Edwaldo Cafezeiro. Rio de Janeiro, MEC/DAC/FUNARTE/SNT, 1977.

INVENTÁRIO do arquivo Lúcio Cardoso. Org. de Rosângela Florido Rangel & Eliane Vasconcellos Leitão. Rio de Janeiro, Fundação Casa de Rui Barbosa/MEC, 1989. (Série CLB; 4).

LAROUSSE cultural – Brasil A/Z – enciclopédia alfabética em um único volume. São Paulo, Universo, 1988.

LEITE, José Roberto Teixeira. *Dicionário crítico da pintura no Brasil*. Rio de Janeiro, Artlivre, 1988, p. 105.

LUFT, Celso. *Dicionário da literatura portuguesa e brasileira*. Porto Alegre, Globo, 1967.

MAIA, Pedro Américo, coord. *Dicionário crítico do moderno romance brasileiro*. Belo Horizonte, Grupo Gente Nova, 1970.

MODERNISMO brasileiro – bibliografia (1918-1971). PLACER, Xavier (Org.). Rio de Janeiro, Biblioteca Nacional, 1972. (Col. Rodolfo Garcia).

MORAIS, Frederico. *Cronologia das artes plásticas no Rio de Janeiro, 1816-1994*. Rio de Janeiro, Topbooks, 1995.

DIÁRIOS

O ROMANCE brasileiro. Rio de Janeiro, Divisão de Publicações e Divulgação, Biblioteca Nacional. Catálogo de Exposição, org. pela Seção de Exposições, dez. 1974, Biblioteca Nacional, p. 38.

PEIXOTO, Mario. *Ipanema de A a Z – dicionário da vida ipanemense*. Colaboração de Marcelo Câmara. Rio de Janeiro, AACohen, 1999.

PEQUENO dicionário de literatura brasileira (1976). 2. ed. rev. e ampl. PAES, José Paulo e MOISÉS, Massaud (Org. e dir.). São Paulo, Cultrix, 1980.

PETIT Larousse. Augé, Gillon, Hollier-Larousse, Moreau et cie. 13e tirage. Paris, Librairie Larousse, 1963.

PONTUAL, Roberto. *Dicionário das artes plásticas no Brasil*. Rio de Janeiro, Civilização Brasileira, 1969.

REBELO, Marques. *Antologia escolar brasileira* (1967). 2. ed. rev. e atuai. Rio de Janeiro, MEC/FENAME, 1975.

RIBEIRO, Ésio Macedo. "Bibliografia anotada (1934-2010)". In: CARDOSO, Lúcio. *Poesia completa*. Ed. crítica de Ésio Macedo Ribeiro. São Paulo, Edusp, 2011.

TEYSSIER, Paul. *DICTIONNAIRE de littérature brésilienne*. Paris, Presses Universitaires de France/Quadrige, 2000.

WIKIPÉDIA – A enciclopédia livre. In: http://pt.wikipedia.org/wiki/Wikip%C3%A9dia.

Índice remissivo

A

A Bruxa 22
A corda de prata, (Cardoso) 24
A luz no subsolo (Cardoso) 22
A Manhã 25
A mulher de longe (Cardoso) 24
A Noite 17, 25
A princesa branca (Baring) 24
A professora Hilda (Cardoso) 24
A ronda das estações (Kâlidâsa) 24
Adonias Filho 200, 575, 594
Aguiar, Augusto 617
Al Ghiu 591, 634
Alemán, Miguel 633
Alencar, Humberto de 383
Almas adversas, (Marten) 24
Almeida Filho, Augusto de 415, 588
Almeida, Margarida Lopes de 636
Alves, Castro 248
Amado, Gilberto 416, 598, 637, 681
Amado, Jorge 26, 248, 310
Amar, Leonora 633
Ana Karenina (Tolstoi), 23
Andrade, Ayres de 616
Andrade, Carlos Drummond de 682, 617
Andrade, Mário de 217, 317, 572, 669
Angélica (Cardoso) 24
Ângelo, Miguel 120
Anjos, Cyro dos 682
Antonio, Ângelo 32, 187
Aranha, Graça 248

Arnauld, Antoine 131
Arthur, Jean 139
As Confissões de Moll Flanders (Defoë) 24
Assim falava Zaratustra (Nietzsche) 81
Assis, Machado de 228, 248, 296, 489, 652
Athayde, Tristão de 277, 342, 353, 387, 717
Augusto, João 3339, 366
Austen, Jane 23
Ayala, Walmir 12, 27, 30, 455, 465, 470
Azevedo, Aluísio 248
Azevedo, Álvares de 248

B

Bach, Johann Sebastian 185
Bagdocimo, Antonieta 622
Bagdocimo, Máximo 635
Baltazar (Cardoso) 25
Balzac, Honoré de 190, 388, 408, 414, 423, 424, 426, 472, 487, 495, 569, 578, 606, 655
Bandeira, Manuel 14, 243, 327, 387, 663, 682, 725
Barbosa, Francisco de Assis 275
Barbosa, Rui 223, 223
Baring, Maurice 24
Barrault, Jean-Louis 247, 262, 272
Barreto, Lima 248
Barreto, Paulo 713
Barros, Branco 347

748 LÚCIO CARDOSO

Barros, Cláudio de 574
Barros, Everaldo de 629
Barros, Maria de Lourdes Cardoso de 21, 31
Barroso, Gastão 571
Bastos, Oliveira 611, 674
Baudelaire, Charles 73, 186, 320, 400, 680
Bauerfeldt, Amélia 655, 699
Becker, Cacilda 565, 694
Beethoven, Ludwig van 45, 46, 288, 294, 373, 395, 403, 671, 704
Berard, Bebé 227
Bernanos, Georges 189, 190, 261, 272, 280, 343, 396, 397, 400, 422, 423, 471, 577, 707
Blake, William 438
Bloch, Pedro 571, 663
Bloy, Léon 44, 84, 95, 97, 98, 110, 186, 214, 280, 346, 429
Bocaiúva, Quintino 228
Bodas de Caná 45, 46, 49
Bogart, Humphrey 701
Bonfioli, Igino 25
Borba, Osório 644-645
Borges, Barreto 699
Bos, Charles du 207, 212, 368, 459
Bossuet, Jacques-Bénigne 273
Botto, Antonio 576
Bourget, Paul 630
Braga, Rubem 24, 652
Branco, Aloísio 668
Branco, Camilo Castelo 621
Brandão, Jacques do Prado 279
Brandão, Roberto 685
Brandão, Ruth Silviano 31
Brawne, Fanny 679
Breitbach, Joseph 606
Britto, Orlando 619
Brontë, Emily 24, 215, 221
Brugger, Fred 206
Bruno, Nicette 713
Bruno, Pedro 688

Bulcão, Athos 227
Burle-Marx, Roberto 227, 266, 365, 574, 599, 697
Byron, Lord 199, 500

C

Cadernos da Hora Presente (Cardoso), 23
Caldwell, Erskine 332
Câmara, Jayme Adour da 577
Camargo, Iberê 578, 626
Camões, Luís de 147, 238
Campos, Álvaro de 147
Camus, Albert 247
Capote, Truman 391
Cardoso, Adauto Lúcio 21, 29
Cardoso, Fausto 21, 26, 28
Cardoso, Helena Paladini 29
Cardoso, Joaquim Lúcio 21
Cardoso, Maria Helena 10, 12, 21, 27, 30
Cardoso, Maria Wenceslina 21, 25, 244
Cardoso, Sérgio 663
Carelli, Mário 13, 29, 30
Carneiro Neto, Dib 32
Carneiro, Ferdy 505
Carrero, Tônia 573
Carstens, Henrique 327
Caruso, Enrico 457
Carvalho, José Candido de 590, 609, 655, 702
Castro, Almir 388
Castro, Jorge de 592
Cavalcanti Neto, João Uchoa 569
Cavalcanti, Alberto 214
Cavalcanti, Povina 645
Cavalcanti, Valdemar 668
Céu escuro (Cardoso) 23
Cézanne, Paul 317, 420, 661
Chaplin, Charles 414
Chermont 206, 215
Chestov, Léon 46, 48, 74, 79, 126, 144, 144, 210

DIÁRIOS

Chevalier, Ronald 509, 530
Cidadão Kane 301
Clair, René 309, 312
Clouzot, Henri-Georges 234, 242
Coaracy, Vivaldo 687
Coccioli, Carlo 443
Cocteau, Jean 312, 422, 566
Coelho Neto, Henrique Maximiliano 577, 596
Conde, Davi 215
Condé, João 588, 661, 700,
Condé, José 26, 636
Copeau, Jacques 262
Corção, Gustavo 387, 400
Cornélio Penna 284, 312, 321, 341, 376, 409, 447-450, 456, 466, 468, 515, 605, 656, 671, 682, 702, 703, 717
Costa, Jayme 634
Coutinho, Heitor 246
Covas, Mário 28
Crônica da casa assassinada (Cardoso), 11, 15, 18, 26-32, 409, 424, 425, 482, 500, 528, 549, 553
Cunha, Euclides da 274
Cunha, Fausto 18
Cunha, Pedro Octávio Carneiro da 577
Cunha, Viviane 32

D

Dacosta, Milton 327
Damata, Gasparino 592
Darwin, Charles 275
Daumier 217
De Sica, Vittorio 242
Dean, James 618
Defoë, Daniel 24
Dekker 429
Delacroix 266, 271
Delay, Jean 418
Derain 217

Descartes, René 141
Desqueyroux, Thérése 227
Dias perdidos (Cardoso) 23
Dickens, Charles 271, 276, 308, 388, 431, 437, 578
Diniz, Almachio 647
Djanira 601
Dom Quixote 138
Dória, Gustavo 24
Dostoievski, Fiódor 44, 46, 53, 85, 114, 116, 221, 239, 251, 304, 308, 348, 350, 386, 396, 414, 421, 456, 457, 652, 668
Dourado, Autran 436
Doyle, Plínio 13
Drácula – o homem da noite (Stoker) 23
Duarte Filho, João 585
Duarte, Anselmo 633
Duarte, Eustáquio 328

E

Edmonde-Magny, Claude 309
Eisenstein, Sergei 209, 372
Eliot, T. S. 282
Emerson, Ralph Waldo 300

F

Faria, Octávio de 27, 28, 29, 30, 55, 84, 95, 114, 181, 228, 282, 301, 312, 321, 339, 342, 345-347, 352, 374, 378, 396, 430, 445, 463, 481, 482, 580, 596, 608, 632, 636, 682, 699
Faulkner, William 310, 320, 322, 326, 375, 381, 436, 486-488, 510, 514, 570, 580, 602, 701
Fertonani, Toni 26
Figueiredo, Guilherme 668
Figueiredo, Wilson de 699
Filho, Adacto 23
Fitzgerald, Scott 310, 311

750   LÚCIO CARDOSO

Flaubert, Gustave 329, 487
Fleming, Paulo 702
Foeppel, Elvira 580, 636
Fondane, Benjamin 47, 74, 94, 106, 143
Fonseca, José Paulo Moreira da 714
Fontes, Amando 218, 598, 717
Fontes, Hermes 575
Fontes, Lourival 570
Fort, Gertrud von Le 635
Franco, Afonso Arinos de Melo 714
Fregolente, Ambrósio 250
Freitas, João Tinoco de 215, 217
Freud, Sigmund 69, 490
Freyre, Gilberto 248, 682
Fuga (Vance) 23
Fumet, Stanislas 228
Furlan, Marco 32
Fusco, Rosário 268, 269, 271, 371, 373, 374, 375, 484, 594, 669

G

Gamboa, Geraldo 672
Garbo, Greta 569
Gay, Rosita 222
Genet, Jean 340, 366, 378, 391, 434, 644
George, Stefan 300
Gide, André 103, 199, 211, 261, 269, 272, 273, 338, 392, 395, 418, 438, 459, 472, 594
Gielgud, John 223
Giudicelli, Raul 390, 398
Gluck, Zolten 636, 637
Goeldi, Oswaldo 484
Goethe, Johann Wolfgang von 24, 269, 374, 670
Gogol, Nikolai 299, 444, 595
Gonçalves, Dercy 627
Gonçalves, Eros 365
Goyen, William 467, 468
Grande sertão: veredas (Rosa) 499, 583, 637, 683, 693, 714

Green, Julien 189, 194, 247, 312, 447, 467, 479, 480, 482, 606, 633, 644, 694, 701, 731
Greene, Graham 232, 247, 305, 306, 400, 661
Guardini, Romano 350, 388, 397
Guderian, Heinz Wilhelm 570
Guersant, Marcel 404, 405
Guimarães, Alencastro 601
Guimarães, Alphonsus de 577
Guimarães, Júlio Castañon 30
Gullar, Ferreira 567, 579
Guy, Orlando 215, 221

H

Hamann, Johann Georg 462
Hardy, Thomas 308, 437
Haro, Rodrigo de 17
Hawthorne, Nathaniel 300, 315, 333
Hayward, Susan 627
Hecker Filho, Paulo 470
Heiddeger, Martin 136
Heine, Maurice 307
Hello, Ernest 228
Hemingway, Ernest 310, 332
Hipócrates, 114
Histórias da lagoa grande (Cardoso), 23
Holanda, Karla 30
Holland, Vyvyan 632
Homem, Homero 612
Homero 640
Hume, David 136

I

Idiota (Dostoievski) 304
Inácio (Cardoso) 23, 25
Irmãos Karamazov (Dostoievski) 44, 55, 421
Ivo, Lêdo 46, 269, 335, 424, 579, 656, 713

DIÁRIOS

J

Jacob, Max 587
James, Henry 289, 315, 418, 593, 596, 699
Jammes, Francis 199
Jardim, Luís 248, 328
Jobim, Antonio Carlos 366, 608, 618, 624, 702
Johnson, Ben 429
Jouvet, Louis 241, 262
Joyce, James 232, 435, 436, 487, 499, 604, 708
Jünger, Ernest 426, 429, 431, 580

K

Kafka, Franz 130, 141, 144, 202, 232, 270, 304, 357, 413, 415, 448, 567, 583, 717
Kâlidâsa 24
Kant, Immanuel 136, 144
Kelly, Celso 714
Kierkegaard, Soren 84, 623
Kubitschek, Juscelino 186, 577, 626
Kuleshov, Lev Vladimirovich 209

L

Lacaze, Bernard 227
Lacerda, Jorge 275
Lacerda, Luiz Carlos 27, 28, 29, 32, 187, 215
Lancaster, Burt 572, 573, 591
Lang, Fritz 301, 309
Lara, Odete 191
Lauris, Georges de 185
Laus, Harry 635
Lawrence, D. H. 106, 108
Lazzarotto, Napoleon Potyguara ver Poty
Leal, Simeão 632, 656, 668, 669
Léautaud, Paul 415, 528
Leitão, Eliane Vasconcellos 13

Leite, Luíza Barreto 277, 311, 575, 634
Leroux, Gaston 24
Lewin, Willy 622
Lima, Jorge de 217, 317, 393, 394, 566, 586
Lima, Negrão de 394
Lima, Paula 415, 483
Lispector, Clarice 9, 23, 245, 479, 498, 499, 621, 632, 656, 679
Livro de Oséias 158
Loges, François des, ver Villon, François
Lopes, Simões 472
Lopes, Xuxa 32
Lowell, Thomas 440
Luz, Clemente 682

M

Macedo, Joaquim Manuel de 472
Machado, Aníbal 413, 426, 611, 669, 693
Magaldi, Sábato 286, 329, 343, 374, 663
Magalhães, Paulo de 663
Magno, Pascoal Carlos 626, 645
Maleita (Cardoso) 22
Mallarmé, Stéphane 282
Mangabeira, Octávio 375
Mansfield, Katherine 597, 706
Mãos vazias (Cardoso) 22
Marceau, Felicien 655
Marcier, Emeric 217
Marlowe, Christopher 195, 429, 438-440
Marten, Leo 24, 217
Martins, Paulo Egydio 28
Mauriac, François 227
Maurier, George Du 593
Meira, Mauritônio 18
Melo Neto, João Cabral de 46, 714
Melville, Herman 300, 305, 333, 369, 469, 680

Memórias (Goethe) 24
Memórias do cárcere (Ramos) 456
Menchise, Victor 623
Mendes, Murilo 29, 263, 329, 393, 567, 604, 625
Miller, Arthur 588
Moby Dick (Melville) 305
Molière, 242
Montcorbier, François de, *ver* Villon, François
Monteiro, Adolfo Casais 594
Monteiro, Pedro Aurélio de Góis 570
Moraes, Lígia Marina Pires de 366, 568
Moraes, Vinicius de 186, 609, 624, 702
Morais, Dulcina de 713
Morais, Eneida Costa de 565
Morais, Lígia de 366
Morais, Nilton Cardoso de 388
Morel, Edmar 587
Moreyra, Álvaro 644, 645, 646
Morgan, Charles 227, 312
Moses, Herbert 647
Moura, Emílio 329
Moutinho, Pedro Henrique 32
Mozart 233, 264
Ms. Dalloway (Woolf) 479

N

Nabuco, Joaquim 29, 294
Nascimento, Abdias do 26
Navarra, Ruben 607
Neruda, Pablo 661
Neto, Vanessa 282
Netto, Acioly 329
Netto, Alzira 21, 440
Netto, Oscar 282
Netto, Pedro 21
Nietzsche, Friedrich 49, 50, 51, 53, 56, 69, 74, 75, 78, 79, 81, 85, 97, 98, 102, 111, 126, 144, 273, 347, 350, 477, 515, 527

Nogueira, Hamilton 378
Nolasco 626, 637
Novas poesias (Cardoso) 24

O

O amante de Lady Chatterley (Lawrence), 106, 108
O anfiteatro (Cardoso) 24
O assassino (O'Flaherty) 24
O coração delator (Cardoso) 24
O desconhecido (Cardoso) 23
O despertar de um horizonte (Bonfioli) 25
O enfeitiçado (Cardoso) 25
O escravo (Cardoso) 23
O fantasma da ópera (Leroux) 24
O filho pródigo (Cardoso) 23, 24
O fim do mundo (Sinclair) 23
O livro de Job (Tolstoi) 23, 158, 170
O livro de ouro dos contos russos 24
O processo (Kafka) 130, 273
O vento da noite (poemas), (Bronté) 24
O viajante (Cardoso) 25, 28
O'Flaherty, Liam 24
O'Neill, Eugene 664
Octávio Alves da Graça Mello 241
Olavo, Agostinho 24, 244, 247, 587, 634, 701
Oliveira, José Carlos de 530
Oliveira, Júlio José de 27
Oliveira, Silvana Maria Pessoa de 32
Olivier, Laurence 446
Olympio, José 474, 574
Orgulho e preconceito (Austen) 23
Origem da Tragédia (Nietzsche) 79
Os segredos de Lady Roxana (Defoë) 24
Os sertões (Cunha) 274

P

Paiva, Newton 217
Palmério, Mário 682, 693, 717, 718, 725

DIÁRIOS

Pascal, Blaise 55, 69, 74, 85, 95, 128, 131, 273
Paulhan, Jean 628
Paurílio, Carlos 668
Pavese, Cesare 435
Péguy 186, 214, 238
Peixoto, Afrânio 624, 632
Peixoto, Mário 496
Pelegrino, Hélio 599
Pentagna, Vito 366, 367, 369, 370, 374, 375, 399, 407, 435, 461, 462, 464, 466, 470, 480
Pereira, Maura de Senna 585
Pessoa, Fernando 29, 147, 221, 576, 578, 710
Piovene, Guido 570
Poe, Edgar Allan 186, 241, 333, 356, 438, 710
Portinari, Candido 589
Porto das caixas (Saraceni) 26
Poty 570, 589
Pound, Ezra 281, 434, 438, 439, 440, 611
Proença, Manuel Cavalcanti 624
Proust, Marcel 185, 190, 200, 232, 288, 339, 388, 392, 396, 425, 574, 584, 604, 652, 704
Puchkin 288, 289, 388

Q

Queiroz, Eça de 553, 713
Queiroz, Rachel de 26, 341, 376, 456, 707, 717
Quincey, Thomas de 440

R

Racine, Jean-Baptiste 565
Ramos, Fernando 613
Ramos, Graciliano 186, 456, 569, 668, 717
Rangel, Lúcio 510

Rangel, Rosangela Florido 13
Rebelo, Marques 649, 703, 708
Rebour 131
Reduto dos deuses (Cardoso) 22
Rego, José Lins do 372, 389, 425, 427, 670, 671, 686, 702, 717, 726
Reis, Marcos Konder 11, 29, 215, 247, 340, 396, 596
Renoir, Jean 651
Resende, Otto Lara 336, 511, 565, 652, 713, 717, 718
Reynal, Beatrix 484
Reys, Adriano 633, 694
Rhodes, Cecil 697, 698
Ribeiro, Ésio Macedo 32
Ricardo, Cassiano 269
Rilke, Rainer Maria 288, 300, 343, 593, 597, 679
Rimbaud, Arthur 74 ,85, 92, 95, 111, 111, 113, 115, 123, 141, 144, 144, 424
Rivière, Jacques 84
Robilant, Edmundo di 228
Rocha, Augusto 466, 475
Rocha, Hildon 387
Rodrigues, Augusto 689
Rodrigues, Nelson 250, 277, 367, 374, 503, 512, 565, 609
Romera, Rogério 32
Rondeaux, Madeleine 594
Rosa, Guimarães 26, 479, 499, 572, 583, 595, 610, 637, 652, 681, 682, 683, 714, 717
Rossellini, Roberto 242, 513
Rufino, Sérgio 32

S

Sabino, Fernando 366, 620, 632, 681, 714, 718
Sachs, Maurice 376
Saldanha, Ione 26, 566, 596

Sales, Herberto 26
Salgado, Zélia 26
Salgueiro (Cardoso) 22
Sampaio, Maria 292, 341, 713
Santa Rosa, Tomás 22, 23, 277, 407, 427, 594, 668, 669, 701
Santos, Carmen 599
Santos, Cássia dos 13
Santos, Hamilton dos 29
Santos, João Maria dos 191, 312, 701
Santos, Ruy 29, 208
Sanz, José 22, 575
Sanz, Nássara 22
Saraceni, Paulo César 26, 28, 30, 608
Sardo Filho 619
Sartre, Jean-Paul 247, 281
Schlumberger, Jean 418, 594
Schmidt, Augusto Frederico 186, 223, 243, 317, 355, 373, 603, 611, 668
Schwob, René 273
Secchin, Antonio Carlos 12
Seffrin, André 31
Seixas, Tomás 335, 597
Sêneca, 114
Shakespeare, William 44, 195, 221, 223, 242, 273, 351, 365, 374, 429, 434, 665, 694
Sheen, Fulton 247
Silva, Guilherme Ferreira 28
Silva, Lúcia Ribeiro da 27
Silveira, Ênio 448
Silveira, Joel 589, 595
Simon, Hugo 300
Simoncelli, Giancarlo 29
Simoni, Michelangelo di Lodovico Buonarroti *ver* Ângelo, Miguel
Sinclair, Upton 23
Smith, Jonathan 698
Soares, Luiz 569
Soares, Maria do Carmo 32
Sócrates 80
Sousa, Otávio Tarquínio de 574

Souto Jr., Helio 32
Souza, Leal de 574
Stoker, Bram 23
Stone, Harry 591
Studenic, Garina Simon 300
Sturges, Preston 309
Swanson, Gloria 569

T

Talmadge, Norma 569, 648
Tavares, Adelmar 644
Tavares, Deolindo 317
Tavares, Hugo 592, 713
Távora, Juarez 577
Teixeira, Letícia 32
Terra, Eliane 30
Timberg, Nathália 590
Toland, Gregg 301
Toledo, Cacá 32
Tolezani, Flávio 32
Tolstoi, Léon 23, 46, 116, 247
Torga, Miguel 594, 637
Trevisan, Armindo 463

V

Valente, Assis 627
Valéry, Paul 274
Valverde, Zélio 24
Van Gogh, Vincent 317, 371, 420, 437
Van Jaffa 610
Vance, Ethel 23
Vargas, Alzira 485
Vargas, Getúlio 305, 313, 375, 388, 423, 485
Vasto, Lanza Del 386
Veiga, Beatriz 713
Verlaine, Paul 420, 438, 670
Viana, Moniz 577, 701
Villela, Gabriel 32
Villon, François 143

DIÁRIOS

Vinci, Leonardo da 242, 315
Vítor, Léo 644, 701
Vitória, Iracema 229, 230, 627
Vontade do Poder (Nietzsche) 79

W

Wassermann 300
Weil, Simone 438
Weininger, Otto 307, 492
Wilde, Oscar 200, 632
Williams, Fred 627
Williams, Tenesse 664
Winckelmann, Johann Joachim 415

Wolfe, Thomas 452
Wolff, Fausto 32
Woolf, Virgínia 232, 473, 479, 488, 499, 553, 604

X

Xavier, Regina Cardoso de Paula 21, 29

Z

Zach, Jan 299 301
Zamiatin, Eugênio 24
Ziembinski 286

O texto deste livro foi composto em Sabon,
desenho tipográfico de Jan Tschichold de 1964
baseado nos estudos de Claude Garamond e
Jacques Sabon no século XVI, em corpo 10,5/14.
Para títulos e destaques, foi utilizada a tipografia
Frutiger, desenhada por Adrian Frutiger em 1975.

A impressão se deu sobre papel off-white
pelo Sistema Cameron da Divisão Gráfica
da Distribuidora Record.